普通高等教育电子科学与技术特色专业系列教材

射频通信电路设计

（第二版）

刘长军　黄卡玛　朱铧丞　编著

科学出版社

北　京

内 容 简 介

本书系统地介绍了射频通信电路设计的基本原理和方法。本书从传输线理论、Smith 圆图、两端口网络等射频电路基础理论着手,介绍了滤波电路、匹配电路、放大电路、振荡电路、频率变换电路等射频通信电路设计的基本原理和方法。本书既涵盖了射频通信电路设计的基本理论,也涉及射频通信单元电路的具体设计。本书有丰富的图解和实例,每章均附有一定数量的习题,包含一些要求编写计算机程序辅助电路设计的练习,还有一些需要利用互联网获取电路设计信息的练习。

本书可以作为通信类和电子类(通信工程、电子信息工程、无线电技术、计算机等专业)本科生的教材或参考书,也可供从事射频电路设计的工程技术人员参考。

图书在版编目(CIP)数据

射频通信电路设计/刘长军,黄卡玛,朱铧丞编著. —2版. —北京:科学出版社,2017.2

普通高等教育电子科学与技术类特色专业系列规划教材
ISBN 978-7-03-051251-2

Ⅰ. ①射⋯ Ⅱ. ①刘⋯ ②黄⋯ ③朱⋯ Ⅲ. ①射频电路–电路设计–高等学校–教材 Ⅳ. ①TN710.02

中国版本图书馆 CIP 数据核字(2016)第 327021 号

责任编辑:潘斯斯/责任校对:郭瑞芝
责任印制:赵 博/封面设计:迷底书装

科学出版社 出版
北京东黄城根北街 16 号
邮政编码:100717
http://www.sciencep.com
三河市骏杰印刷有限公司印刷
科学出版社发行 各地新华书店经销
*
2005 年 9 月第 一 版 开本:787×1092 1/16
2017 年 2 月第 二 版 印张:28
2025 年 3 月第十五次印刷 字数:664 000
定价:89.00 元
(如有印装质量问题,我社负责调换)

前　言

近十年来，射频电路的研究得到了巨大的发展，在无线通信、医疗、遥感、遥控、全球定位、射频识别等领域得到了广泛应用。射频电路是现代通信系统中一个不可缺少的部分，直接影响着通信系统的性能。随着科学技术的发展，射频电路设计方法日趋成熟，射频覆盖的频率范围也越来越宽。

由于射频通信电路设计涵盖了许多领域，几乎每一个领域都有专门的书籍进行介绍和深入分析，如传输线理论、微波/射频网络、微带滤波电路、晶体管放大电路等领域都有相应的专著。在深入学习这些专业领域的知识前，需要建立射频通信电路设计的基本概念，系统掌握射频通信电路设计的一般方法。因此，本书侧重于射频通信电路设计的基础知识，提高读者对射频通信电路设计的认识。通过本书的学习，可以踏进射频通信电路设计的领域，掌握射频通信电路设计的基础知识，能够进一步分析专题书籍和参考文献。

本书内容涵盖了射频通信电路设计的基础理论和基本方法，包括 11 章内容。第 1 章为绪论，第 2 章为射频电路基础，第 3 章为传输线理论，第 4 章为射频网络，第 5 章为滤波电路设计，第 6 章为匹配电路和偏置电路，第 7 章为射频放大电路，第 8 章为振荡电路，第 9 章为频率变换和调制电路，第 10 章为锁相环电路，第 11 章为射频系统参数。本书内容可以分为两部分，第一部分为第 1～4 章，第二部分为第 5～11 章。

第一部分主要介绍射频电路设计的基础知识。第 1 章介绍射频的定义和频谱划分，讨论射频电路设计的特点，介绍射频电路的概念。第 2 章介绍射频电路设计经常涉及的一些相关概念，如带宽、分贝毫瓦、品质因数等，简介射频有源器件的电路模型和基本应用。第 3 章介绍传输线的特征阻抗和电压反射系数，传输线种类、功能和分析方法，Smith 圆图的使用方法。第 4 章介绍两端口网络的矩阵描述和各种矩阵参数之间的换算，讨论使用信号流图简化射频电路分析的方法。

第二部分主要介绍射频通信单元电路的基本原理和设计方法。第 5 章介绍滤波电路的概念、集总参数和分布参数滤波电路的设计方法，主要讨论如何使用微带传输线实现分布参数滤波电路。第 6 章介绍使用集总参数和分布参数元件设计匹配电路的方法、有源和无源偏置电路的构成和功能。第 7～9 章分别介绍放大电路、振荡电路和变频电路等射频通信单元电路的相关概念和工作原理，通过综合运用实现电路的分析和设计。第 10 章讨论锁相环电路的设计。第 11 章介绍射频系统参数的分析方法，讨论由多级单元电路的功率增益、噪声系数和动态范围。

本书限定于讨论横电磁波(TEM)，不涉及复杂的电磁场分析，对数学理论没有过高的要求。只要具备了电磁学、电路分析和模拟电路的一些基本知识，就可以顺利完成本书的学习。通常，电子专业类的本科已经开设有大学物理(电磁学)、电路分析、模拟和数字电路等课程，可以直接使用本书而不必专门开设其他的前期课程。如果学习了电磁场与微波技术、微波网络等课程，已经掌握了传输线理论、Smith 圆图和射频网络参数的概念，则可以跳过第 3 章和第 4 章。本书的部分章节具有很强的独立性，可以根据课程开设的目的和课时的安排情况，自行调节授课内容。

通常在本科低年级课程中,已经学习了计算机高级语言,能够利用 C 语言或者使用 MATLAB 进行程序设计。在本书的习题中,编排了一些利用计算机程序辅助射频电路设计的练习,可以选用任何一种高级语言编写程序,对射频通信电路设计的实际工程应用很有帮助。另外,互联网上有丰富的射频电路设计资源,通过完成课后习题中对射频概念、相关软件和集成芯片资料的搜索,可以了解更多的射频电路设计技术。希望有条件的读者能充分利用计算机和互联网的资源,更好地完成本书的学习。

由于作者水平有限,书中不妥之处在所难免,恳请广大读者批评指正。

编 者

2016 年 12 月 1 日

目 录

前言
第1章 绪论 ··· 1
  1.1 射频概念 ·· 1
  1.2 射频通信电路应用简介 ·· 2
  1.3 射频电路设计的特点 ··· 5
    1.3.1 分布参数 ·· 5
    1.3.2 $\lambda/8$ 设计准则 ·· 7
    1.3.3 趋肤效应 ·· 7
  习题 ·· 8
第2章 射频电路基础 ··· 10
  2.1 频带宽度表示法 ·· 10
    2.1.1 绝对带宽 ··· 10
    2.1.2 相对带宽 ··· 10
    2.1.3 窄带和宽带 ·· 11
  2.2 分贝表示法 ·· 12
  2.3 LC 谐振电路的特性 ·· 13
    2.3.1 串联谐振电路 ··· 13
    2.3.2 并联谐振电路 ··· 15
  2.4 品质因数 ··· 17
    2.4.1 品质因数与带宽的关系 ·· 17
    2.4.2 有载品质因数 ··· 18
    2.4.3 电抗器件的品质因数 ·· 19
  2.5 射频二极管 ·· 20
    2.5.1 二极管模型 ·· 20
    2.5.2 射频二极管分类 ·· 22
  2.6 射频晶体管 ·· 27
    2.6.1 射频晶体管的结构 ··· 27
    2.6.2 射频晶体管的模型 ··· 30
  习题 ·· 33
第3章 传输线理论及 Smith 圆图 ····································· 35
  3.1 传输线基础 ·· 36
    3.1.1 常用传输线种类 ·· 37
    3.1.2 传输线等效电路 ·· 39
    3.1.3 传输线方程 ·· 41

3.1.4 特征阻抗的定义 42
3.2 无耗传输线的基本特性 47
3.2.1 传输特性 47
3.2.2 阻抗特性 50
3.2.3 反射特性 52
3.3 终端接不同负载的传输线 54
3.3.1 终端接匹配负载 54
3.3.2 纯驻波工作状态 55
3.4 信号源和有载传输线 58
3.5 Smith 圆图 61
3.5.1 Smith 圆图的构成 62
3.5.2 Smith 圆图的应用 66
3.6 小结 71
习题 72

第 4 章 射频网络 75
4.1 基本概念 75
4.1.1 线性网络 75
4.1.2 阻抗矩阵和导纳矩阵 77
4.1.3 混合矩阵和转移矩阵 80
4.2 网络的连接 84
4.2.1 网络的串联 84
4.2.2 网络的并联 85
4.2.3 网络的级联 85
4.3 网络的特性 88
4.3.1 网络的转换 88
4.3.2 网络分析的应用 90
4.4 散射参数 93
4.4.1 散射参数概念 94
4.4.2 散射参数推广 101
4.4.3 散射参数测量 104
4.5 信号流图 105
4.5.1 信号流图基础 105
4.5.2 信号流图基本规则 107
4.5.3 信号流图的应用 107
习题 111

第 5 章 滤波电路设计 114
5.1 谐振电路和滤波电路的基本结构 115
5.1.1 谐振电路的类型和基本参数 115
5.1.2 一阶滤波电路 118

5.2 集总参数滤波电路 · · · · · · 129
5.2.1 巴特沃斯滤波电路 · · · · · · 129
5.2.2 切比雪夫滤波电路 · · · · · · 133
5.2.3 归一化滤波电路的变换 · · · · · · 138
5.3 分布参数滤波电路 · · · · · · 147
5.3.1 基本方法 · · · · · · 147
5.3.2 低通滤波电路的设计 · · · · · · 151
5.3.3 带阻滤波电路 · · · · · · 159
5.3.4 带通滤波电路 · · · · · · 163
习题 · · · · · · 172

第 6 章 匹配电路和偏置电路 · · · · · · 175
6.1 匹配电路的概念 · · · · · · 175
6.2 集总参数匹配电路 · · · · · · 178
6.2.1 变压器阻抗变换电路 · · · · · · 178
6.2.2 L 形匹配电路 · · · · · · 182
6.2.3 集总参数 L 形匹配电路 · · · · · · 182
6.2.4 匹配禁区和频率响应 · · · · · · 190
6.2.5 T 形和 π 形匹配电路 · · · · · · 198
6.3 分布式匹配电路 · · · · · · 202
6.3.1 混合型匹配电路 · · · · · · 202
6.3.2 单分支匹配电路 · · · · · · 204
6.3.3 双分支匹配电路 · · · · · · 208
6.4 阻抗匹配电路综合设计 · · · · · · 211
6.5 偏置电路 · · · · · · 215
6.5.1 偏置电路基本概念 · · · · · · 216
6.5.2 无源偏置电路 · · · · · · 219
6.5.3 有源偏置电路 · · · · · · 223
习题 · · · · · · 227

第 7 章 射频放大电路 · · · · · · 231
7.1 小信号射频放大电路 · · · · · · 232
7.1.1 放大电路稳定性分析 · · · · · · 232
7.1.2 绝对稳定的充要条件 · · · · · · 238
7.1.3 潜在不稳定情况 · · · · · · 240
7.1.4 放大电路的增益 · · · · · · 241
7.2 射频放大电路的噪声 · · · · · · 252
7.2.1 噪声信号的特性和分类 · · · · · · 252
7.2.2 等效噪声温度和噪声系数 · · · · · · 254
7.2.3 等噪声系数圆 · · · · · · 259
7.3 宽带放大电路 · · · · · · 262

7.4 功率放大电路 266
    7.4.1 A 类功率放大电路 267
    7.4.2 B 类和 C 类功率放大电路 269
    7.4.3 功率合成放大电路 272
    7.4.4 功率放大的交调失真 274
7.5 射频放大电路综合分析设计 276
习题 287

第 8 章 振荡电路 291
8.1 反馈型振荡电路 291
    8.1.1 振荡电路的工作条件 291
    8.1.2 LC 型振荡电路 297
    8.1.3 石英晶体振荡电路 307
8.2 负阻型振荡电路 311
    8.2.1 负阻振荡电路的原理 312
    8.2.2 负阻振荡电路设计 320
8.3 振荡电路的分析和应用 334
    8.3.1 频率稳定度 334
    8.3.2 可调谐振荡电路 336
    8.3.3 混合参数型振荡电路 344
    8.3.4 寄生振荡和间歇振荡 345
习题 347

第 9 章 频率变换和调制电路 350
9.1 整流和检波电路 350
    9.1.1 二极管的小信号分析 351
    9.1.2 二极管在检波电路中的应用 353
9.2 混频电路类型和参数 363
    9.2.1 混频电路的类型 364
    9.2.2 混频电路的参数 366
9.3 混频电路的设计 370
    9.3.1 无源混频电路 370
    9.3.2 有源混频电路 378
9.4 调制和解调电路 388
    9.4.1 调制电路 390
    9.4.2 解调电路 400
习题 406

第 10 章 锁相环电路设计 409
10.1 锁相环的基本组成与工作原理 409
10.2 锁相环的结构和模型 410
10.3 锁相环的特性 413

  10.3.1 锁相环的带宽 ·· 413
  10.3.2 锁相环的非线性特性 ··· 414
  10.3.3 锁相环的基本传递函数 ······································· 415
  10.3.4 锁相环的阶数 ·· 416
 10.4 锁相环的稳定性 ·· 417
 10.5 鉴相器电路 ··· 418
 10.6 频率合成器中锁相环的应用 ·· 421
 习题 ··· 422

第 11 章 射频系统参数 ·· 423
 11.1 功率增益 ··· 423
 11.2 噪声系数 ··· 424
 11.3 三阶交调截点 ·· 425
 11.4 动态范围 ··· 426
 习题 ··· 430

参考文献 ·· 432

附录 ·· 433
 附录 A 物理常数 ·· 433
 附录 B 数量级表示 ·· 433
 附录 C IEEE 和商用波段划分 ··· 433
 附录 D 声波频率划分表 ··· 434
 附录 E 常用广播系统的工作频段 ···································· 434
 附录 F 传输线特征阻抗的初等方法推导 ···························· 435
 附录 G 两端口网络参数的换算 ······································· 436

第1章 绪 论

1.1 射频概念

在 1864~1873 年,英国物理学家麦克斯韦(James Clark Maxwell)通过电磁学的研究,提出了著名的 Maxwell 方程组,并从理论上预言了电磁波的存在。1887~1891 年,德国物理学家赫兹(Heinrich Hertz)通过电磁学实验首次证实了电磁波的存在。1901 年,马可尼(Guglielmo Marconi)利用电磁波实现了横跨大西洋的无线通信。1947 年,美国贝尔实验室发明了双极型晶体管,逐步取代了体积大、功耗高的真空管电子器件。晶体管是 20 世纪电子领域最重要的发明之一,推动了众多行业的发展。电视和广播等属于单向信息传输的无线通信方式,移动通信则是一种双向信息传输的无线通信方式。射频集成电路和微波集成电路的出现,使通信设备价格更低廉、体积更小、重量更轻,射频通信电路逐步从军用转向民用,并推动了射频通信技术的进一步发展。

随着科学技术的不断进步,电子通信系统也不断完善和发展。从有线传输的语音通信到无线传输的移动通信,从窄带语音通信到宽带综合业务通信,从模拟调制信号通信到数字调制信号通信,电子通信系统越来越先进也越来越复杂。随着通信系统信息容量的不断提高,射频通信技术越来越显示其重要性。

按照通信信号的不同频率范围,可以把通信系统使用的频率人为地划分成很多波段。频率和波段的划分标准见表 1-1。表 1-1 给出了信号频率和相应的自由空间波长。例如,50Hz 的交流电属于 ELF 频段;调幅广播属于 MF 频段;调频广播属于 VHF 频段;电视广播属于 VHF 和 UHF 波段;GSM 移动通信属于 UHF 波段;很多卫星通信使用了 SHF 波段的频率。国外还有其他波段划分和命名方法,可以参看附录 C。

表 1-1 频率和波段的划分

波段	缩写	频率范围	波长		波长相对尺度
极低频	ELF	30~300Hz	1000~10000km		地球直径
音频	VF	300~3000Hz	100~1000km		山峰高度
甚低频	VLF	3~30kHz	10~100km		
低频	LF	30~300kHz	1~10km	长波	
中频	MF	300~3000kHz	0.1~1km	中波	高层建筑
高频	HF	3~30MHz	10~100m	短波	
甚高频	VHF	30~300MHz	1~10m	米波	人的身高
特高频	UHF	300~3000MHz	0.1~1m	分米波	书本
超高频	SHF	3~30GHz	1~10cm	厘米波	手机
极高频	EHF	30~300GHz	0.1~1cm	毫米波	

目前,射频(Radio Frequency,RF)没有一个严格的频率范围定义。广义的射频信号是指所有频率高于 10kHz,可以向外辐射电磁能量的信号。频率为 10kHz~30MHz 的信号,对应的波长超过 10m,在通常尺寸的电路板上电磁能量的辐射非常弱。电路设计与低频电路的设计区别不大。对于频率高于 30MHz 的信号,在电路设计时往往需要考虑如相位偏移、寄生参数、噪声、辐射等因素的影响。如果信号的频率高于 4GHz,则需要参考微波电路的方法进行电路设计。这些信号的频率都高于 10kHz,均属于广义射频的范围。由于广义射频信号定义的频率范围太宽,在实际应用中的使用较少。

在现代电路设计和通信系统应用中,通常将射频的频率范围定义为 30MHz~4GHz。这个的频率范围比广义的射频频率范围更为严格,电路设计具有更显著的特征,因而得到了广泛的应用和普遍的认可。本书中涉及的射频均指 30MHz~4GHz 的频率范围,本书讨论的射频通信电路,工作频率基本上也都位于 30MHz~4GHz 的范围。

从电路设计的角度来看,射频电路的设计既不同于低频电路设计,又区别于微波电路设计。如果信号频率低于 30MHz,通常可以采用低频电路的设计方法。如果信号的频率高于 4GHz,则通常属于微波电路设计的方法。在低频电路设计中,无须考虑线路板上引线的长度和一些寄生参数的影响,可以使用基尔霍夫定律进行电路分析。在微波电路设计中,主要应用波导、谐振腔、环形器等元件,必须使用基于电磁场的方法进行电路分析。例如,线路板上传输线的直角转弯,如何设计才能尽可能减小信号的损失,就属于微波电路设计的范畴。射频电路设计方法通常是介于低频电路设计与微波电路设计之间的一种方法。射频电路的频率不是很低,在电路设计时无法直接使用基尔霍夫定律,但是射频电路的频率又不是特别高,不必完全使用电磁场的分析方法。

射频的范围(30MHz~4GHz)覆盖了大多数电子通信系统载波的频率。例如,CATV 有线电视广播、GSM 移动通信系统、C 波段卫星通信等,都属于射频的范围。在通信领域内,射频电路得到广泛的应用。个人移动通信系统就是射频通信电路的一个典型应用。

随着射频电路的广泛应用和不断发展,射频的范围还将向更高的频率延伸。例如,目前一些厂家已经规定射频的高端频率为 9GHz,把高于 9GHz 的频率划归到微波范围,低于 9GHz 的频率划分为射频范围。

1.2　射频通信电路应用简介

在电子通信系统中,只有使用更高的载波频率,才能获得更大的带宽。使用射频通信技术的一个重要目的,就是使通信系统获得更高的信息容量。例如,按照 10%的带宽计算,有线电视系统中使用 100MHz 的载波可以获得 10MHz 的带宽,大致相当于 2 个电视频道的容量;而 C 波段卫星通信使用 4GHz 的载波可以获得 400MHz 的带宽,大致相当于 80 个电视频道的容量。因此,为了在通信系统中获得更高的信息容量,就必须从高频通信系统过渡到射频通信系统。

在射频的高端频段,射频信号在自由空间中具有类似光线的直线传输特性,而且由于频率的升高,射频信号的波长更短。例如,900MHz 的射频信号,自由空间的波长只有 30cm 左右,如果使用长度为$\lambda/4$ 的单极天线,天线长度大约为 7cm。射频高端频段信号的直线传输和天线体积小的特性,特别适合于无线通信系统的应用。射频高端频段信号的另一个重要的特性是可以穿透电离层,实现卫星通信。因此,射频通信技术在无线通信系统中得到了广泛应用。

经过近十年的发展,越来越多的通信系统使用了射频通信技术。射频通信系统的主要优点包括以下几点。

(1) 由于射频频率更高,可以利用更宽的频带获得更高的信息容量。

(2) 射频电路中电容和电感尺寸缩小,通信设备的体积进一步减小。

(3) 射频通信可以提供更多的可用频谱,解决频率资源日益紧张的问题。

(4) 通信信道之间的频率间隙增大,减小了信道的相互干扰。

(5) 可以利用小尺寸天线实现较高增益,便于移动通信系统的实现。

近年来,射频通信电路的主要应用领域包括卫星通信、个人移动通信(GSM、CDMA和3G)、无线局域网(WLAN)、航空通信、车载和船载通信、高速数字通信、光纤通信、电视广播和电台广播等。在光纤通信系统中,使用低损耗的光纤来传输调制的光信号。由于光信号具有极高的频率,通信系统具有很高的信息容量,而且可以避免电磁场的干扰。在光纤通信系统的发射端和接收端,都需要进行光信号和电信号的相互转换,也需要相应电信号的处理电路,例如,调制电路和解调电路。这些相关电路的设计都需要用到射频电路设计的知识。

射频通信电路主要的应用是在无线通信系统。不同射频通信系统具有类似的结构,典型的射频通信系统包括调制、变频、放大、解调等部分。下面以移动通信系统为例简单介绍射频通信系统的一些参数和基本电路结构。

根据信号调制方式和频带宽度的不同,移动通信有几种标准,如 IS-54、IS-95 和 GSM 等,载波频率都集中在 900~1800MHz,属于射频的频率范围。表 1-2 列出了 6 种主要移动通信系统的参数比较。

表 1-2 移动通信系统的参数

系统名称	IS-54	IS-95	GSM	CT2	DCS1800	DECT
频带(上行)/MHz	869~894	869~894	935~960	864~868	1805~1880	1880~1900
频带(下行)/MHz	824~849	824~849	890~915	864~868	1710~1785	1880~1900
频带宽度/MHz	50	50	50	2	150	20
通道选择	TDMA/FDMA	CDMA/FDMA	TDMA/FDMA	FDMA	TDMA/FDMA	TDMA
信道宽/kHz	30	1250	200	100	200	1728
信道/载波	3	55~62	8	1	16	12
通道数	832	20	124	40	375	10
用户数	2496	15960	992	40	5984	120
双工方式	FDD	FDD	FDD	TDD	FDD	TDD
通道比特率/kbit/s	48.6	12288	271	73	271	1152
调制	$\pi/4$DQPSK	BPSK/OQPSK	GMSK	FSK	GMSK	GMSK
移动峰值功率/W	0.6~3	0.2~2	2~20	0.01	0.25~2	0.25
移动平均功率/W	0.6~3	0.2~2	0.25~2.5	0.005	0.03~0.25	0.01

以 GSM 移动通信系统为例,表 1-3 列出了移动通信 GSM900 和 GSM1800 系统的相关射频参数。在 GSM900 标准中,P 波段的上行频率和下行频率的间隔为 45MHz,上行和下行频带宽度均为 25MHz,系统共占用 50MHz 的频率资源。在上行/下行的 25MHz 带宽内,提供了 124 个信道,每个信道的带宽为 200kHz,调制方式为 GMSK。在此通信系统中,需要设计工作在 900MHz 的放大电路、滤波电路、混频电路、振荡电路等。只有使用射频电路设计方法才能获得一个性能优良的 GSM 移动通信系统。

表 1-3 GSM900 和 GSM1800 的 RF 数据

系统相关射频参数	GSM900		GSM1800
频率范围	P 波段	G1 波段	L 波段
上行频率/MHz(手机发射)	890~915	880~890	1710~1785
下行频率/MHz(基站发射)	935~960	925~935	1805~1880
双工间隔/MHz	45	55	95
占用频谱/MHz	2×25	2×10	2×75
通道数	124	49	374
绝对无线信道号(ARFCN)	1~124	975~1023	512~885
同时用户数	992	392	2992
信道间隔/kHz	200		
调制方式	GMSK($B×T$)=0.3		
数据传输速率/kbit/s	270.88		
比特持续期/μs	2.69		

GSM 手机实际上是工作在脉冲状态,GSM 的无线信道是由不断重复出现的帧组成,每个帧是持续时间为 4.62ms 的射频信号。每个帧内包含 8 个 577μs 的时间间隙,每一个时间间隙包含一系列的脉冲串用于构成一个信息包。发射时间间隙和接收时间间隙之间有 2 个时间间隙的空闲,以避免发射信号和接收信号的相互干扰。一个帧可以容纳 8 对发射和接收的时间间隙,也就是 8 个用户可以分时共用一个 200kHz 的信道。通过这种时分多址(TDMA)的方式,GSM 通信系统利用有限的频带资源提供更多的信道。以 200kHz 为信道的带宽,GSM900 上行和下行 25MHz 的带宽内只能容纳 124 个信道。通过时分多址的方式,每个信道可以容纳 8 个用户,将使 GSM900 理论上可以扩充到 992 个并发用户。

图 1-1 给出了一款 IS-54 手机射频前端电路的结构框图。天线接收到的信号经过双工器进入接收通道,通过带通滤波电路(BPF)后进入低噪声放大电路(LNA)。870.03MHz 的输入射频信号与压控振荡电路(VCO)产生的 953.19MHz 的本振信号混频,生成 83.16MHz 的第一中频信号。第一中频信号再与 82.71MHz 的本振信号混频,生成 450kHz 的第二中频信号,经过限幅器送入 DSP 进行处理。在手机的发射通道中,利用 VCO 产生的 953.19MHz 信号与 128.16MHz 的信号混频,产生 825.03MHz 的射频信号,经过移相网络产生相位相差 90°的正交信号,分别受到数字信号的 I/Q 正交调制,完成数字信号对射频信号的调制。再通过放大电路和滤波电路,进入射频功率放大电路。获得足够的功率增益后,通过天线将包含数字调

制信息的射频信号辐射出去。正交调制 I/Q 输入信号和 450kHz 的中频信号相关的处理电路都可以使用低频电路设计方法来实现。由于手机接收信号和发射信号位于不同的时间,可以控制双工器以分时的方式连接到接收通道和发射通道。

实际手机电路中为了提高信号频率和相位的稳定性,需要利用锁相环(PLL)控制压控振荡电路的频率和相位,还必须使用幅度控制电路控制接收和发生通道放大电路的增益,以适应信号强度的变化。另外,还要加入温度补偿电路提高稳定性,增加电源控制模块尽可能降低功率消耗。

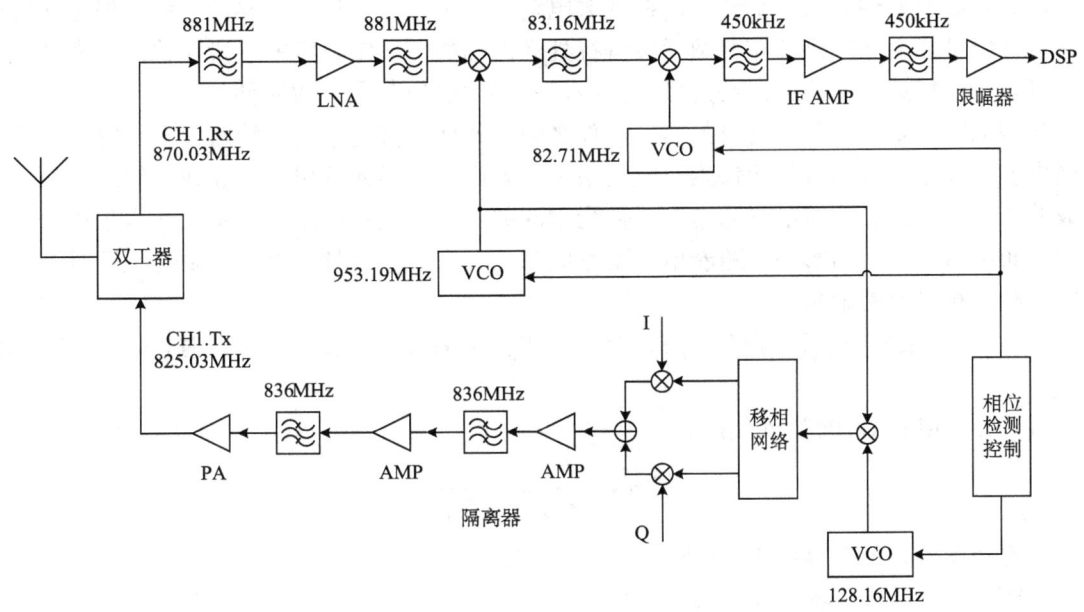

图 1-1　IS-54 手机前端电路框图

在图 1-1 所示的手机电路中,涉及很多射频电路的设计,包括滤波电路、低噪声放大电路、功率放大电路、混频电路、调制解调电路和压控振荡电路等。这些电路都需要使用射频电路的设计方法。本书将首先介绍射频电路设计的基本理论,然后逐章讨论常用的射频通信单元电路,包括电路基本原理和设计方法。

1.3　射频电路设计的特点

在射频电路设计中,由于电路工作频率较高,必须考虑相位偏移、噪声、损耗和匹配等因素的影响。射频电路设计具有与低频电路设计不同的特点,如分布参数、趋肤效应和传输线设计等。

1.3.1　分布参数

集总参数元件是指一个独立的局域性元件,能够在一定的频率范围内提供特定的电路性能。在低频电路设计中,可以把元件看作集总参数元件,认为元件的特性仅由元件自身决定,元件的电磁场都集中在元件内部。例如,电阻、电感和电容等都被看做集总参数元件。一个电容的容抗由电容器自身的特性决定，不会受周围元件的影响。如果把其他元件靠近这个电容器，其容抗不会随之变化。

分布参数元件是指一个元件的特性延伸扩展到一定的空间范围内，不再局限于元件自身。由于分布参数元件的电磁场分布在附近空间中，其特性要受周围环境的影响。例如，一段不连续微带传输线构成的分布参数电容，其特性延伸到了微带线附近。如果把介质靠近微带线，会扰动电磁场分布而影响等效电容的大小。

在低频电路设计中，通常可以把元件看作集总参数元件；在射频电路设计中，经常会涉及一些分布参数元件。同一个元件，在低频电路设计中可以看作集总参数元件，但是在射频电路设计中可能需要作为分布参数元件进行处理。例如，一定长度的一段传输线，在低频电路中可以看作集总参数元件；在射频电路中，就必须看作分布参数元件。

分布电容主要指在元件自身封装、元件之间、元件到接地平面、线路板布线间形成的非期望电容。分布电容通常与元件为并联关系。分布电感是指元件引脚、连线、线路板布线等形成的非期望电感。分布电感通常与元件为串联关系。在低频电路设计中，通常忽略分布电容和分布电感对电路的影响。随着电路工作频率的升高，在射频电路设计中必须同时考虑分布电容和分布电感的影响。

例 1-1 如果分布电容为 C_D=1pF，请计算在 f=2kHz、2MHz 和 2GHz 时，分布电容的容抗 X_D。

解 分布电容 C_D 的容抗 X_D 为

$$X_D = \frac{1}{\omega C_D} = \frac{1}{2\pi f C_D}$$

从而计算得到分布容抗 X_D 如下：
(1) 当 f=2kHz 时，容抗 X_D=79.6MΩ。
(2) 当 f=2MHz 时，容抗 X_D=79.6kΩ。
(3) 当 f=2GHz 时，容抗 X_D=79.6Ω。

1pF 的电容大概相当于两个相互靠近的 1/8W 金属膜电阻之间的分布电容，或者相当于印刷线路板一小块覆铜板的对地电容。频率为 2kHz 和 2MHz 时，1pF 的电容具有很高的容抗，可以忽略不计。频率为 2GHz 时，1pF 的电容只有 79.6Ω的容抗，已经与射频电路的标准阻抗 Z_0=50Ω可以比拟。因此，分布电容会影响射频元件的阻抗并改变电路的特性，在射频电路设计中需要考虑分布电容的影响。

例 1-2 如果分布电感 L_D 为 1nH，求在 f=2kHz、2MHz 和 2GHz 时，分布电感 L_D 的感抗 X_D。

解 根据感抗的计算公式可以得到

$$X_D = \omega L_D = 2\pi f L_D$$

在代入数据进行计算得到分布电感 L_D 的感抗 X_D 分别如下：
(1) 当频率 f=2kHz 时，感抗 X_D=12.6×10^{-6}Ω。
(2) 当频率 f=2MHz 时，感抗 X_D=12.6×10^{-3}Ω。
(3) 当频率 f=2GHz 时，感抗 X_D=12.6Ω。

1nH 的电感大概相当于元件较长的引脚形成的电感，或者相当于印刷线路板上一段弯曲的细导线的电感。频率为 2kHz 和 2MHz 时，分布电感的影响可以忽略不计。频率为 2GHz 时，分布电感具有 12.6Ω 的感抗，可以与射频通信电路中 $Z_0=50Ω$ 的标准阻抗相比拟。因此，在射频电路设计中，也必须考虑这些分布电感的影响。

在射频电路设计中，分布电感的影响可能使电容器呈现出电感特性；分布电容的影响也可能使电感器呈现出电容特性。通常元件同时受分布电容和分布电感的影响，随频率的升高元件特性变化比较复杂。这些分布参数可能改变电路的特性，影响电路的工作状态。在射频电路设计中，必须解决好分布参数对电路影响的问题，才能设计出性能良好的电路。

1.3.2 λ/8 设计准则

随着工作波长的变短，电路板上不同位置电压的相位差变大，因此必须考虑电压和电流空间分布的变化。如果考虑电路板上连线长度、宽度等参数对信号相位和阻抗的影响，就需要使用基于分布参数的传输线理论分析电路特性。

通常使用 λ/8 准则，判断是否使用传输线理论进行电路分析和设计。当电路板的几何尺度小于 λ/8 时，可以不使用传输线理论进行电路设计；当电路板的几何尺度大于 λ/8 时，必须使用传输线理论进行电路设计。这里没有以工作频率作为是否使用传输线理论的标准，而是以工作波长和电路尺度的相对关系作为判断标准。

例 1-3 某 CPU 的内部核心电路尺寸为 5mm 左右，时钟频率为 2GHz。请判断 CPU 内部电路设计是否需按照传输线理论进行分析和设计。

解 2GHz 信号对应的波长为

$$\lambda = \frac{c}{f} = 0.15 \text{m}$$

计算得到 $\frac{\lambda}{8} \approx 19\text{mm}$。按照 λ/8 的设计准则，$l = 5\text{mm} < \frac{\lambda}{8}$，可以不按照传输线理论进行电路设计。

例 1-4 射频电路尺寸为 10cm 左右，工作频率达到了 900MHz。请判断该电路设计是否需按照传输线理论进行分析和设计。

解 900MHz 信号对应的波长为

$$\lambda = \frac{c}{f} = 0.33 \text{m}$$

计算得到 $\frac{\lambda}{8} \approx 4\text{cm}$。按照 λ/8 的设计准则，$l = 10\text{cm} > \frac{\lambda}{8}$，必须按照传输线理论进行电路设计。

1.3.3 趋肤效应

趋肤效应使电流集中在导体表层区域中，导致有效导电面积的变小，使导体的交流电阻增加。在射频电路中，趋肤效应更加显著，需要特别注意。趋肤深度 δ 定义为

$$\delta = \frac{1}{\sqrt{\pi f \mu \sigma}} \tag{1.1}$$

其中，f 为工作频率；μ 为导体的磁导率；σ 为导体的电导率。例如，铜的电导率为

$\sigma = 6.45 \times 10^7 \mathrm{S/m}$，磁导率 $\mu = \mu_0$，则在 f=1kHz、1MHz 和 1GHz 的频率下，趋肤深度 δ 分别为

$$f = 1\mathrm{kHz} \to \delta = 2.0\mathrm{mm}$$
$$f = 1\mathrm{MHz} \to \delta = 63\mathrm{\mu m}$$
$$f = 1\mathrm{GHz} \to \delta = 2.0\mathrm{\mu m}$$

在 1GHz 的频率下，电流将主要集中在铜表面 2μm 的范围内。导线表面的光洁程度将会影响导线的射频电阻，一旦发生表面氧化就会增加传输损耗，所以射频元件表面多经过镀金或者镀银处理。

对于半径为 a 的圆柱形的导体，如果在工作频率下的趋肤深度 δ 远小于半径 a，则由于有效导电面积的减小，可以估算圆柱形导体的射频电阻 R_{RF} 和直流电阻 R_{DC} 的关系为

$$R_{RF} \approx R_{DC} \frac{\pi a^2}{2\pi \delta a} = \frac{a}{2\delta} R_{DC} \tag{1.2}$$

以半径为 a=0.5mm 的铜导线为例，在 1GHz 的频率下，射频电阻 R_{RF} 为

$$R_{RF} \approx 250 R_{DC}$$

射频电阻已经达到了直流电阻的 250 倍。在射频高端频段的电路设计中，需要注意趋肤效应引起电路损耗的增加。在低频电路中，一个普通的导线就可以把两个电路短接在一起。在射频电路中，只有足够宽、足够平的导体才能短接两个电路。在低频电路中工作良好的导线，在射频电路中会因为太高的分布电感和射频电阻而呈现较高的阻抗。

总之，随着频率的升高，在射频电路的设计、实现和测量上，都具有一些特殊性。在射频电路的学习中，需要特别注意这些影响电路的因素。

习　题

1. 本书使用的射频概念所指的频率范围是多少？
2. 列举一些工作在射频范围内的电子系统，根据表 1-1 判断其工作波段，并估算相应射频信号的波长。
3. 从成都到上海的距离约为 1700km。如果要把 50Hz 的交流电从成都输送到上海，请问两地交流电的相位差是多少？
4. 射频通信系统的主要优势是什么？
5. GSM 和 CDMA 都是移动通信的标准，请写出 GSM 和 CDMA 的英文全称和中文含义（提示：可以在互联网上搜索）。
6. 有一个 C=10pF 的电容器，引脚的分布电感为 L=2nH。请问当频率 f 为多少时，电容器开始呈现感抗。
7. 一个 L=10nH 的电容器，引脚的分布电容为 C=1pF。请问当频率 f 为多少时，电感器开始呈现容抗。
8. (1) 试证明式(1.2)。

   (2) 如果导体横截面为矩形，边长分别为 a 和 b，请给出射频电阻 R_{RF} 与直流电阻 R_{DC} 的关系。
9. 已知铜的电导率为 $\sigma_{Cu} = 6.45 \times 10^6 \mathrm{S/m}$，铝的电导率为 $\sigma_{Al} = 4.00 \times 10^6 \mathrm{S/m}$，金的电导率为 $\sigma_{Au} = 4.85 \times 10^6 \mathrm{S/m}$。试分别计算在 100MHz 和 1GHz 的频率下，三种材料的趋肤深度。
10. 某个元件的引脚直径为 d=0.5mm，长度为 l=25mm，材料为铜。请计算其直流电阻 R_{DC} 和在 1000MHz 频率下的射频电阻 R_{RF}。
11. 贴片器件在射频电路中有很多应用。一般使用数字直接标示电阻、电容和电感。有 4 个电阻的标示分别为"203" "102" "8R1" 和 "220R"。请问 4 个电阻的阻值分别是多少（提示：可以在互联网上查找

贴片元件标示的规则。)?

12. 某贴片电阻上的标示为"0"。请问该电阻的阻值是多少？请分析该贴片电阻在射频电路中可能有什么用处。

13. 试编写程序计算电磁波在自由空间中的波长和在铜材料中的趋肤深度，要求程序接收键盘输入的频率 f，在屏幕上输出波长 λ 和趋肤深度 δ。

14. 试阅读参考文献收集资料，讨论下一代移动通信的工作频率，分析其存在的优势和需要解决的问题。

第 2 章 射频电路基础

在射频通信电路设计和工程应用中,经常涉及频带宽度、品质因数和分贝等概念。例如,射频电路设计中经常以 dBm 作为功率的单位,以 dBμV 作为电压单位。本章作为射频电路设计的基础,介绍一些相关参数的概念和表示方法,包括频带宽度的表示方法、分贝表示方法和谐振电路的品质因数等内容。

由于工作频率的升高,射频器件在结构和功能上都与低频和高频器件有所不同。本章简要介绍射频二极管和射频晶体管的基本电路模型和结构特点,包括肖特基二极管、PIN 二极管、双极型晶体管和场效应管等射频有源器件。

2.1 频带宽度表示法

2.1.1 绝对带宽

在射频通信电路设计中,经常涉及频带宽度的问题。例如,在带通或带阻滤波电路的设计中,需要给出对频带宽度的描述。带宽 BW 可以根据高端截止频率 f_H 和低端截止频率 f_L 定义为

$$\text{BW}(\text{Hz}) = f_H - f_L \tag{2.1}$$

采用绝对带宽表示时,带宽 BW 的量纲为 Hz。例如,某射频放大电路的工作频率范围为 1~2GHz,则带宽为 1GHz;PAL 制式的电视广播的图像信号带宽为 6MHz。通常以频率作为单位表示的带宽是指绝对带宽。

2.1.2 相对带宽

采用绝对带宽表示时,不仅需要指出带宽的数值,还需要指出具体中心频率。例如,带宽同样为 BW=100MHz,中心频率分别为 f_{c1}=3GHz 和 f_{c2}=300MHz,在放大电路的设计上存在较大的差异。如果只给出带宽 BW 而不给出中心频率 f_c,则不能完全反映带宽的含义。因此在射频电路设计中,使用相对带宽的概念较为简便。

相对带宽常用的表达方式有两种:百分比法和倍数法。采用相对带宽表示时,带宽是无量纲的相对值。百分比法定义为绝对带宽占中心频率的百分数,用 RBW 表示

$$\text{RBW} = \frac{f_H - f_L}{f_0} \times 100\% = \frac{\text{BW}}{f_0} \times 100\% \tag{2.2}$$

其中,$f_0 = \frac{f_H + f_L}{2}$ 为中心频率。倍数法(又称覆盖比法)定义为高端截止频率 f_H 与低端截止频率 f_L 的比值,用 K 表示为

$$K = \frac{f_H}{f_L} \tag{2.3}$$

或者通过分贝值来表示,定义频带宽度为

$$K(\mathrm{dB}) = 20\lg\frac{f_\mathrm{H}}{f_\mathrm{L}} \tag{2.4}$$

采用倍数法表示的相对带宽有时也用倍频程的概念进行描述。例如,1～2GHz 的射频放大电路,$K=2$(或 6dB),具有一个倍频程的带宽;而 200MHz～2GHz 的射频放大电路,$K=10$(或 20dB),具有十个倍频程的带宽。

百分比法 RBW 和倍数法 K 都可以表示相对带宽,两者的转换关系为

$$\mathrm{RBW} = 2\times\frac{K-1}{K+1}\times 100\% \tag{2.5}$$

使用百分比法和倍数法表示相对带宽的具体数值比较,可以参考表 2-1。

表 2-1 相对带宽的比较

百分比法/%	1	9.5	18	40	66	163	196
倍数法 K	1.01	1.1	1.2	1.5	2	10	100
分贝值/dB	0.086	0.83	1.58	3.52	6.02	20	40

百分比法适合于表示较窄的带宽,倍数法适合于表示较宽的带宽。例如,一个宽带射频放大电路的频率范围为 30MHz～3GHz,采用倍数法表示带宽为 $K=100:1$,而采用百分比表示带宽为 196%。在这种情况下,采用倍数法比百分比法更能清晰明确地表示带宽。

2.1.3 窄带和宽带

窄带和宽带是一个相对的概念,没有十分严格的定义。一般根据相对带宽来定义宽带,而不使用绝对带宽来定义。通常认为当相对带宽达到一个倍频程以上($K\geqslant 2$)属于宽带。如果相对带宽在一个倍频程以内,则属于窄带。例如,射频电路设计中经常涉及的窄带放大电路和宽带放大电路,就是按照这个标准进行划分的。

例 2-1 一个射频低噪声放大电路的频率范围为 $f_\mathrm{L}=3.4$GHz 和 $f_\mathrm{H}=4.2$GHz。请计算绝对带宽 BW、相对带宽 RBW、倍数法表示的带宽 K,并判断该放大电路是否属于宽带放大电路。

解 绝对带宽 BW 为

$$\mathrm{BW} = f_\mathrm{H} - f_\mathrm{L} = 4.2\,\mathrm{GHz} - 3.4\,\mathrm{GHz} = 0.8\,\mathrm{GHz}$$

相对带宽 RBW 为

$$\mathrm{RBW} = \frac{\mathrm{BW}}{f_0} = 2\times\frac{f_\mathrm{H}-f_\mathrm{L}}{f_\mathrm{H}+f_\mathrm{L}}\times 100\% = 21\%$$

倍数法表示相对带宽为

$$K = \frac{f_\mathrm{H}}{f_\mathrm{L}} = 1.24$$

或者用分贝表示为

$$K = 20\log_{10}\frac{f_\mathrm{H}}{f_\mathrm{L}} = 1.84\,\mathrm{dB}$$

由于带宽没有达到一个倍频程,所以该放大电路不属于宽带放大电路。

2.2 分贝表示法

在射频电路设计中,经常引入分贝(dB)作为一个通用的参考单位。分贝是一个对数函数,可以方便地表述数量级相差很大的数值。分贝通常是一个无量纲的比值,用来表示物理量相对值,如电压放大倍数和功率放大倍数等。在射频电路的工程应用中,可以将分贝和某些物理单位一起使用,用来表示物理量的绝对数值,如用 dBμV 来表示电压,用 dBmW 来表示功率。

绝对电压、绝对电流和绝对功率都是有量纲的物理量,如果与相应的物理量相比,就能使用分贝表示这个无量纲的比值。例如,放大电路的输入功率为 P_{IN},输出功率为 P_{OUT},则放大电路的功率增益 G_P 为

$$G_P(\text{dB}) = 10\lg\left(\frac{P_{OUT}}{P_{IN}}\right) \tag{2.6}$$

在射频系统中,单元电路的输入阻抗和输出阻抗都要求设计匹配为 Z_0。如果放大电路的输入电压为 V_{IN},输出电压为 V_{OUT},选择合适的系数可以使电压增益 G_V 与功率增益 G_P 具有相同的分贝值。因此,定义电压增益 G_V 的分贝值为

$$G_V(\text{dB}) = G_P(\text{dB}) = 10\lg\left(\frac{V_{OUT}^2/Z_0}{V_{IN}^2/Z_0}\right) = 20\lg\left(\frac{V_{OUT}}{V_{IN}}\right) \tag{2.7}$$

注意在计算功率增益 G_P 和电压增益 G_V 时,分别使用了不同的系数 10 和 20。如果放大电路的电压放大倍数为 10,则功率放大倍数为 100,但是电压增益 G_V 和功率增益 G_P 均为 20dB。

分贝表示方法还可以通过选取固定的参考值来表述物理量的绝对值。表 2-2 和表 2-3 分别为使用 dBm 和 dBμV 表示的一些典型电压值。例如,选取 1mW 作为功率的参考值,并且定义为 P_0=0dBm,把其他功率 P 与该参考功率 P_0 比较就可以得到功率 P 的分贝表示为

$$P(\text{dBm}) = 10\lg\left(\frac{P}{1\text{mW}}\right) \tag{2.8}$$

表 2-2 使用 dBm 表示的一些典型功率值

P/mW	0.01	0.1	1	10	100	1000
P/dBm	−20	-10	0	10	20	30

选用 1μV 作为电压的固定参考值 0dBμV,可以将电压 V 用分贝表示为

$$V(\text{dB}\mu\text{V}) = 20\lg\left(\frac{V}{1\mu\text{V}}\right) \tag{2.9}$$

表 2-3 使用 dBμV 表示的一些典型电压值

V/μV	0.01	0.1	1	10	100	1000
V/dBμV	−40	−20	0	20	40	60

在阻抗为 $Z_0=50\Omega$ 的系统中,如果测量电压为 $V=1\mu V$,则可以计算相应功率 P 为

$$P(\text{dBm}) = 10\lg\left(\frac{1\mu V \times 1\mu V / 50\Omega}{1\text{mW}}\right) = -107\text{dBm} \tag{2.10}$$

也就是说在阻抗为 50Ω 的射频系统中,$0\text{dB}\mu V$ 的信号和 -107dBm 的信号具有相同的功率。需要注意如果系统阻抗 Z_0 发生了变化,电压 dBμV 和功率 dBm 之间的转换关系也要发生相应的变化,两者的具体关系为

$$V(\text{dB}\mu V) = 90 + 10\lg(Z_0) + P(\text{dBm}) \tag{2.11}$$

例 2-2 (1) 在 $Z_0=50\Omega$ 的射频系统中,13dBm 的信号对应的电压是多少?
(2) 在 $Z_0=600\Omega$ 的射频系统中,2dBm 的信号对应的电压是多少?

解 根据式(2.11)可以计算得到电压如下。
(1) $V = 90 + 10\log_{10} 50 + 13 = 120(\text{dB}\mu V)$。
(2) $V = 90 + 10\log_{10} 600 + 2 = 120(\text{dB}\mu V)$。

或者根据式(2.9)可以换算得到实际的电压均为

$$V = 10^{\frac{120}{20}} = 10^6 (\mu V)$$

显然,在不同阻抗的射频系统中,1V 的电压会对应不同的射频功率。

使用类似的方法还可以定义电流、电场强度和磁场强度等物理量的分贝表示法,例如,电流的分贝表示法定义为

$$I(\text{dB}\mu A) = 20\lg\left(\frac{I}{1\mu A}\right) \tag{2.12}$$

其他物理量的分贝表示法与电压和功率的分贝表示法相似,可以自行推导得到相应的表达式。

2.3 LC 谐振电路的特性

2.3.1 串联谐振电路

电感 L 和电容 C 串联构成串联谐振电路。由于电路中存在一定的损耗,例如,电感线圈的欧姆损耗和辐射损耗、电容的介质损耗等。随着频率的升高,趋肤效应还会导致电感线圈的欧姆损耗和辐射损耗增加。当电路工作在谐振频率点附近时,必须考虑这些损耗对谐振电路的影响。因此,串联谐振电路等效为电感 L、电容 C 和等效损耗电阻 R 的串联电路,如图 2-1 所示,等效阻抗 Z 为

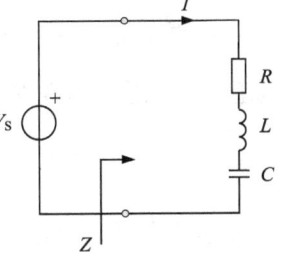

图 2-1 串联谐振电路

$$Z = R + j\omega L + \frac{1}{j\omega C} = R + j\left(\omega L - \frac{1}{\omega C}\right) = R + jX \tag{2.13}$$

其中,$X = \omega L - \dfrac{1}{\omega C}$ 表示电抗。如果 V_S 为源电压,则串联谐振电路中的电流表示为

$$I = \frac{V_S}{Z} = \frac{V_S}{R + jX} = |I|e^{j\phi} \tag{2.14}$$

其中，$|I|$为电流的模值；ϕ为电压和电流之间的相位差。从而可以得到

$$|I| = \frac{V_S}{\sqrt{R^2 + X^2}}$$
$$\phi = -\arctan\left(\frac{X}{R}\right) \tag{2.15}$$

当满足条件$X = 0$时，串联谐振电路中的电抗为零，电路呈现谐振状态。此时对应的频率为谐振频率ω_0：

$$\omega = \omega_0 = \frac{1}{\sqrt{LC}} \tag{2.16}$$

串联谐振电路的阻抗在谐振频率处呈现为实数电阻，并且阻抗的模值达到最小值$|Z|_{\min} = R$，电压和电流的相位差$\phi = 0$，串联谐振电路中电流的模值$|I|$则达到最大值：

$$|I|_{\omega = \omega_0} = \frac{|V_S|}{R} \tag{2.17}$$

所以串联谐振常称为电流谐振。当串联电路谐振时，阻抗降为最低值，电流达到最大值。在谐振频率下，电感上的电压V_L和电容上的电压V_C分别为

$$V_L = I \times j\omega_0 L = j\omega_0 L \frac{V_S}{R}$$
$$V_C = I \times \frac{1}{j\omega_0 C} = \frac{1}{j\omega_0 C} \frac{V_S}{R} \tag{2.18}$$

考虑谐振频率的定义式(2.16)，电感和电容上的电压分别为

$$V_L = j\sqrt{\frac{L}{C}} \frac{V_S}{R}$$
$$V_C = -j\sqrt{\frac{L}{C}} \frac{V_S}{R} \tag{2.19}$$

显然满足$V_L + V_C = 0$。如果满足$\sqrt{\frac{L}{C}} \gg R$，则电感和电容上电压的模值也会远大于电源电压$|V_S|$。对于串联谐振电路，定义品质因数

$$Q_0 = \frac{1}{R}\sqrt{\frac{L}{C}} \tag{2.20}$$

引入谐振频率ω_0可以更简洁地表示品质因数为

$$Q_0 = \frac{\omega_0 L}{R} = \frac{1}{\omega_0 C} \cdot \frac{1}{R} \tag{2.21}$$

如果在维持谐振频率不变的情况下，要求增大串联谐振电路的品质因数，则必须提高电感L同时减少电容C的值。例如，将电感L增加一倍，同时电容C减少到一半，则谐振电路的品质因数Q_0可以提高一倍，而谐振频率不变。

依据式(2.19)，如果采用品质因数Q_0表示，在谐振频率下电感和电容上电压的模值为

$$|V_L| = |V_C| = Q_0|V_S| \tag{2.22}$$

对于高 Q 值串联谐振电路,在谐振频率下 $|V_L|$ 和 $|V_C|$ 的值远大于信号源的激励电压。提高串联谐振电路的品质因数主要有两种方法:①提高电感 L 和电容 C 的比值;②减少电路中损耗电阻 R。

为了分析阻抗随频率的变化特性,由式(2.13)可以得到

$$Z = R + \mathrm{j}Q_0 R\left(\frac{\omega}{\omega_0} - \frac{\omega_0}{\omega}\right) \tag{2.23}$$

可见当工作频率 ω 低于谐振频率 ω_0 时,电路呈现容抗;当工作频率 ω 高于谐振频率 ω_0 时,电路呈现感抗;当工作频率 ω 等于谐振频率 ω_0 时,电路呈现纯电阻特性。

例 2-3 串联谐振电路中, $R=5\Omega$, $L=100\mathrm{nH}$, $C=10\mathrm{pF}$。试求:

(1) 电路的谐振频率 f_0 和电路的品质因数 Q;

(2) 如果在谐振频率时施加 10V 电压,电路的电流 I、电感上的电压降 V_L、电容上的电压降 V_C。

解 (1) 谐振频率为

$$f_0 = \frac{1}{2\pi}\frac{1}{\sqrt{LC}} = \frac{1}{2\pi}\frac{1}{\sqrt{10^{-7} \times 10^{-11}}} = 159(\mathrm{MHz})$$

品质因数为

$$Q = \frac{\sqrt{\frac{L}{C}}}{R} = 20$$

(2) 最大电流为

$$I = |I|_{\max} = \frac{V}{R} = 2\mathrm{A}$$

电感电压为

$$V_L = I \times \mathrm{j}\omega_0 L = \mathrm{j}200\mathrm{V}$$

电容电压为

$$V_C = I \times \frac{1}{\mathrm{j}\omega_0 C} = -\mathrm{j}200\mathrm{V}$$

从例 2-3 可以看出,在串联电路谐振时,电容和电感上的电压可以远远大于激励源的电压。串联谐振电路的 Q 值越高,电容和电感上的电压也就越高。因此在一些实际射频谐振电路的设计中,需要注意电容和电感的耐压问题。

2.3.2 并联谐振电路

并联谐振电路等效为电容 C、电感 L 和电阻 r 并联的电路,如图 2-2 所示。并联谐振电路的等效导纳为

$$Y = \mathrm{j}\omega C + \frac{1}{\mathrm{j}\omega L} + \frac{1}{r} = \frac{1}{r} + \mathrm{j}\left(\omega C - \frac{1}{\omega L}\right) = G + \mathrm{j}B \tag{2.24}$$

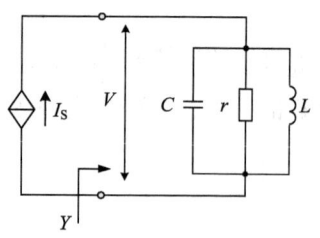

图 2-2 并联谐振电路

并联谐振电路的谐振条件是电路的电纳 B 为零,即

$$B = \omega C - \frac{1}{\omega L} = 0 \tag{2.25}$$

所以谐振频率 ω_0 为

$$\omega_0 = \frac{1}{\sqrt{LC}} \tag{2.26}$$

在频率为 ω 电流为 I 的电流源激励下,并联谐振电路的电压为

$$V = \frac{I}{Y} = \frac{I}{\frac{1}{r} + \mathrm{j}\left(\omega C - \frac{1}{\omega L}\right)} \tag{2.27}$$

在谐振频率时,电压达到最大值 $V_{\max} = |I| \cdot r$,称为电压谐振。当工作频率 ω 小于谐振频率 ω_0 时,电路呈现感抗;当工作频率 ω 大于谐振频率 ω_0 时,电路呈现容抗;当工作频率 ω 等于谐振频率 ω_0 时,电路呈现纯阻抗。

并联谐振电路的品质因数 Q_0 定义为:在谐振频率时,通过电感(电容)的电流模值与通过电阻的电流模值的比值:

$$Q_0 = \frac{|V|}{\omega_0 L} \times \frac{r}{|V|} = \frac{r}{\omega_0 L} = r\omega_0 C \tag{2.28}$$

或者表示并联谐振电路的品质因数为

$$Q_0 = r\sqrt{\frac{C}{L}} \tag{2.29}$$

串联谐振电路和并联谐振电路的对比进行总结,如表 2-4 所示。

表 2-4 串联谐振电路和并联谐振电路特性

参数	串联谐振电路	并联谐振电路
电路图	(图:V_S 电压源串联 R、L、C,阻抗 Z)	(图:I_S 电流源并联 C、r、L,导纳 Y)
阻抗/导纳	$Z = R + \mathrm{j}\omega L + \dfrac{1}{\mathrm{j}\omega C}$	$Y = \dfrac{1}{r} + \dfrac{1}{\mathrm{j}\omega L} + \mathrm{j}\omega C$
谐振频率	$\omega_0 = \dfrac{1}{\sqrt{LC}}$	$\omega_0 = \dfrac{1}{\sqrt{LC}}$
谐振方式	电流谐振 $I_{\max} = \dfrac{|V_S|}{R}$	电压谐振 $V_{\max} = |I_S| \cdot r$
品质因数	$Q_0 = \dfrac{\sqrt{\dfrac{L}{C}}}{R} = \dfrac{\omega_0 L}{R} = \dfrac{1}{\omega_0 C} \cdot \dfrac{1}{R}$	$Q_0 = \dfrac{r}{\sqrt{\dfrac{L}{C}}} = \dfrac{r}{\omega_0 L} = r\omega_0 C$
频带宽度	$\mathrm{BW} = \dfrac{f_0}{Q_0} = \dfrac{1}{2\pi} \cdot \dfrac{R}{L}$	$\mathrm{BW} = \dfrac{f_0}{Q_0} = \dfrac{1}{2\pi} \cdot \dfrac{1}{rC}$

2.4 品质因数

并联谐振电路和串联谐振电路品质因数的表达式不同，但是两者有着类似的物理意义。如果从能量的角度进行分析，考虑电路对能量的储存和消耗的关系，可以给出对电路品质因数的统一定义。品质因数定义为：一个具有周期性储能的器件(或电路)，在谐振频率下，一个周期内储存的平均能量与一个周期内损耗平均能量比值的 2π 倍。

$$Q = 2\pi \frac{W_{\text{stored}}}{W_{\text{loss}}}\bigg|_{\omega=\omega_0} = \omega \frac{W_{\text{stored}}}{P_{\text{loss}}}\bigg|_{\omega=\omega_0} \tag{2.30}$$

其中，W_{stored} 为电路一个周期储存的能量；W_{loss} 为一个周期损耗的能量。例如，对于串联谐振电路，假设在谐振频率 ω_0 时通过电路的电流为 $I(t) = I_0 \cos\omega_0 t$，一个周期内电感 L 的储能为

$$E_L = \frac{1}{T}\int_0^T E_L(t)\,dt = \frac{1}{T}\int_0^T \frac{1}{2}(I_0\cos\omega_0 t)^2 L\,dt = \frac{1}{4}I_0^2 L \tag{2.31}$$

一个周期内电容 C 储存的能量为

$$E_C = \frac{1}{T}\int_0^T E_C(t)\,dt = \frac{1}{T}\int_0^T \frac{1}{2}[V_C\cos(\omega_0 t + \phi)]^2 C\,dt = \frac{1}{4}V_C^2 C = \frac{1}{4}\frac{I_0^2}{\omega_0^2 C^2}C = \frac{1}{4}I_0^2 L \tag{2.32}$$

电阻 R 损耗的平均功率为

$$P_{\text{loss}} = \left|\frac{I_0}{\sqrt{2}}\right|^2 R = \frac{1}{2}I_0^2 R \tag{2.33}$$

因此串联谐振电路的品质因数 Q_0 为

$$Q_0 = \omega \frac{E_L + E_C}{P_{\text{loss}}}\bigg|_{\omega=\omega_0} = \omega_0\frac{L}{R} = \frac{1}{R}\sqrt{\frac{L}{C}} \tag{2.34}$$

根据基于能量定义的品质因数 Q 得到的计算结果，与 LC 谐振电路分析结果吻合。对于并联谐振电路，通过类似计算可以得到一致的结果。

品质因数不仅可以描述谐振电路的特性，而且根据式(2.30)可以描述任何具有能量储存和能量消耗的系统，如微波波导谐振腔、微波同轴谐振腔等。在这些微波谐振腔中，电感、电容、电阻等集中参数的概念通常不再适用，但是依然可以直接通过式(2.30)的定义给出腔体的品质因数。

2.4.1 品质因数与带宽的关系

以串联谐振电路为例，当信号源的频率 f 为谐振频率 f_0 时，电流达到最大值 $I_{\max} = \dfrac{V_S}{R}$。如果频率偏移谐振频率，电流会随之下降。当串联谐振电路的电流模值下降为 $\dfrac{1}{\sqrt{2}}I_{\max}$ 时，对应的低端和高端频率分别为 f_L 和 f_H。定义串联谐振电路的 3dB 带宽为

$$BW^{3dB} = f_H - f_L \tag{2.35}$$

接下来分析 3dB 带宽和品质因数 Q_0 之间的关系。考虑式(2.23)，当频率为 $\omega_H = 2\pi f_H$ 时，串联谐振电路的阻抗为

$$Z_H = R + jQ_0R\left(\frac{\omega_H}{\omega_0} - \frac{\omega_0}{\omega_H}\right) = R + jQ_0R\left(\frac{\omega_0 + \Delta\omega}{\omega_0} - \frac{\omega_0}{\omega_0 + \Delta\omega}\right) \quad (2.36)$$

其中，$\Delta\omega = \omega_H - \omega_0$。如果 $\omega_0 \gg \Delta\omega$，式(2.36)可以简化为

$$Z_H = R + jQ_0R\left[\left(1 + \frac{\Delta\omega}{\omega_0}\right) - \left(1 + \frac{\Delta\omega}{\omega_0}\right)^{-1}\right] \approx R + 2jQ_0R\frac{\Delta\omega}{\omega_0} \quad (2.37)$$

当电路的电流模值下降为 $\frac{1}{\sqrt{2}}I_{max}$ 时，串联谐振电路的阻抗模值|Z|升高 $\sqrt{2}$ 倍：

$$|Z_H| \approx \left|R + 2jQ_0R\frac{\Delta\omega}{\omega_0}\right| = \sqrt{2}R \quad (2.38)$$

消去式(2.38)中的 R，得到

$$Q_0 = \frac{\omega_0}{2(\omega_H - \omega_0)} \quad (2.39)$$

采用相同的方法计算 ω_L，可以得到

$$Q_0 = \frac{\omega_0}{2(\omega_0 - \omega_L)} \quad (2.40)$$

因此可以得到串联谐振电路的品质因数为

$$Q_0 = \frac{\omega_0}{\omega_H - \omega_L} = \frac{f_0}{\text{BW}^{3dB}} \quad (2.41)$$

对于并联谐振电路也存在类似的结果。有时 3dB 带宽 BW^{3dB} 可以通过品质因数 Q_0 和中心频率 f_0 来计算：

$$\text{BW} = f_H - f_L = \frac{f_0}{Q_0} \quad (2.42)$$

显然，品质因数越高，谐振电路的带宽就越窄；品质因数越低，谐振电路的带宽就越宽。对于射频通信中的选频放大电路，要求谐振电路的品质因数做得很高，才能有效地降低干扰和噪声。对于宽带放大电路，则要求尽量降低谐振电路的品质因数，以免对系统的带宽造成影响。例如，一个中心频率为 50MHz 的谐振电路，如果品质因数为 Q_0=100，则谐振电路的带宽为 BW=500kHz；而如果品质因数为 Q_0=1000，则谐振电路的带宽为 BW=50kHz。

在通信电路设计中品质因数是非常重要的。如果没有特别指出，本书讨论的带宽均指 3dB 频带宽度。实际测量中，可以通过测量 3dB 带宽和中心频率 f_0，再通过式(2.42)进行计算得到谐振电路的品质因数 Q_0。需要注意，式(2.42)是基于 $\omega_0 \gg \Delta\omega$ 条件得到的，只有当品质因数 Q_0 足够大时，才能使用式(2.42)进行计算。

2.4.2 有载品质因数

在串联谐振电路和并联谐振电路的分析中，分别使用了理想的电压源和电流源。忽略了信号源内阻对谐振电路的影响，得到了谐振电路空载时的品质因数。在射频电路实际应用中，谐振电路必须与信号源或者负载连接在一起，而且负载 R_L 或者信号源的内阻 R_G 会对谐振电路的品质因数产生很大的影响。如果包含了负载或信号源内阻的影响，谐振电路的品质因数

称为有载品质因数；如果只考虑谐振电路自身，则品质因数称为空载品质因数。

以图 2-3 中的串联谐振电路为例，分析负载 R_L 和信号源内阻 R_G 对电路品质因数的影响。如果令外部电路等效电阻为 $R_E = R_L + R_G$，则信号源可认为是理想电压源。分三种情况计算电路中的能量损耗：①谐振电路本身的电阻 R 的能量损耗；②外部电路等效电阻 R_E 的能量损耗；③两者共同产生的能量损耗。

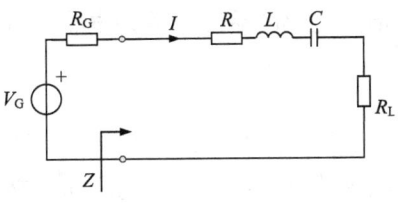

图 2-3 有载品质因数计算示意图

定义外部品质因数 Q_E 为（$R_E \neq 0, R = 0$）

$$Q_E = \frac{\omega_0 L}{R_E} = \frac{1}{R_E \omega_0 C} \tag{2.43}$$

空载品质因数 Q_0 为（$R_E = 0, R \neq 0$）

$$Q_0 = \frac{\omega_0 L}{R} = \frac{1}{R \omega_0 C} \tag{2.44}$$

有载品质因数 Q_L 为（$R_E \neq 0, R \neq 0$）

$$Q_L = \frac{\omega_0 L}{R + R_E} = \frac{1}{(R + R_E) \omega_0 C} \tag{2.45}$$

显然可以得到三者之间的关系为

$$\frac{1}{Q_L} = \frac{1}{Q_0} + \frac{1}{Q_E} \tag{2.46}$$

式(2.46)不仅对并联谐振电路、串联谐振电路成立，而且可以描述微波谐振腔的有载品质因数。式(2.46)是对有载品质因数的一般性描述。

2.4.3 电抗器件的品质因数

通常，品质因数用来表示谐振电路的特性，但在工程应用中，也使用品质因数表示一些电抗器件的特性。例如，可以说一个射频电感的品质因数 Q_0 是 50。电容或者电感的品质因数越高，表示其损耗越小；电容或者电感的品质因数越低，表示其损耗越高。理想的电容是没有损耗的，其阻抗随频率的升高而单调下降。实际的电容由于介质损耗的存在，等效为理想电容 C 和电阻 R 并联的电路。定义电容容抗 X_C 与电阻 R 的比值为电容的品质因数 Q_C：

$$Q_C = \frac{X_C}{R} = \frac{1}{\omega R C} \tag{2.47}$$

电容品质因数是频率的函数，随着频率的升高而下降。理想电容的品质因数为无穷大；实际电容的品质因数由工作频率和电容器件的特性决定。

电容品质因数的物理意义为电容储能的最大值与一个周期内电阻消耗能量比值的 2π 倍。这个定义也同样适用于谐振电路。因为在谐振电路中电容和电感储能有一个相位差，当电容储能达到最大值时，电感储能最小，而电容或者电感储能的最大值等于两者的平均储能之和，所以电容品质因数与谐振电路品质因数的含义是一致的。

理想的电感没有损耗，感抗随频率增加而单调升高。实际电感存在导线的欧姆损耗和辐射损耗，而且频率升高损耗更为显著。实际的电感等效为理想电感 L 和电阻 R 的串联电路。

定义电感的品质因数为电感感抗 X_L 与电阻 R 的比值:

$$Q_L = \frac{X_L}{R} = \frac{\omega L}{R} \tag{2.48}$$

对于理想电感,损耗电阻 $R=0$,电感的品质因数 $Q_L \to \infty$。在低频时,R 通常可以很小,电感的品质因数 Q_L 也就非常高。随着频率的升高,由于趋肤效应和电感线圈间的分布电容影响,导致电感品质因数 Q_L 下降。

电抗器件的品质因数与谐振电路的品质因数具有类似的定义。器件的品质因数用来表示器件的损耗,品质因数越高损耗越小,器件越接近于理想器件。谐振电路的品质因数用来表示谐振电路对频率的选择性。谐振电路的品质因数越高,带宽就越窄,频率选择性越好。

2.5 射频二极管

2.5.1 二极管模型

二极管是基本的射频有源器件,可以看做一个非线性的电阻。二极管的伏安特性曲线为

$$I(V) = I_S \left(e^{\frac{V_A}{nV_T}} - 1 \right) \tag{2.49}$$

其中,热电势为 $V_T = \frac{kT}{q}$(k 为波耳兹曼常数,T 为热力学温度,q 为一个电子带的电量,在 20℃时 $V_T = 25\,\mathrm{mV}$);I_S 为二极管反向饱和电流;n 是依赖二极管材料和结构的一个因子,通常 $1 \le n \le 2$。二极管的伏安特性如图 2-4 所示。

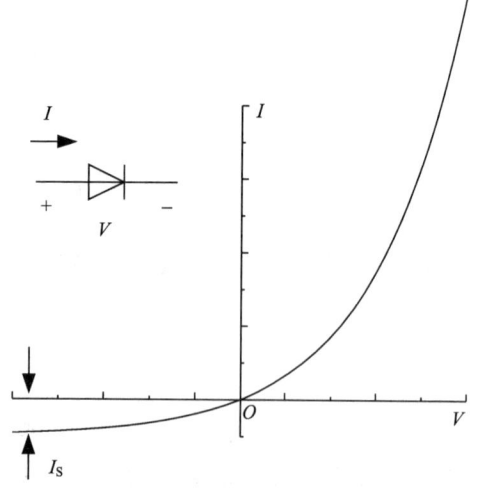

图 2-4 二极管的伏安特性

为了分析二极管在射频小信号下的特性,假定施加在二极管上的电压 V 包括直流偏置电压 V_0 和射频小信号电压 $v(t)$,则二极管上的电压 $V=V_0+v(t)$。代入式 (2.49) 并进行泰勒级数展开,得到通过二极管的电流为

$$I(t) = I[V_0 + v(t)] = I(V_0) + v(t)\frac{\mathrm{d}I}{\mathrm{d}V}\bigg|_{V=V_0} + \frac{1}{2}v^2(t)\frac{\mathrm{d}^2 I}{\mathrm{d}V^2}\bigg|_{V=V_0} + \cdots \tag{2.50}$$

其中,$I(V_0) = I_0 = I_S \left(e^{\frac{V_0}{nV_T}} - 1 \right)$ 为二极管静态偏置电流。交流电导为常数 $G_d = \frac{1}{R_j} = \frac{\mathrm{d}I}{\mathrm{d}V}\bigg|_{V=V_0} = \frac{I_0 + I_S}{nV_T} \approx \frac{I_0}{nV_T}$。对于小信号,满足 $|v(t)| \ll 1$,忽略含有 $v(t)$ 的高阶项得到

$$I(t) = I_0 + G_d \cdot v(t) \tag{2.51}$$

而对于射频小信号,由于射频电压远小于直流偏置电压,二极管 PN 结电压变化很小,结电容也变化很小,结电容完全由直流偏置决定。因为二极管结电阻和结电容都是常数,所以二极管的射频小信号模型是一个线性模型。可以理解为在二极管 I-V 特性曲线静态工作点

附近取一个很小的线段,尽管整条曲线具有很强的分线性,但是对该小线段可以进行线性近似。二极管小信号线性模型,如图 2-5 所示。

二极管的直流电阻和动态电阻(交流电阻)是不同的。二极管的直流电阻 R_{DC} 为

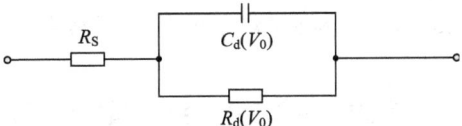

图 2-5　二极管的射频小信号线性模型

$$R_{DC} = \frac{V}{I} = \frac{V}{I_S\left(e^{\frac{V}{nV_T}} - 1\right)} \tag{2.52}$$

小信号下二极管的动态电阻 R_{AC} 为

$$R_{AC} = R_j = \left.\frac{dV}{dI}\right|_{V=V_0} = \frac{nV_T}{I_0 + I_S} \approx \frac{nV_T}{I_0} \tag{2.53}$$

以上分析只考虑了二极管的电阻/电导非线性特性,只适用于较低频率的小信号。实际中,二极管的特性包括了结电容、寄生电容、引线电感等参数的影响。很多射频和微波电路仿真软件,都考虑了这些参数的影响,使用了更为完善的大信号非线性模型。例如,一个实用的二极管射频大信号非线性等效电路,如图 2-6 所示,其中结电阻 R_J 和结电容 C 都是电压 V_A 的非线性函数。R_S 为二极管的串联电阻,主要是二极管 P 型半导体和 N 型半导体区的欧姆电阻。在二极管大信号模型中,二极管的总电容 C 主要包括 PN 结电容 C_J 和 PN 结扩散电容 C_d 两部分。

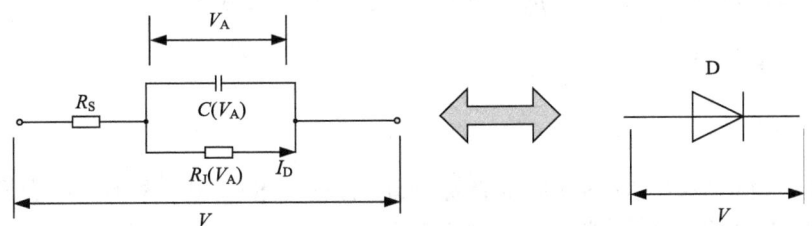

图 2-6　二极管大信号模型

电流 I_D 满足二极管伏安特性的规律式(2.49)。二极管的结电容 C_J 表示为

$$C_J = \frac{dQ_J}{dV_A} = \begin{cases} \dfrac{C_{J0}}{\left(1 - \dfrac{V_A}{V_{diff}}\right)^m}, & V_A \leqslant V_m \\ \dfrac{C_{J0}}{\left(1 - \dfrac{V_m}{V_{diff}}\right)^m}\left(1 + m\dfrac{V_A - V_m}{V_{diff} - V_m}\right), & V_A \geqslant V_m \end{cases} \tag{2.54}$$

其中,C_{J0} 为零偏压时二极管的结电容;m 为与二极管工艺相关的因子($0.2 \leqslant m \leqslant 0.5$);$V_{diff}$ 为二极管的内建电压,$V_m \approx 0.5 V_{diff}$。二极管的扩散电容 C_d 表示为

$$C_d = \frac{dQ_d}{dV_A} = \frac{I_S \tau_T}{nV_T} e^{\frac{V_A}{nV_T}} \tag{2.55}$$

其中，τ_T 为 PN 结的渡越时间常数。

考虑二极管结电容和扩散电容的物理意义，二极管的总电容 C 可以表示为

$$C = \begin{cases} C_J, & V_A < 0 \\ C_J + C_d, & 0 < V_A < V_{\text{diff}} \\ C_d, & V_A > V_{\text{diff}} \end{cases} \quad (2.56)$$

在二极管反向偏置时，二极管的总电容只考虑 PN 结的结电容；在 PN 结上施加的电压 V_A 超过二极管内置电压时，二极管的总电容只考虑 PN 结的扩散电容；其余情况下，需要同时考虑结电容和扩散电容对总电容的贡献。

二极管两端的总电压 V 可以根据基尔霍夫定律得到

$$\begin{aligned} V &= R_S I_D + V_A \\ &= R_S I_D + nV_T \ln\left(1 + \frac{I_D}{I_S}\right) \end{aligned} \quad (2.57)$$

在很多射频电路仿真软件中，通过建立射频器件(如二极管)的模型，得到器件电压和电流之间的关系。经过数值模拟计算，可以仿真在不同条件下器件电压和电流随时间的变化。射频仿真软件需要使用更为复杂的模型得到与实验测量吻合更好的数据。即使对于二极管，也需要几十个参数来进行描述。除了电压和电流的关系，需要引入各参数对温度的依赖关系、等效噪声源、考虑正向偏置和反向偏置的区别等。可以参考 Agilent 公布的在 ADS 仿真软件中使用的射频二极管模型，其中包括二极管各个参数的详细解释。

2.5.2 射频二极管分类

1. 肖特基二极管

在研究了金属和半导体材料接触的特殊物理现象后，Schottky 发现某些金属和 N 型半导体材料接触后，电子会从 N 型半导体材料中扩散进入金属，从而在半导体材料中形成一个耗尽层，具有和常规 PN 结类似的特性。这种通过由金属和半导体材料接触形成类似 PN 结势垒的结构称为肖特基结。

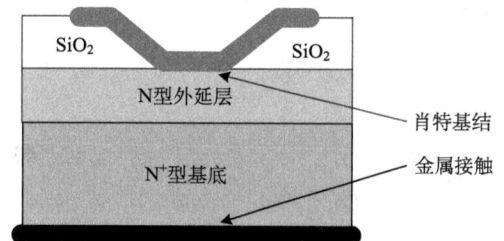

图 2-7 典型肖特基二极管的内部结构

金属和半导体材料接触后，电子的扩散转移方向是由两种材料的特性决定的。具体来说，是由两种材料的逸出功确定的。只有当半导体材料的逸出功小于金属的逸出功时，电子会从半导体扩散到金属。只有满足特定条件的金属与半导体接触才能形成肖特基结，利用肖特基结可以构成肖特基二极管，如图 2-7 所示。

由于肖特基二极管在反向偏置时，由多数载流子的热电子发射穿过势垒形成反向饱和电流，不同于普通 PN 结少数载流子形成的反向电流。肖特基二极管典型的反向饱和电流密度为 10^{-6}A/cm^2，而常规的硅 PN 结的典型值为 10^{-11}A/cm^2。因此，肖特基二极管具有更低的串联电阻和更强的非线性，适合在射频电路中应用。

典型肖特基二极管的等效电路如图 2-8 所示，其中 L_S 为二极管封装的串联电感，C_g 为封装的并联电容。肖特基二极管的典型参数为 $L_S \approx 0.1\text{nH}$，$R_S \approx 2 \sim 5\Omega$，$C_g \approx 0.1 \sim 0.2\text{pF}$ 和 $R_J \approx 200\Omega \sim 2\text{k}\Omega$。由于肖特基二极管的串联电阻 R_S 很小，可以使肖特基二极管具有较高的截止频率，适合于工作在射频电路。

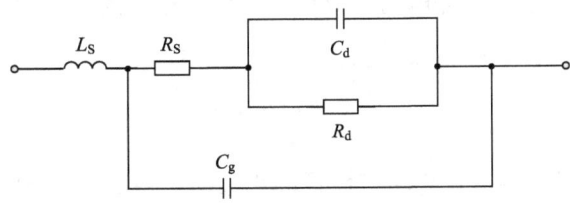

图 2-8　典型肖特基二极管的等效电路

在低频和高频电路中，可以使用普通的 PN 结二极管。由于 PN 结二极管具有较高的串联电阻和较大的结电容，不适合在射频电路中应用。肖特基二极管具有更高的截止频率和更低的反向恢复时间。因此，在射频电路应用中，主要使用肖特基二极管取代普通的 PN 结二极管，用于射频检波电路、调制和解调电路、混频电路等。

2. PIN 二极管

PIN 二极管不同于一般的 PN 结二极管，是由三层半导体材料构成。在 P 型半导体和 N 型半导体之间，有很厚的本征半导体层。本征半导体材料是无掺杂或者极低掺杂的半导体材料。设计工作在不同射频的频段，本征层的

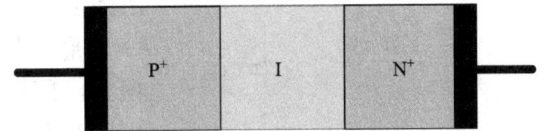

图 2-9　PIN 二极管的内部结构简图

厚度为 $1 \sim 100\mu\text{m}$，通常远大于 PN 结中耗尽层的厚度。在 PIN 二极管中，P 型半导体为重掺杂空穴型(P^+)半导体层，N 型半导体为重掺杂电子型(N^+)半导体层，在两者中间为本征层(I 型)，如图 2-9 所示。PIN 二极管命名方式参照了内部结构。

PIN 二极管主要应用于射频开关和射频可变电阻(可调功率衰减器)，工作频率可以高达 50GHz。PIN 二极管的射频电阻可以在直流偏置电压的控制下，从高阻抗的 $10\text{k}\Omega$ 变到小于 1Ω 的低阻抗。PIN 二极管在射频电路中通常用作电子开关。例如，在 GSM 手机中，可以使用 PIN 二极管构成双工器的电子开关。

在正偏置时，PIN 二极管的特性类似一个电流控制的可变电阻，可以呈现非常低的阻抗。在反向偏置时，PIN 二极管中处于 P 型和 N 型半导体中的本征层全部成为耗尽层，PIN 二极管类似一个由 P^+型和 N^+型半导体构成的一个平行平板电容。PIN 二极管本征层的典型厚度为 $20\mu\text{m}$，接触面积约为 $200\mu\text{m} \times 200\mu\text{m}$，所以当 PIN 二极管反向偏置时，电容约为 0.2pF，对射频信号呈现高阻抗状态。因此，在正向偏置时，PIN 二极管对射频呈现低阻抗，为"导通"状态；在反向偏置时，PIN 二极管对射频呈现为高阻抗，为"截止"状态。

在正偏置时，可以给出 PIN 二极管的伏安特性为

$$I = A\left(\frac{qn_iW}{\tau_p}\right)\left(e^{\frac{V}{2V_T}} - 1\right) \tag{2.58}$$

其中，W 是本征层的厚度；τ_p 过剩少子的寿命；n_i 是本征层的掺杂浓度；A 为 PIN 二极管内部的横截面积。PIN 二极管的扩散电容 C_d 为

$$C_d = \frac{dI\tau_p}{dt} = \tau_p \frac{dI}{dV_A} = \frac{I\tau_p}{2V_T} \tag{2.59}$$

PIN 二极管类似于二极管动态电阻的分析，PIN 二极管的正向动态电阻为

$$R_j = \left.\frac{dV}{dI}\right|_{I=I_0} = \frac{2V_T}{I_0 + A\left(\dfrac{qn_iW}{\tau_p}\right)} \tag{2.60}$$

随着正向偏置电流 I_0 的增加，PIN 二极管的正向动态电阻 R_j 下降，呈现更低的射频阻抗。在反向偏置时，PIN 二极管的结电容近似为平行平板电容：

$$C_j = \varepsilon_I \varepsilon_0 \frac{A}{W} \tag{2.61}$$

其中，ε_I 为本征层的相对介电常数。对于常用的硅材料，可以取 $\varepsilon_I = 11.9$。

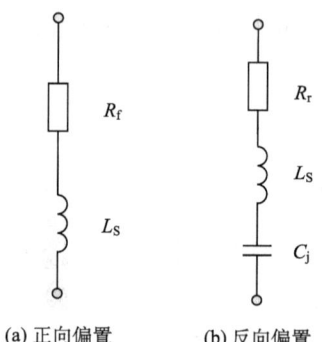

(a) 正向偏置　　(b) 反向偏置

图 2-10　PIN 二极管等效电路图

当正向偏置时，PIN 二极管等效为一个可变电阻，电阻 R_j 随直流电流 I_0 的增大而变小；当反向偏时，PIN 二极管等效为一个很小的电容 C_j，对射频信号呈现高阻抗。PIN 二极管的等效电路如图 2-10 所示，其中，R_f 为正向偏置的结电阻，R_r 为反向偏置的结电阻。

通过直流偏置电压使 PIN 二极管工作在正向偏置和反向偏置，可以控制 PIN 二极管对射频信号呈现低阻和高阻状态，可以实现射频电子开关。通过 PIN 二极管的串联电路或并联电路，可以实现典型的单刀单掷开关，如图 2-11 所示。射频线圈（RFC）阻断射频信号，为 PIN 二极管 D 提供直流偏置；电容 C 则隔断直流电压，为射频信号提供通路。基于类似的电路，可以利用 PIN 二极管形成单刀双掷、双刀双掷等多种射频电子开关。PIN 二极管利用电荷控制器件的特性，可以通过 10～40mA 的典型直流偏置电流 I_0，控制远大于直流偏置电流的射频电流 I_{RF}。

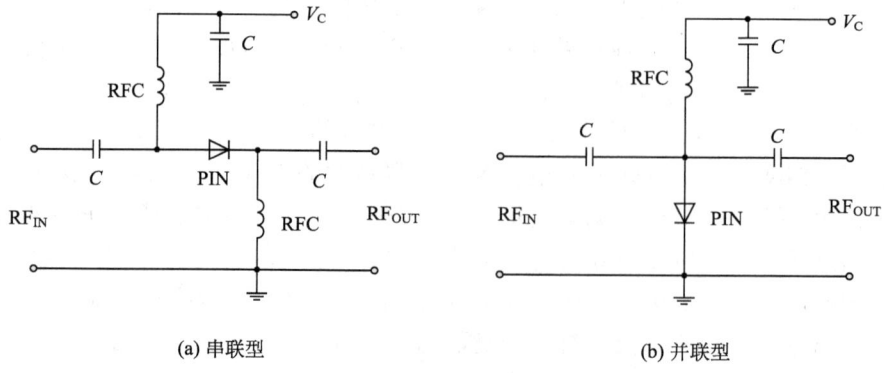

(a) 串联型　　(b) 并联型

图 2-11　PIN 二极管构成的单刀单掷开关

PIN 射频开关的主要参数为插入损耗 IL 和隔离度 IS，分别描述射频开关在"导通"和"截

止"状态的特性。射频开关的插入损耗用 dB 表示,定义为

$$\text{IL} = -10\lg\left(\frac{P_\text{L}}{P_0}\right) \tag{2.62}$$

其中,P_0 为使用理想开关负载可以得到的射频功率;P_L 为使用射频开关在"导通"状态时负载得到的射频功率。插入损耗主要由 PIN 二极管在正向偏置或反向偏置时的阻抗决定。显然,插入损耗越接近 0dB,表示射频开关在接通状态的特性越好。隔离度的单位为 dB,定义为

$$\text{IS} = -10\lg\left(\frac{P_\text{L}}{P_0}\right) \tag{2.63}$$

其中,P_0 为使用理想开关接通时负载得到的射频功率;P_L 为使用射频开关在"截止"状态时负载得到的射频功率。射频开关的隔离度 IS 越大,性能越好,理想开关的隔离度为无穷大。PIN 二极管构成的射频开关在"导通"状态下的插入损耗 IL 和"截止"状态下的隔离度 IS,可以通过串联或者并联电抗元件在一定的频率范围得到性能改善。

例 2-4 如果信号源和负载的阻抗都是 Z_0,PIN 二极管以串联方式构成的射频开关,如图 2-12 所示。如果射频开关在"导通"状态的阻抗为 Z_f,在"截止"状态时的阻抗为 Z_r,求射频开关的插入损耗 IL 和隔离度 IS。

解 使用理想开关,在"导通"状态下负载得到的最大功率为

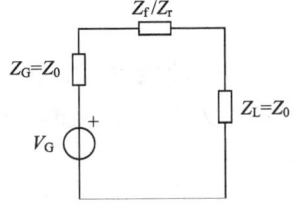

图 2-12 PIN 二极管射频开关

$$P_0 = \frac{1}{2}|V_\text{G}|^2 \frac{1}{(Z_0 + Z_0)} \times \frac{1}{2} = \frac{|V_\text{G}|^2}{8Z_0}$$

当使用射频开关时,在"导通"状态,射频开关阻抗为 Z_f,负载功率为

$$P_\text{L} = \frac{1}{2}\frac{|V_\text{G}|^2}{|Z_0 + Z_\text{f} + Z_0|} \times \frac{Z_0}{|Z_0 + Z_\text{f} + Z_0|} = \frac{1}{4}\frac{|V_\text{G}|^2 Z_0}{|2Z_0 + Z_\text{f}|^2}$$

所以插入损耗 IL 为

$$\text{IL} = -10\lg\left(\frac{P_\text{L}}{P_0}\right) = 20\lg\left|\frac{2Z_0 + Z_\text{f}}{Z_0}\right|$$

同理可以得到隔离度 IS 为

$$\text{IS} = -10\lg\left(\frac{P_\text{L}}{P_0}\right) = 20\lg\left|\frac{2Z_0 + Z_\text{r}}{Z_0}\right|$$

如果将 PIN 二极管串联电路改为并联电路,通过类似的分析也可以得到射频开关的插入损耗和隔离度。通常情况下,PIN 二极管的并联型开关可以提供更好的性能。由于 PIN 二极管可以构造成射频开关,通过拓展可以用于射频移相电路。例如,通过 PIN 二极管控制射频信号经过长度不同的传输线,实现对射频信号相位的调整。PIN 二极管还可以用在衰减器电路中,实现电调衰减器。另外,利用 PIN 二极管在零偏置时对大幅度射频信号呈现低阻抗,对小幅度射频信号呈现高阻抗的特性,还可以构成射频限幅电路,限制射频输入信号的幅度。

3. 变容二极管

变容二极管的结构类似于 PIN 二极管，不过将中间的本征层 I 替换为一定掺杂浓度和梯度的半导体材料。施加不同的反向偏置电压会形成不同厚度的耗尽层，导致二极管的等效电容随偏置电压而改变，具有了变容二极管的特性。变容二极管的等效电路如图

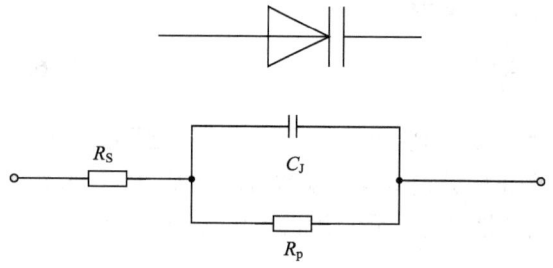

图 2-13 变容二极管的等效电路

2-13 所示，其中 R_S 为串联电阻，R_p 为结电阻，C_J 为结电容。变容二极管需要工作在反向偏置状态，结电阻 R_p 很高，结电容 C_J 随反向偏置电压而改变。

变容二极管在反向偏置状态，变容二极管的结电容 C_J 为

$$C_J = \frac{C_{J0}}{\left(1 - \dfrac{V_A}{V_{\text{diff}}}\right)^S} \tag{2.64}$$

其中，C_{J0} 为零偏置时二极管的结电容；V_A 为二极管的反向偏置电压；V_{diff} 为二极管的内建电压；S 为与掺杂浓度相关的系数。对于经常使用的突变结（$S=1/2$），变容二极管的结电容 C_J 表示为

$$C_J = \frac{C_{J0}}{\sqrt{1 - \dfrac{V_A}{V_{\text{diff}}}}} = \frac{C_{J0}}{\sqrt{1 + \dfrac{V_r}{V_{\text{diff}}}}} \tag{2.65}$$

其中，$V_r = -V_A$ 为反向偏置电压的绝对值。变容二极管的截止频率为

$$f_c = \frac{1}{2\pi R_S C(V_r)} \tag{2.66}$$

在不同的偏置电压下变容二极管具有不同的截止频率。

在正向偏置时，变容二极管的电导 G_S 和电容 C_S 分别为

$$G_S = \frac{I_{\text{DC}}}{V_T} \tag{2.67}$$
$$C_S = G_S \tau_n$$

其中，I_{DC} 为直流电流；V_T 为热电势；τ_n 为载流子的平均寿命。

变容二极管主要用于电调谐，在射频通信的接收和发射电路中都有广泛应用。例如，在很多射频压控振荡电路（VCO）中都使用了变容二极管。变容二极管从导通到截止的过程中存在电流突变，可以产生一个脉宽很窄的脉冲，所以变容二极管还可以用作射频信号源。另外，利用变容二极管的反向偏置电压和电容之间的非线性特性，变容二极管有时也可以用于混频电路。

4. 其他射频二极管

雪崩二极管具有与 PIN 二极管类似的结构，如图 2-14 所示。里德提出的雪崩效应是雪崩二极管的工作原理，所以雪崩二极管又称为里德二极管。雪崩二极管工作在反向偏置状态，依靠交

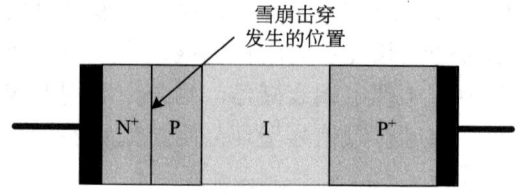

图 2-14 雪崩二极管的内部结构简图

替工作在雪崩击穿和自行恢复的状态之间，形成脉冲电流的输出，可以作为射频信号源使用。在雪崩二极管中，耗尽层形成在 N^+ 和 P 之间，电场强度最高的区域也在这个交界面上，击穿首先发生在该交界面。

由于 P 区内的载流子在击穿时被全部消耗，所以雪崩过程不会无限制地延续下去造成器件的损坏。当 P^+ 区内的载流子通过本征区 I 进入 P 区后，才可能形成第二次击穿过程。改变本征区 I 的厚度，可以调节载流子在传输时的延时，可以使外电路中的交变电压和电流相位相反。当交变电压为最大值时，正向电流较小；当交变电压为最小值时，正向电流较大。从而使雪崩二极管具有交流负阻器件的特性，可以作为射频信号源使用。关于负阻器件的特性，本书在振荡电路设计中会继续讨论。在 5~10GHz 的频率范围内，雪崩二极管的工作效率只有 10%~15%。使用雪崩二极管作为射频信号源的优点是电路非常简单。

隧道二极管是 PN 结二极管，利用极高的掺杂浓度，在 PN 结处形成很薄的耗尽层。由于阻挡层厚度很小，根据量子力学中的隧道效应，在一定条件下载流子可能穿过势垒进行交换。在正向偏置电压线性升高的过程中，由于隧道效应会在一定的电压范围内，会使隧道二极管的电流出现先下降再上升的过程，如图 2-15 所示。在电压 V_p 和 V_{diff} 之间，随着施加电压 V 的增加，二极管电流 I 在下降。隧道二极管的交流电阻 $R_{\text{AC}} = \dfrac{\mathrm{d}V}{\mathrm{d}I} < 0$ 为负值，可以作为负阻器件用于射频信号的放大电路或者振荡电路。

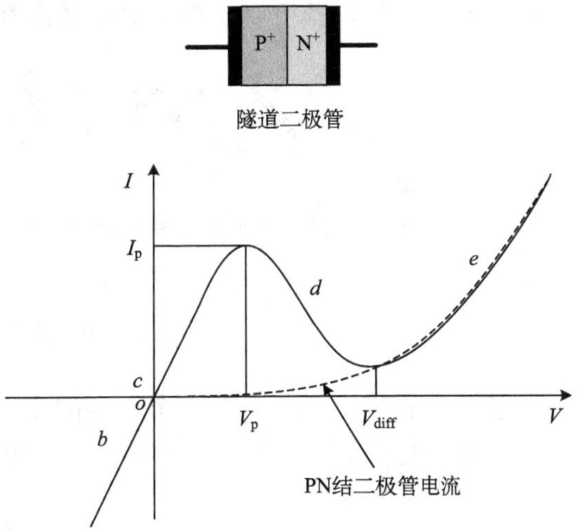

图 2-15　隧道二极管的伏安特性

Gunn 二极管是利用特殊的半导体材料，如 GaAs 和 InP 半导体材料，构成的没有 PN 结的二极管。Gunn 二极管是由 Gunn 在 1963 年发明的，然后又以他的名字命名。在 Gunn 二极管中由于半导体材料的特性，随着电场强度的增加，半导体中的电子能级发生变化形成谷际跃迁，导致电子漂移速度的下降。例如，对于 GaAs 半导体材料，当其中的电场强度从 5kV/cm 增加到 7kV/cm 时，电子的迁移速率从 2×10^7 cm/s 下降到 10^7 cm/s。如果从宏观电路的角度来看，相当于电压增加到 1.4 倍，但是电流却下降为原来的 50%，会出现类似于图 2-15 中 d 段的电压和电流特性，形成负的交流电阻。利用 Gunn 二极管的负阻特性可以用来制作射频或者微波的信号源。

2.6　射频晶体管

2.6.1　射频晶体管的结构

1. 双极型晶体管

由于双极型晶体管（BJT）成本低、结构简单，能够有相对较高的截止频率、输出功率和较低的噪声，所以双极型晶体管是广泛使用的射频有源器件。双极型晶体管可以分为 NPN

和 PNP 两种类型。两种类型晶体管的区别在于各极的掺杂类型不同。例如，NPN 型晶体管的发射极和集电极为 N 型半导体，基极为 P 型半导体。通常发射极具有最高的掺杂浓度，基极具有最低的掺杂浓度。在正常工作情况下，基极-发射极处于正向偏置状态，基极-集电极处于反向偏置状态。双极型晶体管是电流控制器件，可以通过基极-发射极电流，控制集电极的电流。

通过使用 GaAs 作为半导体材料，可以减小半导体材料的电阻，提高晶体管的截止频率。所以很多射频晶体管都使用 GaAs 作为基质材料。为了进一步提高双极型晶体管的截止频率，使其能够正常工作在射频高端频段，需要对双极型晶体管的结构进行改进。如图 2-16 所示，晶体管使用了交指结构的基极和发射极，既可以降低基极-发射极电阻，改善了晶体管的噪声，又不影响其增益。通过提高掺杂浓度和使用交指结构，可以提高双极型晶体管的截止频率，使双极型晶体管可以在整个射频频段都能正常工作。

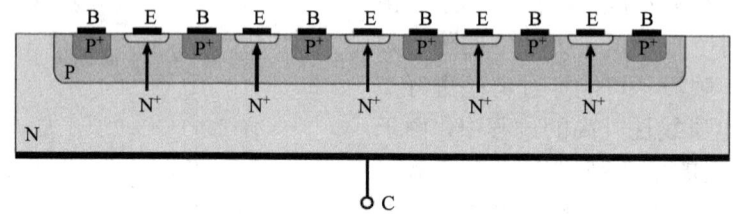

图 2-16 双极型晶体管的交指结构

晶体管的截止频率 f_T 是一个重要的指标。截止频率 f_T 是共发射极放大电路的短路电流增益下降为 1 时的频率。截止频率 f_T 与发射极-集电极的渡越时延 τ 的关系为

$$f_T = \frac{1}{2\pi\tau} \tag{2.68}$$

其中，渡越时延 τ 包括三个部分：发射极时延、基极时延和集电极时延，表示为 $\tau = \tau_E + \tau_B + \tau_C$。要提高晶体管截止频率 f_T 就需要考虑如何降低各极的时延。

在进一步提高双极型晶体管的工作频率和电流增益时，可以使用异质结晶体管（HBT）。异质结晶体管可以在发射极较低掺杂率的条件下，获得高电流增益。通过添加半导体层使发射极和基极的半导体材料不一致，从而构成所谓的异质结。例如，基极为 GaAs 半导体材料，发射极为 GaAlAs 半导体材料。使用这样的异质结的结构，可以使电子注入基极的能力得到加强，还能抑制空穴注入发射极，从而使发射极具有极高的发射效率，降低发射极的时延 τ_E。因此异质结晶体管可以具有高电流增益。使用 InP 半导体材料作为发射极，InGaAs 半导体材料作为基极，同样可以构成异质结。由于 InP 具有击穿电压高、热传导率高的优点，其工作频率可以提高到 100GHz，并且具有一定的功率输出。随着新材料和新技术的发展，双极型晶体管也会不断得到改进和发展，具有更高的工作频率和功率增益。

2. 场效应管

场效应管（FET）是单极性器件，只有一种载流子对通道电流做出贡献。如果是空穴构成了通道电流，则称为 P 沟道场效应管；如果是电子构成了通道电流，则称为 N 沟道场效应管。场效应管属于压控器件，通过栅极-源极的电压控制源极-漏极电流的变化。因此，需要使栅

极和导电沟道之间存在很高的阻抗,实现只通过电压进行控制的方式。按照栅极和导电沟道隔离的方式,场效应管可以分为四类。

(1) 金属绝缘栅半导体场效应管(MISFET):栅极通过绝缘层与导电沟道分开,金属氧化物半导体(MOSFET)就属于此类场效应管。

(2) 结型场效应管(JFET):依靠反向偏置的 PN 结,把栅极和导电沟道分开。

(3) 金属半导体场效应管(MESFET):依靠反向偏置的肖特基结,实现栅极和导电沟道之间的高阻抗,如图 2-17 所示。

(4) 异质结场效应管:使用不同半导体材料之间的突变过渡形成 PN 结,在反向偏置的条件下,实现栅极和导电沟道之间的高阻抗。高电子迁移率晶体管(HEMT)就属于此类场效应管。

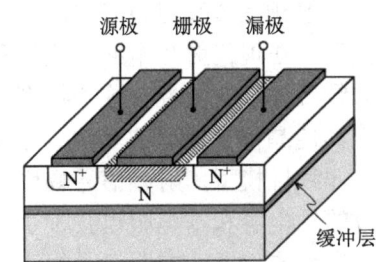

图 2-17 金属半导体结的场效应管

由于 MISFET 和 JFET 在反向偏置时,栅极和源极之间形成了一个较大的电容,只能工作在较低的频段内,如 JFET 典型的截止频率为 1GHz。在射频电路中,经常使用 MESFET 和 HEMT。使用 GaAs 半导体材料的 MESFET 截止频率可以达到 60~70GHz,而 HEMT 的截止频率可以超过 100GHz。在射频电路设计中,经常选用 MESFET 或者 HEMT 作为有源器件使用。

场效应管在射频振荡电路、放大电路和混频电路中都有广泛的应用。场效应管的截止频率也取决于渡越时间延迟,一般情况下半导体材料的迁移率越高,渡越时间就越低。由于在 Si 和 GaAs 半导体材料中,电子的迁移率远大于空穴的迁移率,所以在射频场效应管中通常使用 N 沟道 MESFET。GaAs 材料的电子迁移率大约是 Si 材料的 5 倍,所以在射频应用中更多地使用 GaAs 器件以获得更高的截止频率。电子穿越长度为 L 的沟道,对应的时延 τ 为

$$\tau = \frac{L}{v_{sat}} \tag{2.69}$$

其中,v_{sat} 为电子在该半导体材料中的饱和速率。例如,沟道长度为 $L=1\mu m$ 的场效应管,如果半导体材料的电子饱和速率为 $v_{sat}=10^7 cm/s$,则场效应管的截止频率 f_T 约为 15GHz。显然可以通多缩短沟道长度 L 来降低时延 τ,但是 L 的缩短会提高电场强度降低击穿电压,限制了器件的功率。

HEMT 利用特殊的结构限制电子载流子在 10nm 厚度的范围内移动,使电子载流子只能近似做二维的运动。对于二维电子气体,电子迁移率可以高达 $\mu_n=9000cm^2/(V \cdot s)$,达到 GaAs 材料中电子迁移率的两倍。可以保持低噪声和高功率的特性,而且实现高达 100GHz 的截止频率。HEMT 的缺点是加工困难和成本太高。

HEMT 的渡越时间 τ 可以计算为

$$\tau = \frac{L}{v_{sat}} = \frac{L}{\mu_n E_V} = \frac{L^2}{\mu_n V_{DS}} \tag{2.70}$$

其中,L 为沟道的长度;μ_n 为电子迁移率;V_{DS} 为漏极和源极之间的电压。例如,取沟道长度为 $L=1\mu m$,漏极-源极电压为 $V_{DS}=1.5V$,电子迁移率为 $8000cm^2/(V \cdot s)$,可以计算得到截止

频率 $f_T \approx \dfrac{1}{2\pi\tau} \approx 190\,\text{GHz}$。

2.6.2 射频晶体管的模型

射频晶体管有很多电路模型,既有基于理论的 Curtice 模型,也有基于实验的 Angelov 模型。在现代射频电路的模拟和仿真软件中,有很多种射频晶体管的模型。为了能准确反映射频晶体管的特性,这些模型都非常复杂。本小节将介绍最基本的射频晶体管模型,作为学习其他晶体管模型的基础。晶体管模型可以分为大信号模型和小信号模型。大信号模型是一个非线性模型,射频信号幅度很高导致晶体管电压和电流之间为非线性关系,晶体管内部等效的结电容和结电阻也会发生变化。小信号模型是一个线性模型,由于射频信号的幅度很低,只在静态偏置状态附近做很小的波动,可以认为晶体管的各参数保持不变,射频电流和射频电压之间有线性关系。晶体管的大信号模型非常复杂,而小信号模型相对更为简单。在实际应用中,需要根据实际射频信号的条件,选择合适的晶体管模型进行分析。

1. 双极型三极管

一个 NPN 双极型三极管的大信号 Ebers-Moll 电路模型如图 2-18 所示。三极管等效为两个反向连接的二极管 D_F 和 D_R,还有两个可控电流源。可控电流源的典型系数值分别为 $\alpha_F = 0.95 \sim 0.99$ 和 $\alpha_R = 0.02 \sim 0.05$。使用前面讨论过的二极管的电路模型,可以得到双极型三极管的 Ebers-Moll 方程为

$$\begin{cases} I_E = \alpha_R I_R - I_F \\ I_C = \alpha_F I_F - I_R \end{cases} \tag{2.71}$$

其中,二极管的电流 I_F 和 I_R 分别为

$$\begin{cases} I_R = I_{CS}\left(e^{V_{BC}/V_T} - 1\right) \\ I_F = I_{ES}\left(e^{V_{BE}/V_T} - 1\right) \end{cases} \tag{2.72}$$

I_{CS} 和 I_{ES} 分别为反向集电极和反向发射极的饱和电流,与三极管的饱和电流 I_S 存在如下关系:

$$\alpha_F I_{ES} = \alpha_R I_{CS} = I_S \tag{2.73}$$

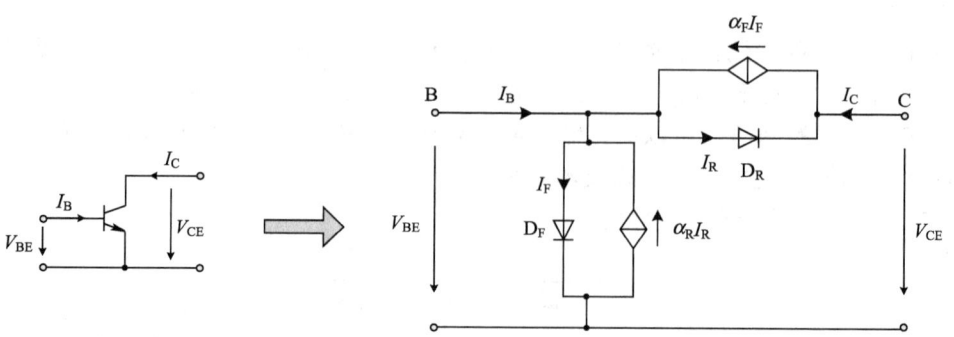

图 2-18 双极型三极管的 Ebers-Moll 电路模型

使用简单的 Ebers-Moll 三极管模型可以反映三极管的基本特性，分如下两种情况讨论。

(1) 正向模式（$V_{CE} > 0.1\text{V}$，$V_{BE} \approx 0.7\text{V}$）：由于二极管 D_R 处于反向偏置状态，电流 I_R 非常小，可以忽略不计；由于 $V_{BE}>0$，二极管 D_F 处于正向偏置状态，会导致较大的正向电流 I_F。所以，可以得到简化的正向偏置电路模型，如图 2-19(a) 所示。分析电流之间的近似关系 $I_B + \alpha_F I_F = I_F$，可以得到

$$I_F = \frac{I_B}{1-\alpha_F} \rightarrow I_C = \frac{\alpha_F}{1-\alpha_F} I_B \tag{2.74}$$

(2) 反向模式（$V_{CE} < -0.1\text{V}$，$V_{BC} \approx 0.7\text{V}$）：由于二极管 D_F 处于反向偏置状态，电流 I_F 非常小，可以忽略不计；由于 $V_{BC}>0$，二极管 D_R 处于正偏置状态，如图 2-19(b) 所示。

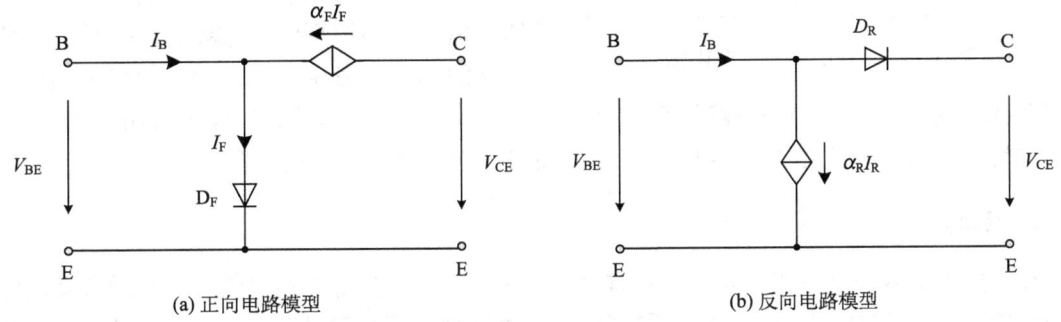

图 2-19 三极管正向和反向电路模型

如果考虑三极管内半导体材料存在的串联电阻和各极之间存在的电容，可以得到三极管管芯的 Ebers-Moll 模型，如图 2-20 所示。其中，r_B、r_C 和 r_E 分别为三极管基极、集电极和发射极的串联电阻，C_{BE} 和 C_{BC} 分别为三极管基极-发射极和基极-集电极等效电容。当进行更为精确的电路模拟时，还需要考虑三极管的封装效应。引入三极管各个引脚的串联电感、串联电阻和引脚之间的分布电容，改进 Ebers-Moll 模型，使其更接近于实际的三极管的特性。

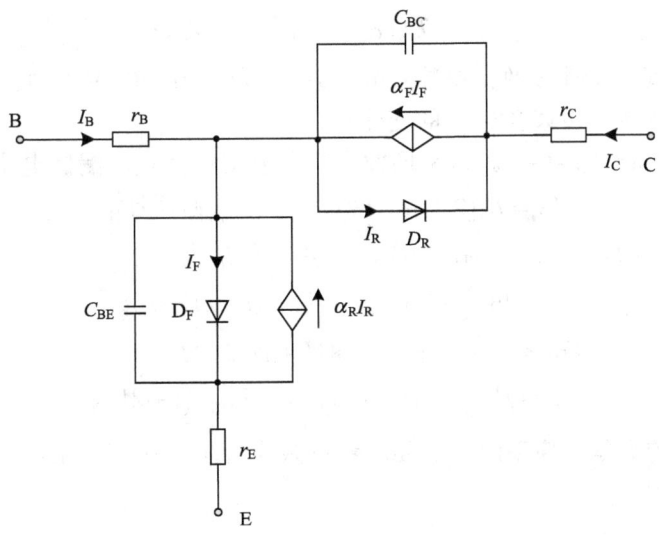

图 2-20 三极管管芯的 Ebers-Moll 电路模型

由于 Ebers-Moll 模型自身存在的局限性,在射频电路的模拟仿真中存在很多限制。所以,需要使用更为复杂和完善的模型,使用更多的参数描述三极管的特性,才能实现对射频电路可靠准确的仿真和模拟。

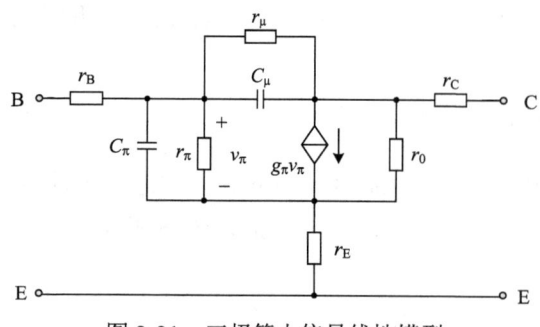

图 2-21 三极管小信号线性模型

在射频小信号的条件下,可以对双极型三极管的 Ebers-Moll 电路模型进行简化,得到一个小信号的线性模型,如图 2-21 所示。三极管基极-发射极之间的二极管,由于工作在射频小信号条件下,交流电阻不会发生变化,可以等效为电阻 r_π;三极管基极-集电极之间的二极管,等效为一个线性压控电导。在三极管的小信号电路模型中,电路参数都不会受射频信号的影响而发生变化,等效电路中的电阻、电容和跨导均为常数,整个电路模型也是一个线性模型。通过对图 2-21 中的电路模型进行变形和转换,可以得到更为简洁也更接近低频和高频三极管的电路模型。

2. 场效应管

场效应管与双极型三极管相比,具有的优势为:①具有良好的温度特性;②通常噪声优于双极型三极管;③具有高输入阻抗;④漏极电流与控制电压之间具有二次函数的关系;⑤截止频率较高;⑥功率消耗较低。这些优势使得 MESFET 在射频电路中得到广泛的应用。场效应管的劣势为:①通常增益较低;②匹配电路设计较为困难;③功率容量偏低。随着技术的发展,场效应管的这些劣势正在逐渐得到改善。

场效应管的大信号模型如图 2-22 所示,等效电路为二极管 GD 和 GS 以及电流源 I_D,另外还包括栅极-源极电容 C_{GS}、栅极-漏极电容 C_{GD} 以及漏极电阻 r_D 和源极电阻 r_S。分几种情况可以给出电流源 I_D 的表达式。

(1) 饱和区($V_{DS} > V_{GS} - V_{T0} > 0$)。场效应管进入饱和状态,漏极电流 I_D 为

$$I_D = \beta_n (V_{GS} - V_{T0})^2 (1 + \lambda V_{DS}) \tag{2.75}$$

其中,β_n 为场效应管的特性参数;系数 λ 的取值范围为 $0.01 \sim 0.1 \text{V}^{-1}$。由于系数 λ 的值较低,电流 I_D 只随电压 V_{DS} 的改变发生较小的变化。

(2) 线性区($0 < V_{DS} < V_{GS} - V_{T0}$)。这是场效应管主要工作模式,漏极电流 I_D 为

$$I_D = \beta_n [2(V_{GS} - V_{T0})V_{DS} - V_{DS}^2](1 + \lambda V_{DS}) \tag{2.76}$$

(3) 反向饱和区($-V_{DS} > V_{GD} - V_{T0} > 0$)。漏极电流 I_D 为

$$I_D = -\beta_n (V_{GD} - V_{T0})^2 (1 - \lambda V_{DS}) \tag{2.77}$$

(4) 反向线性区($0 < -V_{DS} < V_{GD} - V_{T0}$):漏极电流 I_D 为

$$I_D = \beta_n \left[2(V_{GD} - V_{T0})V_{DS} - V_{DS}^2 \right](1 - \lambda V_{DS}) \tag{2.78}$$

使用场效应管的大信号模型时,需要注意场效应管工作在哪种条件下,确定使用不同的漏极电流 I_D 的计算公式。

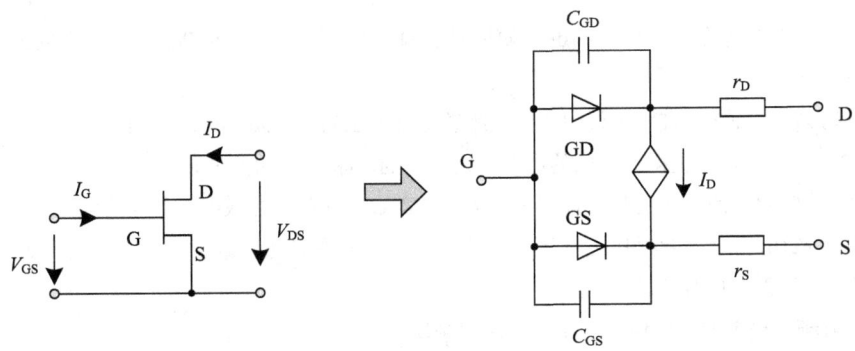

图 2-22 场效应管的大信号模型

场效应管的小信号模型如图 2-23 所示，电流源受栅极电容 C_{gs} 上的电压 v_i 控制。由于工作在小信号条件下，电路模型中的电阻、电容和跨导均为常数。

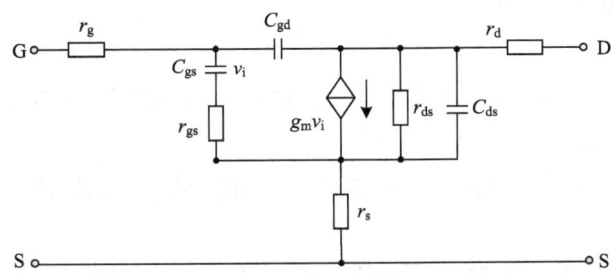

图 2-23 场效应管的小信号模型

在直流和低频条件下，场效应管的小信号模型进一步简化，可以得到跨导 g_m 和输出电导 g_0 分别为

$$\begin{cases} g_m = 2\beta_n \left(V_{GS}^Q - V_{T0}\right)\left(1 + \lambda V_{DS}^Q\right) \\ g_0 = \beta_n \lambda \left(V_{GS}^Q - V_{T0}\right)^2 \end{cases} \tag{2.79}$$

其中，上标 Q 表示静态工作点的电压。使用射频元件的电路模型，可以构建射频电路的模型，通过仿真和模拟，发现电路中的问题并进行性能的改进。利用射频电路仿真的方法，可以提高射频电路设计的效率，降低电路开发的费用。只有建立了精确的射频元件模型，才能获得可靠的射频仿真结果。

习　　题

1. 射频滤波电路的相对带宽为 RBW=5%，如果使用倍数法进行表示，则相对带宽 K 为多少？

2. 一个射频放大电路的工作频率范围为 f_L=1.2GHz，f_H=2.6GHz。试分别使用百分法和倍数法表示该放大电路的相对带宽，并判断该射频放大电路是否属于宽带放大电路。

3. 仪表放大电路的频带宽度为 DC～10MHz。请分别计算该放大电路的绝对带宽和相对带宽，并判断该放大电路是否属于宽带放大电路。

4. 某射频信号源的输出功率为 P_{OUT}=13dBm，请问信号源实际输出功率 P 是多少毫瓦？

5. 射频功率放大电路的增益为 G_p=7dB，如果要求输出射频信号功率为 P_{OUT}=1W，则放大电路的输入功率 P_{IN} 为多少？

6. 在阻抗为 Z_0=75Ω 的 CATV 系统中，如果测量得到电压为 20dBμV，则对应的功率 P 为多少？如果在阻抗为 Z_0=50Ω 的系统中，测量得到相同的电压，则对应的功率 P 又为多少？

7. 使用式(2.30)定义的品质因数，计算电感 L、电容 C、电阻 R 并联电路的品质因数 Q_0。

8. 使用图 2-12(b)所示的射频开关电路，如果 PIN 二极管在导通和截止状态的阻抗分别为 Z_f 和 Z_r。请计算该射频开关的插入损耗 IL 和隔离度 IS。

9. 请总结射频二极管的主要种类、特性和应用领域。

10. 雪崩二极管、隧道二极管和 Gunn 二极管都具有负阻的特性，尽管形成负阻的机理完全不同。请设计一个简单的电路，利用二极管的负阻特性构建一个射频振荡电路。

11. (1)试比较射频场效应管与射频双极型晶体管结构和特性上的差异。

(2)试讨论晶体管小信号模型和大信号模型的主要区别。请问能否使用晶体管大信号模型分析射频小信号。

12. 肖特基二极管的伏安特性为

$$I = I_S \left(e^{(V_A - IR_S)} - 1 \right)$$

其中，反向饱和电流为 $I_S = 2 \times 10^{-11}$ A；电阻 R_S=1.5Ω。试编写计算机程序，计算当 V_A 在 0～10V 内变化时，肖特基二极管电流 I 的变化。

13. 基于 GaN 半导体材料的三极管是一类重要的射频器件。试查找文献收集资料，论述 GaN 器件相对于 GaAs 器件的主要优势。

14. 石墨烯(Graphene)是由碳原子构成的只有一层原子厚度的二维晶体。石墨烯材料有哪些优点？可以作为半导体材料加工晶体管吗？

第 3 章 传输线理论及 Smith 圆图

电路分析是利用电路理论获得电路中电流和电压的关系。在直流和低频的电路分析中，经常需要使用基尔霍夫电流定律和基尔霍夫电压定律。基尔霍夫定律实际上是麦克斯韦方程的特殊情况。当空间没有电荷积累时，电流连续定律简化为 $\oiint_S \boldsymbol{J} \cdot \mathrm{d}\boldsymbol{S} = 0$，可得到基尔霍夫电流定律 $\sum I = 0$。基尔霍夫电流定律表述为流入一个节点的电流等于流出该节点的电流，对应于电流连续性定律。当闭合环路没有场的变化时，法拉第电磁感应定律简化为 $\oint_l \boldsymbol{E} \cdot \mathrm{d}\boldsymbol{l} = 0$，可得到基尔霍夫电压定律 $\sum V = 0$。基尔霍夫电压定律表述为沿任一闭合环路的电压降之和为零，对应于法拉第电磁感应定律的静态结果。电路理论是麦克斯韦方程在特定条件下的不完全表述，基尔霍夫定律只适合于频率很低或者波长很大的情况。当实际电路的几何尺度接近电磁波的波长时，电路理论将不再适用。

随工作频率的升高，电磁波的波长将不断减小。当电磁波的波长与射频电路的几何尺度可比拟时，必须考虑电路中电压和电流随空间位置的变化，需要把电压和电流看作传输的波来处理。因此，射频电路不能直接利用基尔霍夫定律进行电路分析，必须使用传输线理论取代电路理论。例如，图 3-1(a)所示的基本射频系统，射频信号源通过一段电缆与负载连接。等效电路图如图 3-1(b)所示，传输线长度为 l，传输线中电磁波的波长为 λ，负载阻抗为 Z_L 电压为 V_L，传输线输入端阻抗为 Z_{IN} 电压为 V_{IN}。当波长远大于传输线的长度时($\lambda \gg l$)，使

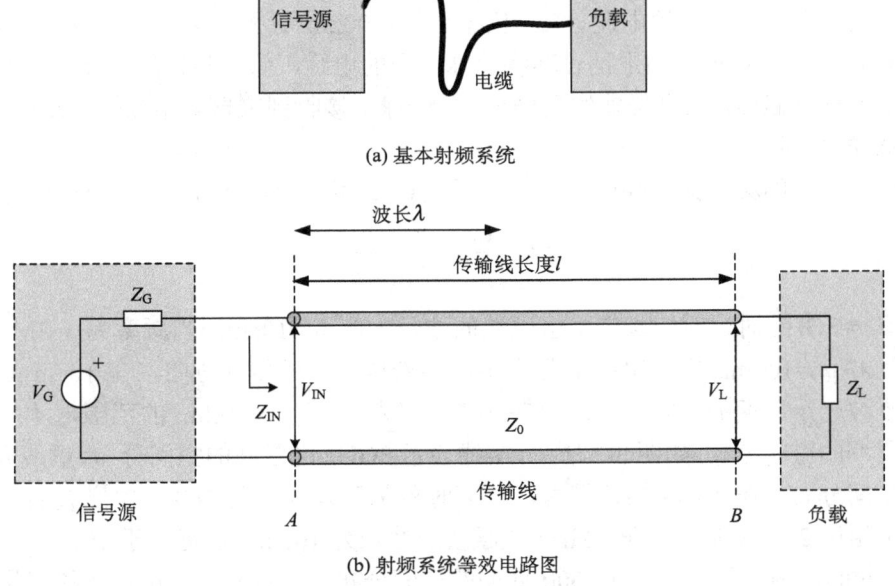

(a) 基本射频系统

(b) 射频系统等效电路图

图 3-1 使用传输线的射频电路系统

用电路理论得到 $Z_{IN}=Z_L$ 和 $V_{IN}=V_L$。当传输线长度大于波长时($l>\lambda$)，通常情况下 $Z_{IN}\neq Z_L$ 和 $V_{IN}\neq V_L$，电路理论不再适用。通过学习本章的传输线理论，就可以分析射频系统中传输线上电压电流的分布和阻抗变化的规律。

本章主要介绍适用于射频电路分析的传输线理论和射频电路分析工具 Smith 圆图的使用。首先，通过分布参数的分析获得描述电压和电流传输规律的传输线方程，并引入传输线特征阻抗、电压反射系数和驻波系数等基本概念。然后，分析传输线终端连接不同负载时，电压和电流的分布规律，以及等效输入阻抗的变化。最后，介绍射频电路设计工具——Smith 圆图，包括 Smith 圆图的来源、基本概念和使用方法。传输线理论和 Smith 圆图是射频电路设计的基本理论和基本工具，也是学习以后各章内容的基础。

3.1 传输线基础

在无限大无耗均匀介质中沿+z 方向传输的平面电磁波，如果电场 **E** 为 x 方向，则平面电磁波表示为

$$E_x = E_{0x} \cos(\omega t - \beta z) \tag{3.1}$$

其中，E_{0x} 是电场强度的幅值；角频率为 $\omega = 2\pi f$；波数为 $\beta = 2\pi/\lambda$。平面电磁波的相速度 v_p 为

$$v_p = \frac{\omega}{\beta} = \lambda f = \frac{1}{\sqrt{\varepsilon\mu}} = \frac{c}{\sqrt{\varepsilon_r \mu_r}} \tag{3.2}$$

其中，ε 为介质的介电常数；μ 为介质的磁导率；ε_r 和 μ_r 分别为介质的相对介电常数和相对磁导率；真空中光速 c 约为 3×10^8 m/s。在空气中 $\varepsilon_r \approx \mu_r \approx 1$，电磁波近似以真空中的光速 c 传播。

电磁波在传输线中的传输速度取决于传输线的特性。在横电磁波模式下，传输线中电磁波的相速度小于或等于真空中的光速。射频信号从传输线一端传输到另一端需要一定的时间。如果铺设从北京到成都的电缆(直线距离约为 1690km)，假设电磁波以真空中光速传输，则信号传输时间为 5.63ms；如果铺设环绕地球一周的电缆，信号传输约需要 0.133s；如果从地球向月球发送电磁波，信号传输约需要 1.3s；地球上接收到来自太阳黑子活动的电磁信号，约需要 500s 的时间。

电磁波的波长随频率的升高而下降。利用式(3.2)可以使用相速度 v_p 计算波长 λ

$$\lambda = \frac{v_p}{f} = \frac{c}{f\sqrt{\varepsilon_r \mu_r}} \tag{3.3}$$

当频率 f=3GHz 时，对应真空中电磁波的波长为 λ_{3GHz}=10cm；当频率为 f=3MHz 时，对应的波长为 λ_{3MHz}=100m。在 3GHz 的频率下，沿着电磁波的传播方向，在 10cm 的范围内可观察到电磁波一个周期的空间分布；而在 3MHz 的频率下，在 100m 的范围内才能观察到电磁波一个周期的空间分布。如图 3-2 所示，实线表示 3GHz 电磁波的空间分布，虚线表示 3MHz 电磁波的空间分布。在 10cm 的范围内，任何时刻都可以观察到 3GHz 电磁波的一个完整周期，包含了相位 2π 的变化。由于 3MHz 电磁波的波长为 100m，远远大于 10cm 的空间尺度，所以在 10cm 范围只能观察到 1/1000 周期的空间分布，相位只有 $2\pi/1000$ 的变化，可近似认为 3MHz 电磁波的相位和幅度均没有变化。因此，当工作波长远大于电路尺度时，可以忽

略电路中电压和电流随空间位置的变化；当工作波长可以与电路尺度比拟时，必须考虑电路中电压和电流随空间位置的变化。

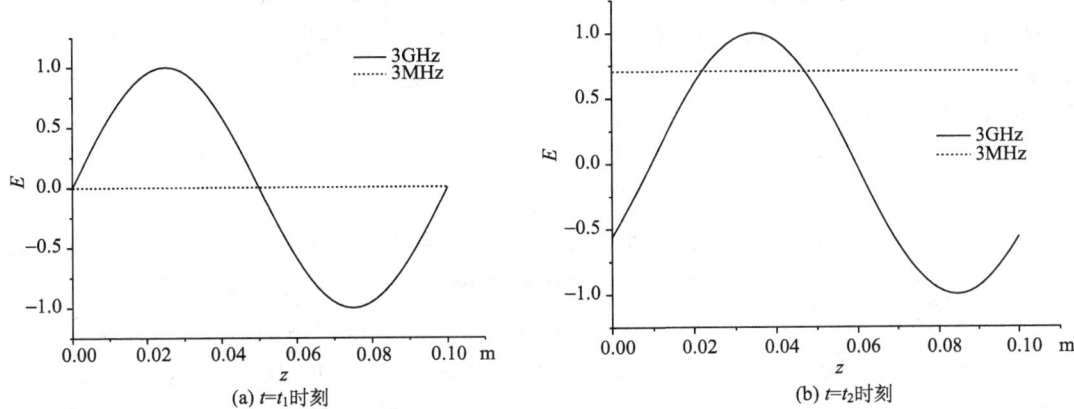

图 3-2　两个时刻 3GHz 和 3MHz 电磁场空间分布比较

3.1.1　常用传输线种类

传输线是用来传输电磁能量的装置，用来连接信号源和负载。在传输线的引导下，电磁能量能够沿一定的方向传播，将电磁能量从一点输送到另外一点。传输线按其传输电磁波的特性，可分为横电磁波（TEM）模式、横电波（TE）模式和横磁波（TM）模式。在微波电路中，圆柱波导和矩形波导都工作在 TE 或 TM 模式，可以作为传输线使用。TE 或 TM 模式的传输线设计分析都非常复杂，需要很多电磁场的专业知识。在射频电路的设计应用中主要使用 TEM 模式传输线，如双线传输线、同轴传输线和微带传输线等。

工作在 TEM 模式的传输线属于双导体传输系统，具有频带宽、结构简单、体积小的优点，比较适合于射频电路的应用，所以本章仅讨论工作在 TEM 模式的传输线。

1. 双线传输线

双线传输线是典型的工作在 TEM 模式的传输线，在众多场合中得到广泛应用。图 3-3 给出了平行双线传输线的基本结构，平行双线传输线由两根半径为 a 相距为 D 的圆柱导体构成。由于平行双线传输线是一个开放的系统，随着工作频率的升高，会向外辐射更多的电磁能量，也更易受到外界电磁信号的干扰，所以不适合传输频率很高的电磁波。为了减少双线传输线电磁能量的辐射，可以在两个导体周围添加高介电常数的介质，将电磁场集中在导体附近。例如，在连接平衡振子天线到电视机时，使用

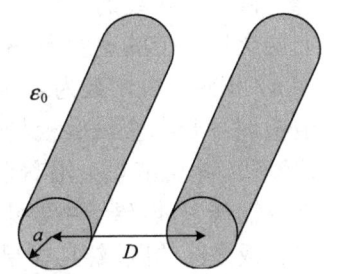

图 3-3　双线传输线的结构

300Ω扁平馈线就是一种典型的平行双线，两导体周围的塑料介质既起到了支持双线结构的作用，又可以在一定程度上聚集电磁场。在其他场合中，固定电话机使用的电话线、计算机的 USB 延长线、电子设备的电源线等，都可以看作平行双线传输线的结构。

为了减小电磁能量的辐射和降低外界的电磁干扰，可以将双线绞合在一起，使双线构成

的有效回路面积最小。这种双线传输线就是通常所说的"双绞线"。例如,局域网中使用的网线就是典型的双绞线。由于双绞线比平行双线容易加工、抗干扰性高,在一些对性能要求不高的通信系统中可以得到应用。双绞线的缺点是其特性不如平行双线容易控制。

双线传输线可以工作在很宽的频率范围,从 50～60Hz 的电源线,到几百兆赫兹的电视天线馈线,以及 100Mb/s 局域网的网线等。双线传输线是一种最基本的传输线结构,直到今天仍然在很多场合被使用。

2. 同轴线

同轴线是一种常用的工作在 TEM 模式的传输线,其结构有些类似于低频电路使用的单芯屏蔽线,但是几何尺寸和材料的要求都更严格。同轴线通常由内导体、介质和外导体构成,典型的同轴线结构如图 3-4 所示,内导体的半径为 a,外导体的半径为 b,内外导体之间均匀填充了相对介电常数为 ε_r 的低损耗介质。同轴线通常外导体直接接地,电磁场被限制在内导和外导体之间,可最大限度地降低传输线的电磁辐射,也屏蔽了外界电磁场的干扰。

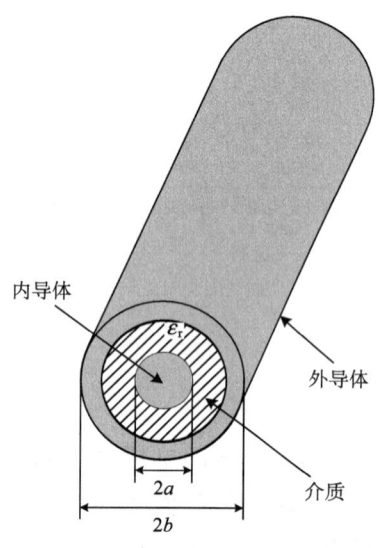

图 3-4 同轴线传输线的结构

由于同轴线良好的信号传输性能,所以得到了非常广泛的应用。例如,射频信号源、射频功率计、频谱分析仪、网络分析仪等射频设备都使用同轴线作为连接装置。有线电视网、卫星地面接收站、一些高速局域网,也都使用同轴电缆进行连接。一般传输的功率越高,要求同轴线横截面的几何尺寸越大。

为了便于移动和弯曲,同轴线的外导体可以使用金属网编织而成。同轴线常选用的填充介质材料是聚乙烯(相对介电常数 ε_r=2.3)、聚四氟乙烯(ε_r=2.1)或聚苯乙烯(ε_r=2.5)。这些介质都具有非常低的介质损耗和良好的温度系数。

3. 微带传输线

微带传输线的典型结构如图 3-5 所示,上层金属导带的宽度为 W,介质基板的厚度为 h,相对介电常数为 ε_r,底板为金属接地板。由金属导带和金属底板构成了一个双导体的传输线,电磁能量会沿着金属导带传输。在微带传输线中,电磁场主要集中在金属导带和金属底板之间的区域内。如果使用高介电常数的介质基板,只有较少的电磁能量会被泄漏出来。微带线适合于传输功率较低的射频信号。

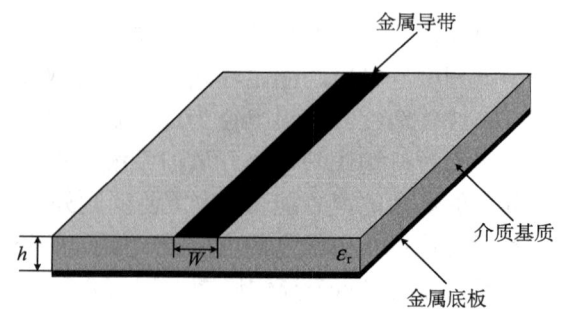

图 3-5 微带线传输线的结构

如果需要传输大功率的射频信号,通常需要使用同轴传输线或者平行板传输线。由于微带传输线可以在印刷线路板(PCB)上直接加工,非常便于与射频元件连接和提高电路的集成度。微带传输线具有重量轻、结构简单、体积小、便于集成等优点,在射频通信电路中应用最为广泛。

微带传输线的制作工艺是先将介质基片研磨、抛光和清洗，然后在真空镀膜机中镀上铬金层，再利用光刻技术制作所需的电路结构，最后采用电镀的方法使上层金属导体带和接地板都达到所要求的厚度。在要求不高的场合，可以使用双面覆铜板进行加工，通过在覆铜板的一面用光刻蚀法做出所需的电路结构，而覆铜板的另一面作为接地板使用。介质基板的材料需要选用低损耗的材料，通常可以使用聚四氟乙烯环氧树脂（ε_r=2.55）、氧化铝（ε_r=10.0）或者具有高介电常数的新型陶瓷材料。介质基板的介电常数越高，微带线的几何尺寸就可以越小，而且电磁场的泄漏也越小。

双层微带线结构的缺点是存在辐射损耗和微带线间的相互干扰。可以使用三层微带线的结构来减小辐射损耗，提高电磁兼容性能。三层微带线的典型结构如图 3-6 所示，在金属导带的上方同样放置了介质基板和金属接地板，形成一个上下对称的结构。金属导带则被夹在两层金属板之间，限制电磁场集中在两层接地金属板之间，防止了微带线的电磁辐射。

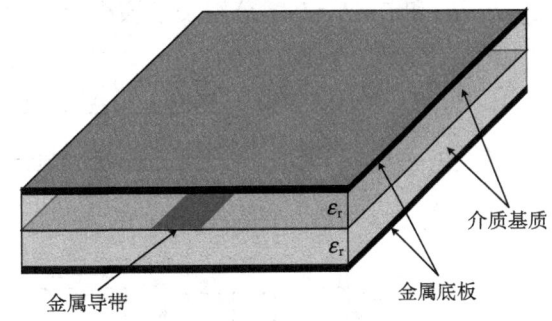

图 3-6　三层微带传输线的结构

在射频电路设计中，基于微带传输线的结构可以在印刷线路板上直接构造无源电抗元件。例如，使用蛇形或者螺旋微带线结构，可以构造电感；使用微带间隙或者一段微带线，可以构造出电容。图 3-7 给出了微带间隙电容和微带电感的基本结构图。通过合理的设计，利用微带传输线可以实现射频滤波电路，包括低通滤波电路、带通滤波电路和带阻滤波电路等。在滤波电路设计中，将详细介绍微带传输线滤波电路的设计方法。总之，微带传输线在射频电路中是一种非常实用的结构。

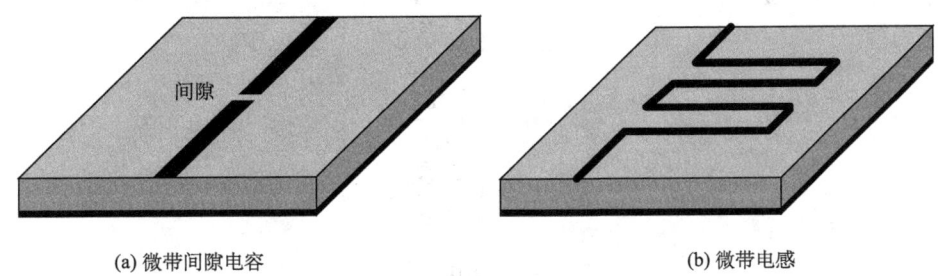

图 3-7　微带电感和微带电容的结构

3.1.2　传输线等效电路

利用基尔霍夫定律可以非常方便地获得电路中电压和电流的关系，但是当传输线的长度可以和工作波长比拟时，基尔霍夫定律就不再适用了。如果把一根传输线分解为很多小段的传输线，每一小段的长度都远远小于工作波长，则在每一小段传输线上可以应用基尔霍夫定律。每段传输线都可以使用统一的等效电路来表示，这种等效电路反映了传输线的特性（如导线损耗、介质损耗、分布电感和分布电容等），称为传输线的等效电路。

以平行双线传输线为例讨论传输线的等效电路。假设传输线沿+z 方向并分解为很多长度

为 Δz 的小段传输线，如图 3-8 所示。考虑从 z 到 $z+\Delta z$ 的一小段传输线，建立等效电路模型。由于非理想导体存在电阻损耗，可以等效为串联电阻 R_1 和 R_2。导线周围存在感应磁场，使得一小段导线也具有一定的电感，等效为串联电感 L_1 和 L_2。双导线之间存在分布电容，等效为并联电容 C_Δ。如果导线周围介质是非理想的介质，存在一定的介质损耗，等效为并联电导 G_Δ。因此，得到图 3-8 中所示的等效电路。如果导体的损耗可以忽略不计，则可以得到 $R_1=R_2=0$；如果介质为理想介质，则可以得到 $G_\Delta=0$。在每一段传输线的分析中，可以定义 $R_\Delta=R_1+R_2$ 和 $L_\Delta=L_1+L_2$，分别表示该小段传输线的总串联电阻 R_Δ 和总串联电感 L_Δ。

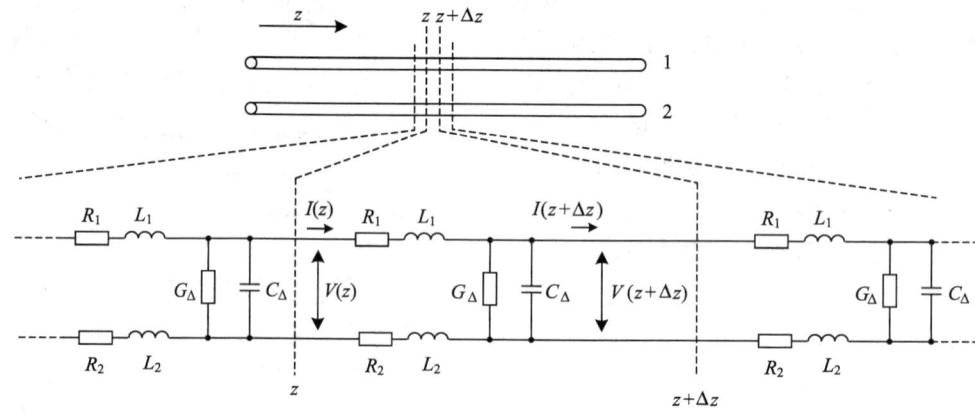

图 3-8 传输线的等效电路

在传输线分析中，使用单位长度上的参数表示传输线的特性更为简便。定义传输线分布参数为单位长度上的电阻 R、电感 L、电容 C 和电导 G，分别为

$$R = \lim_{\Delta z \to 0} \frac{R_\Delta}{\Delta z}$$
$$L = \lim_{\Delta z \to 0} \frac{L_\Delta}{\Delta z}$$
$$G = \lim_{\Delta z \to 0} \frac{G_\Delta}{\Delta z}$$
$$C = \lim_{\Delta z \to 0} \frac{C_\Delta}{\Delta z}$$
(3.4)

如果传输线的分布参数和几何尺寸不随位置变化，则为均匀传输线。本章内容只限于分析均匀长线。传输线单位长度上的电感 L 和单位长度上的电容 C 都可以使用静态场方法求解得到。三种双导体传输线的分布参数计算公式见表 3-1。其中 σ_{cond} 为导体的电导率，σ_{diel} 为介质的电导率，δ 为在工作频率下的趋肤深度。

采用等效电路模型，可以使用基尔霍夫定律分析传输线，而且每一段传输线都可以等效为一个标准的二端口网络。整个传输线可以等效为很多个两端口网络连接在一起的电路。每一个两端口网络内部电路为串联电阻和电感、并联电导和电容的电路。传输线的等效电路通常是指的一段足够小的传输线的等效电路。

表 3-1 三种类型的传输线的分布参数

分布参数	同轴线	双线传输线	平行板传输线
$R/(\Omega/\text{m})$	$\dfrac{1}{2\pi\sigma_{\text{cond}}\delta}\left(\dfrac{1}{a}+\dfrac{1}{b}\right)$	$\dfrac{1}{\pi a \sigma_{\text{cond}}\delta}$	$\dfrac{2}{w\sigma_{\text{cond}}\delta}$
$L/(\text{H/m})$	$\dfrac{\mu}{2\pi}\ln\left(\dfrac{b}{a}\right)$	$\dfrac{\mu}{\pi}\ln\left(\dfrac{D}{2a}\right)$	$\mu\dfrac{d}{w}$
$G/(\text{S/m})$	$\dfrac{2\pi\sigma_{\text{diel}}}{\ln\left(\dfrac{b}{a}\right)}$	$\dfrac{\pi\sigma_{\text{diel}}}{\ln\left(\dfrac{D}{2a}\right)}$	$\sigma_{\text{diel}}\dfrac{w}{d}$
$C/(\text{F/m})$	$\dfrac{2\pi\varepsilon}{\ln\left(\dfrac{b}{a}\right)}$	$\dfrac{\pi\varepsilon}{\ln\left(\dfrac{D}{2a}\right)}$	$\varepsilon\dfrac{w}{d}$

3.1.3 传输线方程

传输线方程是建立在传输线等效电路基础上的一组微分方程，描述了传输线上电压和电流的变化规律以及两者的相互关系。

假设传输线用于传输角频率为 ω 的射频信号，考虑从 z 到 $z+\Delta z$ 的一段传输线的等效电路，如图 3-9 所示。设 z 处的电压为 $V(z)$，电流为 $I(z)$，经过 Δz 的距离后，另一端的电压为 $V(z+\Delta z)$，电流为 $I(z+\Delta z)$。传输线单位长度上的电阻和电感分别为 R 和 L，单位长度的电导和电容分别为 G 和 C，该小段传输线长度为 Δz，应用基尔霍夫定律得到

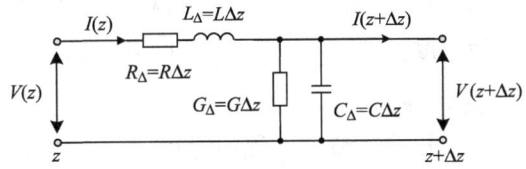

图 3-9 一段传输线的电压和电流关系

$$V(z+\Delta z)+(R\Delta z+\text{j}\omega L\Delta z)I(z)=V(z)$$
$$I(z)-V(z+\Delta z)(G\Delta z+\text{j}\omega C\Delta z)=I(z+\Delta z) \tag{3.5}$$

整理式(3.5)取极限 $\Delta z\to 0$，可得微分方程组

$$\begin{cases}\dfrac{\text{d}V(z)}{\text{d}z}+(R+\text{j}\omega L)I(z)=0 \\ \dfrac{\text{d}I(z)}{\text{d}z}+(G+\text{j}\omega C)V(z)=0\end{cases} \tag{3.6}$$

微分方程组式(3.6)描述了传输线上电压和电流之间的关系，称作传输线方程或者电报方程。为了求解式(3.6)，可以通过变形消去电流，得到关于电压的二阶微分方程：

$$\dfrac{\text{d}^2V(z)}{\text{d}z^2}-k^2V(z)=0 \tag{3.7}$$

其中，k 为复传播常数：

$$k = k_r + jk_i = \sqrt{(R+j\omega L)(G+j\omega C)} \tag{3.8}$$

使用类似的方法,可以得到关于电流的二阶微分方程:

$$\frac{d^2 I(z)}{dz^2} - k^2 I(z) = 0 \tag{3.9}$$

式(3.7)和式(3.9)具有波动方程的形式,统称为传输线的波动方程。求解传输线的波动方程,得到电压 $V(z)$ 和电流 $I(z)$ 的通解为

$$\begin{cases} V(z) = V^+ e^{-kz} + V^- e^{+kz} \\ I(z) = I^+ e^{-kz} + I^- e^{+kz} \end{cases} \tag{3.10}$$

其中,V^+ 和 V^- 分别表示电压相关的两个复常数;I^+ 和 I^- 分别表示电流相关的两个复常数。

由于电压和电流的实际表达式中含有时间因子项 $e^{j\omega t}$,例如,电压 $V(z,t)$ 应该表示为

$$V(z,t) = V^+ e^{-k_r z} e^{j(\omega t - k_i z)} + V^- e^{k_r z} e^{j(\omega t + k_i z)} \tag{3.11}$$

容易判断式(3.11)中的第一项表述了沿+z 方向传输的波,第二项表述了沿-z 方向传输的波。同理,在式(3.10)中等号右边第一项表述波沿+z 方向传输的波,第二项表述波沿-z 方向传输的波。从式(3.11)还可以看出,传播常数 k 的实部 k_r 决定了传输波的幅度变化,虚部 k_i 决定传输波的相位变化。对于沿+z 方向传输的波,只有当 $k_r \geq 0$ 时,随着 z 的增加传输波的幅度 $|V^+ e^{-k_r z}|$ 才可能不断减小;而对沿-z 方向传输的波,当 $k_r \geq 0$ 时才能保证随着 z 的减小,传输波的幅度 $|V^- e^{k_r z}|$ 不断减小。因此,如果要式(3.10)存在有物理意义的解,必须要求传输常数 k 的实部 $k_r \geq 0$。

从传输线波动方程的通解式(3.10)出发,还可以得到结论:传输线上任一点的电压和电流都可表示为正向传输波和反向传输波的叠加。$|V^+|$ 和 $|I^+|$ 分别表示了沿+z 方向传输波电压和电流的模值,$|V^-|$ 和 $|I^-|$ 分别表示了沿-z 方向传输波电压和电流的模值。

3.1.4 特征阻抗的定义

将式(3.10)电压 $V(z)$ 的通解代入传输线方程式(3.6),可以将电流 $I(z)$ 表示为

$$I(z) = \frac{k}{R+j\omega L}(V^+ e^{-kz} - V^- e^{+kz}) \tag{3.12}$$

比较电流 $I(z)$ 的通解 $I(z) = I^+ e^{-kz} + I^- e^{+kz}$,并且代入传播常数 $k = \sqrt{(R+j\omega L)(G+j\omega C)}$,可以得到

$$\left(\sqrt{\frac{R+j\omega L}{G+j\omega C}} I^+ - V^+\right) e^{-kz} + \left(\sqrt{\frac{R+j\omega L}{G+j\omega C}} I^- + V^-\right) e^{+kz} = 0 \tag{3.13}$$

欲使式(3.13)对于任何的 z 值都成立,必须满足每一项各自为零,因此可以确定:

$$\frac{V^+}{I^+} = -\frac{V^-}{I^-} = \sqrt{\frac{R+j\omega L}{G+j\omega C}} = Z_0 \tag{3.14}$$

由于 Z_0 具有阻抗的量纲并且仅与传输线的分布参数相关,描述了传输线正向传输波和反向传输波电压和电流之间的关系,反映了传输线本身的特征。因此,通常定义 Z_0 为传输线的特征阻抗。

对于无耗传输线,满足条件 $R=G=0$,则传输线的特征阻抗 Z_0 简化为

$$Z_0 = \sqrt{\frac{L}{C}} \tag{3.15}$$

无耗传输线的特征阻抗 Z_0 与频率 f 无关,只需要计算或者测量传输线单位长度上的电感 L 和电容 C 就可以确定特征阻抗 Z_0。

需要注意传输线的特征阻抗 Z_0 反映了传输线的特性,而通常意义的阻抗往往反映了元件或者端口上电压和电流之间的关系。在已知传输线上 z 处的电压 $V(z)$ 后,并不能直接通过 $V(z)/Z_0$ 来计算 z 处的电流 $I(z)$。

对于形状规则的传输线可以通过单位长度上的电感 L 和电容 C 来计算传输线的特征阻抗。下面计算几种典型无耗传输线的特征阻抗。

1. 平行双线传输线的特征阻抗

由表 3-1 可查得平行双线传输线的单位长度电感 L 和单位长度电容 C,代入式(3.15),得到平行双线传输线的特征阻抗 Z_0 为

$$Z_0 = \frac{120}{\sqrt{\varepsilon_r}} \ln \frac{D}{2a} \tag{3.16}$$

其中,ε_r 为导体周围介质的相对介电常数。平行双线传输线的特征阻抗一般为 $250\sim700\Omega$。例如,连接平衡振子天线和电视机的扁平馈线的特征阻抗为 300Ω。

2. 同轴线的特征阻抗

同理查表 3-1 计算得同轴传输线的特征阻抗 Z_0 为

$$Z_0 = \frac{60}{\sqrt{\varepsilon_r}} \ln \frac{b}{a} \tag{3.17}$$

其中,ε_r 为内外导体间填充介质的相对介电常数。常用同轴线的特征阻抗有 50Ω 和 75Ω 两种。使用相同的材料设计同轴传输线,特征阻抗为 75Ω 的同轴线具有最小的损耗。在传输线损耗要求严格的场合,可以选用 75Ω 特征阻抗的同轴线。特征阻抗为 50Ω 的同轴线,兼顾了最大传输功率和最小的损耗的要求,一般射频电路通常选用 50Ω 作为阻抗标准。

3. 微带线的特征阻抗

由于微带传输线是射频电路设计中最常用到的传输线,有必要多进行一些讨论。按照图 3-5 给出的微带线的典型结构,需要通过复杂的电磁场计算分析,才能得到微带线单位长度的电感和电容。为了迅速可靠地估算微带传输线的特征阻抗,可以应用经验公式直接计算得到。在假设微带线只传输纯 TEM 波的条件下,可以得到精度很高的经验公式,解决微带线在工程上应用的需要。

假设微带线金属导带的厚度为 t,当金属导带厚度远小于介质基板厚度 h 时,计算微带线等效相对介电常数 ε_eff 的经验公式为

$$\varepsilon_\text{eff} = \frac{\varepsilon_r+1}{2} + \frac{\varepsilon_r-1}{2}\left(1+\frac{10}{u}\right)^{-ab} \tag{3.18}$$

其中，$u = W/h$，系数 a 和 b 分别为

$$a = 1 + \frac{1}{49}\ln\left[\frac{u^4 + \left(\frac{u}{52}\right)^2}{u^4 + 0.432}\right] + \frac{1}{18.7}\ln\left[1 + \left(\frac{u}{18.1}\right)^3\right]$$

$$b = 0.564\left(\frac{\varepsilon_r - 0.9}{\varepsilon_r + 3}\right)^{0.053}$$

式(3.18)中用到的等效相对介电常数 ε_{eff}，其物理含义为：如果使用相对介电常数为 ε_{eff} 的均匀介质，替代原来微带线周围的空气（相对介电常数为 1）和介质基板（相对介电常数为 ε_r），微带传输线的特征阻抗能够维持不变，如图 3-10 所示。因为介质基板的相对介电常数 $\varepsilon_r > 1$，所以等效相对介电常数 ε_{eff} 的取值将处于 1 和 ε_r 之间。

图 3-10 微带线的等效介电常数

利用微带线等效相对介电常数 ε_{eff}，计算微带线特征阻抗的经验公式为

$$Z_0 = \frac{\eta_0}{2\pi\sqrt{\varepsilon_{\text{eff}}}}\ln\left[\frac{F}{u} + \sqrt{1 + \left(\frac{2}{u}\right)^2}\right] \tag{3.19}$$

其中，自由空间波阻抗为 $\eta_0 = 120\pi$；$u = W/h$；$F = 6 + (2\pi - 6)\exp\left[-\left(\frac{30.666}{u}\right)^{0.7528}\right]$。

使用式(3.19)计算可以得到精度非常高的微带线特征阻抗。当 $u \leqslant 1$ 时，$Z_0\sqrt{\varepsilon_{\text{eff}}}$ 的误差不大于 0.01%；当 $u \leqslant 1000$ 时，$Z_0\sqrt{\varepsilon_{\text{eff}}}$ 的误差不大于 0.03%。这样高的计算精度已经完全可以满足射频电路设计的需要。利用计算机编写程序可以方便地计算微带传输线的特征阻抗 Z_0。图 3-11 给出了微带线特征阻抗 Z_0 与微带线宽度和介质厚度比值 W/h 的关系，随着微带线宽度 W 的增加，特征阻抗 Z_0 趋于降低。图 3-12 给出了微带线特征阻抗 Z_0 与介质基板相对介电常数 ε_r 的关系，随着相对介电常数 ε_r 的增加，特征阻抗 Z_0 趋于降低。这个结果可以理解为：微带线宽度 W 或者基板相对介电常数 ε_r 的增加，会导致传输线单位长度上的电容 C 增加，从而使传输线的特征阻抗 Z_0 降低。

微带线厚度 t 的增加会使微带线侧面与金属底板之间的电容不能忽略。如果考虑到微带线的厚度 t 的贡献，微带线的特征阻抗 Z_0 将略有降低。当微带线的 W/h 值越小时，微带厚度 t 对特征阻抗 Z_0 的影响越显著。

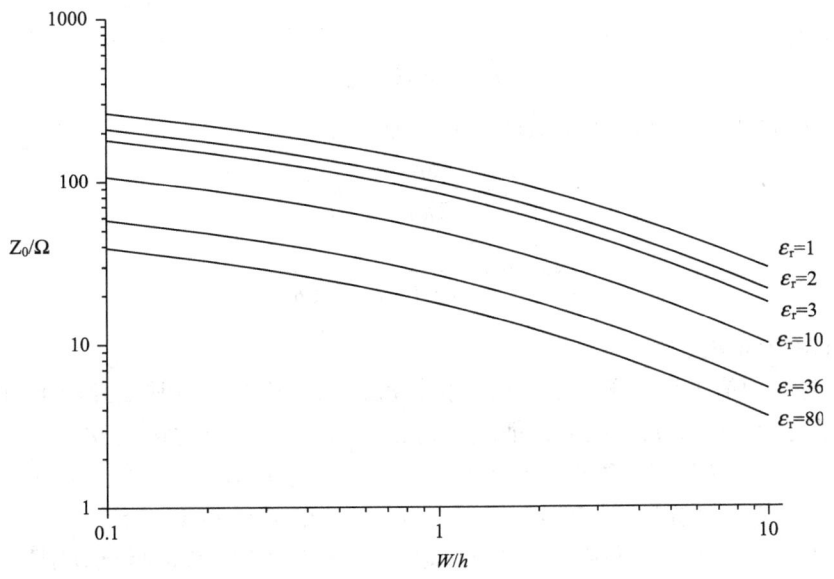

图 3-11 微带传输线特征阻抗 Z_0 与 W/h 的关系

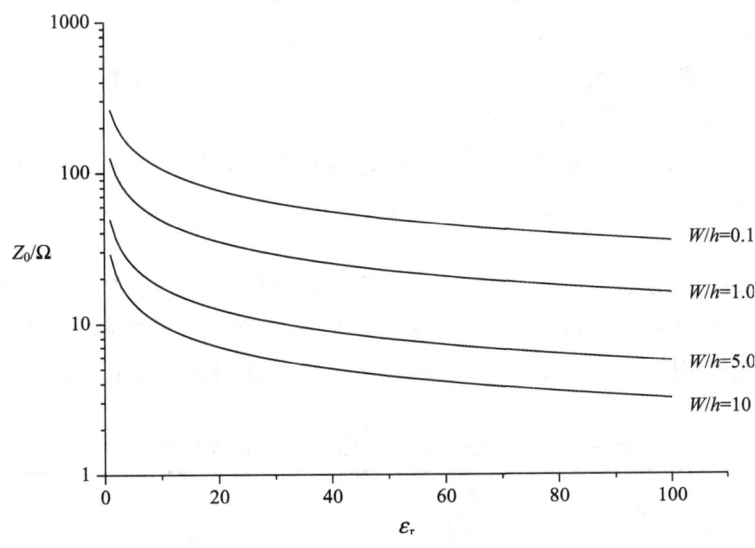

图 3-12 微带传输线特征阻抗 Z_0 与 ε_r 的关系

射频信号在微带线中的波长可以根据等效相对介电常数 ε_{eff} 表示为

$$\lambda = \frac{\lambda_0}{\sqrt{\varepsilon_{\text{eff}}}} \tag{3.20}$$

其中，λ_0 为射频信号在自由空间中的波长。在设计微带线滤波电路和阻抗变换电路时，都需要用到射频信号在微带传输线中的波长。

随着频率的升高，在微带传输线中可能激励起表面波或者其他的 TE 和 TM 模式的电磁波，基于 TEM 波假设得到的式(3.19)将不再适用，微带线性能急剧变差。因此，微带传输线应该工作在截止频率 f_0 以下。截止频率 f_0 定义为表面波截止频率 f_S 和高次模截止频率 f_C 中较

低的值，表示为

$$f_0 = \min\{f_S, f_C\} \tag{3.21}$$

其中，表面波截止频率 f_S 和高次模截止频率 f_C 分别为

$$\begin{cases} f_S = \dfrac{c \arctan \varepsilon_r}{\sqrt{2}\pi h \sqrt{\varepsilon_r - 1}} \\ f_C = \dfrac{c}{\sqrt{\varepsilon_r}(2W + 0.8h)} \end{cases}$$

其中，c 为自由空间中的光速。

例 3-1 射频通信电路中采用 50Ω 的阻抗标准，选用相对介电常数为 ε_r=4.6 的基板材料，介质基板的厚度为 h=1.0mm。试求特征阻抗为 Z_0=50Ω 的微带线的宽度 W。

解 采用"对分法"确定微带线的几何尺寸 W/h。令 $u=W/h$ 表示微带线的几何尺寸，并且假设 u_0 对应的特征阻抗为 Z_0=50Ω。使用"对分法"计算的步骤如下。

取 u_L=0.1 和 u_H=10.0，利用式 (3.19) 可以计算得到对应的特征阻抗分别为 Z_{0L}=151Ω 和 Z_{0H}=14.5Ω，显然 u_0 位于区间 (u_L, u_H) 内。

(1) 取 u_L 和 u_H 的中点为 u_M=$(u_L+u_H)/2$=5.05，计算得到对应的特征阻抗为 Z_{0M}=25.2Ω，所以 u_0 位于区间 (u_L, u_M) 内。显然解的区间已经缩小为初始值的一半。

(2) 令 u_H=u_M 重新计算区间的中点为 u_M=$(u_L+u_H)/2$=2.575，计算得到对应的特征阻抗为 Z_{0M}=40.7Ω，所以 u_0 位于区间 (u_L, u_M) 内。

(3) 令 u_H=u_M 重新计算区间的中点为 u_M=$(u_L+u_H)/2$=1.3375，计算得到对应的特征阻抗为 Z_{0M}=60.1Ω，所以 u_0 位于区间 (u_M, u_H) 内。

……

经过这样不断地重复计算，每一次都可以缩小解的空间为原来的一半，具体的计算过程可以参考表 3-2。如果以 0.1% 作为允许误差，可以确定满足条件的解 u_0=1.8499，对应的特征阻抗 Z_0=50.015Ω。因此，50Ω 特征阻抗微带线的宽度 W=1.8499mm。

表 3-2 "对分法"计算微带特征阻抗 Z_0 的过程

n	u_L	u_H	u_M	Z_{0M}/Ω
1	0.10000	10.00000	5.05000	25.16366
2	0.10000	5.05000	2.57500	40.66854
3	0.10000	2.57500	1.33750	60.07427
4	1.33750	2.57500	1.95625	48.36451
5	1.33750	1.95625	1.64687	53.53039
6	1.64687	1.95625	1.80156	50.80590
7	1.80156	1.95625	1.87891	49.55284
8	1.80156	1.87891	1.84023	50.17093
9	1.84023	1.87891	1.85957	49.85982
10	1.84023	1.85957	1.84990	50.01485

3.2 无耗传输线的基本特性

无耗传输线的基本特性包括传输特性、阻抗特性和反射特性。下面分别进行介绍。

3.2.1 传输特性

1. 相位常数

在工程应用中，传播常数 k 通常表示为

$$k = k_r + jk_i = \alpha + j\beta \tag{3.22}$$

其中，相位常数 β 表示单位长度上的相位变化。对于无耗传输线，既没有导体损耗也没有介质损耗，满足条件 $R=G=0$。因此，传播常数 k 可以简化为

$$k = j\beta = j\omega\sqrt{LC} \tag{3.23}$$

相位常数 β 表示为

$$\beta = \omega\sqrt{LC} \tag{3.24}$$

其中，L 和 C 分别为无耗传输线单位长度的电感和电容。

2. 相速度

相速度指的是等相位面移动的速度。传输线上正向传输波和反向传输波，以相同的相速度沿相反的方向行进。根据式(3.2)可以给出传输线中的相速度为

$$v_p = \frac{\omega}{\beta} = \frac{1}{\sqrt{LC}} \tag{3.25}$$

对于平行双线和同轴线，将表 3-1 中 L 和 C 代入式(3.25)，可得传输线中波的相速度为

$$v_p = \frac{1}{\sqrt{\mu\varepsilon}} = \frac{c}{\sqrt{\varepsilon_r}} \tag{3.26}$$

其中，c 为自由空间光速；ε_r 为传输线介质的相对介电常数。由此可见，无耗传输线工作在 TEM 模式时，相速度 v_p 与工作频率 f 无关，只与传输线介质特性有关。如果假定有脉冲信号在无耗传输线中传输，脉冲信号的每个频率分量都以相同的相速度传播。脉冲信号的波形不随波的传输而改变，属于无色散传输现象。对于有耗传输线，相位常数 β 将与频率 f 有关，通常会导致脉冲信号波形发生畸变。只有当有耗传输线的分布参数满足特定的关系时，信号波形才不会发生畸变。

3. 相波长

相波长 λ_p 是指同一个时刻传输线上电磁波相位相差为 2π 时的距离，即有

$$\lambda_p = \frac{2\pi}{\beta} = \frac{v_p}{f} = \frac{\lambda_0}{\sqrt{\varepsilon_r}} \tag{3.27}$$

其中，f 为频率；λ_0 为自由空间波长。显然，传输线的相波长与传输线的介质有关。

例 3-2 微带传输线的介质基板相对介电常数为 $\varepsilon_r=2.70$，基板厚度为 $d=1.00\text{mm}$，微带线

的宽度为 $W=2.02$mm，微带线的厚度可以忽略不计。试求：

(1) 该微带线中射频信号的相速度 v_p；
(2) 当工作频率为 $f=3$GHz 时，$\lambda/8$ 微带传输线的长度；
(3) 在 $f=3$GHz 的频率下，长度为 $l=1$cm 的微带传输线引起的相位差 ϕ。

解 (1) 根据式(3.18)计算得到微带线的等效相对介电常数 ε_{eff} 为

$$\varepsilon_{\text{eff}} = 2.18$$

因此，射频信号的相速度 v_p 为

$$v_p = \frac{c}{\sqrt{\varepsilon_{\text{eff}}}} = 0.677c$$

其中，c 为自由空间中的光速。

(2) 自由空间中 $f=3$GHz 信号的波长 λ_0 为 $\lambda_0 = c/f = 10$cm，利用微带线的等效相对介电常数 ε_{eff}，可以得到微带线中 3GHz 射频信号的相波长为

$$\lambda = \frac{\lambda_0}{\sqrt{\varepsilon_{\text{eff}}}} = 0.677 \times 10 = 6.77(\text{cm})$$

$\lambda/8$ 微带传输线的长度 l 为

$$l = \frac{\lambda}{8} = 0.846(\text{cm})$$

(3) 根据微带线中 3GHz 射频信号的相波长 λ，可以得到 1cm 微带传输线引入的相位差 ϕ 为

$$\phi = \frac{l}{\lambda} \times 360° = 53.2°$$

从例 3-2 可以看出，在 3GHz 的频率下，长度 1cm 的微带传输线上就会引入大于 $\pi/4$ 的相位差。在射频电路中，传输线的长度会影响信号的相位，传输线的几何尺寸会影响特征阻抗。因此，在射频电路设计中，必须考虑电路中每一段传输线对信号传输的影响。

4. 坡印廷定理

为了计算传输线上功率传输的瞬时值，将传输线方程式(3.6)改写为时域的形式：

$$\begin{cases} \dfrac{\partial V(z,t)}{\partial z} = -\left(R + L\dfrac{\partial}{\partial t}\right)I(z,t) \\ \dfrac{\partial I(z,t)}{\partial z} = -\left(G + C\dfrac{\partial}{\partial t}\right)V(z,t) \end{cases} \quad (3.28)$$

将式(3.28)的两式分别与 $I(z,t)$ 和 $V(z,t)$ 相乘并求和，可以得到

$$\begin{aligned} \frac{\partial(VI)}{\partial z} &= \frac{\partial V}{\partial z}I + V\frac{\partial I}{\partial z} = -\left(I^2R + IL\frac{\partial I}{\partial t}\right) - \left(V^2G + VC\frac{\partial V}{\partial t}\right) \\ &= -I^2R - V^2G - \frac{\partial}{\partial t}\left(\frac{1}{2}LI^2 + \frac{1}{2}CV^2\right) \end{aligned} \quad (3.29)$$

其中，I^2R 表示在单位长度传输线上的串联电阻瞬时功率损耗；V^2G 表示并联电导的瞬时功率损耗；$\dfrac{1}{2}LI^2$ 表示磁场的瞬时能量储存；$\dfrac{1}{2}CV^2$ 表示电场能量的瞬时储存。因此，沿着传

5. 无耗传输线上的电压和电流的分布

利用传输线相位常数 β，可以把无耗传输线方程的通解式 (3.10) 表示为

$$\begin{cases} V(z) = V^+ e^{-j\beta z} + V^- e^{j\beta z} \\ I(z) = \dfrac{V^+}{Z_0} e^{-j\beta z} - \dfrac{V^-}{Z_0} e^{j\beta z} \end{cases} \quad (3.30)$$

其中，V^+ 和 V^- 为复常数，其值由传输线的两端的边界条件确定。根据电压和电流可以计算流过传输线上 z 点的功率为

$$P(z) = \frac{1}{2} \text{Re}\left[V(z) I^*(z) \right] = \frac{1}{2}\left[\frac{(V^+)^2}{Z_0} - \frac{(V^-)^2}{Z_0} \right] = P(0) \quad (3.31)$$

在无耗传输线上，各点传输的功率大小相等。

在无耗传输线上，如果已知任意一点的电压 V 和电流 I，就可以确定传输线上的电压分布和电流分布。如图 3-13 所示，无耗传输线的特征阻抗为 Z_0，在 z' 处的电压为 $V(z')$，电流为 $I(z')$。根据式 (3.30) 可以得到方程组：

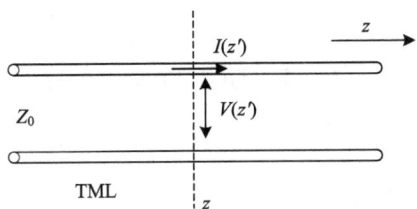

图 3-13 无耗传输线的电压和电流

$$\begin{cases} e^{-j\beta z'} V^+ + e^{j\beta z'} V^- = V(z') \\ e^{-j\beta z'} V^+ - e^{j\beta z'} V^- = Z_0 I(z') \end{cases} \quad (3.32)$$

求解关于 V^+ 和 V^- 的二元一次方程组，可以得到

$$\begin{cases} V^+ = \dfrac{1}{2}\left[V(z') + Z_0 I(z') \right] e^{j\beta z'} \\ V^- = \dfrac{1}{2}\left[V(z') - Z_0 I(z') \right] e^{-j\beta z'} \end{cases} \quad (3.33)$$

将式 (3.33) 代入传输线方程的通解式 (3.30)，就可以得到无耗传输线上的电压分布和电流分布。

如果取 $z'=0$ 作为参考点，可以给出更为简洁的形式，式 (3.33) 可以改写为

$$\begin{cases} V^+ = \dfrac{V(0) + Z_0 I(0)}{2} \\ V^- = \dfrac{V(0) - Z_0 I(0)}{2} \end{cases} \quad (3.34)$$

根据式 (3.30) 可以得到传输线上的电压 $V(z)$ 和电流 $I(z)$ 分别为

$$\begin{cases} V(z) = V(0)\cos\beta z - jZ_0 I(0)\sin\beta z \\ I(z) = I(0)\cos\beta z - j\dfrac{V(0)}{Z_0}\sin\beta z \end{cases} \quad (3.35)$$

电压 V 和电流 I 的瞬时值 $v(z,t)$ 和 $i(z,t)$，应该表示为

$$\begin{cases} v(z,t) = \text{Re}\{V(z)e^{j\omega t}\} \\ i(z,t) = \text{Re}\{I(z)e^{j\omega t}\} \end{cases} \quad (3.36)$$

3.2.2 阻抗特性

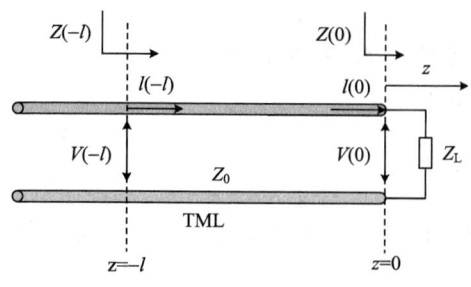

图 3-14 传输线的输入阻抗

如图 3-14 所示，长度为 l 特征阻抗为 Z_0 的无耗传输线，终端连接负载阻抗为 Z_L。以传输线负载端作为坐标原点 $z=0$，一维坐标系统，则传输线的输入端口的坐标为 $z=-l$。负载端口的电压为 $V(0)$、电流为 $I(0)$；输入端口的电压为 $V(-l)$、电流为 $I(-l)$。根据式(3.35)，可以利用终端电压 $V(0)$ 和电流 $I(0)$ 来表示输入端口的电压 $V(-l)$ 和电流 $I(-l)$：

$$\begin{cases} V(-l) = V(0)\cos\beta l + jZ_0 I(0)\sin\beta l \\ I(-l) = I(0)\cos\beta l + j\dfrac{V(0)}{Z_0}\sin\beta l \end{cases} \quad (3.37)$$

利用终端阻抗 $Z_L = V(0)/I(0)$，传输线输入端口的阻抗 $Z(-l)$ 可以表示为

$$Z(-l) = \frac{V(-l)}{I(-l)} = Z_0 \frac{Z_L \cos\beta l + jZ_0 \sin\beta l}{Z_0 \cos\beta l + jZ_L \sin\beta l} \quad (3.38)$$

如果以从终端到输入端的距离 l 作为变量，输入端口的阻抗 $Z_{\text{IN}}(l)$ 可以表示为

$$Z_{\text{IN}}(l) = Z_0 \frac{Z_L + jZ_0 \tan\beta l}{Z_0 + jZ_L \tan\beta l} \quad (3.39)$$

从而得到了利用传输线终端阻抗 Z_L 表示输入端阻抗 Z_{IN} 的计算公式。从式(3.39)还可以看出，Z_{IN} 是距离 l 的周期函数，也就是说传输线上的阻抗将呈周期性变化。

类似地可以得到使用终端导纳 Y_L 表述输入端导纳 Y_{IN} 的计算公式：

$$Y_{\text{IN}}(l) = Y_0 \frac{Y_L + jY_0 \tan\beta l}{Y_0 + jY_L \tan\beta l} \quad (3.40)$$

其中，Y_0 为传输线特征阻抗 Z_0 的倒数。

在射频电路设计中，几种特殊长度的传输线由于呈现出不同的阻抗特性而非常有用，对其输入阻抗讨论如下。

1. $\lambda/8$ 传输线

距传输线终端 $\lambda/8$ 处的输入阻抗 Z_{IN}，根据式(3.39)可表示为

$$Z_{\text{IN}} = Z_0 \frac{Z_L + jZ_0 \tan\left(\dfrac{2\pi}{\lambda}\dfrac{\lambda}{8}\right)}{Z_0 + jZ_L \tan\left(\dfrac{2\pi}{\lambda}\dfrac{\lambda}{8}\right)} = Z_0 \frac{Z_L + jZ_0}{Z_0 + jZ_L} \quad (3.41)$$

当 $\lambda/8$ 传输线终端开路（$Z_L \to \infty$），则输入端阻抗为 $Z_{\text{IN}} = -jZ_0$；当传输线终端短路（$Z_L \to 0$），则输入端阻抗为 $Z_{\text{IN}} = jZ_0$。利用 $\lambda/8$ 传输线选用不同特征阻抗 Z_0 的传输线，就可以构造出容

性($-jZ_0$)或者感性(jZ_0)的电抗元件。

2. $\lambda/4$ 传输线

距传输线终端 $\lambda/4$ 处的输入阻抗 Z_{IN}，根据式(3.39)可表示为

$$Z_{IN} = Z_0 \frac{Z_L + jZ_0 \tan\left(\frac{2\pi}{\lambda}\frac{\lambda}{4}\right)}{Z_0 + jZ_L \tan\left(\frac{2\pi}{\lambda}\frac{\lambda}{4}\right)} = \frac{Z_0^2}{Z_L} \qquad (3.42)$$

利用 $\lambda/4$ 的传输线可以实现阻抗变换。例如，当 $\lambda/4$ 传输线终端开路($Z_L \to \infty$)，则输入端为短路($Z_{IN} \to 0$)；当传输线终端短路($Z_L \to 0$)，则输入端为开路($Z_{IN} \to \infty$)。当 Z_L 和 Z_{IN} 均为实数，将式(3.42)变形可以得到

$$Z_0 = \sqrt{Z_L Z_{IN}} \qquad (3.43)$$

选择合适的传输线特征阻抗 Z_0，可以 $\lambda/4$ 的传输线实现从负载阻抗 Z_L 到目标阻抗 Z_{IN} 的转换。

例 3-3 一个射频晶体管的输入阻抗为 $Z_{in}=25\Omega$，在工作频率为 $f=500$MHz 时需要与特征阻抗为 $Z_0=50\Omega$ 的微带线匹配，如图 3-15 所示。请设计 $\lambda/4$ 的微带传输线将晶体管输入阻抗 Z_{in} 变换到 Z_0。试求：

(1) $\lambda/4$ 微带线的特征阻抗 Z_T；

(2) 如果基板厚度为 $h=1.0$mm，基板的相对介电常数为 $\varepsilon_r=4$，求 $\lambda/4$ 微带线的宽度和长度。

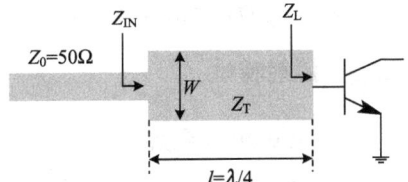

图 3-15 晶体管输入阻抗的匹配

解 (1)根据要求，需要实现晶体管输入阻抗 25Ω 到 50Ω 标准阻抗的变换，利用式(3.43)得到

$$Z_T = \sqrt{Z_{IN} Z_L} = \sqrt{25\Omega \times 50\Omega} = 35.36\Omega$$

(2)使用例 3-1 中的"对分法"计算特征阻抗为 Z_T 的微带传输线对应的等效相对介电常数 ε_{eff} 和 $\lambda/4$ 微带线的宽度 W 分别为

$$W = 3.474\,\text{mm}$$

$$\varepsilon_{eff} = 3.791$$

在 500MHz 的频率下，射频信号在微带线中的波长为

$$\lambda = \frac{c}{f} \times \frac{1}{\sqrt{\varepsilon_{eff}}} = 30.82\,\text{cm}$$

$\lambda/4$ 微带线的长度为

$$l = \frac{\lambda}{4} = 7.704\,\text{cm}$$

因此，设计阻抗匹配微带线宽度为 $W=3.474$mm，长度为 $l=77.04$mm。

$\lambda/4$ 传输线实现阻抗变换存在的限制为：①要求负载阻抗和目的阻抗均为实数，即为纯阻状态；②由于传输线长度 $\lambda/4$ 条件的限制，只能实现窄带阻抗变换，如果频率 f 改变了，要求的相应的 $\lambda/4$ 长度也发生变化，就无法实现在很宽的频带内完成阻抗变换。

3. $\lambda/2$ 传输线

当传输线长度为半波长($\lambda/2$)时，传输线的输入阻抗 Z_{IN} 为

$$Z_{IN} = Z_0 \frac{Z_L + jZ_0 \tan\left(\frac{2\pi}{\lambda}\frac{\lambda}{2}\right)}{Z_0 + jZ_L \tan\left(\frac{2\pi}{\lambda}\frac{\lambda}{2}\right)} = Z_L \tag{3.44}$$

负载阻抗 Z_L 在传输线上每隔 $\lambda/2$ 将重现一次。但沿传输线的电压和电流分布并不以 $\lambda/2$ 为周期。由无耗传输线上电压和电流的通解式(3.30)，可以得到

$$\begin{cases} V\left(z+\dfrac{\lambda}{2}\right) = -V(z) \\ I\left(z+\dfrac{\lambda}{2}\right) = -I(z) \end{cases} \tag{3.45}$$

也就是说，沿传输线每隔 $\lambda/2$，电压和电流就改变一次方向，阻抗重现一次。

3.2.3 反射特性

1. 电压反射系数

当传输线上存在不连续界面时，例如，负载阻抗与传输线特征阻抗不一致时，将会有一部分信号进入负载，另外一部分信号被反射回来。传输线上会出现入射波和反射波的叠加，入射波和反射波存在一定的关系。根据传输线上电压的通解式(3.30)，定义电压反射系数$\Gamma(z)$为该点的反射波电压 V_{ref} 和入射波电压 V_{inc} 之比，如图 3-16 所示，可以表示为

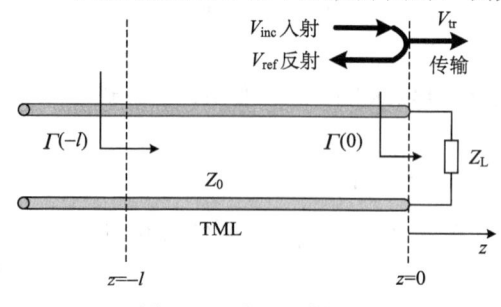

图 3-16 电压反射系数

$$\Gamma(z) = \frac{V_{ref}(z)}{V_{inc}(z)} = \frac{V^-}{V^+}e^{j2\beta z} \tag{3.46}$$

由于传输线上的电压 V 为入射波电压 V_{inc} 和反射波电压 V_{ref} 叠加的结果，利用电压反射系数可表示为

$$V(z) = V_{inc}(z) + V_{ref}(z) = V_{inc}(z)\left[1 + \Gamma(z)\right] \tag{3.47}$$

当 $z=0$ 时，参考式(3.34)得到的 V^+ 和 V^-，改写式(3.46)可以得到负载的电压反射系数Γ_L 为

$$\Gamma_L = \Gamma(0) = \frac{V(0) - Z_0 I(0)}{V(0) + Z_0 I(0)} = \frac{Z_L - Z_0}{Z_L + Z_0} \tag{3.48}$$

当传输线终端开路($Z_L \to \infty$)时，负载的电压反射系数$\Gamma_L \to 1$；当传输线终端负载为 $Z_L = Z_0$ 时，负载的电压反射系数$\Gamma_L = 0$；当传输线终端短路($Z_L \to 0$)时，负载的电压反射系数$\Gamma_L \to -1$。

通过变形式(3.48)，还可以使用负载电压反射系数Γ_L 表述负载阻抗 Z_L 为

$$Z_L = Z_0 \frac{1+\varGamma_L}{1-\varGamma_L} \tag{3.49}$$

通过式(3.46)输入端的电压反射系数$\varGamma_{IN}$,可以利用终端的电压反射系数$\varGamma_L$表示为

$$\varGamma_{IN} = \varGamma(-l) = \varGamma_L\,\mathrm{e}^{-2\mathrm{j}\beta l} \tag{3.50}$$

或者利用式(3.46)可以写出输入端电压反射系数$\varGamma_{IN}$的另一种表述方式:

$$\varGamma_{IN} = \varGamma(-l) = \frac{V(-l)-Z_0 I(-l)}{V(-l)+Z_0 I(-l)} = \frac{Z_{IN}-Z_0}{Z_{IN}+Z_0} \tag{3.51}$$

其中,$Z_{IN}=V(-l)/I(-l)$为传输线的输入阻抗。由式(3.51)可知,无耗传输线上任何一点的阻抗$Z(z)$都可以通过该点的电压反射系数$\varGamma(z)$获得:

$$Z(z) = Z_0 \frac{1+\varGamma(z)}{1-\varGamma(z)} \tag{3.52}$$

从式(3.50)还可以得到无耗传输线上电压反射系数模值相等的结论:

$$|\varGamma(z)| = |\varGamma_{IN}| = |\varGamma_L| \tag{3.53}$$

上述电压反射系数讨论了传输线与负载之间不匹配进行的情况。如果信号源的内阻与传输线特征阻抗不匹配时,同样会产生反射。定义信号源的反射系数$\varGamma_S$为

$$\varGamma_S = \frac{Z_G - Z_0}{Z_G + Z_0} \tag{3.54}$$

其中,Z_G为信号源的内阻。

2. 驻波系数

电压反射系数$\varGamma$是一个复数,在传输线上不同的位置具有不同的值,但是电压反射系数的模值$|\varGamma|$在同一传输线上具有相同的值。在很多情况下,仅仅对电压反射系数的模值感兴趣,希望只使用一个标量表示反射信号的强弱。这时可以引入电压驻波系数(VSWR)来描述。驻波系数VSWR定义为传输线上电压(或电流)的最大模值与最小模值之比

$$\mathrm{VSWR} = \frac{|V|_{\max}}{|V|_{\min}} = \frac{|I|_{\max}}{|I|_{\min}} \tag{3.55}$$

考虑式(3.47)给出的电压$V(z)$与入射电压$V_{\mathrm{inc}}(z)$之间的关系,可以得到传输线上电压模值的最大值和最小值分别为

$$\begin{cases} |V|_{\max} = |V_{\mathrm{inc}}| \times (1+|\varGamma|) \\ |V|_{\min} = |V_{\mathrm{inc}}| \times (1-|\varGamma|) \end{cases} \tag{3.56}$$

从而可以建立电压反射系数模值$|\varGamma_{IN}|$与驻波系数VSWR之间的关系为

$$\mathrm{VSWR} = \frac{1+|\varGamma|}{1-|\varGamma|} \tag{3.57}$$

或者

$$|\varGamma| = \frac{\mathrm{VSWR}-1}{\mathrm{VSWR}+1} \tag{3.58}$$

在射频无源电路中，反射电压的模值一定小于入射电压的模值，所以反射系数模值$|\Gamma|$的范围为区间$[0,1]$，对应驻波系数 VSWR 的范围为区间$[1,\infty)$。当$|\Gamma|=0$ 时，VSWR$=1$，负载处于匹配状态；当$|\Gamma|=1$ 时，VSWR$=\infty$，负载处于全反射状态。

3.3 终端接不同负载的传输线

当传输线终端连接负载不同时，沿传输线电压和电流的分布、阻抗的变化规律都有所不同。本小节将讨论无耗传输线终端接匹配负载、终端短路、终端开路等几种情况。

3.3.1 终端接匹配负载

当传输线终端连接匹配负载时，负载的电压反射系数$\Gamma_L=0$。传输线上没有反射波，处于行波工作状态。根据式(3.49)，可以得到终端连接负载Z_L为

$$Z_L = Z_0 \frac{1+\Gamma_L}{1-\Gamma_L} = Z_0 \tag{3.59}$$

在确定了匹配负载Z_L后，根据式(3.39)可以得到传输线上任何一点的阻抗为

$$Z_{IN}(l) = Z_0 \frac{Z_0 + jZ_0 \tan\beta l}{Z_0 + jZ_0 \tan\beta l} = Z_0 \tag{3.60}$$

显然，终端连接匹配负载Z_0时，传输线上任意位置的阻抗均为Z_0。

例 3-4 特征阻抗为$Z_0=50\Omega$的无耗传输线，终端连接负载Z_L。已知传输线上的驻波系数为 VSWR$=2$，终端处反射波没有相移。试求负载Z_L应该并联还是串联一阻抗Z才能使传输线处于行波状态，并确定阻抗Z的值。

解 根据式(3.58)，可以从驻波系数 VSWR 获得终端电压反射系数的模值$|\Gamma_L|$，表示为

$$|\Gamma_L| = \frac{\text{VSWR}-1}{\text{VSWR}+1} = \frac{1}{3}$$

由于终端处的反射波没有相移，可以确定终端电压反射系数为

$$\Gamma_L = \frac{1}{3}$$

根据式(3.49)得到终端负载Z_L为

$$Z_L = Z_0 \frac{1+\Gamma_L}{1-\Gamma_L} = 50 \times \frac{1+\frac{1}{3}}{1-\frac{1}{3}} = 100(\Omega)$$

为了使传输线处于行波状态，必须使终端阻抗为$Z_0=50\Omega$。由于$Z_L>Z_0$，所以需要并联阻抗Z才可能达到匹配状态，需要满足关系：

$$Z_0 = \frac{Z_L Z}{Z_L + Z} = \frac{100Z}{100+Z} = 50(\Omega)$$

求解得到$Z=100\Omega$。因此，Z_L应该并联$Z=100\Omega$的阻抗达到匹配状态。

3.3.2 纯驻波工作状态

当传输线终端接完全不匹配负载而产生全反射时，负载反射了所有的入射波，传输线处于纯驻波状态。终端产生了全反射，要求终端不吸收入射的能量，所以终端负载的条件为

$$Z_L = \begin{cases} 0, & \text{短路} \\ \infty, & \text{开路} \\ \pm jX, & \text{纯电抗} \end{cases} \quad (3.61)$$

1. 终端短路

当传输线终端短路 $Z_L=0$ 时，终端电压反射系数 $\Gamma=-1$。终端的电压 $V(0)=0$，电流为 $I(0)=I_0$（选择 I_0 为实数），如图 3-17 所示。根据式(3.35)，可以直接写出传输线上的电压和电流分布：

$$\begin{cases} V(-l) = jI_0 Z_0 \sin\beta l \\ I(-l) = I_0 \cos\beta l \end{cases} \quad (3.62)$$

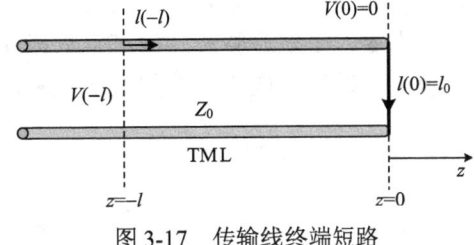

图 3-17 传输线终端短路

根据式(3.62)可以得到传输线上任意位置的阻抗 $Z(-l)$ 为

$$Z(-l) = \frac{V(-l)}{I(-l)} = jZ_0 \tan\beta l \quad (3.63)$$

以到终端的距离 l 为自变量，可以在同一个图上绘出终端短路传输线上的电压、电流和阻抗的变化，如图 3-18 所示。终端短路传输线上的电流 I 和电压 V 在空间分布上存在一定

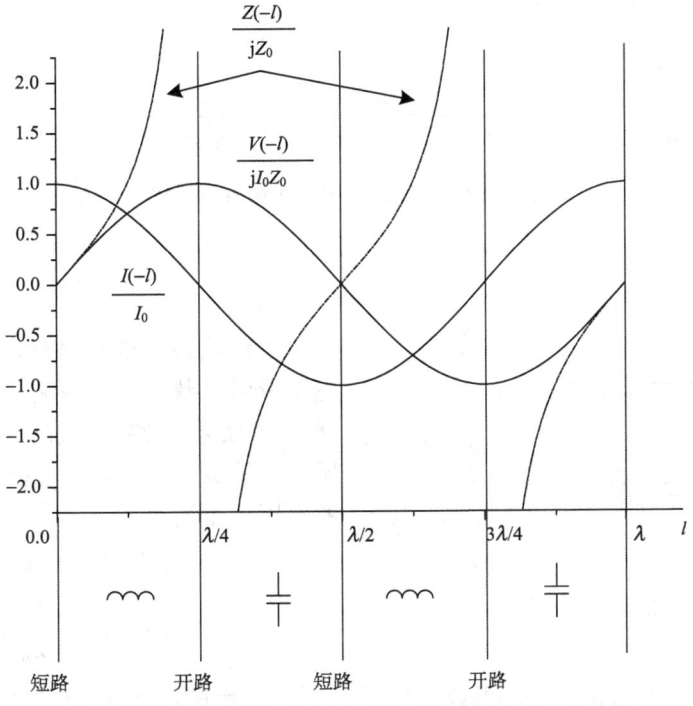

图 3-18 终端短路传输线上的电压、电流分布和阻抗变化

的相差,没有一起达到最大值和最小值。当 $l=0$ 和 $l=\lambda/2$ 时,阻抗为零呈现短路状态;当 $l=\lambda/4$ 和 $l=3\lambda/4$ 时,阻抗为无穷大呈现开路状态。当 $0<l<\lambda/4$,$\lambda/2<l<3\lambda/4$ 时,传输线呈现感抗可以等效为一个电感;当 $\lambda/4<l<\lambda/2$,$3\lambda/4<l<\lambda$ 时,传输线呈现容抗可以等效为一个电容。因此,在终端短路传输线上,阻抗交替出现短路和开路点,交替呈现感抗和容抗。

从终端短路传输线上的电压和电流的表达式,还可以得到电压和电流的瞬时值为

$$\begin{cases} v(z,t) = \mathrm{Re}\{V(-l)\mathrm{e}^{\mathrm{j}\omega t}\} = -I_0 Z_0 \sin\beta l \sin\omega t \\ i(z,t) = \mathrm{Re}\{I(-l)\mathrm{e}^{\mathrm{j}\omega t}\} = I_0 \cos\beta l \cos\omega t \end{cases} \tag{3.64}$$

在距离终端一个波长的范围内,选取一个周期,可以绘出传输线上电压随时间的变化。如图 3-19 所示,当 ωt 为不同值时传输线上电压的瞬态分布。当 $l=0$、$\lambda/2$ 和 λ 时,电压 $v(t)$ 始终为零,是电压驻波的波节点;当 $l=\lambda/4$、$3\lambda/4$ 时,电压 $v(t)$ 的振幅最大,是电压驻波的波腹点。显然,电压驻波的波节点和波腹点之间的距离为 $\lambda/4$。

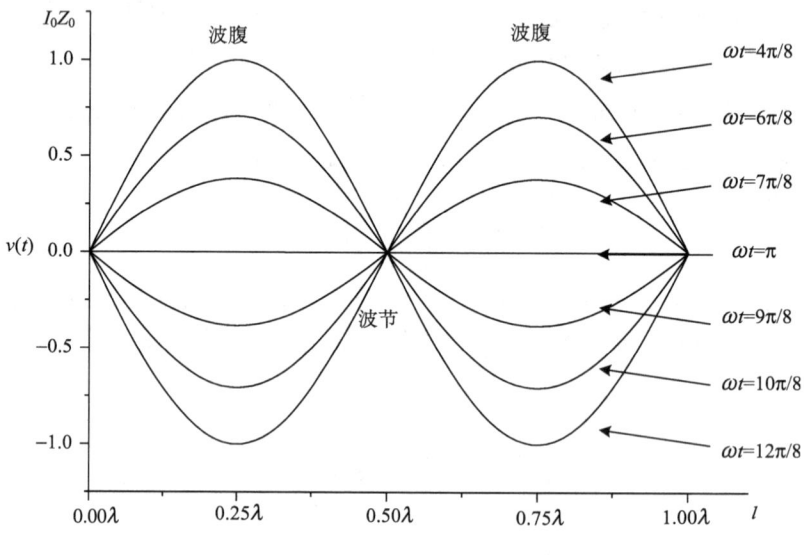

图 3-19 传输线上电压的瞬时值变化

2. 终端开路

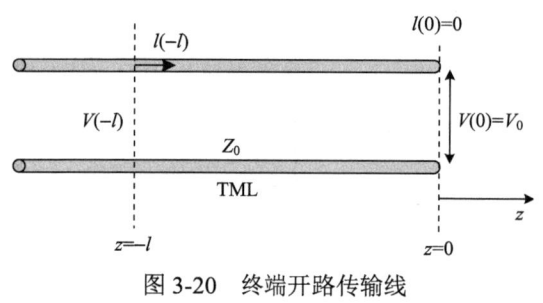

图 3-20 终端开路传输线

当传输线终端开路时,负载阻抗 $Z_L \to \infty$,电压反射系数 $\varGamma=1$。终端的电压 $V(0)=V_0$(选择 V_0 为实数),终端电流为 $I(0)=0$,如图 3-20 所示。根据式(3.35),可以直接写出传输线上的电压和电流分布

$$\begin{cases} V(-l) = V_0 \cos\beta l \\ I(-l) = \mathrm{j}\dfrac{V_0}{Z_0}\sin\beta l \end{cases} \tag{3.65}$$

根据式(3.65)很容易得到终端开路传输线上任意一点的阻抗 $Z(-l)$ 为

$$Z(-l) = \frac{V(-l)}{I(-l)} = \frac{-\mathrm{j}Z_0}{\tan\beta l} \tag{3.66}$$

以到开路终端的距离 l 为变量，可以把终端开路传输线上的电压、电流和阻抗的变化绘出，如图 3-21 所示。当 $l=0$ 和 $l=\lambda/2$ 时，阻抗为无穷大呈现开路状态；当 $l=\lambda/4$ 和 $3\lambda/4$ 时，阻抗为零呈现短路状态。当 $0<l<\lambda/4$，$\lambda/2<l<3\lambda/4$ 时，呈现容抗可以等效为一个电容；当 $\lambda/4<l<\lambda/2$，$3\lambda/4<l<\lambda$ 时，呈现感抗可以等效为一个电感。因此，在终端开路传输线上，交替出现开路和短路点，交替呈现容抗和感抗。

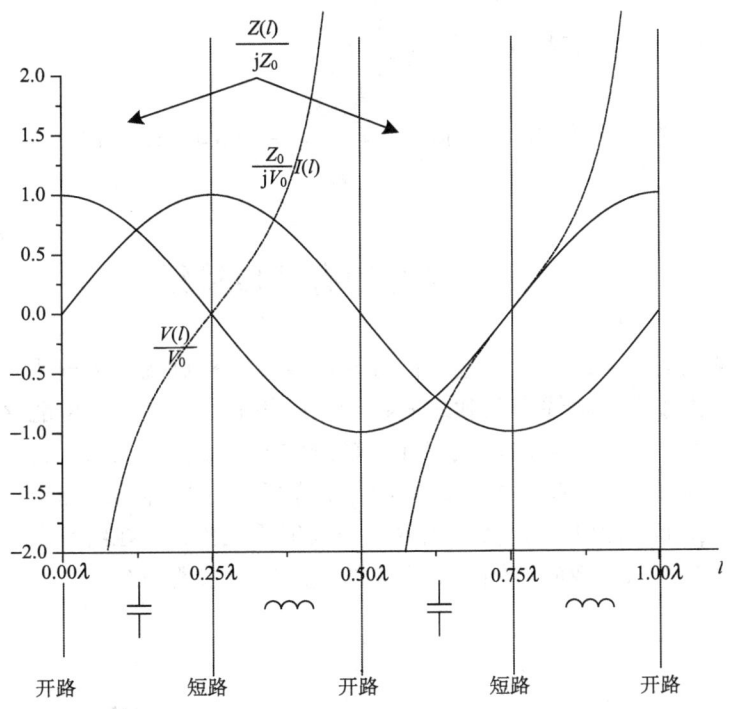

图 3-21 终端开路传输线的电流电压分布和阻抗变化

例 3-5 特征阻抗为 $Z_0=300\Omega$ 的均匀无耗传输线，终端连接未知负载 Z_L，测量得到驻波系数为 VSWR=2，一个电压模值的最小值出现在距离负载 $l=0.3\lambda$ 处。试求：

(1) 终端负载的电压反射系数 Γ_L；

(2) 终端负载 Z_L。

解 （1）由于驻波系数 VSWR=2，可以得到负载电压反射系数的模值 $|\Gamma_L|$ 为

$$|\Gamma_L| = |\Gamma(z)| = \frac{\text{VSWR}-1}{\text{VSWR}+1} = \frac{1}{3}$$

根据式(3.47)，传输线上的电压 $V(z)$ 可以表示为

$$V(z) = V_{\text{inc}} \times [1+\Gamma(z)] = V_{\text{inc}} \times \left[1 + |\Gamma(z)| \mathrm{e}^{\mathrm{j}(\phi_L - 2\beta l)}\right]$$

其中，V_{inc} 是表示入射电压的一个常数。传输线电压的模值 $|V(z)|$ 可以表示为

$$|V(z)| = |V_{\text{inc}}||1+\Gamma(z)| \geqslant |V_{\text{inc}}|[1-|\Gamma(z)|]$$

仅当 $\Gamma(z) = -|\Gamma(z)|$ 时等号成立，此时 z_m 处的电压反射系数一定为

$$\Gamma(z_m) = -|\Gamma(z)| = -\frac{1}{3}$$

根据式(3.50)，传输线上的电压反射系数与负载电压反射系数 Γ_L 满足关系

$$\Gamma(z_m) = \Gamma_L \mathrm{e}^{-2\mathrm{j}\beta l}$$

可以得到终端负载的电压反射系数 Γ_L 为

$$\Gamma_L = \Gamma(z_m)\mathrm{e}^{2\mathrm{j}\beta l} = -\frac{1}{3}\exp\left(2\mathrm{j}\frac{2\pi}{\lambda}\times 0.3\lambda\right) = -\frac{1}{3}\exp(\mathrm{j}1.2\pi) = \frac{1}{3}\angle 36°$$

(2) 根据式(3.49)，负载阻抗 Z_L 可以表示为

$$Z_L = Z_0 \frac{1+\Gamma_L}{1-\Gamma_L} = 300 \times \frac{1+\frac{1}{3}\angle 36°}{1-\frac{1}{3}\angle 36°} = 466.4 + \mathrm{j}205.6(\Omega)$$

3.4 信号源和有载传输线

对于一个完整的射频系统，至少包括信号源、传输线和负载。传输线就起到了连接信号源和负载的功能。由于在传输线和负载之间、传输线和信号源之间都可能存在电压反射，整个问题变得更为复杂。包含信号源、负载和传输线的系统，如图 3-22 所示。信号源电压为 V_G，内阻为 Z_G，负载阻抗为 Z_L。传输线长度为 l 特征阻抗为 Z_0。从传输线输入端看进去的电压反射系数为 Γ_{IN}，而从输入端向源看去的电压反射系数为 Γ_S。在终端负载处，向负载看去的电压反射系数为 Γ_L，从负载向传输线看进去的电压反射系数为 Γ_{OUT}。

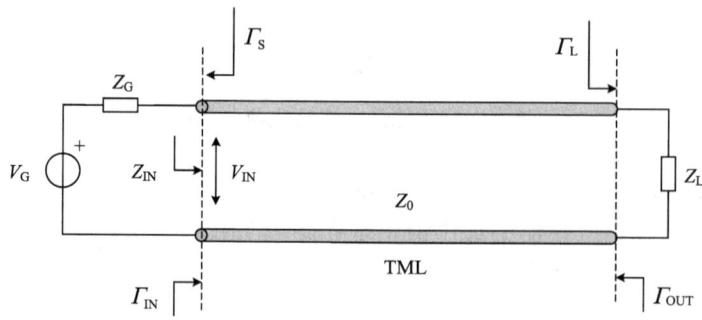

图 3-22 信号源、传输线和负载组成的射频系统

如果传输线输入端的等效阻抗为 Z_{IN}，则根据阻抗串联分压的关系，可以得到输入电压 V_{IN} 为

$$V_{IN} = \frac{Z_{IN}}{Z_G + Z_{IN}} V_G \tag{3.67}$$

输入端的电压反射系数 Γ_{IN} 和负载的电压反射系数 Γ_L 存在关系为

$$\Gamma_{IN} = \frac{Z_{IN} - Z_0}{Z_{IN} + Z_0} = \Gamma_L \, e^{-2j\beta l} \tag{3.68}$$

传输线输入端的电压反射系数为 Γ_{IN}，假设输入端的入射电压为 V_{IN}^+，则输入电压 V_{IN} 为

$$V_{IN} = V_{IN}^+ + V_{IN}^- = (1 + \Gamma_{IN})V_{IN}^+ \tag{3.69}$$

从式(3.69)可以计算得到输入端的入射电压 V_{IN}^+。将式(3.67)代入式(3.69)可以得到

$$V_{IN}^+ = \frac{1}{1 + \Gamma_{IN}} \frac{Z_{IN}}{Z_{IN} + Z_G} V_G \tag{3.70}$$

其中，输入阻抗 Z_{IN} 和信号源内阻 Z_G 可以分别用输入电压反射系数 Γ_{IN} 和信源电压反射系数 Γ_S 表示为

$$\begin{aligned} Z_{IN} &= Z_0 \frac{1 + \Gamma_{IN}}{1 - \Gamma_{IN}} \\ Z_G &= Z_0 \frac{1 + \Gamma_S}{1 - \Gamma_S} \end{aligned} \tag{3.71}$$

将式(3.71)代入式(3.70)并且整理得到传输线输入端的正向传输电压 V_{IN}^+ 为

$$\begin{aligned} V_{IN}^+ &= \frac{1}{1 + \Gamma_{IN}} \frac{(1 + \Gamma_{IN})(1 - \Gamma_S)}{(1 + \Gamma_{IN})(1 - \Gamma_S) + (1 - \Gamma_{IN})(1 + \Gamma_S)} V_G \\ &= \frac{V_G}{2} \frac{1 - \Gamma_S}{1 - \Gamma_S \Gamma_{IN}} \end{aligned} \tag{3.72}$$

传输线上每一个点的电压 $V(z)$ 都可以表示为正向传输电压 $V^+(z)$ 和反向传输电压 $V^-(z)$ 之和，分别代表正向传输的能量和反向传输的能量。如果从能量角度来看，传输线上每一个点将既有入射功率的传输也有反射功率的传输。因此，传输线上经过每一点传输的功率 $P(z)$ 为

$$P(z) = P^+(z) - P^-(z) = \frac{1}{2}|V^+(z)||I^+(z)| - \frac{1}{2}|V^-(z)||I^-(z)| \tag{3.73}$$

需要注意：因为正向传输电压 $V^+(z)$ 和正向传输电流 $I^+(z)$ 相位相同，反向传输电压 $V^-(z)$ 和反向传输电流 $I^-(z)$ 相位相反，所以才可以直接得到式(3.73)。考虑单向传输电压和电流的关系，从式(3.73)可以得到

$$P(z) = \frac{1}{2} \frac{|V^+(z)|^2 - |V^-(z)|^2}{Z_0} \tag{3.74}$$

如果引入电压反射系数 $\Gamma(z)$，可以得到传输线上 z 点传输功率 $P(z)$ 的表达式为

$$P(z) = \frac{1}{2Z_0}|V^+(z)|^2 \left[1 - |\Gamma(z)|^2\right] \tag{3.75}$$

在实际应用中，希望使用传输线上的电压 $V(z)$ 和电流 $I(z)$ 表示传输功率 $P(z)$。由于传输线电压 $V(z)$ 和电流 $I(z)$ 的相位不一致，需要稍微复杂一点的运算。将式(3.34)代入式(3.74)，可以得到

$$P(z) = \frac{1}{8} \frac{|V + Z_0 I|^2 - |V - Z_0 I|^2}{Z_0}$$

$$= \frac{1}{8Z_0}\left[(V + Z_0 I)(V^* + Z_0 I^*) - (V - Z_0 I)(V^* - Z_0 I^*)\right] \quad (3.76)$$

$$= \frac{1}{4}(VI^* + IV^*) = \frac{1}{2}\mathrm{Re}\{VI^*\}$$

其中，V^* 和 I^* 分别表示电压 $V(z)$ 和电流 $I(z)$ 的共轭复数。显然式 (3.76) 给出了一种计算传输线传输功率 $P(z)$ 的方法，与采用其他方法得到的结果一致。在一些场合中建立阻抗 $Z(z)$ 和传输功率 $P(z)$ 的关系是很有帮助的，可以改写式 (3.76) 得到

$$P(z) = \frac{1}{2}|I|^2 \mathrm{Re}\{Z\} = \frac{1}{2}\frac{|V|^2}{|Z|^2}\mathrm{Re}\{Z\} \quad (3.77)$$

接下来利用式 (3.75) 计算从信号源传输进入传输线的功率 P_{IN}。输入功率 P_{IN} 表示为

$$P_{\mathrm{IN}} = \frac{|V_{\mathrm{IN}}^+|^2}{2Z_0}\left(1 - |\varGamma_{\mathrm{IN}}|^2\right) \quad (3.78)$$

代入式 (3.72)，可以计算传输线输入功率 P_{IN} 为

$$P_{\mathrm{IN}} = \frac{1}{8}\frac{|V_{\mathrm{G}}|^2}{Z_0}\frac{|1 - \varGamma_{\mathrm{S}}|^2}{|1 - \varGamma_{\mathrm{IN}}\varGamma_{\mathrm{S}}|^2}\left(1 - |\varGamma_{\mathrm{IN}}|^2\right) \quad (3.79)$$

因为传输线没有功率损耗，所以负载消耗的功率 P_{L} 与输入传输线的功率 P_{IN} 相等。使用负载的电压反射 $\varGamma_{\mathrm{L}}$，代入式 (3.68) 到式 (3.79) 得到负载功率 P_{L} 为

$$P_{\mathrm{L}} = P_{\mathrm{IN}} = \frac{1}{8}\frac{|V_{\mathrm{G}}|^2}{Z_0}\frac{|1 - \varGamma_{\mathrm{S}}|^2}{|1 - \varGamma_{\mathrm{S}}\varGamma_{\mathrm{L}}\mathrm{e}^{-\mathrm{j}2\beta l}|^2}\left(1 - |\varGamma_{\mathrm{L}}\mathrm{e}^{-\mathrm{j}2\beta l}|^2\right) \quad (3.80)$$

分三种情况讨论负载 Z_{L} 得到的功率 P_{L}。

(1) $\varGamma_{\mathrm{L}}=0$，负载没有反射 ($Z_{\mathrm{L}}=Z_0$)：

$$P_{\mathrm{L}} = \frac{1}{8}\frac{|V_{\mathrm{G}}|^2}{Z_0}|1 - \varGamma_{\mathrm{S}}|^2 \quad (3.81)$$

(2) $\varGamma_{\mathrm{S}}=0$，信号源没有反射 ($Z_{\mathrm{G}}=Z_0$)：

$$P_{\mathrm{L}} = \frac{1}{8}\frac{|V_{\mathrm{G}}|^2}{Z_0}\left(1 - |\varGamma_{\mathrm{L}}\mathrm{e}^{-\mathrm{j}2\beta l}|^2\right) \quad (3.82)$$

(3) $\varGamma_{\mathrm{S}}=\varGamma_{\mathrm{L}}=0$，信号源和负载都没反射 ($Z_{\mathrm{G}}=Z_{\mathrm{L}}=Z_0$)：

$$P_{\mathrm{L}} = \frac{1}{8}\frac{|V_{\mathrm{G}}|^2}{Z_0} \quad (3.83)$$

假设信号源的内阻 Z_{G} 为实数，则当 $Z_{\mathrm{IN}}=Z_{\mathrm{G}}$ 时，信号源输出最大功率 $P_{\max}$（称为最大资用功率）：

$$P_{\max} = \frac{1}{8}\frac{|V_{\mathrm{G}}|^2}{Z_{\mathrm{G}}} \quad (3.84)$$

在这种情况下,当传输线与信号源和传输线与负载同时匹配时($Z_G=Z_L=Z_0$),负载能获得信号源输入的资用功率。

对于更一般的情况,如果信号源内阻 Z_G 为复数,连接负载阻抗为 Z_L,如图 3-23 所示。负载的阻抗为 $Z_L=R_L+jX_L$,信号源的内阻为 $Z_G=R_G+jX_G$。

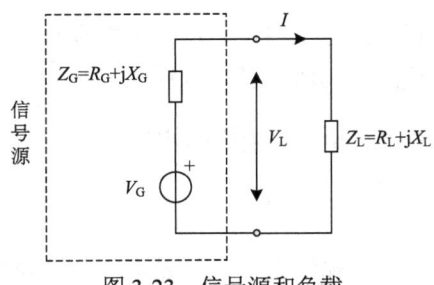

图 3-23 信号源和负载

根据式(3.77)可以计算负载得到的功率 P_L 为

$$P_L = \frac{1}{2}\frac{|V_L|^2}{\text{Re}\{Z_L\}} = \frac{1}{2}|V_G|^2 \frac{R_L^2 + X_L^2}{(R_G+R_L)^2+(X_G+X_L)^2}\frac{1}{R_L} \tag{3.85}$$

为了使负载功率 P_L 达到最大值,需要满足条件

$$\frac{\partial P_L}{\partial R_L} = \frac{\partial P_L}{\partial X_L} = 0 \tag{3.86}$$

求解可以得到负载 Z_L 应该满足的条件

$$\begin{cases} R_L = R_G \\ X_L = -X_G \end{cases} \tag{3.87}$$

或者

$$Z_L = Z_G^* \tag{3.88}$$

式(3.88)称为阻抗共轭匹配条件。当负载阻抗为信号源阻抗的共轭时,负载可以得到信号源输出的最大资用功率。在射频电路设计中,往往需要前级电路和后级电路之间插入匹配电路,调节阻抗满足阻抗共轭匹配条件以获得最大的功率传输。

在实际的电路中,如果信号源和传输线之间总存在一定的阻抗失配,就会有一部分功率被反射。这种阻抗失配导致的功率损失定义为回波损耗(RL),用分贝表示为

$$\text{RL} = -10\lg\left(\frac{P^-}{P^+}\right) = -10\lg|\Gamma_{\text{IN}}|^2 = -20\lg|\Gamma_{\text{IN}}| \tag{3.89}$$

入射到传输线的功率(单向传输功率)与传输线输出功率之比,定义为插入损耗(IL):

$$\text{IL} = -10\lg\frac{P_{\text{OUT}}}{P_{\text{IN}}^+} = -10\lg\frac{P_{\text{IN}}^+ - P_{\text{IN}}^-}{P_{\text{IN}}^+} = -10\lg\left(1-|\Gamma_{\text{IN}}|^2\right) \tag{3.90}$$

对于完全匹配的无耗传输线,回波损耗 $\text{RL}\to\infty$,插入损耗 $\text{IL}\to 0$。如果负载为短路或者开路形成了全反射,则回波损耗 $\text{RL}=0$,插入损耗 $\text{IL}\to\infty$。

3.5 Smith 圆图

如果已知传输线的特征阻抗 Z_0,则传输线上 z 处的阻抗 $Z(z)$ 与电压反射系数 $\Gamma(z)$ 为一一对应关系,可以参考式(3.51)和式(3.52)。为了简化传输线阻抗变换和反射系数的计算,1936年,Smith(1905~1987)利用图解法把电压反射系数和阻抗在同一个图中直观地描述出来,并在 1939 年发表相关论文。最初该图被称为反射图或者圆图,后来统一称为 Smith 圆图。Smith

圆图简化了射频电路的分析和计算，至今仍在射频和微波领域广泛使用。本章将讨论 Smith 圆图的构成和基本应用。

3.5.1 Smith 圆图的构成

1. 阻抗圆图

传输线上的反射系数为某个位置的反射波电压与入射波电压之比。如果确定了终端负载处的反射系数Γ_L，就可以确定传输线上其他各点的电压反射系数。传输线终端负载电压反射系数Γ_L为

$$\Gamma_L = \frac{Z_L - Z_0}{Z_L + Z_0} = \Gamma_{Lr} + j\Gamma_{Li} = |\Gamma_L|e^{j\phi} \tag{3.91}$$

对于无源电路，一定满足条件$|\Gamma| \leq 1$。如果采用复平面描述电压反射系数Γ，则Γ一定位于单位圆内（单位圆指圆心为原点半径为 1 的圆）。不同反射系数模值$|\Gamma|$对应不同半径的圆，称为等反射系数圆或等驻波系数圆。如图 3-24 所示，给出了 5 个电压反射系数的位置。$\Gamma_0=0$的圆心，即匹配点；$\Gamma_1=1$ 和$\Gamma_3=-1$位于单位圆上，分别对应开路点和短路点。

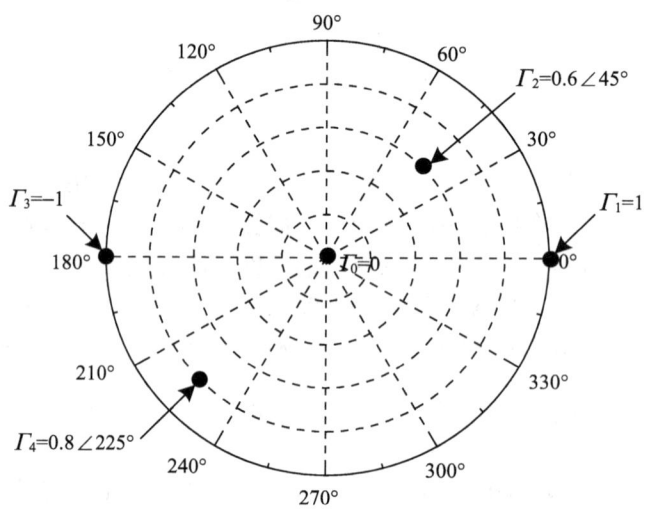

图 3-24 电压反射系数的极坐标表示

根据负载电压反射系数Γ_L通过式(3.50)可以确定距离终端l处的电压反射系数$\Gamma(l)$为

$$\Gamma(l) = \Gamma_L e^{-j2\beta l} = \Gamma_L e^{j\phi} \tag{3.92}$$

从传输线终端向源移动时，l不断增大，相角ϕ不断减小，对应于沿等反射系数圆顺时针旋转；从传输线源端向终端移动时l不断减小，相角ϕ不断增大，对应于沿等反射系数圆逆时针旋转。当向源方向移动距离l时，对应Γ_L的ϕ相角变化为$\Delta\phi=2\beta l$，即沿逆时针方向旋转$2\beta l$的角度。传输线上移动距离l和相角变化$\Delta\phi$的关系为

$$\Delta\phi = 2\beta l = 4\pi \frac{l}{\lambda} \tag{3.93}$$

通常把 l/λ 称为电长度，电长度是一个相对值没有量纲。由式(3.93)可知，沿等反射系数圆旋转一周对应的电长度为0.5，旋转半周对应的电长度为0.25。

引入归一化阻抗的概念，则电压反射系数 Γ 与归一化阻抗 $\tilde{Z}$ 之间存在关系：

$$\tilde{Z} = \frac{Z}{Z_0} = \tilde{R} + \mathrm{j}\tilde{X} = \frac{1+\Gamma}{1-\Gamma} = \frac{(1+\Gamma_\mathrm{r})+\mathrm{j}\Gamma_\mathrm{i}}{(1-\Gamma_\mathrm{r})-\mathrm{j}\Gamma_\mathrm{i}} \tag{3.94}$$

对式(3.94)整理可以得到归一化电阻 $\tilde{R}$ 和电抗 $\tilde{X}$ 为

$$\begin{cases} \tilde{R} = \dfrac{1-\Gamma_\mathrm{r}^2-\Gamma_\mathrm{i}^2}{(1-\Gamma_\mathrm{r})^2+\Gamma_\mathrm{i}^2} \\ \tilde{X} = \dfrac{2\Gamma_\mathrm{i}}{(1-\Gamma_\mathrm{r})^2+\Gamma_\mathrm{i}^2} \end{cases} \tag{3.95}$$

整理式(3.95)得到两个圆族，表示为

$$\begin{cases} \left(\Gamma_\mathrm{r} - \dfrac{\tilde{R}}{\tilde{R}+1}\right)^2 + \Gamma_\mathrm{i}^2 = \left(\dfrac{1}{\tilde{R}+1}\right)^2 \\ (\Gamma_\mathrm{r}-1)^2 + \left(\Gamma_\mathrm{i} - \dfrac{1}{\tilde{X}}\right)^2 = \left(\dfrac{1}{\tilde{X}}\right)^2 \end{cases} \tag{3.96}$$

分别称为等电阻圆和等电抗圆。等电阻圆为圆心在 $\left(\dfrac{\tilde{R}}{1+\tilde{R}},0\right)$ 半径为 $\dfrac{1}{\tilde{R}+1}$ 的一族圆，等电抗圆为圆心在 $\left(1,\dfrac{1}{\tilde{X}}\right)$ 半径为 $\dfrac{1}{\tilde{X}}$ 的一族圆。例如，当 $\tilde{R}=0$ 时，得到等电阻圆的圆心为(0,0)半径为1，即对应于单位圆；当 $\tilde{X}=0$ 时，得到等电抗圆的圆心为(1,∞)半径为∞，即对应于实轴。选取不同的归一化电阻和归一化电抗作图，并将直角坐标系中的阻抗映射到极坐标中，如图3-25所示。

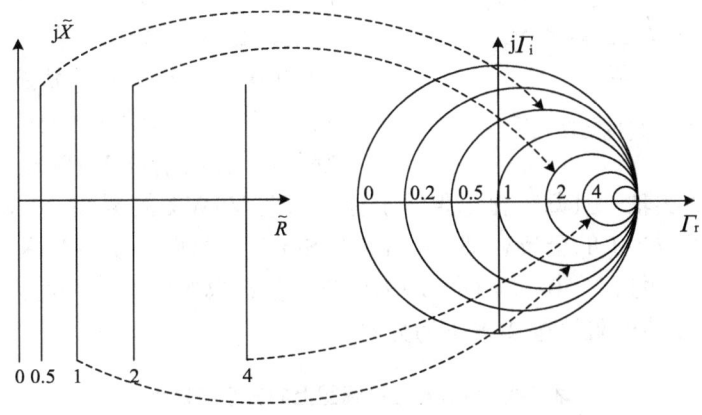

(a) 等电阻圆

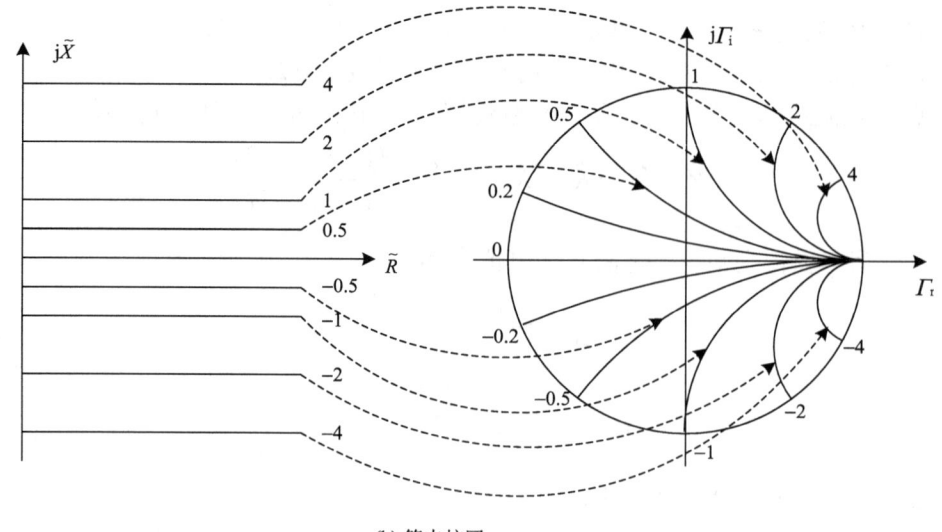

(b) 等电抗圆

图 3-25　等电阻圆和等电抗圆

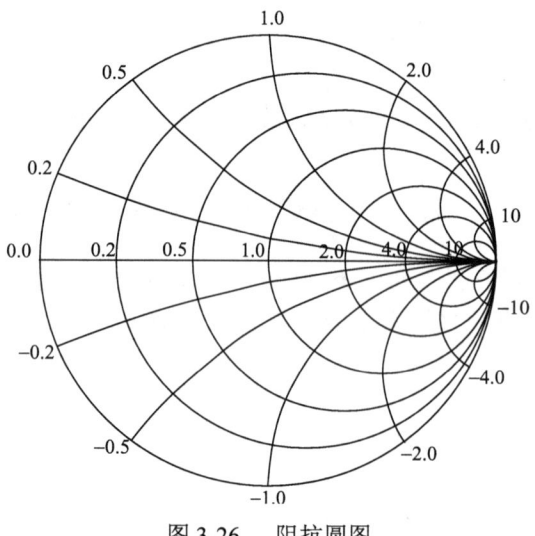

图 3-26　阻抗圆图

将等电阻圆族和等电抗圆族组合在一起，就得到了 Smith 阻抗圆图的基本结构，如图 3-26 所示。在 Smith 圆图上，可以直接读出每一个点的归一化阻抗、容性或者感性阻抗，并且可以绘出进行阻抗变换的路径。在射频电路设计中，Smith 圆图是一个非常强大的工具。在阻抗匹配、晶体管放大电路设计、滤波电路设计中都有广泛的应用。

Smith 阻抗圆图上有三个特殊点：匹配点、开路点和短路点。其特性如表 3-3 所示。

Smith 阻抗圆图上有三条特殊轨迹。①圆图的实轴对应纯电阻的轨迹，即 $\tilde{X}=0$。电压波腹点(电流波节点)出现在正实轴，且归一化电阻等于驻波系数 VSWR。②电压波节点(电流波腹点)出现在负实轴，且归一化电阻等于驻波系数 VSWR 的倒数。③圆图的最外圆为纯电抗圆(单位圆)，即 $|\Gamma|=1$ 的全反射圆。另外，在 Smith 阻抗圆图上容易区分感性阻抗和容性阻抗。圆图的上半平面为 $\tilde{X}>0$ 的平面，即为感性电抗。圆图的下半平面为 $\tilde{X}<0$ 的平面，即为容性电抗。二者以纯电阻轨迹实轴作为分界面。

表 3-3　Smith 阻抗圆图上的三个特殊点

特殊点	位置	$|\Gamma|$	VSWR	$\tilde{R}$	$\tilde{X}$	ϕ
匹配点	圆心(0,0)	0	1	1	0	
开路点	最右侧(1,0)	1	∞	∞	∞	0
短路点	最左侧(−1,0)	1	∞	0	0	π

Smith 阻抗圆图还可以直接提供：①归一化阻抗值 $\tilde{Z}$，乘以传输线的特征阻抗就可以得到实际的阻抗；②电压反射系数的模值 $|\varGamma|$ 及其相位 ϕ；③驻波系数 VSWR 的值。

2. 导纳圆图

在一些场合中，需要利用导纳进行设计和运算，所以有必要引入 Smith 导纳圆图的概念。由归一化导纳与归一化输入阻抗的关系得到

$$\tilde{Y}=\frac{1}{\tilde{Z}}=\frac{1-\varGamma}{1+\varGamma}=\frac{(1-\varGamma_\mathrm{r})-\mathrm{j}\varGamma_\mathrm{i}}{(1+\varGamma_\mathrm{r})+\mathrm{j}\varGamma_\mathrm{i}} \tag{3.97}$$

对比阻抗圆图中，依据式(3.94)得到

$$\tilde{Z}=\frac{(1+\varGamma_\mathrm{r})+\mathrm{j}\varGamma_\mathrm{i}}{(1-\varGamma_\mathrm{r})-\mathrm{j}\varGamma_\mathrm{i}} \tag{3.98}$$

在形式上，式(3.97)和式(3.98)是一致的，只是电压反射系数 $\varGamma$ 相差一个负号。如果将阻抗圆图中的归一化电阻 $\tilde{R}$ 用归一化电导 $\tilde{G}$ 代替，归一化电抗 $\tilde{X}$ 用归一化电纳 $\tilde{B}$ 代替，电压反射系数 $\varGamma$ 用 $-\varGamma$ 代替，则阻抗圆图上所标的数值不变，就可以构造一个导纳圆图，如图 3-27 所示。

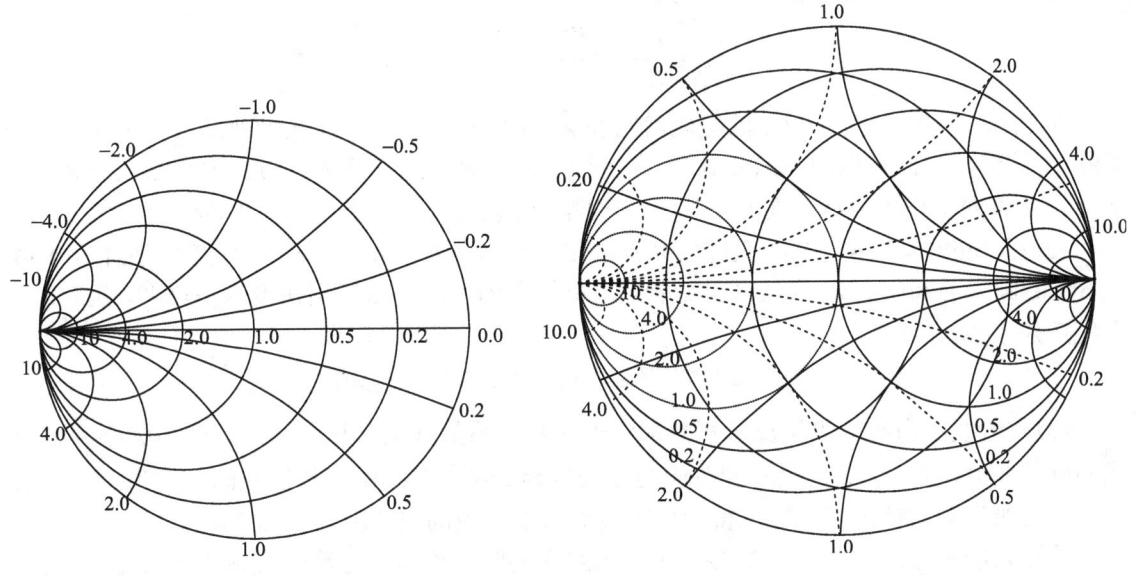

图 3-27 导纳圆图　　　　　　　　图 3-28 Smith 阻抗导纳圆图

导纳圆图中最右侧的点为 $\tilde{Y}=0$，对应于开路点；最左侧的点为 $\tilde{Y}\to\infty$，对应于短路点；圆心为 $\tilde{Y}=1$，对应于匹配点。导纳圆图中的每一点都和阻抗圆图中相应的点相对应。如果把导纳圆图和阻抗圆图组合在一起，就可以得到 Smith 阻抗导纳圆图。Smith 阻抗导纳圆图的基本结构如图 3-28 所示，其中虚线对应于导纳圆图，实线对应于阻抗圆图，在圆图的上半平面标出了电抗的数值，在圆图的下半平面标出了电纳的数值。在 Smith 阻抗导纳圆图中，对于任意一个点都可以直接读出归一化的阻抗和归一化的导纳，而且既便于进行串联阻抗的操作，也便于并联导纳的操作。因此，在实际射频电路设计中，通常使用 Smith 阻抗导纳圆图更为方便一些。在实际的 Smith 圆图中，还会给出相应相位角度、电压反射系数、驻波系

数等更多的信息。在例 3-6 中，将可以看到一个实际 Smith 圆图的基本使用方法。

3.5.2 Smith 圆图的应用

1. 传输线阻抗变换

在了解 Smith 圆图的构成及特点的基础上，需要进行 Smith 圆图的实际操作，才能在各种应用场合中灵活使用。例如，一个长度为 d、特性阻抗为 Z_0 的传输线，终端连接负载为 Z_L，利用 Smith 圆图可以分析其输入阻抗。可以按照以下步骤进行：①确定负载 Z_L 的归一化阻抗 $\tilde{Z}_L$，确定 $\tilde{Z}_L$ 在 Smith 圆图上的位置；②从归一化阻抗 $\tilde{Z}_L$ 出发，沿等反射系数圆顺时针旋转 $4\pi d/\lambda$ 的角度，读出对应的归一化阻抗 $\tilde{Z}_{IN}$，并且转换为实际值 Z_{IN}。

例 3-6 已知均匀无耗传输线的特性阻抗为 $Z_0=50\Omega$，传输线长度为 $l=0.125\lambda$，终端接负载阻抗 $Z_L=50+j50\Omega$，试求：

(1) 传输线上的电压驻波系数 VSWR；
(2) 终端电压反射系数 Γ_L；
(3) 传输线输入端阻抗 Z_{IN}。

解 (1) 计算负载 Z_L 的归一化阻抗

$$\tilde{Z}_L = \frac{Z_L}{Z_0} = \frac{(50+j50)\Omega}{50\Omega} = 1+j$$

在 Smith 圆图上确定 $\tilde{R}=1$ 的等电阻圆和 $\tilde{X}=1$ 的等电抗圆，两条曲线的交点就是归一化负载 $\tilde{Z}_L$ 的位置。然后以圆图圆心到 $\tilde{Z}_L$ 为半径，做出等驻波系数圆，与实轴左侧交与 A 点。从 A 点垂直向下引出直线，在 Smith 圆图下侧就可以读出驻波系数为 VSWR=2.6。

(2) 在 Smith 圆图的下方，通过从 A 点的引线还可以读出电压反射系数模值为 $|\Gamma_L|=0.44$。从 Smith 圆图的圆心到 $\tilde{Z}_L$ 连线并且延长，从单位圆的外侧可以读出角度为 $\phi=64°$，确定终端电压反射系数 Γ_L 为

$$\Gamma_L = |\Gamma_L|e^{j\phi} = 0.44e^{j64°} = 0.19+j0.40$$

(3) 传输线上所有的电压反射系数都位于等驻波系数圆上。从 Smith 圆图的圆心到 $\tilde{Z}_L$ 连线的延长线上，还可以读出负载端对应的电长度为 $l_1=0.162\lambda$。由于传输线的长度为 $l=0.125\lambda$，从负载向源为顺时针方向旋转，得到传输线输入端对应的电长度为 $l_2=0.287\lambda$。

从输入端对应的位置 $l_2=0.287\lambda$ 向 Smith 圆图的圆心连线，与等驻波系数圆相交，交点即为输入端的归一化阻抗 $\tilde{Z}_{IN}$。从 Smith 圆图中读出 $\tilde{Z}_{IN}=2-j$，通过反归一化得到输入阻抗 Z_{IN} 为

$$Z_{IN} = Z_0\tilde{Z}_{IN} = 100-j50(\Omega)$$

从例 3-6 中可以看出，使用 Smith 圆图只需要在圆图上进行操作，只涉及加减法的运算，非常简洁实用，适合于射频电路工程设计使用。尽管使用 Smith 圆图进行传输线的计算会带来相对较大的误差，但是完全满足工程设计的需要。随着计算机技术的发展，利用 Smith 圆图软件既便于电路设计，又具有很高的精度。一些免费的 Smith 圆图工具软件安装后只有几百 KB，非常方便实用。在手机 Android 和 IOS 平台上，都有 Smith 圆图的 APP 可以下载使用(图 3-29)。

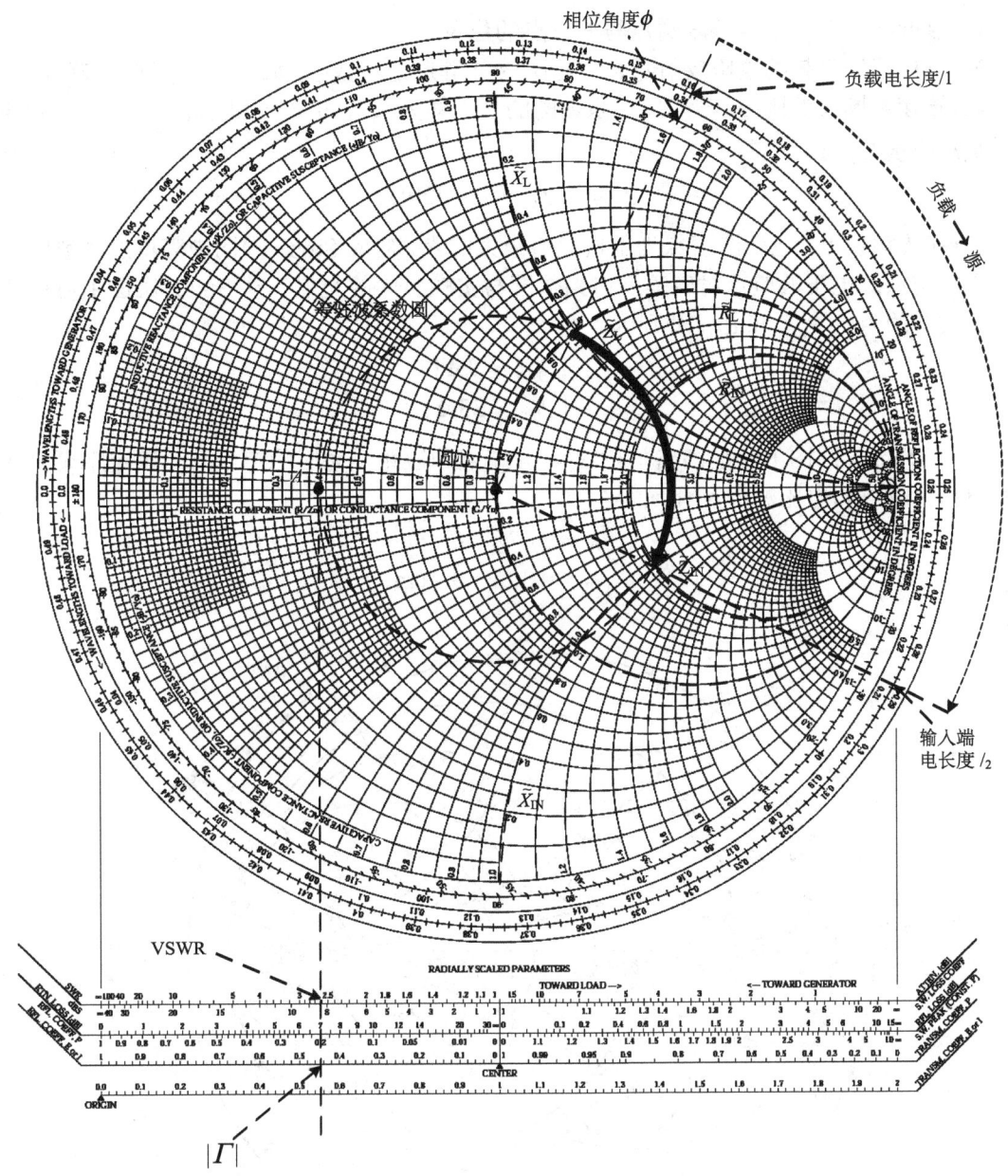

图 3-29 例 3-6 的 Smith 圆图

例 3-6 给出了 Smith 圆图的基本使用方法。本书在以后的 Smith 圆图应用中，将不再给出实际的 Smith 圆图，而使用简化的 Smith 圆图结构示意图。但是圆图的操作方法和读数方法是完全一致的，可以对照实际的 Smith 圆图进行练习。

例 3-7 已知传输线特性阻抗为 $Z_0=50\Omega$，传输射频信号的波长为 $\lambda=10$cm，终端负载的电压反射系数为 $\Gamma_L = 0.2\mathrm{e}^{\mathrm{j}50°}$。试求：

(1) 终端负载阻抗 Z_L；
(2) 电压波腹点和波节点的阻抗；

(3) 靠近终端第一个电压波腹点与波节点的位置。

解 (1) 根据负载的电压反射系数作出$|\varGamma|=0.2$等反射系数圆,如图 3-30 所示。确定$\phi=50°$的位置,连接到圆图的圆心,与等反射系数圆的交点即为负载的归一化阻抗$\tilde{Z}_L = 1.22 + j0.40$。所以负载阻抗$Z_L$为

$$Z_L = Z_0\tilde{Z}_L = 61 + j20(\Omega)$$

(2) 在传输线上,电压波腹点为阻抗模值最大的点,对应 Smith 圆图中等反射系数圆与实轴正向的交点;电压波节点对应等反射系数圆与实轴负向的交点。从 Smith 圆图中可以读出波腹和波节的阻抗R_{max}和R_{min}分别为

$$\begin{cases} R_{max} = 75\Omega \\ R_{min} = 33\Omega \end{cases}$$

(3) 在 Smith 圆图上分别读出负载Z_L、开路点和短路点对应的电长度,确定距离负载最近的电压波腹点和电压波节点分别为

$$\begin{cases} l_a = 0.07\lambda = 0.7\text{cm} \\ l_n = 0.32\lambda = 3.2\text{cm} \end{cases}$$

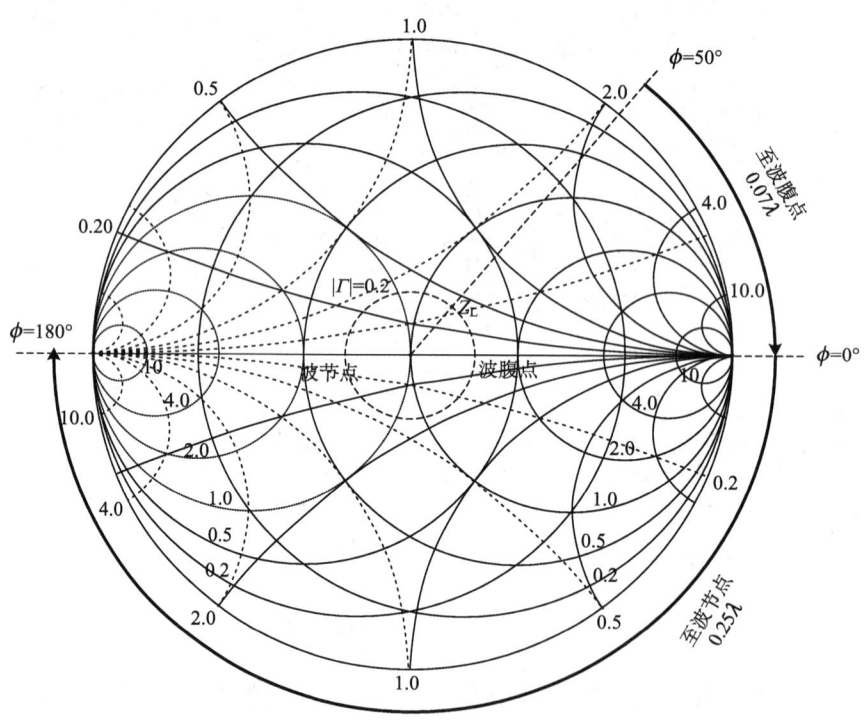

图 3-30 例 3-7 的 Smith 圆图

2. 终端开路和短路传输线的阻抗

在给定的频率条件下,可以通过改变终端短路或者终端开路传输线长度来构成电感或者电容,从而使用分布参数电路替代集总参数电路。

对于终端开路传输线,输入阻抗 Z_{IN} 表示为

$$Z_{IN} = \frac{Z_0}{j\tan\beta l} \tag{3.99}$$

其中,l 为从负载到输入端的距离。如果利用终端开路传输线构造一个电容 C,则应满足条件

$$Z_C = \frac{1}{j\omega C} = \frac{Z_0}{j\tan\beta l_C} \tag{3.100}$$

其中,Z_0 为传输线的特征阻抗。因此,传输线的长度 l_C 为

$$l_C = \frac{1}{\beta}\left[\arctan(\omega C Z_0) + n\pi\right] \tag{3.101}$$

其中,n 为整数。为了使用最短的传输线构造出需要的电容,需要选择 $n=0$。除非当传输线长度 l_C 非常小而不便于加工时,需要选择 $n=1$。

如果利用终端开路传输线构造一个电感 L,则应满足条件

$$Z_L = j\omega L = \frac{Z_0}{j\tan\beta l_L} \tag{3.102}$$

所以传输线的长度 l_L 为

$$l_L = \frac{1}{\beta}\left[\pi - \arctan\left(\frac{Z_0}{\omega L}\right) + n\pi\right] \tag{3.103}$$

为了使传输线的长度最小,通常选择 $n=0$。

使用 Smith 圆图可以更方便地确定传输线的长度。例如,终端开路点坐标为 $(1,0)$,相应的等反射系数圆为单位圆。可以从开路点出发,沿单位圆顺时针旋转至所需的电抗值处,读出对应的电长度,再减去开路点的起始的电长度 (0.25),就可以获得所需传输线的电长度。

例 3-8 工作在 4GHz 终端开路特征阻抗为 $Z_0=50\Omega$ 的无耗传输线(相速度为光速的 50%),代替 $C=4$pF 电容器和 $L=5$nH 电感器。试使用 Smith 圆图确定传输线的最短长度。

解 $C=4$pF 的电容器阻抗为 $Z_C = 1/(j\omega C) = -j9.95\Omega$,对应的归一化阻抗 $\tilde{Z}_C$ 为

$$\tilde{Z}_C = \frac{Z_C}{Z_0} = \frac{-j}{Z_0\omega C} = -j0.20$$

$L=5$nH 的电感阻抗为 $Z_L = j\omega L = j126\Omega$,相应的归一化阻抗 $\tilde{Z}_L$ 为

$$\tilde{Z}_L = \frac{Z_L}{Z_0} = j2.5$$

分别在 Smith 圆图上标出归一化电容和归一化电感的位置 l_C 和 l_L,读取从开路点(OC)到相应位置的电长度 l_1 和 l_2 分别为

$$\begin{cases} l_1 = l_C - l_{OC} = 0.22 \\ l_2 = l_L - l_{OC} = 0.44 \end{cases}$$

根据题意,传输线中的波长 λ 为

$$\lambda = \frac{c \times 50\%}{f_0} = \frac{3\times 10^8 \times 0.5}{4\times 10^9} = 0.0375(\text{m})$$

因此,构成电容和电感需要传输线的长度 l'_C 和 l'_L 分别为

$$\begin{cases} l'_C = l_1 \times \lambda = 0.22 \times 3.75 = 0.825 (\text{cm}) \\ l'_L = l_2 \times \lambda = 0.44 \times 3.75 = 16.5 (\text{cm}) \end{cases}$$

终端开路传输线构造电抗元件如图 3-31 所示。

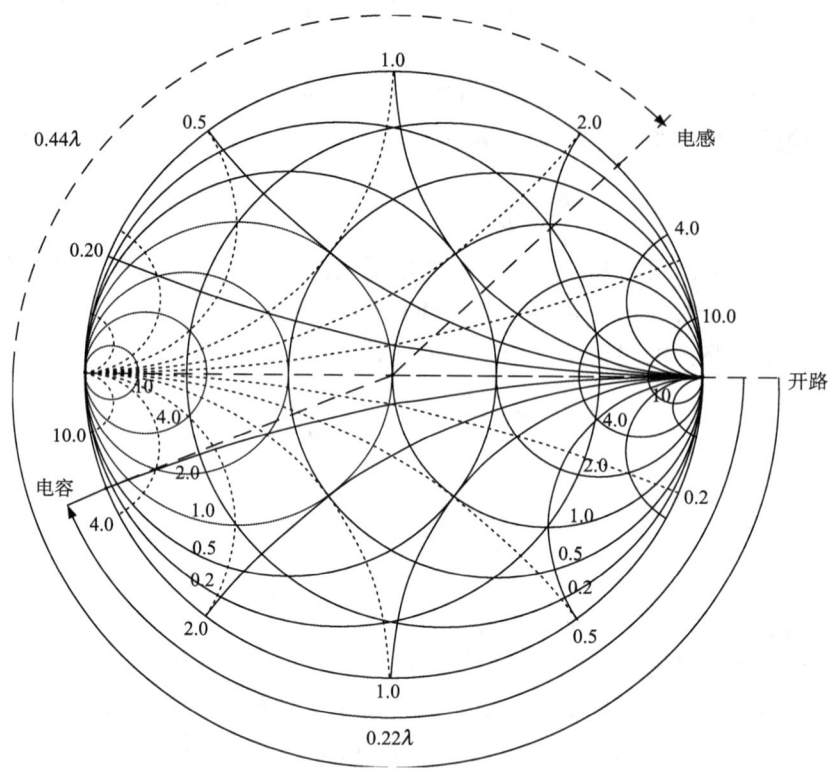

图 3-31　终端开路传输线构造电抗元件

如果使用终端短路传输线，则传输线上距离短路点 l 处的输入阻抗 Z_{IN} 为

$$Z_{\text{IN}} = jZ_0 \tan \beta l \tag{3.104}$$

通过与终端开路传输线类似的推导，得到使用终端短路传输线替代电感 L 或者电容 C 时，传输线的长度 l_L 和 l_C 分别为

$$\begin{cases} l_L = \dfrac{1}{\beta}\left[\arctan\left(\dfrac{\omega L}{Z_0}\right) + n\pi\right] \\ l_C = \dfrac{1}{\beta}\left[\pi - \arctan\left(\dfrac{1}{\omega C Z_0}\right) + n\pi\right] \end{cases} \tag{3.105}$$

其中，n 为正整数。为了使传输线具有最短的长度，通常需要选取 $n=0$。在阻抗圆图上进行设计时，需要注意短路点位于最左侧($-1,0$)，沿着单位圆顺时针旋转。

在射频电路设计中，通常需要使用终端开路和短路的微带线构造分布式电容或者电感。当工作频率较低时，适宜选用短路条件，以减少传输线周围环境的影响；当工作频率较高时，适宜选取开路条件，可以避免短路条件额外引入的串联电感。如果从减小尺寸的目的出发，使用终端短路传输线构造电感，使用终端开路传输线构造电容，可以使传输线的长度限制在 $\lambda/4$ 之内。对于其他类型的传输线，需要结合传输线的特点选用短路或者开路的结构。例如，同轴传输线可以选用终端开路的结构,波导则需要选用终端短路的结构。

例 3-9 使用终端短路传输线构造例 3-8 中的电感 L 和电容 C。试求传输线的最短长度。

解 参考例 3-8 中的数据,标出电容的电感归一化阻抗的位置,如图 3-32 所示。然后从短路点出发顺时针旋转,构建电感 L 和电容 C。从 Smith 圆图上可以读出,从短路点到电感 L 和电容 C 的电长度分别为

$$\begin{cases} l_1 = 0.19\lambda \\ l_2 = 0.47\lambda \end{cases}$$

电感 L 和电容 C 对应终端短路传输线的长度分别为

$$\begin{cases} l'_L = 0.71\text{cm} \\ l'_C = 1.76\text{cm} \end{cases}$$

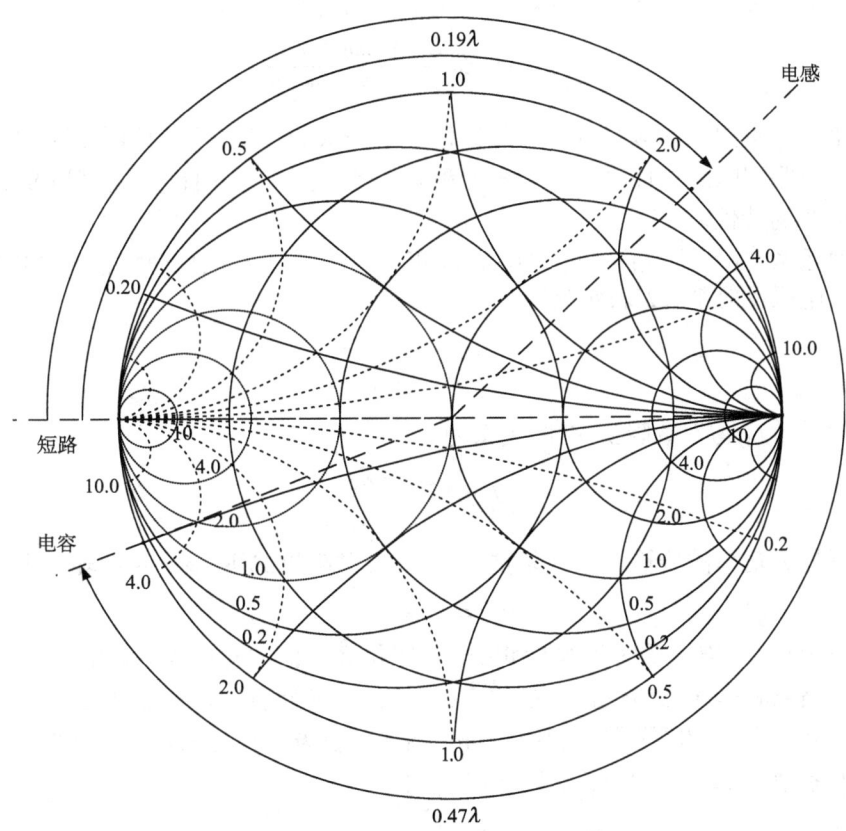

图 3-32 终端短路传输线构造电抗元件

比较例 3-8 和例 3-9 可以发现,使用终端短路传输线构造电感传输线长度较小,使用终端开路传输线构造电容传输线长度较小,与前面的分析一致。

3.6 小 结

本章主要介绍了传输线的概念和 Smith 圆图的应用。基尔霍夫定律只能应用到电路尺度

远小于波长 λ 的情况。当元件或者设备之间的连线的长度超过了 $\lambda/10$ 时，就需要考虑应用传输线理论进行分析和设计，不能再使用基尔霍夫定律。

本章介绍的传输线主要包括平行双线、同轴线和微带线。描述传输线特征的参数为单位长度的串联电阻 R、单位长度的电感 L、单位长度的并联电导 G 和单位长度的并联电容 C。传输线的特征阻抗 Z_0 反映了传输线的特性，是应用传输线理论的基础。传输线特征阻抗 Z_0 为

$$Z_0 = \sqrt{\frac{R + j\omega L}{G + j\omega C}}$$

对于无耗传输线，满足条件 $R=G=0$，特征阻抗 Z_0 为

$$Z_0 = \sqrt{\frac{L}{C}}$$

如果长度为 l 的传输线连接了负载 Z_L，则输入端的等效阻抗 Z_{in} 为

$$Z_{in}(l) = Z_0 \frac{Z_L + jZ_0 \tan\beta l}{Z_0 + jZ_L \tan\beta l}$$

这是一个非常重要的射频公式，也是其他一些公式的基础。利用该公式可以方便地获得终端为开路、短路和匹配条件时，传输线上等效阻抗的变化，并且可以获得 $\lambda/8$、$\lambda/4$、$\lambda/2$ 等特殊长度传输线的特性。

电压反射系数 Γ 定义为反向传输电压 V^- 与正向传输电压 V^+ 的比值。在无源电路中，满足条件 $|\Gamma| \leq 1$。电压反射系数 Γ 表示为

$$\Gamma = \frac{V^-}{V^+}$$

负载电压反射系数 Γ_L 与负载阻抗 Z_L 的关系为

$$\Gamma_L = \frac{Z_L - Z_0}{Z_L + Z_0}$$

为了获得最大功率的传输，负载阻抗 Z_L 和信号源阻抗 Z_S 应该满足共轭匹配条件

$$Z_S = Z_L^*$$

Smith 圆图建立了电压反射系数 Γ 和归一化阻抗 $\tilde{Z}$ 之间的对应关系。需要掌握 Smith 圆图上短路点、开路点和匹配点的位置，单位圆的意义，传输线在 Smith 圆图上的表示，以及顺时针和逆时针旋转方向的区别等。利用 Smith 圆图可以方便地完成对传输线的分析和计算，直接读出驻波系数、电压反射系数、阻抗等参数。

习 题

1. 在"机遇号"抵达火星时，从火星到地球的无线电通信大约需要 20min。试估算当时火星和地球之间的距离。

2. 考察从上海到北京的距离，假设互联网信号通过光纤传输，光纤的折射率为 $n=1.55$。试估算互联网信号从上海到北京再返回上海的过程中，由于光纤传输产生的时间延迟。

3. 设计特征阻抗为 50Ω 的同轴传输线，已知内导体半径为 $a=0.6$mm，当填充介质分别为空气($\varepsilon_r=1.0$)和聚乙烯($\varepsilon_r=2.25$)时，试分别确定外导体的内径 b。

4. 设有无耗同轴传输线长度为 $l=10$m，内外导体间的电容为 $C_S=600$pF。若同轴电缆的一端短路，另一

端接有脉冲发生器和示波器,发现一个脉冲信号来回一次需 0.1μs 的时间。试求该同轴电缆的特征阻抗 Z_0。

5. 特征阻抗为 50Ω 的传输线终接负载 Z_L,测得传输线上 VSWR=1.5。如果在负载处反射波反相,则负载 Z_L 应该并联还是串联阻抗 Z,使传输线上为行波传输,并确定阻抗 Z。

6. 无耗传输线特征阻抗为 Z_0=100Ω,负载阻抗为 Z_L=150–j100Ω。求距终端为 $\lambda/8$、$\lambda/4$、$\lambda/2$ 处的输入阻抗 Z_{IN}。

7. 微带传输线特征阻抗为 Z_0=50Ω,工作频率为 f=100MHz。如果终端连接电阻 R=100Ω 和电感 L=10μH 的负载。试计算:

(1) 传输线的 VSWR;

(2) 如果频率升高到 500MHz,传输线上的 VSWR。

8. LC 并联谐振电路的谐振频率为 f_0=300MHz,电容 C 的电抗为 X_C=50Ω。若用特征阻抗为 Z_0=50Ω 的短路传输线来代替电感 L,试确定短路传输线的长度 l。

9. 无耗传输线特征阻抗 Z_0=50Ω,工作频率为 f=3GHZ,测得 VSWR=1.5,第一个电压波节点离负载的距离为 l_{min}=10mm,相邻两电压波节点的距离为 50mm。试计算负载阻抗 Z_L 及终端反射系数 Γ_L。

10. 传输线的特征阻抗为 Z_0=50Ω,测得传输线上驻波电压最大值为 $|V_{max}|$=100mV,最小值为 $|V_{min}|$=20mV,邻近负载的第一个电压节点到负载的距离为 l_{min}=0.33λ。求负载阻抗 Z_L。

11. 传输线的长度为 l=0.82λ,传输线上的电压波腹值为 50V,电压波节值为 13V,波腹距负载 0.032λ。如果传输线特征阻抗为 Z_0=50Ω,求输入阻抗 Z_{IN} 和负载阻抗 Z_L。

12. 特征阻抗为 Z_0=50Ω 传输线终接负载阻抗为 Z_L=75+j100(Ω)。试求:

(1) 负载反射系数 Γ_L;

(2) 传输线上的 VSWR;

(3) 最靠近负载 Z_L 首先出现电压驻波的波腹点还是波节点。

13. (1) 证明无损传输线终端接纯电抗负载时,传输线上电压反射系数 $|\Gamma|$=1,并从物理现象上解释。

(2) 试证明无耗传输线上任意相距 $\lambda/4$ 的两点处的阻抗的乘积等于传输线特性阻抗的平方。

14. 特征阻抗为 Z_0=50Ω 的无耗传输线终端接负载 Z_L=100Ω,求负载反射系数 Γ_L,以及负载前 0.2λ 处输入阻抗 Z_{IN} 和电压反射系数 Γ_{IN}。

15. 已知传输线的归一化负载阻抗为 $\tilde{Z}_L = 0.4 + j0.8$。从负载向信号源移动时,试问:首先遇到的是电压波节点还是电压波腹点?并求它与负载间的距离 l。

16. 如图 3-33 所示,有一空气介质的同轴线需装入介质支撑薄片,薄片材料的相对介电常数为 ε_r=2.55。为使装入介质不引起反射,介质中心孔直径 d 应该为多少?

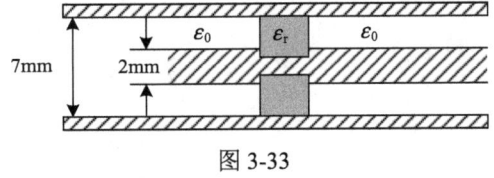

图 3-33

17. 对于如图 3-34 所示无耗传输线系统,试计算负载 Z_L 获得的功率 P_L。

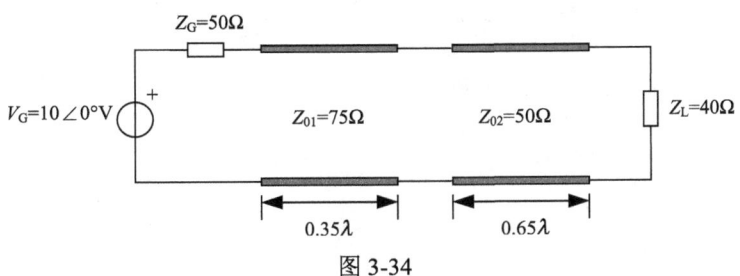

图 3-34

18. 特征阻抗为 $Z_0=50\Omega$ 的无耗传输线，长度为 10cm (f=1GHz，v_p=0.77c)。若输入阻抗为 Z_{IN}=j60Ω。

(1) 试用 Smith 圆图求出终端负载阻抗 Z_L；

(2) 如果用短路终端代替该负载 Z_L，请确定输入阻抗 Z_{IN}。

19. 用阻抗圆图求出如图 3-35 所示电路的输入端输入阻抗 Z_{IN}。

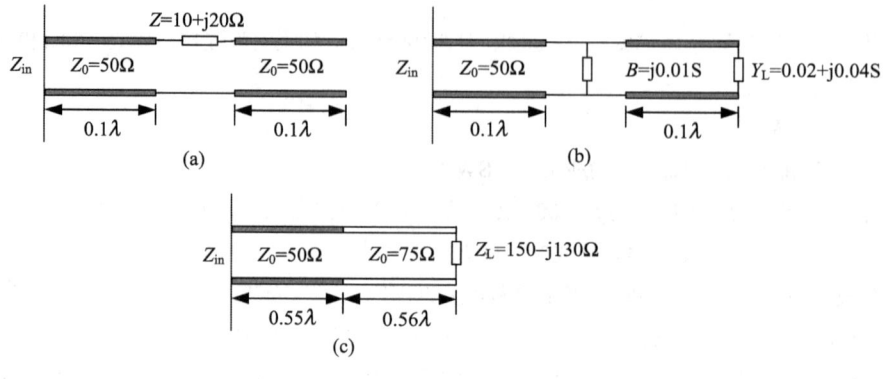

图 3-35

20. (1) 试根据微带传输线特征阻抗的计算公式，编写计算机程序，实现输入微带线各个参数(微带线宽度 W、介质厚度 h、介质相对介电常数 ε_r)、输出微带线特征阻抗 Z_0 的功能。

(2) 设计"对分法"计算机程序，实现输入微带线特征阻抗 Z_0、介质厚度 h 和介质相对介电常数 ε_r，输出微带线宽度 W 的功能，并且验证例 3-2。

21. 有一款免费的 Smith 圆图软件，大小只有几百 KB。请在互联网上搜索并下载该软件，通过帮助文件学习软件的使用方法，然后验证习题中利用 Smith 圆图计算的结果。

第4章 射频网络

射频器件或者射频电路都可以等效为一个射频网络。使用射频网络便于进行射频电路分析和设计，可以更好地理解电路的性能。根据不同的网络特性，有不同的划分方法，例如，按照网络的端口数划分为单端口网络、双端口网络和多端口网络；按照网络内部电路特性划分为有源网络和无源网络。通常射频晶体管等效为一个两端口有源网络，电感或者电容等效为一个两端口无源网络。使用网络的概念可以将复杂的射频电路等效为一个"黑盒子"，只需要通过测量获得各端口的特性和相互关系，而不必知道内部电路的具体结构，就可以通过网络参数描述"黑盒子"的特性。

由于非线性网络的复杂性，本章将只讨论线性射频网络。所谓线性是指网络的响应对施加在端口的电压或者电流存在线性叠加的关系。无源器件构成的网络通常是线性网络；包含有源器件的网络通常具有非线性特性，例如，大信号下射频晶体管就等效为一个非线性两端口网络。在小信号条件下，包含有源器件的网络可以等效为一个线性网络进行分析。在多数情况下，可以使用线性网络进行射频电路分析。

本章将主要介绍射频网络的概念和网络参数，包括阻抗矩阵、导纳矩阵、混合矩阵、转移矩阵和散射矩阵，以及不同网络参数之间的转换关系。由于两端口网络在射频电路中应用最为广泛，本章重点讨论两端口网络的分析和应用。在特定的情况下，使用不同的网络参数可以简化射频电路的分析和计算。另外，信号流程图作为一个工具可以简化射频网络分析和计算。

4.1 基本概念

4.1.1 线性网络

线性无源网络是指一个网络内电路的元件参数（如电阻、电容和电感）不随电流或者电压的幅度发生变化。线性无源网络可以用于分析阻抗匹配电路、滤波电路等由无源器件组成的网络。线性有源网络满足线性无源网络的条件，并且网络内的电压源和电流源也保持为常数，或者与其他电压和电流成正比。在小信号的条件下，射频双极型晶体管对信号的放大作用可以等效为一个线性电流控制电流源，场效应管的放大作用可以等效为一个线性压控电流源。线性有源网络适用于分析小信号射频晶体管放大电路。

线性网络和非线性网络与输入和输出信号频谱的关系，见图4-1。线性网络输出信号的频谱和输入信号的频谱是完全一致的，不会有新频率信号的产生。在典型的射频滤波电路和阻抗匹配电路中，相对于网络的输入射频信号，尽管输出信号的幅度发生了改变，但是输出信号不可能有新频率的出现。只有非线性网络才能使输入信号的频谱发生变化，在输出信号中产生新的频率。例如，混频电路和检波电路就是典型的非线性网络，输出信号中都包含了新频率的信号。输出信号相对于输入信号频谱的变化，是非线性网络一个标志。如果测量到输出信号中存在输入信号中没有的新频率，就可以判断该网络是一个非线性网络。

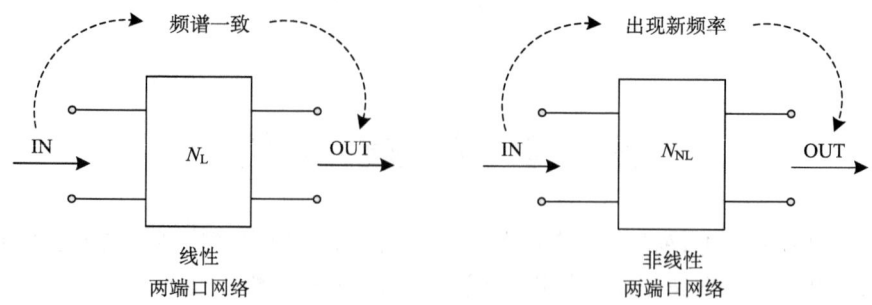

图 4-1 线性和非线性网络与信号频谱的关系

电路的非线性频率响应是指随着频率的改变电路的阻抗或者导纳发生改变,进而导致输出的电压或电流的幅度随频率发生改变。例如,对于由电容、电感和电阻组成的复杂电路,随着频率的变化其阻抗具有明显的非线性特征,但是电路本身是一个线性网络。在射频电路的分析讨论中,需要注意区分非线性网络和非线性频率响应的区别。

理想电阻器的电阻、电容器的电容和电感器的电感都不会随电压或者电流的幅度改变,也不会随信号的频率改变而发生变化,所以由理想的电阻、电容和电感构成的网络是线性无源网络。对于一个两端口网络,如果单独输入电压为 $v_1(\omega_1)$ 时,得到的输出电流为 $i_1(\omega_1)$;单独输入电压 $v_2(\omega_2)$ 时,得到输出电流为 $i_2(\omega_2)$。当输入电压为 v_1 和 v_2 的线性组合时,对于线性网络可以得到输出信号将是 $i_1(\omega_1)$ 和 $i_2(\omega_2)$ 的线性组合,如图 4-2 所示,其中 c_1 和 c_2 为任意常数。对于线性网络,信号可以相互叠加而不相互影响,存在可叠加性。如果输入信号增加了 N 倍,输出信号会随之增加 N 倍,所以输出信号和输入信号之间存在线性关系。线性网络对于信号具有可线性叠加的特性。

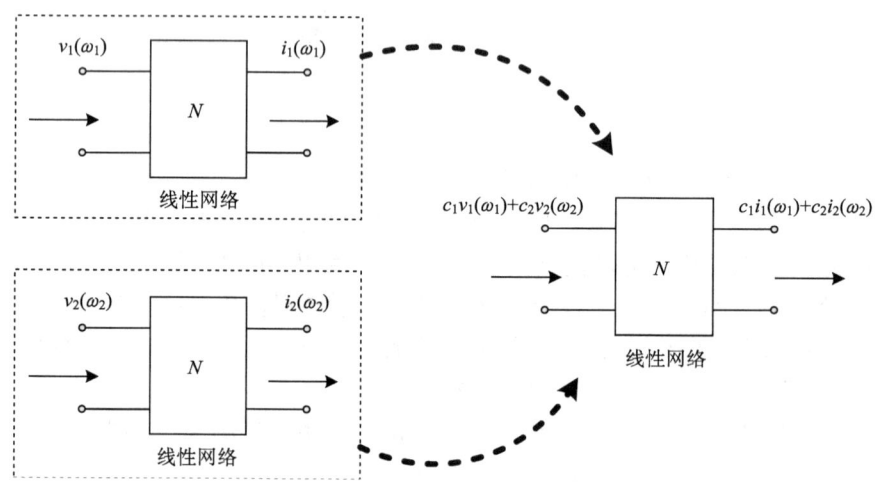

图 4-2 线性网络的信号线性叠加特性

线性网络是进行网络分析和电路分析的基础。众多的电路分析基本定理都适用于线性网络,如戴维南定理(Thevenin's Theorem)、对偶定理(Duality Theorem)、诺顿定理(Norton's Theorem)、叠加定理(Superposition Theorem)、密勒定理(Miller's Theorem)等。在进行低频电路分析时,就需要经常使用这些定理。需要注意这些定理只能应用于线性网络。本小节将不再讨论这些基本定理的含义,在涉及的地方将直接引用这些定律。

线性网络是给出各种网络参数定义和进行网络运算的基本条件。本章所讨论的所有网络均指线性网络。

4.1.2 阻抗矩阵和导纳矩阵

理想电阻器的阻值反映了该器件的电学特性,给出了器件上电压和电流之间的关系。电容或者电感的阻抗也同样反映了器件上电压和电流之间的关系(包括幅度和相位)。例如,一个阻抗为 Z 的负载就可以看作一个单端口网络,只需要一个参数 Z 就可以描述网络的特性,如图 4-3(a)所示,虚线框代表了单端口网络。网络端口的电压 v 和电流 i 满足关系:

$$v = Z \times i \tag{4.1}$$

电流 i 是有方向的,定义流入网络的电流为正,流出网络的电流为负。如果网络内部的电路更复杂一些,如图 4-3(b)所示,Z_{IN} 为整个电路的等效阻抗。如果不关心网络内部电路的具体结构,而只关心网络端口电压 v 和电流 i 之间的关系,依然可以使用一个参数 Z_{IN} 来描述网络的特性。只不过 Z_{IN} 需要通过考虑内部电路的结构,通过计算获得。端口电压 v 和电流 i 的关系可以表示为

$$v = Z_1 // [Z_2 + (Z_3 + Z_4) // Z_5] \times i = Z_{IN} \times i \tag{4.2}$$

如果网络内部电路非常复杂,不适合获得等效输入阻抗 Z_{IN} 的表达式。这时需要进行实际测量,得到端口电压 $v(\omega)$ 和端口电流 $i(\omega)$ 的关系,就获得了描述该网络的参数 $Z(\omega)$。

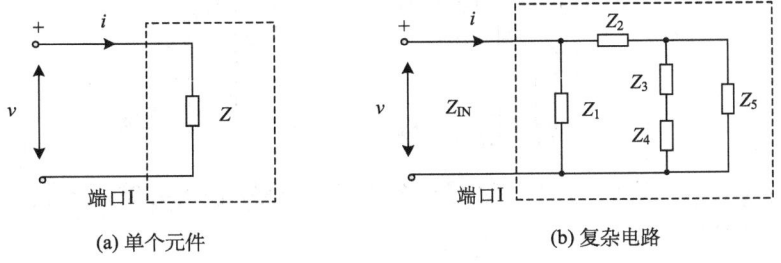

(a) 单个元件　　　　　　　　　　　(b) 复杂电路

图 4-3　单端口网络的概念

对于两端口网络,需要更多的参数才能描述网络端口电压和电流的关系。可以引入参数 Z_{11} 描述在端口 II 开路的条件下,端口 I 电压 v_1 和电流 i_1 的关系;引入参数 Z_{22} 描述在端口 I 开路的条件下,端口 II 电压 v_2 和电流 i_2 的关系。两个参数 Z_{11} 和 Z_{22} 不能反映网络的传输特性。引入参数 Z_{21} 描述在端口 II 开路的条件下,端口 I 的电流 i_1 在端口 II 产生的电压 v_2;引入参数 Z_{12} 描述在端口 I 开路的条件下,端口 II 的电流 i_2 在端口 I 产生的电压 v_1。因此,需要使用 4 个参数描述两端口网络电压和电流的关系。按照线性叠加原理,可以使用公式表示上述关系为

$$\begin{Bmatrix} v_1 \\ v_2 \end{Bmatrix} = \begin{bmatrix} Z_{11} & Z_{12} \\ Z_{21} & Z_{22} \end{bmatrix} \begin{Bmatrix} i_1 \\ i_2 \end{Bmatrix} \tag{4.3}$$

其中,$Z_{11} = \dfrac{v_1}{i_1}\bigg|_{i_2=0}$, $Z_{12} = \dfrac{v_1}{i_2}\bigg|_{i_1=0}$, $Z_{21} = \dfrac{v_2}{i_1}\bigg|_{i_2=0}$, $Z_{22} = \dfrac{v_2}{i_2}\bigg|_{i_1=0}$,条件 $i_1=0$ 对应于端口 I 开路,

条件 $i_2=0$ 对应于端口 II 开路；Z_{11} 是当端口 II 开路时，从端口 I 向网络看的阻抗；Z_{22} 是当端口 I 开路时，从端口 II 向网络看的阻抗。

使用矩阵可以更简洁的表示两端口网络电压和电流的关系为

$$V = ZI \tag{4.4}$$

其中，V 为电压矢量 $\{v_1, v_2\}^T$；I 为电流矢量 $\{i_1, i_2\}^T$；Z 为阻抗矩阵。显然阻抗矩阵 Z 描述了两端口网络电压矢量 V 和电流矢量 I 的关系，已知端口的电流 i_1 和 i_2，就可以通过阻抗矩阵 Z 得到端口的电压 v_1 和 v_2。

如果需要描述多端口网络电压和电流的关系，需要使用更多的参数。对于 N 端口的网络，需要使用 N^2 个参数才能描述网络的特性。对于 N 端口的网络，端口电压和端口电流的关系为

$$\begin{Bmatrix} v_1 \\ v_2 \\ \vdots \\ v_N \end{Bmatrix} = \begin{bmatrix} Z_{11} & Z_{12} & \cdots & Z_{1N} \\ Z_{21} & Z_{22} & \cdots & Z_{2N} \\ \vdots & \vdots & & \vdots \\ Z_{N1} & Z_{N2} & \cdots & Z_{NN} \end{bmatrix} \begin{Bmatrix} i_1 \\ i_2 \\ \vdots \\ i_N \end{Bmatrix} \tag{4.5}$$

其中，$Z_{nm} = \dfrac{v_n}{i_m}\bigg|_{i_k=0(k \neq m)}$，条件 $i_k=0$ 对应于第 k 个端口开路。

当已知各端口电压需要确定各端口电流的时候，就需要使用导纳矩阵 Y。对于 N 端口的网络，电压和电流关系可以表示为

$$\begin{Bmatrix} i_1 \\ i_2 \\ \vdots \\ i_N \end{Bmatrix} = \begin{bmatrix} Y_{11} & Y_{12} & \cdots & Y_{1N} \\ Y_{21} & Y_{22} & \cdots & Y_{2N} \\ \vdots & \vdots & & \vdots \\ Y_{N1} & Y_{N2} & \cdots & Y_{NN} \end{bmatrix} \begin{Bmatrix} v_1 \\ v_2 \\ \vdots \\ v_N \end{Bmatrix} \tag{4.6}$$

其中，$Y_{nm} = \dfrac{i_n}{v_m}\bigg|_{v_k=0(k \neq m)}$，条件 $v_k=0$ 对应于第 k 个端口短路。使用导纳矩阵更简洁地将式(4.6)表示为

$$I = YV \tag{4.7}$$

联合式(4.4)和式(4.7)可以得到

$$V = ZI = Z(YV) = (ZY)V = IV \tag{4.8}$$

所以阻抗矩阵 Z 和导纳矩阵 Y 的乘积是单位矩阵 I。也就是说，导纳矩阵 Y 和阻抗矩阵 Z 互为逆矩阵，表示为

$$Y = Z^{-1} \tag{4.9}$$

如果已知网络的阻抗矩阵 Z，通过矩阵求逆就可以得到网络的导纳矩阵 Y；反之亦然。在某些特殊情况下，矩阵的逆可能不存在，也就是说可以得到阻抗矩阵 Z，但是不能得到导纳矩阵 Y。

例 4-1 求图 4-4(a)和(b)两端口射频网络的阻抗矩阵 Z 和导纳矩阵 Y。

解 （1）根据阻抗矩阵的定义式(4.3)，在端口 II 和端口 I 分别开路的情况下，计算得到 Z_{11} 和 Z_{22}：

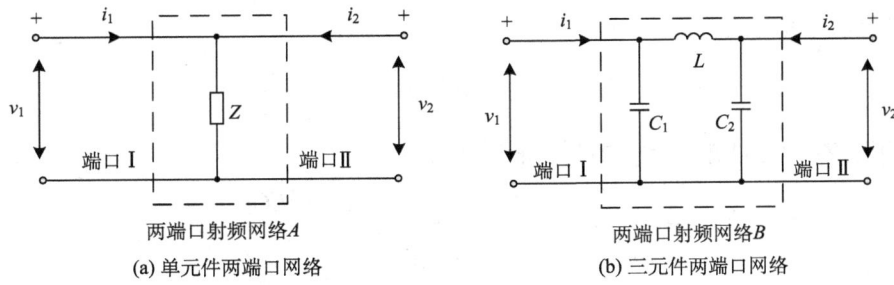

(a) 单元件两端口网络　　　　　(b) 三元件两端口网络

图 4-4　两端口射频网络的阻抗矩阵

$$Z_{11} = \left.\frac{v_1}{i_1}\right|_{i_2=0} = Z, \quad Z_{22} = \left.\frac{v_2}{i_2}\right|_{i_1=0} = Z$$

由于阻抗矩阵是根据端口电流 $\boldsymbol{I}$ 获得端口电压 $\boldsymbol{V}$，当端口Ⅱ的注入电流为 i_2 并且端口Ⅰ开路(i_1=0)时，端口Ⅰ的电压为 $v_1 = Z \times i_2$；当端口Ⅰ的注入电流为 i_1 并且端口Ⅱ开路(i_2=0)时，端口Ⅱ的电压为 $v_2 = Z \times i_1$。因此可以得到阻抗矩阵的另外两个参数 Z_{21} 和 Z_{12} 为

$$Z_{12} = \left.\frac{v_1}{i_2}\right|_{i_1=0} = Z, \quad Z_{21} = \left.\frac{v_2}{i_1}\right|_{i_2=0} = Z$$

得到图 4-4(a)中两端口射频网络 A 的阻抗矩阵为

$$\boldsymbol{Z}_A = \begin{bmatrix} Z & Z \\ Z & Z \end{bmatrix}$$

阻抗矩阵 $\boldsymbol{Z}_A$ 对应的行列式为

$$|\boldsymbol{Z}_A| = \begin{vmatrix} Z & Z \\ Z & Z \end{vmatrix} = 0$$

所以阻抗矩阵 $\boldsymbol{Z}_A$ 的逆矩阵不存在，也就是说两端口射频网络 A 的导纳矩阵 $\boldsymbol{Y}_A$ 不存在。

(2) 对于图 4-4(b)中的电路进行类似的分析，当端口Ⅱ和端口Ⅰ分别短路时，可以得到导纳矩阵 $\boldsymbol{Y}_B$ 的参数 Y_{11} 和 Y_{12} 为

$$Y_{11} = \left.\frac{i_1}{v_1}\right|_{v_2=0} = \mathrm{j}\omega C_1 + \frac{1}{\mathrm{j}\omega L}$$

$$Y_{12} = \left.\frac{i_1}{v_2}\right|_{v_1=0} = \frac{1}{\mathrm{j}\omega L}$$

因为条件 v_1=0 对应于端口Ⅰ短路(并联电容 C_1 被短路不会影响端口Ⅰ的电流 i_1)，并联电容 C_2 只影响端口Ⅱ的电流 i_2，所以 Y_{12} 仅与电感 L 相关。利用电路的对称性，容易得到另外两个参数 Y_{22} 和 Y_{21}。从而可以得到导纳矩阵 $\boldsymbol{Y}_B$ 为

$$\boldsymbol{Y}_B = \begin{bmatrix} \mathrm{j}\omega C_1 + \dfrac{1}{\mathrm{j}\omega L} & \dfrac{1}{\mathrm{j}\omega L} \\ \dfrac{1}{\mathrm{j}\omega L} & \mathrm{j}\omega C_2 + \dfrac{1}{\mathrm{j}\omega L} \end{bmatrix} = \frac{1}{\mathrm{j}\omega L}\begin{bmatrix} 1-\omega^2 LC_1 & 1 \\ 1 & 1-\omega^2 LC_2 \end{bmatrix}$$

导纳矩阵 Y_B 对应的行列式为

$$|Y_B| = \Delta Y_B = -\omega^2 C_1 C_2 + \frac{C_1 + C_2}{L}$$

阻抗矩阵 Z_B 为导纳矩阵 Y_B 的逆矩阵,可以表示为

$$Z_B = Y_B^{-1} = \frac{1}{j\omega L \left(\frac{C_1 + C_2}{L} - \omega^2 C_1 C_2 \right)} \begin{bmatrix} 1 - \omega^2 L C_2 & -1 \\ -1 & 1 - \omega^2 L C_1 \end{bmatrix}$$

$$= \frac{1}{j\omega \left(C_1 + C_2 - \omega^2 L C_1 C_2 \right)} \begin{bmatrix} 1 - \omega^2 L C_2 & -1 \\ -1 & 1 - \omega^2 L C_1 \end{bmatrix}$$

在计算阻抗矩阵时,需要对网络端口注入电流,在其他端口都开路的条件下,求解得到端口电压;在计算导纳矩阵时,需要对网络端口施加电压,在其他端口都短路的条件下,计算得到端口的电流。尽管阻抗矩阵 Z 和导纳矩阵 Y 互为逆矩阵,从一个矩阵可以方便地计算得到另外一个矩阵,但是针对特定的电路选择合适的网络矩阵参数可以简化求解计算。

4.1.3 混合矩阵和转移矩阵

阻抗矩阵和导纳矩阵分别给出了从端口电流获得电压和从端口电压获得电流的方法。阻抗矩阵和导纳矩阵反映了网络端口电压和电流之间的关系,可以描述多端口网络。混合矩阵和转移矩阵是针对两端口网络提出,不适于描述多端口网络。混合矩阵和转移矩阵是以另外的方式反映两端口网络电压和电流之间的关系。

混合矩阵适合于描述射频有源器件,可以非常方便地给出射频晶体管等效两端口网络的参数。两端口网络的混合矩阵定义为

$$\begin{Bmatrix} v_1 \\ i_2 \end{Bmatrix} = \begin{bmatrix} h_{11} & h_{12} \\ h_{21} & h_{22} \end{bmatrix} \begin{Bmatrix} i_1 \\ v_2 \end{Bmatrix} \tag{4.10}$$

其中,$h_{11} = \left. \frac{v_1}{i_1} \right|_{v_2=0}$, $h_{12} = \left. \frac{v_1}{v_2} \right|_{i_1=0}$, $h_{21} = \left. \frac{i_2}{i_1} \right|_{v_2=0}$, $h_{22} = \left. \frac{i_2}{v_2} \right|_{i_1=0}$。

例 4-2 根据如图 4-5 所示的射频双极型晶体管的共发射极小信号模型,给出晶体管的混合矩阵 h,其中 I_B 和 I_C 分别为基极和集电极的电流,r_{BE}、r_{BC} 和 r_{CE} 分别为晶体管基极-发射极、基极-集电极和集电极-发射极电阻,β 为电流放大倍数,v_{BE} 和 v_{CE} 分别为基极电压和集电极电压。

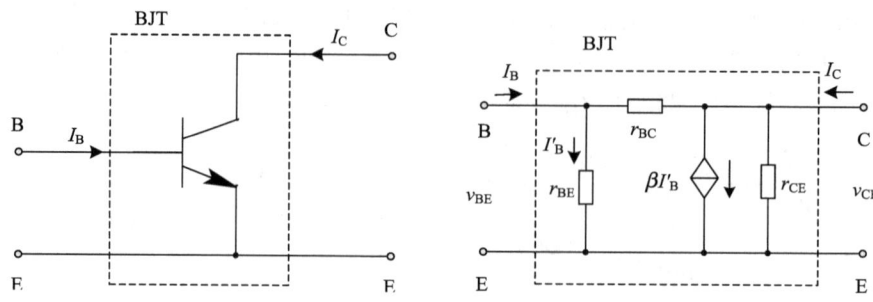

图 4-5 射频双极型晶体管及小信号电路模型

解 根据两端口网络混合矩阵的定义式(4.10)，可以得到 h 矩阵参数为

$$h_{11} = \left.\frac{v_1}{i_1}\right|_{v_2=0} = \left.\frac{v_{BE}}{i_B}\right|_{v_{CE}=0} = \frac{r_{BE}r_{BC}}{r_{BE}+r_{BC}} \qquad 输入阻抗$$

$$h_{12} = \left.\frac{v_1}{v_2}\right|_{i_1=0} = \left.\frac{v_{BE}}{v_{CE}}\right|_{i_C=0} = \frac{r_{BE}}{r_{BE}+r_{BC}} \qquad 电压反馈系数$$

$$h_{21} = \left.\frac{i_2}{i_1}\right|_{v_2=0} = \left.\frac{i_C}{i_B}\right|_{v_{CE}=0} = \frac{\beta r_{BC} - r_{BE}}{r_{BE}+r_{BC}} \qquad 小信号电流放大倍数$$

$$h_{22} = \left.\frac{i_2}{v_2}\right|_{i_1=0} = \left.\frac{i_C}{v_{CE}}\right|_{i_B=0} = \frac{1}{r_{CE}} + \frac{1+\beta}{r_{BE}+r_{BC}} \qquad 输出导纳$$

当晶体管的电流放大倍数 $\beta \gg 1$ 和基极-集电极电阻 r_{BC} 远大于基极-发射极电阻 r_{BE} 时，可以更简洁地给出晶体管小信号模型的混合矩阵 h 中各参数为

$$h_{11} = \frac{r_{BE}r_{BC}}{r_{BE}+r_{BC}} \approx r_{BE} \qquad 输入阻抗$$

$$h_{12} = \frac{r_{BE}}{r_{BE}+r_{BC}} \approx 0 \qquad 电压反馈系数$$

$$h_{21} = \frac{\beta r_{BC} - r_{BE}}{r_{BE}+r_{BC}} \approx \beta \qquad 小信号电流放大倍数$$

$$h_{22} = \frac{1}{r_{CE}} + \frac{1+\beta}{r_{BE}+r_{BC}} \approx \frac{1}{r_{CE}} + \frac{\beta}{r_{BC}} \qquad 输出导纳$$

使用两端口网络混合参数矩阵 h 描述晶体管时，每一个参数都有明确的物理意义。在低频时，双极型晶体管的参数通常表示为 h_{ie}、h_{re}、h_{fe} 和 h_{oe}，实际上对应于混合矩阵的 h_{11}、h_{12}、h_{21} 和 h_{22}。在工作频率较低时，通常可以方便地使用混合矩阵描述双极型晶体管的特性。由于网络内部电路存在电流源，两端口有源网络的混合参数往往不再对称，从端口Ⅰ到端口Ⅱ的传递特性与从端口Ⅱ到端口Ⅰ的传递特性不一致，即 $h_{12} \neq h_{21}$。

转移矩阵在分析级联网络的时候非常方便，可以将复杂的射频电路分解为小单元网络进行分析。转移矩阵 A 的定义为

$$\begin{Bmatrix} v_1 \\ i_1 \end{Bmatrix} = A \begin{Bmatrix} v_2 \\ -i_2 \end{Bmatrix} = \begin{bmatrix} A & B \\ C & D \end{bmatrix} \begin{Bmatrix} v_2 \\ -i_2 \end{Bmatrix} \qquad (4.11)$$

其中，$A = \left.\frac{v_1}{v_2}\right|_{i_2=0}$，$B = -\left.\frac{v_1}{i_2}\right|_{v_2=0}$，$C = \left.\frac{i_1}{v_2}\right|_{i_2=0}$，$D = -\left.\frac{i_1}{i_2}\right|_{v_2=0}$。注意定义式中端口Ⅱ的电流 i_2 前面有一个负号。

例 4-3 计算如图 4-6(a)和(b)所示两端口网络 P 和网络 S，分别包含并联的阻抗 Z_1 和串联的阻抗 Z_2，试求两个网络的转移矩阵 A_P 和 A_S。

解 (1) 根据转移矩阵的定义式(4.11)，对于图 4-6(a)中的并联电路可以得到

$$A = \left.\frac{v_1}{v_2}\right|_{i_2=0} = 1, \quad B = -\left.\frac{v_1}{i_2}\right|_{v_2=0} = 0, \quad C = \left.\frac{i_1}{v_2}\right|_{i_2=0} = \frac{1}{Z}, \quad D = -\left.\frac{i_1}{i_2}\right|_{v_2=0} = 1$$

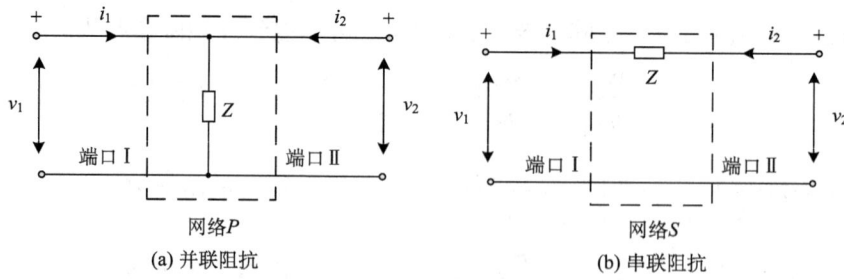

(a) 并联阻抗 (b) 串联阻抗

图 4-6 基本电路的两端口网络转移矩阵

所以网络 P 的转移矩阵 A_P 为

$$A_P = \begin{bmatrix} 1 & 0 \\ \dfrac{1}{Z} & 1 \end{bmatrix}$$

(2) 根据转移矩阵的定义式(4.11)，对于图 4-6(b) 中的串联电路可以得到

$$A = \dfrac{v_1}{v_2}\bigg|_{i_2=0} = 1, \quad B = -\dfrac{v_1}{i_2}\bigg|_{v_2=0} = Z, \quad C = \dfrac{i_1}{v_2}\bigg|_{i_2=0} = 0, \quad D = -\dfrac{i_1}{i_2}\bigg|_{v_2=0} = 1$$

所以网络 S 的转移矩阵 A_S 为

$$A_S = \begin{bmatrix} 1 & Z \\ 0 & 1 \end{bmatrix}$$

通过计算获得基本串联电路和并联电路的转移矩阵 A_S 和 A_P，在以后的分析计算中可以直接引用，简化射频电路的分析和计算。

在射频电路的分析计算中，很多电路都可以等效为两端口网络。求出一些基本电路两端口网络的转移矩阵，便于进行复杂电路的分析和计算。

例 4-4 计算如图 4-7(a) 和 (b) 所示的变压器 T 和一段传输线 TL 的转移矩阵，其中，变压器 T 的线圈比为 $N:1$，传输线 TL 的电长度为 βl 特征阻抗为 Z_0。

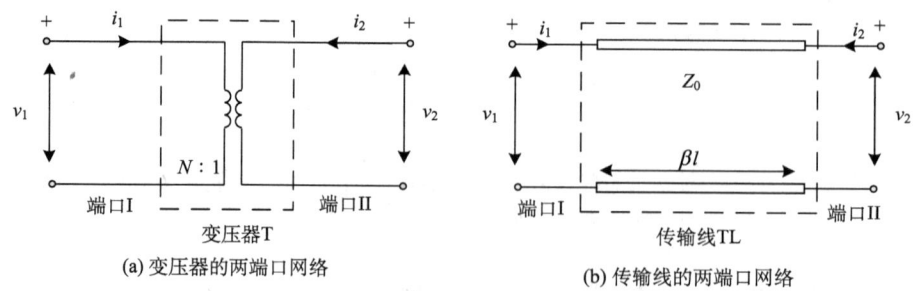

(a) 变压器的两端口网络 (b) 传输线的两端口网络

图 4-7 两端口网络的转移矩阵

解 (1) 根据两端口网络转移矩阵的定义和变压器的特性，变压器的转移矩阵 A_T 为

$$A = \dfrac{v_1}{v_2}\bigg|_{i_2=0} = N, \quad B = \dfrac{v_1}{-i_2}\bigg|_{v_2=0} = 0$$

$$C = \dfrac{i_1}{v_2}\bigg|_{i_2=0} = 0, \quad D = \dfrac{i_1}{-i_2}\bigg|_{v_2=0} = \dfrac{1}{N}$$

因此得到变压器的转移矩阵 A_T 为

$$A_T = \begin{bmatrix} N & 0 \\ 0 & \dfrac{1}{N} \end{bmatrix}$$

(2) 在端口Ⅱ开路($i_2=0$),终端开路传输线上的电压和电流分布分别为

$$V(z) = V_0 \cos \beta z$$

$$I(z) = \dfrac{\mathrm{j}V_0}{Z_0} \sin \beta z$$

其中,V_0 为传输线终端电压的模值;z 为到开路终端的距离。当 $z=0$ 时,对应于端口Ⅱ的电压 v_2;当 $z=l$ 时,对应于端口Ⅰ的电压 v_1。因此可以得到传输线转移矩阵的转移矩阵 A_{TL} 的元素 A 和 C 分别为

$$A = \left.\dfrac{v_1}{v_2}\right|_{i_2=0} = \cos \beta l, \quad C = \left.\dfrac{i_1}{v_2}\right|_{i_2=0} = \dfrac{\mathrm{j}\sin \beta l}{Z_0}$$

当端口Ⅱ短路($v_2=0$)时,终端短路传输线上的电压和电流分布分别为

$$V(z) = \mathrm{j}I_0 Z_0 \sin \beta z$$

$$I(z) = I_0 \cos \beta z$$

其中,I_0 为终端电流的模值。当 $z=0$ 时,得到 $I(z)=I_0$。由于电流 i_2 定义流入网络为正,所以在终端短路时 $i_2=-I_0$。从而确定转移矩阵 A_{TL} 的元素 B 和 D 分别为

$$B = -\left.\dfrac{v_1}{i_2}\right|_{v_2=0} = \mathrm{j}Z_0 \sin \beta l, \quad D = -\left.\dfrac{i_1}{i_2}\right|_{v_2=0} = \cos \beta l$$

最终得到一段传输线对应的转移矩阵 A_{TL} 为

$$A_{TL} = \begin{bmatrix} \cos \beta l & \mathrm{j}Z_0 \sin \beta l \\ \dfrac{\mathrm{j}\sin \beta l}{Z_0} & \cos \beta l \end{bmatrix}$$

阻抗矩阵、导纳矩阵、混合矩阵和转移矩阵都描述了网络电压和电流之间的关系,对比 4 种网络参数如表 4-1 所示。

表 4-1 阻抗矩阵、导纳矩阵、混合矩阵和转移矩阵的比较

	阻抗矩阵	导纳矩阵	混合矩阵	转移矩阵
矩阵运算	$\begin{Bmatrix} v_1 \\ v_2 \end{Bmatrix} = Z \begin{Bmatrix} i_1 \\ i_2 \end{Bmatrix}$	$\begin{Bmatrix} i_1 \\ i_2 \end{Bmatrix} = Y \begin{Bmatrix} v_1 \\ v_2 \end{Bmatrix}$	$\begin{Bmatrix} v_1 \\ i_2 \end{Bmatrix} = h \begin{Bmatrix} i_1 \\ v_2 \end{Bmatrix}$	$\begin{Bmatrix} v_1 \\ i_1 \end{Bmatrix} = A \begin{Bmatrix} v_2 \\ -i_2 \end{Bmatrix}$
元素定义	$Z_{nm} = \left.\dfrac{v_n}{i_m}\right\|_{i_k=0(k\neq m)}$	$Y_{nm} = \left.\dfrac{i_n}{v_m}\right\|_{v_k=0(k\neq m)}$	$h_{11}=\left.\dfrac{v_1}{i_1}\right\|_{v_2=0},h_{12}=\left.\dfrac{v_1}{v_2}\right\|_{i_1=0}$ $h_{21}=\left.\dfrac{i_2}{i_1}\right\|_{v_2=0},h_{22}=\left.\dfrac{i_2}{v_2}\right\|_{i_1=0}$	$A=\left.\dfrac{v_1}{v_2}\right\|_{i_2=0},B=-\left.\dfrac{v_1}{i_2}\right\|_{v_2=0}$ $C=\left.\dfrac{i_1}{v_2}\right\|_{i_2=0},D=-\left.\dfrac{i_1}{i_2}\right\|_{v_2=0}$
端口数 N	≥1	≥1	2	2
网络特点	电压←电流	电流←电压	混合	端口Ⅰ←端口Ⅱ
计算条件	开路($i_k=0$)	短路($v_k=0$)	开路/短路($i_1=0$ 或 $v_2=0$)	开路/短路($i_2=0$ 或 $v_2=0$)
相互关系	$Z = Y^{-1}$	$Y = Z^{-1}$		
主要应用	串联网络	并联网络	晶体管模型	级联网络

从四种网络参数的矩阵运算可以比较其特点：阻抗矩阵实现了从端口电流到端口电压的转换计算；导纳矩阵实现了从端口电压到端口电流的转换计算；转移矩阵实现了从端口Ⅱ电压和电流到端口Ⅰ电压和电流的计算，或者说将端口Ⅱ的信息转移到了端口Ⅰ，所以称为转移矩阵；而混合矩阵在等号两边无论是从端口考虑，还是从电压和电流考虑都混在一起，所以称为混合矩阵。

4.2 网络的连接

通过将复杂的射频网络分解为一些基本单元网络，再考虑网络之间的连接关系，通常包括串联、并联和级联，可以方便地获得负载网络的参数。本小节将讨论两端口网络常见连接的方式以及网络参数的计算方法。

4.2.1 网络的串联

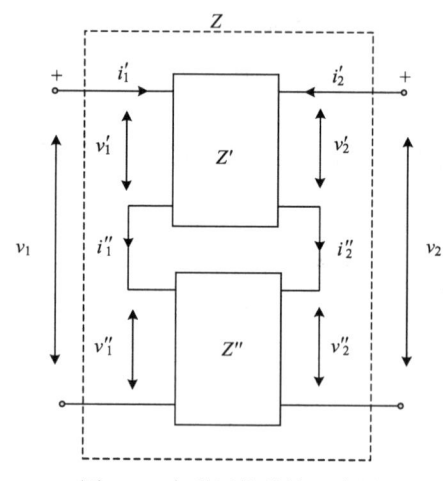

图 4-8 串联网络结构示意图

当两个子网络 Z' 和 Z'' 串联在一起的时候，如图 4-8 所示，可以使用阻抗矩阵计算获得串联之后的网络 Z 的参数。两端口子网络 Z' 和 Z'' 连接在一起形成了一个新的两端口网络 Z，其中，子网络 Z' 端口Ⅰ的电压为 v'_1，电流为 i'_1；子网络 Z'' 端口Ⅰ的电压为 v''_1，电流为 i''_1；网络 Z 端口Ⅰ的电压为 v_1，电流为 i_1。由于电路串联的关系，3 个网络端口Ⅰ的电流满足条件

$$i_1 = i'_1 = i''_1 \tag{4.12}$$

3 个网络端口Ⅰ的电压存在叠加的关系，表示为

$$v_1 = v'_1 + v''_1 \tag{4.13}$$

对于端口Ⅱ可以得到一致的结果。根据阻抗矩阵的定义，代入式(4.13)可以得到

$$\begin{Bmatrix} v_1 \\ v_2 \end{Bmatrix} = \begin{Bmatrix} v'_1 + v''_1 \\ v'_2 + v''_2 \end{Bmatrix} = \begin{Bmatrix} v'_1 \\ v'_2 \end{Bmatrix} + \begin{Bmatrix} v''_1 \\ v''_2 \end{Bmatrix} = \mathbf{Z} \begin{Bmatrix} i_1 \\ i_2 \end{Bmatrix} \tag{4.14}$$

另外，根据子网络阻抗矩阵的定义，代入式(4.12)可以得到

$$\begin{Bmatrix} v'_1 \\ v'_2 \end{Bmatrix} = \mathbf{Z}' \begin{Bmatrix} i'_1 \\ i'_2 \end{Bmatrix} = \mathbf{Z}' \begin{Bmatrix} i_1 \\ i_2 \end{Bmatrix}$$

$$\begin{Bmatrix} v''_1 \\ v''_2 \end{Bmatrix} = \mathbf{Z}'' \begin{Bmatrix} i''_1 \\ i''_2 \end{Bmatrix} = \mathbf{Z}'' \begin{Bmatrix} i_1 \\ i_2 \end{Bmatrix} \tag{4.15}$$

将式(4.15)的结果代入式(4.14)，可以得到串联网络的计算公式

$$\mathbf{Z} = \mathbf{Z}' + \mathbf{Z}'' \tag{4.16}$$

使用阻抗矩阵可以方便地处理串联网络的计算。有时需要引入 1∶1 的变压器，以防止由于串联结构导致内部电路的变化。采用以上分析处理的方法，还可以得到适合于应用混合矩阵进行网络分析计算的网络连接方式。

4.2.2 网络的并联

当两个子网络 Y' 和 Y'' 并联在一起的时候,如图 4-9 所示,可以使用导纳矩阵计算获得并联之后的网络 Y 的参数。两端口子网络 Y' 和 Y'' 连接在一起形成了一个新的两端口网络 Y,其中,子网络 Y' 端口Ⅰ的电压为 v'_1,电流为 i'_1;子网络 Y'' 端口Ⅰ的电压为 v''_1,电流为 i''_1;网络 Y 端口Ⅰ的电压为 v_1,电流为 i_1。由于电路并联的关系,3 个网络端口Ⅰ的电流满足条件

$$i_1 = i'_1 + i''_1 \tag{4.17}$$

3 个网络端口Ⅰ的电压满足条件

$$v_1 = v'_1 = v''_1 \tag{4.18}$$

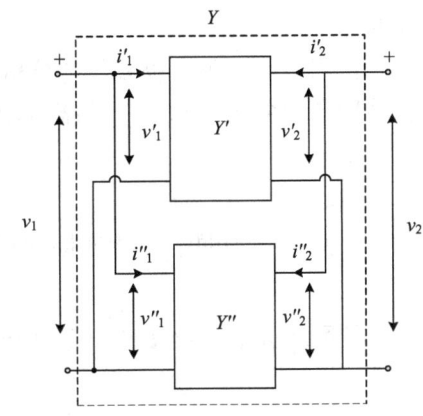

图 4-9 网络的并联结构示意图

对于端口Ⅱ可以得到类似的结果。根据导纳矩阵的定义,可以得到网络 Y 的导纳矩阵为

$$\begin{Bmatrix} i_1 \\ i_2 \end{Bmatrix} = \begin{Bmatrix} i'_1 + i''_1 \\ i'_2 + i''_2 \end{Bmatrix} = \begin{Bmatrix} i'_1 \\ i'_2 \end{Bmatrix} + \begin{Bmatrix} i''_1 \\ i''_2 \end{Bmatrix} = Y \begin{Bmatrix} v_1 \\ v_2 \end{Bmatrix} \tag{4.19}$$

使用网络矩阵 $[Y']$ 和 $[Y'']$ 以及网络端口电压分别表示两个网络端口电流,可以得到

$$\begin{Bmatrix} i'_1 \\ i'_2 \end{Bmatrix} = Y' \begin{Bmatrix} v'_1 \\ v'_2 \end{Bmatrix} = Y' \begin{Bmatrix} v_1 \\ v_2 \end{Bmatrix}$$
$$\begin{Bmatrix} i''_1 \\ i''_2 \end{Bmatrix} = Y'' \begin{Bmatrix} v''_1 \\ v''_2 \end{Bmatrix} = Y'' \begin{Bmatrix} v_1 \\ v_2 \end{Bmatrix} \tag{4.20}$$

比较式 (4.19) 和式 (4.20),可以得到子网络导纳矩阵 Y'、Y'' 和导纳矩阵 Y 的关系

$$Y = Y' + Y'' \tag{4.21}$$

显然,两端口网络的导纳矩阵适合于计算并联网络的分析和计算。

4.2.3 网络的级联

在射频电路的计算分析中,经常遇到两端口网络级联的情况,如图 4-10 所示,就典型的两个网络级联的情况。网络 A 和 B 的电压和电流通过下标进行区分,下标 A 和 B 用于区分

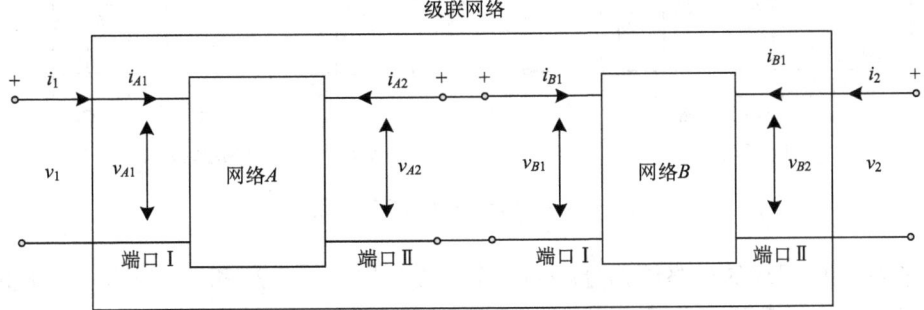

图 4-10 两端口网络级联电路

网络，下标 1 和 2 用于区分两个端口，级联后网络的电压为 v_1 和 v_2，电流为 i_1 和 i_2。级联网络的特点是网络 A 的输出端口(端口 II)与网络 B 的输入端口(端口 I)相连接，形成一个链条式的结构。

使用转移矩阵可以方便地分析和计算级联网络。在级联网络的输入和输出端口电压和电流分别与网络 A 端口 I 和网络 B 端口 II 的电压电流相等，满足条件

$$i_1 = i_{A1}, \quad v_1 = v_{A1}$$
$$i_2 = i_{B2}, \quad v_2 = v_{B2} \tag{4.22}$$

在网络 A 与网络 B 相连接的端口，电压和电流的关系为

$$i_{A2} = -i_{B1}, \quad v_{A2} = v_{B1} \tag{4.23}$$

从网络 A 和网络 B 的转移矩阵 A_A 和 A_B 出发可以得到

$$\begin{cases} v_{1A} \\ i_{1A} \end{cases} = A_A \begin{cases} v_{2A} \\ -i_{2A} \end{cases}$$
$$\begin{cases} v_{1B} \\ i_{1B} \end{cases} = A_B \begin{cases} v_{2B} \\ -i_{2B} \end{cases} \tag{4.24}$$

注意式(4.23)给出的关系，利用关系式(4.22)，改写式(4.24)得到

$$\begin{cases} v_1 \\ i_1 \end{cases} = \begin{cases} v_{1A} \\ i_{1A} \end{cases} = A_A A_B \begin{cases} v_{2B} \\ -i_{2B} \end{cases} = A_A A_B \begin{cases} v_2 \\ -i_2 \end{cases} \tag{4.25}$$

因此，可以得到级联网络的转移矩阵 A 为

$$A = A_A A_B \tag{4.26}$$

级联网络的转移矩阵等于子网络转移矩阵的乘积。另外可以看到在转移矩阵的定义中，端口 II 的电流 i_2 有一个负号，恰恰是为了能够使两个网络级联时满足式(4.23)的关系，实现了级联网络的方便计算。对于式(4.26)还可以推广到 N 个网络的级联，可以表示为

$$A = A_1 A_2 \cdots A_{N-1} A_N \tag{4.27}$$

其中，A_i 为第 i 个子网络的转移矩阵。

例 4-5 计算如图 4-11(a)所示的两端口网络的转移矩阵 A。

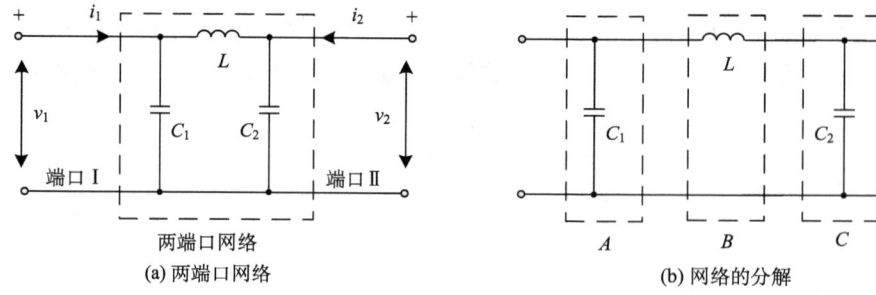

(a) 两端口网络   (b) 网络的分解

图 4-11 两端口网络的转移矩阵

解 将两端口网络的电路结构分解为三个两端口网络 A、B 和 C，如图 4-11(b)所示。显然两端口网络 A、B 和 C 为级联关系。两端口网络 A、B 和 C 的转移矩阵 A_A、A_B 和 A_C 可以根据例 4-3 的结果直接得到

$$A_A = \begin{bmatrix} 1 & 0 \\ j\omega C_1 & 1 \end{bmatrix}, \quad A_B = \begin{bmatrix} 1 & j\omega L \\ 0 & 1 \end{bmatrix}, \quad A_C = \begin{bmatrix} 1 & 0 \\ j\omega C_2 & 1 \end{bmatrix}$$

根据(4.27)式可以计算级联两端口网络为

$$A = A_A A_B A_C = \begin{bmatrix} 1 & 0 \\ j\omega C_1 & 1 \end{bmatrix} \begin{bmatrix} 1 & j\omega L \\ 0 & 1 \end{bmatrix} \begin{bmatrix} 1 & 0 \\ j\omega C_2 & 1 \end{bmatrix}$$

$$= \begin{bmatrix} 1 & j\omega L \\ j\omega C_1 & 1 - \omega^2 L C_1 \end{bmatrix} \begin{bmatrix} 1 & 0 \\ j\omega C_2 & 1 \end{bmatrix}$$

$$= \begin{bmatrix} 1 - \omega^2 L C_2 & j\omega L \\ j\omega(C_1 + C_2) - j\omega^3 L C_1 C_2 & 1 - \omega^2 L C_1 \end{bmatrix}$$

使用转移矩阵处理级联网络是非常方便的。如果得到了一些基本电路的转移矩阵，通过级联就如同搭积木一样容易地计算得到复杂电路的转移矩阵。表 4-2 给出了一些基本电路的转移矩阵，在网络分析和计算中可以方便地引用。使用这些基本电路结构，可以构建非常复杂的两端口网络。

表 4-2 基本电路的转移矩阵

基本电路结构	转移矩阵
	$A = 1, \quad B = Z$ $C = 0, \quad D = 1$
	$A = 1, \quad B = 0$ $C = Y, \quad D = 1$
	$A = 1 + \dfrac{Y_2}{Y_3}, \quad B = \dfrac{1}{Y_3}$ $C = Y_1 + Y_2 + \dfrac{Y_1 Y_2}{Y_3}, \quad D = 1 + \dfrac{Y_1}{Y_3}$
	$A = 1 + \dfrac{Z_1}{Z_2}, \quad B = Z_1 + Z_3 + \dfrac{Z_1 Z_3}{Z_2}$ $C = \dfrac{1}{Z_2}, \quad D = 1 + \dfrac{Z_3}{Z_2}$

基本电路结构	转移矩阵
(传输线，特征阻抗 Z_0，长度 l)	$A = \cos\beta l, \quad B = jZ_0\sin\beta l$ $C = \dfrac{j\sin\beta l}{Z_0}, \quad D = \cos\beta l$
(变压器 $N:1$)	$A = N, \quad B = 0$ $C = 0, \quad D = \dfrac{1}{N}$

4.3 网络的特性

4.3.1 网络的转换

在处理不同的电路或者器件时，需要使用不同的网络参数。例如，在分析射频晶体管时，需要使用混合矩阵 h，接着在考虑晶体管和阻抗匹配网络的级联式，又需要使用转移矩阵 A。因此，需要根据网络的特性给出不同网络参数之间的相互转换关系。

本小节将主要讨论两端口网络的参数之间的转换关系。在阻抗矩阵和导纳矩阵的分析中，已经得到了两者互为逆矩阵的关系。为了直接给出阻抗矩阵 Z 和导纳矩阵 Y 各元素之间的关系，重新分析为：使用阻抗矩阵 Z 可以得到端口电压为

$$v_1 = Z_{11}i_1 + Z_{12}i_2$$
$$v_2 = Z_{21}i_1 + Z_{22}i_2 \tag{4.28}$$

在导纳矩阵 Y 中，矩阵元素 Y_{11} 定义为

$$Y_{11} = \left.\frac{i_1}{v_1}\right|_{v_2=0} = \left.\frac{i_1}{Z_{11}i_1 + Z_{12}i_2}\right|_{v_2=0} \tag{4.29}$$

其中，电压 v_1 使用阻抗矩阵参数表示。在电压 $v_2=0$ 的条件下，从式(4.28)可以得到

$$i_2 = \left.-\frac{Z_{21}}{Z_{22}}i_1\right|_{v_2=0} \tag{4.30}$$

将式(4.30)代入式(4.29)可以得到

$$Y_{11} = \frac{1}{Z_{11} - \dfrac{Z_{21}}{Z_{22}}Z_{12}} = \frac{Z_{22}}{Z_{11}Z_{22} - Z_{12}Z_{21}} = \frac{Z_{22}}{\Delta Z} \tag{4.31}$$

其中，$\Delta Z = Z_{11}Z_{22} - Z_{12}Z_{21}$。如果需要计算导纳矩阵 Y 的元素 Y_{12}，按照 Y_{12} 的定义：

$$Y_{12} = \left.\frac{i_1}{v_2}\right|_{v_1=0} = \left.\frac{i_1}{Z_{21}i_1 + Z_{22}i_2}\right|_{v_1=0} \tag{4.32}$$

利用 $v_1=0$ 的条件，通过式(4.28)可以得到电流 i_2 的表达式，代入式(4.32)得到

$$Y_{12} = \frac{1}{Z_{21} - \frac{Z_{11}}{Z_{12}} Z_{22}} = -\frac{Z_{12}}{\Delta Z} \tag{4.33}$$

类似地还可以得到 Y_{21} 和 Y_{22}，从而可以获得用阻抗矩阵 $\boldsymbol{Z}$ 表示的导纳矩阵 $\boldsymbol{Y}$ 为

$$\boldsymbol{Y} = \begin{bmatrix} Y_{11} & Y_{21} \\ Y_{21} & Y_{22} \end{bmatrix} = \begin{bmatrix} \frac{Z_{22}}{\Delta Z} & -\frac{Z_{12}}{\Delta Z} \\ -\frac{Z_{21}}{\Delta Z} & \frac{Z_{11}}{\Delta Z} \end{bmatrix} = \frac{1}{\Delta Z} \begin{bmatrix} Z_{22} & -Z_{12} \\ -Z_{21} & Z_{11} \end{bmatrix} \tag{4.34}$$

可以通过 $\boldsymbol{ZY}=\boldsymbol{I}$ 的关系验证计算结果是否正确。对于其他矩阵参数之间的变换关系，可以通过完全类似的分析得到。

例 4-6 请给出从转移矩阵 $\boldsymbol{A}$ 到阻抗矩阵 $\boldsymbol{Z}$ 的变换关系。

解 由转移矩阵 $\boldsymbol{A}$ 的定义得到电压 v_1 和电流 i_1 为

$$\begin{aligned} v_1 &= Av_2 - Bi_2 \\ i_1 &= Cv_2 - Di_2 \end{aligned} \tag{4.35}$$

阻抗矩阵 $\boldsymbol{Z}$ 的元素 Z_{11} 定义为

$$Z_{11} = \left.\frac{v_1}{i_1}\right|_{i_2=0} = \left.\frac{Av_2 - Bi_2}{Cv_2 - Di_2}\right|_{i_2=0} = \frac{A}{C}$$

元素 Z_{12} 定义为

$$Z_{12} = \left.\frac{v_1}{i_2}\right|_{i_1=0} = \left.\frac{Av_2 - Bi_2}{i_2}\right|_{i_1=0}$$

根据式(4.35)和条件 $i_1=0$，可以得到 $i_2 = \frac{C}{D}v_2$，代入上式可以确定 Z_{12} 为

$$Z_{12} = \frac{A - B\frac{C}{D}}{\frac{C}{D}} = \frac{AD - BC}{C} = \frac{\Delta}{C}$$

其中，$\Delta=AD-BC$。元素 Z_{21} 为

$$Z_{21} = \left.\frac{v_2}{i_1}\right|_{i_2=0} = \left.\frac{v_2}{Cv_2 - Di_2}\right|_{i_2=0} = \frac{1}{C} \tag{4.36}$$

从式(4.36)在 $i_1=0$ 的条件下，直接确定元素 Z_{22} 为

$$Z_{22} = \left.\frac{v_2}{i_2}\right|_{i_1=0} = \frac{D}{C}$$

最终得到从转移矩阵 $\boldsymbol{A}$ 到阻抗矩阵 $\boldsymbol{Z}$ 变换的关系为

$$\boldsymbol{Z} = \begin{bmatrix} Z_{11} & Z_{12} \\ Z_{21} & Z_{22} \end{bmatrix} = \begin{bmatrix} \frac{\Delta}{C} & \frac{A}{C} \\ \frac{1}{C} & \frac{D}{C} \end{bmatrix} = \frac{1}{C} \begin{bmatrix} A & \Delta \\ 1 & D \end{bmatrix}$$

经过推导可以得到四种两端口网络参数之间的变换关系，如表 4-3 所示，在网络计算和分析中可以直接引用。

表 4-3 两端口网络参数之间的变换关系

	Z	Y	h	A
Z	$\begin{bmatrix} Z_{11} & Z_{12} \\ Z_{21} & Z_{22} \end{bmatrix}$	$\dfrac{1}{\Delta Z}\begin{bmatrix} Z_{22} & -Z_{12} \\ -Z_{21} & Z_{11} \end{bmatrix}$	$\dfrac{1}{Z_{22}}\begin{bmatrix} \Delta Z & Z_{12} \\ -Z_{21} & 1 \end{bmatrix}$	$\dfrac{1}{Z_{21}}\begin{bmatrix} Z_{11} & \Delta Z \\ 1 & Z_{22} \end{bmatrix}$
Y	$\dfrac{1}{\Delta Y}\begin{bmatrix} Y_{22} & -Y_{12} \\ Y_{21} & Y_{11} \end{bmatrix}$	$\begin{bmatrix} Y_{11} & Y_{12} \\ Y_{21} & Y_{22} \end{bmatrix}$	$\dfrac{1}{Y_{11}}\begin{bmatrix} 1 & -Y_{12} \\ Y_{21} & \Delta Y \end{bmatrix}$	$\dfrac{-1}{Y_{21}}\begin{bmatrix} Y_{22} & 1 \\ \Delta Y & Y_{11} \end{bmatrix}$
h	$\dfrac{1}{h_{22}}\begin{bmatrix} \Delta h & h_{12} \\ -h_{21} & 1 \end{bmatrix}$	$\dfrac{1}{h_{11}}\begin{bmatrix} 1 & h_{12} \\ h_{21} & \Delta h \end{bmatrix}$	$\begin{bmatrix} h_{11} & h_{12} \\ h_{21} & h_{22} \end{bmatrix}$	$\dfrac{-1}{h_{21}}\begin{bmatrix} \Delta h & h_{11} \\ h_{22} & 1 \end{bmatrix}$
A	$\dfrac{1}{C}\begin{bmatrix} A & \Delta \\ 1 & D \end{bmatrix}$	$\dfrac{1}{B}\begin{bmatrix} D & -\Delta \\ -1 & A \end{bmatrix}$	$\dfrac{1}{D}\begin{bmatrix} B & \Delta \\ -1 & C \end{bmatrix}$	$\begin{bmatrix} A & B \\ C & D \end{bmatrix}$
符号	$\Delta Z = Z_{11}Z_{22} - Z_{12}Z_{21}$	$\Delta Y = Y_{11}Y_{22} - Y_{12}Y_{21}$	$\Delta h = h_{11}h_{22} - h_{12}h_{21}$	$\Delta = AD - BC$

4.3.2 网络分析的应用

一个典型的射频双极型晶体管放大电路,如图 4-12(a)所示。晶体管 T 的输入端口使用一段特征阻抗为 Z_0,电长度为 βl 的传输线,电阻 R 为电压并联负反馈电阻,在输出端口使用了两个电感 L 和一个电容 C 构成的阻抗匹配电路。通过电路变形可以使用两端口网络将各部分电路分解,如图 4-12(b)所示,包括传输线 TML 的网络 N_{TL},电阻 R 的两端口网络 N_{F},晶体管 T 的网络 N_{T},T 形匹配电路网络 N_{M}。

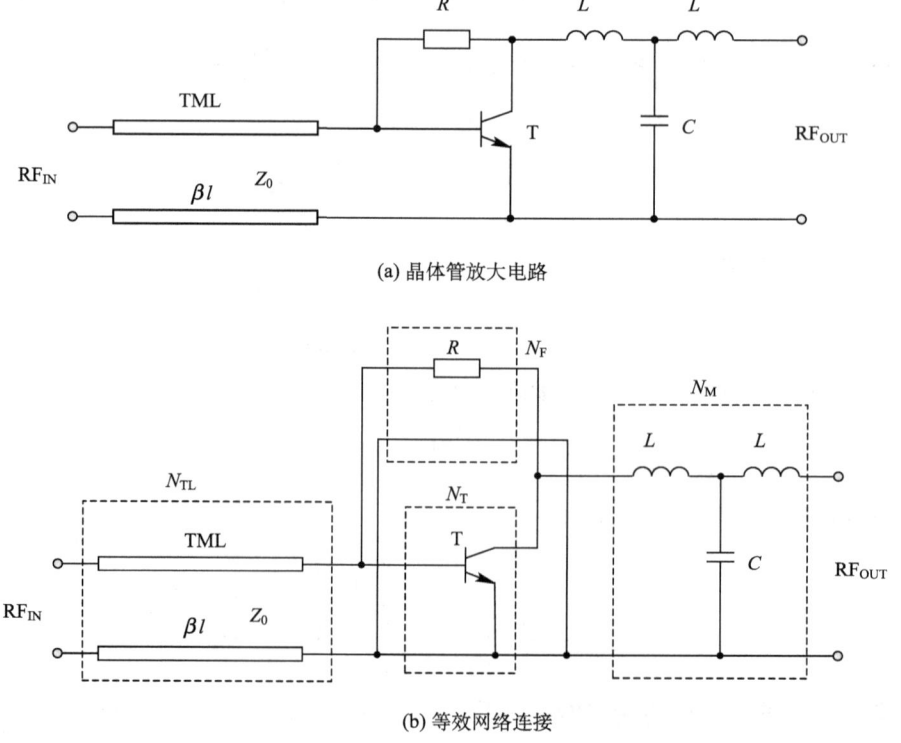

(a) 晶体管放大电路

(b) 等效网络连接

图 4-12 晶体管放大电路及等效网络

如果要获得射频输出 RF_{OUT} 和射频输入 RF_{IN} 的关系，需要得到整个电路的等效网络。通过分析每一个子网络的特性，再处理网络连接关系，就可以得到整个电路的等效网络。根据表 4-2 可以确定网络 N_{TL} 的转移矩阵 $\boldsymbol{A}_{TL}$ 为

$$\boldsymbol{A}_{TL} = \begin{bmatrix} \cos\beta l & jZ_0 \sin\beta l \\ j\dfrac{1}{Z_0}\sin\beta l & \cos\beta l \end{bmatrix} \tag{4.37}$$

双极型晶体管 T 的特性通常由混合参数矩阵 $\boldsymbol{h}_T$ 描述为

$$\boldsymbol{h}_T = \begin{bmatrix} h_{11} & h_{12} \\ h_{21} & h_{22} \end{bmatrix} \tag{4.38}$$

反馈电阻 R 构成两端口网络，可以通过导纳矩阵的定义或者使用表 4-3 中的参数变换，得到导纳矩阵 $\boldsymbol{Y}_F$ 为

$$\boldsymbol{Y}_F = \dfrac{1}{R}\begin{bmatrix} 1 & -1 \\ -1 & 1 \end{bmatrix} \tag{4.39}$$

输出匹配网络 N_M 的转移矩阵 $\boldsymbol{A}_M$ 可以根据表 4-2 中的基本电路表示为

$$\boldsymbol{A}_M = \begin{bmatrix} 1-\omega^2 LC & 2j\omega L - j\omega^3 L^2 C \\ j\omega C & 1-\omega^2 LC \end{bmatrix} \tag{4.40}$$

为了处理网络 N_T 和 N_F 的并联关系，根据表 4-3 可以将混合矩阵 $\boldsymbol{h}_T$ 转换为导纳矩阵 $\boldsymbol{A}_T$

$$\boldsymbol{Y}_T = \dfrac{1}{h_{11}}\begin{bmatrix} 1 & h_{12} \\ h_{21} & \Delta h \end{bmatrix} \tag{4.41}$$

得到 N_T 和 N_F 并联网络的导纳矩阵 $\boldsymbol{Y}_{TF}$ 为

$$\boldsymbol{Y}_{TF} = \boldsymbol{Y}_T + \boldsymbol{Y}_F = \begin{bmatrix} \dfrac{1}{h_{11}}+\dfrac{1}{R} & \dfrac{h_{12}}{h_{11}}-\dfrac{1}{R} \\ \dfrac{h_{21}}{h_{11}}-\dfrac{1}{R} & \dfrac{\Delta h}{h_{11}}+\dfrac{1}{R} \end{bmatrix} \tag{4.42}$$

接着需要将导纳矩阵 $\boldsymbol{Y}_{TF}$ 变换回转移矩阵 $\boldsymbol{A}_{TF}$，以便于级联网络的计算，化简后 $\boldsymbol{A}_{TF}$ 为

$$\boldsymbol{A}_{TF} = \dfrac{-1}{Rh_{21}-h_{11}}\begin{bmatrix} R\Delta h + h_{11} & Rh_{11} \\ \dfrac{R(\Delta h - h_{21}h_{12})}{h_{11}}+1+\Delta h + h_{12}+h_{21} & R+h_{11} \end{bmatrix} \tag{4.43}$$

从而可以给出整个电路的转移矩阵 $\boldsymbol{A}$ 为

$$\boldsymbol{A} = \boldsymbol{A}_{TL}\boldsymbol{A}_{TF}\boldsymbol{A}_M \tag{4.44}$$

由于表达式较复杂就不再给出具体形式。借助于计算机程序可以方便地获得不同频率下整个电路的转移矩阵 $\boldsymbol{A}$，得到晶体管放大电路的特性。这种计算分析方法在一些电路仿真软件中得到应用，只要给出具体的电路参数就可以模拟电路的频域特性。

例 4-7 如图 4-13 所示的电路，传输线 TML 的特征阻抗为 Z_0，电长度为 βl，负载阻抗为 Z_L，信号源内阻为 Z_G，信号源电压为 V_G。求负载 Z_L 得到的功率 P_L（假设 Z_G 和 Z_L 均为实数）。

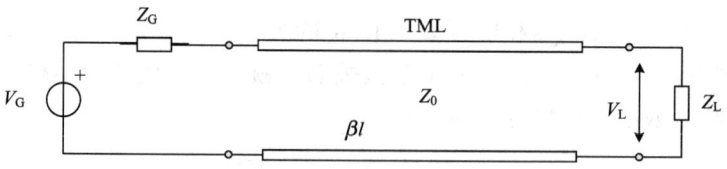

图 4-13　信号源、传输线和负载的电路

解　可以将图 4-13 中的电路等效为 3 个两端口网络的级联电路。信号源串联内阻 Z_G 的两端口网络的转移矩阵 $\boldsymbol{A}_G$ 为

$$\boldsymbol{A}_G = \begin{bmatrix} 1 & Z_G \\ 0 & 1 \end{bmatrix}$$

传输线 TML 的等效转移矩阵 $\boldsymbol{A}_{TL}$ 为

$$\boldsymbol{A}_{TL} = \begin{bmatrix} \cos\beta l & jZ_0\sin\beta l \\ j\dfrac{1}{Z_0}\sin\beta l & \cos\beta l \end{bmatrix}$$

并联负载 Z_L 的等效转移矩阵 $\boldsymbol{A}_L$ 为

$$\boldsymbol{A}_L = \begin{bmatrix} 1 & 0 \\ \dfrac{1}{Z_L} & 1 \end{bmatrix}$$

从而可以得到整个电路等效两端口网络的转移矩阵 $\boldsymbol{A}$ 为

$$\boldsymbol{A} = \boldsymbol{A}_G \boldsymbol{A}_{TL} \boldsymbol{A}_L$$

$$= \begin{bmatrix} \cos\beta l + j\dfrac{Z_G}{Z_0}\sin\beta l & jZ_0\sin\beta l + Z_G\cos\beta l \\ j\dfrac{1}{Z_0}\sin\beta l & \cos\beta l \end{bmatrix} \begin{bmatrix} 1 & 0 \\ \dfrac{1}{Z_L} & 1 \end{bmatrix}$$

因为仅需要确定输入电压 V_G 和输出电压 V_L 的关系,所以只需要确定转移矩阵 $\boldsymbol{A}$ 的元素 A_{11}

$$A_{11} = \frac{V_G}{V_L} = \cos\beta l + j\frac{Z_G}{Z_0}\sin\beta l + j\frac{Z_0}{Z_L}\sin\beta l + \frac{Z_G}{Z_L}\cos\beta l$$

$$= \left(1+\frac{Z_G}{Z_L}\right)\cos\beta l + j\left(\frac{Z_G}{Z_0}+\frac{Z_0}{Z_L}\right)\sin\beta l$$

从而可以得到负载电压的模值 $|V_L|$ 为

$$|V_L| = \frac{|V_G|}{\sqrt{\left(1+\dfrac{Z_G}{Z_L}\right)^2\cos^2\beta l + \left(\dfrac{Z_G}{Z_0}+\dfrac{Z_0}{Z_L}\right)^2\sin^2\beta l}}$$

负载 Z_L 获得的功率 P_L 为

$$P_L = \frac{1}{2}\operatorname{Re}\{VI^*\} = \frac{1}{2}\frac{|V_L|^2}{\operatorname{Re}\{Z_L\}}$$

$$= \frac{|V_G|^2}{2Z_L}\frac{1}{\left(1+\frac{Z_G}{Z_L}\right)^2\cos^2\beta l + \left(\frac{Z_G}{Z_0}+\frac{Z_0}{Z_L}\right)^2\sin^2\beta l}$$

例 4-7 的结果可以与第 3 章的计算结果进行比较，显然射频网络分析也提供了一种行之有效的计算方法。特别是只使用了集总参数的概念，一定程度上便于进行计算。对于几种特殊条件，可以进行结果的验证。

(1) 当传输线长度 $l=0$ 时，得到负载功率 P_L 为

$$P_L = \frac{|V_G|^2}{2Z_L}\frac{1}{\left(1+\frac{Z_G}{Z_L}\right)^2} = \frac{1}{2}\frac{|V_G|^2}{(Z_L+Z_G)^2}Z_L$$

得到结果与传输线特征阻抗 Z_0 无关，与串联电阻的功率分配结果一致。

(2) 当 $Z_0=Z_G=Z_L$ 时，得到负载功率 P_L 为

$$P_L = \frac{|V_G|^2}{2Z_0}\frac{1}{4\left(\cos^2\beta l + \sin^2\beta l\right)} = \frac{|V_G|^2}{8Z_0}$$

得到的结果与传输线长度 l 无关，P_L 达到最大值，与第 3 章的分析结果吻合。

(3) 当 $Z_0^2 = Z_G \times Z_L$ 并且 $\beta l = \pi/2$ ($l=\lambda/4$) 时，得到负载功率 P_L 为

$$P_L = \frac{|V_G|^2}{2Z_L}\frac{1}{\left(\frac{Z_G}{Z_0}+\frac{Z_0}{Z_L}\right)^2} = \frac{|V_G|^2}{2Z_L}\frac{1}{4\frac{Z_G}{Z_L}} = \frac{|V_G|^2}{8Z_G}$$

显然负载得到了信号源输出的资用功率（最大功率），与利用 $\lambda/4$ 传输线进行阻抗匹配的结果一致。

4.4 散 射 参 数

由于阻抗矩阵、导纳矩阵、混合矩阵和转移矩阵的定义都是基于电流和电压的关系，矩阵的元素需要在开路 ($i_k=0$) 或者短路 ($v_k=0$) 的条件下定义。对于低频电路，一定情况下允许在短路和开路的条件下进行测量。然而在射频电路中，端口的开路和短路都会导致电压反射系数模值 $|\Gamma|=1$，对于有源器件网络可能会烧毁器件。而且在一些射频放大电路中，对负载和信号源的匹配要求严格，在开路 ($i_k=0$) 或者短路 ($v_k=0$) 的条件将会导致放大电路工作在非稳定区域，处于振荡状态无法测量得到放大电路的参数。宽频带的开路和短路条件在射频电路中也不易实现，很难达到电压反射系数的模值为 $|\Gamma|=1$。因此，从实际测量出发，需要有一种在网络端口匹配条件下描述网络特性的参数。

散射参数（S 参数）在射频电路中应用广泛，并且可以直接通过测量获得，从而具有很多独特的优势。无论有源器件还是无源网络，无论两端口网络还是多端口网络，都可以方便地

使用 S 参数表述,而且具有清晰的物理概念。本小节将介绍射频网络散射参数的定义和具体应用,以及从两端口网络 S 参数到其他两端口网络参数的变换方法。

4.4.1 散射参数概念

1. 散射参数的定义

考虑图 4-14 中所示的电路,两端口网络的端口 I 和端口 II 分别与阻抗为 Z_0 的无耗传输线相连,可以依据传输线上入射功率波和反射功率波的关系定义两端口网络特性。定义入射两端口网络的归一化功率波为 a,从两端口网络反射的归一化功率波为 b。端口 I 的归一化入射功率波和反射功率波分别为 a_1 和 b_1,端口 II 的归一化入射功率波和反射功率波分别为 a_2 和 b_2。归一化功率波定义为

$$\begin{cases} a_n = \dfrac{V_n^+}{\sqrt{Z_0}} \\ b_n = \dfrac{V_n^-}{\sqrt{Z_0}} \end{cases} \tag{4.45}$$

其中,V_n^+ 为端口 i 的入射电压;V_n^- 为端口 n 的反射电压;n 为 1 或 2。

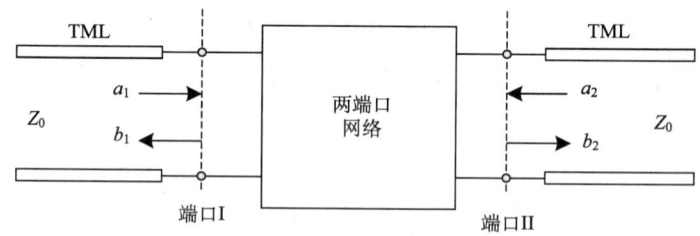

图 4-14 两端口网络的入射波和反射波

根据网络端口电压 V 与入射电压 V^+ 和反射电压 V^- 的关系,可以得到

$$V_n = V_n^+ + V_n^- = \sqrt{Z_0}(a_n + b_n) \tag{4.46}$$

同理可以得到端口电流 I_n 表示为

$$I_n = I_n^+ + I_n^+ = \frac{1}{Z_0}(V_n^+ - V_n^-) = \frac{1}{\sqrt{Z_0}}(a_n - b_n) \tag{4.47}$$

显然式(4.46)和式(4.47)给出了电压与端口电压和电流之间的关系,只要确定了归一化功率波 a 和 b 就可以获得端口的电压和电流。反之从式(4.46)和式(4.47)也可以从端口电压和电流出发,获得归一化功率波 a 和 b 分别为

$$\begin{cases} a_n = \dfrac{1}{2\sqrt{Z_0}}(V_n + I_n Z_0) \\ b_n = \dfrac{1}{2\sqrt{Z_0}}(V_n - I_n Z_0) \end{cases} \tag{4.48}$$

可以看到归一化功率波 a 和 b 的与端口电压 V 和电流 I 等价,都可以描述两端口网络的特性。归一化的功率波 a 和 b 与功率存在一定的联系,例如,从端口 m 进入网络的功率 P_{IN}

为

$$P_{\text{IN}} = \frac{1}{2}\text{Re}\{V_m I_m^*\} = \frac{1}{2}\left(|a_m|^2 - |b_m|^2\right) \tag{4.49}$$

从端口 n 输出的功率 P_{OUT} 为

$$P_{\text{OUT}} = -\frac{1}{2}\text{Re}\{V_n I_n^*\} = \frac{1}{2}\left(|b_n|^2 - |a_n|^2\right) \tag{4.50}$$

显然，$|a|^2/2$ 为入射网络的功率，$|b|^2/2$ 为出射网络的功率。

在两端口网络中可以使用入射归一化功率波 a_1 和 a_2，确定反射归一化功率波 b_1 和 b_2。基于两端口网络归一化功率波 a 和 b，可以定义两端口网络的散射参数 S 为

$$\begin{Bmatrix} b_1 \\ b_2 \end{Bmatrix} = \begin{bmatrix} S_{11} & S_{12} \\ S_{21} & S_{22} \end{bmatrix} \begin{Bmatrix} a_1 \\ a_2 \end{Bmatrix} \tag{4.51}$$

其中，散射矩阵 S 的元素为

$$S_{11} = \frac{b_1}{a_1}\bigg|_{a_2=0}, \quad S_{12} = \frac{b_1}{a_2}\bigg|_{a_1=0}, \quad S_{21} = \frac{b_2}{a_1}\bigg|_{a_2=0}, \quad S_{22} = \frac{b_2}{a_2}\bigg|_{a_1=0} \tag{4.52}$$

条件 $a_1=0$ 表示端口 I 的入射电压为零，条件 $a_2=0$ 表示端口 II 的入射电压为零。实现端口 II 入射归一化功率波 $a_2=0$ 的条件就是在端口 II 的传输线终端仅连接匹配负载 Z_0，使负载没有电压反射，实现从端口 II 没有入射电压进入网络。因此，条件 $a_1=0$ 和 $a_2=0$ 分别可以通过在端口 I 和端口 II 传输线终端连接匹配负载来实现。

S 参数的物理意义明确，其中根据归一化功率波的定义式(4.45)可以改写 S_{11} 为

$$S_{11} = \frac{b_1}{a_1}\bigg|_{a_2=0} = \frac{V_1^-}{V_1^+}\bigg|_{a_2=0} = \Gamma_{\text{IN}}\big|_{a_2=0} \tag{4.53}$$

其中，Γ_{IN} 为端口 I 的电压反射系数。显然 S_{11} 的物理意义是：当端口 II 的传输线连接匹配负载时，端口 I 的电压反射系数 Γ_1。同理可以得到 S_{22} 的物理意义为：当端口 I 连接匹配负载 Z_0 时，端口 II 的电压反射系数 Γ_2。

根据归一化功率波的定义式(4.45)，可以改写 S_{21} 为

$$S_{21} = \frac{b_2}{a_1}\bigg|_{a_2=0} = \frac{V_2^-}{V_1^+}\bigg|_{a_2=0} \tag{4.54}$$

其中，V_1^+ 和 V_2^- 分别为端口 I 的入射电压和端口 II 的出射电压。因此，S_{21} 的物理意义是：当端口 II 连接匹配负载 Z_0 时，两端口网络的正向电压传输系数。同理，S_{12} 表示了两端口网络的反向电压输出系数。如果计算 S_{21} 模值的平方 $|S_{21}|^2$，可以得到两端口网络的正向功率增益 G_F：

$$G_F = \frac{P_{\text{OUT}}}{P_{\text{IN}}} = \frac{|V_2^-|^2}{|V_1^+|^2} = |S_{21}|^2 \tag{4.55}$$

当使用散射参数描述射频晶体管放大电路时，$|S_{21}|^2$ 对应于放大电路的转换功率增益。

例 4-8 如图 4-15 所示的电路，由负载 Z 的并联电路形成两端口网络，传输线的特征阻抗为 Z_0。试求该两端口网络的 S 参数。

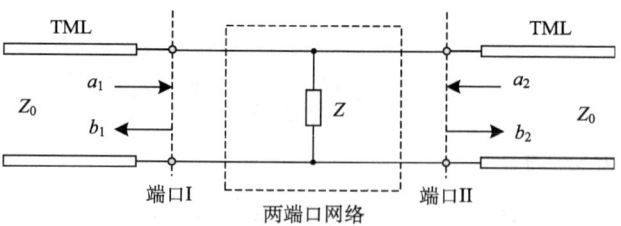

图 4-15 两端口网络的 S 参数

解 假定在两端口网络端口 I 的传输线上连接阻抗为 Z_0、电压为 V_G 的信号源，在端口 II 的传输线上连接阻抗为 Z_0 的负载，如图 4-16 所示。首先处理两端口网络的端口 II，由于传输线特征阻抗 Z_0 和负载阻抗 Z_0 一致，负载 Z_0 端的电压反射系数 $\Gamma_L=0$，可以得到 $a_2=0$。因此可以直接得到

$$b_2 = \frac{V_2}{\sqrt{Z_0}} = \frac{V_G}{\sqrt{Z_0}} \frac{Z_0//Z}{Z_0//Z + Z_0} = \frac{V_G}{\sqrt{Z_0}} \frac{Z}{2Z+Z_0}$$

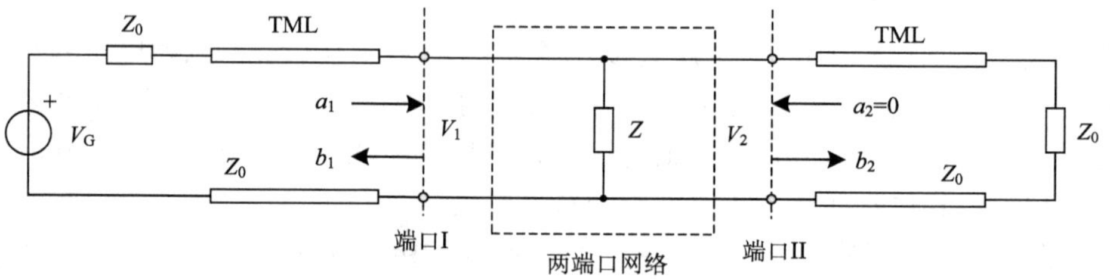

图 4-16 计算 S_{21} 的电路示意图

两端口网络中端口 I 的电压 V_1 和电流 I_1 分别为

$$V_1 = V_G \frac{Z//Z_0}{Z//Z_0 + Z_0} = V_G \frac{Z}{2Z+Z_0}$$

$$I_1 = \frac{V_G}{Z_0 + Z//Z_0} = V_G \frac{Z+Z_0}{Z_0(2Z+Z_0)}$$

根据式(4.48)可以确定端口 I 的归一化入射功率波 a_1 和归一化反射功率波 b_1 为

$$\begin{cases} a_1 = \frac{V_G}{2\sqrt{Z_0}}\left(\frac{Z}{2Z+Z_0} + \frac{Z+Z_0}{2Z+Z_0}\right) = \frac{V_G}{2\sqrt{Z_0}} \\ b_1 = \frac{V_G}{2\sqrt{Z_0}}\left(\frac{Z}{2Z+Z_0} - \frac{Z+Z_0}{2Z+Z_0}\right) = -\frac{V_G}{2Z+Z_0}\frac{\sqrt{Z_0}}{2} \end{cases}$$

根据 S 参数的定义式(4.52)，可以得到

$$S_{11} = \left.\frac{b_1}{a_1}\right|_{a_2=0} = -\frac{Z_0}{2Z+Z_0}$$

$$S_{21} = \left.\frac{b_2}{a_1}\right|_{a_2=0} = \frac{2Z}{2Z+Z_0}$$

由于电路具有对称性，可以直接得到 $S_{22}=S_{11}$ 和 $S_{12}=S_{21}$。最终得到图 4-15 中的两端口网

络的 S 参数为

$$S = \begin{bmatrix} \dfrac{-Z_0}{2Z+Z_0} & \dfrac{2Z}{2Z+Z_0} \\ \dfrac{2Z}{2Z+Z_0} & \dfrac{-Z_0}{2Z+Z_0} \end{bmatrix} = \dfrac{1}{2Z+Z_0}\begin{bmatrix} -Z_0 & 2Z \\ 2Z & -Z_0 \end{bmatrix}$$

使用类似的方法可以分析得到其他电路的 S 参数。对于含有非对称电路的两端口网络,可以在端口 II 连接信号源,端口 I 连接匹配负载满足 $a_1=0$ 条件,计算端口 II 的电压和电流以及端口 I 的电压。使用端口 II 的电压和电流根据式(4.48)确定归一化的功率波 a_2 和 b_2,依据端口 I 的电压获得归一化的功率波 b_1,最终根据 S 参数的定义确定散射矩阵的各元素。表 4-4 总结给出串联阻抗、并联阻抗、一段无耗传输线和变压器的散射矩阵,在使用时可以直接引用。特别地当无耗传输线的特性阻抗为 Z_0 时,传输线散射矩阵 S 具有非常简洁的形式。

表 4-4 两端口网络基本电路的散射矩阵

基本电路结构	散射矩阵 S
串联阻抗 Z	$\dfrac{1}{Z+2Z_0}\begin{bmatrix} Z & 2Z_0 \\ 2Z_0 & Z \end{bmatrix}$
并联阻抗 Z	$\dfrac{1}{2Z+Z_0}\begin{bmatrix} -Z_0 & 2Z \\ 2Z & -Z_0 \end{bmatrix}$
传输线 Z, 长度 l	$\dfrac{1}{\Phi}\begin{bmatrix} \mathrm{j}\left(\dfrac{Z}{Z_0}-\dfrac{Z_0}{Z}\right)\sin\beta l & 2 \\ 2 & \mathrm{j}\left(\dfrac{Z}{Z_0}-\dfrac{Z_0}{Z}\right)\sin\beta l \end{bmatrix}$ $\Phi = 2\cos\beta l + \mathrm{j}\left(\dfrac{Z_0}{Z}+\dfrac{Z}{Z_0}\right)\sin\beta l$
传输线 Z_0, 长度 l	$\begin{bmatrix} 0 & \mathrm{e}^{-\mathrm{j}\beta l} \\ \mathrm{e}^{-\mathrm{j}\beta l} & 0 \end{bmatrix}$
变压器 $N:1$	$\dfrac{N+1}{N}\begin{bmatrix} N-\dfrac{1}{N} & 2 \\ 2 & \dfrac{1}{N}-N \end{bmatrix}$

对于多端口网络，例如，对于 N 端口网络，散射矩阵 S 为一个 N 阶矩阵，定义为

$$\begin{Bmatrix} b_1 \\ b_2 \\ \vdots \\ b_N \end{Bmatrix} = \begin{bmatrix} S_{11} & S_{12} & \cdots & S_{1N} \\ S_{21} & S_{22} & \cdots & S_{2N} \\ \vdots & \vdots & & \vdots \\ S_{N1} & S_{N2} & \cdots & S_{NN} \end{bmatrix} \begin{Bmatrix} a_1 \\ a_2 \\ \vdots \\ a_N \end{Bmatrix} \tag{4.56}$$

其中，a_k 为第 k 个端口入射网络的归一化功率波；b_k 为第 k 个端口从网络出射的归一化功率波；散射矩阵的元素 $S_{ij} = \dfrac{b_i}{a_j}\bigg|_{a_k=0, k\neq j}$，条件 $a_k=0$ 对应于第 k 个端口连接匹配负载。

2. 散射矩阵的特性

在线性无源网络中，如果网络没有包含各向异性介质（如铁氧体材料），则网络是互易网络。例如，由线性无源器件构成的网络，仅包含电阻、电容、电感、传输线和变压器等元件，就是互易网络。如果网络含有了电压源或电流源（属于有源网络），或者含有如射频二极管等非线性器件（属于非线性网络），则该网络通常是非互易网络。

互易网络的散射参数将具有对称性，互易网络的散射矩阵与其转置矩阵相等，满足条件

$$\boldsymbol{S} = \boldsymbol{S}^{\mathrm{T}} \tag{4.57}$$

或者对于互易 N 端口网络可以表示为

$$S_{ji} = S_{ij}\big|_{i \neq j} \tag{4.58}$$

特别地，对于两端口互易网络，可以得到散射矩阵的元素满足条件

$$S_{12} = S_{21} \tag{4.59}$$

如果互易两端口网络具有对称性，如例 4-8 中的两端口网络，端口 I 和端口 II 的电压反射系数将相等。可以得到对称互易两端口网络只有两个独立变量，满足关系

$$\begin{cases} S_{11} = S_{22} \\ S_{12} = S_{21} \end{cases} \tag{4.60}$$

利用式(4.58)和式(4.60)，可以验证计算或者测量的散射参数，或者简化散射参数的计算。

如果网络是无耗网络，如使用传输线、电容、电感、变压器等无耗元件构成的网络，输入网络的功率应该与网络输出的功率相等。对于 N 端口无耗网络，第 i 个端口的输入功率为 $P_i=(|a_i|^2-|b_i|^2)/2$，根据能量守恒定理可以得到

$$\sum_{i=1}^{N} P_i = 0 \tag{4.61}$$

或者使用向量的形式表示为

$$\boldsymbol{a}^{*\mathrm{T}}\boldsymbol{a} = \boldsymbol{b}^{*\mathrm{T}}\boldsymbol{b} \tag{4.62}$$

其中，$\boldsymbol{a}^{*\mathrm{T}}$ 为入射归一化功率波向量 $\{a\}$ 的转置共轭；$\boldsymbol{b}^{*\mathrm{T}}$ 为出射归一化功率波向量 $\boldsymbol{b}$ 的转置共轭。将散射矩阵 $\boldsymbol{S}$ 代入式(4.62)，可以得到

$$\boldsymbol{S}^{*\mathrm{T}}\boldsymbol{S} = \boldsymbol{I} \tag{4.63}$$

其中，I 为 N 阶单位矩阵。使用散射参数的元素 S_{ij} 可以表示式(4.63)为

$$\begin{cases} \sum_{i=1}^{N} S_{ii}S_{ii}^* = 1 \\ \sum_{k=1}^{N} S_{ik}S_{jk}^* = 0, \quad i \neq j \end{cases} \tag{4.64}$$

对于互易无耗网络，如仅含有电抗元件、传输线和变压器的网络，由于互易网络满足条件 $S = S^T$，散射矩阵满足关系可以简化为

$$S^*S = I \tag{4.65}$$

对于无耗两端口网络，根据式(4.63)可以给出散射矩阵单位特性

$$\begin{cases} |S_{11}|^2 + |S_{21}|^2 = 1 \\ |S_{12}|^2 + |S_{22}|^2 = 1 \end{cases} \tag{4.66}$$

以及散射矩阵零特性

$$S_{11}S_{21}^* + S_{12}S_{22}^* = 0 \tag{4.67}$$

对于互易无耗两端口网络，由于满足互易条件 $S_{12}=S_{21}$，相减式(4.66)中的两个式子得到

$$|S_{11}| = |S_{22}| \tag{4.68}$$

代入式(4.67)可以得到

$$S_{11}S_{21}^* + S_{21}S_{22}^* = 0 \tag{4.69}$$

如果已经测量得到了互易无耗两端口网络的 S_{11} 和 S_{22}，就可以根据式(4.66)确定 S_{21} 的幅度，根据式(4.69)确定 S_{21} 的相位。显然，只需要使用 S_{11} 和 S_{22} 两个参数就可以描述无耗两端口网络的特性。如果给出互易无耗两端口网络的 S 参数为

$$S_{11} = |S_{11}|e^{j\theta_1}, \quad S_{22} = |S_{11}|e^{j\theta_2}, \quad S_{21} = |S_{21}|e^{j\theta_{21}} \tag{4.70}$$

其中，$|S_{11}|=|S_{22}|$。代入式(4.66)可以得到

$$|S_{21}| = \sqrt{1-|S_{11}|^2} \tag{4.71}$$

从而确定了 S_{21} 的幅度。将式(4.70)代入式(4.69)可以得到

$$|S_{11}|e^{j\theta_1}|S_{21}|e^{-j\theta_{21}} + |S_{21}|e^{j\theta_{21}}|S_{22}|e^{-j\theta_2} = 0$$

显然，除了两部分的幅度需要相等，还需要辐角相差为 π。在化简式(4.71)后得到

$$\theta_1 - \theta_{21} = (\theta_{21} - \theta_2) \pm n\pi$$

其中，n 为整数。从而可以使用 S_{11} 和 S_{22} 的辐角表示 S_{21} 的辐角为

$$\theta_{21} = \frac{1}{2}(\theta_1 + \theta_2) \mp \frac{n}{2}\pi \tag{4.72}$$

例 4-9 在 2.45GHz 的频率下，经过测量一个射频两端口网络的 S 参数为

$$S = \begin{bmatrix} 0.776\angle 102° & 0.631\angle -81° \\ 0.631\angle -81° & 0.776\angle 96° \end{bmatrix}$$

试分析该两端口网络的特性。

解 由于 $S_{12}=S_{21}$，可以判断该网络为互易两端口网络。根据 S 参数分析功率关系

$$|S_{11}|^2 + |S_{21}|^2 = |S_{12}|^2 + |S_{22}|^2 = 1$$

可以判断网络为无耗网络。因此，初步判断该两端口网络是一个互易无耗两端口网络。检验两端口网络 S 参数的辐角特性

$$\theta_{21} - \frac{1}{2}(\theta_1 + \theta_2) = -81° - \frac{1}{2}(102° + 96°) = -180°$$

满足式(4.72)的要求，并且 S 参数的模值满足条件$|S_{11}|=|S_{22}|$。因此，该射频两端口网络完全具有互易无耗两端口网络的特性。

3. 散射矩阵的转换

同一个射频网络可以使用多种参数进行描述。如果测量或者计算得到了散射矩阵，应该可以通过计算得到阻抗矩阵、导纳矩阵、转移矩阵或者混合矩阵。反之，从其他的网络参数，也可以计算得到散射参数。因此，需要建立散射参数和其他网络参数之间的转换关系。

下面以两端口网络为例，给出从散射参数 S 到阻抗矩阵 Z 的转换过程。根据散射参数的定义，给出归一化功率波的关系为

$$\boldsymbol{b} = \boldsymbol{S}\boldsymbol{a} \tag{4.73}$$

引入单位矩阵 $\boldsymbol{I}$ 可以得到关系

$$\boldsymbol{a} = \boldsymbol{I}\boldsymbol{a} \tag{4.74}$$

相加式(4.73)和式(4.74)并乘以 $\sqrt{Z_0}$ 得到网络端口的电压 $\boldsymbol{V}$ 为

$$\boldsymbol{V} = \sqrt{Z_0}\boldsymbol{b} + \boldsymbol{a} = \sqrt{Z_0}(\boldsymbol{S} + \boldsymbol{I})\boldsymbol{a} \tag{4.75}$$

使用类似的关系可以得到网络端口的电流 $\boldsymbol{I}$ 为

$$\boldsymbol{I} = \frac{1}{\sqrt{Z_0}}\boldsymbol{a} - \boldsymbol{b} = \frac{1}{\sqrt{Z_0}}(\boldsymbol{I} - \boldsymbol{S})\boldsymbol{a} \tag{4.76}$$

注意区分单位矩阵 $\boldsymbol{I}$ 和端口的电流向量 $\boldsymbol{I}$。阻抗矩阵的定义为

$$\boldsymbol{V} = \boldsymbol{Z}\boldsymbol{I} \tag{4.77}$$

比较式(4.75)、式(4.76)和式(4.77)时，可以得到阻抗矩阵 $\boldsymbol{Z}$ 和散射矩阵 $\boldsymbol{S}$ 的关系为

$$\boldsymbol{Z} = Z_0(\boldsymbol{S} + \boldsymbol{I})(\boldsymbol{I} - \boldsymbol{S})^{-1} \tag{4.78}$$

将式(4.78)展开可以得到阻抗矩阵$[Z]$为

$$\boldsymbol{Z} = Z_0 \begin{bmatrix} S_{11}+1 & S_{12} \\ S_{21} & S_{22}+1 \end{bmatrix} \begin{bmatrix} 1-S_{11} & -S_{12} \\ -S_{21} & 1-S_{22} \end{bmatrix}^{-1}$$

$$= Z_0 \begin{bmatrix} S_{11}+1 & S_{12} \\ S_{21} & S_{22}+1 \end{bmatrix} \frac{\begin{bmatrix} 1-S_{22} & S_{12} \\ S_{21} & 1-S_{11} \end{bmatrix}}{(1-S_{11})(1-S_{22}) - S_{12}S_{21}}$$

最终可以得到从散射矩阵 $\boldsymbol{S}$ 到阻抗矩阵 $\boldsymbol{Z}$ 的变换为

$$Z = \frac{Z_0}{1+\Delta S - S_{11} - S_{22}} \begin{bmatrix} (1+S_{11})(1-S_{22})+S_{12}S_{21} & 2S_{12} \\ 2S_{21} & (1-S_{11})(1+S_{22})+S_{12}S_{21} \end{bmatrix} \quad (4.79)$$

例 4-10 试推导从转移矩阵 A 到散射矩阵 S 的转换公式。

解 从转移矩阵 A 的定义得到

$$\begin{Bmatrix} v_1 \\ i_1 \end{Bmatrix} = \begin{bmatrix} A & B \\ C & D \end{bmatrix} \begin{Bmatrix} v_2 \\ -i_2 \end{Bmatrix}$$

端口 I 的电压 v_1 和电流 i_1 为 $\begin{cases} v_1 = Av_2 - Bi_2 \\ i_1 = Cv_2 - Di_2 \end{cases}$。在确定散射矩阵 S 的元素 S_{11} 和 S_{21} 时，需要在端口 II 连接匹配负载 Z_0（实现条件 $a_2=0$），得到 $v_2 = Z_0 \times (-i_2)$，所以可以得到 $\begin{cases} v_1 = -(AZ_0+B)i_2 \\ i_1 = -(CZ_0+D)i_2 \end{cases}$。从而根据式(4.48)可以得到端口 I 的归一化的功率波为

$$\begin{cases} a_1 = \dfrac{1}{2\sqrt{Z_0}}(v_1 + Z_0 i_1) = \dfrac{-i_2}{2\sqrt{Z_0}} \big[(AZ_0+B) + Z_0(CZ_0+D) \big] \\ b_1 = \dfrac{1}{2\sqrt{Z_0}}(v_1 - Z_0 i_1) = \dfrac{-i_2}{2\sqrt{Z_0}} \big[(AZ_0+B) - Z_0(CZ_0+D) \big] \end{cases}$$

端口 II 的归一化功率波为

$$\begin{cases} a_2 = \dfrac{i_2}{2\sqrt{Z_0}}(v_2 + Z_0 i_2) = 0 \\ b_2 = \dfrac{1}{2\sqrt{Z_0}}(v_2 - Z_0 i_2) = -\sqrt{Z_0}\, i_2 \end{cases}$$

从而可以确定散射矩阵 S 的元素 S_{11} 为

$$S_{11} = \left.\frac{b_1}{a_1}\right|_{a_2=0} = \frac{A + BY_0 - CZ_0 - D}{\Delta}$$

其中，$\Delta = A + BY_0 + CZ_0 + D$；$Y_0$ 为特征阻抗 Z_0 对应的电导。散射矩阵 S 的元素 S_{21} 为

$$S_{21} = \left.\frac{b_2}{a_1}\right|_{a_2=0} = \frac{2}{\Delta}$$

经过类似的推导可以得到散射矩阵 S 的另外两个元素 S_{12} 和 S_{22}。得到散射矩阵 S 为

$$S = \frac{1}{\Delta}\begin{bmatrix} A+BY_0-CZ_0-D & 2(AD-BC) \\ 2 & -A+BY_0-CZ_0+D \end{bmatrix}$$

使用这样的推导方法，可以建立起散射矩阵 S 与其他网络矩阵——阻抗矩阵 Z、导纳矩阵 Y、转移矩阵 A 和混合矩阵 h 之间的关系。在获得了这些网络参数之间的关系后，就可以方便地从一种网络参数转换为另外一种网络参数。

4.4.2 散射参数推广

在实际应用系统中，例如，网络两个端口连接无耗传输线的特征阻抗分别为 Z_{10} 和 Z_{20}，前面讨论的散射矩阵将不再适用。通过重新定义归一化功率波，可以得到推广的散射参数，适用于

网络两端连接特性阻抗不同的传输线的情况。以 N 端口网络为例,可以定义归一化功率波为

$$\begin{cases} a_i = \dfrac{V_i^+}{\sqrt{Z_{0i}}} \\ b_i = \dfrac{V_i^-}{\sqrt{Z_{0i}}} \end{cases} \tag{4.80}$$

其中,Z_{0i} 为第 i 个端口连接无耗传输线的特征阻抗;V_i^+ 和 V_i^- 分别入射和反射电压。第 i 端口电压 V_i 和电流 I_i 与归一化的功率波的关系为

$$\begin{cases} V_i = \sqrt{Z_{0i}}\,(a_i + b_i) \\ I_i = \dfrac{1}{\sqrt{Z_{0i}}}(a_i - b_i) \end{cases} \tag{4.81}$$

根据端口电压 V_i 和电流 I_i 也可以得到归一化的功率波

$$\begin{cases} a_i = \dfrac{1}{2\sqrt{Z_{0i}}}(V_i + Z_{0i} I_i) \\ b_i = \dfrac{1}{2\sqrt{Z_{0i}}}(V_i - Z_{0i} I_i) \end{cases} \tag{4.82}$$

在此基础上,可以定义推广的散射矩阵 $\boldsymbol{S}$ 为

$$\boldsymbol{b} = \boldsymbol{S}\boldsymbol{a} \tag{4.83}$$

其中,$S_{ij} = \left.\dfrac{b_i}{a_j}\right|_{a_k=0, k\neq j}$。显然,在形式上,推广的散射矩阵与原来的散射矩阵完全一致。实际上,在使用了新的归一化功率波后,依然具有清晰的物理意义。进入第 i 个端口的功率 P_i 为

$$P_i = \dfrac{1}{2}\mathrm{Re}\{V_i I_i^*\} = \dfrac{1}{2}\left(|a_i|^2 - |b_i|^2\right) \tag{4.84}$$

当两端口网络为级联状态,希望在使用 S 参数进行计算时也能如同转移矩阵一样方便地实现。通过定义链散射矩阵,就可以处理级联网络。如图 4-17 所示,两端口网络 A 和两端口网络 B 为级联关系,如果调整一下网络交接面上归一化功率波 a 和 b 的顺序,就可以形成一个链接的关系,例如,$a_{A2}=b_{B1}$ 和 $b_{A2}=a_{B1}$。按照从端口 II 的信息给出端口 I 的信息的方式,定义链散射矩阵 $\boldsymbol{T}$ 为

$$\begin{Bmatrix} a_1 \\ b_1 \end{Bmatrix} = \boldsymbol{T} \begin{Bmatrix} b_2 \\ a_2 \end{Bmatrix} \tag{4.85}$$

其中,$T_{11} = \left.\dfrac{a_1}{b_2}\right|_{a_2=0}$,$T_{12} = \left.\dfrac{a_1}{a_2}\right|_{b_2=0}$,$T_{21} = \left.\dfrac{b_1}{b_2}\right|_{a_2=0}$,$T_{22} = \left.\dfrac{b_1}{a_2}\right|_{b_2=0}$。

在图 4-17 所示的电路中,如果网络 A 的链散射矩阵为 $\boldsymbol{T}_A$,网络 B 的链散射矩阵为 $\boldsymbol{T}_B$,则级联网络的链散射矩阵为

$$\begin{cases} \begin{Bmatrix} a_{A1} \\ b_{A1} \end{Bmatrix} = \boldsymbol{T}_A \begin{Bmatrix} b_{A2} \\ a_{A2} \end{Bmatrix} \\ \begin{Bmatrix} a_{B1} \\ b_{B1} \end{Bmatrix} = \boldsymbol{T}_B \begin{Bmatrix} b_{B2} \\ a_{B2} \end{Bmatrix} \end{cases} \tag{4.86}$$

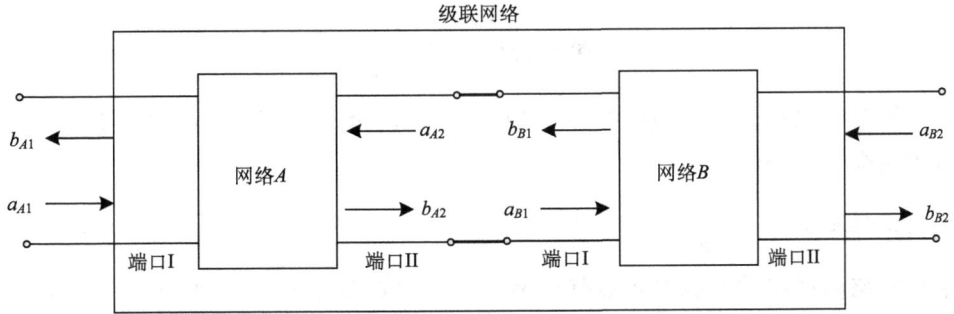

图 4-17 链散射矩阵

在两个网络的交接面上，满足条件 $a_{A2}=b_{B1}$ 和 $b_{A2}=a_{B1}$，所以可以得到

$$\begin{Bmatrix} a_{A1} \\ b_{A1} \end{Bmatrix} = \mathbf{T}_A \mathbf{T}_B \begin{Bmatrix} b_{B2} \\ a_{B2} \end{Bmatrix} = \mathbf{T} \begin{Bmatrix} b_{B2} \\ a_{B2} \end{Bmatrix} \tag{4.87}$$

所以级联网络的链散射矩阵 $\mathbf{T}=\mathbf{T}_A \mathbf{T}_B$。一般地，如果有 N 个两端口网络级联在一起，则级联网络的链散射矩阵 $\mathbf{T}$ 为

$$\mathbf{T}=\mathbf{T}_1 \mathbf{T}_2 \cdots \mathbf{T}_{N-1} \mathbf{T}_N \tag{4.88}$$

其中，$\mathbf{T}_i$ 为第 i 个两端口网络的链散射矩阵。

对比链散射矩阵和散射矩阵可以得到两者的关系。对于链散射矩阵 $\mathbf{T}$，根据定义 T_{11} 表示为

$$T_{11}=\left.\frac{a_1}{b_2}\right|_{a_2=0}=\left(\left.\frac{b_2}{a_1}\right|_{a_2=0}\right)^{-1}=\frac{1}{S_{21}} \tag{4.89}$$

T_{21} 表示为

$$T_{21}=\left.\frac{b_1}{b_2}\right|_{a_2=0}=\left(\left.\frac{b_1}{a_1}\right|_{a_2=0}\right)\left(\left.\frac{b_2}{a_1}\right|_{a_2=0}\right)^{-1}=\frac{S_{11}}{S_{21}} \tag{4.90}$$

由于 $b_2=S_{21}a_1+S_{22}a_2$，当 $b_2=0$ 时，可以确定 $\frac{a_1}{a_2}=-\frac{S_{22}}{S_{21}}$。因此 T_{12} 可以表示为

$$T_{12}=\left.\frac{a_1}{a_2}\right|_{b_2=0}=-\frac{S_{22}}{S_{21}} \tag{4.91}$$

由于 $b_1=S_{11}a_1+S_{12}a_2$，代入 T_{22} 的定义式可以得到

$$T_{22}=\left.\frac{b_1}{a_2}\right|_{b_2=0}=\left.\frac{S_{11}a_1+S_{12}a_2}{a_2}\right|_{b_2=0}=-S_{11}\frac{S_{22}}{S_{21}}+S_{12}=-\frac{\Delta S}{S_{21}} \tag{4.92}$$

其中，$\Delta S=S_{11}S_{22}-S_{12}S_{21}$。最终得到了从散射矩阵 $\mathbf{S}$ 到链散射矩阵 $\mathbf{T}$ 的转换关系：

$$\mathbf{T}=\frac{1}{S_{21}}\begin{bmatrix} 1 & -S_{22} \\ S_{11} & -\Delta S \end{bmatrix} \tag{4.93}$$

反之可以得到从链散射矩阵 $\mathbf{T}$ 到散射矩阵 $\mathbf{S}$ 的转换关系，经过类似分析得到

$$S = \frac{1}{T_{11}} \begin{bmatrix} T_{21} & \Delta T \\ 1 & T_{12} \end{bmatrix} \tag{4.94}$$

通过计算还可以得到从链散射矩阵 T 到其他网络参数的转换关系。需要注意：链散射矩阵仅适合于两端口网络。

4.4.3 散射参数测量

两端口网络散射参数的测量可以使用网络分析仪直接完成，图 4-18 给出了网络分析仪的基本结构框图。扫频信号源产生的射频信号通过测量电缆输入待测两端口网络，待测两端口网络的出射信号被匹配负载吸收。入射信号 R、反射信号 A、出射信号 B 分别通过双定向耦合器耦合进入第一级混频电路，然后连接到第一级中频放大电路。在经过第二级混频后，再次中频放大后选择需要的两路信号进入检波电路。检波输出的信号，通过 A/D 变换和采样缓存后，将数据送入微处理器。经过微处理器的数据处理和网络误差校正后，就可以在屏幕上显示两端口网络 S 参数的测量结果。由于使用了扫频射频信号源，通过一次测量可以获得很多宽频带内的 S 参数。由于测量精度的要求，信号源都需要配合锁相环电路一起使用，以获得稳定的射频信号。另外微处理器还要接收来自面板的控制信号，控制选择测量信号的通路和扫频的范围。

经过一次测量获得反射信号 A、出射信号 B 和入射信号 R 后，就可以得到 S_{11} 和 S_{21} 为

$$\begin{aligned} S_{11} &= \frac{A}{R} \\ S_{21} &= \frac{B}{R} \end{aligned} \tag{4.95}$$

另外两个散射参数 S_{12} 和 S_{22}，可以通过改变扫频信号源的接入方式来完成测量。

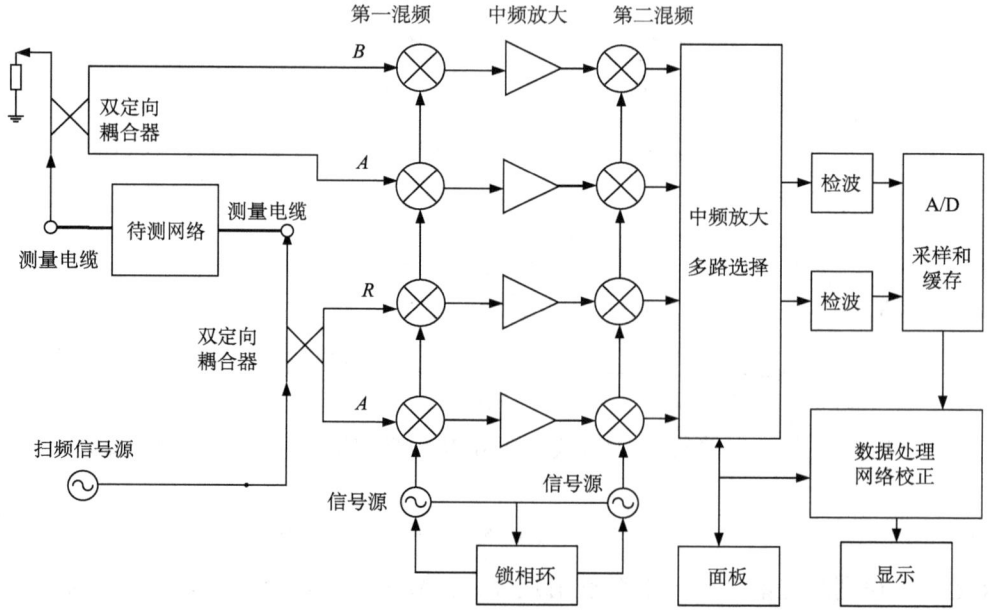

图 4-18　网络分析仪的结构

在射频网络分析仪中，如果使用 I/Q 正交检波电路，同时获得信号的幅度和相位，可以测量得到相位信息，则称为矢量网络分析仪。如果使用幅度检波电路，只获得信号的幅度信息，称为标量网络分析仪。矢量网络分析仪由于需要更低的噪声和更稳定的信号源，成本远高于标量网络分析仪。网络分析仪的测量结果能以 Smith 圆图的形式在屏幕上显示。现代的矢量网络分析仪通常集成了一台 PC，通过 Windows 操作系统和图形界面程序简化测量的步骤，而且可以直接把测量数据储存在磁盘上。随着技术的不断改进和发展，现代矢量网络分析仪使用了电子校准器，允许编写程序控制，具有更快的采样速度、更低的噪声和更宽的动态范围，可以提供两端口网络的可靠参数。多端口矢量网络分析仪和非线性矢量网络分析仪的出现都反映了技术的发展。

网络分析仪在每次使用前，都需要经过一个校准的过程。在网络分析仪的校准中，既可以使用机械校准件，也可以使用电子校准件。所谓校准件就是一些特性已知的标准件，例如，不同接口的终端开路负载、终端短路负载和连通传输线。通过使用网络分析仪对标准件进行测量，确定整个测量系统(包括网络分析仪和测量电缆)的系统误差。然后可以在对实际两端口网络测量时，扣除网络分析仪和测量电缆的系统误差，提高测量的精度。

4.5 信号流图

在使用散射参数处理两端口网络级联时，需要经过矩阵运算把每个网络转换为链散射矩阵，经过矩阵相乘后再转换回散射矩阵。这是一个复杂的过程，而且在转换计算中没有清晰的物理概念。信号流图通过框图的方式描述射频电路中射频信号入射、反射、传输的现象，具有清晰的物理意义。在对信号流图进行变换和简化后，可以很方便地确定射频信号的相互关系。因此，信号流图在射频电路分析中已经得到广泛应用。

4.5.1 信号流图基础

信号流图由一些节点和支路按照一定的规则构成；信号流图的结构非常类似于程序流程图。节点作为一个变量描述了在该点的一定流向的射频信号，支路作为一种关系描述了从一个节点到另一个节点的射频信号传输。构成信号流图的主要规则如下。

(1) 每一个节点都要指定一个变量来描述。如果涉及散射参量，则需要用使用归一化的功率波(如 a_1、b_1、a_2、b_2 等)来描述节点。节点变量描述流入或者流出节点信号的大小。

(2) 节点分为独立变量节点和非独立变量节点。独立变量节点用来描述入射归一化功率波，非独立变量节点用来描述反射归一化功率波。

(3) 每一个支路都要指定一个变量来描述流入和流出信号的关系。在涉及散射参量时，使用 S 参数(如 S_{11}、S_{12}、S_{21}、S_{22} 等)来描述分支。在涉及终端负载时，使用反射系数来描述分支。

(4) 支路进入非独立变量节点，并且从独立变量节点射出。

(5) 一个节点的变量等于进入节点的支路之和。

其中，规则 1 和规则 2 定义了节点的特性；规则 3 和规则 4 定义了支路的特性；规则 5 则给出了支路和节点的关系。通过具体的例子，很容易理解这些规则的含义。例如，两端口网络的散射参数的方程为

$$\begin{cases} b_1 = S_{11}a_1 + S_{12}a_2 \\ b_2 = S_{21}a_1 + S_{22}a_2 \end{cases} \quad (4.96)$$

这样的关系就可以通过图 4-19 的信号流图来表示。在图 4-19(a)中，节点变量分别为 a_1、a_2 和 b_1，其中，a_1、a_2 为独立节点，而 b_1 为非独立变量节点。两个支路的变量分别为 S_{11} 和 S_{12}，所以节点变量 b_1 将等于 $S_{11}a_1$ 与 $S_{12}a_2$ 之和。同理，图 4-19(b)则描述了关于 b_2 的散射参量方程。如果将图 4-19(a)和(b)中的两个信号流图放在一起，就可以构成图 4-19(c)所示的信号流图，完整地描述了式(4.96)的散射参量方程。

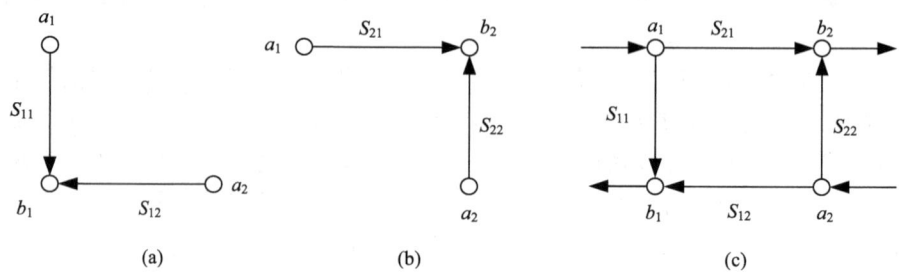

图 4-19　信号流图描述的散射参数方程

在实际射频电路分析中，需要涉及信号源和负载。对于阻抗为 Z_L 的负载可以使用一个分支来表示，如图 4-20 所示。负载 Z_L 的电流为 I_L，电压为 $V_L = Z_L I_L$，根据式(4.48)可以得到归一化功率波为

$$\begin{cases} a_L = \dfrac{1}{2\sqrt{Z_0}}(V_L + Z_0 I_L) = \dfrac{Z_L + Z_0}{2\sqrt{Z_0}} I_L \\ b_L = \dfrac{1}{2\sqrt{Z_0}}(V_L - Z_0 I_L) = \dfrac{Z_L - Z_0}{2\sqrt{Z_0}} I_L \end{cases} \quad (4.97)$$

从而可以得到归一化功率波 b_L 和 a_L 的关系为

$$\frac{b_L}{a_L} = \varGamma_L = \frac{Z_L - Z_0}{Z_L + Z_0} \quad (4.98)$$

显然在信号流图上，负载 Z_L 可以用电压反射系数 $\varGamma_L$ 描述的一个支路来替代。

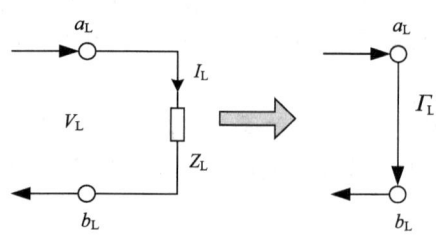

图 4-20　信号流图描述的负载

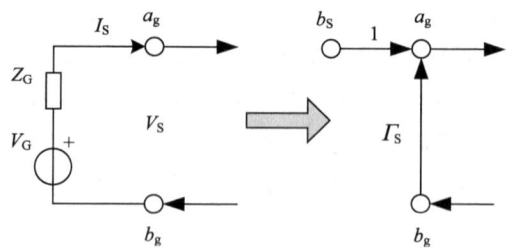

图 4-21　信号流图描述的信号源

信号源的信号流图描述稍微复杂一点。一个电压为 V_G 内阻为 Z_G 的信号源，使用信号流图的表示如图 4-21 所示。如果信号源流过的电流为 I_S，端口电压为 $V_S = V_G - Z_G I_S$，可以得到

归一化的功率波为

$$\begin{cases} a_g = \dfrac{1}{2\sqrt{Z_0}}(V_S + Z_0 I_S) = \dfrac{1}{2\sqrt{Z_0}}[V_G - (Z_G - Z_0)I_S] \\ b_g = \dfrac{1}{2\sqrt{Z_0}}(V_S - Z_0 I_S) = \dfrac{1}{2\sqrt{Z_0}}[V_G - (Z_G + Z_0)I_S] \end{cases} \quad (4.99)$$

从而可以得到归一化功率波 b_g 和 a_g 的关系为

$$\frac{\dfrac{V_G}{2\sqrt{Z_0}} - a_g}{\dfrac{V_G}{2\sqrt{Z_0}} - b_g} = \Gamma_S = \frac{Z_G - Z_0}{Z_G + Z_0} \quad (4.100)$$

其中，Γ_S 为信号源的电压反射系数。经过化简式(4.100)可以得到

$$a_g = (1 - \Gamma_S)\frac{V_G}{2\sqrt{Z_0}} + \Gamma_S b_g = b_S + \Gamma_S b_g \quad (4.101)$$

其中，$b_S = \dfrac{\sqrt{Z_0}}{Z_G + Z_0} V_G$。因此，在信号流图上可以将该信号源表示为图 4-21，带有一个反馈支路的结构。

4.5.2 信号流图基本规则

在完成了对信号源、负载和两端口网络的信号流图描述后，就可以使用信号流图来表述复杂的射频电路结构。需要通过一些信号流图的变换，简化结构便于进行分析和计算。在遇到支路的串联、并联或者反馈结构时，可以按照相应的变换规则进行处理，改变信号流图的结构。这些变换规则如表 4-5 所示，在信号流图的变换和简化中可以直接使用。

表 4-5 中信号流图的变换规则都比较简单，但是使用这些简单的规则却可以极大地简化对信号流图的计算。例 4-11 给出了信号流图中反馈回路变换的证明，其他变换均可自行证明。

例 4-11 证明表 4-5 中的反馈环路的信号流图的变换关系。

证明 根据变换之前的信号流图可以得到

$$b = a + \Gamma b$$
$$c = b$$

改写上式就可以得到

$$c = b = \frac{a}{1 - \Gamma}$$

与表 4-5 中"反馈环路"变换后的信号流图结果一致。

4.5.3 信号流图的应用

利用信号流图的概念和变换规则可以极大地简化射频电路的分析，完成一些复杂的运算。尤其信号流图物理概念清晰，不需要使用过多复杂的公式，因而在工程应用上经常使用信号流图。

表 4-5 信号流图的基本变换规则

电路类型	信号流图	变换后的信号流图
支路串联	$a \xrightarrow{S_{ba}} b \xrightarrow{S_{cb}} c$	$a \xrightarrow{S_{ba}S_{cb}} c$
支路并联	$a \rightrightarrows_{S_2}^{S_1} b$	$a \xrightarrow{S_1+S_2} b$
支路汇合	$a \xrightarrow{S_1} c \xrightarrow{S_3} d$，$b \xrightarrow{S_2}$	$a \xrightarrow{S_1} \xrightarrow{S_3} d$，$b \xrightarrow{S_2} \xrightarrow{S_3}$
支路分离	$a \xrightarrow{S_1} b \rightrightarrows_{S_3}^{S_2}{}^c_d$	$a \xrightarrow{S_1}\xrightarrow{S_2} c$，$\xrightarrow{S_1}\xrightarrow{S_3} d$
反馈环路	$a \xrightarrow{1} b \circlearrowleft^{\varGamma} \xrightarrow{1} c$	$a \xrightarrow{\frac{1}{1-\varGamma}} c$

例 4-12 如图 4-22 所示的电路，传输线 TML 的特征阻抗为 $Z_0=50\Omega$，电长度为 $\beta l=\pi/4$，负载阻抗为 $Z_L=100\Omega$，信号源内阻为 $Z_G=25\Omega$，信号源电压为 $V_G=5\mathrm{V}$。

(1) 作出该电路的信号流图；

(2) 求出负载 Z_L 得到的功率 P_L。

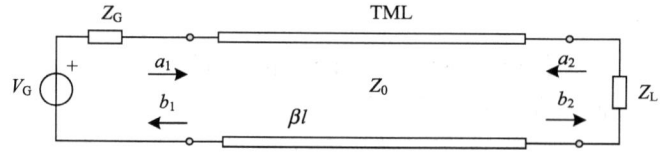

图 4-22 信号源、传输线和负载的电路

解 令传输线 TML 的散射矩阵为 $\boldsymbol{S}$，根据表 4-4 可以得到

$$\boldsymbol{S} = \begin{bmatrix} 0 & \mathrm{e}^{-\mathrm{j}\beta l} \\ \mathrm{e}^{-\mathrm{j}\beta l} & 0 \end{bmatrix} = \frac{\sqrt{2}}{2}\begin{bmatrix} 0 & 1-\mathrm{j} \\ 1-\mathrm{j} & 0 \end{bmatrix}$$

依据图 4-22 可以给出信号流图如图 4-23(a)所示。其中，b_S 由信号源确定，负载电压反射系数为 $\varGamma_L$，信源电压反射系数为 $\varGamma_S$。由于传输线散射参数 $S_{11}=S_{22}=0$，信号流图得到了简化。考虑支路 S_{21}、$\varGamma_L$、S_{12}、$\varGamma_S$ 为串联关系，可以利用信号流图基本规则进行简化，得到如图 4-23(b)所示的结果。

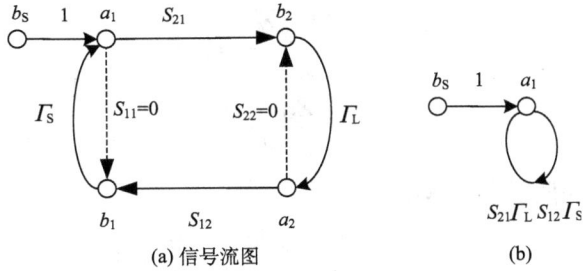

(a) 信号流图   (b)

图 4-23 信号源、传输线和负载电路的信号流图

应用信号流图的基本变换规则中的反馈环路变换，计算图 4-23(b)可以得到

$$a_1 = \frac{b_S}{1 - S_{21}\Gamma_L S_{12}\Gamma_S}$$

其中，信号源 $b_S = \frac{\sqrt{Z_0}}{Z_G + Z_0}V_G = \frac{\sqrt{2}}{3}(\text{V})$；信号源电压反射系数 $\Gamma_S = \frac{Z_G - Z_0}{Z_G + Z_0} = -\frac{1}{3}$；传输线散射参数 $S_{12} = S_{21} = \frac{\sqrt{2}}{2}(1-\text{j})$；负载电压反射系数 $\Gamma_L = \frac{Z_L - Z_0}{Z_L + Z_0} = \frac{1}{3}$。因此得到 $a_1 = \frac{3\sqrt{2}}{9-\text{j}}$。

根据图 4-23(a)中的节点关系，可以得到 $b_2 = S_{21}a_1$。负载 Z_L 获得的功率 P_L 为

$$P_L = \frac{1}{2}\left(|b_2|^2 - |a_2|^2\right) = \frac{1}{2}|a_1|^2\left(1 - |\Gamma_L|^2\right)$$

从而负载得到的功率为

$$P_L = \frac{9}{82} \times \left(1 - \frac{1}{9}\right) = 0.0976(\text{W})$$

可以对比例 4-7 得到的结果，与本例的结果相吻合。使用信号流图也可以很快地完成对射频网络的分析和计算。接下来分析一个复杂一些的信号流图。

例 4-13 如图 4-24 所示的射频放大电路，信号源电压为 V_G 内阻为 Z_G，负载阻抗为 Z_L，射频三极管等效为一个散射参数为 **S** 两端口网络。传输线的特征阻抗为 Z_0，电长度 $\beta l = 2\pi$。

(1) 给出射频放大电路的信号流图。
(2) 计算入射两端口网络的归一化功率波。

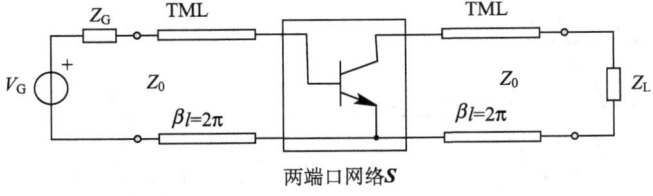

图 4-24 两端口网络电路

解 信号源的信号流图等效参数 b_S 和信源电压反射系数 Γ_S 分别为

$$b_S = \frac{\sqrt{Z_0}}{Z_G + Z_0} V_G$$

$$\varGamma_S = \frac{Z_G - Z_0}{Z_G + Z_0}$$

无耗传输线 TML 的散射参数 $\boldsymbol{S}_{\text{TL}}$ 为

$$\boldsymbol{S}_{\text{TL}} = \begin{bmatrix} 0 & e^{-j\beta l} \\ e^{-j\beta l} & 0 \end{bmatrix} = \begin{bmatrix} 0 & 1 \\ 1 & 0 \end{bmatrix}$$

负载的电压反射系数 $\varGamma_L$ 为

$$\varGamma_L = \frac{Z_L - Z_0}{Z_L + Z_0}$$

从而可以得到放大电路的信号流图如图 4-25(a) 所示,其中包括信号源、3 个两端口网络和负载支路。由于传输线的散射参数很简洁,可以直接在信号流图上标注,其中 $S_{11}=S_{22}=0$ 用灰线表示。略去 0 值的支路并且直接连接 1 值的支路,可以简化得到图 4-25(b) 所示的信号流图,总共包括 7 条支路。

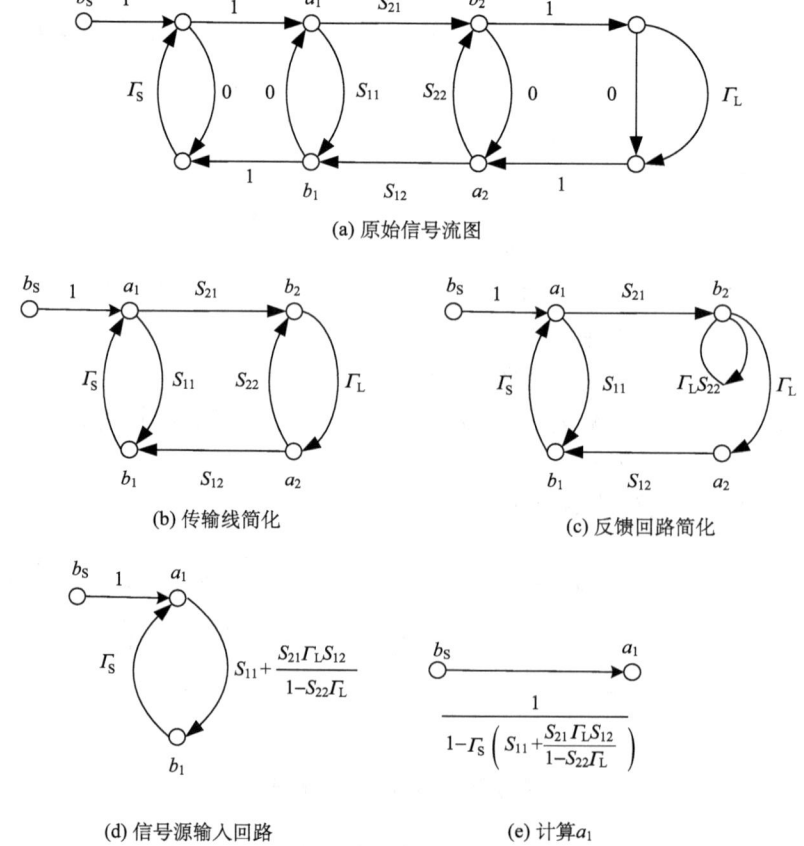

图 4-25 放大电路的信号流图表述

应用信号流图变换的基本规则，对图 4-25(b) 中的信号流图进行变换。将"支路分离"规则应用于节点 a_2，并且将"支路串联"规则应用于 S_{22} 和 Γ_L 串联的支路，可以得到图 4-25(c) 所示的信号流图。接着应用"反馈环路"变换规则消去 $S_{22}\Gamma_L$ 的反馈支路，并且应用"并联支路"和"串联支路"的变换规则，可以得到图 4-25(d) 所示的信号流图。最后，再次应用"反馈环路"变换规则，可以得到直接计算射频晶体管入射功率波 a_1 的计算公式：

$$a_1 = \frac{1 - S_{22}\Gamma_L}{1 - S_{22}\Gamma_L - S_{11}\Gamma_S + S_{22}S_{11}\Gamma_S\Gamma_L - \Gamma_S S_{12}S_{21}\Gamma_L} b_S \tag{4.102}$$

将 Γ_L、Γ_S、b_S 等变量的具体表达式代入式(4.102)，就可以得到射频晶体管入射功率波 a_1 的表达式。

从例 4-13 中可以看出，使用信号流图可以利用散射参数，采用基于流图的方式几乎直接写出各个节点的功率波。在获得了射频晶体管入射功率波 a_1 后，可以很方便地计算任何节点的功率波。通过这些节点的功率波的物理意义，可以计算功率、阻抗、电压反射系数、插入损耗等电路参数。例如，当需要计算负载 Z_L 得到的功率 P_L 时，可以得到

$$P_L = \frac{1}{2}\left(|a_2|^2 - |b_2|^2\right) \tag{4.103}$$

在终端负载为 Z_L 时，根据图 4-25(d) 可以直接得到射频晶体管输入端口的电压反射系数 Γ_{IN} 为

$$\Gamma_{IN} = \frac{b_1}{a_1} = S_{11} + \frac{S_{21}\Gamma_L S_{12}}{1 - S_{22}\Gamma_L} \tag{4.104}$$

射频晶体管输入端口的输入阻抗 Z_{IN} 为

$$Z_{IN} = Z_0 \frac{1 + \Gamma_{IN}}{1 - \Gamma_{IN}} \tag{4.105}$$

如同 Smith 圆图一样，信号流图是一个非常强大的射频电路分析工具，利用散射参数可以简化电路的分析和计算。在射频晶体管放大电路的设计中，信号流图有广泛的应用，可以用来进行功率增益、输入输出阻抗、电压反射系数的计算等。

习　　题

1. 比较两端口网络阻抗矩阵、导纳矩阵、转移矩阵、混合矩阵的定义，讨论四种网络参数的主要特点和应用。

2. 分析如图 4-26 所示 T 形网络的阻抗，求该两端口网络的矩阵 $\boldsymbol{Z}$、导纳矩阵 $\boldsymbol{Y}$ 和转移矩阵 $\boldsymbol{A}$。

3. 一段电长度为 βl 特性阻抗为 Z_0 的无耗传输线的转移矩阵 $\boldsymbol{A}$ 为

$$\boldsymbol{A} = \begin{bmatrix} \cos\beta l & jZ_0\sin\beta l \\ j\frac{1}{Z_0}\sin\beta l & \cos\beta l \end{bmatrix}$$

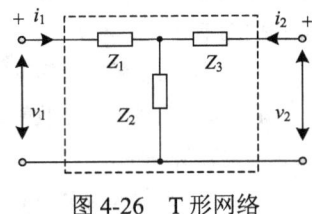

图 4-26　T 形网络

当传输线终端连接阻抗为 Z_L 的负载时，试分析该传输线输入阻抗 Z_{IN} 与负载 Z_L 的关系。

4. 在射频放大电路设计中，为了提高放大电路的性能经常采用共基极晶体管放大电路，如图 4-27 所示。根据射频晶体管的等效电路模型，请计算给出等效电路的两端口网络的混合参数 $\boldsymbol{h}$。

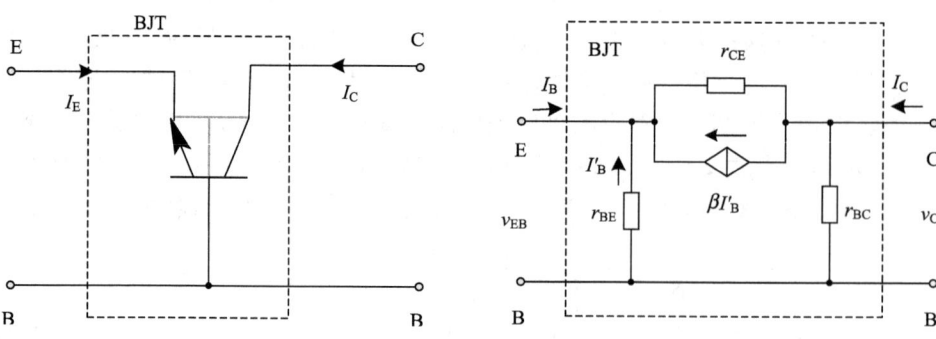

图 4-27 晶体管共基极放大电路

5. 通过转移矩阵 A 可以方便地计算级联两端口网络的电路，因此经常涉及转移矩阵与其他网络参数的相互转换。请计算分析给出转移矩阵 A 与导纳矩阵 Y 之间的相互转换计算公式。

6. 如果两个两端口网络的散射参数 S 分别为

$$S^A = \begin{bmatrix} 0.20 & 0.01 \\ 2.1 & 0.30 \end{bmatrix} \qquad S^B = \begin{bmatrix} 2.1 & 0.01 \\ 0.20 & 0.30 \end{bmatrix}$$

请判断两个两端口网络是有源网络还是无源网络，并说明原因和相应可能的电路。

7. 无耗网络各端口的输入功率之和 P_{IN} 和输出功率之和 P_{OUT} 相等。如果网络是有耗网络，将满足关系 $P_{IN}>P_{OUT}$；如果网络是有源网络，如含有晶体管放大电路，将可能满足关系 $P_{IN}<P_{OUT}$。请使用散射参数 S 给出描述这些功率关系的条件。

8. 如果一个 N 端口网络的阻抗矩阵 Z 满足互易条件 $Z_{nm}=Z_{mn}$，请证明该网络的散射参数 S 也满足互易条件 $S_{nm}=S_{mn}$。

9. 使用 T 形电阻网络（图 4-26）可以设计射频衰减器。一个典型的 3dB 衰减器的散射参数为

$$S = \begin{bmatrix} 0 & \dfrac{\sqrt{2}}{2} \\ \dfrac{\sqrt{2}}{2} & 0 \end{bmatrix}$$

（1）请分析 3dB 衰减器的特性；

（2）如果在阻抗 $Z_0=50\Omega$ 的射频系统中设计 3dB 衰减器，请给出 T 形电阻网络的元件参数。

10. 在射频通信系统中，经常使用 $Z_0=50\Omega$ 和 $Z_0=75\Omega$ 两种特性阻抗的电路。如果一个特性阻抗为 $Z_0=50\Omega$ 的传输线与 $Z_L=75\Omega$ 的负载直接连接，求负载电压反射系数 Γ_L。如果入射的功率为 $P_{INC}=1\text{dBmW}$，请问负载获得的功率 P_L 是多少？

11. 一个 $N:1$ 的变压器可以计算得到转移矩阵 A。请自己计算给出 $N:1$ 变压器的散射参数 S。

12. 请计算给出从链散射矩阵 T 到散射矩阵 S 的变换关系。如果 S 参数满足互易条件，请判断 T 矩阵是否也满足互易条件。

13. 一个双极型晶体管在 $Z_0=50\Omega$ 的系统中，使用矢量网络分析仪测量得到在 900MHz 下散射参数如表 4-6 所示。

表 4-6 900MHz 下的散射参数

FREQ (MHz)	S_{11} MAG	S_{11} PHASE (Degree)	S_{21} MAG	S_{21} PHASE (Degree)	S_{12} MAG	S_{12} PHASE (Degree)	S_{22} MAG	S_{22} PHASE (Degree)
900	0.699509	−117.5845	5.050356	155.6291	0.042585	128.0749	0.062917	−102.3972

求该晶体管的 Z 参数和 h 参数（提示：编写计算机程序计算）。

14. 在晶体管射频放大电路设计中，需要在晶体管的输入和输出端口连接匹配电路，以获得最佳的性能。如图 4-28 所示的射频晶体管放大电路，输入端口和输出端口匹配电路等效两端口网络的散射参数分别为 $\boldsymbol{S}^{M}$ 和 $\boldsymbol{S}^{N}$，晶体管等效两端口网络的散射参数为 $\boldsymbol{S}^{T}$，信号源内阻 Z_G 和负载阻抗 Z_L 均为实数。为了分析匹配电路的效果，需要确定输入匹配网络的输入端电压反射系数 $\varGamma_{IN}$ 和输入匹配网络的输入端电压反射系数 $\varGamma_{OUT}$。请给出图 4-28 中射频放大电路的信号流图，并计算给出 $\varGamma_{IN}$ 和 $\varGamma_{OUT}$ 的表达式。

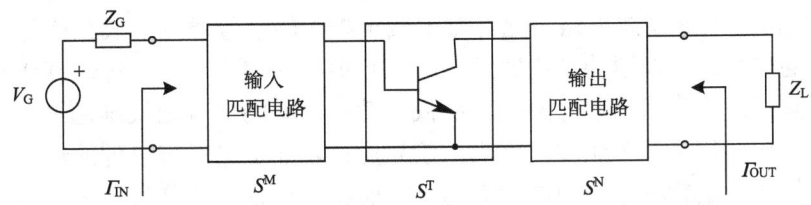

图 4-28 射频晶体管放大电路

第 5 章 滤波电路设计

在射频通信系统中，无论发射机还是接收机都需要选择特定频率的信号进行处理，滤除其他频率的干扰信号。在射频通信系统中，通常都需要使用滤波电路来分离有用的信号。按照处理信号的类型，滤波电路可以分为模拟滤波电路和数字滤波电路。在射频电路的设计中，主要涉及模拟滤波电路的设计，一般使用无源电路来实现；而数字滤波电路工作频率较低，一般要求使用数字处理电路，都需要利用有源电路来实现。本章将主要讨论射频模拟滤波电路的分析和设计方法。

模拟滤波电路分为低通滤波电路(LPF)、高通滤波电路(HPF)、带通滤波电路(BPF)和带阻滤波电路(BSF)。低通滤波电路只允许低于截止频率的信号通过，低频信号损耗很小；而高于截止频率的信号将被低通滤波电路反射，只有很小的信号可以通过。高通滤波电路的性能相反，允许高于截止频率的信号通过，而低于截止频率的信号则很难通过高通滤波电路。带通滤波电路只允许位于一定频率范围内的信号通过，而拒绝通带以外的输入信号。带阻滤波电路只阻止位于一定频率范围内的输入信号，而允许通带外的信号通过。对于带通滤波电路和带阻滤波电路都有两个截止频率，一个是低端截止频率，另一个是高端截止频率。

本章将介绍滤波电路和谐振电路的定义和基本概念，并且讨论滤波电路的品质因数。按照滤波电路的基本方法，介绍巴特沃斯滤波电路(最大平滑)、切比雪夫滤波电路(等波纹)，主要讨论使用参数表设计两种滤波电路的方法。本章将不再介绍如何获得各种滤波电路设计的参数，而主要给出如何利用这些已知参数设计得到滤波电路参数的方法。通过设计归一化的低通滤波电路，可以导出特定频率和阻抗的低通滤波电路、高通滤波电路、带通滤波电路或者带阻滤波电路。

在较低的射频信号，例如低于 500MHz 的射频信号，可以采用集总器件进行滤波电路的设计。当射频信号频率较高时，电路寄生参数的影响不可忽略，就需要采用分布参数电路来实现滤波电路。使用微带线可以方便地构造分布参数的滤波电路，并且有很广泛的工程应用。利用微带线构造的低通滤波电路和带通滤波电路，分别如图 5-1(a)和(b)所示。

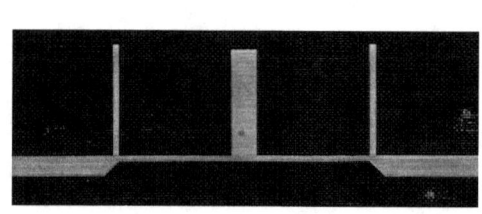
(a) 低通滤波电路

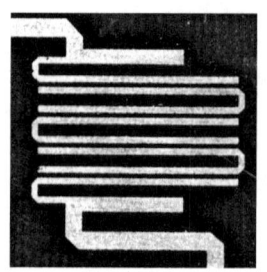
(b) 带通滤波电路

图 5-1　微带线滤波电路

由于集总参数滤波电路是分布参数滤波电路的基础,本章将先介绍集总参数滤波电路的设计方法,再讨论利用微带传输线实现分布参数滤波电路的方法。本章还包括阶跃阻抗谐振电路和阶跃阻抗滤波电路的设计和应用的介绍。

5.1 谐振电路和滤波电路的基本结构

5.1.1 谐振电路的类型和基本参数

四种基本类型的滤波电路是低通滤波电路、高通滤波电路、带通滤波电路和带阻滤波电路。衰减系数描述了通过滤波电路的信号与输入信号幅度之间的关系。理想滤波电路的衰减系数与角频率之间的关系如图 5-2 所示,图中使用了归一化的角频率Ω。归一化的角频率Ω定义为实际角频率ω与中心角频率(截止频率)ω_C的比值,定义为

$$\Omega = \frac{\omega}{\omega_C} \tag{5.1}$$

归一化的角频率Ω是一个无量纲的量。对于低通滤波电路和高通滤波电路,ω_C表示截止频率;对于带通滤波电路和带阻滤波电路,ω_C表示中心频率。显然对于低通滤波电路和高通滤波电路,归一化截止频率为 1;对于带通或者带阻滤波电路,归一化的中心频率为 1。采用归一化频率,可以简化对滤波电路的设计过程。

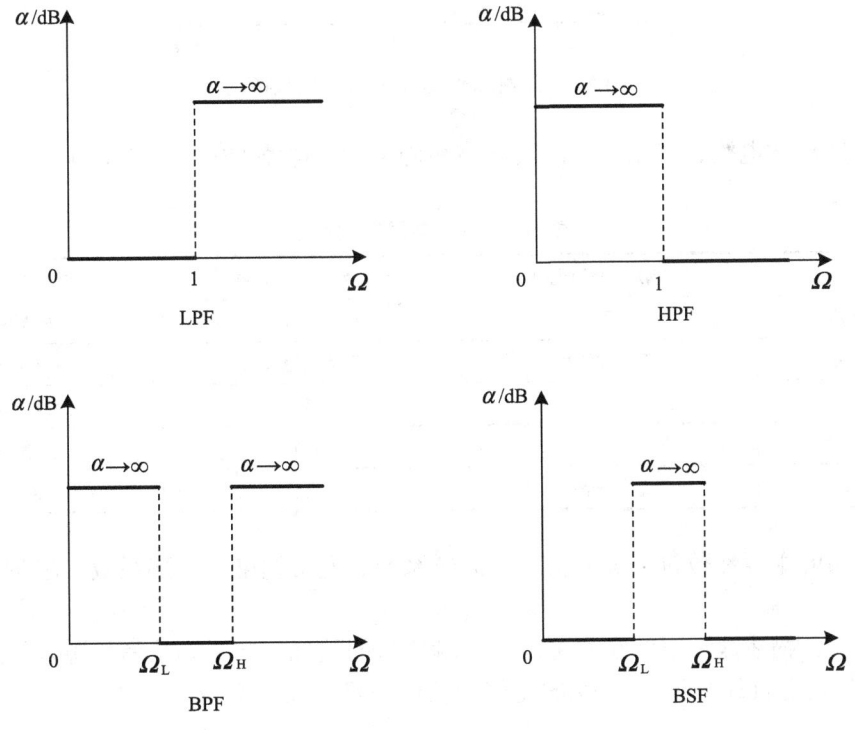

图 5-2 理想滤波电路的特性

对于同一种类型的滤波电路,例如低通滤波电路,可以按照不同的特性参数进行设计。巴特沃斯滤波电路具有衰减的单调性,并且可以在通带内获得最大的平坦度。巴特沃斯滤波

电路的设计参数来源于二项式，可以获得最平滑的衰减特性，也被称为最大平滑滤波电路。切比雪夫滤波电路的衰减在通带外有单调性，而衰减在通带内存在等幅波动。切比雪夫滤波电路的设计参数来源于切比雪夫多项式，可以调整参数限制通带内波纹的幅度，所以称为等波纹滤波电路。椭圆滤波电路的衰减在通带内和通带外都不具有单调性，均会出现一定幅度的波动。椭圆滤波电路设计参数来源于椭圆函数，设计过程较为复杂。

图 5-3 给出了五阶的巴特沃斯滤波电路、切比雪夫滤波电路和椭圆低通滤波电路，可以比较各滤波电路衰减特性对频率的依赖性。理想的滤波电路在截止频率处具有突变性，希望实际的滤波电路在截止频率处也具有尽可能大的差异。切比雪夫电路以牺牲通带内的平滑性作为代价，在截止频率附近获得了比巴特沃斯电路更为陡峭的变化；椭圆滤波电路则以牺牲通带内的平滑性和通带外的单调性为代价，以更复杂的电路在截止频率附近获得最陡峭的特性。

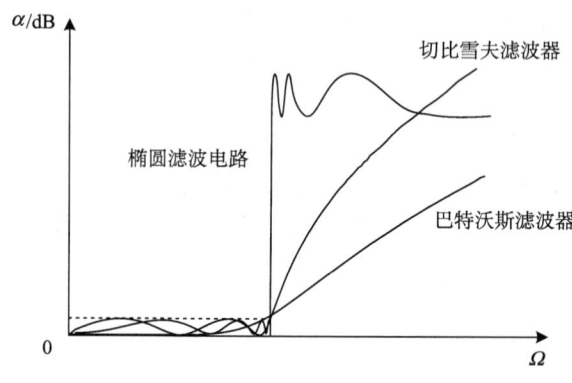

图 5-3 三种低通滤波电路的衰减特性

巴特沃斯滤波电路、切比雪夫滤波电路和椭圆滤波电路的特性比较，见表 5-1。

表 5-1 滤波电路特性比较

	巴特沃斯滤波电路	切比雪夫滤波电路	椭圆滤波电路
参数来源	二项式	切比雪夫多项式	椭圆函数
带外衰减	可达无穷大	可达无穷大	有限值
波纹	无	通带内	通带内和通带外
电路复杂性	适中	适中	复杂
特征	最大平滑	等波纹	最陡峭

滤波电路的主要参数包括插入损耗、波纹系数、通带宽度、矩形系数、阻带抑制和品质因数。

插入损耗：描述滤波电路在通带内对传输信号的损耗，定义为从信号源入射到滤波电路的功率 P_{IN} 与匹配负载得到功率 P_L 的比值。采用分贝可以表示为

$$\text{IL}(\text{dB}) = 10\lg \frac{P_{IN}}{P_L} \tag{5.2}$$

理想的滤波电路在通带内没有损耗，其插入损耗 IL 为 0dB。通常在滤波电路的设计中，只使用无耗器件(如电感、电容和传输线等)，所以插入损耗主要是由滤波电路输入端口的阻

抗不匹配引起。如果滤波电路输入端口的电压反射系数为Γ_{IN}，则滤波电路的插入损耗 IL 可以表示为

$$\mathrm{IL(dB)} = 10\lg\frac{1}{1-|\Gamma_{IN}|^2} = -10\lg(1-|\Gamma_{IN}|^2) \tag{5.3}$$

波纹系数：滤波电路通带内的平坦度可以用波纹系数来描述，单位为分贝。波纹系数表示在通带内滤波电路响应的最大值和最小值的差值。例如，切比雪夫滤波电路通带内最小衰减为 0dB，最大衰减为 3dB，则该滤波电路的波纹系数为 3dB。切比雪夫滤波电路的波纹系数可以通过调节设计参数来控制。

频带宽度：定义为滤波电路的通带内在达到 3dB 衰减对应的高端截止频率 f_H 和低端截止频率 f_L 的差值。频带宽度的单位是赫兹，可以表示为

$$\mathrm{BW}^{3\mathrm{dB}} = f_H - f_L \tag{5.4}$$

频带宽度通常以 3dB 为标准进行定义，所以在没有特别标明的时候，频带宽度都是指 3dB 的带宽。有时可以在表明参考值的情况下给出其他衰减量对应的频带宽度，例如，可以给出滤波电路在 60dB 对应的频带宽度 $\mathrm{BW}^{60\mathrm{dB}}$。

矩形系数：描述了滤波电路的响应在截止频率附近的陡峭变化的特性。矩形系数越低，滤波电路的响应越陡峭。矩形系数 SF 定义为 60dB 带宽与 3dB 带宽的比值

$$\mathrm{SF} = \frac{\mathrm{BW}^{60\mathrm{dB}}}{\mathrm{BW}^{3\mathrm{dB}}} = \frac{f_H^{60\mathrm{dB}} - f_L^{60\mathrm{dB}}}{f_H^{3\mathrm{dB}} - f_L^{3\mathrm{dB}}} \tag{5.5}$$

理想滤波电路的矩形系数 SF 等于 1，实际滤波电路的矩形系数越接近于 1 性能越好。

阻带抑制：在理性情况下，希望滤波电路在通带外能够具有无穷大的衰减，但实际滤波电路只能达到一个有限的衰减量，所以需要定义阻带抑制参数，当衰减超过阻带抑制即可认为衰减达到了足够大。通常为了与矩形参数比较，定义阻带抑制为 60dB。

滤波电路的这些参数都可以用图 5-4 中带通滤波电路的响应来表示，波纹系数反映了通带内波纹的大小，波纹的底部为插入损耗 IL。当衰减达到 3dB 时，可以得到滤波电路的 3dB 频带宽度 $\mathrm{BW}^{3\mathrm{dB}}$；当衰减达到 60dB 时，可以得到滤波电路的 60dB 频带宽度 $\mathrm{BW}^{60\mathrm{dB}}$。如果 $\mathrm{BW}^{3\mathrm{dB}}$ 和 $\mathrm{BW}^{60\mathrm{dB}}$ 频带宽度的差异越小，滤波电路的带外响应变化就越陡峭。当在通带外的衰减出现波动时就确定了阻带抑制的大小。

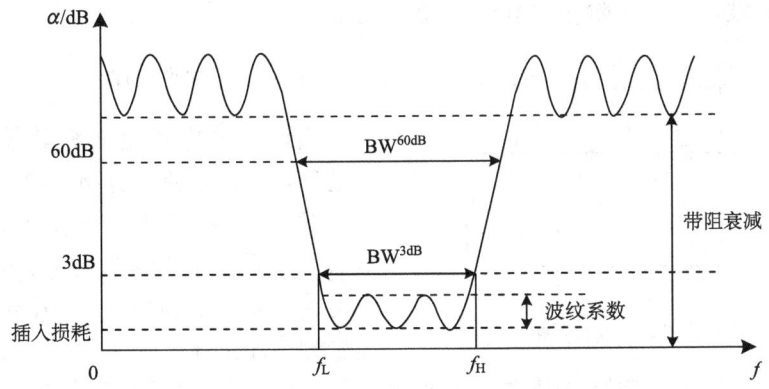

图 5-4　带通滤波电路的典型响应

滤波电路的品质因数定义为在谐振频率下，平均储能和一个周期内的平均能量损耗之比。滤波电路的品质因数 Q 可以用公式表示为

$$Q = \omega \left.\frac{\text{平均储能}}{\text{功率损耗}}\right|_{\omega=\omega_C} = \omega \left.\frac{W_{\text{Storded}}}{P_{\text{Loss}}}\right|_{\omega=\omega_C} \quad (5.6)$$

其中，W_{Stored} 为一个周期内的平均储能；P_{Loss} 为单位时间内的平均耗能；ω_C 为谐振频率。在讨论滤波电路的品质因数时，需要区分加载品质因数和空载品质因数。当滤波电路与负载连接时，总功率损耗将为滤波电路和负载两部分的功率损耗之和，而平均储能并没有改变。因此，如果负载或者外电路的品质因数定义为滤波电路的平均储能与负载的功率损耗之比（不考虑滤波电路自身损耗）：

$$Q_E = \omega \left.\frac{W_{\text{Stored}}}{P_L}\right|_{\omega=\omega_C} \quad (5.7)$$

根据品质因数的定义可以得到滤波电路的加载品质因数 Q_{LD} 为

$$Q_{LD} = \omega \left.\frac{W_{\text{Stored}}}{P_{\text{Loss}}}\right|_{\omega=\omega_C} = \omega \left.\frac{W_{\text{Stored}}}{P_{LF} + P_L}\right|_{\omega=\omega_C} \quad (5.8)$$

其中，P_{LF} 为滤波电路的功率损耗。从而可以确定滤波电路加载品质因数与空载品质因数的关系为

$$\frac{1}{Q_{LD}} = \frac{1}{Q_F} + \frac{1}{Q_E} \quad (5.9)$$

其中，Q_F 为滤波电路的空载品质因数。滤波电路的品质因数还可以通过 3dB 带宽获得。如果滤波电路的 3dB 带宽为 BW^{3dB}，中心频率为 f_C，则滤波电路的品质因数为

$$Q = \frac{f_C}{BW^{3dB}} = \frac{f_C}{f_H^{3dB} - f_L^{3dB}} \quad (5.10)$$

5.1.2 一阶滤波电路

一阶滤波电路具有最简单的电路形式，只含有一个电容或电感（或者一个 LC 回路）。通过分析一阶滤波电路，掌握滤波电路的一般分析方法，更好地理解滤波电路参数的物理意义，为分析更复杂的高阶滤波电路做好准备。本小节将分析由 RLC 电路构成的一阶低通滤波电路、一阶高通滤波电路、一阶带通和带阻滤波电路。

1. 低通滤波电路

低通滤波电路是研究其他滤波电路特性的基础，因此，首先分析一个由电阻和电容构成的滤波电路，如图 5-5 所示。该滤波电路由串联的电阻 R 和并联的电容 C 构成一阶低通滤波电路，负载阻抗为 Z_L，信号源阻抗为 Z_G，信号源电压为 V_G。

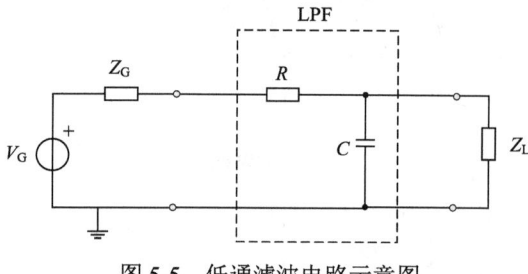

图 5-5 低通滤波电路示意图

为了分析该低通滤波电路的特性，需要确定在不同频率下负载 Z_L 获得的电压 V_L。虽然

可以使用串联和并联电路的计算方法获得负载电压 V_L 和信号源电压 V_G 之间的关系，但是随着滤波电路阶数的增加，有更多的电感和电容串联、并联的电路，不利于电路分析。因此，根据滤波电路的特点，可以利用两端口网络的概念，将每一个元件都等效为一个两端口网络，采用级联网络的方法进行分析，如图 5-6 所示。为了得到负载电压 V_L，需要把信号源内阻 Z_G 和负载 Z_L 作为两端口进行分析，同时为了简便，令信号源内阻和负载分别为实数 R_G 和 R_L。

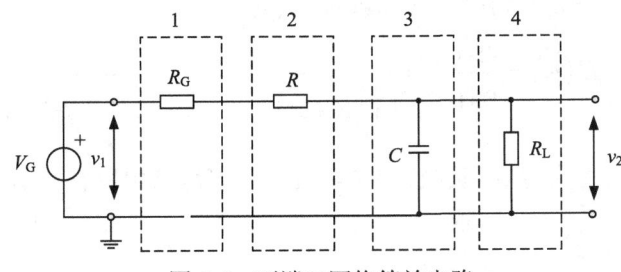

图 5-6　两端口网络等效电路

根据两端口网络的概念，可以写出每个两端口网络的转移矩阵 A_1、A_2、A_3 和 A_4，并且得到由四个两端口网络级联形成的两端口网络的转移矩阵 A 为

$$A = A_1 A_2 A_3 A_4$$

$$= \begin{bmatrix} 1 & R_G \\ 0 & 1 \end{bmatrix} \begin{bmatrix} 1 & R \\ 0 & 1 \end{bmatrix} \begin{bmatrix} 1 & 0 \\ j\omega C & 1 \end{bmatrix} \begin{bmatrix} 1 & 0 \\ \dfrac{1}{R_L} & 1 \end{bmatrix} \tag{5.11}$$

通过计算可以得到转移矩阵 A 为

$$A = \begin{bmatrix} 1 + (R + R_G)\left(j\omega C + \dfrac{1}{R_L}\right) & R_G + R \\ j\omega C + \dfrac{1}{R_L} & 1 \end{bmatrix} \tag{5.12}$$

根据转移矩阵 A 的定义可以得到电压 v_2 和 v_1 之间的关系为

$$A_{11} = \left.\dfrac{v_1}{v_2}\right|_{i_2=0} = 1 + (R + R_G)\left(j\omega C + \dfrac{1}{R_L}\right) \tag{5.13}$$

其中，条件 $i_2=0$ 意味着流过 v_2 端口的电流为零。由于负载 Z_L 已经作为两端口网络 A_4 进行考虑，所以 $i_2=0$ 的条件完全可以得到满足。这也是把负载 Z_L 等效为一个两端口网络进行分析和计算的原因。整个电路的输入电压 $v_1=v_G$，负载 Z_L 得到的电压为 v_2，所以式(5.13)得到了负载电压与信号源电压之间的关系。改写式(5.13)可以直接得到

$$\dfrac{v_2}{v_1} = \dfrac{1}{A_{11}} = \dfrac{1}{1 + (R + R_G)\left(j\omega C + \dfrac{1}{R_L}\right)} \tag{5.14}$$

考虑几种特殊的情况，根据式(5.14)进行分析得到：当频率为零时(即 $\omega=0$，DC 情况)，负载电压和信号源电压之间的关系为

$$\dfrac{v_2}{v_1} = \dfrac{R_L}{R_L + R_G + R} \tag{5.15}$$

当频率趋于无穷大时(即$\omega \to \infty$),负载电压和信号源电压之间的关系为

$$\frac{v_2}{v_1} \to 0 \tag{5.16}$$

电路具有了一定低通滤波电路的特性,当频率非常低的时候,负载 Z_L 获得最大的电压;当频率非常高的时候,负载 Z_L 获得电压为零。通过分析可以确定负载电压 v_2 和信号源电压 v_1 依赖于频率的关系,一般称为电压传递系数 $H(\omega)$

$$H(\omega) = \frac{v_2(\omega)}{v_1(\omega)} = \frac{1}{1+(R+R_G)\frac{1}{R_L}+\mathrm{j}\omega C(R+R_G)} \tag{5.17}$$

当负载阻抗趋于无穷大时(即负载开路),可以获得滤波电路在空载条件下的电压传递系数 $H(\omega)$ 为

$$H(\omega) = \frac{1}{1+\mathrm{j}\omega C(R+R_G)} \tag{5.18}$$

根据电压传递系数可以方便地得到滤波电路的衰减系数 $\alpha(\omega)$ 为

$$\alpha(\omega) = 20\lg|H(\omega)|^{-1} = -20\lg|H(\omega)| \tag{5.19}$$

同时还可以确定负载电压 v_2 与信号源电压 v_1 之间的相位差

$$\phi = \arctan\frac{\mathrm{Im}\{H(\omega)\}}{\mathrm{Re}\{H(\omega)\}} \tag{5.20}$$

另外一个与相位特性相关的参数是群时延 t_g。群时延定义为相位 ϕ 相对于角频率 ω 的变化率

$$t_g = \frac{\mathrm{d}\phi(\omega)}{\mathrm{d}\omega} \tag{5.21}$$

在一些射频通信系统的设计中,会要求滤波电路具有线性相位差的特性,即相移 ϕ 与角频率 ω 具有线性的关系($\phi=A\omega$,A 为常数)。在这种情况下,可以直接得到滤波电路的群时延 t_g 为

$$t_g = A \tag{5.22}$$

采用图 5-5 中的滤波电路,取 $R=10\Omega$,$C=10\mathrm{pF}$,$R_G=50\Omega$,分别取 $R_L=5\Omega$、50Ω、500Ω、$5\mathrm{k}\Omega$,可以得到电压传递函数 $H(\omega)$ 的模值和相位延迟 $\phi(\omega)$,分别如图 5-7(a)和(b)所示。可见电压传递系数的模值$|H(\omega)|$随频率 ω 升高而下降,具有低通滤波电路的特性;相位差 ϕ 随频率 ω 的升高而趋于$-90°$,在频率的低端则相位差趋于 $0°$。滤波电路的特性对负载 R_L 存在很强的依赖性,R_L 越大滤波电路特性越好。

2. 高通滤波电路

采用电阻和电感可以构成高通滤波电路,如图 5-8 所示,使用电阻 R 和电感 L 构成一阶高通滤波电路。采用与低通滤波电路类似的分析方法,可以得到高通滤波电路的特性。高通滤波电路的转移矩阵 A 为

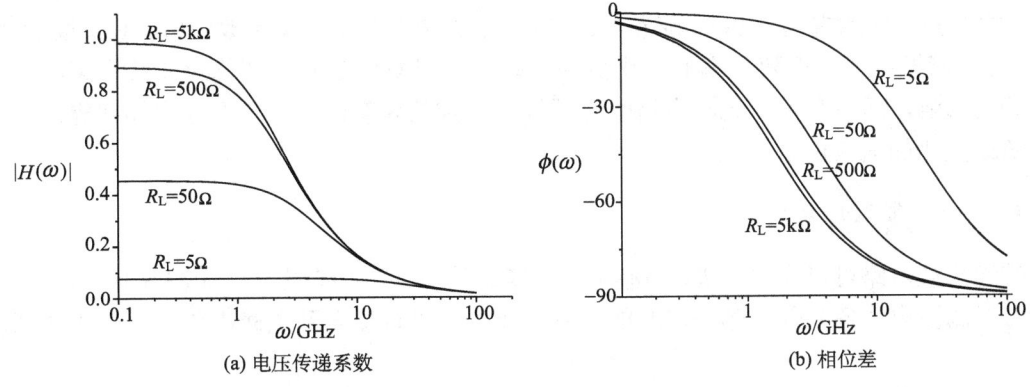

(a) 电压传递系数　　　　　　　　　　　(b) 相位差

图 5-7　低通滤波电路的特性

$$A = \begin{bmatrix} 1 & R_G + R \\ 0 & 1 \end{bmatrix} \begin{bmatrix} 1 & 0 \\ \dfrac{1}{j\omega L} & 1 \end{bmatrix} \begin{bmatrix} 1 & 0 \\ \dfrac{1}{R_L} & 1 \end{bmatrix} = \begin{bmatrix} 1 + (R_G + R)\left(\dfrac{1}{j\omega L} + \dfrac{1}{R_L}\right) & R_G + R \\ \dfrac{1}{j\omega L} + \dfrac{1}{R_L} & 1 \end{bmatrix} \quad (5.23)$$

经过分析可以得到高通滤波电路的电压传递系数 $H(\omega)$ 为

$$H(\omega) = \cfrac{1}{1 + (R_G + R)\left(\dfrac{1}{j\omega L} + \dfrac{1}{R_L}\right)} \quad (5.24)$$

如果角频率 $\omega \to 0$，电压传递系数 $H(\omega) \to 0$；如果角频率 $\omega \to \infty$，电压传递系数将趋于固定值，即 $H(\omega) \to \dfrac{R_L}{R_L + R_G + R}$。显然电路具有高通滤波电路的特征。在图 5-8 所示的高通滤波电路中，使用以下参数 $R=10\Omega$，$R_G=50\Omega$，$L=100\text{nH}$，分别取 $R_L=5\Omega$、

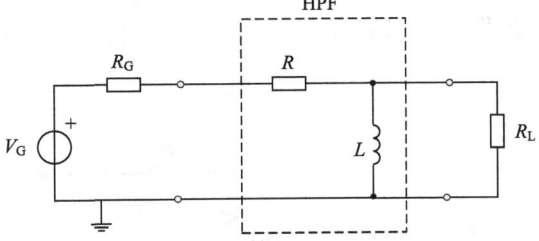

图 5-8　高通滤波电路示意图

50Ω、500Ω 和 $5k\Omega$ 可以计算得到电压传递系数的模值和相位差的特性，分别如图 5-9(a) 和 (b) 所示。显然电压传递系数的模值 $|H(\omega)|$ 随角频率 ω 的增加而增加；相位差 ϕ 在高频区域趋近于

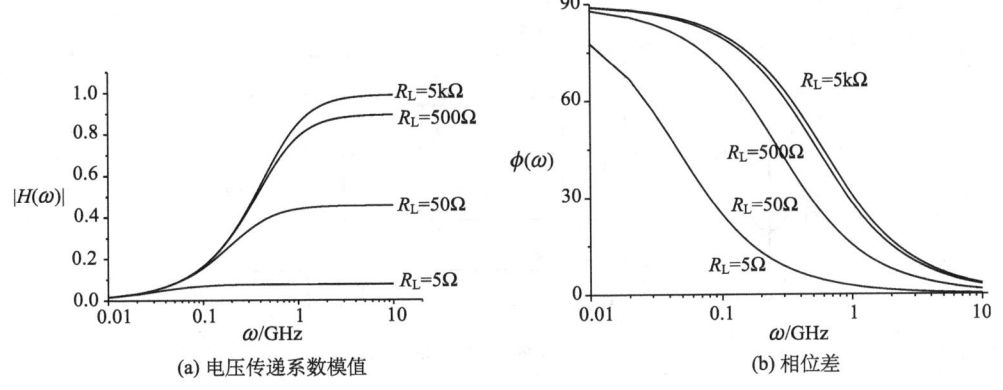

(a) 电压传递系数模值　　　　　　　　　　(b) 相位差

图 5-9　高通滤波电路的特性

零,而相位差在低频端趋于 90°。随着负载电阻 R_L 的增大电压传递系数模值 $|H(\omega)|$ 逐渐增大,相位差 ϕ 在谐振频率附近随频率的变化更为陡峭。可以看出负载的变化对滤波电路的特性存在显著的影响,所以在设计滤波电路时必须针对特定的负载进行,需要考虑如何提高滤波电路对负载变化的适应性。

3. 带通和带阻滤波电路

带通滤波电路可以由电阻 R、电感 L、电容 C 的串联电路来构成,如图 5-10(a)所示。因为该带通滤波电路各元件全部是串联的关系,所以可以直接得到负载电压与源电压之间的关系为

$$H(\omega) = \frac{R_L}{R_G + R + j\omega L + \frac{1}{j\omega C} + R_L} = \frac{R_L}{(R_G + R + R_L) + j\left(\omega L - \frac{1}{\omega C}\right)} \tag{5.25}$$

可以得到当角频率为零 ($\omega \to 0$) 或者为无穷大 ($\omega \to \infty$) 时,电压传递系数 $H(\omega)$ 都趋于零。当满足谐振条件 $\omega = \omega_0 = \frac{1}{\sqrt{LC}}$ 时,电压传递系数模值 $|H(\omega)|$ 趋于最大值 $\frac{R_L}{R_G + R_L + R}$。因此,该串联电路具有带通滤波电路需要的特性。下面通过一个具体的例子说明该带通滤波电路的基本分析方法。

例 5-1 使用图 5-10(a)中的串联电路构建带通滤波电路,使用参数:$R=20\Omega$,$L=5\text{nH}$,$C=2\text{pF}$,$R_L=R_G=50\Omega$。求滤波电路的频率响应,绘出电压传递函数模值 $|H(\omega)|$ 和相位差 $\phi(\omega)$ 依赖于频率的曲线。

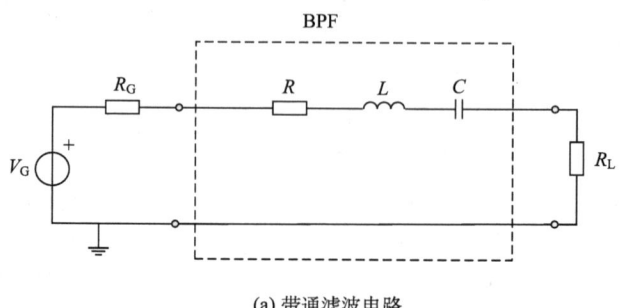

(a) 带通滤波电路

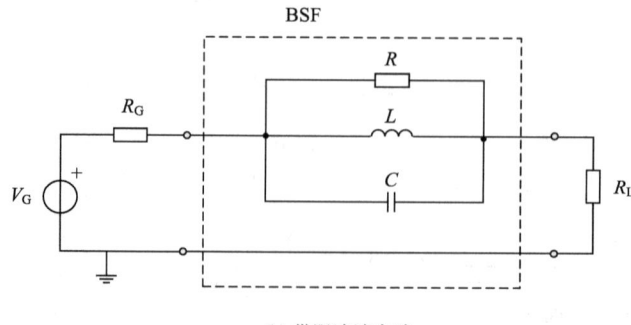

(b) 带阻滤波电路

图 5-10 带通和带阻滤波电路

解 根据题目给出的参数,可以确定串联电路的谐振频率ω_0为

$$\omega_0 = \frac{1}{\sqrt{LC}} = \frac{1}{\sqrt{5\,\text{nH} \times 2\,\text{pF}}} = 10\,\text{GHz}$$

在频率为ω_0时,将获得最大的电压传递系数$H(\omega_0)$:

$$H(\omega_0) = \frac{R_L}{R_G + R_L + R} = \frac{50}{50 + 50 + 20} = 0.416 \tag{5.26}$$

根据式(5.25)可以计算得到电压传递系数模值和相位的变化,如图 5-11 所示。电压传递系数模值$|H(\omega)|$在ω=10GHz 时,获得了最大值 0.416;相位差ϕ从$-90°$变化到 90°,当位于谐振频率$\omega=\omega_0$时,相位差为零。

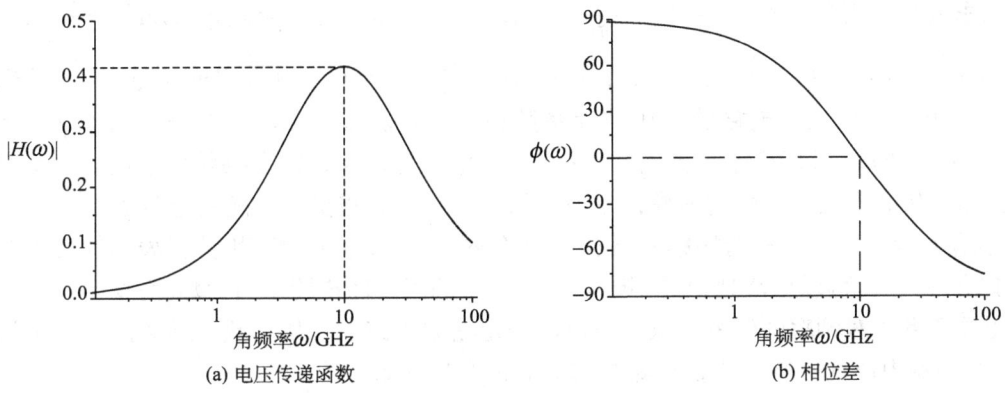

(a) 电压传递函数　　　　　　(b) 相位差

图 5-11　带通滤波电路的特性

带通滤波电路的衰减可以通过式(5.19)计算,得到

$$\alpha(\omega) = -20\lg|H(\omega)|$$

带通滤波电路的衰减如图 5-12 所示,当角频率ω为 10GHz 时得到了最小的衰减 7.6dB。需要注意,根据图 5-12 获得的最小衰减$\alpha(\omega_0)$不是带通滤波电路的插入损耗 IL。图中获得的衰减是从信号源到负载的功率衰减,并且考虑了信号源内阻的损耗。滤波电路插入损耗的定义为入射滤波电路的功率到负载功率的衰减,所以需要重新进行计算。由于滤波电路内存在有耗器件电阻 R,插入损耗 IL 也不能按照式(5.3)计算。本例中插入损耗 IL 只能依照定义式(5.2)进行计算,例如,在滤波电路的谐振频率ω_0处计算得到插入损耗为 IL=4.1dB。

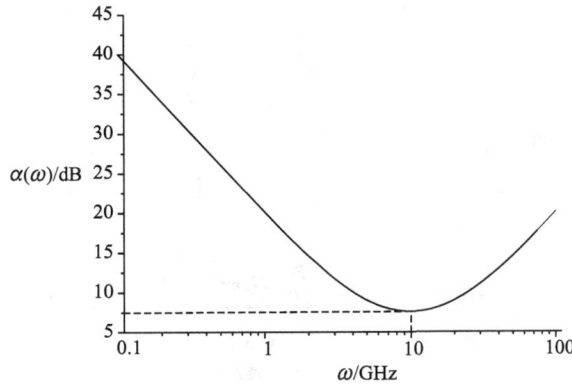

图 5-12　带通滤波电路衰减

使用电阻、电感、电容并联的电路可以构建带阻滤波电路,如图 5-10(b)所示。根据两端口级联网络的计算或者电路的串联、并联计算,可以得到对于带阻滤波电路从信号源到负载的电压传递系数 $H(\omega)$ 为

$$H(\omega) = \frac{v_2}{v_1} = \frac{R_L}{R_G + \dfrac{1}{\dfrac{1}{R} + \mathrm{j}\left(\omega C - \dfrac{1}{\omega L}\right)} + R_L} \tag{5.27}$$

当 $\omega \to 0$ 或者 $\omega \to \infty$ 时,电压传递系数 $H(\omega)$ 趋于常数 $\dfrac{R_L}{R_G + R_L}$;当 $\omega \to \omega_0$(谐振频率)时,电压传递系数 $H(\omega)$ 得到最小值 $\dfrac{R_L}{R_G + R + R_L}$。电路具有了带阻滤波电路需要的基本特征。使用图 5-10(b)的电路,采用参数:$L=5\text{nH}$,$C=2\text{pF}$,$R_L=R_G=50\Omega$,分别根据式(5.27)计算当电阻 $R=20\Omega$、200Ω、$2\text{k}\Omega$ 时电路的电压传递系数模值 $|H(\omega)|$ 和输入输出电压相位差 ϕ,分别如图 5-13(a)和(b)所示。可见随着电阻 R 的增大,电压传递系数在谐振频率附近对频率变化更敏感。如果从品质因数的角度考虑,滤波电路的品质因数将更高。随着电阻 R 的增大,相位差 ϕ 不仅幅度增大,而且在谐振频率 ω_0 也对频率 ω 的变化更为敏感。用分贝表示的衰减系数如图 5-13(c)所示,可以更清楚地看到带阻滤波电路的阻带随电阻 R 的增大而变窄。根据获得的电压传递系数对频率的依赖关系,还可以确定滤波电路的品质因数。显然,电阻 R 越大意味着 LC 谐振电路的损耗越小,电路具有更高的品质因数。

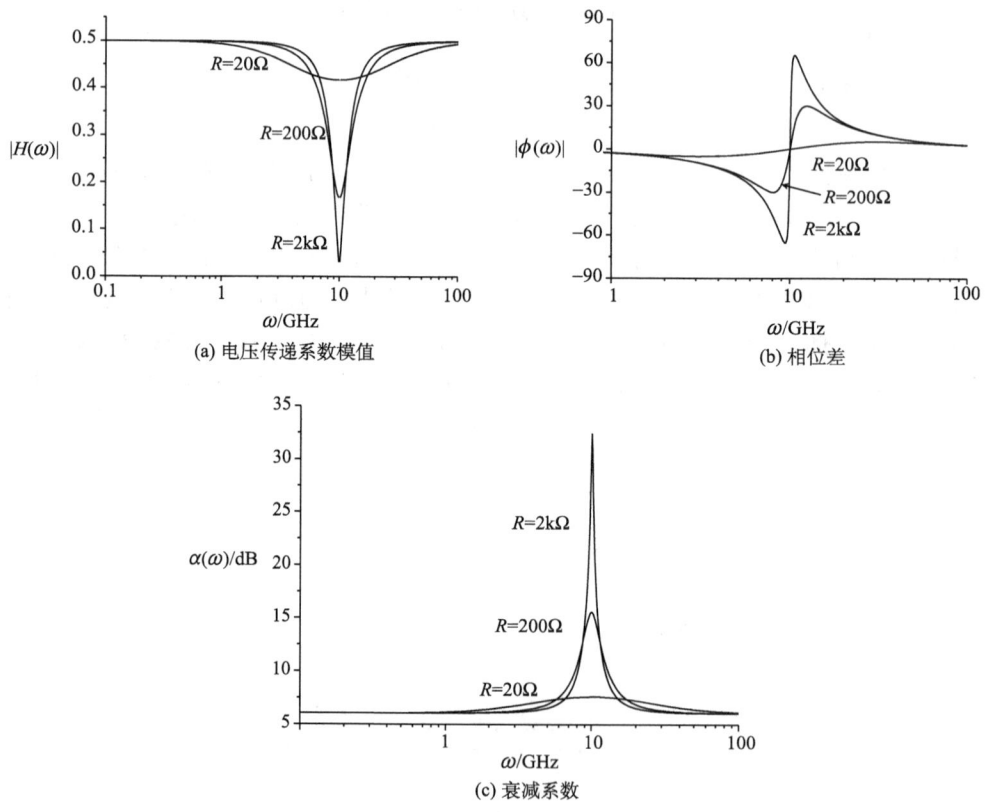

图 5-13 带阻滤波电路的特性

在讨论滤波电路品质因数时，需要考虑负载阻抗和信号源内阻对整个电路的影响。不失一般性，考虑 RLC 串联的带通滤波电路，如图 5-14 所示，其中外电路电阻 R_E 等效为信号源内阻 R_G 和负载 R_L 之和。显然只有当外电路电阻 $R_E=0$ 时，才可以得到带通滤波电路固有品质因数 Q_F。在实际测量中，很难实现电路电阻 R_E 接近于零的条件。通常只能测量外电路电阻 R_E 不为零的情况下，滤波电路的加载品质因数 Q_L。因此，需要获得滤波电路加载品质因数 Q_L 与滤波电路固有品质因数 Q_F 之间的关系，才可以通过实际测量得到滤波电路固有品质因数。

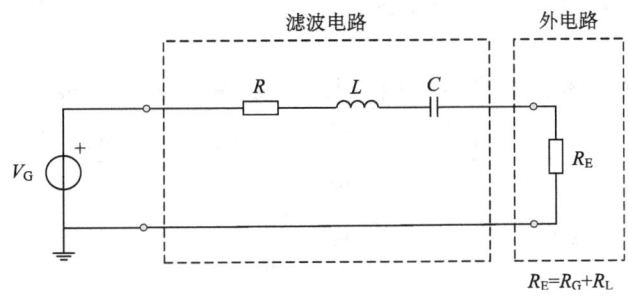

图 5-14 带通滤波电路品质因数

定义滤波电路的固有品质因数 Q_F 为外电路阻抗为零时，整体电路的品质因数。对于图 5-14 所示的带通滤波电路，根据 RLC 串联谐振电路的特性，可以得到滤波电路的固有品质因数为

$$Q_F = \frac{\omega_0 L}{R} = \frac{1}{\omega_0 RC} \tag{5.28}$$

其中，ω_0 为电路的谐振频率 $\frac{1}{\sqrt{LC}}$。

定义滤波电路的外电路品质因数 Q_E 为滤波电路内电阻 R 为零时，整体电路的品质因数。依然根据 RLC 串联谐振电路的特性，可以得到滤波电路的外电路品质因数为

$$Q_E = \frac{\omega_0 L}{R_E} = \frac{1}{\omega_0 R_E C} \tag{5.29}$$

滤波电路的加载品质因数 Q_L 是当外电路电阻 R_E 和滤波电路内电阻 R 均不为零时，整体电路的品质因数。显然可以得到滤波电路的加载品质因数为

$$Q_L = \frac{\omega_0 L}{R + R_E} = \frac{1}{\omega_0 (R + R_E) C} \tag{5.30}$$

根据式(5.28)、式(5.29)和式(5.30)，建立滤波电路加载品质因数 Q_L、滤波电路固有品质因数 Q_F 和滤波电路外电路品质因数 Q_E 之间的关系为

$$\frac{1}{Q_L} = \frac{1}{Q_F} + \frac{1}{Q_E} \tag{5.31}$$

由于外电路的品质因数 Q_E 与外电路电阻 R_E 成反比，理论上通过改变外电路电阻 R_E 进行两次测量就可以计算得到滤波电路的固有品质因数 Q_F。当然，还可以通过多次测量来提高计算滤波电路固有品质因数 Q_F 的精度。对于并联谐振电路的带阻滤波电路，可以通过类似的

分析得到一致的结论。因此，式(5.31)的结论具有一般性，通常可以适用于任何滤波电路的分析。

在滤波电路的分析中，引入归一化的频率偏移ε有利于电路的分析和计算。定义归一化的频率偏移ε为

$$\varepsilon = \frac{\omega}{\omega_0} - \frac{\omega_0}{\omega} \tag{5.32}$$

当频率ω低于谐振频率ω_0时，频率偏移$\varepsilon<0$；当频率ω为谐振频率ω_0时，频率偏移$\varepsilon=0$；当频率ω高于谐振频率ω_0时，频率偏移$\varepsilon>0$。另一个优点是无论使用角频率ω或者频率f，都得到相同的归一化频率偏移ε。

展开式(5.32)，考虑在谐振频率ω_0附近归一化频率偏移ε可以表示为

$$\begin{aligned}\varepsilon &= \frac{\omega_0 + \Delta\omega}{\omega_0} - \frac{\omega_0}{\omega_0 + \Delta\omega} = \left(1 + \frac{\Delta\omega}{\omega_0}\right) - \left(1 + \frac{\Delta\omega}{\omega_0}\right)^{-1} \\ &\approx 1 + \frac{\Delta\omega}{\omega_0} - \left(1 - \frac{\Delta\omega}{\omega_0}\right) \approx 2\frac{\Delta\omega}{\omega_0}\end{aligned} \tag{5.33}$$

其中，$\Delta\omega=\omega-\omega_0$。例如，当$\Delta\omega=0.05\omega$时（频率偏移$\Delta\omega=\omega_0\times 5\%$），根据式(5.33)得到归一化频率偏移$\varepsilon$为0.1，而根据式(5.32)计算得到归一化频率偏移ε为0.098。可见当频率偏移$\Delta\omega$较小时，采用式(5.33)近似计算得到的归一化频率偏移ε具有很高的精度。

考虑在$\omega_1=\omega_0-\Delta\omega$和$\omega_2=\omega_0+\Delta\omega$两个频率下的滤波电路的加载品质因数$Q_{L1}$和$Q_{L2}$分别为

$$\begin{aligned}Q_{L1} &= \frac{(\omega_0-\Delta\omega)L}{R+R_E} = Q_L - \frac{\Delta\omega L}{R+R_E} \\ Q_{L2} &= \frac{(\omega_0+\Delta\omega)L}{R+R_E} = Q_L + \frac{\Delta\omega L}{R+R_E}\end{aligned} \tag{5.34}$$

则两个频率下滤波电路加载品质因数之差ΔQ_L为

$$\Delta Q_L = Q_{L2} - Q_{L1} = \frac{2\Delta\omega L}{R+R_E} = \frac{2\Delta\omega}{\omega_0}\frac{\omega_0 L}{R+R_E} \approx \varepsilon Q_L \tag{5.35}$$

从而可以得到滤波电路的加载品质因数Q_L为

$$Q_L = \frac{\Delta Q_L}{\varepsilon} = \frac{\omega_0}{2\Delta\omega}\Delta Q_L = \frac{f_0}{2\Delta f}\Delta Q_L \tag{5.36}$$

对于串联谐振电路，如果令$X=\omega L$并且用微分代替差分，根据式(5.30)可以得到

$$Q_L = \frac{f_0}{2}\frac{\mathrm{d}Q_L}{\mathrm{d}f} = \frac{f_0}{2(R+R_E)}\frac{\mathrm{d}X}{\mathrm{d}f}\bigg|_{f=f_0} \tag{5.37}$$

在一般情况下，如果一个电路的复数阻抗为Z，则可以根据式(5.37)得到该电路的品质因数为

$$Q_L = \frac{f_0}{2\mathrm{Re}\{Z\}}\frac{\mathrm{d}\,\mathrm{Im}\{Z\}}{\mathrm{d}f}\bigg|_{f=f_0} \tag{5.38}$$

只要确定了电路的总电抗和总电阻，就可以根据式(5.38)计算电路的品质因数。同理，利用导纳也可以表示电路的品质因数为

$$Q_L = \frac{f_0}{2\mathrm{Re}\{Y\}} \left.\frac{d\,\mathrm{Im}\{Y\}}{df}\right|_{f=f_0} \tag{5.39}$$

式(5.38)和式(5.39)提供了一种分析电路计算品质因数的方法。例如，对于图5-14中的串联谐振电路可以计算品质因数 Q_L 为

$$Q_L = \frac{f_0}{2(R_E+R)} \left.\frac{d\left(\omega L - \frac{1}{\omega C}\right)}{df}\right|_{f=f_0} = \frac{\omega_0}{2(R_E+R)}\left(L+\frac{1}{\omega_0^2 C}\right) = \frac{\omega_0 L}{(R_E+R)} \tag{5.40}$$

显然根据式(5.38)计算得到的结果与式(5.30)完全一致，提供了一种比从定义式计算电路品质因数更为简洁的方法。

4. 插入损耗

在通过测量获得了电路的品质因数后，可以方便地得到带通或者带阻滤波电路的阻抗。例如，串联谐振电路的阻抗可以表示为

$$\begin{aligned} Z &= R + \mathrm{j}\left(\omega L - \frac{1}{\omega C}\right) = (R+R_E)\left[\frac{R}{R+R_E} + \mathrm{j}\left(\frac{\omega L}{R_E+R} - \frac{1}{\omega C(R+R_E)}\right)\right] \\ &= (R+R_E)\left(\frac{Q_{LD}}{Q_F} + \mathrm{j}Q_{LD}\varepsilon\right) \end{aligned} \tag{5.41}$$

以串联谐振电路构成的带通滤波电路为例，可以分析滤波电路的插入损耗。一个带通滤波电路如图5-15所示。带通滤波电路通过特征阻抗为 Z_0 的传输线与信号源和负载相连接，在匹配状态下满足条件 $R_G=R_L=Z_0$。在计算插入损耗时，需要考虑带通滤波电路的入射功率 P_{IN} 和负载得到功率 P_L 之间的关系。

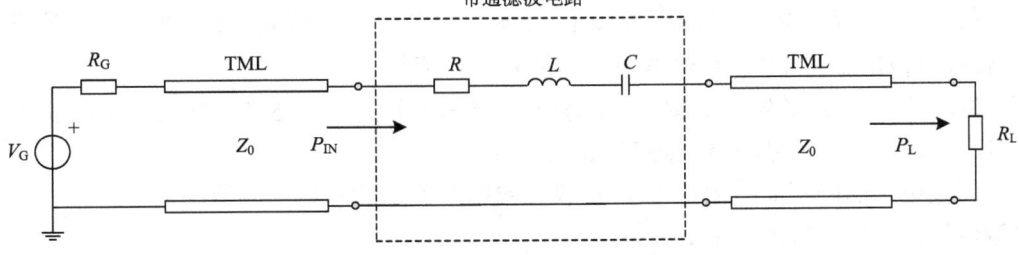

图5-15 带通滤波电路插入损耗分析

在没有插入带通滤波电路时，电路处于完全匹配状态，可以得到负载获得的最大功率为

$$P_L = P_{IN} = \frac{|V_G|^2}{8Z_0} \tag{5.42}$$

显然此功率为入射滤波电路的功率 P_{IN}。

根据电路的串联关系可以确定负载得到的功率 P_L 为

$$P_L = \frac{1}{2}\left|\frac{1}{R_G+Z+R_L}V_G\right|^2 R_L \tag{5.43}$$

其中，阻抗 Z 为带通滤波电路 RLC 串联电路的阻抗。对式(5.43)简化并代入带通滤波电路阻抗 Z 的表达式(5.41)可以得到

$$P_\mathrm{L} = \frac{1}{2}\left|\frac{V_\mathrm{G}}{2Z_0+Z}\right|^2 Z_0 = P_\mathrm{IN}\frac{Q_\mathrm{LD}^2}{(1+\varepsilon^2 Q_\mathrm{LD}^2)Q_\mathrm{E}^2} \qquad (5.44)$$

从而获得带通滤波电路的插入损耗 IL 为

$$\mathrm{IL} = 10\lg\frac{P_\mathrm{IN}}{P_\mathrm{L}} = 10\lg\frac{(1+\varepsilon^2 Q_\mathrm{LD}^2)Q_\mathrm{E}^2}{Q_\mathrm{LD}^2} \qquad (5.45)$$

在谐振频率 ω_0 处，归一化频率偏移 $\varepsilon=0$，式(5.45)可以简化为

$$\mathrm{IL} = 10\lg\frac{P_\mathrm{IN}}{P_\mathrm{L}} = 20\lg\frac{Q_\mathrm{E}}{Q_\mathrm{LD}} \qquad (5.46)$$

在谐振频率 ω_0 处，根据式(5.44)可以得到负载的功率 P_L 为

$$P_\mathrm{L}(\omega_0) = P_\mathrm{IN}\frac{Q_\mathrm{LD}^2}{Q_\mathrm{E}^2} \qquad (5.47)$$

在偏离谐振频率的情况下，如果负载得到的功率 $P_\mathrm{L}(\omega)$ 是谐振频率 $P_\mathrm{L}(\omega_0)$ 的一半，归一化 ε 满足条件

$$1+\varepsilon^2 Q_\mathrm{LD}^2 = 2 \qquad (5.48)$$

如果滤波电路的品质因数 Q_LD 比较高，归一化频率偏移 ε 比较小可以使用式(5.33)计算。在频率 ω 处负载得到的功率 $P_\mathrm{L}(\omega)$ 是谐振频率 $P_\mathrm{L}(\omega_0)$ 的一半，可以直接根据该频率 ω 计算滤波电路的加载品质因数 Q_LD 为

$$Q_\mathrm{LD} \approx \frac{1}{\varepsilon} = \frac{\omega_0}{2\Delta\omega} = \frac{f_0}{\mathrm{BW}^{3\mathrm{dB}}} \qquad (5.49)$$

其中，$\mathrm{BW}^{3\mathrm{dB}} = f_\mathrm{H}^{3\mathrm{dB}} - f_\mathrm{L}^{3\mathrm{dB}}$ 为滤波电路的 3dB 带宽。这为测量滤波电路的加载品质因数 Q_LD 提供了一种方法，只需要测量得到谐振频率 f_0 和当负载电压降低到 $\sqrt{2}/2$ 时对应的频带宽度 $\mathrm{BW}^{3\mathrm{dB}}$ 就可以根据式(5.49)计算滤波电路的加载品质因数 Q_LD。

例 5-2 滤波电路的结构如图 5-15 所示，已知参数为：$Z_0=50\Omega$，$Z_\mathrm{L}=Z_\mathrm{G}=Z_0$，$R=10\Omega$，$L=50\mathrm{nH}$，$C=0.47\mathrm{pF}$，信号源电压为 $V_\mathrm{G}=5\mathrm{V}$。求：

(1) 滤波电路的固有品质因数 Q_F，加载品质因数 Q_LD 和外电路品质因数 Q_E；
(2) 信号源的最大输出功率 P_M；
(3) 在谐振频率下负载吸收的功率 P_L 和插入损耗 IL；
(4) 滤波电路的 3dB 带宽 $\mathrm{BW}^{3\mathrm{dB}}$。

解 (1) 滤波电路的谐振频率 f_0 为

$$f_0 = \frac{1}{2\pi\sqrt{LC}} = 1.04\,\mathrm{GHz}$$

在得到滤波电路的谐振频率 f_0 后，可以计算得到滤波电路的固有品质因数 Q_F 为

$$Q_\mathrm{F} = \frac{\omega_0 L}{R} = 32.6$$

滤波电路的加载品质因数 Q_LD 为

$$Q_{LD} = \frac{\omega_0 L}{R + 2Z_0} = 2.97$$

滤波电路的外电路品质因数 Q_E 为

$$Q_E = \frac{\omega_0 L}{2Z_0} = 3.26$$

(2) 当负载与信号源内阻相等时,信号源的最大输出功率 P_M 为

$$P_M = \frac{|V_G|^2}{8Z_0} = 62.5\,\text{mW}$$

(3) 在谐振频率 ω_0 下,负载得到的功率 P_L 可以根据式(5.44)计算:

$$P_L = P_{IN} \frac{Q_{LD}^2}{(1+\varepsilon^2 Q_{LD}^2) Q_E^2} = P_{IN} \frac{Q_{LD}^2}{Q_E^2} = 51.7\,\text{mW}$$

在谐振频率 ω_0 下,滤波电路的插入损耗 IL 为

$$\text{IL} = 10\lg\frac{P_M}{P_L} = 0.82\,\text{dB}$$

(4) 滤波电路的带宽可以根据加载品质因数 Q_L 计算

$$\text{BW}^{3\text{dB}} = \frac{f_0}{Q_L} = 350\,\text{MHz}$$

在例 5-2 中,当计算在谐振频率 ω_0 处的插入损耗 IL 时,由于电感和电容串联电路的电抗在谐振频率 ω_0 处为零,所以可以简单地按照串联公式计算负载得到的功率 P_L 为

$$P_L = \frac{|V_G|^2}{2\times(2Z_0+R)} \times \frac{Z_0}{2Z_0+R} = 51.7\,\text{mW}$$

与使用式(5.44)计算得到的结果完全一致。根据式(5.44)进行计算的优势是可以获得在谐振频率附近插入损耗 IL 的变化趋势,给出在一定频率范围内插入损耗的计算方法。

5.2 集总参数滤波电路

滤波电路的综合设计是相当复杂的,需要很多的数学知识。在本节将介绍最大平滑巴特沃斯滤波电路和等波纹切比雪夫滤波电路的设计方法。当滤波电路工作在射频的低端频段时,可以使用集总参数的元件进行设计。利用集总参数的电感和电容,按照一定的设计规则选取合适的电路和元件的参数,就可以实现归一化低通滤波电路的设计。然后通过利用频率变换就可以实现相应的低通滤波电路、高通滤波电路、带通滤波电路和带阻滤波电路的设计。

5.2.1 巴特沃斯滤波电路

在巴特沃斯滤波电路的频率响应上没有任何波纹,通常被称为最大平滑滤波电路。在同时获得最大平滑和单调响应的良好特性时,巴特沃斯滤波电路也有在带外的衰减较缓慢的缺点。对于理想的巴特沃斯低通滤波电路,插入损耗全部由阻抗不匹配引起。滤波电路的插入损耗 IL 可以表示为

$$\text{IL} = -10\lg\left(1-|\Gamma_{\text{IN}}|^2\right) = 10\lg\left|1+a^2\Omega^{2N}\right| \tag{5.50}$$

其中，Ω 为归一化的频率 ω/ω_0，N 为滤波电路的阶数，a 是设计巴特沃斯滤波电路的一个参数。通常 a 取值为 1，则当归一化的频率 Ω_{C} 等于 1 时，滤波电路的插入损耗 IL 为

$$\text{IL} = 10\lg 2 = 3\text{dB} \tag{5.51}$$

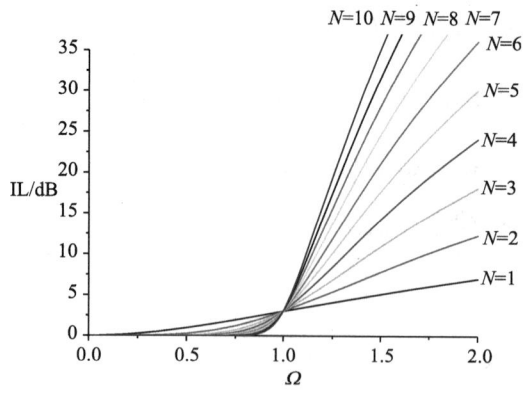

图 5-16 巴特沃斯低通滤波电路频率响应

可以实现在截止频率 ω_{C} 上滤波电路有 3dB 的损耗。图 5-16 给出了截止频率 $\Omega_{\text{C}}=1$ 的不同阶数低通滤波电路的频率响应。随着巴特沃斯低通滤波电路阶数 N 的增加，在截止频率 Ω_{C} 附近具有更为陡峭的变化。例如，在归一化频率 $\Omega=2$ 处，2 阶的巴特沃斯低通滤波电路具有 12.3dB 的衰减，4 阶滤波电路衰减为 24.1dB，6 阶滤波电路衰减达到 36.1dB，而 10 阶滤波电路则可以实现 60.2dB 的衰减。显然，选择更高的滤波电路阶数 N，滤波电路会具有更好的特性，但是滤波电路更为复杂成本更高、体积更大。

归一化的低通滤波电路具有两种电路结构，如图 5-17(a) 和 (b) 中虚线框内所示电路。N 阶低通滤波电路由 N 个电抗元件构成，$g_1 \sim g_N$ 表示滤波电路中相应电感和电容的数值，外电路中 g_0 表示信号源电阻或者电导，g_{N+1} 表示负载电阻或者电导。g_0 或者 g_{N+1} 表示电导或者电阻取决于相连接元件的类型和电路。当滤波电路的第一个元件为串联电感时，如图 5-17(a) 所示，$R_{\text{G}}=g_0$ 为信号源的电阻；当滤波电路的第一个元件为并联电容时，如图 5-17(b) 所示，$G_{\text{G}}=g_0$ 为信号源的电导。同理，当滤波电路的最后一个元件为串联电感时，g_{N+1} 为负载的电阻 R_{L}；当滤波电路的最后一个元件为并联电容时，g_{N+1} 为负载的电导 G_{L}。

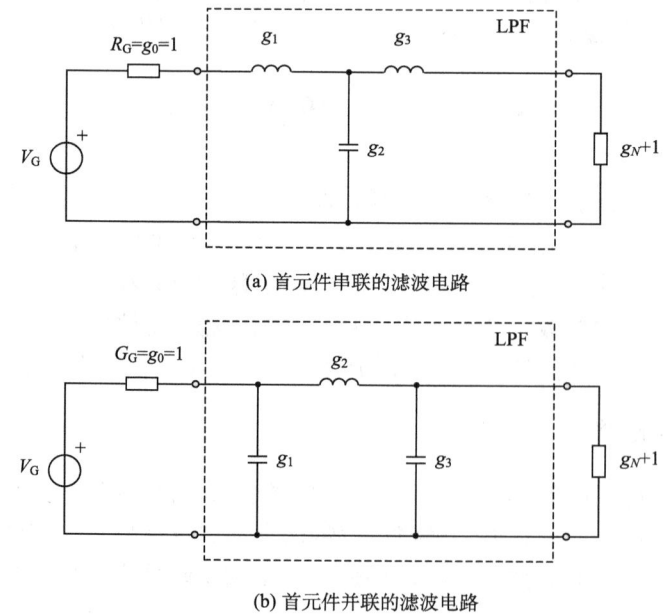

图 5-17 低通滤波电路的两种电路

归一化巴特沃斯低通滤波电路参数 $g_0 \sim g_{N+1}$ 可以查表从中直接获得，如表 5-2 所示。设计 10 阶以内的巴特沃斯低通滤波电路时，各电抗元件需要参考该表格取值，得到 3dB 归一化截止频率 $\Omega_C=1$ 的滤波电路。在表 5-2 中，参数始终满足 $g_0=g_{N+1}=1$，其他参数 $g_1 \sim g_N$ 具有对称性，所有参数 $g_0 \sim g_{N+1}$ 的取值都为 1～2。

表 5-2 最大平滑巴特沃斯滤波电路归一化元件参数（$N=1 \sim 10$）

N	g_0	g_1	g_2	g_3	g_4	g_5	g_6	g_7	g_8	g_9	g_{10}	g_{11}
1	1.0000	2.0000	1.0000									
2	1.0000	1.4142	1.4142	1.0000								
3	1.0000	1.0000	2.0000	1.0000	1.0000							
4	1.0000	0.7654	1.8478	1.8478	0.7654	1.0000						
5	1.0000	0.6180	1.6180	2.0000	1.6180	0.6180	1.0000					
6	1.0000	0.5176	1.4142	1.9318	1.9318	1.4142	0.5176	1.0000				
7	1.0000	0.4450	1.2470	1.8019	2.0000	1.8019	1.2470	0.4450	1.0000			
8	1.0000	0.3902	1.1111	1.6629	1.9615	1.9615	1.6629	1.1111	0.3902	1.0000		
9	1.0000	0.3473	1.0000	1.5321	1.8794	2.0000	1.8794	1.5321	1.0000	0.3473	1.0000	
10	1.0000	0.3129	0.9080	1.4142	1.7820	1.9754	1.9754	1.7820	1.4142	0.9080	0.3129	1.0000

当巴特沃斯滤波电路的工作频率超过截止频率 Ω_C 后，滤波电路的衰减将随着频率的增加而迅速增大。从式(5.50)可以得到，当归一化频率 $\Omega \gg 1$ 时，滤波电路的衰减近似为

$$\alpha \approx 10 \lg \Omega^{2N} = 20N \lg \Omega \tag{5.52}$$

当工作频率每增加 10 倍，巴特沃斯滤波电路的带外衰减就增加 $20N$ 倍。图 5-18 给出了 1～10 阶巴特沃斯低通滤波电路的带外衰减特性，可供滤波电路设计时参考。

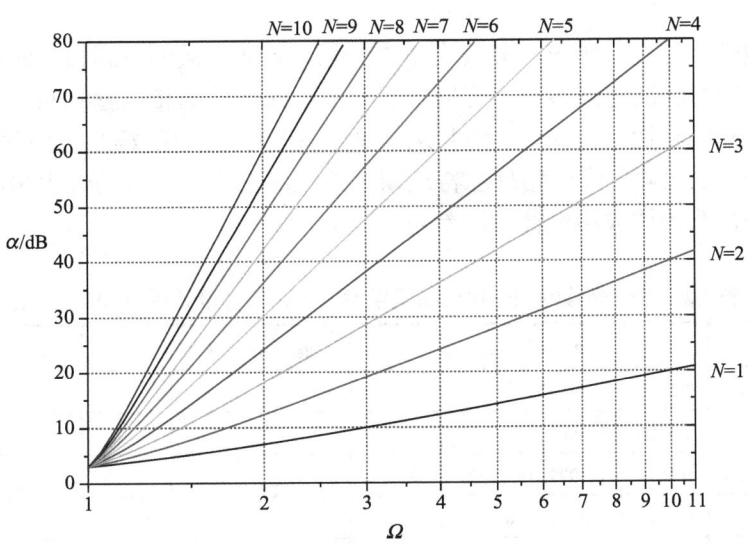

图 5-18 巴特沃斯滤波电路的带外衰减

例 5-3 设计一个归一化的巴特沃斯滤波电路,在 2 倍截止频率处具有 30dB 以上的衰减,要求与信号源相连的第一个元件为电感。

解 根据图 5-18 可以确定,当 $N=5$ 时滤波电路在归一化频率 $\Omega=2$ 处,具有 30.1dB 的衰减,可以满足要求。因此,该滤波电路为 5 阶巴特沃斯滤波电路。

选择图 5-17(a)中的滤波电路,满足与信号源相连的第一个元件为电感的要求。查表 5-2 可以得到各个电抗元件的参数,从而确定 5 阶归一化低通巴特沃斯滤波电路如图 5-19 所示。滤波电路要求信号源内阻为 $R_0=1\Omega$,负载电阻为 $R_6=1\Omega$。

注意归一化低通滤波电路设计的截止频率为角频率 $\omega_0=1$,所以对应的截止频率为 $f_C = \omega_0/2\pi = 0.159 \text{Hz}$。

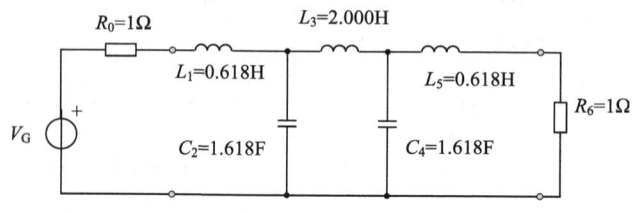

图 5-19　5 阶归一化低通滤波电路

在无线通信系统的设计中,要求滤波电路的相位具有线性特性。然而按照最大平滑巴特沃斯电路设计的滤波电路,随着阶数的增加会使带外衰减迅速增加,但是输出信号和输入信号的相位也会发生迅速变化。巴特沃斯滤波电路输出和输入信号的相位差具有与式(5.50)类似的表达式

$$\phi(\Omega) = A_1 \Omega \left(1 + A_2 \Omega^{2N}\right) \tag{5.53}$$

其中,A_1 和 A_2 为常数;N 为滤波电路的阶数;Ω 为归一化的角频率。相应的群时延 t_g 为

$$t_g(\Omega) = \frac{\mathrm{d}\phi(\Omega)}{\mathrm{d}\Omega} = A_1 + A_2(2N+1)\Omega^{2N} \tag{5.54}$$

为了获得线性的相位差响应,根据式(5.53)确定 $A_2=0$,从而得到相应的群时延 t_g 为常数 A_1。通过设计合适的滤波电路参数,可以实现滤波电路线性的相位差响应,然而牺牲了滤波电路陡峭的带外衰减特性。当式(5.54)中 $A_1=1$ 时,获得滤波电路群时延为常数 1,相应的滤波电路设计参数见表 5-3。线性相移巴特沃斯滤波电路使用的参数与最大平滑巴特沃斯滤波电路不同,但是电路的构成和设计方法都是一致的。

表 5-3　线性相移的归一化巴特沃斯滤波电路元件设计参数($N=1\sim10$)

N	g_0	g_1	g_2	g_3	g_4	g_5	g_6	g_7	g_8	g_9	g_{10}	g_{11}
1	1.0000	2.0000	1.0000									
2	1.0000	1.5774	0.4226	1.0000								
3	1.0000	1.2250	0.5528	0.1922	1.0000							
4	1.0000	1.0598	0.5116	0.3181	0.1104	1.0000						
5	1.0000	0.9303	0.4577	0.3312	0.2090	0.0718	1.0000					

续表

N	g_0	g_1	g_2	g_3	g_4	g_5	g_6	g_7	g_8	g_9	g_{10}	g_{11}
6	1.0000	0.8377	0.4116	0.3158	0.2364	0.1480	0.0505	1.0000				
7	1.0000	0.7677	0.3744	0.2944	0.2378	0.1778	0.1104	0.0375	1.0000			
8	1.0000	0.7125	0.3446	0.2735	0.2297	0.1867	0.1387	0.0855	0.0289	1.0000		
9	1.0000	0.6678	0.3303	0.2547	0.2184	0.1859	0.1506	0.1111	0.0682	0.0230	1.0000	
10	1.0000	0.6305	0.3002	0.2384	0.2066	0.1808	0.1539	0.1240	0.0911	0.0557	0.0187	1.0000

5.2.2 切比雪夫滤波电路

等波纹切比雪夫滤波电路的衰减特性可以用切比雪夫多项式进行描述，其插入损耗 IL 表示为

$$\mathrm{IL} = 10\lg\left|1 + a^2 T_N^2(\Omega)\right| \tag{5.55}$$

其中，Ω 为归一化频率；a 为常数；N 为非负整数；T_N 为 N 阶切比雪夫多项式：

$$\begin{cases} T_N(\Omega) = \cos\left|N\arccos(\Omega)\right|, & |\Omega| \leq 1 \\ T_N(\Omega) = \cosh\left|N\operatorname{arcosh}(\Omega)\right|, & |\Omega| \geq 1 \end{cases} \tag{5.56}$$

在归一化频率 Ω 为 $-1 \sim +1$ 的范围内，切比雪夫多项式可以表示为

$$\begin{aligned} T_0 &= 1 \\ T_1 &= \Omega \\ T_2 &= -1 + 2\Omega^2 \\ T_3 &= -3\Omega + 4\Omega^3 \\ T_4 &= 1 - 8\Omega^2 + 8\Omega^4 \end{aligned} \tag{5.57}$$

可见 N 阶切比雪夫多项式为归一化频率 Ω 的 N 次函数，并且当 $\Omega=1$ 时一定满足 $T_N=1$。图 5-20 给出了 1～5 阶切比雪夫多项式的曲线，从图中可以看出 N 阶切比雪夫多项式具有 $N-1$ 个极点，并且取值范围都是 $-1 \sim +1$。显然切比雪夫多项式具有等波纹的特性，所有极点对应的函数值都是 -1 或者 $+1$，所以 N 阶多项式具有 N 个波纹。

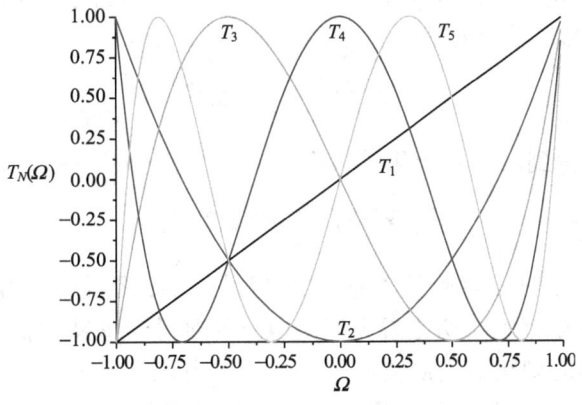

图 5-20 切比雪夫多项式 $(-1<\Omega<1)$

根据插入损耗的表达式(5.55)，可以得到切比雪夫滤波电路的带内电压传递系数模值 $|H(\Omega)|$ 为

$$|H(\Omega)| = \sqrt{\mathrm{IL}} = \sqrt{1 + a^2 T_N^2(\Omega)} \tag{5.58}$$

其中，$T_N(\Omega)$ 为 N 阶切比雪夫多项式；a 为用于调节滤波电路带内波纹幅度的参数。当选择 $a=1$ 时，在归一化频率 $\Omega=1$ 处可以得到电压传递系数的模值为

$$|H(1)| = \sqrt{2} \approx 0.707 \tag{5.59}$$

通带内所有极点的最大衰减量均为3dB，实现了3dB的等波纹。图 5-21(a)给出了1～5阶的 3dB 切比雪夫归一化滤波电路的带内插入损耗 IL，在归一化频率 $\Omega=1$ 处各滤波电路都存在 3dB 的损耗，而且带内所有波纹均为 3dB。随着阶数 N 的增加，带内波纹数随之增加。图 5-21(b)给出了 1～10 阶的 3dB 切比雪夫归一化滤波电路的带外衰减 $\alpha(\Omega)$，随着滤波电路阶数 N 的增加，滤波电路频率衰减曲线更为陡峭。与最大平滑巴特沃斯滤波电路相比，切比雪夫滤波电路在截止频率 $\Omega=1$ 处具有同样的 3dB 的衰减，但是切比雪夫滤波电路在带外具有更陡峭的频率响应。例如，在归一化频率 $\Omega=2$ 处，1～10 阶的最大平滑巴特沃斯滤波电路的衰减都小于 60dB；而 5～10 阶的切比雪夫滤波电路都具有 60dB 以上的衰减。

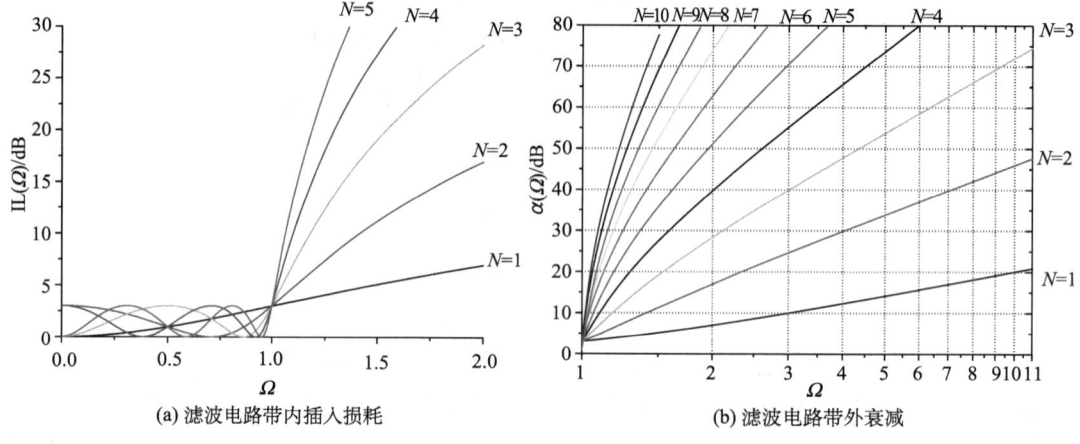

(a) 滤波电路带内插入损耗　　(b) 滤波电路带外衰减

图 5-21　3dB 切比雪夫归一化滤波电路频率响应

切比雪夫等波纹滤波电路的带外衰减特性可以通过下面的方法进行估算。当归一化的频率 $\Omega \gg 1$ 时，切比雪夫多项式近似为

$$T_N(\Omega) \approx \frac{1}{2}(2\Omega)^N \tag{5.60}$$

代入式(5.55)可以得到，当归一化的频率 $\Omega \gg 1$ 时通带外衰减近似为

$$\alpha(\Omega) = \frac{1}{4} a^2 (2\Omega)^{2N} \tag{5.61}$$

当滤波电路常数 $a=1$ 时，对应于 N 阶 3dB 等波纹切比雪夫滤波电路。与相应的 N 阶最大平滑巴特沃斯滤波电路相比，切比雪夫滤波电路的带外衰减特性提高了 $2^{2(N-1)}$ 倍。如果采用分贝表示，相同阶数的切比雪夫滤波电路比最大平滑巴特沃斯滤波电路带外衰减特性提高了 $6(N-1)$dB。例如，对于 3 阶的最大平滑巴特沃斯滤波电路，在归一化频率 $\Omega=10$ 时，衰减

为 60.00dB；对于 3 阶等波纹切比雪夫滤波电路，在归一化频率 $\Omega=10$ 时，衰减为 71.96dB。这与前面估算的结果是完全一致的。

切比雪夫滤波电路可以使用更低的阶数达到巴特沃斯滤波电路的带外衰减量，也就是说可以使用更少的元件构成滤波电路。切比雪夫滤波电路获得良好的带外特性，是以牺牲带内平坦度作为代价实现的。

切比雪夫滤波电路的结构与巴特沃斯滤波电路的结构完全一致，只是使用不同的设计参数。3dB 切比雪夫滤波电路的设计参数如表 5-4 所示，对于 N 阶滤波电路中 g_0 代表信号源的内阻，g_{N+1} 代表负载的阻抗。需要注意：对于等波纹切比雪夫滤波电路，所有阶数的电路都要求信号源参数 $g_0=1$；只有奇数阶滤波电路的负载参数 g_{N+1} 始终为 1 并且参数具有对称性，偶数阶滤波电路的负载参数为 $g_{N+1}=5.8095$ 并且其他参数也不具有对称性。偶数阶的 3dB 等波纹切比雪夫滤波电路将要求负载电阻为信号源的内阻的 6 倍左右。因此在输入输出阻抗一致的射频通信系统中，较多使用奇数阶的切比雪夫滤波电路。

表 5-4 3dB 等波纹切比雪夫归一化低通滤波电路参数（$N=1\sim10$）

N	g_0	g_1	g_2	g_3	g_4	g_5	g_6	g_7	g_8	g_9	g_{10}	g_{11}
1	1.0000	1.9953	1.0000									
2	1.0000	3.1013	0.5339	5.8095								
3	1.0000	3.3487	0.7117	3.3487	1.0000							
4	1.0000	3.4389	0.7483	4.3471	0.5920	5.8095						
5	1.0000	3.4817	0.7618	4.5318	0.7618	3.4817	1.0000					
6	1.0000	3.5045	0.7865	4.6061	0.7929	4.4641	0.6033	5.8095				
7	1.0000	3.5182	0.7723	4.6386	0.8039	4.6386	0.7723	3.5182	1.0000			
8	1.0000	3.5277	0.7745	4.6575	0.8089	4.4990	0.8018	4.4990	0.6073	5.8095		
9	1.0000	3.5340	0.7760	4.6692	0.8118	4.7272	0.8118	4.6692	0.7760	3.5340	1.0000	
10	1.0000	3.5384	0.7771	4.6768	0.8136	4.7425	0.8164	4.7260	0.8051	4.5142	0.6091	5.8095

在切比雪夫滤波电路的设计中，调节式(5.55)中的参数 a 可以改变滤波电路的带内波纹。如果要求带内插入损耗的最大值为 IL_{max}，由于切比雪夫多项式在 $-1<\Omega<1$ 的范围内的最大值为 1，可以根据式(5.58)得到

$$IL_{max} = 10\lg(1+a^2) \tag{5.62}$$

从而可以确定如果滤波电路插入损耗最大值 $IL_{max}=3$dB，参数 a 应为 1；如果插入损耗最大值 $IL_{max}=0.5$dB，参数 a 应为 0.3493。当波纹为 0.5dB（即 $a=0.3493$）时，可以得到切比雪夫滤波电路的设计参数，见表 5-5。通过观察表 5-5 可以得到：所有阶数的滤波电路都要求信号源参数 $g_0=1$；奇数阶的滤波电路负载参数 $g_{N+1}=1$ 并且参数具有对称性，偶数阶的滤波电路负载参数为 $g_{N+1}=1.9841$ 并且参数不具有对称性。与 3dB 等波纹切比雪夫滤波电路相比，0.5dB 等波纹切比雪夫滤波电路参数变化范围更小一些。

表 5-5　0.5dB 等波纹切比雪夫归一化低通滤波电路参数（N=1～10）

N	g_0	g_1	g_2	g_3	g_4	g_5	g_6	g_7	g_8	g_9	g_{10}	g_{11}
1	1.0000	0.6986	1.0000									
2	1.0000	1.4029	0.7071	1.9841								
3	1.0000	1.5963	1.0967	1.5963	1.0000							
4	1.0000	1.6703	1.1926	2.3661	0.8419	1.9841						
5	1.0000	1.7058	1.2296	2.5048	1.2296	1.7058	1.0000					
6	1.0000	1.7254	1.2479	2.6064	1.3137	2.7485	0.6869	1.8941				
7	1.0000	1.7372	1.2583	2.6381	1.3444	2.6381	1.2583	1.7372	1.0000			
8	1.0000	1.7451	1.2647	2.6546	1.3590	2.6964	1.3389	2.5093	0.8796	1.8941		
9	1.0000	1.7504	1.2690	2.6678	1.3673	2.7939	1.3673	2.6678	1.2690	1.7504	1.0000	
10	1.0000	1.7543	1.2721	2.6754	1.3725	2.7392	1.3806	2.7231	1.3485	2.5239	0.8842	1.8941

根据表 5-5 可以计算得到 0.5dB 等波纹切比雪夫滤波电路的频率响应，滤波电路的带内插入损耗如图 5-22(a) 所示，滤波电路的带外衰减特性如图 5-22(b) 所示。比较 0.5dB 等波纹与 3dB 等波纹切比雪夫滤波电路的频率响应特性，不难发现前者在通带内波纹幅度远小于后者。也就是说 0.5dB 等波纹切比雪夫滤波电路的带内平坦度优于 3dB 等波纹滤波电路，插入损耗更小而且波动幅度也更小。滤波电路获得良好的通带内特性，但是牺牲了带外衰减的陡峭特性。例如，在归一化频率 Ω=6 处，4 阶的 3dB 等波纹滤波电路衰减为 80dB，而 4 阶的 0.5dB 等波纹滤波电路的衰减为 72dB。在阶数和归一化频率处，0.5dB 等波纹滤波电路的衰减还是高于最大平滑巴特沃斯滤波电路 62dB 左右的衰减量。在实际应用中，可以选择 0.1dB 等波纹滤波电路，获得更优良的通带内特性，但是还是要以牺牲从通带到阻带过渡的陡峭特性作为代价。

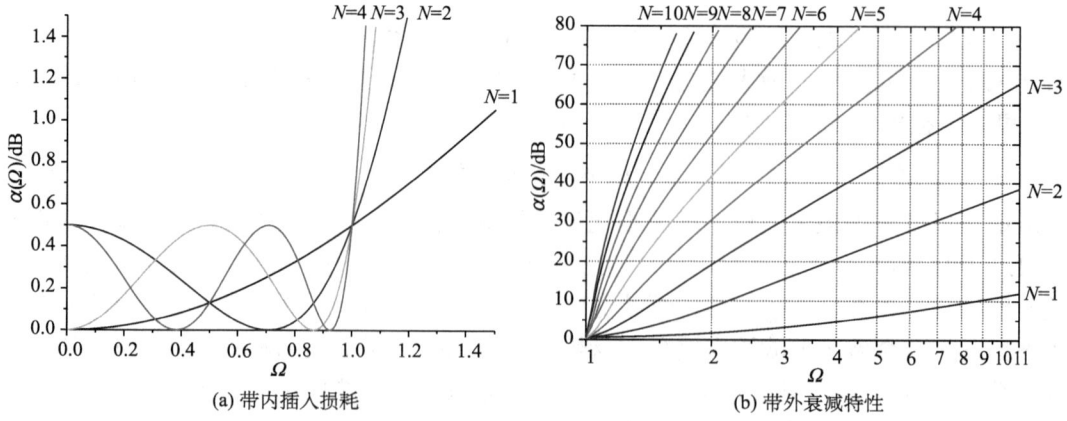

(a) 带内插入损耗　　(b) 带外衰减特性

图 5-22　0.5dB 等波纹切比雪夫滤波电路频率响应

例 5-4 比较 3 阶归一化低通滤波电路的频率特性：3dB 最大平滑巴特沃斯滤波电路、线性相移巴特沃斯滤波电路、3dB 等波纹切比雪夫滤波电路、0.5dB 等波纹切比雪夫滤波电路。

解 选择与信号源相连的第一个元件为串联电感，确定 3 阶低通滤波电路的原理图如图 5-23 所示。

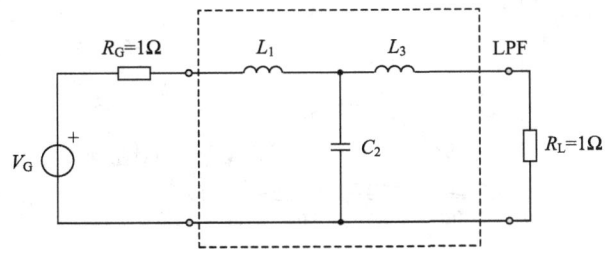

图 5-23 3 阶归一化低通滤波电路原理图

对于四种滤波电路，可以分别参考表 5-2～表 5-5 得到参数如下：
(1) 3dB 最大平滑滤波电路：L_1=1H，C_2=2F，L_3=1H；
(2) 线性相移滤波电路：L_1=1.255H，C_2=0.5528F，L_3=0.1922H；
(3) 3dB 等波纹滤波电路：L_1=3.3487H，C_2=0.7117F，L_3=3.3487H；
(4) 0.5dB 等波纹滤波电路：L_1=1.5963H，C_2=1.0967F，L_3=1.5963H。

从 3 阶低通滤波电路的输入端口看，其输入阻抗 Z_{IN} 随归一化角频率的变化可以表示为

$$Z_{IN} = j\Omega L_1 + \frac{1}{j\Omega C_2} // (j\Omega L_2 + R_L)$$

低通滤波电路输入端口的电压反射系数 Γ_{IN} 为

$$\Gamma_{IN} = \frac{Z_{IN} - Z_0}{Z_{IN} + Z_0}$$

其中，Z_0=1Ω 为系统的特征阻抗。由于低通滤波电路由理想的电感和电容构成不存在功率的损耗，所以进入滤波电路的功率将全部被负载 R_L 吸收。所以可以得到低通滤波电路的通带内插入损耗 IL(Ω) 或者通带外的衰减 α(Ω) 表示为

$$IL(\Omega) = \alpha(\Omega) = -10\lg\left(1 - |\Gamma_{IN}|^2\right)$$

通过计算就可以得到四种低通滤波电路的频率响应特性，通过作图可以得到结果，如图 5-24 所示。3dB 等波纹切比雪夫滤波电路和 3dB 最大平滑巴特沃斯滤波电路的归一化截止频率为 Ω=1；线性相移巴特沃斯滤波电路的频率响应最为平坦；0.5dB 等波纹切比雪夫滤波电路与 3dB 最大平滑滤波电路具有类似的响应。在四种滤波电路中，3dB 等波纹切比雪夫滤波电路从通带到阻带的过渡中具有最为陡峭的过渡变化。

在对通带内波纹要求不严格的情况下，可以选择 3dB 等波纹切比雪夫滤波电路获得陡峭的频率特性。如果对通带内波纹要求严格，可以选用 0.5dB 等波纹切比雪夫滤波电路或者 3dB 最大平滑巴特沃斯滤波电路，使得通带内不存在波纹或者波纹幅度很小。在射频通信系统的调制电路和混频电路中，对滤波电路输出信号相位变化要求严格，通常需要选用线性相移滤波电路。

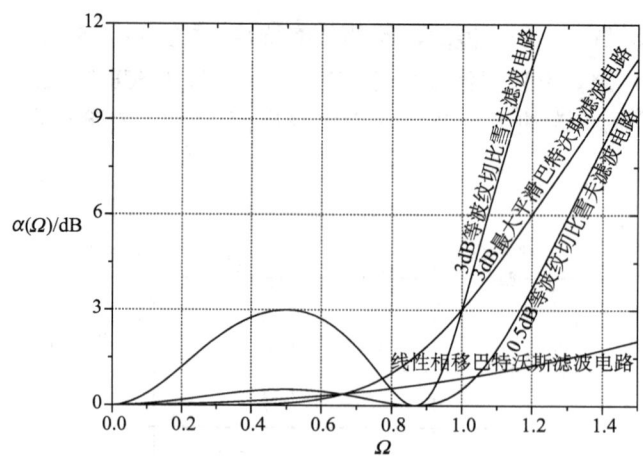

图 5-24 四种滤波电路频率响应的比较

除了巴特沃斯滤波电路和切比雪夫滤波电路,还可以根据设计要求选择逆切比雪夫滤波电路、椭圆滤波电路、汤普森-贝塞尔滤波电路。这些滤波电路具有不同的特性,电路的设计方法与本章讨论的集总参数滤波电路基本设计方法一致。如果使用逆切比雪夫滤波电路,可以具有切比雪夫滤波电路通带到阻带陡峭的频率特性,而且将等波纹从通带转移到阻带,实现平滑的通带内响应。椭圆滤波电路牺牲了通带内外的平滑特性(波纹将既出现在通带内也出现在阻带内),通过使用更多的元件获得了更为陡峭的通带到阻带的频率响应。汤普森-贝塞尔滤波电路与众多控制信号幅度的滤波电路不同,可以实现最大平滑的群延迟控制。理想的汤普森-贝塞尔滤波电路具有恒定的幅度响应,输出信号幅度与输入信号幅度一致,但是通过控制群延迟的变化可以改变输出信号的相位。

5.2.3 归一化滤波电路的变换

上面讨论的滤波电路都是归一化滤波电路:信号源内阻为 1Ω,截止角频率为 $\omega_C=1$Hz,类型为低通滤波电路。在实际射频应用电路中,滤波电路的信号源内阻通常为 50Ω,截止频率则需要在很宽的范围内变化,而滤波电路的类型则要求可以为高通、带通、带阻等类型。因此,需要利用设计好的归一化滤波电路,通过合适的电路变换得到特定的滤波电路。

电路变换主要包括频率变换和阻抗变换。频率变换就是将归一化滤波电路中的截止角频率从 $\omega_C=1$Hz 变换到实际需要的频率 ω_0;阻抗变换则是使变换后的滤波电路与信号源实际内阻 R_G 一致。频率变换和阻抗变换都依靠改变滤波电路中电抗元件的参数来实现。

1. 映射到低通滤波电路

以 4 阶切比雪夫滤波电路为例,归一化的低通滤波电路(截止频率为 $\omega_C=1$Hz,$\Omega=1$)和截止频率为 $\omega=1$GHz 的低通滤波电路的频率响应,如图 5-25 所示。显然两个滤波电路的频率响应特性完全一致,只是频率的范围不同。因此,可以通过一个频率的线性变换从归一化的低通滤波电路得到一个实际的低通滤波电路。

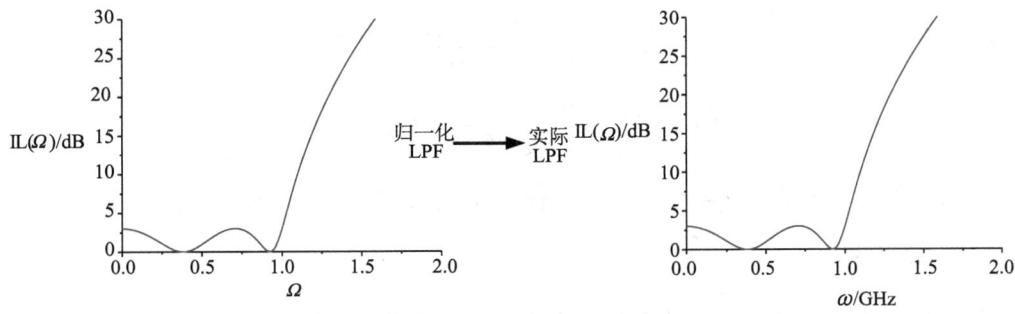

图 5-25 归一化 LPF 映射到 LPF

如果实际低通滤波电路的截止频率为 ω_0，则通过频率变换

$$\omega = \omega_0 \Omega \tag{5.63}$$

就可以完成频率响应的变换。当频率发生线性比例变换后，如果调节滤波电路中的电感和电容的参数，在新的频率下维持各电抗元件的阻抗不改变，则滤波电路的频率响应特性可以得到完整的保持。归一化低通滤波电路的电感为 L，电容为 C；实际低通滤波电路中响应的电感为 $\tilde{L}$，电容为 $\tilde{C}$。对比两个滤波电路中电抗元件的阻抗，得到关系

$$\begin{aligned} Z_L &= j\Omega L = j\frac{\omega}{\omega_0}L = j\omega\tilde{L} \\ Z_C &= \frac{1}{j\Omega C} = \frac{\omega_0}{j\omega C} = \frac{1}{j\omega \tilde{C}} \end{aligned} \tag{5.64}$$

根据频率之间的关系式(5.63)，可以得到电感和电容的变换关系为

$$\begin{cases} \tilde{L} = \dfrac{1}{\omega_0} L \\ \tilde{C} = \dfrac{1}{\omega_0} C \end{cases} \tag{5.65}$$

例 5-5 设计一个 3 阶 3dB 等波纹切比雪夫低通滤波电路，信号源和负载的阻抗为 $Z_0=1\Omega$，截止频率为 $f_0=1\text{GHz}$。

解 选用首元件串联电感的 3 阶低通滤波电路，如图 5-26 所示。根据表 5-4 确定归一化 3dB 等波纹切比雪夫低通滤波电路的参数为：$L_1=3.3487\text{H}$，$C_2=0.7117\text{F}$，$L_3=3.3487\text{H}$。

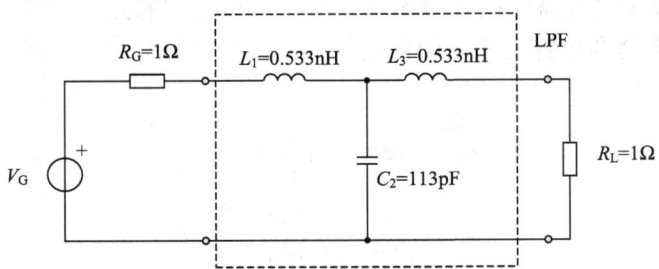

图 5-26 3 阶切比雪夫滤波电路滤波电路($f_0=1\text{GHz}$)

根据式(5.65)可以得到实际低通滤波电路的参数为

$$\tilde{L}_1 = \tilde{L}_3 = \frac{L_1}{2\pi f_0} = \frac{3.3487\text{H}}{2\pi \times 10^9} = 0.533\,\text{nH}$$

$$\tilde{C}_2 = \frac{C_2}{2\pi f_0} = \frac{0.7117\text{F}}{2\pi \times 10^9} = 113\,\text{pF}$$

最终得到的截止频率为 $f_0=1\text{GHz}$ 的低通滤波电路如图 5-26 所示。

2. 映射到高通电路

从归一化的低通滤波电路变换到截止频率为 ω_0 的高通滤波电路，频率响应曲线特性的变化如图 5-27 所示。因此需要将归一化低通滤波电路中[0，1]区间内的频率响应映射到高通滤波电路的[ω_0，∞)的区间；将归一化低通滤波电路中[1，∞)区间内的频率响应映射到高通滤波电路的[0，1]的区间。

利用归一化低通滤波电路正负频率处衰减响应的对称性

$$\alpha(\Omega) = \alpha(-\Omega) \tag{5.66}$$

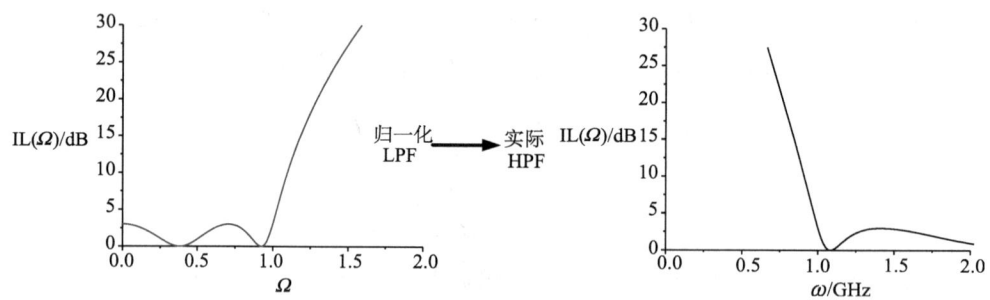

图 5-27 归一化 LPF 映射到 HPF

可以考虑使用频率的倒数关系进行变换，实现归一化低通滤波电路频率响应特性到高通滤波电路的映射

$$\omega = \pm\omega_0 \frac{1}{\Omega} \tag{5.67}$$

当归一化频率 $\Omega\to\pm\infty$ 时，频率 $\omega\to 0$；当归一化频率 $\Omega\to\pm 1$ 时，频率 $\omega\to\omega_0$；当归一化频率 $\Omega\to 0$ 时，频率 $\omega\to\infty$。因此，通过式(5.67)可以实现了从归一化低通滤波电路到高通滤波电路的变换。考虑式(5.67)需要取负号才能通过电感和电容的互换实现高通滤波电路。对于高通滤波电路中的电感和电容元件，如果要保持阻抗不变维持原有的频率响应特性曲线，需要满足关系：

$$\begin{aligned} Z_L &= \text{j}\Omega L = -\text{j}\frac{\omega_0}{\omega}L = \frac{1}{\text{j}\omega\tilde{C}} \\ Z_C &= \frac{1}{\text{j}\Omega C} = -\frac{\omega}{\text{j}\omega_0 C} = \text{j}\omega\tilde{L} \end{aligned} \tag{5.68}$$

综合式(5.67)和式(5.68)，可以得到从归一化低通滤波电路到高通滤波电路的变换关系：

$$\begin{cases} \tilde{C} = \dfrac{1}{\omega_0 L} \\ \tilde{L} = \dfrac{1}{\omega_0 C} \end{cases} \tag{5.69}$$

从归一化低通滤波电路映射到高通滤波电路，需要将原电路的电感替换为电容，将原电路的电容替换为电感，并根据式(5.69)获得电抗元件的参数。

例 5-6 设计一个 3 阶 3dB 巴特沃斯最大平滑高通滤波电路，信号源和负载的阻抗为 $Z_0=1\Omega$，截止频率为 $f_0=1\text{GHz}$。

解 选择首个元件为串联电感的低通滤波电路。根据表 5-2 可以确定归一化 3 阶 3dB 巴特沃斯最大平滑滤波电路的参数为：$L_1=1\text{H}$，$C_2=2\text{F}$，$L_3=1\text{H}$。

按照题目的要求，截止频率为 $f_0=1\text{GHz}$，对应的截止角频率为 $\omega_0=2\pi\text{GHz}$。然后使用式(5.69)计算得到高通滤波电路的参数为

$$\tilde{C}_1 = \tilde{C}_3 = \frac{1}{2\pi f_0 L_1} = 159\,\text{pF}$$

$$\tilde{L}_2 = \frac{1}{2\pi f_0 C_2} = 79.5\,\text{pH}$$

最终得到截止频率为 $f_0=1\text{GHz}$ 的高通滤波电路如图 5-28 所示。

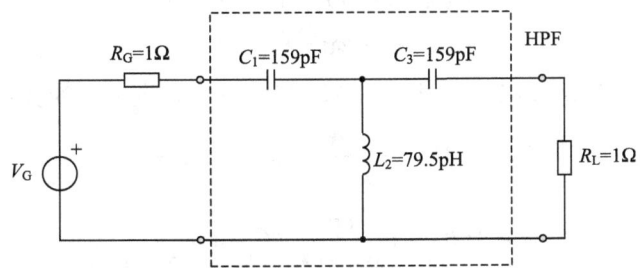

图 5-28 3 阶巴特沃斯高通滤波电路 ($f_0=1\text{GHz}$)

3. 映射到带通和带阻滤波电路

如果把一个低通滤波电路的特性曲线和一个高通滤波电路的特性曲线组合在一起，就可能得到带通滤波电路的频率特性。例如，低通滤波电路和高通滤波电路的频率变换关系可以根据式(5.63)和式(5.67)得到，分别为

$$\begin{cases} \Omega = \dfrac{\omega_{\text{LPF}}}{\omega_0}, & \text{低通滤波电路} \\ \Omega = -\dfrac{\omega_0}{\omega_{\text{HPF}}}, & \text{高通滤波电路} \end{cases} \tag{5.70}$$

将两个频率变化关系组合在一起可以得到，对于带通滤波电路的频率变换应该具有类似的关系为

$$\Omega = \frac{\omega_{\text{BPF}}}{\omega_0} - \frac{\omega_0}{\omega_{\text{BPF}}} \tag{5.71}$$

从归一化低通滤波电路映射到带阻或者带通滤波电路,不仅涉及响应曲线的比例变换,还需要进行响应曲线的平移操作。从归一化低通滤波电路到带通滤波电路,需要利用频率映射关系

$$\Omega = \frac{1}{\frac{\omega_U}{\omega_0} - \frac{\omega_L}{\omega_0}}\left(\frac{\omega}{\omega_0} - \frac{1}{\frac{\omega}{\omega_0}}\right) = \frac{\omega_0}{\omega_U - \omega_L}\left(\frac{\omega}{\omega_0} - \frac{\omega_0}{\omega}\right) \tag{5.72}$$

其中,ω_U 为通带的高端截止频率;ω_L 为通带的低端截止频率;ω_0 为中心频率 $\sqrt{\omega_U \omega_L}$。利用归一化的频率偏移 ε,式(5.72)可以表示为

$$\Omega = \frac{\omega_0}{BW}\varepsilon \tag{5.73}$$

其中,BW 为频带宽度 $\omega_U-\omega_L$。当 $\omega=\omega_U$ 或者 $\omega=\omega_L$ 时,可以得到 $\Omega=\pm 1$;当 $\omega=\omega_0$ 时,可以得到 $\Omega=0$。显然在频率变换之后具有了带通特性:当 $\omega_L<\omega<\omega_U$ 时,对应于 $|\Omega|<1$ 的导带范围内;当 $\omega<\omega_L$ 或者 $\omega>\omega_U$ 时,对应于 $|\Omega|>1$ 的阻带范围内。归一化低通滤波电路频率 Ω 和带通滤波电路频率 ω 之间存在具体的对应关系为

$$\begin{cases} 0 < \omega < \omega_L \to \Omega < -1 \\ \omega_L < \omega < \omega_0 \to -1 < \Omega < 0 \\ \omega_0 < \omega < \omega_U \to 0 < \Omega < 1 \\ \omega > \omega_U \to \Omega > 1 \end{cases} \tag{5.74}$$

根据带通滤波电路频率变换关系式(5.72),可以得到阻抗之间的关系为

$$\begin{aligned} Z_L &= j\Omega L = j\frac{\omega_0}{\omega_U - \omega_L}\varepsilon L = j\omega\tilde{L} + \frac{1}{j\omega\tilde{C}} \\ Y_C &= j\Omega C = j\frac{\omega_0}{\omega_U - \omega_L}\varepsilon C = j\omega\tilde{C} + \frac{1}{j\omega\tilde{L}} \end{aligned} \tag{5.75}$$

所以低通滤波电路中的串联电感 L,将被电感 $\tilde{L}$ 和电容 $\tilde{C}$ 的串联电路替代,并且相应参数为

$$\begin{cases} \tilde{L} = \frac{1}{\omega_U - \omega_L}L \\ \tilde{C} = \frac{\omega_U - \omega_L}{\omega_0^2}\frac{1}{L} \end{cases} \tag{5.76}$$

低通滤波电路中的并联电容 C,将被电感 $\tilde{L}$ 和电容 $\tilde{C}$ 的并联电路替代,并且相应参数满足条件

$$\begin{cases} \tilde{L} = \frac{\omega_U - \omega_L}{\omega_0^2}\frac{1}{C} \\ \tilde{C} = \frac{1}{\omega_U - \omega_L}C \end{cases} \tag{5.77}$$

例 5-7 设计一个 3 阶 3dB 巴特沃斯最大平滑带通滤波电路,信号源和负载的阻抗为 $Z_0=1\Omega$,截止频率为 $f_0=1$GHz,带宽 BW 为 200MHz。

解 选择首元件为串联电感的低通滤波电路。根据表 5-2 可以确定归一化 3 阶 3dB 巴特沃斯最大平滑滤波电路的参数为：$L_1=1H$，$C_2=2F$，$L_3=1H$。

根据式(5.76)确定替代电感 L 的串联电感和电容的参数分别为

$$\tilde{L} = \frac{1}{\omega_U - \omega_L} L = \frac{1}{2\pi \times 200 \times 10^6} = 0.796 (\text{nH})$$

$$\tilde{C} = \frac{\omega_U - \omega_L}{\omega^2} \frac{1}{L} = \frac{2\pi \times 200 \times 10^6}{\left(2\pi \times 10^9\right)^2} = 31.8 (\text{pF})$$

根据式(5.77)确定替代电容 C 的并联电感和电容的参数分别为

$$\tilde{L} = \frac{\omega_U - \omega_L}{\omega_0^2} \frac{1}{C} = \frac{2\pi \times 200 \times 10^6}{2 \times \left(2\pi \times 10^9\right)^2} = 15.9 (\text{pH})$$

$$\tilde{C} = \frac{1}{\omega_U - \omega_L} C = \frac{2}{2\pi \times 200 \times 10^6} = 1.59 (\text{nF})$$

最终得到带通滤波电路如图 5-29 所示。

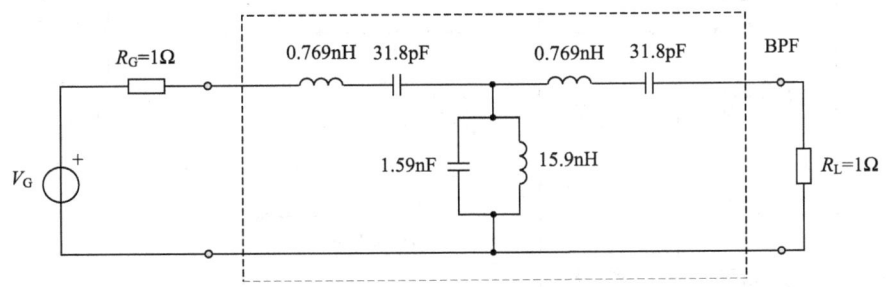

图 5-29　3 阶巴特沃斯带通滤波电路(f_0=1GHz)

对于带阻滤波电路，也可以通过类似的分析和计算得到频率变换和参数计算公式。例如，从高通滤波电路出发，使用类似的分析可以得到带阻滤波电路的设计方法。由于带阻滤波电路和带通滤波电路特性相反，类似于高通滤波电路和低通滤波电路的差异，因此在从归一化低通滤波电路变换到带阻滤波电路时，需要将低通电路中的串联电感用电容和电感的并联电路替代，将并联电容用电容和电感的串联电路替代。从 LC 谐振电路的特点也可以进行分析：LC 并联电路为电压谐振，在谐振频率处呈现高阻抗，所以在带通滤波电路中应该出现在并联支路上，在带阻滤波电路中应该出现在串联支路上；LC 串联电路为电流谐振，在谐振频率附近呈现低阻抗，所以在带通滤波电路中应该出现在串联支路上，在带阻滤波电路中应该出现在并联支路上。

从归一化低通滤波电路到带阻滤波电路的变换，需要将串联电感 L 用电容 $\tilde{C}$ 和电感 $\tilde{L}$ 的并联电路替代，具体参数为

$$\begin{aligned}\tilde{L} &= \frac{\omega_U - \omega_L}{\omega_0^2} L \\ \tilde{C} &= \frac{1}{\omega_U - \omega_L} \frac{1}{L}\end{aligned} \tag{5.78}$$

归一化低通滤波电路中的并联电容 C 需要用电容 $\tilde{C}$ 和电感 $\tilde{L}$ 的串联电路替代，具体参数为

$$\tilde{L} = \frac{1}{\omega_U - \omega_L} \frac{1}{C}$$
$$\tilde{C} = \frac{\omega_U - \omega_L}{\omega_0^2} C \tag{5.79}$$

对归一化低通滤波电路变换到低通滤波电路、高通滤波电路、带通滤波电路和带阻滤波电路的四种情况进行总结，见表 5-6。

表 5-6 归一化低通滤波电路变换参数（截止频率为 ω_0，带宽为 **BW**）

归一化 LPF	LPF	HPF	BPF	BSF
串联电感 L	串联电感 $\tilde{L} = \dfrac{L}{\omega_0}$	串联电容 $\tilde{C} = \dfrac{1}{\omega_0 L}$	LC 串联电路 $\tilde{L} = \dfrac{L}{BW} \quad \tilde{C} = \dfrac{BW}{\omega_0^2 L}$	LC 并联电路 $\tilde{L} = \dfrac{BW}{\omega_0^2} L \quad \tilde{C} = \dfrac{1}{BW} \dfrac{1}{L}$
并联电容 C	并联电容 $\tilde{C} = \dfrac{C}{\omega_0}$	并联电感 $\tilde{L} = \dfrac{1}{\omega_0 C}$	LC 并联电路 $\tilde{L} = \dfrac{BW}{\omega_0^2} \dfrac{1}{C} \quad \tilde{C} = \dfrac{1}{BW} C$	LC 串联电路 $\tilde{L} = \dfrac{1}{BW} \dfrac{1}{C} \quad \tilde{C} = \dfrac{BW}{\omega_0^2} C$

4. 阻抗变换

从归一化低通电路映射到各种实际的滤波电路的原型，完成了滤波电路中的频率变换，但是在频率变换之后的电路依然对应信号源的阻抗为 1Ω。因此，需要通过阻抗变换使滤波电路能够与其他阻抗的信号源匹配。对原型滤波电路进行阻抗变换的基本方法是：将滤波电路电抗元件、信号源阻抗、负载阻抗都按照相同的比例变化，将可以维持原型滤波电路的频率响应特性不变。

在进行频率变换获得了各种类型的原型滤波电路后，还需要通过阻抗变换将原型滤波电路信号源阻抗 1Ω 变化到 R_G，可以使用下面的阻抗变换关系：

$$\tilde{R}_G = 1 \times R_G$$
$$\tilde{L} = L \times R_G$$
$$\tilde{C} = \frac{C}{R_G} \tag{5.80}$$
$$\tilde{R}_L = R_L \times R_G$$

其中，R_L 为归一化低通滤波电路中负载的阻抗。在原型滤波电路中通常 $R_L=1$，但是对于偶数阶的切比雪夫滤波电路，满足条件 $R_L \neq 1$。由于低通滤波电路原型中所有信号源的阻抗均为 1Ω，只要扩大 R_G 倍就可以得到滤波电路对应的信号源阻抗 $\tilde{R}_G$。在滤波电路的变换中，阻抗变换是一个线性比例变换。例如，信号源内阻为 $Z_0=50\Omega$，则需要将原型滤波电路中的电感 L 放大 50 倍，电容 C 缩小 50 倍，负载 R_L 放大 50 倍。

例 5-8 在射频通信系统中，设计一个 3 阶带内波纹为 3dB 的切比雪夫带通滤波电路，中心频率为 $f_0=2.4\text{GHz}$，带宽 $BW=20\% \times f_0$，输入和输出阻抗为 50Ω。求滤波电路中电抗元件的数值，并绘出 1~4GHz 频率范围内滤波电路的频率响应。

解 带通滤波电路的中心频率为 2.4GHz，对应角频率为 $\omega_0=2\pi f_0=15.08 \times 10^9 \text{Hz}$。

首先选择首个元件为串联电感的低通滤波电路结构，根据表 5-4 给出的参数设计归一化的 3dB 等波纹切比雪夫低通滤波电路，见图 5-30。

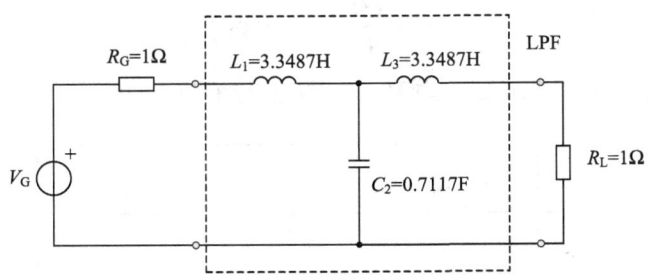

图 5-30 3 阶低通滤波电路原型

根据式 (5.76) 和式 (5.77) 进行变换，将串联电感 L_1 和 L_3 替换为电感和电容串联的电路，将并联电容 C_2 替换为电感和电容并联的电路。串联电路中电感和电容为

$$\tilde{L} = \frac{L}{BW} = \frac{3.3487}{2\pi \times 2.4 \times 10^9 \times 20\%} = 1.11(\text{nH})$$

$$\tilde{C} = \frac{BW}{\omega_0^2 L} = \frac{2\pi \times 2.4 \times 10^9 \times 20\%}{(2\pi \times 2.4 \times 10^9)^2 \times 3.3487} = 3.96(\text{pF})$$

在并联电路中电感和电容为

$$\tilde{L} = \frac{BW}{\omega_0^2} \frac{1}{C} = \frac{2\pi \times 2.4 \times 10^9 \times 20\%}{(2\pi \times 2.4 \times 10^9)^2 \times 0.7117} = 18.6(\text{pH})$$

$$\tilde{C} = \frac{1}{BW} C = \frac{0.7117}{2\pi \times 2.4 \times 10^9 \times 20\%} = 236(\text{pF})$$

从而可以得到中心频率为 2.4GHz 的带通滤波电路的原型，如图 5-31 所示。

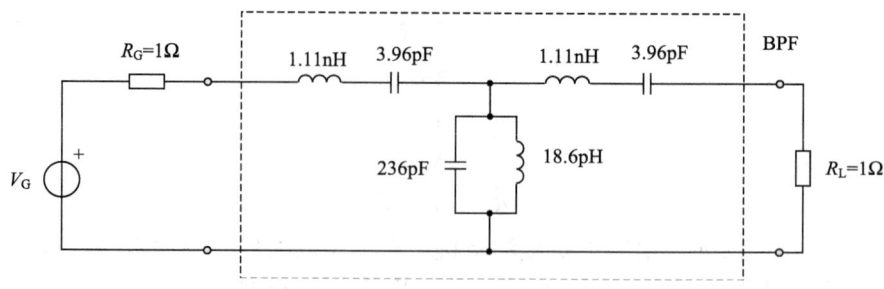

图 5-31 带通滤波电路原型（f_0=2.4GHz）

然后通过阻抗变换，使滤波电路的信号源和负载的阻抗从 1Ω 变换为 50Ω。对于串联电路中的电感和电容进行阻抗变换：

$$\tilde{\tilde{L}} = R_G \tilde{L} = 1.11 \times 50 = 55.5 (\text{nH})$$

$$\tilde{\tilde{C}} = \frac{\tilde{C}}{R_G} = \frac{3.96}{50} = 0.079 (\text{pF})$$

对于并联电路中的电感和电容进行阻抗变换为

$$\tilde{\tilde{L}} = R_G \tilde{L} = 18.6 \times 50 = 0.932 (\text{nH})$$

$$\tilde{\tilde{C}} = \frac{C}{R_G} = \frac{236}{50} = 4.72 (\text{pF})$$

最终得到了设计要求的带通滤波电路，如图 5-32 所示。

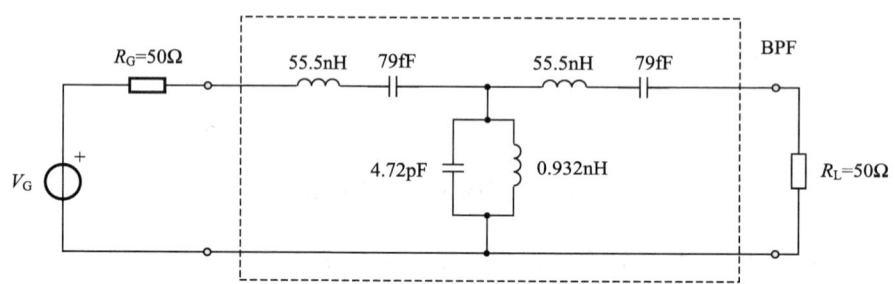

图 5-32 带通滤波电路（R_G=50Ω）

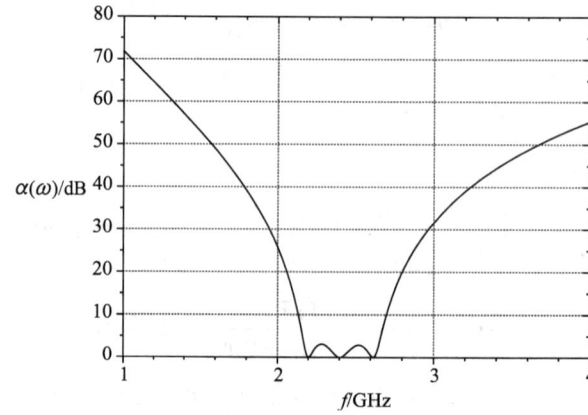

图 5-33 3 阶带通滤波电路的频率响应

根据带通滤波电路的最终设计,通过模拟计算可以得到滤波电路的频率响应,如图 5-33 所示。从图中可以看出来,带通滤波电路的中心频率为 2.4GHz,通带宽度为 500MHz,带内波纹为 3dB。

5.3 分布参数滤波电路

随着滤波电路工作频率的升高,不再适合于使用集总参数元件构造滤波电路。例如,在例 5-8 中,设计中心频率为 2.4GHz 的带通滤波电路,需要使用的最小电容要求在 fF 量级,使用的最小电感也要求在 nH 量级。由于元件寄生参数的影响,如此小的电容或者电感已经不能再使用集总参数器件。一般情况下,当工作频率高于 500MHz 后,就不再适用集总参数滤波电路。因此,在射频的中高端频率范围内,需要使用基于分布参数电路构建的滤波电路。

分布式参数滤波电路也是以集总参数滤波电路为基础,使用合适的分布参数电路替代集总参数元件,从而可以构建工作频率更高的滤波电路。随着滤波电路的发展,很多分布式参数滤波电路不再基于集总参数电路进行设计,而是充分利用射频信号的特性直接利用特殊的传输线构造滤波电路。

5.3.1 基本方法

1. Richards 变换

Richards 变换利用一定长度的终端开路或者终端短路无耗传输线构造等效的电容或者电感,从而可以实现使用分布式参数电路替换集总参数滤波电路中的相应元件。根据传输线理论,一段长度为 l 的终端开路的无耗传输线,如果特征阻抗为 Z_0,则输入端口的等效阻抗 Z_{IN} 为

$$Z_{IN}(\omega) = \frac{Z_0}{j\tan\beta l} = -jZ_0\cot\beta l \tag{5.81}$$

其中,$\beta = \frac{2\pi}{\lambda}$ 为波数;λ 为角频率为 ω 的电磁波在传输线的行波波长。以特定的工作频率 f_0 作为参考频率,选取无耗传输线长度 l 选择为 $\lambda_0/8$ 时,可以得到传输线的输入导纳 Y_{IN} 为

$$Y_{IN}(\Omega) = j\frac{1}{Z_0}\tan\left(\frac{2\pi}{\lambda}\times\frac{\lambda_0}{8}\right) = j\frac{1}{Z_0}\tan\frac{\pi}{4}\Omega \tag{5.82}$$

其中,$\Omega = f/f_0$ 为归一化的频率。显然传输线的输入阻抗为负纯虚数,可以等效为电容的电纳。如果比较电容 C 的电纳和传输线的输入导纳 $Y_{IN}(\Omega)$,可以得到

$$Y_C(\omega) = j\omega C \Leftrightarrow S\frac{1}{Z_0} = j\frac{1}{Z_0}\tan\frac{\pi}{4}\Omega = Y_{IN}(\Omega) \tag{5.83}$$

其中

$$S = j\tan\frac{\pi}{4}\Omega \tag{5.84}$$

式(5.84)为 $\lambda_0/8$ 传输线的 Richards 变换,通常称为 Richards 变换。对于电容 C 的导纳 $Y_C(\omega)$,当角频率从 $\omega=0$ 增加到 $\omega\to\infty$ 时,导纳 $|Y_C(\omega)|$ 线性地从零增加到无穷大。对于传输线

的输入导纳 $Y_{IN}(\Omega)$，当归一化频率从 $\Omega=0$ 增加到 $\Omega=2$ 时(对应角频率从 $\omega\to 0$ 增加到 $\omega\to 2\omega_0$)，导纳 $|Y_{IN}(\Omega)|$ 也从零增加到无穷大。只不过导纳 $|Y_{IN}(\Omega)|$ 与归一化频率 Ω 之间不满足线性关系，而是按照 Richards 变换式(5.84)进行。如果选取 $Z_0=(\omega_0 C)^{-1}$，则在特定频率 ω_0 处两者导纳相等，满足关系 $Y_{IN}(\Omega)=Y_C(\omega)$。所以特性阻抗为 $Z_0=(\omega_0 C)^{-1}$，长度为 $\lambda_0/8$ 终端开路无耗传输线，将电容 C 在频率范围 $0 \leqslant f < \infty$ 内的导纳变化，映射到了 $0 \leqslant f < 2f_0$ 的范围内，并且在频率 f_0 处与电容 C 具有相同的导纳。这种频率映射或者频率变换就是 Richards 变换。

通过 Richards 变换，可以用开路传输线替代集总参数的电容，实现了分布参数电路的设计。如果使用终端短路的传输线，选用特征阻抗 $Z_0=\omega_0 L$ 的无耗传输线，长度为 $l=\lambda_0/8$，则可以替代集总参数电感 L。比较电感 L 的阻抗 Z_L 和传输线的输入阻抗为

$$Z_L(\omega) = j\omega L \quad \Leftrightarrow \quad SZ_0 = Z_{IN}(\Omega) \tag{5.85}$$

显然，Richards 变换提供了一种利用无耗传输线，通过替代集总参数滤波电路中的电感和电容，构造分布参数滤波电路的方法。构造电容和电感的传输线阻抗 Z_0 选择为

$$\begin{cases} 电容 \Rightarrow Z_0 = \dfrac{1}{\omega_0 C} \\ 电感 \Rightarrow Z_0 = \omega_0 L \end{cases} \tag{5.86}$$

特别地当 $\omega_0=1$ 时，可以得到简洁的结果：

$$\begin{cases} 电容 \Rightarrow Z_0 = \dfrac{1}{C} \\ 电感 \Rightarrow Z_0 = L \end{cases} \tag{5.87}$$

Richards 变换中由于使用了正切函数而具有周期函数的特性，例如，在 $0 \leqslant f < 2f_0$ 和 $4f_0 \leqslant f < 6f_0$ 的频率范围内具有相同的特性。因此，Richards 变换属于窄带变换不适合在宽带电路设计的应用。除了选取 $l=\lambda_0/8$ 进行 Richards 变换，还可以选用 $l=\lambda_0/4$ 进行变换。由于 $l=\lambda_0/4$ 变换的大的电路尺寸明显增大，所以通常选用 $l=\lambda_0/8$ 作为标准进行变换。例如，在带阻滤波电路的设计中，就需要选用 $l=\lambda_0/4$ 进行 Richards 变换。根据类似前面的推导，可以得到 $\lambda_0/4$ 传输线的 Richards 变换为

$$S = j\tan\frac{\pi}{2}\Omega \tag{5.88}$$

例 5-9 在设计截止频率为 $f_0=2.4\text{GHz}$ 的滤波电路时，需要使用 $C=4.72\text{pF}$ 的电容。如果要用终端开路微带传输线构造该电容，采用 $\lambda_0/8$ 作为长度标准，已知微带传输线的等效相对介电常数为 $\varepsilon_r=2.7$，求传输线的长度 l 和特征阻抗 Z_0。

解 频率为 $f_0=2.4\text{GHz}$，对应自由空间中的波长为

$$\lambda_f = c\frac{1}{f_0} = 0.125\text{m}$$

微带传输线的相对介电常数 $\varepsilon_r=2.7$，频率 f_0 对应的微带线行波波长 λ_0 为

$$\lambda_0 = \frac{\lambda_f}{\sqrt{\varepsilon_r}} = 76.1\text{mm}$$

因此，按照 $\lambda_0/8$ 的标准，选用传输线的长度为

$$l = \frac{\lambda_0}{8} = 9.5\text{mm}$$

根据 Richards 变换可以确定传输线的特征阻抗 Z_0 为

$$Z_0 = \frac{1}{\omega_0 C} = \frac{1}{2\pi f_0 C} = 14\Omega$$

所以使用长度为 9.5mm 特征阻抗为 14Ω 的终端开路传输线，可以替代 4.72pF 的集总参数电容。

2. 单位元件

一段长度为 l 特征阻抗为 Z_{UE} 的无耗传输线，根据两端口网络的理论，可以得到该无耗传输线的转移矩阵 A 为

$$\mathbf{UE} = \begin{bmatrix} A_{UE} & B_{UE} \\ C_{UE} & D_{UE} \end{bmatrix} = \begin{bmatrix} \cos\beta l & jZ_{UE}\sin\beta l \\ \dfrac{j\sin\beta l}{Z_{UE}} & \cos\beta l \end{bmatrix} \tag{5.89}$$

其中，β 为传输线的波数。如果传输线的长度为 $l=\lambda_0/8$，当工作频率为截止频率 ($f=f_0$) 时，可以将式 (5.89) 改写为

$$\mathbf{UE} = \begin{bmatrix} \cos\dfrac{\pi}{4}\Omega & jZ_{UE}\sin\dfrac{\pi}{4}\Omega \\ \dfrac{j\sin\dfrac{\pi}{4}\Omega}{Z_{UE}} & \cos\dfrac{\pi}{4}\Omega \end{bmatrix} = \frac{1}{\sqrt{1-S^2}}\begin{bmatrix} 1 & Z_{UE}S \\ \dfrac{S}{Z_{UE}} & 1 \end{bmatrix} \tag{5.90}$$

其中，归一化频率为 $\Omega = \dfrac{f}{f_0} = 1$，$S = j\tan\dfrac{\pi}{4}\Omega = j$。

一段长度 $\lambda_0/8$ 的无耗传输线称为单位元件。在构建分布式参数滤波电路时，可以通过插入单位元件调整滤波电路的结构，便于电路的设计和实施。

3. Kuroda 规则

理论上，在射频通信分布参数滤波电路设计中，通过将集总参数滤波电路中的电感和电容利用 Richards 变换替代为相应特征阻抗的 $\lambda_0/8$ 传输线，就可以将集总参数滤波电路转换为分布参数滤波电路。滤波电路中串联的电感，需要通过串联终端短路的传输线来实现。串联传输线的结构不易在微带线电路上实现，并联电容则可以很方便地使用终端开路的微带传输线实现。因此，在分布参数滤波电路的设计中，需要使用一些特殊的电路变换，将原始分布参数电路转换为一种便于实现的电路方式。

Kuroda 规则就是一种利用单位元件进行电路变换的规则。Kuroda 规则表示为四种电路类型的变换，如表 5-7 所示。其中，单位元件的特征阻抗为 Z_1 或者 Z_2，S 为 Richards 变换中的系数，N 是一个与阻抗 Z_1 和 Z_2 相关的比例系数。在应用 Kuroda 规则时，电容和电感都是利用 Richards 变换使用终端短路或者开路传输线来构造。在 Kuroda 规则中，第 3 种和第 4 种电路变换需要设计变压器的使用，所以在分布参数滤波电路的设计中较少使用。通常使用第 1 种或者第 2 种变换电路，将串联的电感变换为并联的电容，便于分布参数滤波电路的实现。

表 5-7 Kuroda 规则的电路变换

	原始电路	变换电路
1	并联电容 $Y_C=S/Z_2$ + 单位元件 Z_1	单位元件 Z_2/N + 串联电感 $Z_L=SZ_1/N$
2	串联电感 $Z_L=SZ_1$ + 单位元件 Z_2	单位元件 NZ_1 + 并联电容 $Y_C=S/(NZ_2)$
3	并联电容 $Y_C=S/Z_2$ + 单位元件 Z_1	单位元件 NZ_1 + 并联电容 $Y_C=S/(NZ_2)$ + 变压器 $N:1$
4	串联电感 $Z_L=SZ_1$ + 单位元件 Z_2	单位元件 Z_2/N + 串联电感 $Z_L=SZ_1/N$ + 变压器 $1:N$

$$N = 1 + \frac{Z_2}{Z_1}$$

例 5-10 证明第 1 个 Kuroda 规则中的电路变换。

证明 第 1 个 Kuroda 规则中的原始电路可以等效为两个级联两端口网络：并联电容和单位元件。并联电容的转移矩阵表示为 $\boldsymbol{A}_C = \begin{bmatrix} 1 & 0 \\ Y_C & 1 \end{bmatrix}$，单位元件的转移矩阵表示为

$$\mathbf{UE} = \frac{1}{\sqrt{1-S^2}} \begin{bmatrix} 1 & SZ_1 \\ \dfrac{S}{Z_1} & 1 \end{bmatrix}$$。使用这两个两端口网络转移矩阵 $\boldsymbol{A}_C$ 和 $\mathbf{UE}$ 可以计算得到原始电路的转移矩阵为

$$\boldsymbol{A}_L = \boldsymbol{A}_C \mathbf{UE} = \begin{bmatrix} 1 & 0 \\ \dfrac{S}{Z_2} & 1 \end{bmatrix} \frac{1}{\sqrt{1-S^2}} \begin{bmatrix} 1 & SZ_1 \\ \dfrac{S}{Z_1} & 1 \end{bmatrix} = \frac{1}{\sqrt{1-S^2}} \begin{bmatrix} 1 & SZ_1 \\ S\dfrac{Z_1+Z_2}{Z_1 Z_2} & S^2\dfrac{Z_1}{Z_2}+1 \end{bmatrix}$$

变换电路也可以等效为两个级联两端口网络：串联电感和单位元件。串联电感的转移矩阵为 $\boldsymbol{A}_L = \begin{bmatrix} 1 & Z_L \\ 0 & 1 \end{bmatrix}$，整个转换电路的转移矩阵 $\boldsymbol{A}_R$ 为

$$A_R = UEA_L = \frac{1}{\sqrt{1-S^2}} \begin{bmatrix} 1 & S\dfrac{Z_2}{N} \\ S\dfrac{N}{Z_2} & 1 \end{bmatrix} \begin{bmatrix} 1 & \dfrac{SZ_1}{N} \\ 0 & 1 \end{bmatrix} = \frac{1}{\sqrt{1-S^2}} \begin{bmatrix} 1 & \dfrac{S}{N}(Z_1+Z_2) \\ \dfrac{NS}{Z_2} & S^2\dfrac{Z_1}{Z_2}+1 \end{bmatrix}$$

将系数 $N = 1 + \dfrac{Z_2}{Z_1}$ 代入，通过计算可以得到

$$A_R = \frac{1}{\sqrt{1-S^2}} \begin{bmatrix} 1 & SZ_1 \\ S\dfrac{Z_1+Z_2}{Z_1Z_2} & S^2\dfrac{Z_1}{Z_2}+1 \end{bmatrix}$$

显然，$A_L = A_R$，证明了 Kuroda 规则的第一个变换的正确性。使用计算转移矩阵的方法还可以依次证明 Kuroda 规则中的每一个电路变换。另外，如果使用其他长度传输线的单位元件，如选用 $\lambda_0/4$ 长度的传输线作为单位元件，可以证明表 5-7 中 Kuroda 规则的电路变换关系依然成立。

5.3.2 低通滤波电路的设计

在射频通信电路中，使用微带传输线可以方便地构建分布参数低通滤波电路。从集总参数低通滤波电路出发，应用 Richards 变换和 Kuroda 规则可以实现从集总参数滤波电路到分布参数滤波电路的变换。以基于微带传输线的低通滤波电路为例，分布参数低通滤波电路的一般设计步骤如下：

(1) 根据设计要求选择归一化低通滤波的电路参数。
(2) 使用 Richards 变换用终端开路或者终端短路传输线替代集总参数的电感和电容。
(3) 使用 Kuroda 规则将电路中串联的终端短路传输线转变为易于实现的终端开路传输线。
(4) 进行阻抗变换得到实际的滤波电路设计。
(5) 根据微带传输线的特性，计算得到微带传输线的特征阻抗和长度。

下面通过一个具体的设计例子介绍微带低通滤波电路的设计方法。

例 5-11 设计一个截止频率为 f_0=3GHz 的微带低通滤波电路，要求通带内波纹为 0.5dB，在两倍截止频率(6GHz)处具有不小于 40dB 的带外衰减，输入和输出阻抗为 50Ω。已知线路板的厚度为 H=1mm，介质的相对介电常数为 ε_r=2.7。

解 首先设计集总参数的归一化的低通滤波电路。根据设计要求，需要选用 0.5dB 等波纹切比雪夫滤波电路。查阅图 5-22(b) 发现 5 阶的滤波电路在归一化频率 Ω=2 处，带外衰减大于 40dB。因此，选用 5 阶 0.5dB 等波纹切比雪夫滤波电路，查表 5-5 确定滤波电路的参数，从而可以确定首个元件为并联电容的滤波电路如图 5-34 所示。

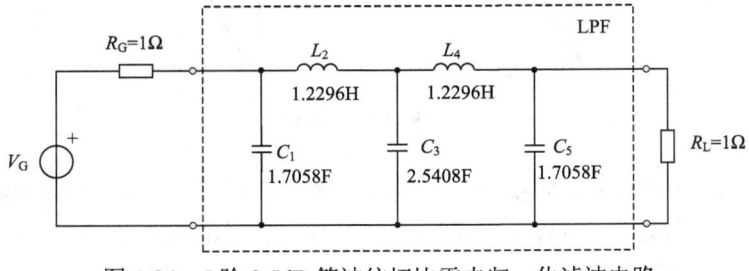

图 5-34　5 阶 0.5dB 等波纹切比雪夫归一化滤波电路

利用 Richards 变换，并联终端开路的 $\lambda_0/8$ 传输线替代电容，串联终端短路的 $\lambda_0/8$ 传输线替代电感，得到分布参数滤波电路的原型。由于图 5-34 中归一化滤波电路的截止角频率为 $\omega_0=1\text{Hz}$，根据式(5.87)可以得到传输线的阻抗分别为：$Z_1=Z_5=0.5862\Omega$，$Z_2=Z_4=1.2296\Omega$，$Z_3=0.3936\Omega$。可以得到分布参数滤波电路原型，如图 5-35 所示。

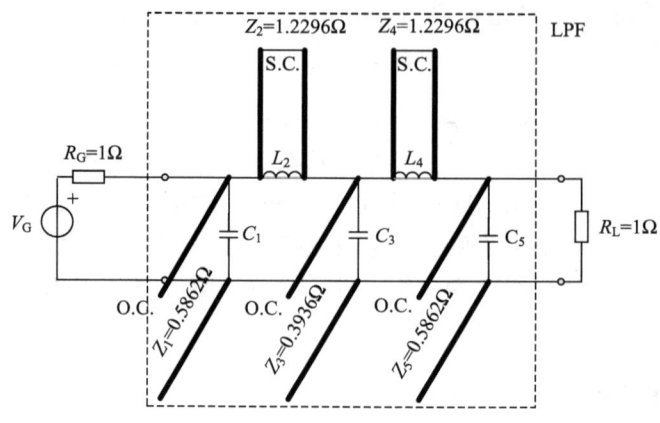

图 5-35　分布参数滤波电路的原型

接下来使用 Kuroda 规则，将串联的特性阻抗 Z_2 和 Z_4 的两段终端短路传输线变换为并联终端开路传输线。同时，通过插入单位元件还可以将传输线在物理空间上分开，避免传输线之间的电磁耦合和相互干扰。使用 5 阶滤波电路，共需要插入 4 个单位元件将传输线两两分开。在插入单位元件时，需要不影响滤波电路的频率特性，不能直接将单位元件插入传输线之间。因此，只能将特征阻抗为 $Z_{UE}=1$ 的单位元件插入信号源和滤波电路、负载和滤波电路之间。由于信号源和负载的阻抗与单位元件的特征阻抗相同，不会影响滤波电路的频率特性。在插入两个单位元件后，得到的滤波电路见图 5-36。

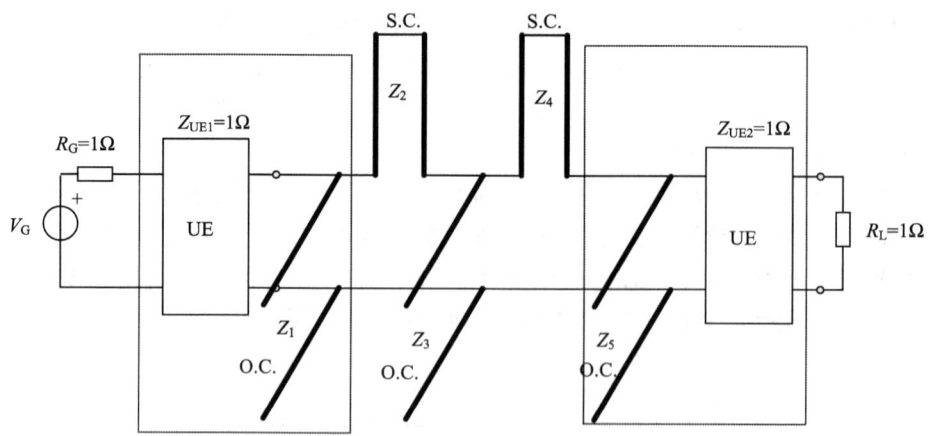

图 5-36　插入两个单位元件

利用 Kuroda 规则中的第 1 个和第 2 个电路变换，应用于图 5-36 中两个虚线框内的电路，可以将单位元件移入传输线之间。对于图 5-36 中右侧虚线框内电路应用 Kuroda 法则中的第 1 个电路变换，计算得到变换系数

$$N = 1 + \frac{Z_5}{Z_{UE2}} = 1 + Z_5 = 1.5862 \tag{5.91}$$

经过变换后单位元件的特征阻抗 Z'_{UE2} 和串联终端短路传输线的特征阻抗 Z'_5 分别为

$$\begin{cases} Z'_{UE2} = \dfrac{Z_5}{N} = 0.3696 \\ Z'_5 = \dfrac{Z_{UE2}}{N} = 0.6304 \end{cases} \tag{5.92}$$

为了简洁和符号一致，在 Kuroda 变换后的电路中依然使用 Z_{UE2} 和 Z_5 分别表示单位元件和变化后传输线的特征阻抗。对于图 5-36 中左侧虚线框内的电路同样按照 Kuroda 规则进行变换，可以计算得到变换后的单位元件和传输线特征阻抗。然后再次在负载和滤波电路、信号源和滤波电路之间插入两个特征阻抗为 1 的单位元件，得到第一次变换后的滤波电路如图 5-37 所示。

对于图 5-37 中 4 个虚线框内的终端短路传输线和单位元件的组合，应用 Kuroda 规则进行电路变换，将串联短路传输线转换为并联开路传输线，得到滤波电路如图 5-38 所示。不仅有 4 个单位元件被插入到传输线之间，而且所有传输线都是并联开路传输线，便于滤波电路的实现。

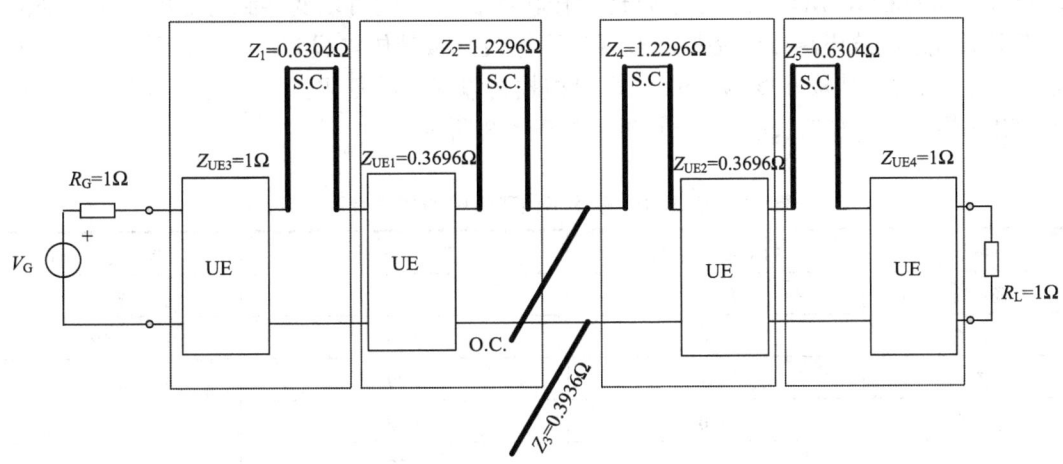

图 5-37 插入 4 个单位元件的滤波电路

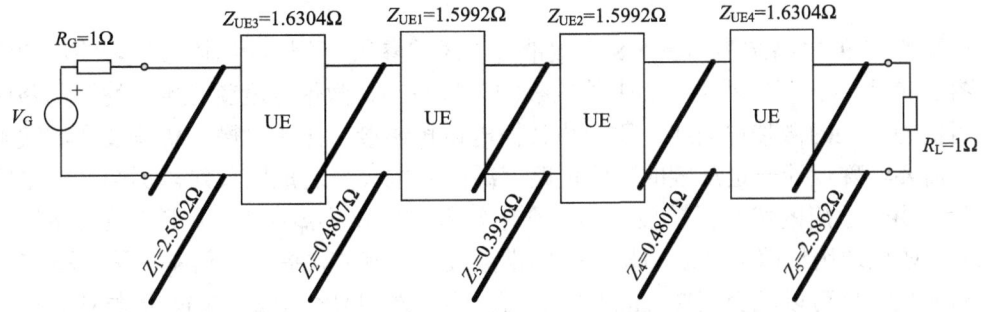

图 5-38 经过 Kuroda 规则变换的分布参数滤波电路

接着需要进行阻抗变换，将信号源和负载的阻抗从 1Ω 变换到 50Ω。图 5-38 中的分布参数滤波电路，只需要将信号源和负载的阻抗以及所有传输线的阻抗都扩大 50 倍，依然可以保持滤波电路的频率特性不变。经过阻抗变换后，得到分布参数的滤波电路如图 5-39 所示，其中，Z_1、Z_2、Z_3、Z_4、Z_5 为并联终端开路传输线的特征阻抗，Z_{UE1}、Z_{UE2}、Z_{UE3}、Z_{UE4}、Z_{UE5} 为单位元件的特征阻抗。

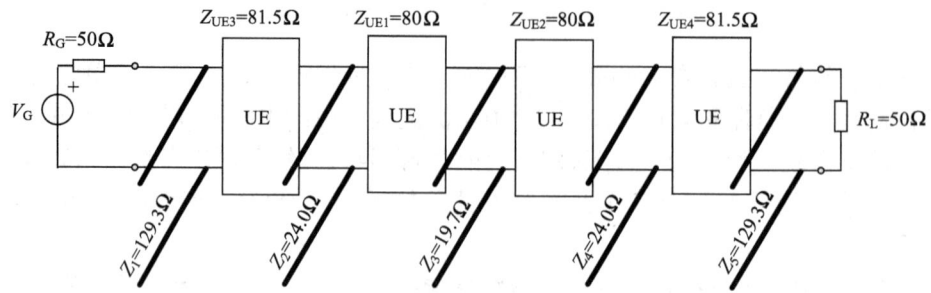

图 5-39　经过阻抗变换的分布参数滤波电路

这种分布参数滤波电路的频率变换非常方便，由于并联终端开路传输线和单位元件中传输线的长度都为 $\lambda_0/8$，所以只要选取合适的传输线长度 l 就可以变换到特定频率 f_0 的滤波电路。接下来考虑滤波电路在线路板的实现过程。根据微带传输线的理论，在已知线路基板相对介电常数 $\varepsilon_r=2.7$，基板厚度为 1mm，可以根据传输线的特征阻抗计算得到微带线的宽度 W 和在 3GHz 频率下 $\lambda_0/8$ 的长度 l，计算结果如表 5-8 所示。

表 5-8　在 3GHz 频率下微带传输线的宽度和长度

传输线	特征阻抗 Z_0/Ω	微带宽度 W/mm	长度 $\lambda_0/8$/mm
Z_1、Z_5	129.3	0.382	8.77
Z_2、Z_4	24.0	7.46	7.99
Z_3	19.7	9.49	7.92
Z_{UE1}、Z_{UE2}	80.0	1.22	8.54
Z_{UE3}、Z_{UE4}	81.5	1.17	8.54
Z_0	50.0	2.75	8.30

根据图 5-39 的电路结构和表 5-8 中微带传输线的参数，可以绘出微带传输线低通滤波电路，如图 5-40 所示。可以看到，微带传输线的阻抗越高，微带宽度就越窄；滤波电路两端连接特征阻抗为 50Ω 的微带传输线，便于与其他电路相连接。在 50Ω 微带传输线和滤波电路的连接处，需要特殊设计一定角度的过渡电路，减少阻抗突变造成的反射以提高滤波电路的性能。另外，由于选用的线路板基质的相对介电常数较低仅为 $\varepsilon_r=2.7$，微带滤波电路的长度达到了 5cm。如果选用线路板基质的相对介电常数较高，例如，提高 4 倍左右达到 $\varepsilon_r=12$，微带滤波电路的长度就可以减少到 2.5cm 左右。可见通过选用高介电常数的基质材料，可以大幅度减少滤波电路的尺寸。

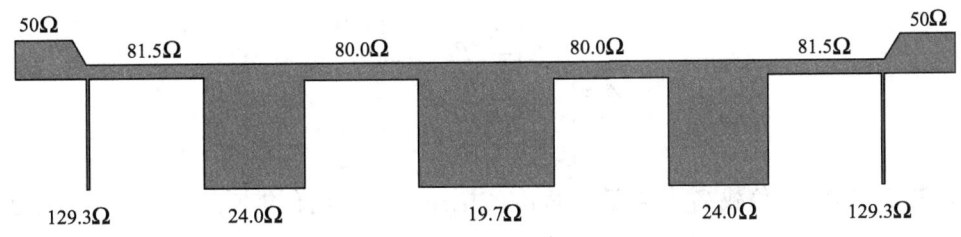

图 5-40 微带滤波电路的实现

另外,在滤波电路类型的选择上,使用了首元件为并联电容的电路,便于微带滤波电路的实现。如果选择首元件为串联电感的低通滤波电路,就会给微带滤波电路的设计和实现带来很多麻烦。因此,在进行微带滤波电路的设计时,需要仔细考虑滤波电路的阶数和滤波电路的类型。

在完成了微带滤波电路的设计后,可以使用一些电磁场的仿真软件,从场的角度模拟计算滤波电路的特性,得到可靠的结果。通过电磁仿真验证设计的结果,并提出改进结构、提高性能的方法。使用电磁场仿真软件,包括了传输线之间的相互电磁耦合和干扰。这些电磁耦合是仅从传输线理论计算无法得到的。在通过了数值模拟验证后,就可以根据这些数据加工实际的微带滤波电路。然后使用射频矢量网络分析仪,测量微带滤波电路的 S 参数,验证加工的滤波电路的频率响应是否达到了设计要求。

上述方法使用了 Richards 变换和 Kuroda 规则进行微带低通滤波电路的设计。除此之外,阻抗阶跃低通微带滤波电路也是一种结构简洁电路,非常便于电路的设计和实现。阻抗阶跃滤波电路使用高特征阻抗 Z_H 和低特征阻抗 Z_L 的无耗传输线交替出现,构成滤波电路的基本结构。

一段长度为 l 特征阻抗为 Z_0 的无耗传输线,连接负载阻抗为 Z_L,如图 5-41(a)所示。根据两端口网络的分析可以将其转移矩阵 A_T 表示为

$$A_T = \begin{bmatrix} \cos\beta l & jZ_0\sin\beta l \\ j\dfrac{\sin\beta l}{Z_0} & \cos\beta l \end{bmatrix} \tag{5.93}$$

其中,$\beta = 2\pi/\lambda$ 为波数。负载 Z_L 为一个并联元件,对应的转移矩阵 A_L 表示为

$$A_L = \begin{bmatrix} 1 & 0 \\ \dfrac{1}{Z_L} & 1 \end{bmatrix} \tag{5.94}$$

可以得到整个电路的转移矩阵 A 为

$$A = A_T A_L = \begin{bmatrix} \cos\beta l + j\dfrac{Z_0}{Z_L}\sin\beta l & jZ_0\sin\beta l \\ \dfrac{1}{Z_L}\cos\beta l + j\dfrac{\sin\beta l}{Z_0} & \cos\beta l \end{bmatrix} \tag{5.95}$$

如果电路的工作频率为 f_0,对应的传输线波长为 λ_0,当传输线的长度 $l \ll \lambda_0$,例如,$l=\lambda_0/10$,有 $\beta l \ll 1$,可以得到 $\cos\beta l \approx 1$ 和 $\sin\beta l \approx \beta l$。因此,传输线和负载组合电路的转移矩阵 A 可以近似表示为

$$A \approx \begin{bmatrix} 1+j\dfrac{Z_0}{Z_L}\beta l & jZ_0\beta l \\ \dfrac{1}{Z_L}+j\dfrac{\beta l}{Z_0} & 1 \end{bmatrix} \tag{5.96}$$

对于图 5-41(b)中负载 Z_L 与电感 L 串联的电路，使用同样的方法可以分析得到电路的转移矩阵 A_{SL} 为

$$A_{SL}=\begin{bmatrix} 1 & j\omega L \\ 0 & 1 \end{bmatrix}\begin{bmatrix} 1 & 0 \\ \dfrac{1}{Z_L} & 1 \end{bmatrix}=\begin{bmatrix} 1+j\dfrac{\omega L}{Z_L} & j\omega L \\ \dfrac{1}{Z_L} & 1 \end{bmatrix} \tag{5.97}$$

对比式(5.96)和式(5.97)，当 $Z_0 \gg Z_L$ 时，如果满足条件

$$\omega L = Z_0 \beta l \tag{5.98}$$

则两个电路对应的转移矩阵相等，即 $A=A_{SL}$。

对于图 5-41(c)中负载 Z_L 与电容 C 并联的电路，分析得到电路的转移矩阵 A_{PC} 为

$$A_{PC}=\begin{bmatrix} 1 & 0 \\ j\omega C & 1 \end{bmatrix}\begin{bmatrix} 1 & 0 \\ \dfrac{1}{Z_L} & 1 \end{bmatrix}=\begin{bmatrix} 1 & 0 \\ j\omega C+\dfrac{1}{Z_L} & 1 \end{bmatrix} \tag{5.99}$$

对比式(5.96)和式(5.99)，当 $Z_0 \ll Z_L$ 时，如果满足条件

$$\omega C = \dfrac{\beta l}{Z_0} \tag{5.100}$$

则两个电路对应的转移矩阵相等，即 $A=A_{PC}$。

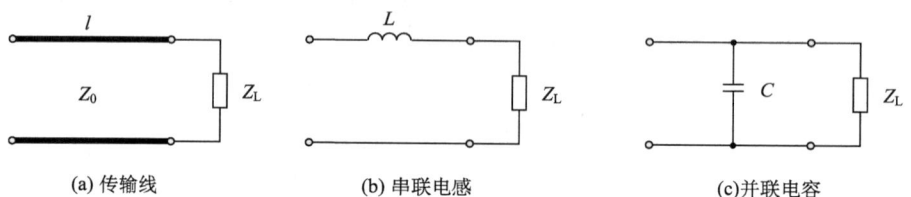

(a) 传输线　　　　　　　(b) 串联电感　　　　　　(c) 并联电容

图 5-41　负载连接传输线、串联电感和并联电容的电路

可见，在一定条件下可以用一段传输线替换集总参数的电感或者电容。另外，直接从式(5.93)出发，当 Z_0 值较高时，传输线转移矩阵 A_{T21} 接近于零，具有和串联电感转移矩阵一致的形式；当 Z_0 值较低时，传输线转移矩阵 A_{T12} 接近于零，具有和并联电容转移矩阵一致的形式。因此，一段高阻抗短传输线可以等价为一个串联电感，一段低阻抗短传输线可以等价为一个并联电容，如图 5-42 所示，其中，Z^{High} 为高阻抗传输线的特征阻抗，Z^{Low} 为低阻抗传输线的特征阻抗。

参考图 5-42 中中传输线的等价电路，可以交替使用高阻抗和低阻抗传输线等价为串联电感和并联电容的电路，构造由传输线组成的分布式参数低通滤波电路。再选择合适的传输线的高特征阻抗 Z^{High} 和低特征阻抗 Z^{Low} 以及传输线长度 l_H 和 l_L，就可以实现滤波电路的设计。

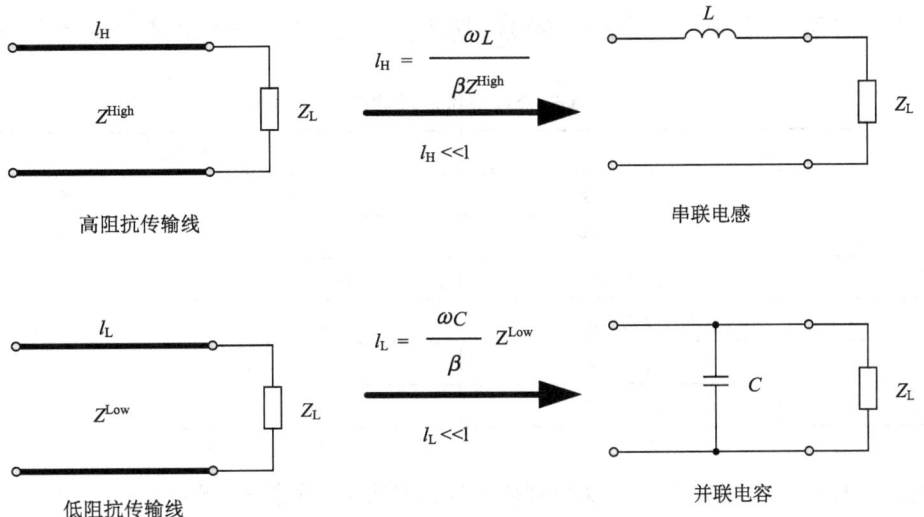

图 5-42 短传输线的等价电路

依然使用例 5-11 中的电路参数,利用阻抗阶跃微带滤波电路设计的要求,介绍阻抗阶跃滤波电路的实现方法。当高特征阻抗 Z^{High} 和低特征阻抗 Z^{Low} 的比值越高时,就越可以满足近似计算的要求。考虑到微带传输线的实现和滤波电路的尺寸,高特征阻抗 Z^{High} 和低特征阻抗 Z^{Low} 与系统阻抗 Z_0 的相差不能太大。例如,在 Z_0=50Ω 的射频通信系统中,可以选取 Z^{High}=150Ω 和 Z^{Low}=10Ω。如果微带传输线的特征阻抗过高或者过低,将会导致微带传输线的宽度过窄或者过宽而不利于电路的实现。

使用例 5-11 中的线路板的参数,根据微带传输线特征阻抗的计算公式,选取 Z^{High}=120Ω 和 Z^{Low}=15Ω,可以计算得到特征阻抗 Z^{High}=120Ω,Z_0=50Ω,Z^{Low}=15Ω 对应微带线的宽度分别为:W^{High}=0.476mm,W_0=2.75mm,W^{Low}=13.1mm。

接下来需要根据式(5.98)和式(5.100)计算各段微带线的长度。由于在滤波电路的设计中,从归一化低通滤波电路到实际滤波电路进行了频率变换和阻抗变换,可以重新考虑改写式(5.98)和式(5.100)得到更为简洁的关系式。由于在低通滤波电路频率变换和阻抗变换时,对于串联电感和并联电容存在关系

$$\begin{cases} R_G g_n = \omega L \\ \dfrac{1}{R_G} g_n = \omega C \end{cases} \quad (5.101)$$

对比式(5.98)和式(5.100)可以得到阶跃阻抗低通滤波电路的传输线的长度满足

$$\begin{cases} \beta l_H = g_n \dfrac{Z_0}{Z^{High}}, & \text{串联电感} \\ \beta l_L = g_n \dfrac{Z^{Low}}{Z_0}, & \text{并联电容} \end{cases} \quad (5.102)$$

其中,Z_0=50Ω;β 为波数;g_n 为归一化滤波电路的参数;Z^{High} 和 Z^{Low} 分别为微带传输线高特征阻抗和低特征阻抗。

使用式(5.102)可以计算得到 5 阶切比雪夫低通滤波电路各微带传输线的长度,见表 5-9。

其中，查表 5-5 可以得到 $N=5$ 的 3dB 等波纹切比雪夫低通滤波电路的归一化参数 g_n。

表 5-9 微带阶跃阻抗低通滤波电路参数

滤波电路		微带线	
元件	归一化参数	宽度 W/mm	长度 l/mm
并联电容 C_1	g_1=1.7058	13.1	5.11
串联电感 L_2	g_2=1.2296	0.476	5.69
并联电容 C_3	g_3=2.5408	13.1	7.61
串联电感 L_4	g_4=1.2296	0.476	5.69
并联电容 C_5	g_5=1.7058	13.1	5.11

根据上面的分析和计算，就可以得到微带阶跃阻抗低通滤波电路，如图 5-43 所示。由于阶跃阻抗滤波电路中交替出现高阻抗和低阻抗传输线，也常被称为高阻/低阻滤波电路。对比 5 阶低通滤波电路的原型和微带阶跃阻抗滤波电路，可以发现并联电容对应于低阻抗微带线，串联电感对应于高阻抗微带线。

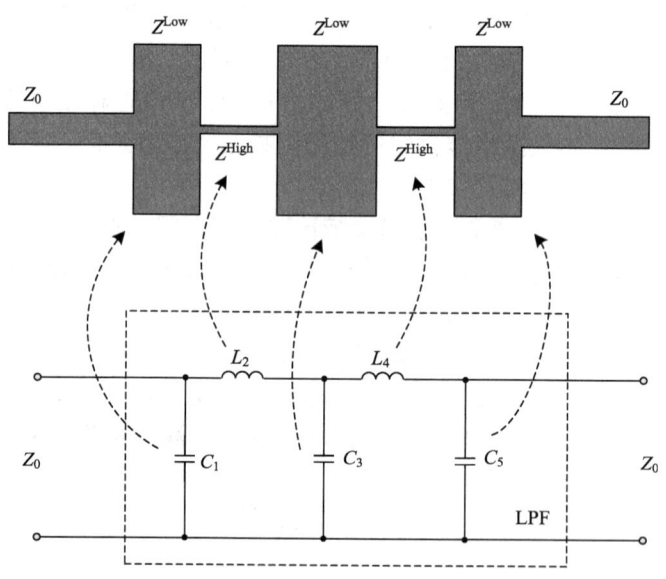

图 5-43 微带阶跃阻抗滤波电路和原型电路

相对于图 5-40 中的微带低通滤波电路，阶跃阻抗滤波电路具有结构简单、便于设计和尺寸小的优点。然而阶跃阻抗滤波电路要求传输线的长度远小于工作波长，设计截止频率为 f_0=3GHz 的阶跃阻抗滤波电路，随着输入射频信号频率的升高，例如，频率达到 f=6GHz，将不再满足设计的条件，不再对信号呈现高阻抗状态。与其他分布参数低通滤波电路相比，阶跃阻抗滤波电路的性能一般，但是结构简单易于实现，所以经常用于要求不高的场合，可以滤除带外的干扰信号。一个利用微带线实现的阶跃阻抗低通滤波电路，截止频率为 3GHz，如图 5-44 所示。

图 5-44　微带线阶跃阻抗滤波电路

5.3.3　带阻滤波电路

在集总参数带阻滤波电路的设计中,使用 LC 并联谐振电路和 LC 串联谐振电路分别替代低通滤波电路中的串联电感和并联电容,构成了具有一定阻带的滤波电路。如果仍然使用 Richards 变换和 Kuroda 规则进行集总参数滤波电路到分布参数滤波电路的转换,由于将会遇到串联的电容,无法应用 Kuroda 规则将电路转换为并联终端开路的 $\lambda_0/8$ 传输线。所以需要重新考虑从集总参数归一化低通滤波电路,转换到分布参数带阻滤波电路的方法。

LC 并联谐振电路为电压谐振电路,在谐振频率处呈现无穷大阻抗,等效于开路;LC 串联谐振电路为电流谐振电路,在谐振频率处呈现零阻抗,等效于短路。根据传输线理论,如果工作频率为 f_0,当终端短路传输线的长度为 $\lambda_0/4$ 时,输入阻抗为无穷大,等效于 LC 并联谐振电路;当终端开路的传输线长度为 $\lambda_0/4$ 时,输入阻抗为零,等效于 LC 串联谐振电路。因此,可以考虑使用 $\lambda_0/4$ 终端短路传输线替代 LC 并联谐振电路,用 $\lambda_0/4$ 终端开路传输线替代 LC 串联谐振电路,实现分布参数带阻滤波电路的设计。

由于在集总参数带阻滤波电路到分布参数带阻滤波电路的变换中,不仅涉及传输线开路和传输线短路的变化,而且需要确定阻带宽度和中心频率对传输线的特征阻抗的影响。需要将归一化低通滤波电路原型中,归一化频率 $|\Omega|=1$ 分别映射到阻带的高端截止频率 ω_U 和低端截止频率 ω_L。为实现频率变换,引入带宽系数 bf:

$$\mathrm{bf} = \cot\left(\frac{\pi}{2}\frac{\omega_L}{\omega_0}\right) = \cot\left[\frac{\pi}{2}\left(1-\frac{\mathrm{sbw}}{2}\right)\right] \tag{5.103}$$

其中,$\omega_0 = \dfrac{\omega_U + \omega_L}{2}$ 为阻带的中心频率;$\mathrm{sbw} = \dfrac{\omega_U - \omega_L}{\omega_0}$ 为阻带宽度。

在阻带的低端截止频率 ω_L 处,带宽系数 bf 与 $\lambda_0/4$ 传输线 Richards 变换系数 S(参考式(5.88))相乘,可以得到

$$\mathrm{bf} \times S\big|_{\omega=\omega_L} = \cot\left(\frac{\pi}{2}\frac{\omega_L}{\omega_0}\right) \times \mathrm{j}\tan\left(\frac{\pi}{2}\Omega\right)_{\omega=\omega_L} = \mathrm{j} \tag{5.104}$$

其中,$\Omega = \omega/\omega_0$ 为归一化频率。

在阻带的高端截止频率 ω_U 处,带宽系数 bf 与 $\lambda_0/4$ 传输线 Richards 变换系数 S 相乘,可以得到

$$\begin{aligned}
\text{bf} \times S\big|_{\omega=\omega_U} &= \cot\left(\frac{\pi}{2}\frac{\omega_L}{\omega_0}\right) \times \text{jtan}\left(\frac{\pi}{2}\frac{\omega_U}{\omega_0}\right) \\
&= \tan\left(\frac{\pi}{2}\frac{\omega_0-\omega_L}{\omega_0}\right) \times \text{jcot}\left(\frac{\pi}{2}\frac{\omega_0-\omega_U}{\omega_0}\right) \\
&= -j
\end{aligned} \tag{5.105}$$

在阻带的中心频率 ω_0 处，带宽系数 bf 与 $\lambda_0/4$ 传输线 Richards 变换系数 S 相乘，可以得到

$$\text{bf}\times S\big|_{\omega=\omega_0} = \cot\left(\frac{\pi}{2}\frac{\omega_L}{\omega_0}\right) \times \text{jtan}\left(\frac{\pi}{2}\frac{\omega_0}{\omega_0}\right) \to \infty \tag{5.106}$$

因此，使用带宽系数 bf 和 $\lambda_0/4$ 传输线 Richards 变换系数 S 相乘的频率变换，可以将归一化频率 $\Omega=1$ 映射到阻带的低端截止频率 ω_L，将 $\Omega=-1$ 映射到阻带的高端截止频率 ω_U，将无穷大频率 $|\Omega|\to\infty$ 映射到阻带的中心频率 ω_0。通过这样的频率映射，就可以形成一个具有阻带频率响应的滤波电路。接下来通过一个具体的例子，介绍微带线带阻滤波电路的实现方法。

例 5-12 设计一个输入输出阻抗为 $Z_0=50\Omega$，具有最大平滑特性的 3 阶带阻滤波电路。要求中心频率为 $f_0=4\text{GHz}$，阻带宽度 sbw=0.5（即带宽为 2GHz）。已知微带线路板的厚度为 1mm，基质的相对介电常数 $\varepsilon_r=2.7$，微带的厚度（金属导带）可以忽略不计。

解 首先设计归一化低通滤波电路。根据设计要求，需要选用 3 阶巴特沃斯滤波电路，参考表 5-2 可以得到滤波电路的参数

$$g_1=1, \quad g_2=2, \quad g_3=1$$

选用首元件为串联电感的电路，得到滤波电路的原型如图 5-45 所示。

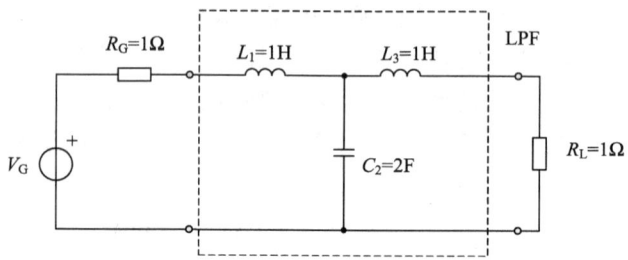

图 5-45 低通滤波电路的原型

在图 5-45 的电路中，将串联的电感 L_1 和 L_3 使用终端短路 $\lambda_0/4$ 传输线替代，将并联电容 C_2 使用终端开路 $\lambda_0/4$ 传输线替代，得到分布参数带阻滤波电路。微带传输线的特征阻抗可以利用带宽系数 bf 和归一化参数 g_n 进行计算：

$$\begin{cases} Z_1 = Z_3 = \text{bf}\times g_1 \\ Y_2 = \dfrac{1}{Z_2} = \text{bf}\times g_2 \end{cases}$$

其中，带宽系数为 $\text{bf}=\cot\left(\dfrac{\pi}{2}\dfrac{\omega_L}{\omega_0}\right)=\cot\left(\dfrac{3\pi}{8}\right)=0.4142$。从而可以确定微带传输线的特征阻抗为

$$\begin{cases} Z_1 = Z_3 = 0.4142\Omega \\ Z_2 = 1.207\Omega \end{cases}$$

根据前面的分析，使用这样特征阻抗的微带传输线就可以实现相应阻带的频率响应。因此，得到基于微带传输线的分布参数带阻滤波原型电路，如图 5-46 所示。

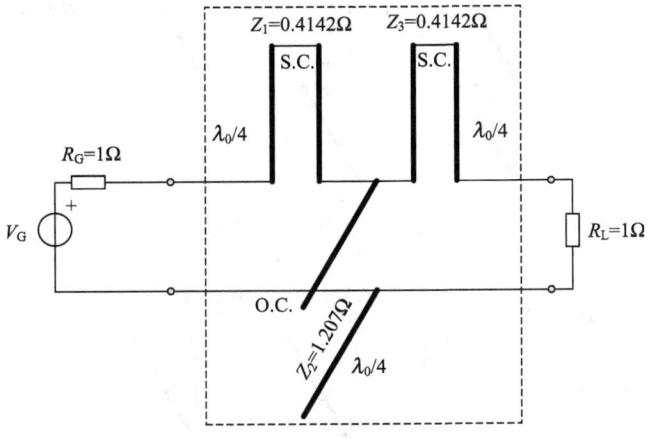

图 5-46 带阻滤波电路原型

接下来使用基于 $\lambda_0/4$ 传输线的单位元件 Kuroda 规则，通过在滤波电路和负载、滤波电路和信号源之间插入两个传输线长度为 $\lambda_0/4$ 的单位元件，将串联终端短路传输线转换为并联终端开路传输线，如图 5-47(a)所示。

对虚线框内的部分应用 Kuroda 规则进行电路变换，其中，左侧虚线框内的电路可以计算表示为

$$N = 1 + \frac{Z_{UE1}}{Z_1} = 3.4142 \quad \Rightarrow \quad \begin{cases} Z_1' = NZ_{UE1} = 3.4142\Omega \\ Z_{UE1}' = NZ_1 = 1.4142\Omega \end{cases} \tag{5.107}$$

通过按照 Kuroda 规则对另外一个虚线框内电路进行变换，可以将基本元件插入传输线之间并且实现全部并联终端开路传输线，如图 5-47(b)所示。经过 Kuroda 规则的电路变换后，并联终端开路传输线的特征阻抗分别为 Z_1'、Z_2'、Z_3'，单位元件中 $\lambda_0/4$ 传输线的特征阻抗分别为 Z_{UE1}'、Z_{UE2}'。

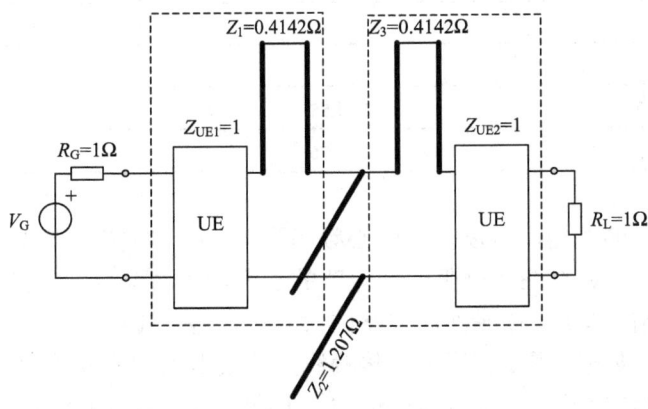

(a) 插入两个单位元件滤波电路

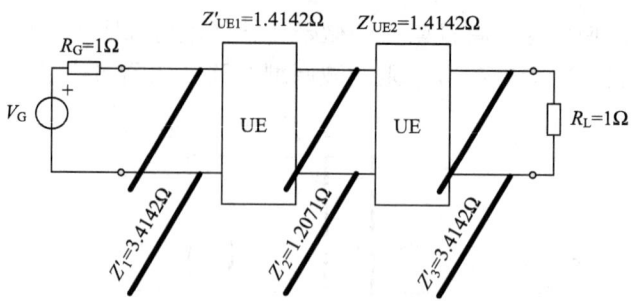

(b) Kuroda 变换后的滤波电路

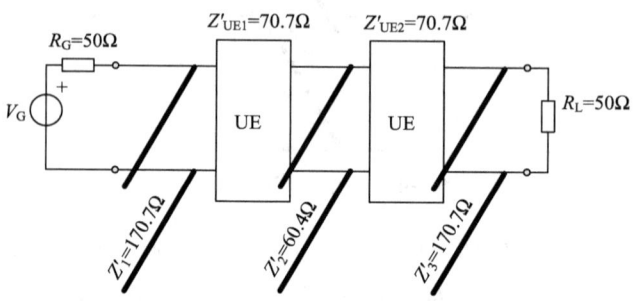

(c) 阻抗变换后的滤波电路

图 5-47 带阻滤波电路的变换过程

在获得了带阻滤波电路后，根据微带传输线的理论可以计算确定微带线的宽度和长度，如表 5-10 所示。工作在 4GHz 的频率下，线路板上 $\lambda_0/4$ 的微带传输线的长度大约为 12mm。随着传输线特征阻抗的不同，$\lambda_0/4$ 的微带传输线的长度略有变化。

表 5-10 带阻滤波电路的微带线参数

特征阻抗(Ω)	微带线	
	宽度 W/mm	长度 l/mm
$Z'_1 = Z'_3 = 170.7$	0.15	13.3
$Z'_2 = 60.4$	2.04	12.6
$Z_{UE1} = Z_{UE2} = 70.7$	1.55	12.7
$Z_0 = 50$	2.76	

根据表 5-10 给出的数据，可以得到中心频率为 4GHz，带宽为 2GHz 的 3 阶最大平滑微带线带阻滤波电路，见图 5-48。微带滤波电路的长度约为 2.5cm，宽度约为 1.5cm。如果使用相对介电常数更高的基质，微带滤波电路的尺寸可以进一步缩小。

传统微带带阻滤波电路需要使用 $\lambda_0/4$ 传输线，滤波电路的尺寸较大，在一些实际电路应用中受到限制。经过研究发现：基于周期性结构的微带线具有良好的阻带特性，可以应用于带阻滤波电路。由于微带周期性结构与光子带隙(PBG)结构具有类似之处，通常把这种利用一定周期性结构形成阻带特性的结构称为 EBG。使用 EBG 结构不仅可以用于带阻滤波电路，还可以用于提高一定频带内微带传输线之间的信号隔离度。由于 EBG 结构尺寸小，阻带性能良好，已经成为研究的一个热点。

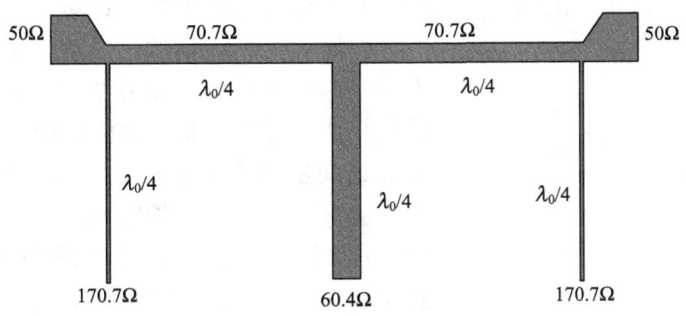

图 5-48 微带带阻滤波电路

最简单的 EBG 结构可以在微带线底板上形成周期性结构的开孔，通过调节开孔的形状（方形或者圆形）、开孔的尺寸和开孔之间的距离，就可以形成一个带阻滤波电路。一般来讲，周期性结构的周期数越多，带阻滤波电路的性能就越优良，但是滤波电路的尺寸就越大。一个改进的方法是使用所谓"折叠"微带线，通过在来回弯转的微带线上构造周期性结构来减少滤波电路的几何尺寸。

5.3.4 带通滤波电路

在微带低通滤波电路和微带带阻滤波电路中，一个共同的特点是滤波电路的输入端和输出端总有导带直接相连。也就是说，低频信号（直流信号）肯定可以通过滤波电路。这个特性可以满足低通滤波电路和带阻滤波电路的要求，但是不能满足带通滤波电路的要求。在带通滤波电路的设计中，微带线将不允许直接相连，需要通过传输线间耦合的方式让射频信号通过，从而可以阻断低频（直流）信号。因此，经常使用两条平行接近的微带线（称为耦合微带线）构成带通滤波电路。

本小节将首先对耦合微带线做一个简单介绍，然后讨论利用耦合微带线实现带通滤波电路的基本方法。

1. 奇模和偶模激励

首先，建立耦合微带线的基本结构，包括两条相互平行靠近的微带线，如图 5-49 所示。介质基质的厚度为 d，相对介电常数为 ε_r，两条平行微带线的距离为 S，每条金属导带的宽度为 W，金属导带的厚度忽略不计。当两条微带线的距离 S 远大于基质厚度 d 时，可以忽略微带线之间的耦合，单独作为两条微带线进行分析处理，每条微带线都有自己的特征阻抗。当两条微带线的距离 S 可以和基质厚度 d 相比时，两条微带线之间的耦合不能被忽略，一条微带线的特征阻抗将受到另外一条微带线

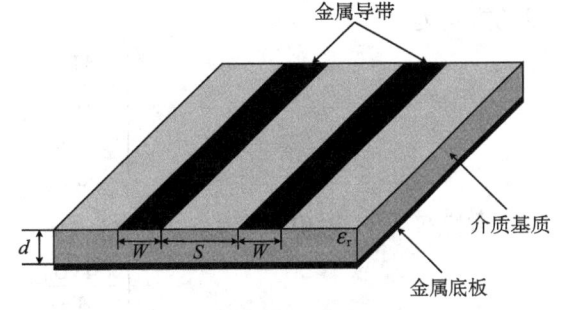

图 5-49 耦合微带线的基本结构

工作情况的影响。这时必须把两条微带线作为一个整体——耦合微带线，才能分析其工作特性。通常情况下，两条微带线参数是一致的，具有相同的金属导带宽度。在后面的分析中，将假定使用了对称双微带线的结构，以便于耦合微带线的分析和计算。

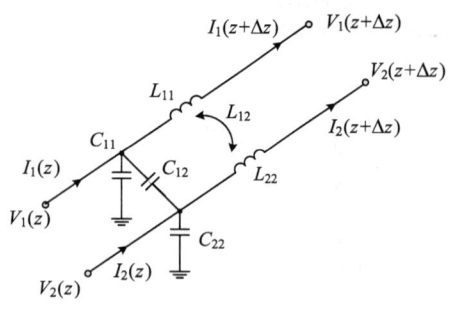

图 5-50 耦合微带的等效电路

仿照对无耗传输线的分析，将每条微带线都等价为小段串联电感和小段并联电容的结构。与单独的微带线相比，需要增加考虑微带线之间的耦合，等效为节点之间的耦合电容和传输线之间的耦合电感。如图 5-50 所示，给出了长度为 Δz 的微带耦合线的等效电路。其中用下标 11 表示第 1 条微带线的参数，用下标 22 表示第 2 条微带线的参数，用下标 12 表示第 1 条和第 2 条微带线之间的耦合参数。由于互易定理，可以得到第 2 条和第 1 条微带线之间的耦合参数与第 1 条和第 2 条微带线之间的耦合参数是一致的。例如，C_{11} 和 L_{11} 分别表示第 1 条微带线单位长度上的电容和电感，C_{12} 和 L_{12} 表示第 1 条和第 2 条微带线单位长度之间的耦合电容和耦合电感，并且有 $C_{12}=C_{21}$ 和 $L_{12}=L_{21}$。

传输线 1 上的总电压为 $V_1(z)$、总电流为 $I_1(z)$，传输线 2 上的总电压为 $V_2(z)$、总电流为 $I_2(z)$。当传输线 1 和传输线 2 上的电压和电流完全一致时，耦合微带线上出现偶模，满足条件 $V_{1E}=V_{2E}=V_E$ 和 $I_{1E}=I_{2E}=I_E$；当传输线 1 和传输线 2 上的电压和电流完全相反时，耦合微带线上出现奇模，满足条件 $V_{1O}=-V_{2O}=V_O$ 和 $I_{1O}=-I_{2O}=I_O$。对于任意电压 V_1、V_2 和电流 I_1、I_2 总可以描述为奇模电压和电流与偶模电压和电流的叠加

$$\begin{cases} V_1 = V_E + V_O, & I_1 = I_E + I_O \\ V_2 = V_E - V_O, & I_2 = I_E - I_O \end{cases} \tag{5.108}$$

其中，V_E 和 I_E 为奇模电压和电流；V_O 和 I_O 为偶模电压和电流。改写式(5.108)可以使用总电压 V_1 和 V_2 以及总电流 I_1 和 I_2 表示偶模和奇模电压 V_E、V_O 和电流 I_E、I_O

$$\begin{cases} V_E = \dfrac{V_1+V_2}{2}, & I_E = \dfrac{I_1+I_2}{2} \\ V_O = \dfrac{V_1-V_2}{2}, & I_O = \dfrac{I_1-I_2}{2} \end{cases} \tag{5.109}$$

采用类似建立传输线方程的方法，可以给出偶模和奇模的传输线方程。偶模对应的传输线的方程为

$$\begin{cases} -\dfrac{\mathrm{d}V_E}{\mathrm{d}z} = \mathrm{j}\omega(L_{11}+L_{12})I_E \\ -\dfrac{\mathrm{d}I_E}{\mathrm{d}z} = \mathrm{j}\omega(C_{11}+C_{12})V_E \end{cases} \tag{5.110}$$

奇模对应的传输线方程为

$$\begin{cases} -\dfrac{\mathrm{d}V_O}{\mathrm{d}z} = \mathrm{j}\omega(L_{11}-L_{12})I_O \\ -\dfrac{\mathrm{d}I_O}{\mathrm{d}z} = \mathrm{j}\omega(C_{11}-C_{12})V_O \end{cases} \tag{5.111}$$

根据式(5.110)和式(5.111)可以得到耦合微带线偶模特征阻抗 Z_E 和奇模的特征阻抗 Z_O 为

$$\begin{cases} Z_E = \dfrac{1}{C_E v_{PE}} = \dfrac{1}{C_{11} v_{PE}} \\ Z_O = \dfrac{1}{C_O v_{PO}} = \dfrac{1}{(C_{11}+2C_{12}) v_{PO}} \end{cases} \tag{5.112}$$

其中，v_{PE} 和 v_{PO} 分别为耦合微带线中偶模和奇模的相速度；C_E 和 C_O 分别为偶模和奇模的单位长度等效电容。由于微带线之间的耦合电容 C_{12} 难于计算，一般需要进行电磁场的分析，确定耦合电容 C_{12}。在工程设计上，可以根据已知参数直接查表获得耦合微带线的偶模特征阻抗 Z_E 和奇模特征阻抗 Z_O。例如，对于图 5-49 中对称耦合微带线的结构，当介质的相对介电常数为 ε_r=9.6 时，计算得到偶模的特征阻抗 Z_E 和奇模的特征阻抗 Z_O，见图 5-51。随着微带线之间距离 S 的增加，偶模阻抗 Z_E 趋于下降，奇模阻抗 Z_O 趋于增加；随着微带线宽度 W 的增加，偶模阻抗 Z_E 迅速下降，奇模阻抗 Z_O 也趋于下降。不难理解，当微带线之间的距离 S 增加时，奇模阻抗 Z_O 会由于耦合电容 C_{12} 的减小而上升，偶模阻抗 Z_E 会由于耦合电感 L_{12} 的减少而下降；当微带线的宽度 W 增加时，奇模阻抗 Z_O 会由于耦合电容 C_{12} 的增加而下降，偶模阻抗 Z_E 会由于 C_{11} 和 C_{22} 的增加而下降。

2. 带通滤波单元电路

带通滤波电路的单元电路是由两条相互耦合的微带线构成，如图 5-52 所示。图 5-52(a) 为由两条微带线组成的几何结构，图 5-52(b) 基本单元的等效的电路，其中每一条微带传输线的特征阻抗均为 Z_0，相互耦合部分的长度为 l，偶模特征阻抗为 Z_E，奇模特征阻抗为 Z_O，Z_{IN} 为 1 端口的输入阻抗，Z_L 为 2 端口的输入阻抗。

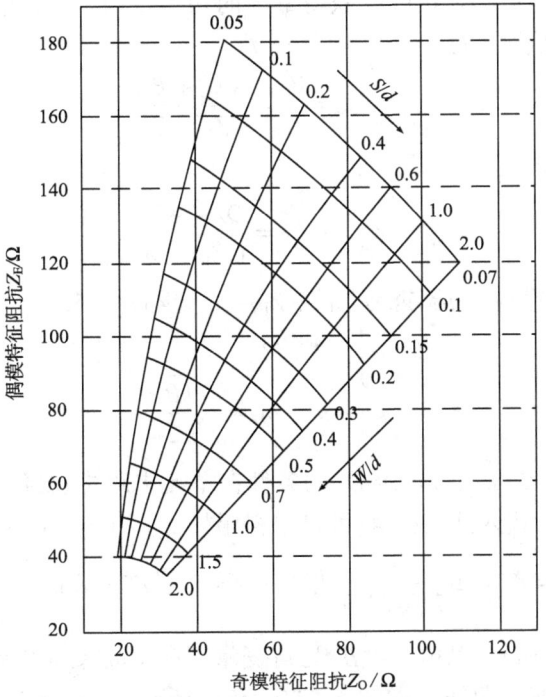

图 5-51 对称耦合微带线的奇模和偶模特征阻抗

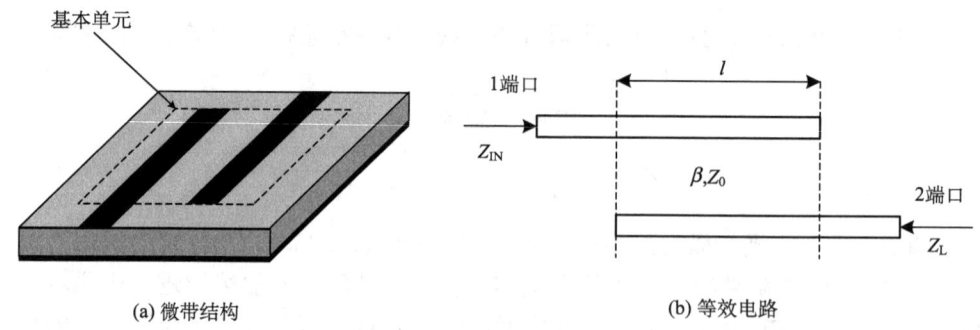

(a) 微带结构　　　　　　　　(b) 等效电路

图 5-52　带通滤波电路的单元电路

通过奇模和偶模的电压和电流分析，可以得到该单元电路的两端口网络阻抗矩阵 $\mathbf{Z}$。矩阵 $\mathbf{Z}$ 的元素表示为

$$Z_{11} = Z_{22} = -\mathrm{j}\frac{1}{2}(Z_\mathrm{O} + Z_\mathrm{E})\cot\beta l$$
$$Z_{12} = Z_{21} = -\mathrm{j}\frac{1}{2}(Z_\mathrm{O} + Z_\mathrm{E})\frac{1}{\sin\beta l} \tag{5.113}$$

根据两端口网络矩阵参数的变换公式，计算得到单元电路的转移矩阵 $\mathbf{A}$ 为

$$\mathbf{A} = \begin{bmatrix} A & B \\ C & D \end{bmatrix} = \frac{1}{Z_{21}}\begin{bmatrix} Z_{11} & \Delta Z \\ 1 & Z_{22} \end{bmatrix} \tag{5.114}$$

其中，$\Delta Z = Z_{11}Z_{22} - Z_{12}Z_{21}$。

在带通滤波电路中，需要将多个单元电路级联使用，所以要求上一级的输出阻抗与下一级的输入阻抗一致，才能实现阻抗匹配获得最大的功率传输。依据单元电路的转移矩阵 $\mathbf{A}$ 可以表示 1 端口的输入阻抗 Z_IN 为

$$Z_\mathrm{IN} = \frac{V_1}{I_1} = \frac{AZ_\mathrm{L} + B}{CZ_\mathrm{L} + D} \tag{5.115}$$

2 端口的输出阻抗 Z_L 为

$$Z_\mathrm{L} = -\frac{V_2}{I_2} = \frac{DZ_\mathrm{IN} + B}{CZ_\mathrm{IN} + A} \tag{5.116}$$

由于级联单位单元的要求，应该满足条件 $Z_\mathrm{IN}=Z_\mathrm{L}$。求解式(5.115)和式(5.116)，可以得到

$$\begin{cases} A = D \\ Z_\mathrm{IN} = Z_\mathrm{L} = \pm\sqrt{\dfrac{B}{C}} \end{cases} \tag{5.117}$$

其中，根据式(5.113)和式(5.114)，$A=D$ 的条件在单元电路中已经满足，通过选择正负号使 Z_IN 和 Z_L 的实部大于零。代入式(5.114)可以求得阻抗 Z_IN 和 Z_L 为

$$Z_\mathrm{IN} = Z_\mathrm{L} = \pm\frac{1}{2\sin(\beta l)}\sqrt{(Z_\mathrm{E} - Z_\mathrm{O})^2 - (Z_\mathrm{E} + Z_\mathrm{O})^2 \cos^2\beta l} \tag{5.118}$$

取 $Z_\mathrm{E}=120\Omega$ 和 $Z_\mathrm{O}=60\Omega$，以电长度 βl 为自变量，在 $0\leqslant\beta l\leqslant 2\pi$ 的范围内给出单元电路输入阻抗 Z_IN 随电长度 βl 的变化曲线，如图 5-53(a)和(b)所示。图 5-53(a)给出了输入阻抗实部

Re{Z_{IN}}随传输线电长度的变化，对于给定长度的单元电路，仅当频率位于一定范围内时，Re{Z_{IN}}不为零，而在其他频率上 Re{Z_{IN}}为零。图 5-53(b)给出了输入阻抗虚部 Im{Z_{IN}}随传输线电长度的变化，仅当频率位于一定范围内时，Im{Z_{IN}}等于零，而在其他频率上 Im{Z_{IN}}不为零。

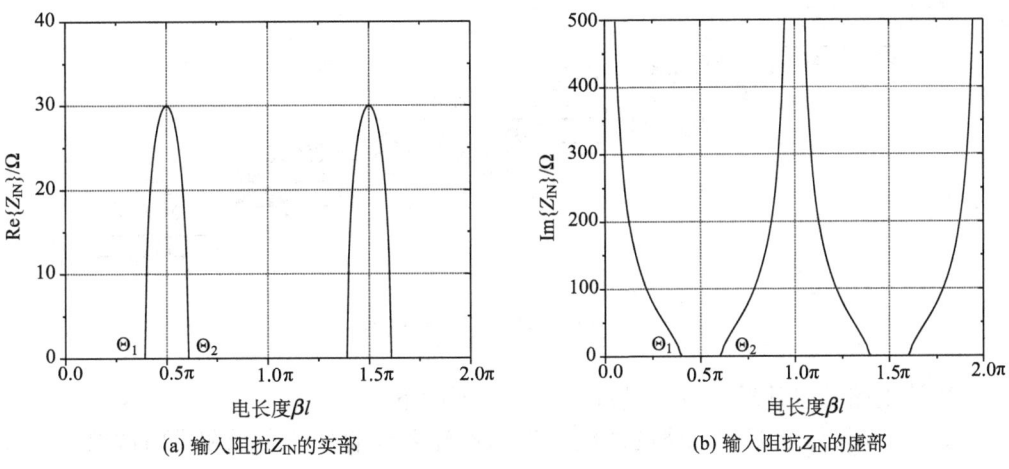

(a) 输入阻抗Z_{IN}的实部　　　　　　(b) 输入阻抗Z_{IN}的虚部

图 5-53　输入阻抗 Z_{IN} 随电长度的变化

当输入阻抗 Z_{IN} 的实部 Re{Z_{IN}}为零，而虚部 Im{Z_{IN}}很大时，电压反射系数会很高，单元电路对输入射频信号具有很大的衰减。当输入阻抗 Z_{IN} 的实部 Re{Z_{IN}}不为零，而虚部 Im{Z_{IN}}为零时，可以等效为一定特征阻抗的无耗传输线，通过前后电路阻抗匹配可以获得良好的传输特性。因此，该单元电路具有带通滤波电路特性。

如果通带的中心频率为f_0，对应波长为λ_0，则可以选择单元电路的传输线长度为$\lambda_0/4$（对应电长度为$\beta l = \pi/2$），使得在中心频率f_0处单元电路的输入阻抗为

$$Z_{IN}(f_0) = \frac{Z_E - Z_O}{2} \tag{5.119}$$

带通单元电路的高端截止频率ω_H和低端截止频率ω_L可以通过令式(5.118)为零求解获得，对应的电长度Θ_1和Θ_2满足条件

$$\Theta_{1,2} = (\beta l)_{1,2} = \arccos\left(\pm \frac{Z_E - Z_O}{Z_E + Z_O}\right) \tag{5.120}$$

耦合微带线的偶模阻抗 Z_E 和奇模阻抗 Z_O 不仅决定了单元电路在中心频率处的输入阻抗 Z_{IN}，也决定了通带的宽度 BW，可以分别参考式(5.119)和式(5.120)。从式(5.118)还可以看出，单元电路的阻抗具有周期性，在奇数次倍频处具有寄生的通带。在应用带通滤波电路时，需要限制最高的频率不要超出设计的工作频率范围。

3. 带通滤波电路的实现

使用单个单元电路不能获得良好的频率特性，滤波电路的频率特性在从通带到阻带的过渡时不够陡峭。可以采用级联单元电路的方法获得良好的频率特性，类似于在低通滤波电路中选用高阶滤波电路。通过级联单元电路可以获得性能良好的带通滤波电路，一个典型的 5

阶带通滤波电路如图 5-54 所示。输入和输出端口连接微带线的特征阻抗为 Z_0；在带通滤波电路部分则使用了 6 个不同的单元电路，每个单元电路中耦合微带线的奇模和偶模阻抗分别表示为 Z_O 和 Z_E。

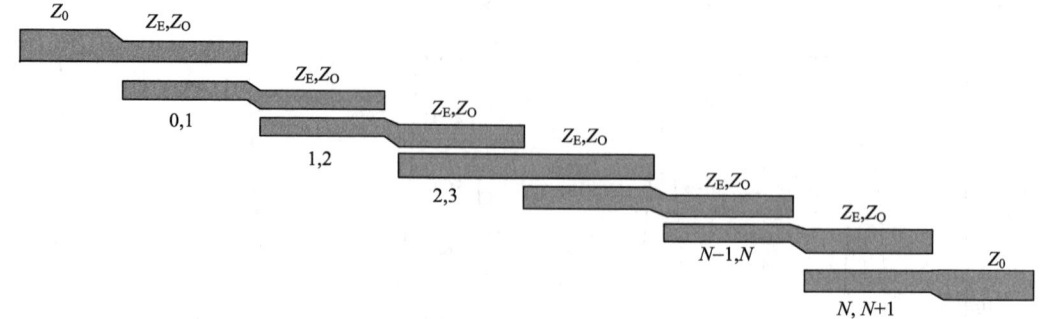

图 5-54 5 阶带通滤波电路

带通滤波电路的设计过程较为复杂，主要步骤如下。

(1) 选择归一化低通滤波电路的原型。根据设计要求的带外衰减和带内波纹，选择合适阶数的切比雪夫或者巴特沃斯滤波电路，得到归一化的设计参数 g_1, g_2, $\cdots$, g_N, g_{N+1}。

(2) 根据设计要求的截止频率 ω_H 和 ω_L，确定归一化的带宽 BW 为

$$\mathrm{BW} = \frac{\omega_H - \omega_L}{\omega_0} \tag{5.121}$$

其中，中心频率为 $\omega_0 = \dfrac{\omega_H + \omega_L}{2}$。

(3) 使用归一化设计参数 g_1, g_2, $\cdots$, g_N, g_{N+1} 和归一化的带宽 BW 可以确定带通滤波电路中的设计参数：

$$\begin{gathered} J_{0,1} = \frac{1}{Z_0}\sqrt{\frac{\pi \mathrm{BW}}{2 g_0 g_1}} \\ J_{i,i+1} = \frac{1}{Z_0}\frac{\pi \mathrm{BW}}{2\sqrt{g_i g_{i+1}}} \\ J_{N,N+1} = \frac{1}{Z_0}\sqrt{\frac{\pi \mathrm{BW}}{2 g_N g_{N+1}}} \end{gathered} \tag{5.122}$$

(4) 根据带通滤波电路的设计参数，确定耦合传输线的奇模和偶模的特征阻抗：

$$\begin{cases} Z_O|_{i,i+1} = Z_0\left[1 - Z_0 J_{i,i+1} + (Z_0 J_{i,i+1})^2\right] \\ Z_E|_{i,i+1} = Z_0\left[1 + Z_0 J_{i,i+1} + (Z_0 J_{i,i+1})^2\right] \end{cases} \tag{5.123}$$

其中，$Z_O|_{i,i+1}$ 和 $Z_E|_{i,i+1}$ 对应为图 5-54 中耦合微带线的奇模和偶模的特征阻抗；Z_0 为输入和输出微带线的特征阻抗。

(5) 依据每段耦合微带线的偶模和奇模特征阻抗，参照图 5-51 可以确定耦合微带线的几何结构。按照给定微带线路板的参数——介质相对介电常数 ε_r 和介质厚度 d，得到微带线的

宽度 W 和微带线之间的距离 S。取每段耦合微带线的长度为 $\lambda_0/4$，仿照图 5-54 中带通滤波电路的基本结构，就可以实现微带带通滤波电路的设计。

由于耦合微带线的边缘场效应很强，首先需要通过更精确的计算对微带线的宽度和长度进行修正，使耦合微带线带通滤波电路设计更可靠。其次使用仿真软件，对微带线带通滤波电路进行模拟，通过一些参数的调整提高滤波电路频率的特性。然后，就可以实际加工滤波电路，得到微带线带通滤波电路。如图 5-55 所示，一个 3 阶的微带线滤波电路，通带中心频率为 2GHz，两端为同轴线接口（3.5mm 的 SMA 标准 K 型接口）。最后就可以使用网络分析仪进行测量，检验设计的结果。

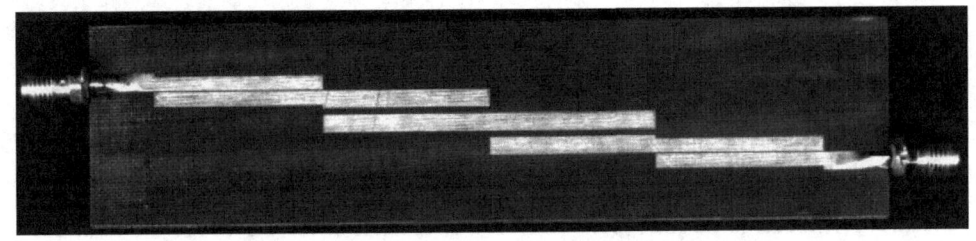

图 5-55　微带线带通滤波电路

例 5-13　设一个耦合微带线带通滤波电路，通带内的波纹为 3dB，中心频率 f_0=5GHz，频带宽度为 8%，要求在 5.3GHz 的频率下出具有不小于 30dB 的衰减。求滤波电路使用元件的数目，以及耦合微带线中偶模和奇模的特征阻抗。

解　根据中心频率 f_0 和频带宽度 BW，可以确定通带的高端截止频率 f_H 和低端截止频率 f_L 分别为

$$\begin{cases} f_H = f_0 + \frac{1}{2} f_0 \, \text{BW} = 5.2\,\text{GHz} \\ f_L = f_0 - \frac{1}{2} f_0 \, \text{BW} = 4.8\,\text{GHz} \end{cases}$$

首先，需要确定归一化低通滤波电路的阶数。将频率 5.3GHz 表示为归一化的频率

$$\Omega = \frac{f_0}{f_H - f_L} \left(\frac{f}{f_0} - \frac{f_0}{f} \right) = 1.476$$

按照设计要求，需要选用 3dB 等波纹切比雪夫低通滤波电路。在归一化频率 Ω=1.476 处，需要具有大于 30dB 的衰减。因此，参考图 5-21 中 3dB 等波纹切比雪夫低通滤波电路的带外衰减，要满足设计要求，必须选用 5 阶滤波电路。

查表 5-4 确定 5 阶 3dB 等波纹切比雪夫滤波电路的归一化参数为

$$g_1 = g_5 = 3.4817, \quad g_2 = g_4 = 0.7618, \quad g_3 = 4.538, \quad g_6 = 1.0$$

接着取 Z_0=50Ω 作为标准阻抗，按照式(5.122)和式(5.123)确定耦合微带传输线的偶模和奇模特征阻抗，计算结果见表 5-11。

在得到了耦合微带线奇模特征阻抗和偶模特征阻抗后，选择合适的电路板，例如，可以选择相对介电常数为 ε_r=9.6 的电路板，确定电路板介质的厚度 d。然后查阅图 5-51 确定各个耦合微带线的几何参数：微带线宽度 W 和微带线距离 S。最终实现了微带线带通滤波电路的设计。

表 5-11 耦合微带传输线的奇模特征阻抗 Z_O 和偶模特征阻抗 Z_E

i	$Z_0J_{i,i+1}$	Z_O	Z_E
0	0.1900	42.306	61.304
1	0.0772	46.440	54.156
2	0.0676	46.849	53.608
3	0.0676	46.849	53.608
4	0.0772	46.440	54.156
5	0.1900	42.306	61.304

4. 陶瓷谐振器

在射频的低端频率下，可以使用石英晶体实现窄带高品质因数的滤波电路。随着频率的升高，石英晶体性能下降就不再适用了。伴随新型材料技术的发展，新型陶瓷材料可以在射频频段具有高介电常数和低损耗的特点，对于缩小射频电路的尺寸和提高电路性能具有很重要的作用。陶瓷谐振器就是一个成功应用的例子。

在现代无线通信领域中，一种称为陶瓷谐振器的元件，在射频滤波电路中有了越来越重要的应用。陶瓷谐振器的结构与刚性同轴电缆的结构类似，由内导体、介质和外导体构成，特征阻抗大约在 10Ω 左右。陶瓷谐振器要求物理长度要远大于直径，采用等效为一段传输线的方法，可以使用传输线理论进行分析。陶瓷谐振器的介质选用低损耗高介电常数的新型陶瓷，在陶瓷材料的表面镀银构成内导体和外导体。通常选用陶瓷谐振器的长度为 $\lambda_0/4$，在一个端口将内外导体短路，从而形成 $\lambda_0/4$ 终端短路的传输线，构成等效的 LC 并联谐振电路。

由于电磁场都限制在内外导体之间，很少有向外辐射和泄漏，内外导体的电导率非常高，所以陶瓷谐振器可以具有非常高的品质因数。陶瓷谐振器的主要损耗来源于陶瓷材料的介质损耗。并且陶瓷材料具有很高的相对介电常数，使得工作波长变短，可以大幅度减小滤波电路的尺寸。陶瓷谐振器的典型应用频率范围为 200MHz～4GHz。在 3～4GHz 的高端频率范围内，由于陶瓷滤波器的尺寸太小失去了很多应用优势。因此典型的应用频率在 400MHz～3GHz。

类似于石英晶体谐振器，生产厂家可以提供特定频率的陶瓷谐振器，采用标准的圆形或者方形封装。在设计应用中可以直接选用合适的陶瓷谐振器。典型的陶瓷谐振器参数，如表 5-12 所示。相对介电常数越高，适合工作的频率就越低。生产厂家通过调节谐振器的长度，就可以改变谐振频率。例如，使用Ⅰ型陶瓷谐振器，谐振频率为 2450MHz，可以计算得到陶瓷谐振器的长度为 l=6.76mm；使用Ⅲ型陶瓷谐振器，谐振频率为 890MHz，计算得到谐振器的长度为 l=9.21mm。可见陶瓷谐振器的尺寸小，品质因数高，适合于射频移动通信系统使用。

表 5-12 陶瓷谐振器典型参数

	Ⅰ	Ⅱ	Ⅲ
相对介电常数 ε_r	21	38	88
谐振器长度/mm	$l=\dfrac{16.6}{f}$	$l=\dfrac{12.6}{f}$	$l=\dfrac{8.20}{f}$

续表

	I	II	III
温度系数/(ppm/℃)	10	6.5	8.5
典型品质因数 Q	800	500	400
频率范围	1～4.5GHz	800MHz～2.5GHz	400MHz～1.5GHz

注：在计算谐振器长度时，频率 f 的单位为 GHz。

陶瓷谐振器的并联谐振电路为 LCR 的并联电路，其中，并联电阻 R_P 可以表示为

$$R_P = \frac{2(Z_0)^2}{R^* l} \tag{5.124}$$

其中，Z_0 为同轴传输线的特征阻抗；l 为陶瓷谐振器的物理长度；R^* 为介质损耗和导体损耗的等效单位长度电阻。

按照同轴传输线的计算公式，可以将陶瓷谐振器单位长度电容 C^* 和单位长度电感 L^* 表示为

$$C^* = \frac{2\pi\varepsilon_0\varepsilon_r}{\ln\left(\frac{D}{d}\right)} = 55.61 \times 10^{-12} \frac{\varepsilon_r}{\ln\left(\frac{D}{d}\right)}$$

$$L^* = \frac{\mu_r\mu_0}{2\pi}\ln\left(\frac{D}{d}\right) = 2 \times 10^{-7} \ln\left(\frac{D}{d}\right) \tag{5.125}$$

其中，D 为外导体直径；d 为内导体直径。为了减少导体损耗，内导体直径 d 不能太小。从而可以计算得到特征阻抗 Z_0 为

$$Z_0 = \sqrt{\frac{L^*}{C^*}} = \frac{60}{\sqrt{\varepsilon_r}} \ln\left(\frac{D}{d}\right) \tag{5.126}$$

例 5-14 一个陶瓷谐振器，内导体直径为 d=2.5mm，外导体直径为 d=6.0mm，使用陶瓷介质的相对介电常数为 ε_r=88。如果该陶瓷谐振器谐振频率为 450MHz，求陶瓷谐振器的特征阻抗 Z_0、物理长度 l 和等效电路。

解 根据式(5.125)计算单位长度电容 C^* 和单位长度电感 L^* 为

$$C^* = 55.61 \times 10^{-12} \frac{88}{\ln\left(\frac{6.0}{2.5}\right)} = 5.59 \times 10^{-9} \, (\text{F/m})$$

$$L^* = 2 \times 10^{-7} \ln\left(\frac{6.0}{2.5}\right) = 1.75 \times 10^{-7} \, (\text{H/m})$$

根据传输线理论可以计算陶瓷谐振器的特征阻抗 Z_0 为

$$Z_0 = \sqrt{\frac{L^*}{C^*}} = 5.60 \, \Omega$$

依据表 5-12 中陶瓷谐振器的长度计算公式，得到其物理长度 l 为

$$l = \frac{8.20}{f} = \frac{8.20}{0.45} = 18.2 \, (\text{mm})$$

等效并联谐振电路中并联电感 L_P 和并联电容 C_P 可以表示为

$$C_P = \frac{C^* l}{2} = \frac{5.59 \times 10^{-9} \times 18.2 \times 10^{-3}}{2} = 51(\text{pF})$$

$$L_P = 8L^* l = 8 \times 1.75 \times 10^{-7} \times 18.2 \times 10^{-3} = 25.5(\text{nH})$$

并联谐振电路的品质因数 Q 表示为

$$Q = \frac{R_P}{\omega_0 L_P} = \frac{R_P}{2\pi \times 450 \times 10^6 \times 25.5 \times 10^{-9}} = \frac{R_P}{72.1}$$

从而可以得到并联电阻 R_P 为

$$R_P = 72.1 \times Q = 28.8 \text{k}\Omega$$

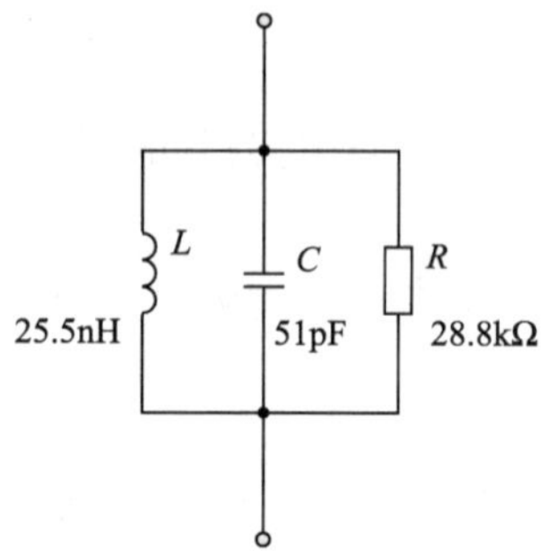

最终得到陶瓷谐振器的等效 LCR 并联电路,如图 5-56 所示。

陶瓷谐振器除了用于滤波电路,还可以用于射频振荡电路。陶瓷谐振器具有集总参数器件小尺寸的优点,又如同分布参数器件一样可以工作在很高的频率上,因此可以取代传统的 LC 谐振电路。利用高品质因数的陶瓷谐振器可以构成体积非常小的锁相环频率合成器,具有相当低的相位噪声。

图 5-56 陶瓷谐振器等效 LRC 电路

现代滤波电路的设计中,出现了很多新型的材料和新电路结构,可以大幅度减小滤波电路的尺寸,方便地应用到各种移动通信系统中。例如,在一些微带滤波电路中,微带线具有环形或者方形的结构,并且可以有多个不规则分支,通过这样的电路来减小滤波电路的尺寸。这些新型滤波电路的设计理论更为复杂,可以查阅相关的文献资料。

习　题

1. 讨论巴特沃斯滤波电路、切比雪夫滤波电路、椭圆滤波电路的频率响应的特点,比较三种滤波电路的优点和缺点。

2. 证明对于无耗滤波电路,散射参数 S 满足关系:

$$|S_{11}|^2 + |S_{21}|^2 = 1$$

3. 滤波电路如图 5-57 所示,参数已经在电路图上标注。

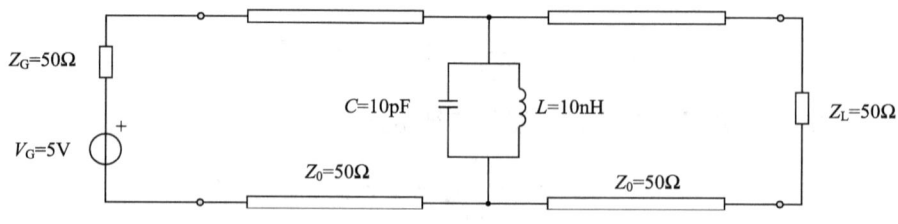

图 5-57 习题 3 的电路图

求:(1)有载品质因数 Q_L、无载品质因数 Q_F、外电路品质因数 Q_E;

(2)在谐振频率处,信号源输出功率 P_{OUT} 和负载得到的功率 P_L。

4. 滤波电路如图 5-58 所示，参数已经在电路图上标明。

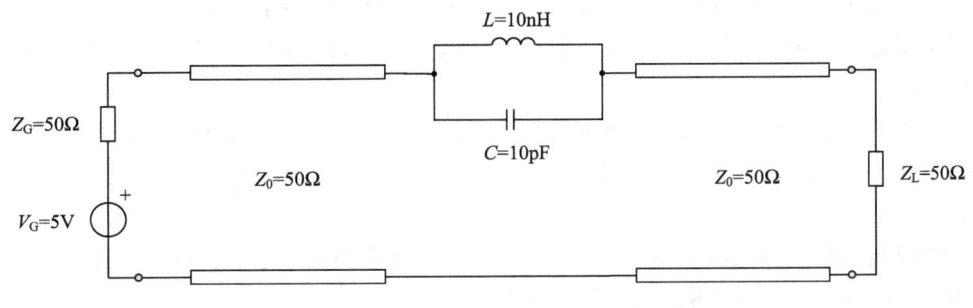

图 5-58 习题 4 的电路图

求：(1)有载品质因数 Q_L、无载品质因数 Q_F、外电路品质因数 Q_E；

(2)在谐振频率处，信号源输出功率 P_{OUT} 和负载得到的功率 P_L。

5. 试比较 $\lambda_0/4$ 终端开路和终端短路传输线，与相应 LC 串联谐振电路和 LC 并联谐振电路的区别。

6. 设计一个归一化巴特沃斯低通滤波电路，要求在两倍截止频率处具有不低于 20dB 的衰减。

7. 给出一个切比雪夫低通滤波电路的带内插入损耗曲线，要求带内波纹为 6dB，并且在两倍截止频率处具有不低于 50dB 的衰减。

8. 设计一个最大平滑巴特沃斯低通滤波电路，截止频率为 f_0=1GHz，并且在 1.5GHz 频率处具有不小于 50dB 的衰减，信号源内阻和负载都是 50Ω，要求与信号源相连的首元件为电感。请给出集总参数滤波电路图。

9. 在 DCS1800 的射频通信系统中，下行信号频率的范围是 1805～1880MHz。请设计一个集总参数带通滤波电路，通带的频率范围与下行信号的频率范围一致。要求通带内波纹为 0.5dB，在 2.1GHz 频率处，滤波电路具有不低于 30dB 的衰减。

10. 在 DECT 射频移动通信系统中，需要抑制来自"蓝牙"通信系统中心频率为 f_0=2.45GHz 的强干扰信号。请设计一个带阻滤波电路，带宽为干扰信号中心频率 f_0 的 10%，带阻衰减要求大于 30dB。

11. 终端开路的微带传输线，由于边缘场的存在可以等效为并联一个 0.1pF 的负载电容。已知在微带线特性阻抗为 50Ω，传输射频信号的相速度为 $1.5×10^8$m/s，对于长度为 1cm 的微带传输线。考虑终端开路的边缘场效应，计算 10MHz、100MHz、1GHz 频率下，传输线的输入阻抗；并求在不同频率下等效理想的开路传输线的长度。

12. 利用两端口网络的转移矩阵，证明表 5-7 中 Kuroda 规则的第 2 个和第 3 个电路变换。

13. 如果使用长度为 $\lambda_0/4$ 传输线的单位元件，证明 Kuroda 规则中的电路变换依然适用。

14. 在某射频通信系统中，第一中频为 f_{IF}=200MHz。请设计一个截止频率为 200MHz，在 500MHz 具有 50dB 以上衰减的低通滤波电路。要求使用最少的元件实现滤波电路，并且通带内带内波纹为 3dB。

15. 在 GSM900 的移动通信系统中，在移动接收机中需要在下行信号中滤除上行信号的干扰。已知上行信号的频率范围为 890～915MHz，下行信号频率的范围为 935～960MHz。

(1)要求使用集总参数滤波电路，设计一个 3 阶带通滤波电路，通带波纹为 3dB，中心频率为 902.5MHz，带宽为 25MHz。

(2)求该滤波电路对中心频率为 947.5MHz 下行信号的衰减。

16. 在"蓝牙"通信系统中，需要设计一个 5 阶最大平滑带阻滤波电路，要求中心频率为 2.45GHz，带宽为 15%，输入和输出阻抗为 75Ω。

17. 设计一个截止频率为 5GHz 的 5 阶线性相移低通滤波电路，要求给出集总参数滤波电路的原理图。如果使用电路板相对介电常数 ε_r=4.6，介质厚度为 d=1mm，计算并给出微带滤波电路。

18. 在射频通信电路中，设计一个 7 阶的阶跃阻抗低通滤波电路，要求截止频率为 1GHz，具有最大平滑的带内响应。

(1) 已知电路板的厚度为 d=1mm，基质相对介电常数为 ε_r=3，请绘出微带滤波电路。

(2) 如果选用基质相对介电常数更高的陶瓷电路板（ε_r=27），请重新绘出微带滤波电路，并对比滤波电路尺寸的变化。

19. 在滤波电路的实际测量中，可以使用网络分析仪方便地获得该两端口网络的 S 参数。在网络分析仪上，$|S_{11}|$ 和 $|S_{22}|$ 随频率变化的曲线可以直接显示在屏幕上。

(1) 试证明 $|S_{11}|$ 和 $|S_{22}|$ 随频率变化曲线的交点对应于无耗滤波电路的截止频率。

(2) 如果滤波电路存在功率损耗，$|S_{11}|$ 和 $|S_{22}|$ 曲线的交点将会如何变化。

20. 在卫星通信系统中，需要设计一个带通滤波电路。已知信号的中心频率为 10GHz，带宽为 300MHz。要求滤波电路具有最大的平滑响应，并且在 10.4GHz 处具有不小于 40dB 的衰减。

21. 如图 5-59 所示的滤波电路，元件参数已经在图上标明，从滤波电路输入端看进去的输入阻抗为 Z_{IN}。

(1) 试编写计算机程序，计算输入阻抗 Z_{IN} 随频率变化的特性。

(2) 试编写计算机程序，计算滤波电路的电压传递系数的模值 $|H(\omega)|$，并分析滤波电路的中心频率和频带宽度；

(3) 绘出滤波电路的插入损耗的曲线，分析滤波电路的类型。

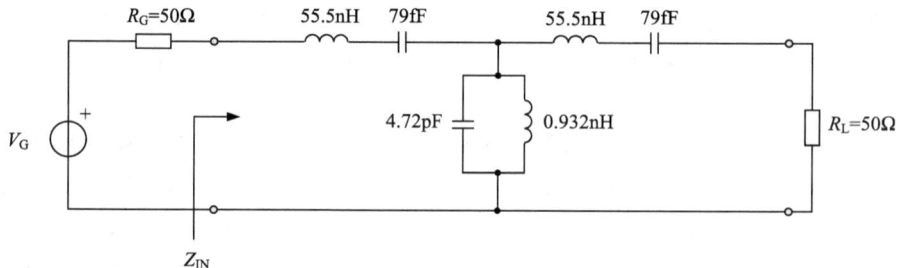

图 5-59　习题 21 的电路图

第 6 章 匹配电路和偏置电路

阻抗匹配电路是射频电路的一个重要组成部分。阻抗匹配电路通过在源和负载之间插入一个无源无耗网络，通常实现从信号源到负载的最大功率传输。在射频晶体管放大器、振荡器、混频器等的输入或输出电路中，都需要设计阻抗匹配电路，保障电路的正常工作。在多级放大电路的级间耦合电路中，也需要设计阻抗匹配电路。在这些阻抗匹配电路的设计中，需要把信号源或负载阻抗转换到另外一个阻抗，保证射频有源器件工作在合适的状态。阻抗匹配电路的设计就是构建一个合适的无源无耗两端口网络，完成阻抗变换的功能。有时匹配电路不一定仅仅是为了获得最大的功率传输，例如，匹配电路可以实现减小放大电路噪声干扰、提高功率放大电路的功率容量、改善宽带放大电路的频率响应等功能。因此，匹配电路的功能是将一个阻抗变换到另一个合适的阻抗。

射频阻抗匹配电路包括集总参数匹配电路、分布参数匹配电路和混合式匹配电路。集总参数匹配电路通常适合工作在 1GHz 以下的射频频段；分布参数匹配电路适合工作在 1GHz 以上的射频频段。针对不同的设计要求，例如，频率响应、工作频率、可调节性等因素，需要选用合适的阻抗匹配电路。图 6-1 给出了一个实际的射频放大电路，包含了匹配电路和偏置电路，综合应用了分布参数和集总参数的设计。本章将主要介绍匹配电路和偏置电路的基本原理和设计方法。利用 Smith 圆图辅助完成匹配电路的分析和设计，结合不同的电路类型给出阻抗匹配电路和偏置电路设计的例子，并且讨论一个射频晶体管输出匹配电路的综合设计。

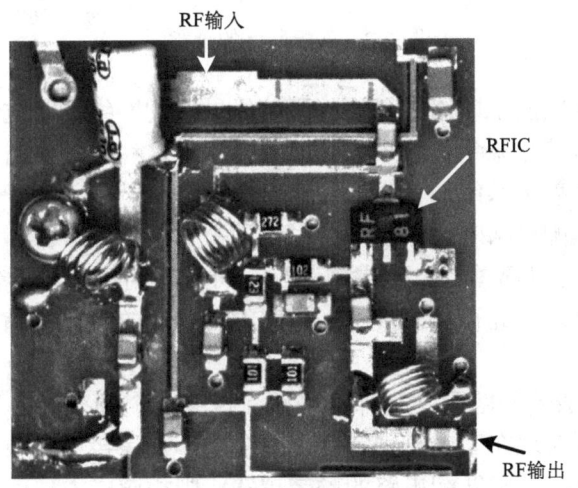

图 6-1 一个实际的射频放大电路

6.1 匹配电路的概念

阻抗匹配是通过在两个电路(例如信号源和负载)中插入一定的网络，能够实现在两个电路之间最大的功率的传输。如图 6-2 所示，通过阻抗匹配电路完成从负载 Z_L 到输入阻抗 Z_0 的变换，使输入阻抗与传输线特征阻抗 Z_0 一致。这样从传输线馈入的能量可以无损耗地被负载 Z_L 吸收，实现最大的功率传输。

理想情况下，阻抗匹配网络应该是一个无源无耗两端口网络，用来完成阻抗的变换，而阻抗匹配网络本身不会引入额外的功率损耗。实际上，阻抗匹配网络是信号源和负载之间的一个过渡电路，通过匹配网络引入新的反射，抵消由于负载不匹配产生的反射，从而使负载得到最大的功率传输。从信号源端看进来没有了射频信号的反射，实现了阻抗匹配。

在射频匹配电路的设计中，除了通常采用获得最大功率传输的标准，还可以使用获得最小系统噪声、最佳频率响应、最大功率容量等多种标准。从而可以把匹配电路应用在低噪声放大电路、宽频带放大电路、功率放大电路等射频电路中。从广义上讲，匹配电路的目的不仅是可以获得最大的功率传输，还可以是获得最小的噪声系数、改善宽频带响应、得到最大功率容量等。在这些射频电路设计中，都是需要根据需求把一个阻抗转换到另外一个合适的阻抗。因此，能够把一个阻抗转换到另一个阻抗的两端口网络都统称为匹配电路。

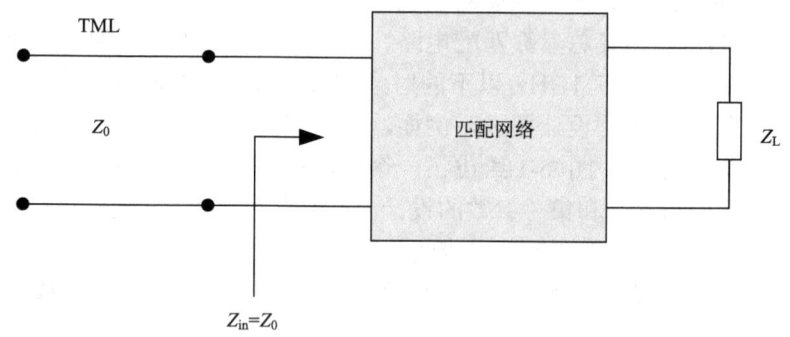

图 6-2 匹配网络的示意图

获得最大功率传输的匹配网络把负载的阻抗经过匹配网络的阻抗变换，与信号源的阻抗满足一定关系，实现从信号源到负载最大功率的传输。这种匹配电路可以实现源和负载之间最大功率的传输，改善射频系统的信噪比。

在设计射频电路匹配网络时，主要考虑以下四个方面的要求。

(1) 简单性。选择通过简单的电路实现匹配，可以使用更少的器件，减少损耗并降低成本，可靠性也获得提高。因此设计阻抗匹配电路的首要目的是在能满足设计要求的情况下，选择最简洁的电路。

(2) 频带宽度。一般多种匹配网络都可以消除在某一个频率上的反射，在该频率下实现完全匹配。但是如果要实现在一定频带宽度内的匹配，则需要更复杂的匹配网络设计，需要使用更多的元件。因此，要求匹配电路的频带越宽，则相应成本也就越高。

(3) 电路种类。在实现一个匹配网络时，需要考虑匹配网络使用传输线的种类，然后确定使用匹配电路的种类。例如，对于微带传输线系统，实现匹配可以使用集总参数器件、$\lambda/4$ 传输线变换、并联分支等电路，非常易于实现。对于波导和同轴线系统，使用终端短路结构和枝节匹配电路则更易于实现。因此，阻抗匹配电路需要选择在相应传输线系统上易于实现的电路类型。

(4) 可调节性。如果负载发生了变化，匹配网络需要进行相应的变化来达到匹配的要求。在设计匹配网络时，需要考虑匹配负载是否会发生变化，以及通过调整匹配网络适应变化的可行性。

通常有不止一种电路可以实现射频阻抗匹配网络，所以在选择匹配网络的电路时，需要综合以上四点要求进行考虑，选择最佳的方案来实现匹配网络。

在直流情况下，当负载电阻等于信号源内阻时，负载可以得到最大的功率。在射频情况下，由于电抗器件的存在，负载和信号源的阻抗都是复数。获得最大功率传输的阻抗匹配条件也发生了相应的变化。不失一般性，考虑如图 6-3 所示的信号源和负载连接的电路。信号源电压为 V_S，信号源内阻为 $Z_S=R_S+jX_S$，负载为 $Z_L=R_L+jX_L$，负载上的电压为 V_L，流过电流为 I。其中，R_S、X_S、R_L、X_L 均为实数，并且有 $R_S>0$ 和 $R_L>0$，电压 V_S 和电流 I 均为复数。下面分析负载 Z_L 得到信号源最大传输功率的条件。

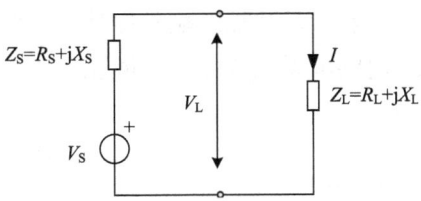

图 6-3 信号源和负载的阻抗匹配条件

根据基尔霍夫定律得到电路中的电流为

$$I = \frac{V_S}{Z_S + Z_L} = \frac{V_S}{(R_S + R_L) + j(X_S + X_L)} \tag{6.1}$$

负载 Z_L 上的电压为

$$V_L = Z_L \times I = \frac{V_S(R_L + jX_L)}{(R_S + R_L) + j(X_S + X_L)} \tag{6.2}$$

负载 Z_L 得到的平均功率为

$$P_L = \frac{1}{2}\text{Re}\{V_L \times I_L^*\} = \frac{1}{2}\text{Re}\left\{\frac{|V_S|^2(R_L + jX_L)}{|(R_S + R_L) + j(X_S + X_L)|^2}\right\} = \frac{1}{2}\frac{|V_S|^2 R_L}{(R_S + R_L)^2 + (X_S + X_L)^2}$$

(6.3)

显然，功率 P_L 是独立变量 R_L 和 X_L 的函数，所以功率 P_L 取极值时，应该满足条件 $\frac{\partial P_L}{\partial R_L} = 0$ 和 $\frac{\partial P_L}{\partial X_L} = 0$。通过 $\frac{\partial P_L}{\partial X_L} = 0$ 的条件，或者直接考虑平方项 $(X_S + X_L)^2 \geq 0$ 的特点，得到功率 P_L 取最大值时，应有 $X_L = -X_S$。通过 $\frac{\partial P_L}{\partial R_L} = 0$ 的条件，得到功率 P_L 取最大值时，应有 $R_L = R_S$。

因此，可以得到在获得最大功率传输时，负载 Z_L 需要与信号内阻 Z_S 满足关系 $R_L = R_S$ 和 $X_L = -X_S$，即负载和信号源内阻应该满足共轭匹配条件

$$Z_L = Z_S^* \tag{6.4}$$

在共轭匹配时，负载得到的最大平均功率为

$$P_L^{\text{max}} = \frac{1}{2}\frac{|V_S|^2 R_L}{(R_L + R_L)^2} = \frac{1}{8}\frac{|V_S|^2}{R_L} \tag{6.5}$$

此时，信号源输出的功率为

$$P_\text{S} = \frac{1}{2}\text{Re}\{V_\text{S} \times I^*\} = \frac{1}{4}\frac{|V_\text{S}|^2}{R_\text{L}} \tag{6.6}$$

因此，在共轭匹配时，负载得到的功率 P_L 为信号源输出功率 P_S 的一半 $P_\text{L} = \frac{1}{2}P_\text{S}$，系统的效率为50%。

在满足共轭匹配条件时，整个电路呈现纯阻抗状态，即 $Z = Z_\text{S} + Z_\text{L} = 2R_\text{L} = 2R_\text{S}$。此现象与电路串联或者并联谐振($\text{Im}\{Z\}=0$)非常类似。

6.2 集总参数匹配电路

在射频的低端频段，通常使用电容器和电感器实现阻抗匹配电路。当频率较低时(如 $f <$ 1GHz)，使用集总参数的匹配电路是一个合适的选择。当频率只有几百兆赫兹时，除了使用电容和电感实现阻抗匹配，射频变压器也是一个可行的选择。例如，在 UHF 频段，可以利用变压器方便地实现 300Ω 平衡输入到 75Ω 非平衡输出的阻抗变换。使用变压器进行阻抗变换主要用在比较低的射频频段。采用 L 形、π 形、T 形等集总参数元件组成的匹配电路体积小结构简单，在射频通信电路中得到广泛应用。如果频率响应不能满足设计要求，还可以采用多级匹配电路设计，使用多个单元级联的方式构成多级匹配电路。每一级可以采用 L 形匹配电路，使匹配电路设计具有更多的灵活性和更高的适应性。本节将分别对这些集总参数匹配电路进行分析讨论。

6.2.1 变压器阻抗变换电路

在低频电路中已经接触到利用变压器进行阻抗变换的应用。例如，在传统的推挽功率放大电路中，由于扬声器的阻抗很低，通常只有 8Ω 左右，而晶体管共射的放大电路的输出阻抗在百欧姆左右，所以需要连接一个变压器实现阻抗匹配。又如在超外差式收音机的中频放大的耦合电路中，使用中频变压器(中周)完成上一级放大电路的输出阻抗和下一级放大电路的输入阻抗之间的阻抗匹配。变压器阻抗变换在 30~500MHz 的射频低端频段得到了一定的应用。随着工作频率的升高，变压器阻抗变换电路的应用就越来越少了。

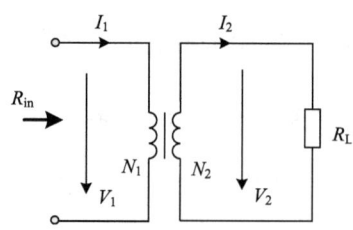

图 6-4 理想变压器阻抗变换的基本原理

理想变压器完成阻抗变换的电路可以参考图 6-4，变压器的初级线圈和次级线圈的圈数比为 $N_1 : N_2$；初级线圈的电压为 V_1，电流为 I_1；次级线圈的电压为 V_2，电流为 I_2。假设该变压器为理想变压器，则变压器两侧电压之间满足关系：

$$\frac{V_1}{V_2} = \frac{N_1}{N_2} \tag{6.7}$$

由于理想变压器没有功率的损耗，所以变压器两侧的功率应该相等，即

$$P_1 = V_1 I_1 = P_2 = V_2 I_2 \tag{6.8}$$

利用式(6.7)和式(6.8)得到变压器两侧电流的关系

$$\frac{I_1}{I_2} = \frac{N_2}{N_1} \tag{6.9}$$

从而可以得到变压器两侧输入阻抗 Z_{in} 和负载阻抗 Z_L 之间的关系

$$\frac{R_{\text{in}}}{R_L} = \frac{V_1}{I_1} \times \frac{I_2}{V_2} = \left(\frac{N_1}{N_2}\right)^2 \tag{6.10}$$

通过调节变压器的初级线圈和次级线圈的圈数比 $N_1:N_2$，就可以利用式(6.10)实现特定的阻抗变换。实际变压器分为磁心变压器和空心变压器。磁心变压器耦合紧，漏磁少，耦合系数近似为 1，体积也比空心变压器小。由于磁心需要具有高磁导率，随着频率的升高磁心材料的损耗也逐渐增大，所以磁心变压器工作频率通常比较低。空心变压器耦合松，漏磁较大，但没有磁心的损耗，可以工作在比磁心变压器更高的频率上。变压器由于受寄生参数的影响，不能工作在很高的频率上。而且当频率比较低时，会因为变压器线圈不能提供足够的电抗而导致损耗增加，所以变压器阻抗变换的频带是非常有限的。因此，变压器阻抗变换主要应用在窄带和频率较低的情况。

传输线变压器可以实现宽带阻抗变换，弥补普通变压器阻抗变换频带宽度不足的缺陷。传输线变压器的基本结构是把双线传输线绕在磁心上，形成传输线和磁心变压器的组合，见图 6-5。图中阴影部分为圆环磁心，在磁心上面缠绕了双线传输线。双线传输线的特征阻抗为 Z_0。注意双线传输线中导线与端口号的对应关系：1 和 2 连接在同一根导线上，3 和 4 连接在同一根导线上。实际应用中，对于阻抗变化为 1:1 的传输线变压器要求信号源内阻 R_S、负载 R_L 和双线传输线特征阻抗 Z_0 满足关系 $R_S = R_L = Z_0$。

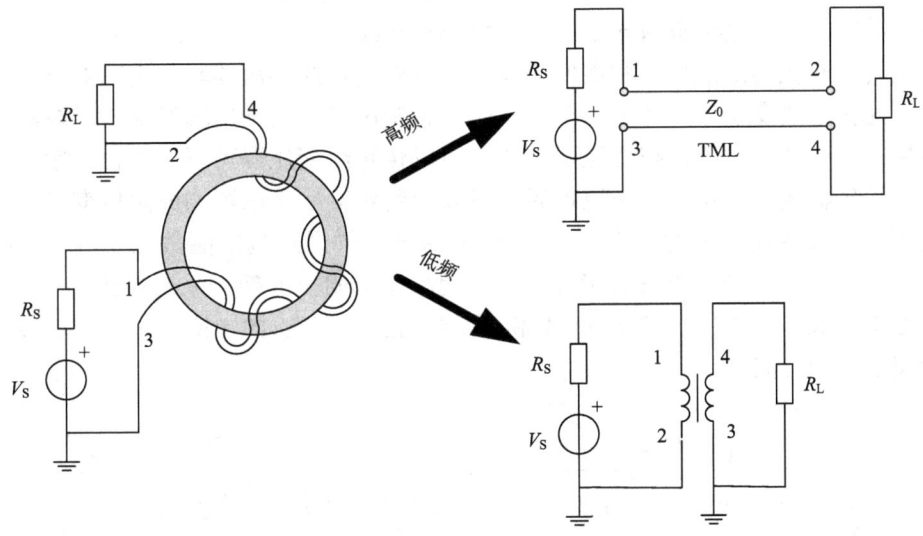

图 6-5 传输线变压器结构示意图及等效电路

当传输线变压器处于高频工作状态时，由于双线传输线阻抗 Z_0 与负载阻抗 R_L 和信号源阻抗 R_S 都匹配，信号源电压经过双线传输线后到达负载 R_L。此时双线传输线上的射频信号处于行波状态。当双线传输线长度小于 $\lambda/8$ 时，可以忽略传输线上的相位差异，则传输线两侧的电压 V_1 和 V_2 应该相等，导线(1→2)上的电流与导线(3→4)上的电流大小相等方向相反。

因此传输线上的电流在磁心内不会形成磁通，也不会由于磁心材料的高频损耗带来功率损失。由于磁心内没有形成磁通，就不会通过磁心产生导线相互间的电压耦合，更不会出现磁通饱和现象。对于高频信号输入，传输线变压器工作在对称状态，等效为双线传输线，如图 6-6(a)所示。由于导线 1→2 和导线 3→4 为螺旋结构，每根导线都可以单独等效为一个电感。在高频状态下，导线 1→2 形成的电感的阻抗会远大于双线传输线的特征阻抗 Z_0。尽管传输线变压器中导线 1→2 的 2 号口直接连接到地，信号源电压 V_S 也只能通过导线 1→2 和导线 3→4 构成的特征阻抗为 Z_0 的双线传输线施加到负载 R_L 上，而不会被导线 1→2 直接短路到地。

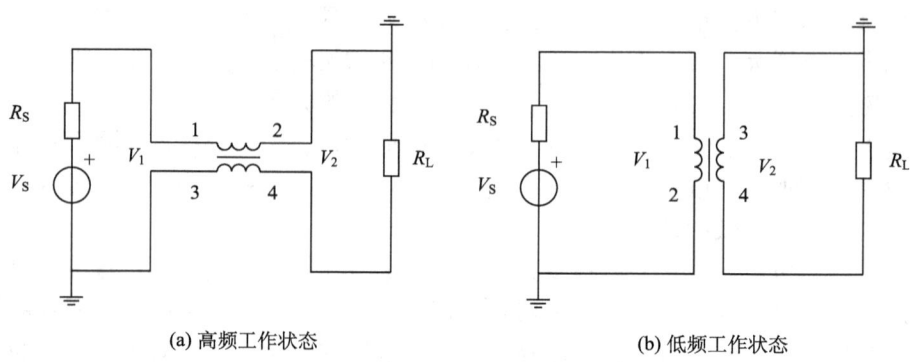

(a) 高频工作状态　　　　　　　　　　(b) 低频工作状态

图 6-6　传输线变压器的等效模型

如图 6-6(b)所示，当传输线变压器处于低频工作状态时，波长远大于双线传输线的长度，传输线的模型不再适用。由于导线(1→2)和导线(3→4)都绕在磁心上，形成一个 1∶1 的变压器的结构。射频功率通过磁心由导线(1→2)耦合到导线(3→4)，形成输出电压 V_2。由于磁心一般在低频时具有很高的磁导率和很低的损耗，所以传输线变压器具有很高的特性。在低频信号输入时，传输线变压器等效为一个 1∶1 的理想变压器。由于传输线变压器在高频时工作在传输线模式，在低频时工作在变压器模式，所以传输线变压器可以工作在很宽的频带内。

在清楚了传输线变压器的工作原理后，可以利用传输线变压器构成阻抗变换电路。由于传输线变压器的圈数比固定为 1∶1，不能像变压器一样通过调节圈数比完成特定的阻抗变换。传输线变压器只能通过改变连接方式，实现特定的阻抗变换。采用如图 6-7(a)和(b)所示的两种连接方式，可以分别实现 4∶1 和 1∶4 的阻抗变换(图中给出了工作在传输线模式时的电压和电流的方向)。

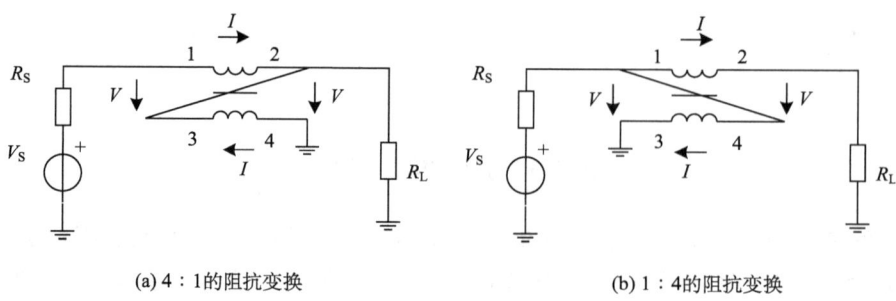

(a) 4∶1 的阻抗变换　　　　　　　　　　(b) 1∶4 的阻抗变换

图 6-7　4∶1 和 1∶4 的传输线变压器阻抗变换

对于图 6-7(a)中的电路，负载上的电压为 V，而输入电压为传输线输入端口 1→3 和输出端口 2→4 电压的和，$V_{in}=V+V$；输入电流为 I，而负载上的电流为两个传输线电流的和，$I_L=I+I$。因此可以得到关系

$$R_L = \frac{V}{I_L} = \frac{V}{2I}$$
$$R_S = \frac{V_S}{I} = \frac{2V}{I}$$
(6.11)

从而确定输入电阻 R_S 和负载电阻 R_L 满足条件

$$R_S = 4R_L \tag{6.12}$$

传输线变压器实现了 4∶1 阻抗变换的功能。在这种条件下，传输线的特征阻抗 Z_0 为

$$Z_0 = \frac{R_S}{2} = 2R_L = \sqrt{R_S R_L} \tag{6.13}$$

对于图 6-7(b)中电路，通过类似的分析可以得到

$$R_S = \frac{R_L}{4} \tag{6.14}$$

传输线变压器实现了 1∶4 阻抗变换的功能。

如果传输线变压器工作在低频状态下，等效为变压器进行处理，见图 6-8。传输线变压器可以等效为类似自耦变压器的结构，容易分析电压和电流的关系，得到负载阻抗和输入阻抗之间的关系。

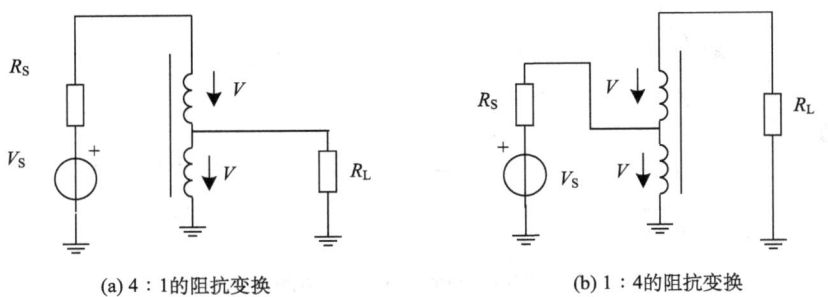

(a) 4∶1 的阻抗变换　　　　　　　　　　(b) 1∶4 的阻抗变换

图 6-8　4∶1 和 1∶4 的阻抗变换变压器模型

采用类似的方法可以利用传输线变压器构造出 9∶1 和 16∶1 的阻抗变换电路。传输线变压器可以实现宽频带阻抗变换，但是通常只能对纯电阻实现阻抗变换，而且只能实现 4∶1、9∶1 和 16∶1 等特定数值的阻抗变换。

传输线变压器的另外一个重要应用是进行平衡和非平衡的变换。在输出或者输入端口，如果有一端是接地的，射频信号只从一端输入或者输出，则称为非平衡端口。例如，三极管的共射、共基放大电路、单极天线、同轴传输线等都是非平衡的。在输出或者输入端口，如果两端均不接地，两端对地都有电压而且大小相等方向相反，则称为平衡端口。例如，三极管的差分放大电路的输入和输出端口、平衡振子天线等。利用传输线变压器可以方便地实现平衡到非平衡的变换，见图 6-9(a)和(b)。为保证传输线工作在行波状态，传输线的特征阻抗 Z_0 应该与信号源内阻 R_S 和负载电阻 R_L 相等。

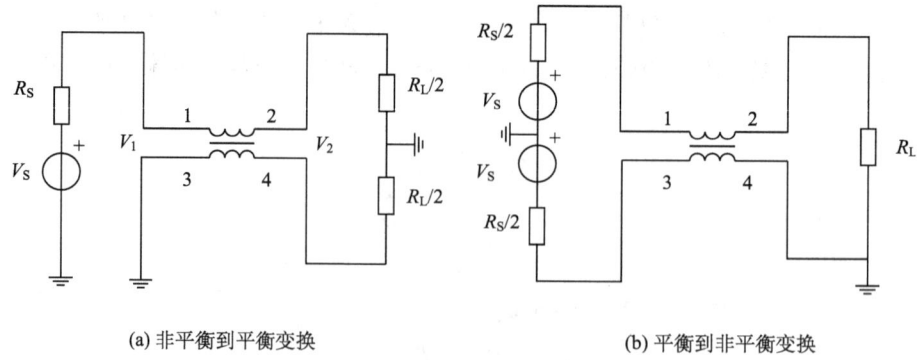

(a) 非平衡到平衡变换   (b) 平衡到非平衡变换

图 6-9　传输线变压器的阻抗平衡与非平衡变换

在实际应用中，传输线变压器往往可以同时实现阻抗变换和平衡-非平衡变换的功能。例如，UHF 波段的平衡振子天线输出阻抗为 300Ω 左右，属于平衡式输出。在 CATV 中广泛使用的同轴电缆特征阻抗为 75Ω，采用外导体接地，属于非平衡式。通常在短距离传输时，平衡振子天线可以直接连接特征阻抗为 300Ω 的扁平馈线。在长距离传输时，需要连接损耗更小的 75Ω 同轴电缆。这样就需要一个 300Ω 平衡到 75Ω 不平衡的阻抗变换电路。使用传输线变压器可以方便地满足要求，电路示意图见图 6-10。这种传输线变压器阻抗变换电路在电视机外接天线到同轴线输入端口的连接中已经得到广泛的应用。

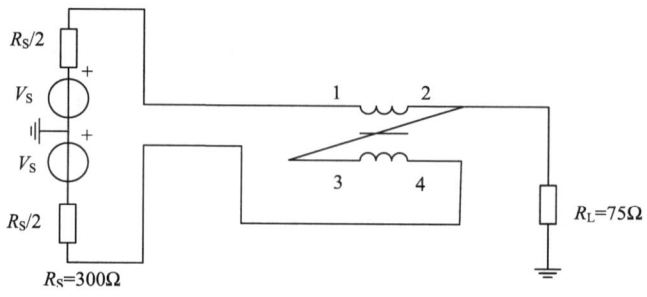

图 6-10　300Ω 平衡到 75Ω 不平衡的阻抗变换

6.2.2　L 形匹配电路

在射频电路设计中，最简单也是最常用的匹配电路是由两个电抗元件组成的 L 形匹配电路。L 形匹配电路又称为双元件匹配电路。L 形匹配电路具有电路简洁和成本低的优点，但是 L 形匹配电路的主要缺点是一个窄带匹配电路。由于匹配电路需要避免使用有耗器件以减少匹配电路带来不必要的能量消耗，所以 L 形匹配电路只能使用电感、电容等电抗元件。通常 L 形匹配电路除起到匹配作用，还起到一定的滤波作用，例如，L 形匹配电路往往同时作为高通滤波器或低通滤波器使用。

6.2.3　集总参数 L 形匹配电路

在能够满足射频电路设计要求的情况下，L 形匹配电路是实际应用中的首选匹配电路。

如果负载的阻抗为 Z_L，而电路设计要求的输入阻抗为 Z_{in}，则可以通过匹配电路实现。L 形匹配电路共有八种基本电路可供选择。这些基本电路如图 6-11 所示。

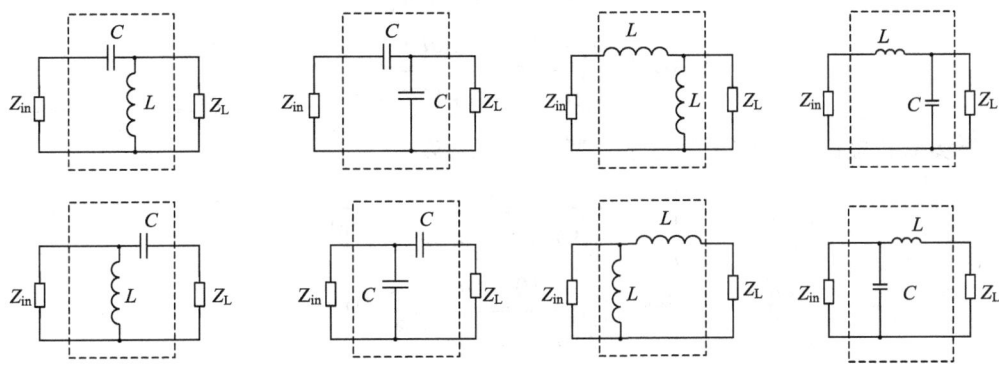

图 6-11 L 形匹配电路的基本电路

在单一频率下，使用 L 形匹配电路一定可以实现阻抗匹配。而且往往有不止一种电路可以实现阻抗匹配电路，所以需要对几种电路进行比较和选择，使得 L 形匹配电路达到更好的性能指标。

确定匹配电路中电容、电感有两种方法：①通过阻抗计算得到电容、电感的数值；②使用 Smith 圆图工具完成匹配电路设计。前者通过阻抗计算，可以得到准确的数值，适合于使用计算机进行直接计算。后者借助于 Smith 圆图完成电路的选择、器件参数的确定、带宽和 Q 值的分析等，是一种非常直观有效的设计方法。Smith 圆图方法简单并且易于验证，适合于手工操作。随着射频电路 CAD 软件的发展，许多功能强大的软件都直接采用 Smith 圆图作为人机交互的界面。在理解了 Smith 圆图和匹配电路的设计方法后，可以使用射频电路 CAD 软件快速完成匹配电路的设计，得到准确的匹配电路的各种参数。

例 6-1 在 1GHz 的频率下，设计一个匹配电路把负载 $Z_L = 10 + j10\Omega$ 的负载匹配到特征阻抗为 $Z_0 = 50\Omega$ 的传输线。

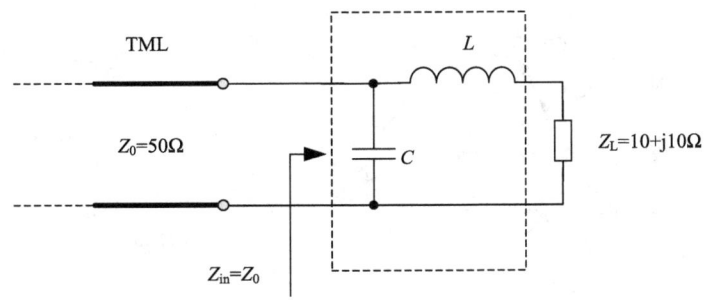

图 6-12 阻抗匹配电路计算

解 阻抗匹配电路计算如图 6-12 所示，根据阻抗计算的公式：

$$Z_{in} = \frac{1}{j\omega C + \dfrac{1}{j\omega L + Z_L}} = Z_0$$

将 Z_L 和 Z_0 的数值代入得到

$$j\omega C + \frac{1}{j\omega L + (10 + j10)} = \frac{1}{50}$$

$$j\omega C + \frac{10 - (j10 + j\omega L)}{\sqrt{10^2 + (\omega L + 10)^2}} = \frac{1}{50}$$

分离实部和虚部得到的两个方程，联立进行求解：

$$\begin{cases} \dfrac{10}{\sqrt{10^2 + (\omega L + 10)^2}} = \dfrac{1}{50} \\ \omega C - \dfrac{10 + \omega L}{\sqrt{10^2 + (\omega L + 10)^2}} = 0 \end{cases}$$

求解分别得到电容和电感的数值：

$$\begin{cases} L = 1.59\,\text{nH} \\ C = 6.37\,\text{pF} \end{cases}$$

这是一个直接计算匹配电路参数的例子，需要求解一个关于电感 L 的二次方程和一个关于电容 C 的线性方程。尽管求解的过程有些烦琐，但是可以求助于一些计算机软件完成。

正如本节开始列举的两种方法，除了使用直接阻抗计算的方法，还可以使用 Smith 圆图，更为直接和方便地完成 L 形匹配电路的设计，如图 6-13 所示。上述例子可以用归一化阻抗为 50Ω 的 Smith 圆图表示，负载 $Z_L = 10 + j10\,\Omega$ 对应于 Smith 图中点 1，经过串联电感 L 后，输入阻抗对应于 Smith 圆图中的点 2，经过并联电容 C 后，输入阻抗对应于 Smith 圆图中的点 3，即 $Z_0 = 50\,\Omega$。可见采用 Smith 圆图进行阻抗匹配电路的设计是非常直观的，每一个器件完成的功能都在 Smith 圆图上表示了出来，这样既便于完成设计，又便于进行修改和验证。

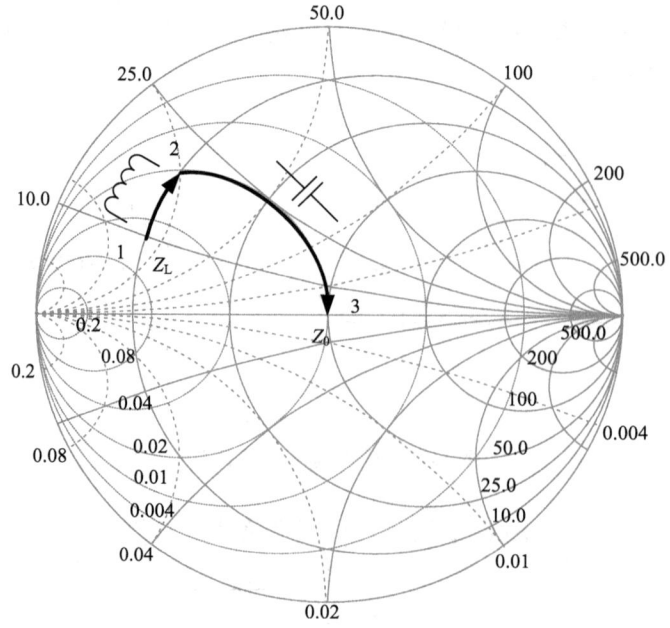

图 6-13 利用 Smith 圆图设计匹配电路

针对匹配电路中并联电容、串联电容、并联电感、串联电感、串联传输线等几种基本电路，分析在 Smith 圆图上对应的情况。然后在匹配电路的设计中就可以进行灵活应用，选择合适的电路，并且得到各器件的参数。

如果负载 Z_L 并联一个电容 C，如图 6-14 所示。显然对于这样负载和电容的并联电路，在 Smith 圆图上利用导纳圆图分析更为方便。采用导纳表示电路的输入导纳得到

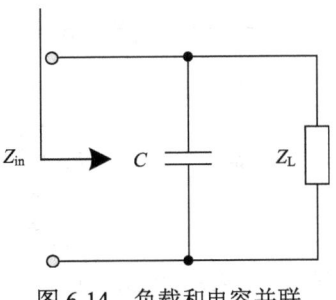

图 6-14 负载和电容并联

$$Y_{in} = \frac{1}{Z_{in}} = j\omega C + \frac{1}{Z_L} = j\omega C + Y_L \qquad (6.15)$$

对比输入导纳 Y_{in} 和负载的导纳 Y_L，发现两者的实部相同，Y_{in} 的虚部由于并联电容而比 Y_L 增大，即两者满足关系

$$\begin{cases} \text{Re}\{Y_{in}\} = \text{Re}\{Y_L\} \\ \text{Im}\{Y_{in}\} > \text{Im}\{Y_L\} \end{cases} \Rightarrow \begin{cases} G_{in} = G_L \\ B_{in} > B_L \end{cases} \qquad (6.16)$$

因此，在 Smith 圆图上，输入导纳 Y_{in} 对应的点和负载的导纳 Y_L 对应的点应该在同一个等电导圆上，并且输入电纳 B_{in} 大于负载电纳 B_L。根据 Smith 圆图的特点，等电导圆是相切点为 Smith 圆图最左侧点（短路点）的一族圆，而且电纳的增加对应于等电导圆上顺时针旋转方向。或者可以通过 Smith 圆图的基本特性判断在等电导圆上的旋转的方向。由于 Smith 圆图的上半平面对应的电抗大于零，下半平面对应得电抗小于零，而导纳是阻抗的倒数，可以得到 Smith 圆图上半平面对应电纳小于零，下半平面对应电纳大于零。所以，当并联电容导致总电纳增加时，在 Smith 圆图上应该沿着等电导圆向顺时针旋转（从上半平面向下半平面旋转）。

假设负载 Z_L 的阻抗为 $Z_L = 50 + j50\Omega$，如果并联一个电容 C，在 Smith 圆图上表示为图 6-15 所示。通过两种特殊的情况，可以确定负载并联电容对应的范围：①当并联电容非常

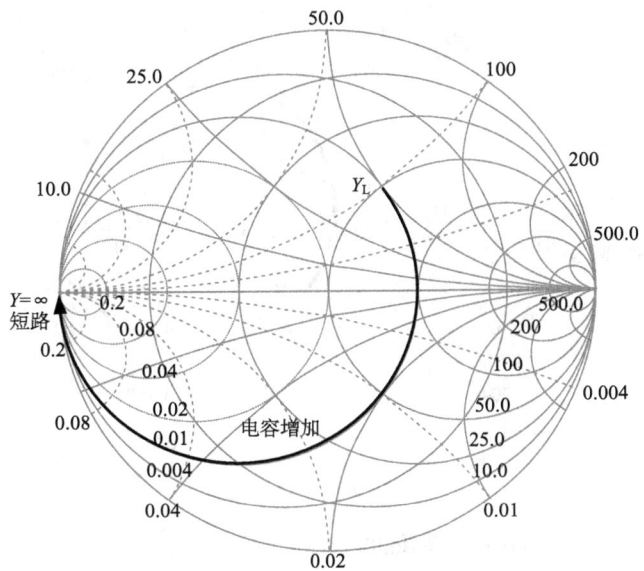

图 6-15 在 Smith 圆图上表示负载 $Z_L=50+j50\Omega$ 并联电容

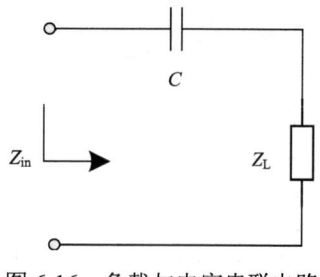

图 6-16 负载与电容串联电路

小而接近于零时，相当于并联电容开路，则输入导纳为负载的导纳，在 Smith 圆图上对应于负载点，即负载点为起始点；② 当并联电容非常大而接近于无穷大时，相当于电容短路，则输入导纳为无穷大，在 Smith 圆图上对应于短路点，即短路点为终止点。在 Smith 圆图上，负载并联电容对应于经过负载点的等电导圆，对应范围是从负载点开始至短路点终止。随着电容容量的增加，对应于 Smith 圆图上从起始点向终止点移动。

对于负载串联电容的情况，基本电路如图 6-16 所示。

在串联电容后输入阻抗为 $Z_{in} = Z_L + \dfrac{1}{j\omega C} = Z_L - j\dfrac{1}{\omega C}$，此时 Z_{in} 和 Z_L 的实部没有变化，而 Z_{in} 的虚部小于 Z_L 的虚部，即

$$\begin{cases} \mathrm{Re}\{Z_{in}\} = \mathrm{Re}\{Z_L\} \\ \mathrm{Im}\{Z_{in}\} < \mathrm{Im}\{Z_L\} \end{cases} \Rightarrow \begin{cases} R_{in} = R_L \\ X_{in} < X_L \end{cases} \qquad (6.17)$$

因此，输入阻抗 Z_{in} 和负载阻抗 Z_L 应该在同一个等电阻圆上，输入电抗 X_{in} 小于负载电抗 X_L。通过两种特殊情况确定负载串联电容在 Smith 圆图上对应的范围：①电容 $C \to 0$，$Z_{in} = Z_L + \dfrac{1}{j\omega C} \to \infty$，输入阻抗对应于开路点；②电容 $C \to \infty$，$Z_{in} = Z_L + \dfrac{1}{j\omega C} \to Z_L$，输入阻抗对应于负载点。因此，随着电容的减小，在 Smith 圆图上，输入阻抗 Z_{in} 对应的点在等电阻圆上从负载 Z_L 的对应点向开路点移动。

依然假设负载阻抗为 $Z_L = 50 + j50\Omega$，在并联电容时对应输入阻抗在 Smith 圆图上的变化如图 6-17 所示。

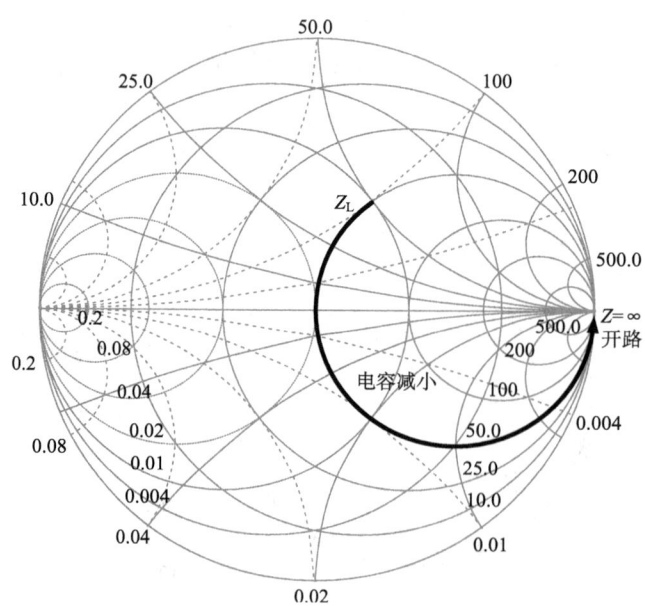

图 6-17 在 Smith 圆图上负载与电容串联

对于电感和负载并联的情况，基本电路如图 6-18 所示。

在并联电感 L 后，输入导纳 $Y_{in} = Y_L + \dfrac{1}{j\omega L} = Y_L - j\dfrac{1}{\omega L}$。

输入导纳 Y_{in} 与负载导纳 Y_L 的实部相同，即输入电导 G_{in} 与负载电导 G_L 相同；输入导纳 Y_{in} 的虚部小于负载导纳 Y_L 的虚部，即输入电纳 B_{in} 小于负载电纳 B_L，即

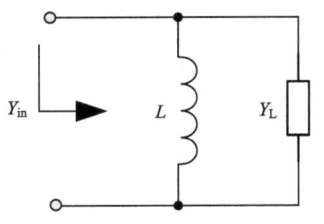

图 6-18 电感与负载并联的电路

$$\begin{cases}\text{Re}\{Y_{in}\} = \text{Re}\{Y_L\} \\ \text{Im}\{Y_{in}\} < \text{Im}\{Y_L\}\end{cases} \Rightarrow \begin{cases}G_{in} = G_L \\ B_{in} < B_L\end{cases} \quad (6.18)$$

因此，输入导纳 Y_{in} 与负载导纳 Y_L 应该位于 Smith 圆图上的等电导圆。通过两种特殊情况确定输入导纳 Y_{in} 在 Smith 圆图上的范围：①电感 $L \to 0$，输入导纳 $Y_{in} = Y_L + \dfrac{1}{j\omega L} \to \infty$，对应于短路点；②电感 $L \to \infty$，输入导纳 $Y_{in} = Y_L + \dfrac{1}{j\omega L} \to Y_L$，对应于负载点。负载与电感并联时，随着电感的减小，输入导纳在等电导圆上从负载点向短路点移动。

依然假设负载阻抗为 $Z_L = 50 + j50\Omega$，在并联电容时对应输入阻抗在 Smith 圆图上的变化如图 6-19 所示。

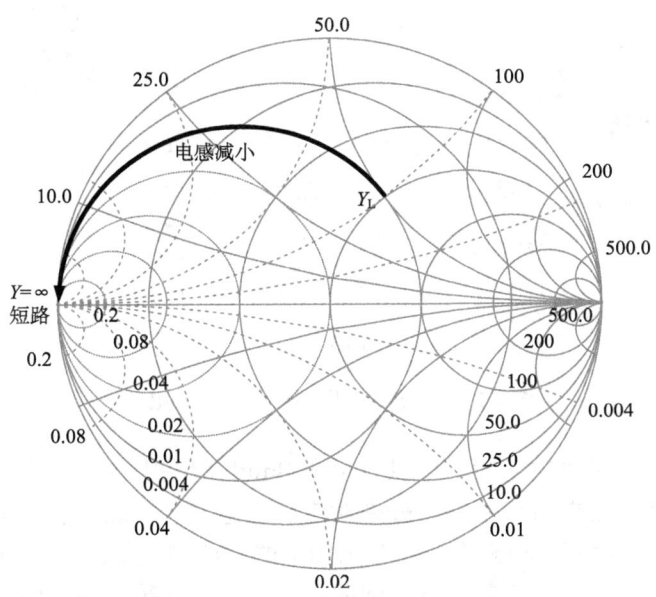

图 6-19 在 Smith 圆图上电感与负载并联

对于电感和负载串联的情况，基本电路如图 6-20 所示

在串联电感 L 后，输入阻抗 $Z_{in} = Z_L + j\omega L$。输入阻抗 Z_{in} 与负载阻抗 Z_L 的实部相同，即输入电阻 R_{in} 与负载电阻 R_L 相同；输入阻抗 Z_{in} 的虚部大于负载阻抗 Z_L 的虚部，即输入电抗 X_{in} 大于负载电抗 X_L，即

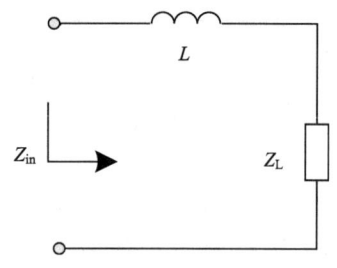

$$\begin{cases} \mathrm{Re}\{Z_{\mathrm{in}}\} = \mathrm{Re}\{Z_{\mathrm{L}}\} \\ \mathrm{Im}\{Z_{\mathrm{in}}\} > \mathrm{Im}\{Z_{\mathrm{L}}\} \end{cases} \Rightarrow \begin{cases} R_{\mathrm{in}} = R_{\mathrm{L}} \\ X_{\mathrm{in}} > X_{\mathrm{L}} \end{cases} \quad (6.19)$$

因此，输入阻抗 Z_{in} 与负载阻抗 Z_{L} 应该位于 Smith 圆图上的等电阻圆。通过两种特殊情况确定输入阻抗 Z_{in} 在 Smith 圆图上的范围：①电感 $L \to 0$，输入阻抗 $Z_{\mathrm{in}} = Z_{\mathrm{L}} + \mathrm{j}\omega L \to Z_{\mathrm{L}}$，对应于负载点；②电感 $L \to \infty$，输入阻抗 $Z_{\mathrm{in}} = Z_{\mathrm{L}} + \mathrm{j}\omega L \to \infty$，对应于开路点。负载与电感串联时，随着电感的增加，输入阻抗在等电阻圆上从负载点向开路点移动。

图 6-20 负载与电感串联的电路

依然假设负载阻抗为 $Z_{\mathrm{L}} = 50 + \mathrm{j}50\Omega$，在串联电感时对应输入阻抗在 Smith 圆图上的变化如图 6-21 所示。

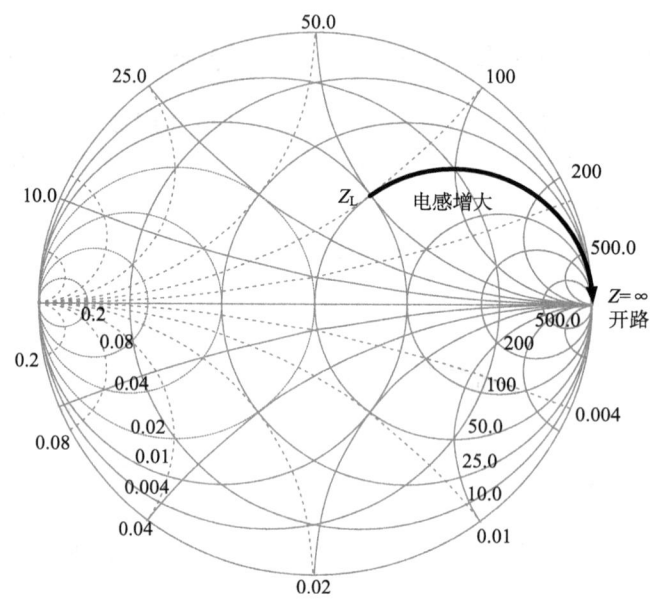

图 6-21 在 Smith 圆图上负载串联电感

在分析了以上四种基本电路后，可以看出在 Smith 圆图上的每一个点，沿着等电阻圆或者等电导圆总共有四个方向可以移动，分别对应串联电容、并联电容、串联电感、并联电感的四种基本电路。这四种基本电路在 Smith 圆图上的对应情况如图 6-22 所示。在电容 C 和电感 L 增减变化时，输入阻抗会沿着 Smith 圆图中等电阻或者等电导圆中标出的箭头的方向移动。例如，对于串联电感电路，当电感 L 从零开始增加时，输入阻抗 Z_{in} 从会从负载点向开路点移动。

从图中可以看出，对于串联电路，输入阻抗将在 Smith 圆图上等电阻圆上移动；对于并联电路，输入阻抗将在 Smith 圆图上的等电导圆上移动。对于串联或者并联电容电路，输入阻抗将沿着由 Smith 圆图上半平面指向 Smith 圆图下半平面的方向移动；对于串联或者并联电感的电路，输入阻抗将沿着由 Smith 圆图下半平面指向 Smith 圆图上半平面的方向移动。

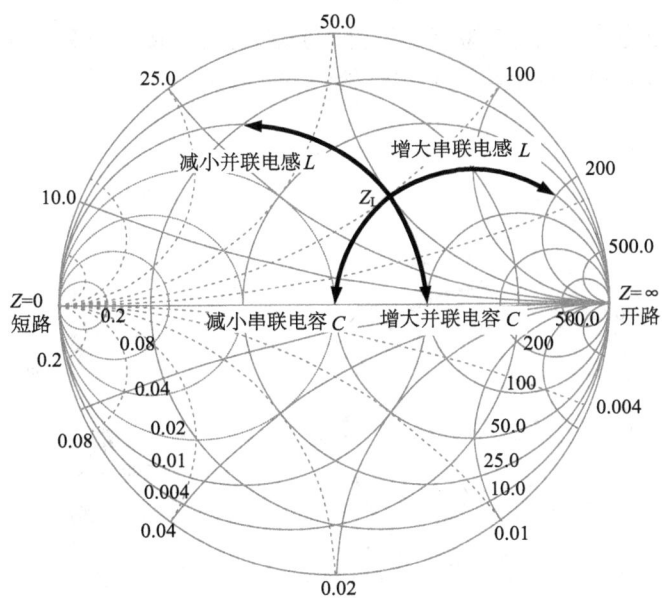

图 6-22　四种基本电路的比较

通过 Smith 圆图设计阻抗匹配电路的过程，实际上就是在 Smith 圆图上寻找合适的路径，使得输入阻抗 Z_{in} 移动到能够匹配的阻抗上。然后根据 Smith 圆图上不同路径对应得到四种基本电路中的一种，将这些基本电路组合在一起得到合适的阻抗匹配电路。所以通过 Smith 圆图进行阻抗匹配电路的设计是一个直观而且简洁的过程。这个设计过程一般可以通过射频或微波 CAD 软件完成。在通过鼠标在图形界面上确定了从负载 Z_L 到达能匹配的阻抗点后，软件会给出相应的电路和元件的参数。在手工调整元件参数达到精确匹配时，需要对参数变化导致 Smith 圆图上路径相应的变化有充分的了解(即图 6-23 归纳总结的内容)，这样就可以很快获得阻抗匹配电路的参数值。

例 6-2　在 1GHz 的频率下，设计一个两元件 L 形匹配电路把负载 $Z_L=10+j10\Omega$ 的负载匹配到特征阻抗为 $Z_0=50\Omega$ 的传输线。

解　使用 L 形匹配电路，可以分别用两种电路实现阻抗匹配功能。两种实现方式分别用实线和虚线在 Smith 圆图上表示，如图 6-23 所示。Smith 圆图中的实线对应的电路为从负载 Z_L 出发先串联电感再并联电容，Smith 圆图中的虚线对应的电路为从负载 Z_L 出发先串联电容再并联电感，采用集总元件实现的匹配电路分别如图 6-24(a)和(b)所示。

对比利用 Smith 圆图得到的结果(图 6-24(a))和利用解析求解得到的结果，可以发现结果是完全一致的。采用 Smith 圆图进行 L 形阻抗匹配电路设计更为简洁实用。尤其当使用基于 Smith 圆图的 CAD 软件时，可以迅速完成 L 形匹配电路的设计。

设计集总参数 L 形匹配电路的规则归纳如下：
(1) 使用 Z-Y Smith 圆图进行设计，从负载点 Z_L 出发向匹配点移动。
(2) 始终沿着 Z-Y Smith 圆图中的等电阻圆或等电导圆移动。
(3) 每一次移动都对应一个电抗器件。
(4) 沿着等电阻圆移动对应一个串联电路，沿着等电导圆移动对应一个并联电路。
(5) 电抗器件的种类(电感或电容)是由移动的方向确定的。通常向上移动对应于电感器件，向下移动对应于电容器件（在短路点和开路点附近的区域是例外，可以把该点沿相应的等电阻或等电导圆移动到实轴上再判断电抗器件的类型）。

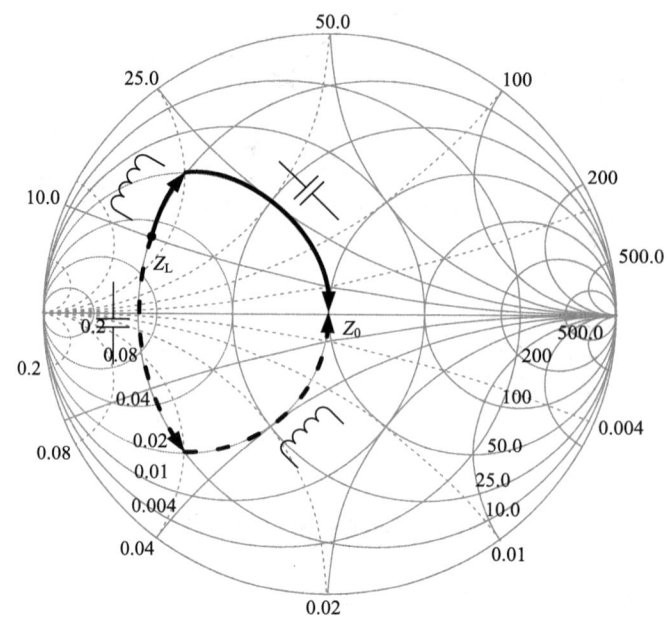

图 6-23 Smith 圆图上设计的匹配路径

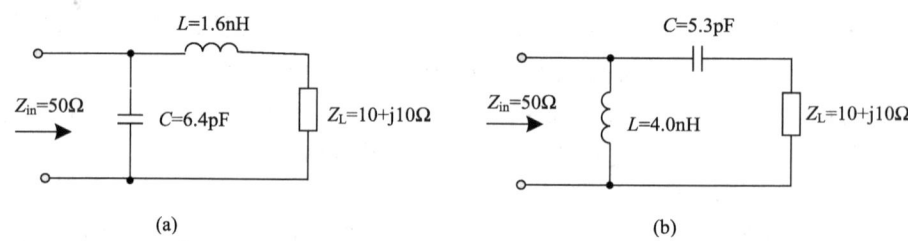

图 6-24 集总元件的匹配电路

6.2.4 匹配禁区和频率响应

对于 L 形匹配网络，如果要求把任意阻抗 Z_L 匹配到 Z_0，并不是图 6-11 中的每个电路都能实现的。如在图 6-23 中，从 Z_L 出发，如果先并联一个电感 L 或者电容 C，则无论如何也无法再串联一个电抗器件构成 L 形匹配电路，实现阻抗 Z_L 匹配到 Z_0。因此，每一种 L 形匹配电路都有自己不能匹配的区域，这些特定电路不能匹配的区域就是该电路的匹配禁区。了解匹配禁区后，对于选择 L 形匹配电路的类型具有一定的指导意义。

匹配网络的功能是使负载 Z_L 经过输入匹配网络调整后，阻抗 Z_{in} 与目的阻抗 Z_0 一致而实现匹配，如图 6-25 所示。如果要确定某个匹配电路的禁区，需要变化负载阻抗 Z_L，确定 Z_L 在什么范围内不能通过匹配电路达到 Z_0。这样的分析将是一个冗长的过程。如果反过来看这个匹配问题，就可以很容易确定某个特定电路的匹配禁区了。

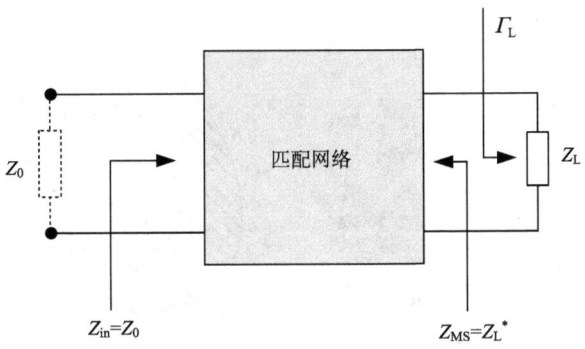

图 6-25 匹配禁区分析示意图

如果 L 形无耗匹配网络在输入端口实现了匹配,如 $Z_{in}=Z_0$,则从输出端口看进去的阻抗也和负载匹配,即 $Z_{MS}=Z_L^*$。从而在 Smith 圆图上,可以从 Z_0 出发经过匹配网络得到 Z_{MS} 可能取值的区域。然后,沿 Smith 圆图的实轴做一个对称(取复数共轭的过程),从而得到该匹配电路可以匹配的 Z_L 取值范围。例如,一种 L 形匹配电路如图 6-26 所示,在 Smith 圆图上可以确定该特定电路可以匹配的范围。

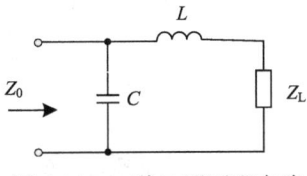

图 6-26 一种 L 形匹配电路

对于图 6-26 的 L 匹配电路,从 Z_0 向负载 Z_L 移动首先并联电容 C,然后串联电感 L。在 Smith 圆图上从 Z_0 出发,并联电容 C 表示为图 6-27(a)中从 Z_0 到短路点的实线圆弧(当 C→0 时,对应于 Z_0 点;当 C→∞ 时,对应于短路点);串联电感后,阻抗 Z_{MS} 表示为图 6-27(b)中的阴影区域(当 L→0 时,对应于从 Z_0 点到短路点的圆弧;当 L→∞ 时,对应于开路点);该电路可以匹配的阻抗 Z_L 的取值范围是 Z_{MS} 的共轭,在 Smith 圆图上共轭过程为沿实轴做镜像对称,从而得到 Z_L 的取值范围为图 6-27(c)中的阴影区域;在 Smith 圆图中电路匹配的禁区是可以匹配区域的补集,所以该电路的匹配禁区为图 6-27(d)中的阴影区域。因此,通过在 Smith 圆图上的分析,就可以确定特定匹配电路的匹配禁区。

采用这种分析方法,可以确定八种 L 形匹配网络的匹配禁区,如图 6-28 所示。各图中阴影部分为匹配禁区,采用两个相同的电抗元件(两个电容或者两个电感)构成的 L 形匹配网络比采用电容和电感组成的 L 形匹配网络具有更大的匹配禁区。采用相同电抗元件组成的 L 形匹配网络能够匹配的区域相对小一些,而且不是任何的负载阻抗 Z_L 都可以通过两个电感或者两个电容匹配到 Z_0。如果采用电容和电感组成的 L 形匹配网络,对于任何的负载阻抗 Z_L 都至少有两种电路可以匹配到 Z_0。

对 L 形匹配电路的匹配禁区的分析都是针对目的阻抗为 Z_0 进行的。如果目的阻抗为 Z_S,则不能直接套用上述结果,需要按照匹配禁区的分析方法重新进行分析和讨论。

如果有不止一种的 L 形匹配电路可以实行阻抗匹配,就需要分析这几种电路之间的区别,找到合适的匹配电路。如图 6-24 所示的电路(a)和电路(b),都可以在 1GHz 的频率下实现从负载阻抗 $Z_L=10+j10\Omega$ 到信号源阻抗 $Z_0=50\Omega$ 的匹配,但是两个电路的频率特性是完全不一样的。如果考虑 1GHz 附件的频率响应,电路图 6-24(a)相当于一个两阶的低通滤波器,而电路图 6-24(b)相当于一个两阶的高通滤波器。

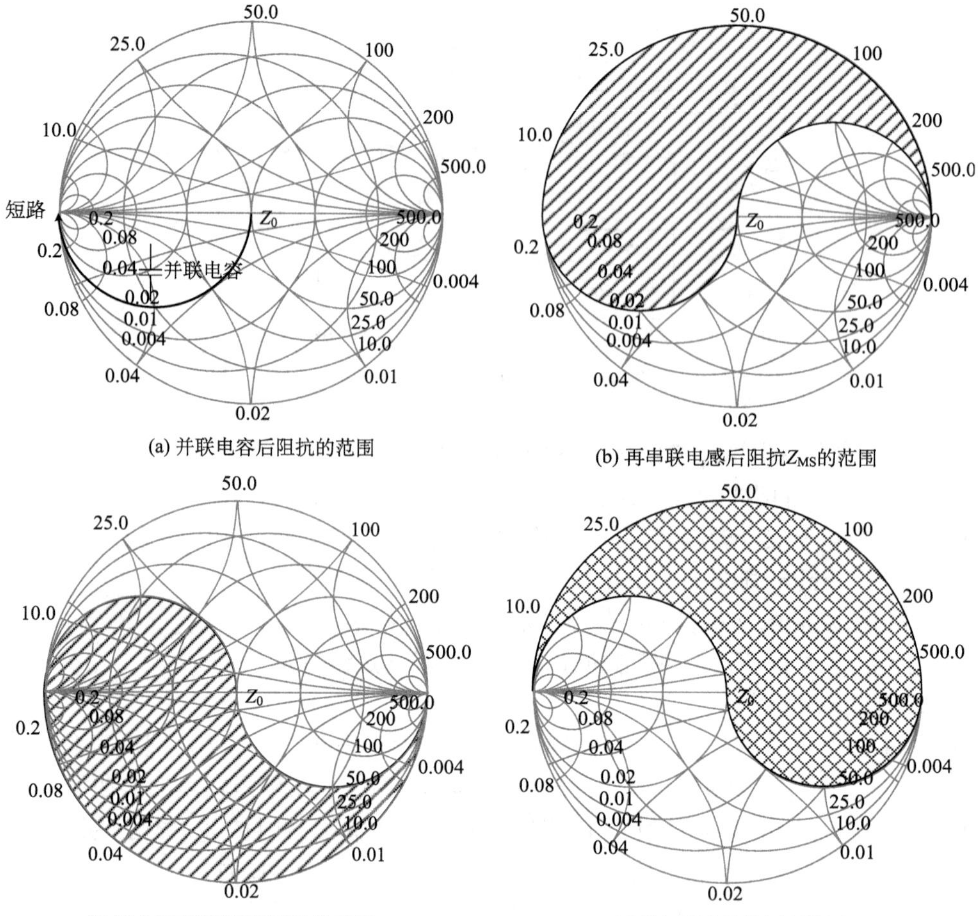

(a) 并联电容后阻抗的范围

(b) 再串联电感后阻抗 Z_{MS} 的范围

(c) 取共轭后得到可匹配 Z_L 的范围

(d) 该匹配电路的匹配禁区

图 6-27 确定匹配禁区过程的示意图

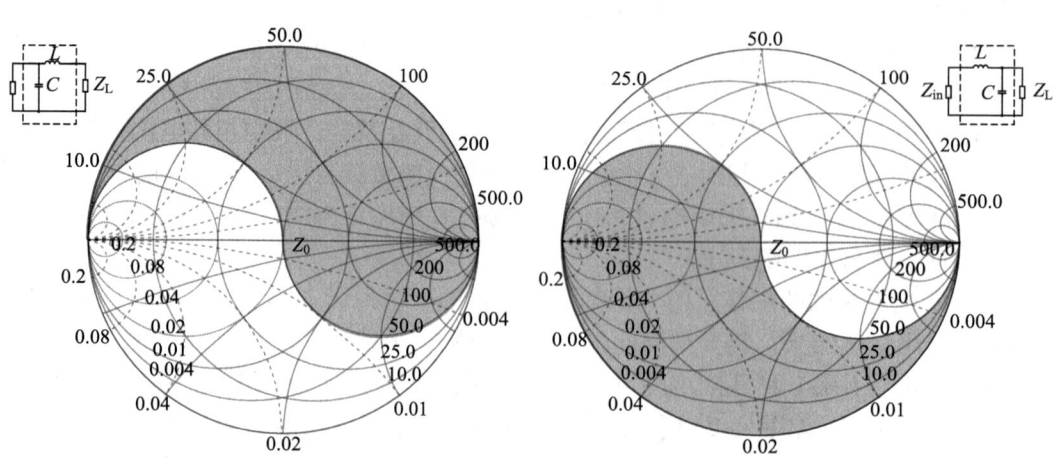

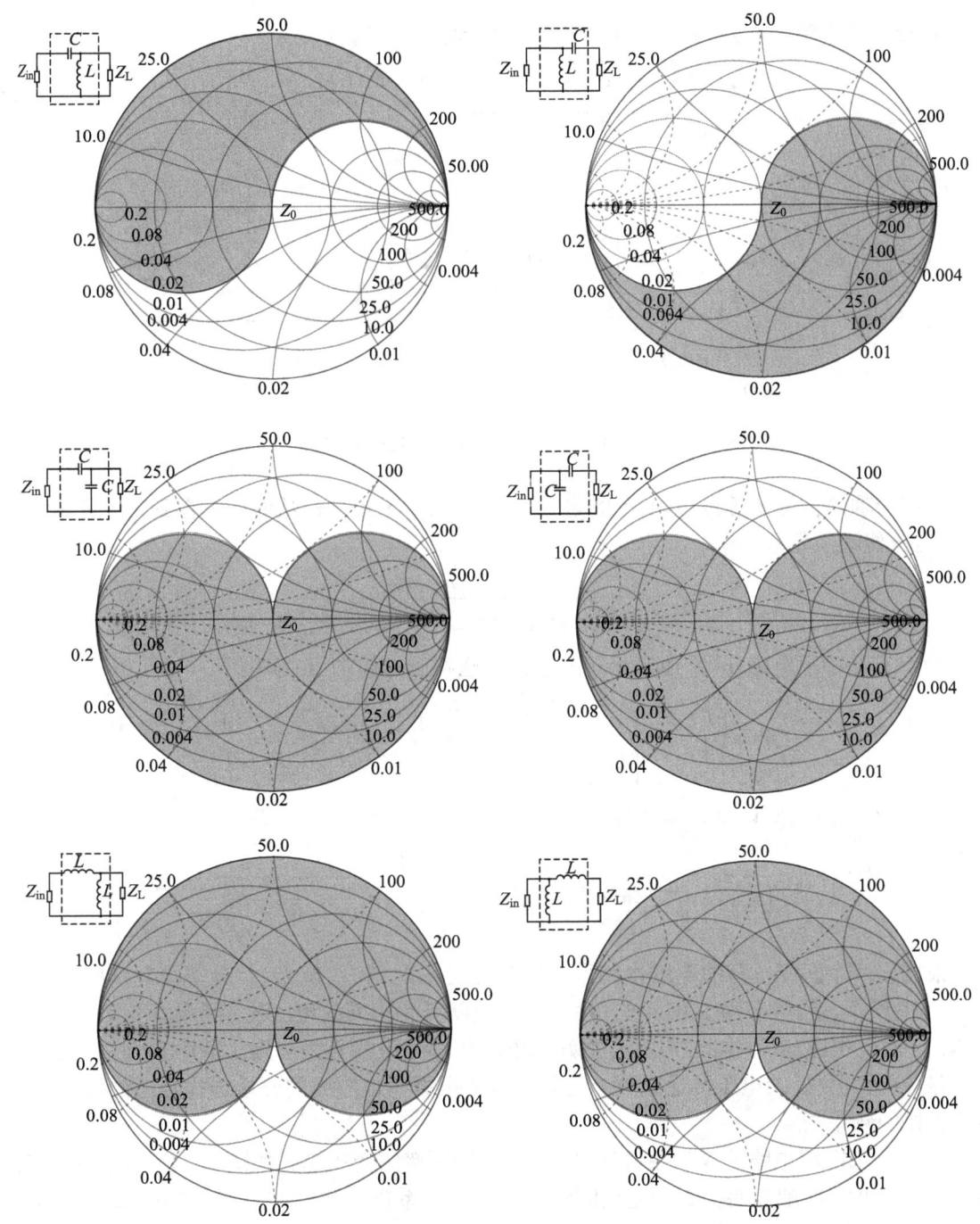

图 6-28 L 形匹配电路在 Smith 圆图上的匹配禁区

通过把负载 $Z_L=10+j10\Omega$ 分解为电抗部分（电感 $L_L=1.6\text{nH}$）和电阻部分（电阻 $R_L=10\Omega$），得到两个 L 形匹配电路的等效电路图，如图 6-29 所示。分析两个电路求得电路的电压传递系数，就可以比较两个电路的频率响应。为了获得电路的电压传递系数，分别把两个匹配电路分解为数个元件的两端口网络的级联，根据每一个网络的 A 矩阵获得整个匹配电路的 A 矩阵。

对于 L 形匹配电路图 6-29(a)，按照上述方法得到其 $\boldsymbol{A}$ 矩阵为

$$\boldsymbol{A}^{\mathrm{a}} = \begin{bmatrix} 1 & Z_0 \\ 0 & 1 \end{bmatrix} \begin{bmatrix} 1 & 0 \\ \mathrm{j}\omega C & 1 \end{bmatrix} \begin{bmatrix} 1 & \mathrm{j}\omega(L+L_\mathrm{L}) \\ 0 & 1 \end{bmatrix} \begin{bmatrix} 1 & 0 \\ R_\mathrm{L} & 1 \end{bmatrix} \tag{6.20}$$

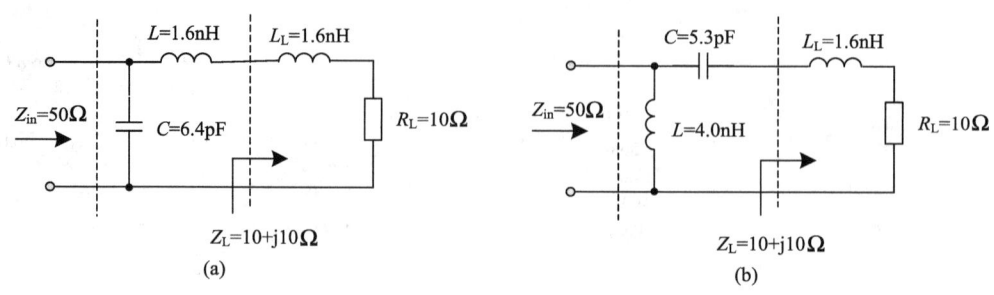

图 6-29　L 形匹配电路的等效分析图

其中，第一项是信号源等效内阻 Z_0 的串联电路对应的 $\boldsymbol{A}$ 矩阵。从而计算得到 L 形匹配电路 (a) 的电压传递系数：

$$\left|H^{\mathrm{a}}(\omega)\right| = \frac{1}{\left|A^{\mathrm{a}}_{1,1}\right|} = \frac{1}{\left|1 + Z_0 R_\mathrm{L} - \omega^2 (L+L_\mathrm{L}) C Z_0 R_\mathrm{L} + \mathrm{j}\omega[(L+L_\mathrm{L}) R_\mathrm{L} + C Z_0]\right|} \tag{6.21}$$

对于 L 形匹配电路 (b)，使用相同的分析方法得到电路的 $\boldsymbol{A}$ 矩阵：

$$\boldsymbol{A}^{\mathrm{b}} = \begin{bmatrix} 1 & Z_0 \\ 0 & 1 \end{bmatrix} \begin{bmatrix} 1 & 0 \\ \dfrac{1}{\mathrm{j}\omega L} & 1 \end{bmatrix} \begin{bmatrix} 1 & \dfrac{1}{\mathrm{j}\omega C} \\ 0 & 1 \end{bmatrix} \begin{bmatrix} 1 & \mathrm{j}\omega L_\mathrm{L} \\ 0 & 1 \end{bmatrix} \begin{bmatrix} 1 & 0 \\ R_\mathrm{L} & 1 \end{bmatrix} \tag{6.22}$$

和 L 形匹配电路 (b) 的电压传递系数：

$$\left|H^{\mathrm{b}}(\omega)\right| = \frac{1}{\left|A^{\mathrm{b}}_{1,1}\right|} = \frac{1}{\left|1 - \dfrac{Z_0 R_\mathrm{L}}{\omega^2 L C} + Z_0 R_\mathrm{L} + \dfrac{L_\mathrm{L} R_\mathrm{L} Z_0}{L} + \mathrm{j}\omega\left(L_\mathrm{L} R_\mathrm{L} - \dfrac{R_\mathrm{L}}{\omega^2 C} - \dfrac{Z_0}{\omega^2 L}\right)\right|} \tag{6.23}$$

根据这两个匹配电路的电压传递系数的表达式 (6.21) 和式 (6.23)，计算得到其频率响应，如图 6-30 所示。当频率为 1GHz 时，两个匹配电路具有相同的电压传递系数。但是当频率为 500MHz 时，电路 (a) 比电路 (b) 具有更好的电压传递系数；当频率为 1500MHz 时，电路 (b) 比电路 (a) 具有更好的电压传递系数。因此，需要根据具体应用的要求选择合适的匹配电路，实现较好的频率响应。

两个 L 形匹配电路的入射端口反射系数 S_{11} 随频率的变化趋势如图 6-31 所示。在 1GHz 的频率下，两个匹配电路都达到完全匹配，电压反射系数 S_{11} 为零。随着频率降低到 1GHz 以下，电路 (b) 的电压反射系数模值逐渐上升到 1；随着频率的升高到 1GHz 以上，电路 (a) 的电压反射系数模值逐渐升高到 1。因此，不仅匹配电路的电压传递系数与频率响应有关，而且输入电压反射系数也与频率变化相关。

两个匹配电路的电压传递系数 $H(\omega)$ 和输入电压反射系数 S_{11} 的频率响应区别较大，能够实现匹配的频带位置也是不一致的。带宽是匹配电路的一个非常重要的参数，可以通过匹配电路的品质因数 Q 来描述。Q 值越高，匹配电路的带宽越窄；Q 值越低，匹配电路的带宽就

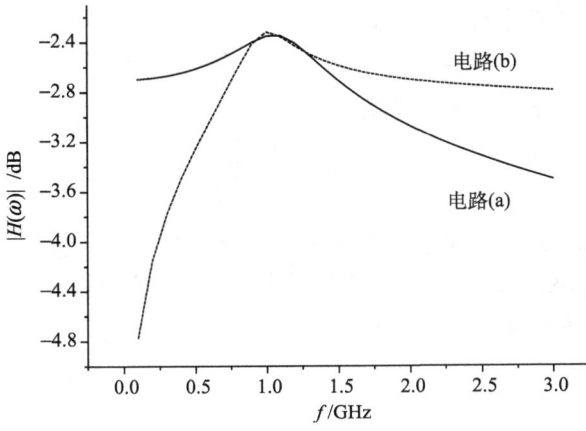

图 6-30 两个 L 形匹配电路的电压传递系数

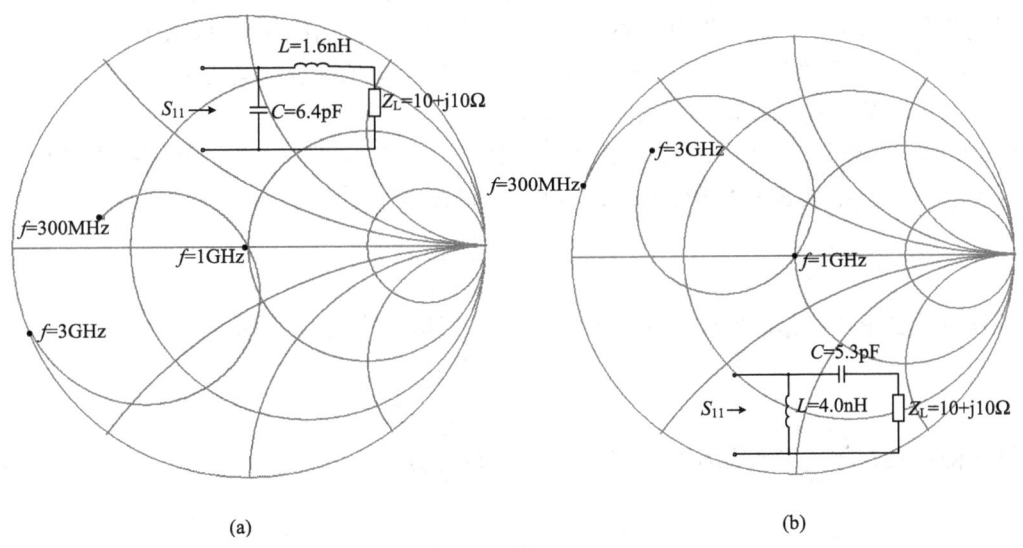

图 6-31 两种 L 形匹配电路反射系数的比较

越宽。品质因数 Q 根据 3dB 带宽 B 和中心频率 f_0 计算得到

$$Q = \frac{f_0}{B} \tag{6.24}$$

通过电路分析获得匹配电路的电压传递系数和电压反射系数的频率响应，确定电路的频带宽度，是确定匹配电路品质因数 Q 的一种方法。此外，可以把相应的匹配电路转换为 LCR 的并联电路，再通过并联电路的计算公式确定电路的品质因数 Q。这两种计算匹配电路品质因数的方法都比较复杂。

电路设计中，希望使用一种可以简便快速地确定匹配电路 Q 值的方法，避开复杂的转移矩阵计算和频率响应分析，以提高匹配电路设计的效率。使用 Smith 圆图，并引入节点品质因数 Q_n 就可以快速估算匹配电路的品质因数 Q。在讨论电抗器件品质因数的时候，定义电抗器件的品质因数 Q 为电抗量的绝对值|X|与电阻值 R 的比值。在阻抗匹配电路中，实际上就是将一个阻抗变换到另外一个阻抗，或者是从 Smith 圆图上的一个节点转移到另一个节点。每

一个节点都可以用导纳或者阻抗来表示，例如，某节点的阻抗为 $Z_n = R_n + jX_n$，节点的导纳为 $B_n = G_n + jB_n$。这样每一个节点都可以等效为一个元件的阻抗或者导纳，借鉴电抗器件品质因数的定义，可以定义节点的品质因数为

$$Q_n = \frac{|X_n|}{R_n} = \frac{|B_n|}{G_n} \tag{6.25}$$

其中，X_n 为节点的电抗；R_n 为节点的电阻；B_n 为节点的电纳；G_n 为节点的电导。

对于两元件 L 形匹配网络，经过公式推导和计算可以证明，匹配电路节点品质因数 Q_n 与整个匹配电路加载的品质因数 Q_L 存在关系：

$$Q_L = \frac{Q_n}{2} \tag{6.26}$$

从而通过计算节点品质因数 Q_n 可以得到匹配电路的品质因数 Q_L，并且计算得到匹配电路的带宽 B。对于更复杂的匹配电路(例如，三元件 T 形匹配网络)，无法建立节点品质因数 Q_n 和匹配电路品质因数 Q_L 之间准确的关系，但是可以用最大的节点品质因数 Q_n 估计匹配电路的品质因数 Q_L。尽管这种估计存在一定的误差，但是可以判断匹配电路是宽带匹配还是窄带匹配。这对于匹配电路的实际设计非常有指导意义。

在 Smith 圆图中，一个节点对应的电压反射系数为 $\Gamma_n = \Gamma_r + j\Gamma_i$，其中，$\Gamma_r$ 和 Γ_i 分别为电压反射系数 Γ_n 的实部和虚部。该节点对应的阻抗 Z_n 为

$$Z_n = Z_0 \frac{1+\Gamma_n}{1-\Gamma_n} \tag{6.27}$$

从而得到阻抗 Z_n 的实部 R_n 和虚部 X_n，代入节点品质因数的定义式(6.25)得到

$$Q_n = \frac{|X_n|}{R_n} = \frac{|2\Gamma_i|}{1-\Gamma_r^2-\Gamma_i^2} \tag{6.28}$$

经过整理得到具有相同节点品质因数 Q_n 对应的节点满足关系：

$$\Gamma_r^2 + \left(\Gamma_i \pm \frac{1}{Q_n}\right)^2 = 1 + \frac{1}{Q_n^2} \tag{6.29}$$

显然，具有相同节点品质因数 Q_n 的点位于圆心为 $\left(0, \mp \frac{1}{Q_n}\right)$，半径为 $\sqrt{1+\frac{1}{Q_n^2}}$ 的圆上。

考虑对于无源网络，电压反射系数满足条件 $|\Gamma| \leq 1$，所以等节点品质因数的圆也只取在 Smith 圆图内的部分。经过计算得到等节点品质因数曲线，如图 6-32 所示。从图上可以看出，节点越靠近 Smith 圆图中的实轴，节点的品质因数 Q_n 越低，即带宽越宽；节点越靠近全反射圆，节点的品质因数 Q_n 越高，即带宽越窄。

如图 6-24 所示，在 1GHz 频率下的匹配电路为例，分析匹配电路的品质因数。参考集总元件的匹配电路，两个电路在 Smith 圆图上表示为图 6-33。其中，实线对应于匹配电路(a)，虚线对应于匹配电路(b)，长虚线表示 $Q_n=2$ 的等节点品质因数曲线。两个电路的节点 A 和 B 均位于节点品质因数为 2 的曲线上，所以两个匹配电路的品质因数为

$$Q_L = \frac{Q_n}{2} = 1 \tag{6.30}$$

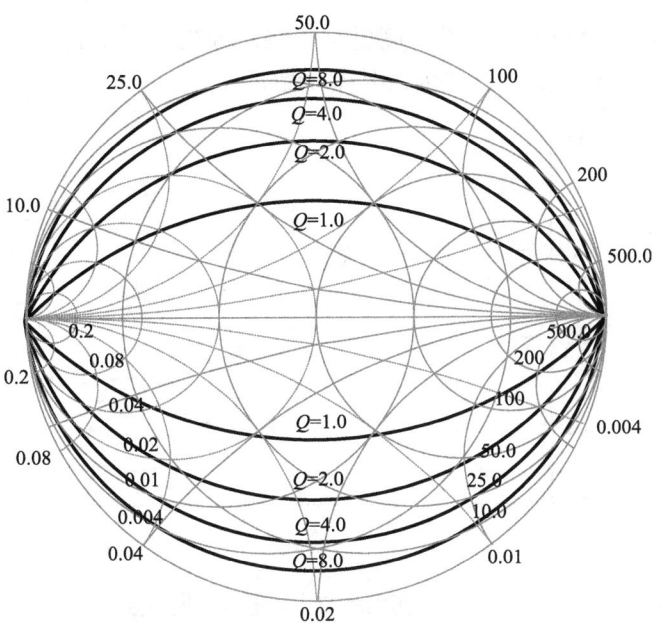

图 6-32 等节点品质因数曲线

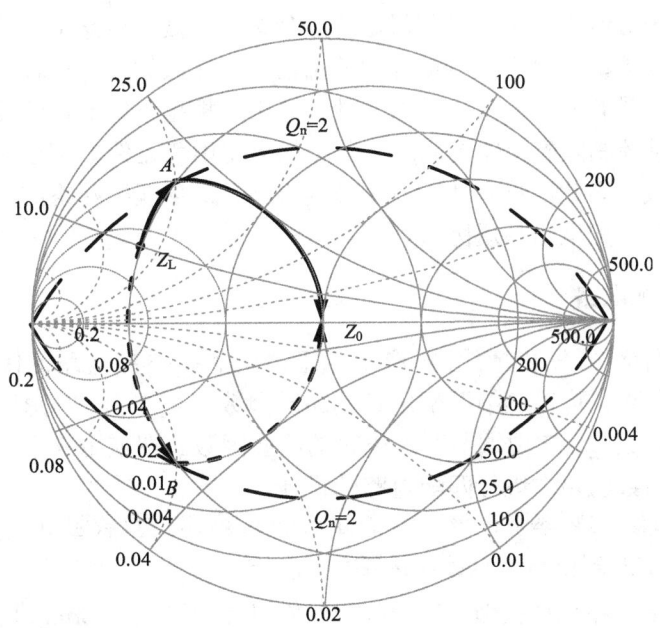

图 6-33 匹配电路节点品质因数

两个 L 形匹配电路的 3dB 带宽为

$$B = \frac{f_0}{Q_L} = \frac{1\text{GHz}}{1} = 1\text{GHz} \tag{6.31}$$

绘出两个 L 形匹配电路归一化电压传递系数随频率的变化，如图 6-34 所示。3dB 带宽为电压下降到 0.707 时对应的频率范围，从图中看出电路(a)的频率范围约为 0.5~1.5GHz，频带宽度约为 1GHz；电路(b)的频带宽度更小一些，频宽不足 1GHz。利用节点品质因数估算的结果与根据频率响应确定的品质因数基本一致。

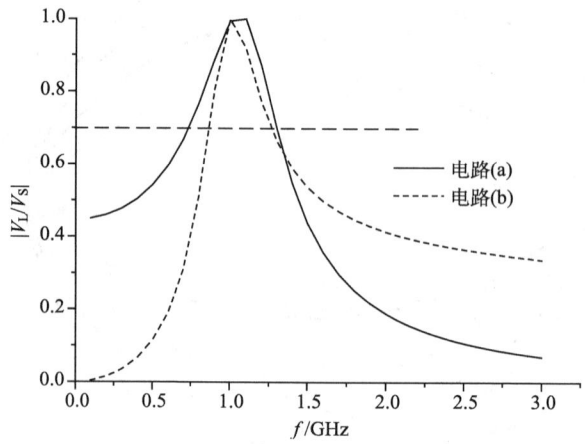

图 6-34　匹配电路归一化电压传递系数

匹配电路的品质因数需要根据电路应用进行选择和设计。例如，在宽带放大电路中，希望匹配电路的品质因数越小越好，以获得足够的带宽；在振荡电路中，希望匹配电路具有较高的品质因数，以滤去谐波分量获得良好的输出信号；在低频段干扰较严重的情况下，希望匹配电路能在低频端具有较高的电压反射系数。总之，根据不同的设计要求，需要有选择地使用匹配电路，并且控制匹配电路的品质因数。如果使用两元件 L 形匹配电路，不能自由地控制电路的品质因数。因此，只有使用三元件的 T 形或π形匹配网络或者更复杂得多的元件匹配电路，才能调节匹配电路品质因数。

6.2.5　T 形和π形匹配电路

在三元件匹配网络中，通常使用 T 形或π形匹配电路。这些电路比使用两元件的 L 形匹配电路增加了一个节点，可以调节匹配电路的品质因数。在 T 形或π形匹配电路的设计中，通过限定节点品质因数 Q_n 实现调节匹配电路的品质因数。在使用三个元件的匹配电路中，可以按照一定品质因数的要求进行匹配电路的设计。

例 6-3　在 1GHz 的频率下，设计两个 T 形匹配网络把负载阻抗 $Z_L = 15 - j10\Omega$ 变换到 $Z_0 = 50\Omega$，并且要求匹配电路节点品质因数为 $Q_n = 5$。

解　与 L 形匹配电路设计类似，T 形匹配网络设计也可以在 Smith 圆图上实现。依据要求的限制，必须有一个节点位于品质因数为 $Q_n = 5$ 的等节点品质因数曲线上。

设计方案 I：从负载 Z_L 出发沿等电阻圆向上移动到与 $Q_n = 5$ 的等节点品质因数曲线相交，再沿等电导圆向下移动到与 $R=50$ 的等电阻圆相交，最后沿 $R=50$ 的等电阻圆移动到 $Z_0 = 50\Omega$ 的匹配点。在 Smith 圆图上设计 T 形匹配电路的过程，以及最后实现的 T 形匹配电路各器件的参数，如图 6-35 所示。

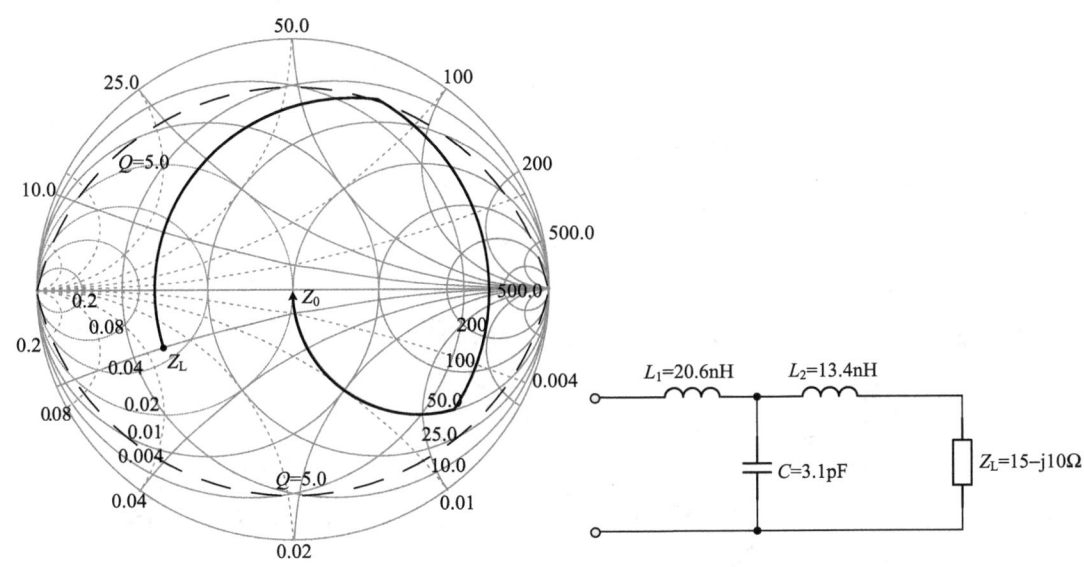

图 6-35　T 形匹配网络的设计 I

设计方案 II：从负载 Z_L 出发沿等电阻圆向下移动到与 $Q_n=5$ 的等节点品质因数曲线相交，再沿等电导圆向上移动到与 $R=50$ 的等电阻圆相交，最后沿 $R=50$ 的等电阻圆移动到 $Z_0=50\Omega$ 的匹配点。在 Smith 圆图上设计 T 形匹配电路的过程，以及最后实现的 T 形匹配电路各器件的参数，如图 6-36 所示。

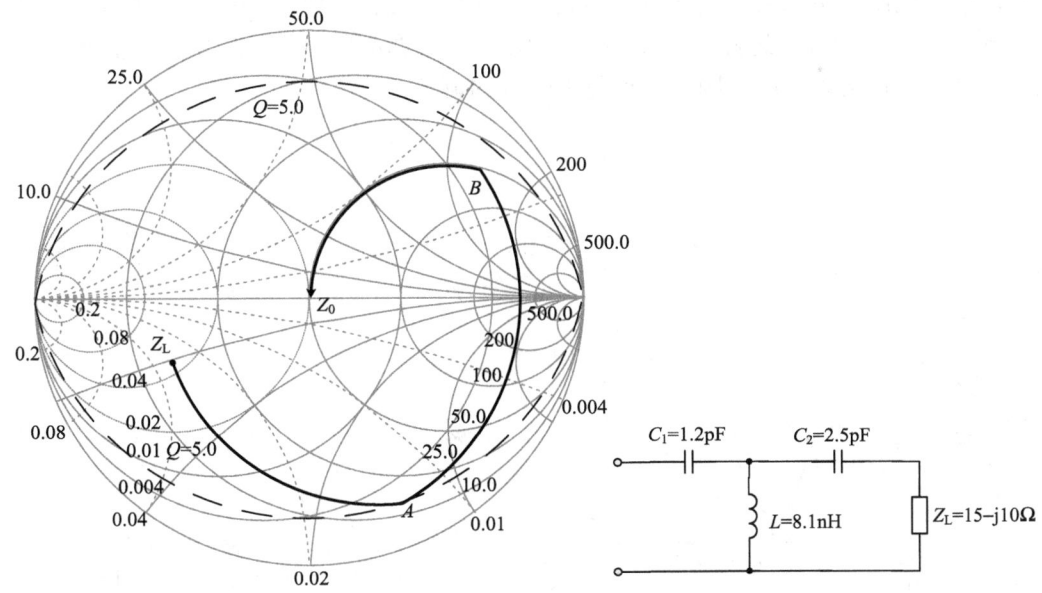

图 6-36　T 形匹配网络的设计 II

如果不采用 T 形匹配电路而只采用 L 形匹配电路，最大节点品质因数只能达到 $Q_n=1.5$ 左右，而且节点品质因数是不可调节的。针对上述匹配问题，一个典型的 L 形匹配电路和在 Smith 圆图上的实现的设计过程，如图 6-37 所示。可见采用三元件匹配电路可以在一定程度上调节品质因数，比 L 形匹配电路具有更多的优越性。

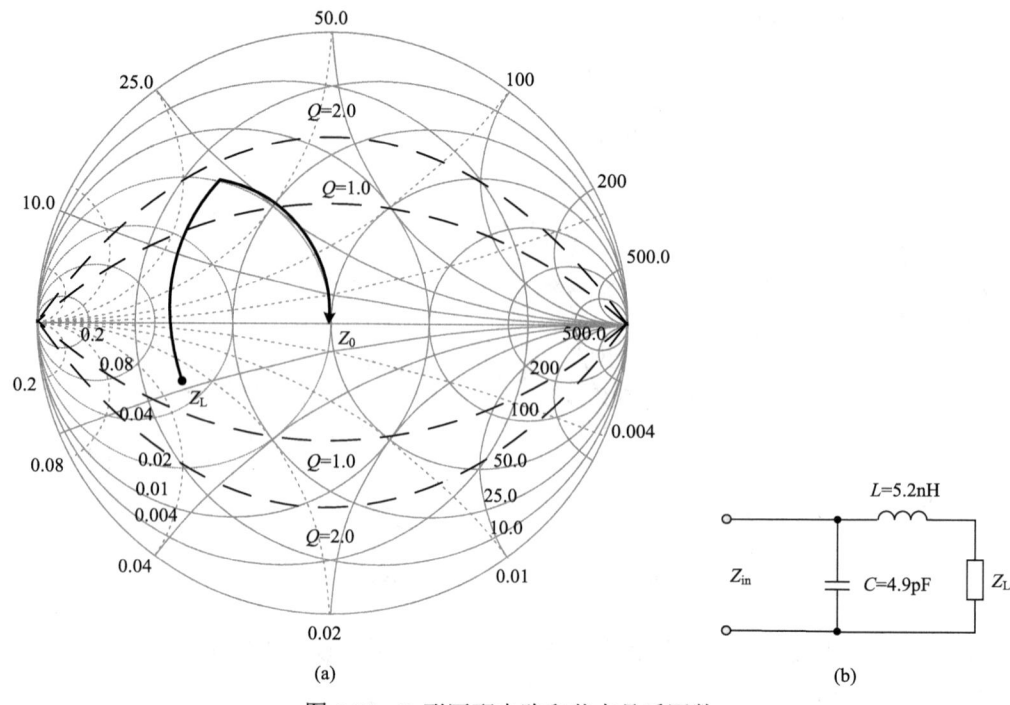

图 6-37　L 形匹配电路和节点品质因数

采用多元件的匹配电路设计可以降低电路的品质因数，提高频带宽度。例如，通过设计四元件的匹配网络，可以将匹配电路的品质因数限制在 $Q_n=1$ 以内。集总元件的匹配电路图和在 Smith 圆图上的设计过程，如图 6-38 所示。宽带匹配网络需要使用更多的元件，相应电路更为复杂，但可以对品质因数进行更大范围的调节。

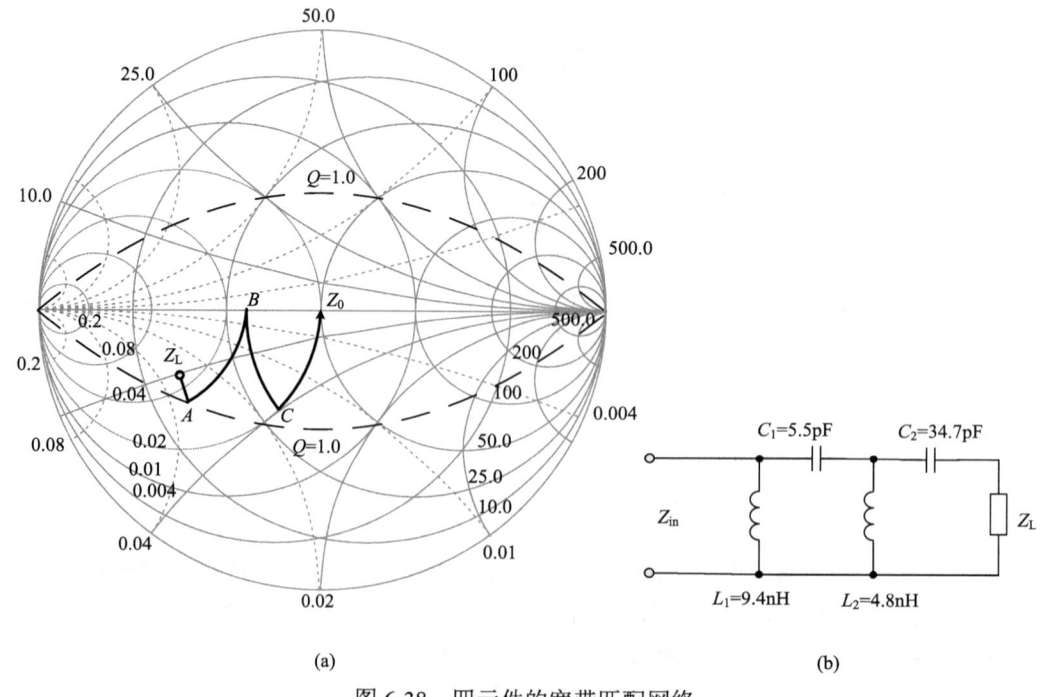

图 6-38　四元件的宽带匹配网络

例 6-4 在 2.4GHz 的频率下设计一个π形匹配网络，将 $Z_L=10-j10\Omega$ 的负载阻抗变换到 $Z_{in}=20+j40\Omega$ 的输入阻抗，希望π形匹配电路具有最小的节点品质因数。求匹配电路中各元件的参数。

解 输入阻抗对应节点的品质因数为 $Q_n^{in} = \dfrac{|X_{in}|}{R_{in}} = \dfrac{40}{20} = 2$，负载阻抗对应节点的品质因数为 $Q_n^L = \dfrac{|X_L|}{R_L} = \dfrac{10}{10} = 1$。

由于输入阻抗和负载阻抗都已经给定，所以π形匹配电路中最小的节点品质因数为输入阻抗和负载阻抗对应节点品质因数的最大值，即 $Q_n^{min} = \max\{Q_n^L, Q_n^{in}\} = 2$。匹配电路按照 $Q_n = 2$ 进行设计。

因为限定使用π形匹配电路，所以从起始节点 Z_L 出发一定是并联电容或者并联电感。考虑目的节点 Z_{in} 的方向，只能选择并联电感的电路。从起始节点 Z_L 出发沿等电导圆向上移动到与实轴相交的 A 点(如果再向上移动将更加远离目的节点)。因为使用π形匹配电路，第二个元件一定是串联的电感或者电容。由于节点品质因数的限制，只能选择串联电容的电路。从 A 点出发沿等电阻圆向下移动到与经过目的节点 Z_{in} 的等电导圆相交于 B 点。最后，从 B 点出发沿等电导圆向上移动到目的节点 Z_{in}，完成π形匹配电路的设计，如图 6-39 所示。

每次移动对应电路分别是：$Z_L \to A$，并联电感 L_1；$A \to B$，串联电容 C；$B \to Z_{in}$，并联电感 L_2。π形匹配电路的具体实现，如图 6-39 所示。

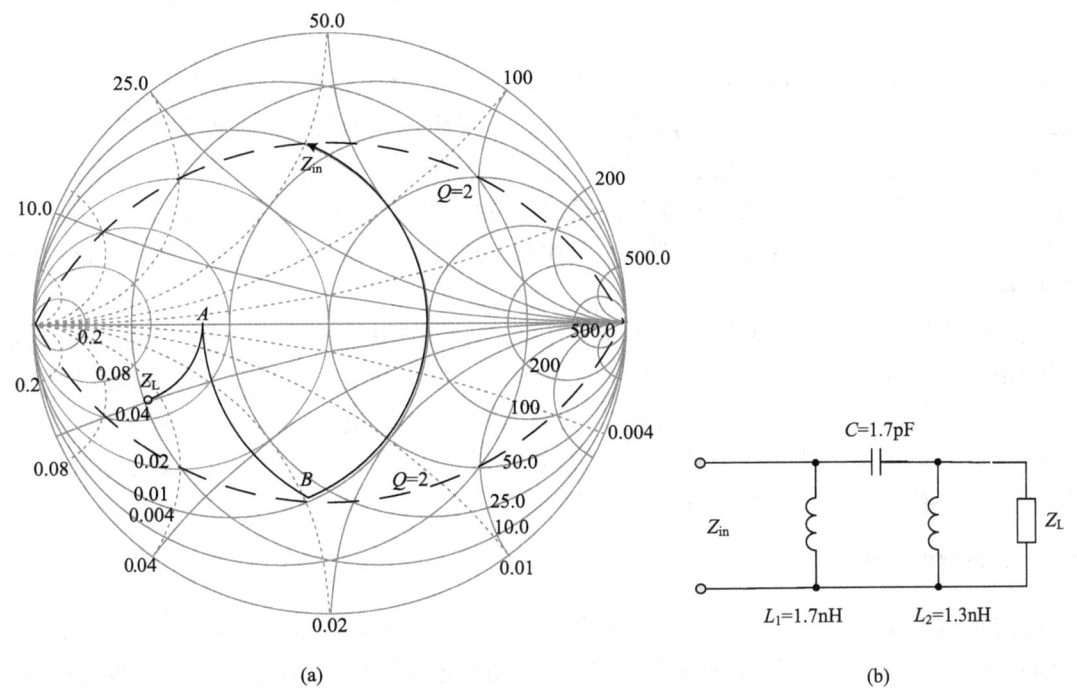

图 6-39 最小节点品质因数π形匹配电路设计

对匹配电路品质因数的调节不仅受到匹配电路元件数目的限制,还受到起始节点阻抗和目的节点的阻抗的一定限制。在本例中,起始节点为负载阻抗 Z_L,目的节点为阻抗 Z_{in}。起始节点和目的节点的品质因数分别为 1 和 2。在设计的匹配网络中,匹配电路的最小节点品质因数为起始节点的品质因数。这是负载阻抗和输入阻抗决定的,无法依靠匹配电路进行自由调节。

在本例中,B 点恰好出现在 $Q_n=2$ 的等节点品质因数曲线上,满足了设计的要求。如果 B 点出现在节点品质因数大于 2 的区域,则π形匹配电路无法完成设计要求。这时需要使用更多的元件和更复杂的匹配电路,才能满足节点品质因数的要求。

在集总参数设计匹配电路中,在 Smith 圆图上始终沿着等电阻圆或者等电导圆移动完成阻抗的变换,对应使用的元件为电容或者电感。在匹配电路的设计中,在 Smith 圆图上一般不能沿着等电抗或者等电纳圆移动。如果沿着等电抗或者等电纳圆移动,对应的元件是电阻或者电导,就会带来功率损耗。匹配电路的目的就是获得最大的功率传输,所以在匹配电路中通常进行无耗网络的设计,需要避免使用有耗器件。例如,本例中如果在负载 $Z_L=10-j10Ω$ 上先串联一个 $R=10Ω$ 的电阻,再串联一个电抗 $X_L=50Ω$ 的电感,很容易将阻抗 Z_L 变换到 $Z_{in}=20+j40Ω$。这样的匹配电路会带来很高的插入功率损耗,没有任何实用价值。因此,在射频匹配电路的设计中,一定要避免使用电阻等有耗元件,只能使用电容、电感、传输线等无耗元件。

6.3 分布式匹配电路

随着工作频率的升高和波长的变短,集总参数元件(如贴片电容和贴片电感)的寄生参数效应不能被忽略。由于寄生参数效应的影响,使得采用集总参数元件的匹配电路性能变差,电路设计更为复杂。而且由于集总参数元件都是采用标准值的设计,在射频的高端频段电容和电感的数值都比较小,很难找到非常接近的标准值器件,限制了集总参数元件的应用。在射频的高端频段,当波长接近典型器件的尺寸时,通常使用分布参数元件代替集总参数元件进行匹配电路的设计。

在射频的低端频段,如果使用分布参数元件进行匹配电路的设计,由于波长的原因会导致匹配电路的尺寸非常大而失去实用价值。例如,当在 100MHz 的频率下设计匹配电路时,如果使用 $\lambda_0/8$ 的终端开路传输线构造电容,传输线长度将达到 40cm 左右。即使使用等效相对介电常数为 4 的微带线进行设计,传输线也达到约 20cm 的长度。因此,在射频的低频段一般使用集总参数元件进行匹配电路的设计。

6.3.1 混合型匹配电路

在射频的中间频段,既可以使用分布参数元件进行匹配电路的设计,也可以使用集总参数元件进行匹配电路的设计。这时使用混合元件的匹配电路设计,往往可以达到良好的效果。相对于电容元件,电感元件具有较高的电阻损耗,而且寄生参数效应更为严重。因此,在混合元件的匹配电路设计中,在集总参数元件中避免使用电感。通常只使用集总参数的电容元件并联在分布参数的传输线上就可以完成阻抗变换的功能。

典型的混合元件匹配电路是在微带传输线上并联几个电容,实现阻抗变换的功能。通常采用相同特征阻抗的微带线,可以简化匹配电路设计的复杂性。这种微带线电路的结构非常实用。该匹配电路不仅具有较小的尺寸,而且可以在电路加工完成后再做一些调节。例如,通过改变电容在传输线上的接入位置,就可以在很大的范围内调节匹配电路的参数。这种可调节性使得该电路成为一种流行的匹配电路原型。

例 6-5 使用混合元件设计工作在 1.5GHz 频率下的匹配电路,要求将负载 $Z_L=30+j10\Omega$ 变换到输入阻抗 $Z_{in}=60+j80\Omega$。要求匹配电路使用两段特征阻抗为 50Ω 的传输线和一个集总参数的电容。

解 根据无耗传输线的特性,两段长度可调的传输线分别位于两个等驻波系数圆。这两个驻波系数由负载阻抗 Z_L 和输入阻抗 Z_{in} 决定。两个等驻波系数圆在 Smith 圆图中表示为两个虚线圆,如图 6-40(a) 所示。

从负载 Z_L 出发沿等驻波系数圆顺时针移动到与实轴相交的 A 点,对应于一段传输线。从 A 点出发沿等电导圆向下移动到与输入阻抗 Z_{in} 所在的等驻波系数圆相交的 B 点,对应于并联电容。最后,从 B 点沿等驻波系数圆顺时针移动到 Z_{in} 点,完成阻抗变换。通过 Smith 圆图获得传输线的长度和集总参数电容的数值,如图 6-40(b) 所示。特征阻抗为 $Z_{01}=Z_{02}=50\Omega$ 的传输线长度分别为 $l_1=0.12\lambda$ 和 $l_2=0.19\lambda$,其中,λ 为频率为 1GHz 的射频电磁波在此传输线中的波长。

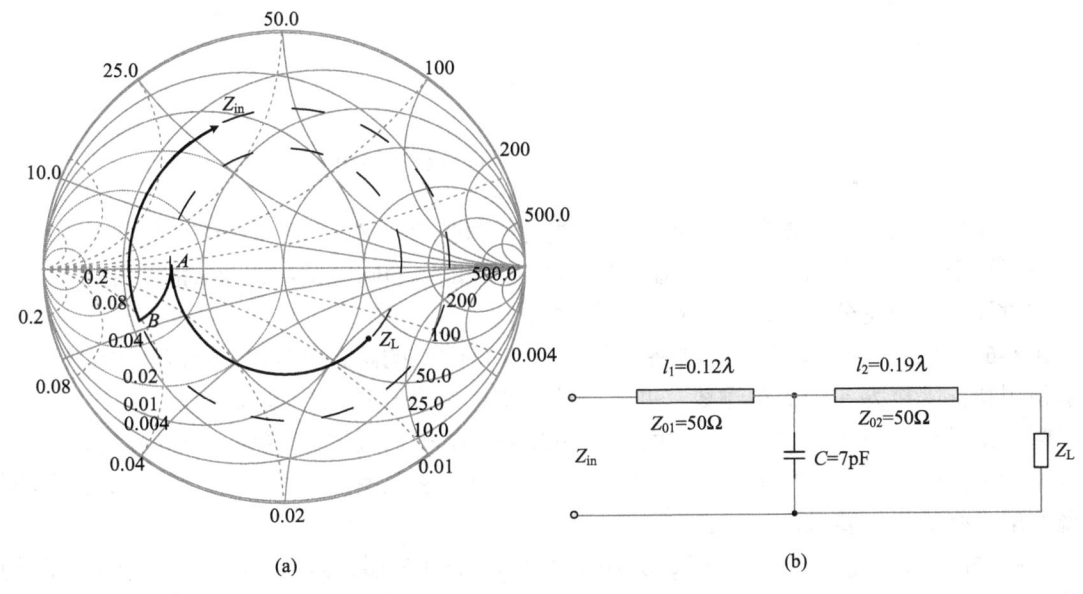

图 6-40 混合元件匹配电路

在例 6-5 中,使用两段传输线的阻抗相同,便于电路的加工和制作。而且两段传输线的长度相近,可以减少由于电容 C 接入位置误差导致的误差。在实际使用中,保持 l_1+l_2 长度不变,调节电容 C 的接入位置调整了 l_1 和 l_2 的比例,从而改变 Z_{in} 以及混合匹配电路的频率响应。在本例中有不止一种电路配置可以完成阻抗匹配的功能。匹配电路可以调节的参数有 3 个:电容 C 的容量、传输线的长度 l_1 和 l_2。因此需要结合实际情况,从电路实现、引入误差、频率响应等多方面进行考虑,选择最合适的匹配电路配置。

6.3.2 单分支匹配电路

在射频的高端频段需要取消所有集总参数元件,完全使用分布参数元件进行匹配电路的设计。这里首先讨论结构简单的单分支匹配电路。单分支匹配电路包括并联单分支匹配电路和串联单分支匹配电路两种。由于串联单分支匹配电路在射频电路中应用较少,所以本节只分析并联单分支匹配电路。

类似于 L 形匹配电路的结构,并联单分支匹配电路由一段串联的传输线和一段并联的终端开路(或短路)传输线构成。并联单分支匹配电路的结构示意图,见图 6-41。两个电路的配置有所区别,电路(a)是从负载 Z_L 出发先经过串联传输线再连接并联分支,而电路(b)则是先连接并联分支再串联传输线。Z_{01} 和 Z_{02} 分别是并联传输线和串联传输线的特征阻抗,l_S 和 l_L 分别为并联传输线和串联传输线的长度。单分支匹配电路具有 4 个可以调节的参数:Z_{01} 和 Z_{02} 及 l_S 和 l_L。

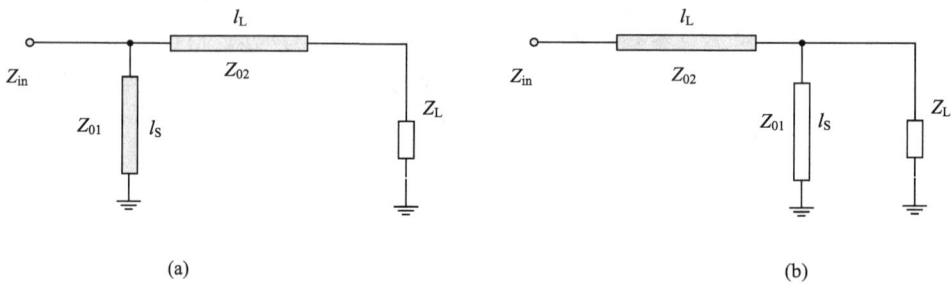

图 6-41 单分支分布参数匹配电路示意图

为了简化电路设计,通常取恒定的传输线特征阻抗 $Z_{01}=Z_{02}=Z_0$,调节传输线的长度 l_S 和 l_L,进行匹配电路的设计;或者将传输线的长度 l_S 和 l_L 取为固定值,调节 Z_{01} 和 Z_{02} 实现匹配电路的设计。本节将分别对这两种情况举例讨论。

例 6-6 设计一个单分支匹配电路将负载 $Z_L=15+j10\Omega$ 的阻抗转换到 $Z_{in}=50\Omega$ 的输入阻抗。要求使用特征阻抗为 50Ω 的传输线,并且并联分支为终端开路的传输线。

解 由于目的阻抗 Z_{in} 为 50Ω,而且传输线特征阻抗也限定为 50Ω,所以只适合于使用图 6-41 中的电路(a)。如果使用图 6-41 中的电路(b),将只有一个可以调节的参数 l_S 而不能实现匹配电路的设计要求。

并联分支只能提供一个电纳 B_S($B_S>0$ 为容性,$B_S<0$ 为感性),而且并联电路限定了节点只能在等电导圆上移动。因此,通过串联传输线需要将负载 Z_L 变换到通过 $Z_{in}=50\Omega$ 的等电导圆上。这样才能通过并联分支将阻抗变换到目的阻抗 $Z_{in}=50\Omega$。匹配电路设计过程如图 6-42(a)所示。等驻波系数圆为图中经过 Z_L、A、B 点的虚线圆,经过 Z_{in} 的等电导圆为图中经过 Z_0、A、B 点的虚线圆。

首先经过负载 Z_L 作出等驻波系数圆(VSWR 约为 3.5)。从负载 Z_L 出发沿着等驻波系数圆顺时针方向移动,与等电导圆相交于 A 点。从负载 Z_L 到 A 点对应于串联了一段传输线。然后再从 A 点沿等电导圆向下移动到目的节点 Z_{in}。这个过程只有电纳发生变化,对应于并联了一个分支电路。从 Smith 圆图上可以读出从 Z_L 到 A 的传输线长度,以及从 A 到 Z_{in} 的电纳变化 B_S。

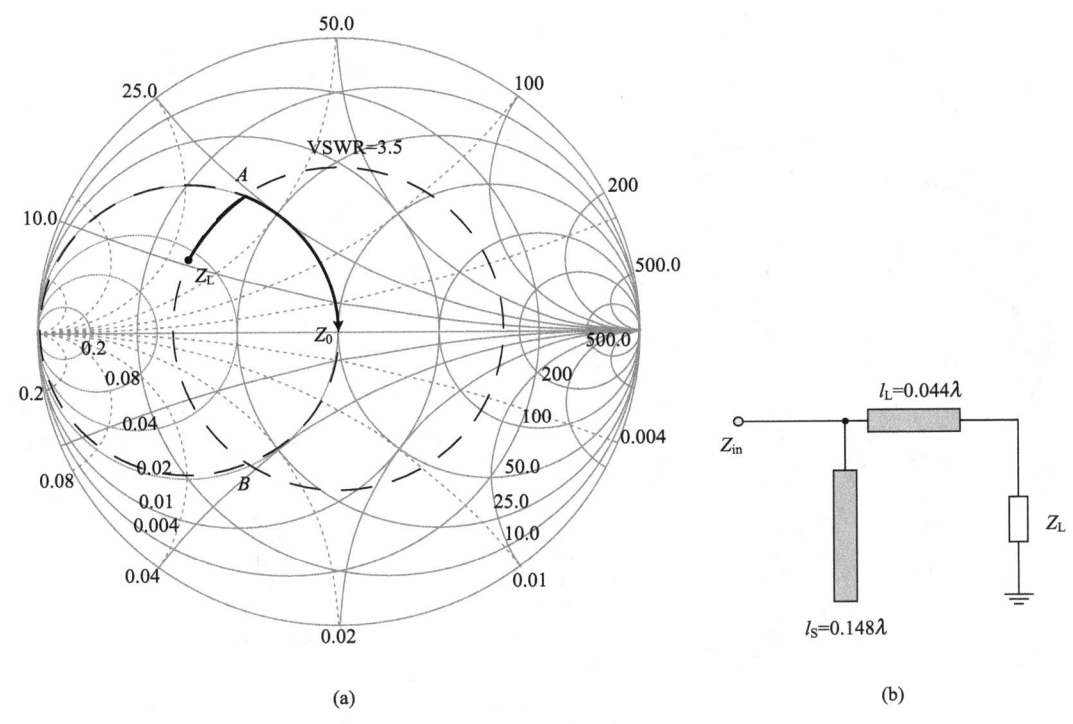

图 6-42 单分支恒定特征阻抗匹配电路

根据终端开路传输线的输入阻抗特性，依据 B_S 计算确定并联传输线的长度 l_S。或者直接在 Smith 圆图上从开路点出发，找到对应于导纳 B_S 的传输线长度。从 A 点到 Z_0 点对应电纳增加，所以并联分支应该提供正电纳（容性）。显然利用小于 $\lambda/4$ 的终端开路传输线就可以直接构造出正电纳。具体实现的匹配电路如图 6-42(a)所示，串联传输线的长度为 $l_L=0.044\lambda$，并联分支传输线的长度为 $l_S=0.148\lambda$。

如果选择从 Z_L 出发到 B 点，将得到第二种匹配电路的配置。从 Z_L 出发沿等驻波系数圆顺时针移动到 B 点，再从 B 点沿等电导圆移动到 Z_0，完成阻抗匹配的过程，见图 6-43(a)。显然从 B 点到 Z_0 需要提供负电纳，需要长度大于 $\lambda/4$ 的终端开路传输线构造出负电纳（感性）。具体匹配电路的实现参数如图 6-43(b)所示，串联传输线的长度为 $l_L=0.387\lambda$，并联分支传输线的长度为 $l_S=0.353\lambda$。第二种单分支匹配电路使用的传输线长度都大于 $\lambda/4$，所以实现起来，电路的尺寸比第一种匹配电路大的多。在射频的低频端，从电路板尺寸方面考虑，应该选择第一种匹配电路更为合适。在射频的高频端，传输线长度过短会导致传输线之间的耦合加重，影响匹配电路的性能，所以可以考虑使用第二种匹配电路的设计。

除了选择传输线特征阻抗一致进行匹配电路的设计，还可以选择具有不同的特征阻抗的传输线。这样的设计有很多种方式可以实现阻抗匹配。一种行之有效的方法是采用串联的 $\lambda/4$ 传输线和并联一段传输线的方法。在一些特定的情况下，这种设计方法简便易行。例如，要把负载 Z_L 匹配到实数阻抗 Z_0，见图 6-44。首先使用一段特征阻抗为 Z_{01} 的传输线形成电纳 jB_{01}，通过并联在负载 Z_L 上抵消其电纳，将负载阻抗变换到纯电阻 R_L：

$$\frac{1}{R_L} = \frac{1}{Z_L} + jB_{01} \tag{6.32}$$

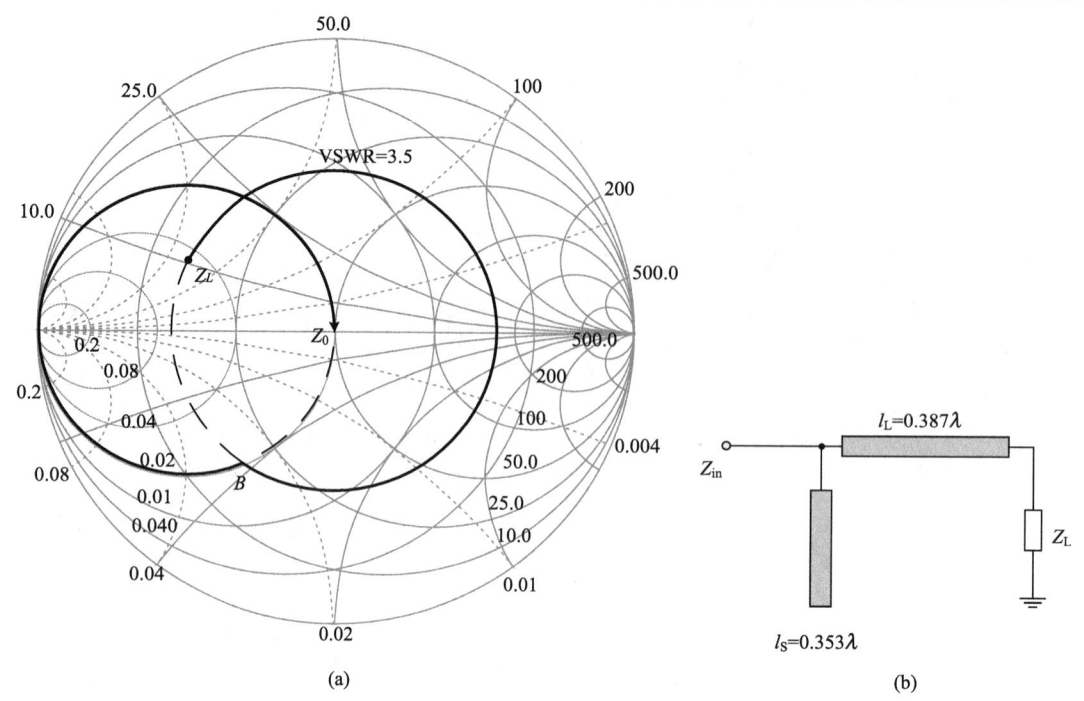

图 6-43 单分支匹配电路的第二种配置

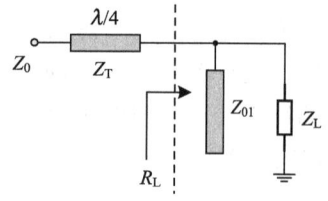

图 6-44 单分支电路匹配到纯电阻

然后就可以串联特征阻抗为 Z_T 的 $\lambda/4$ 传输线，将实数电阻 R_L 转换到 Z_0。其中，$\lambda/4$ 传输线的特征阻抗 Z_T 为

$$Z_T = \sqrt{Z_0 R_L} \tag{6.33}$$

例 6-7 在 50Ω 的射频通信系统中，采用图 6-41(a) 的电路设计单分支匹配电路，要求将负载阻抗 Z_L=120−j20Ω 匹配至输入阻抗 Z_{in}=40+j30Ω。其中，串联传输线的长度为 l_L=0.25λ，并联传输线的长度为 l_S=0.375λ。

解 负载阻抗 Z_L 与特征阻抗为 Z_T 的 $\lambda/4$ 传输线串联后的阻抗 Z 为

$$Z = \frac{Z_T^2}{Z_L} = \frac{Z_T^2}{R_L + jX_L}$$

然后通过并联一段输入导纳为 jB_S 的传输线进行阻抗变换，匹配电路的输入导纳为

$$Y_{in} = \frac{1}{Z} + jB_S = \frac{R_L}{Z_T^2} + j\left(\frac{X_L}{Z_T^2} + B_S\right) \tag{6.34}$$

由于输入阻抗为 Z_{in}=40+j30Ω，可以得到输入导纳 Y_{in}=0.016+j0.012S。从而确定 $\lambda/4$ 传输线的特征阻抗 Z_T：

$$Z_T = \sqrt{\frac{R_L}{G_{in}}} = \sqrt{\frac{120}{0.016}} = 86.6(\Omega)$$

传输线在限定长度下 l_S=0.375λ=3λ/8，如果并联传输线的阻抗 Z_{01}，通过式(6.34)计算得到输入导纳 B_S（对于终端开路传输线）为

$$B_S = -\tan(\beta l_S)Z_{01} = \cfrac{1}{B_{in} - \cfrac{X_L}{Z_T^2}}$$

得到并联传输线的特征阻抗为 $Z_{01} = 107\Omega$。

最终实现的匹配电路见图 6-45(a)，对应 Smith 圆图上阻抗的变化见图 6-45(b)。

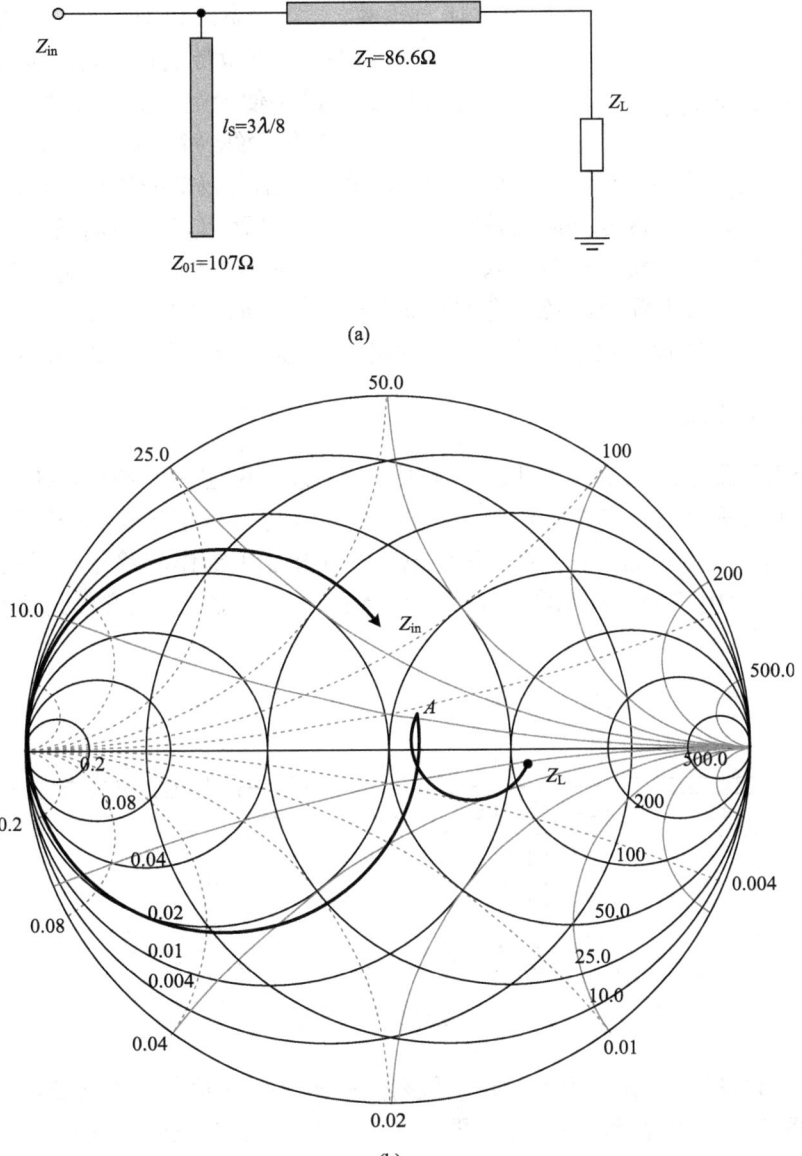

图 6-45 例 6-7 的设计结果

实际应用中通常采用平衡式设计，将并联分支改为对称的两个并联分支，见图 6-46。注意改用平衡式分支匹配电路后，需要将并联分支传输线的特征阻抗或者长度做相应的变化，

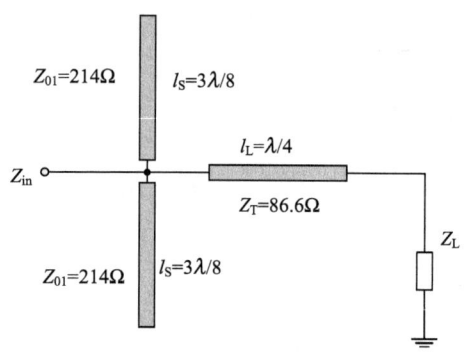

图 6-46 例 6-7 平衡式设计电路

保持平衡式并联电路的导纳与原来单分支传输线的输入导纳相同。在例 6-7 的特殊条件下,把并联分支的特征阻抗提高一倍而传输线长度不变,可以保持采用平衡式设计后并联分支的输入导纳维持不变。

在基于 50Ω 的射频系统设计中,微带传输线特征阻抗为 20~200Ω 时都比较合适。如果微带线特征阻抗很高,微带线宽度将非常小,对电路板加工精度要求非常高。如果微带线特征阻抗很低,微带线宽度将非常大,既不便于电路板设计也引入更多的误差。因此,在设计传输线特征阻抗可变的匹配电路时,需要注意选取合适的传输线特征阻抗。如果在并联分支中出现较低的传输线特征阻抗,可以利用平衡式设计原理,使用两根并联的传输线进行替换,从而可以把传输线的特征阻抗提升。

单分支匹配电路可以实现任意输入阻抗 Z_{in} 和实部非零的负载阻抗 Z_L 的匹配,电路具有很强的通用性。单分支匹配电路还具有非常简单的结构、简洁的设计过程等优点。单分支匹配电路已经在射频晶体管放大电路的输入和输出匹配电路中得到了广泛的应用。

6.3.3 双分支匹配电路

使用双分支匹配电路比单分支匹配电路更易于实现匹配阻抗的调节。在一些阻抗可调的匹配电路中,通常采用双分支匹配电路。双分支匹配电路可以把传输线的特征阻抗都选择为统一的阻抗,例如 $Z_0=50Ω$,从而便于匹配电路设计和加工制作。双分支匹配电路的结构示意图见图 6-47。使用双分支匹配电路可以把任意有耗负载 Z_L(阻抗实数部分不为零)匹配到输入阻抗 Z_{in}。

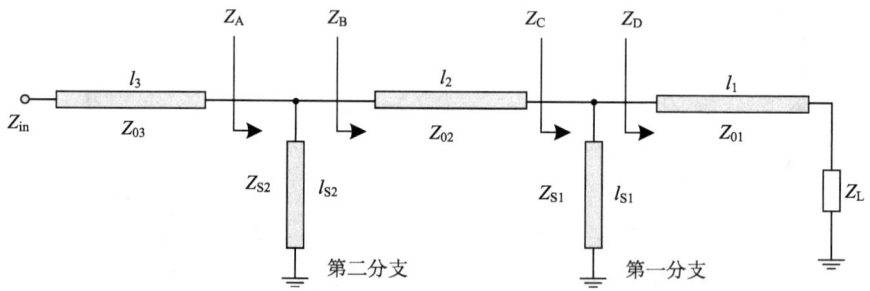

图 6-47 双分支匹配电路结构

从负载 Z_L 出发串联了长度为 l_1 的传输线得到阻抗 Z_D,并联第一个分支——长度为 l_{S1} 的终端开路(或短路)传输线得到阻抗 Z_C,再串联长度为 l_2 的传输线得到阻抗 Z_B,并联第二个分支——长度为 l_{S2} 的终端开路(或短路)传输线得到阻抗 Z_A,最后串联长度为 l_3 的传输线得到阻抗 Z_{in},组成具有两个分支的分布式匹配电路。双分支匹配电路由 5 段传输线组成,每段传输线有长度和特征阻抗两个可调节的参数,所以双分支匹配电路共有 10 个可调节的参数。为了简化设计,通常选取双分支匹配电路中所有传输线特征阻抗相等,如选取 $Z_{0\{1,2,3\}}=Z_{S\{1,2\}}=Z_0$,并且固定 l_1、l_2 和 l_3 的长度,如选取中间传输线的长度 l_2 为 $\lambda/8$、$3\lambda/8$ 或

$5\lambda/8$,选取两端传输线长度满足关系 $l_1=l_3\pm\lambda/4$。可以调节两个并联分支的传输线长度 l_{S1} 和 l_{S2},以实现匹配设计的要求。

以在 $l_2=3\lambda/8$ 和 $Z_{in}=Z_0$ 的条件下设计双分支匹配电路为例,对图 6-47 中的电路的设计方法进行简要介绍。在匹配电路中所有传输线特征阻抗均为 Z_0 时,由于 $Z_{in}=Z_0$ 得到 $Z_A=Z_0$。由于 Z_A 与第一分支电路并联得到阻抗 Z_1,显然 Z_1 只能位于归一化电导 $g=1$ 的等电导圆上,见图 6-48 中的实线圆。在电路匹配时,$Z_B=Z_1^*$ 为共轭匹配条件,所以 Z_B 也应该位于归一化电导 $g=1$ 的等电导圆上。由于 Z_B 是 Z_C 经过串联 $l_2=3\lambda/8$ 的传输线得到的,所以 Z_C 应位于从 $g=1$ 的等电导圆逆时针旋转 270°得到的圆上,见图 6-48 中的虚线圆。这样双分支匹配电路的设计要求首先从负载 Z_L 出发串联一段传输线再并联一段传输线得到阻抗 Z_C。所以设计需要从负载 Z_L 出发串联传输线后,再并联一个分支电路使得阻抗 Z_C 位于图 6-48 中的虚线圆上。接下来串联 $3\lambda/8$ 传输线将阻抗转移到图 6-48 中 $g=1$ 的实线圆上,再并联一个分支电路匹配到输入阻抗 Z_0。如果电路设计要求的传输线长度或者阻抗有所变化,就需要根据实际情况调整设计的过程。

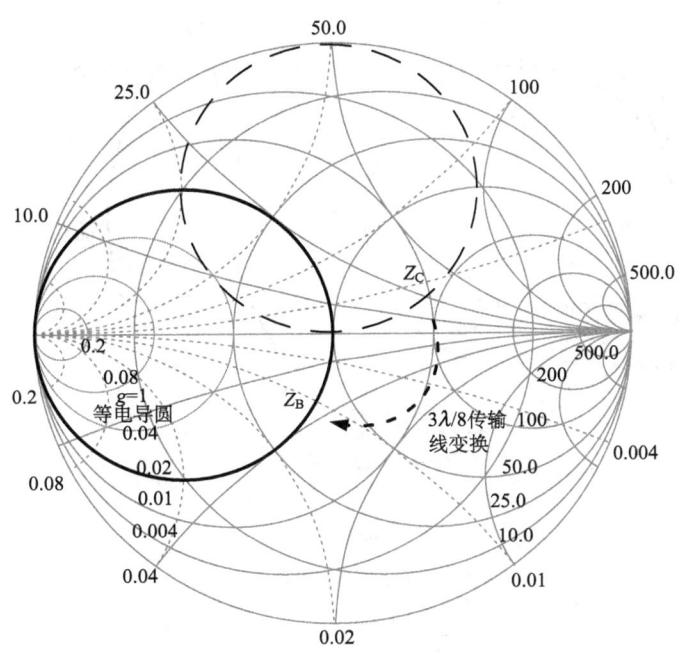

图 6-48 双分支匹配电路设计分析

例 6-8 采用图 6-47 的双分支匹配电路,给定匹配电路中所有传输线的特征阻抗均为 $Z_0=50\Omega$,串联传输线的长度为 $l_2=l_3=3\lambda/8$,$l_1=\lambda/8$。要求将 $Z_L=50+j50\Omega$ 的负载匹配到输入阻抗 $Z_{in}=50\Omega$。求两个并联分支的传输线的长度 l_{S1} 和 l_{S2}。

解 设计过程见图 6-49(a),首先作出归一化电导 $g=1$ 的等电导圆,并且逆时针旋转 270°,得到图中的两个虚线圆。按照以下步骤进行双分支匹配电路设计:

(1)从负载 Z_L 出发串联 $l_1=\lambda/8$ 的传输线,沿等驻波系数圆顺时针移动得到阻抗 Z_D。

(2)处理第一个并联分支,从 Z_D 出发沿等电导圆顺时针移动,得到与虚线圆的交点 Z_C(实际上与虚线圆有两个交点,意味着本例存在两种可能的电路配置。此处只取其中的一个,即可满足设计要求)。

(3) 处理串联 $l_2=3\lambda/8$ 的传输线,从 Z_C 出发沿等驻波系数圆移动,与 $g=1$ 的等电导圆相交得到 Z_B。

(4) 处理第二个并联分支,从 Z_B 出发沿 $g=1$ 的等电导圆顺时针移动到 Z_0 点,达到题目阻抗匹配的要求。

采用终端开路的并联分支电路设计,计算确定并联传输线的长度。通过 Z_C 和 Z_D 的电纳差值,求出第一个并联分支传输线的长度 $l_{S1}=0.324\lambda$。通过 Z_B 的电纳值,确定第二个并联分支传输线的长度 $l_{S2}=0.301\lambda$。最终设计的分布式双分支匹配电路如图 6-49(b)所示。两段并联传输线的长度都大于 $\lambda/4$,所以如果采用终端短路的传输线设计,两个并联分支的传输线长度分别为 $l_{S1}=0.074\lambda$ 和 $l_{S2}=0.051\lambda$。

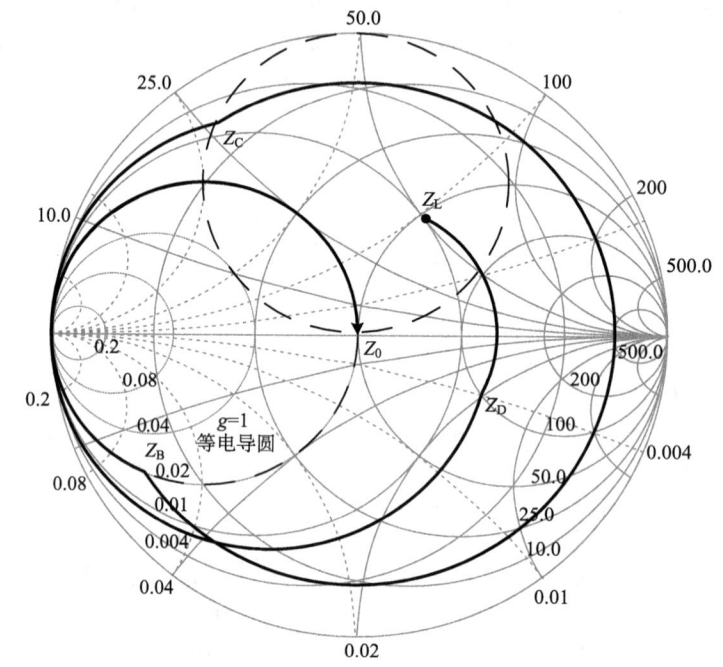

(a) Smith圆图上的实现过程

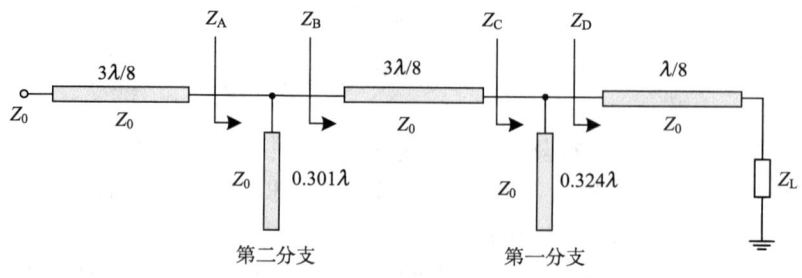

(b) 最终设计的双分支匹配电路

图 6-49 例 6-8 双分支匹配电路的设计

在某些实际应用中，类似于混合式匹配电路的实现方法，可用集总参数的变容二极管 D 代替双分支匹配电路中的一个分支。通过调节施加在变容二极管上的反向偏置电压 V_B，调节变容二极管 D 的电容，相当于调节并联分支中传输线的长度 l_{S2}，从而实现对匹配阻抗的调节。电控可调节阻抗的双分支匹配电路的示意图见图 6-50，电容 C 和射频线圈 RFC 可以隔离射频信号和直流偏置。

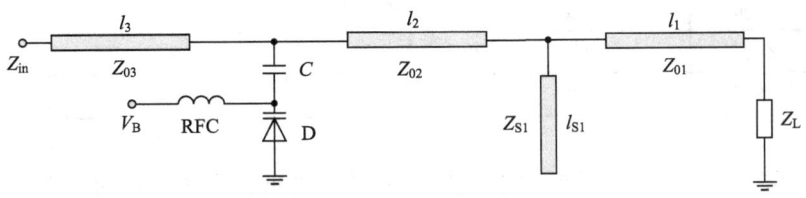

图 6-50 可调阻抗的双分支匹配电路

6.4 阻抗匹配电路综合设计

射频通信系统中的匹配电路通常有 3 种方法：①使用集总参数器件的匹配电路，例如，使用贴片电容、贴片电感、空心电感等电抗器件，构成 L 形、T 形或者 π 形匹配电路；②使用分布参数的器件，主要是利用无耗传输线，例如，使用一定长度和特定特征阻抗的传输线构成 $\lambda/4$ 阻抗变换电路，在一些匹配电路中使用由终端开路或短路的传输线构建成等效电容和电感；③使用集总参数器件和分布参数器件的混合电路，例如，使用微带传输线和贴片电容构成的匹配电路。一般根据实际系统的要求选用合适的方法构建匹配电路。

在利用分布参数构建匹配电路时，长度相差 $\lambda/4$ 的终端短路传输线和终端开路传输线具有相同的输入阻抗。两种电路是等价的，可以提供相同的电抗或者电纳。因此，在一些情况下可以使用长度大于 $\lambda/4$ 的终端开路微带线代替终端短路微带线。在实际射频通信电路的设计中需要依据工作频率和电路实际情况，选择采用终端短路或者终端开路的传输线结构。

微带传输线具有尺寸小结构简单的特点，在射频通信的匹配电路中得到最广泛的应用。由于射频系统中信号源阻抗和负载阻抗多为 50Ω，微带传输线的特征阻抗也通常按照 50Ω 的标准进行设计。在基于微带传输线的匹配电路中，通常控制微带线的特征阻抗在 $20\sim200\Omega$，便于匹配电路的加工制作。

集总参数匹配电路通常应用在射频的低端频率，如在数百兆赫兹的频率上。L 形匹配电路是最简洁的设计，也是集总参数匹配电路的首选。如果有匹配电路品质因数的要求，可以使用 T 形或 π 形匹配电路，在一定范围调节节点品质因数，达到匹配电路设计的要求。匹配电路的频率响应受到输入阻抗和输出阻抗的限制，可能即使使用 T 形或 π 形匹配电路也无法达到品质因数的要求，因此需要使用多级匹配电路。使用多级匹配电路具有更大的设计灵活性，可以满足对匹配电路品质因数设计的要求，尤其在宽带匹配电路中得到广泛应用。集总参数匹配电路的特性比较如表 6-1 所示。

表 6-1 集总参数元件的匹配电路的比较

	变压器	传输线变压器	L形匹配电路	T形或π形匹配电路	多级匹配电路
元件数 n	1	1	2	3	>3
电路结构	简洁	简洁	简洁	一般	复杂
匹配阻抗	纯电阻	纯电阻	匹配禁区	无匹配禁区	无匹配禁区
电路设计	一般	一般	简单	一般	较复杂
品质因数	不可调	不可调	不可调	一定范围内可调	可调
频率响应	窄带	宽带	窄带	窄带/宽带	宽带

分布参数匹配电路通常在射频的中高频段使用，如在数千兆赫兹的频率上。在射频频率的终端，介于集总参数匹配电路和分布参数电路之间，可以参与混合匹配电路。单分支匹配电路结构简单，在晶体管放大电路的输入匹配电路和输出匹配电路中得到广泛应用。单分支匹配电路可调节性稍差，频率响应也受到一定的限制。双分支匹配电路在可调节性和频率响应方面具有更好的特性，但是电路结构和设计过程更为复杂。如果双分支匹配电路不能满足设计要求，可以考虑使用多级匹配电路，调节电路的品质因数，实现宽带匹配电路。分布参数匹配电路的特性比较见表 6-2。

表 6-2 分布参数匹配电路的比较

	混合匹配电路	单分支匹配电路	双分支匹配电路
适用频率	射频中端	射频中高端	射频中高端
可调节性	好	一般	好
电路设计	简单	一般	较复杂
电路尺寸	较小	中	较大
频率特性	一般	一般	好

例 6-9 一个工作频率在 2.5GHz 的射频振荡电路，使用输出匹配电路中的变容二极管控制振荡器的输出频率，负载为 50Ω 的电阻。该射频振荡电路使用的晶体管 T 在正常工作时，要求提供的负载电压反射系数为 $\Gamma_L=0.83\angle-124.5°$。变容二极管 D 工作在反向偏置电压 $V_B=4V$ 时，电容为 $C=3pF$。请设计该输出匹配电路。

解 设计要求射频振荡电路工作的中心频率为 2.5GHz，超出了集总参数匹配电路的频率范围，应该使用分布参数匹配电路。可以考虑使用混合匹配电路、单分支匹配电路或者双分支匹配电路。因为该射频振荡电路需要进行输出频率的调节，在输出匹配电路中含有一个变容二极管，所以决定使用适合于进行调节的双分支匹配电路。参考双分支匹配电路的原型，见图 6-47，射频振荡电路的输出匹配电路初步设计见图 6-51，其中，传输线的特征阻抗均选择为 $Z_0=50Ω$，两个分支上的传输线均使用终端开路结构。

由于负载阻抗 $Z_L=50Ω$，最右侧长度为 l_0 的串联传输线具有相同的特征阻抗为 $Z_0=50Ω$，所以最右侧的串联传输线可以略去。由于要引入变容二极管进行频率调节，需要使用变容二极管 D 替换靠近晶体管 T 的并联传输线，即位于并联分支上的长度为 l_3 的传输线。由于变容

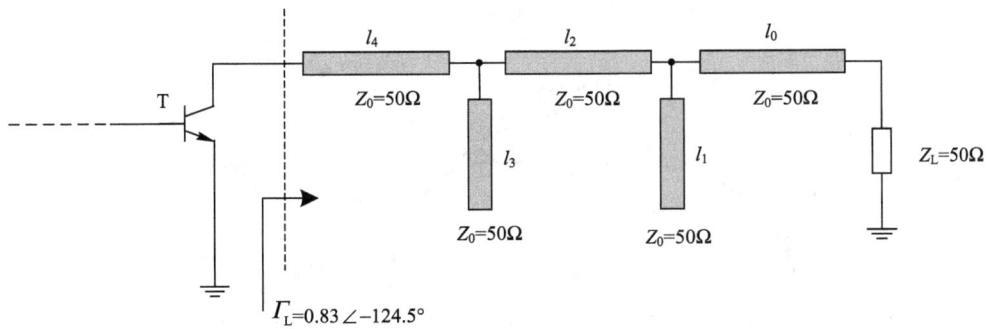

图 6-51 射频振荡器双分支输出匹配电路原型

二极管工作在反向偏置电压 V_B=4V 时,电容为 C=3pF,所以将用 3pF 的电容替代变容二极管进行匹配电路的设计。同时为了便于变容二极管 D 调节晶体管振荡器的工作频率,省略去与晶体管 T 串联的长度为 l_4 的传输线。因此,射频振荡器的输出匹配电路结构如图 6-52 所示。

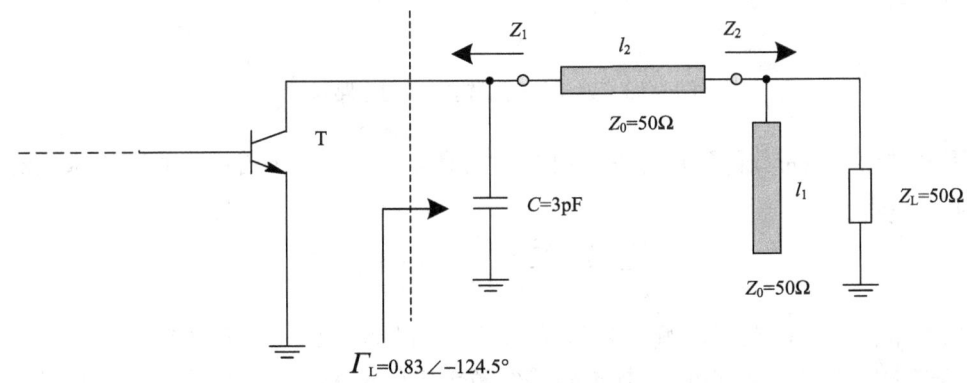

图 6-52 射频振荡器双分支输出匹配电路

在 Smith 圆图上设计双分支匹配电路的过程如下。①从负载 Z_L=50Ω出发并联第一个分支得到阻抗 Z_2。由于并联分支只能提供一个纯电纳,所以阻抗 Z_2 一定位于归一化电导 g=1 的等电导圆上。②从 Γ_L 出发并联 C=3pF 的电容得到阻抗 Z_1。由于电容仅能提供纯电纳,所以 Z_1 一定位于经过 Γ_L 的等电导圆上。在 Smith 圆图上对应于从 Γ_L 出发沿等电导圆逆时针移动到 Z_1,移动的距离由 C=3pF 的电容在 2.5GHz 频率下提供的电纳决定。③从 Z_1 串联一段传输线得到阻抗 Z_2。从 Z_1 出发得到等驻波系数圆,与归一化电导 g=1 的等电导圆有两个交点,即存在两种可能的电路配置。从 Z_1 出发沿等驻波系数圆逆时针移动,得到与归一化电导 g=1 的等电导圆第一个交点 Z_2。对应于传输线长度较短的一种电路配置,从 Z_1 到 Z_2 的对应的电长度确定串联传输线的长度 l_1。④从 Z_2 出发沿等电导圆逆时针移动到 Z_0,完成匹配的功能。由 Z_2 和 Z_0 的电纳差异,确定第一个并联分支传输线的长度 l_1。

整个双分支匹配电路的设计见图 6-53,其中三个虚线圆分别为两个等电导圆和一个等驻波系数圆。需要注意从信号源到负载的设计过程,对应在 Smith 圆图上需要沿逆时针方向移动。通过 Smith 圆图得到传输线的长度,并联传输线 l_1=0.359λ,串联传输线 l_1=0.083λ。

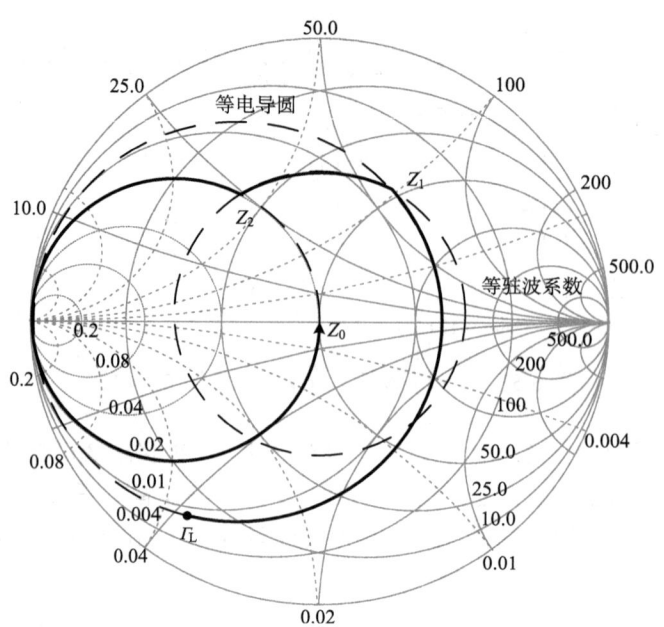

图 6-53 射频振荡器输出匹配电路设计

接下来讨论该微带线匹配电路在线路板上的具体实现。由于自由空间中 2.5GHz 的射频电磁波的波长为

$$\lambda_0 = \frac{c}{f} = \frac{3\times 10^8}{2.5\times 10^9} = 120(\text{mm})$$

如果微带传输线是在聚四氟乙烯基板上制作，已知聚四氟乙烯材料的相对介电常数为 ε_r=2.1，基板的厚度为 h=1.0mm，根据传输线章节中的相关公式计算得到的等效相对介电常数为 ε_{eff}=1.83，对应的微带线上的波长为

$$\lambda = \frac{\lambda_0}{\sqrt{\varepsilon_{\text{eff}}}} = 65.5\,\text{mm}$$

同时计算得到特征阻抗为 50Ω 的微带传输线的宽度为 d=3.21mm。则在此线路板上两段阻抗匹配用的微带传输线的长度分别为

$$\begin{cases} l'_1 = 0.359\lambda = 25.9\,\text{mm} \\ l'_2 = 0.083\lambda = 5.44\,\text{mm} \end{cases}$$

宽度均为 d=3.21mm。

从而完成了射频振荡电路的双分支输出匹配电路的设计，给出了匹配电路中微带传输线的几何参数。同时需要考虑晶体管 T 和变容二极管 D 的直流偏置电路，给出最后完整的射频振荡器的输出电路设计，见图 6-54。两个射频线圈 RFC、电容 C_c、电容 C_o 是为了隔离直流和射频信号。电容 C_c 和电容 C_o 取 100pF，在 2.5GHz 的频率下该电容对应的容抗小于 1Ω，可以认为对交流是短路和对直流是开路。通过调节变容二极管的反向偏置电压 V_B，可以调整射频晶体管 T 的振荡频率。

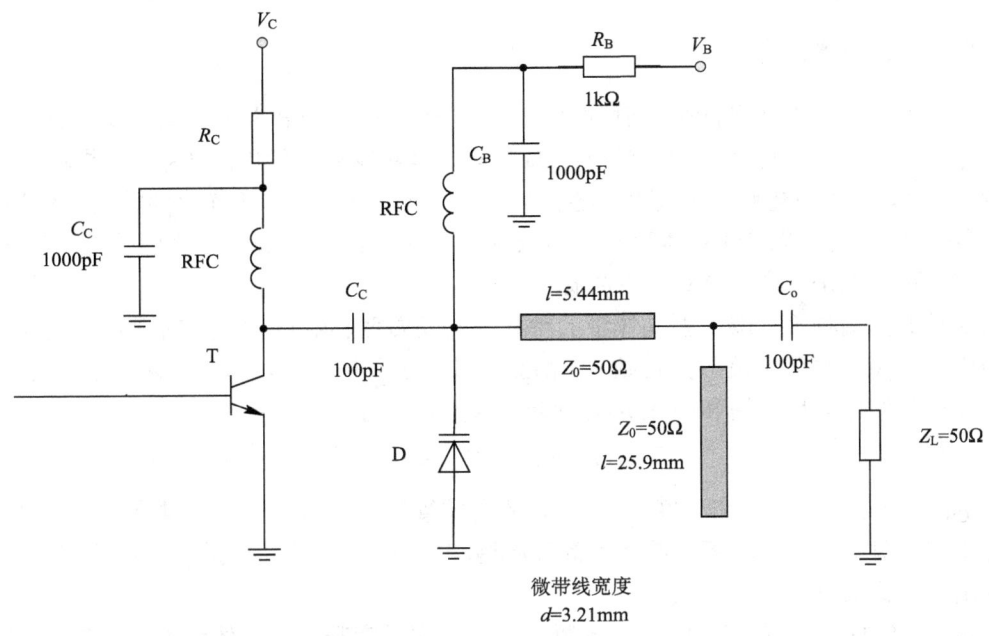

图 6-54 射频振荡器输出电路的完整设计

变容二极管在调节振荡器频率方面的应用以后将专门阐述,例 6-9 中主要讨论阻抗匹配网络在射频通信电路中的设计和应用。在射频通信电路中,阻抗匹配电路不是独立存在的一个电路,需要与直流偏置电路、反馈电路、频率调节电路等相互连接。因此,在设计阻抗匹配电路时,需要进行综合考虑兼顾其他电路的要求,选择适合的阻抗匹配电路类型,对阻抗匹配电路的参数进行细致调节。在阻抗匹配电路的设计中,可以进行反复修改尝试,在多种可以满足设计要求的匹配电路中,选择最合适的电路类型和电路参数。

6.5 偏 置 电 路

射频有源电路通常都需要设置直流供电网络,使射频有源器件能工作在特定的电压和电流下。在晶体管放大电路中,偏置电路为晶体管提供合适的静态工作点,还可以减少环境温度波动、电源电压变化、晶体管参数离散等对射频放大电路特性的影响。在射频放大电路的设计中,往往重视放大电路功率增益、噪声系数、输入输出匹配、工作频带宽度等的设计指标,而容易忽视直流偏置电路的设计。如果直流偏置电路设计不当,会影响射频放大电路的功率增益、噪声系数,甚至会导致放大电路的不稳定。

直流偏置电路包括有源偏置电路和无源偏置电路两种类型。有源偏置电路使用低频晶体管为射频晶体管提供静态工作点;无源偏置电路使用电阻网络为射频晶体管提供静态工作点。由于双极型晶体管(BJT)和场效应管(FET)的结构和特性的差异,需要的直流偏置电路也不同,在电路设计中需要注意两者的区别。射频小信号放大电路和大信号射频放大电路要求的动态范围和效率都不同,相应放大电路的静态工作点的区域也不一致。通常需要根据特定电路的需要,进行有针对性的偏置电路的设计。本章将分别讨论有源偏置电路和无源偏置电路的基本设计方法,并比较双极型晶体管和场效应管直流偏置电路的设计方法。

6.5.1 偏置电路基本概念

直流偏置电路的设计目标是为射频晶体管提供一个适当的静态工作点。以双极型晶体管为例，偏置电路需要设置晶体管基极电流 I_B 和集电极对发射极的电压 V_{CE}。如果环境温度发生了变化，良好的偏置电路能稳定晶体管的电流和电压，减小静态工作点随温度变化的波动。良好的偏置电路还可以减少晶体管参数离散性对电路特性的影响。在直流偏置电路的设计中，电路的稳定性是一个非常重要的指标。

在射频的高端频段，双极型晶体管的参数依然受温度影响很大，反向饱和电流 I_{CBO}、基极-射极电压 V_{BE}、直流电流放大倍数 h_{FE} 都显著依赖于环境温度。例如，环境温度 T 每升高 10℃，晶体管的低频反向饱和电流 I_{CBO} 就会增大一倍，存在关系：

$$I_{CBO}(T_2) = I_{CBO}(T_1) \times 2^{(T_2-T_1)/10} \tag{6.35}$$

其中，$I_{CBO}(T_1)$ 是生产厂家在温度 T_1 下测量的晶体管反向饱和电流，通常是在常温 $T_1=25$℃ 的条件下进行测量。在射频下，晶体管的反向饱和电流存在类似的变化趋势，只不过随温度变化的增长率比低频的增长率低。

基极-射极电压 V_{BE} 具有负的温度系数，随着工作温度升高，晶体管的 V_{BE} 会有所下降，可以近似表示为

$$\frac{\Delta V_{BE}}{\Delta T} \approx -2\,\mathrm{mV\,℃^{-1}} \tag{6.36}$$

直流电流放大系数 h_{FE} 定义为在恒定集电极对发射极电压 V_{CE} 的条件下，集电极电流 I_C 与基极电流 I_B 的比值

$$h_{FE} = \left.\frac{I_C}{I_B}\right|_{V_{CE}=\text{常数}} \tag{6.37}$$

通常 h_{FE} 随温度 T 线性增长的系数为 0.5%/℃。

为了获得晶体管集电极电流 I_C 受温度变化的影响，建立晶体管集电极电流 I_C 与 I_{CBO}、V_{BE}、h_{FE} 3 个参数的函数关系。因为在晶体管各个参数中，受温度影响严重的参数主要是 I_{CBO}、V_{BE} 和 h_{FE}，所以可以忽略了温度对其他参数的影响，近似获得 I_C 依赖于工作温度的变化函数：

$$I_C = f(I_{CBO}, V_{BE}, h_{FE}) \tag{6.38}$$

通过一阶近似获得集电极电流 I_C 随温度的变化关系为

$$\frac{\Delta I_C}{\Delta T} = \left(\frac{\Delta I_C}{\Delta I_{CBO}}\right)\bigg|_{\substack{\Delta V_{BE}=0 \\ \Delta h_{FE}=0}} \frac{\Delta I_{CBO}}{\Delta T} + \left(\frac{\Delta I_C}{\Delta V_{BE}}\right)\bigg|_{\substack{\Delta I_{CBO}=0 \\ \Delta h_{FE}=0}} \frac{\Delta V_{BE}}{\Delta T} + \left(\frac{\Delta I_C}{\Delta h_{FE}}\right)\bigg|_{\substack{\Delta V_{BE}=0 \\ \Delta I_{CBO}=0}} \frac{\Delta h_{FE}}{\Delta T} \tag{6.39}$$

定义集电极电流 I_C 的稳定因子为

$$S_i = \left(\frac{\Delta I_C}{\Delta I_{CBO}}\right)\bigg|_{\substack{\Delta V_{BE}=0 \\ \Delta h_{FE}=0}}$$

$$S_{h_{FE}} = \left(\frac{\Delta I_C}{\Delta h_{FE}}\right)\bigg|_{\substack{\Delta V_{BE}=0 \\ \Delta I_{CBO}=0}}$$

$$S_{V_{BE}} = \left(\frac{\Delta I_C}{\Delta V_{BE}}\right)\bigg|_{\substack{\Delta I_{CBO}=0 \\ \Delta h_{FE}=0}}$$

集电极对温度的依赖关系可以重新表示为

$$\frac{\Delta I_C}{\Delta T} = S_i \frac{\Delta I_{CBO}}{\Delta T} + S_{h_{FE}} \frac{\Delta h_{FE}}{\Delta T} + S_{V_{BE}} \frac{\Delta V_{BE}}{\Delta T} \tag{6.40}$$

对于给定的直流偏置电路，在计算得到了稳定因子之后，就可以通过式(6.40)估算集电极电流 I_C 随温度的变化。在双极型晶体管的偏置电路设计中，通过确定允许集电极电流 I_C 随温度变化的最大范围，通过式(6.40)求出所需的稳定因子，结合晶体管的静态工作点给出偏置电路参数的设计。

为了提高直流偏置电路的稳定性，通常引入直流负反馈，减少静态工作点的变动。在低频放大电路的偏置电路中，通常在双极型晶体管 T 的发射极串联一个电阻 R_E 形成电流串联负反馈，提高静态工作点的稳定性。同时为了减少发射极串联电阻 R_E 对放大电路电压增益的影响，需要在电阻 R_E 上并联一个电容 C_E 形成对交流信号的通路，避免对交流信号形成负反馈。这是一种通常在低频使用的直流串联电流负反馈偏置电路，见图 6-55。

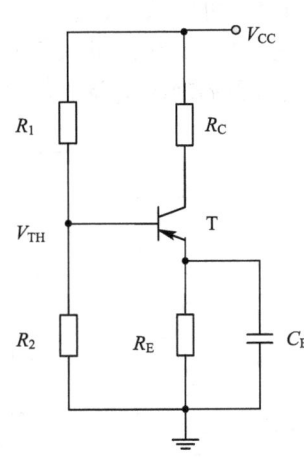

图 6-55 放大电路的射极串联电阻的电路

对于图 6-55 所示的偏置电路由于引入直流负反馈而提高了稳定因子。晶体管 T 的集电极的电流 I_C 为

$$I_C = \frac{h_{FE}(V_{TH} - V_{BE})}{R_{TH} + (h_{FE}+1)R_E} + \frac{(h_{FE}+1)I_{CBO}(R_{TH}+R_E)}{R_{TH}+(h_{FE}+1)R_E} \tag{6.41}$$

其中

$$V_{TH} = \frac{V_{CC}R_2}{R_1 + R_2}$$

$$R_{TH} = \frac{R_1 R_2}{R_1 + R_2}$$

计算可以得到稳定因子

$$S_i = \frac{(h_{FE}+1)(R_{TH}+R_E)}{R_{TH}+(h_{FE}+1)R_E}$$

$$S_{h_{FE}} \approx \frac{I_{C1}S_{i2}}{h_{FE}h_{FE2}} \tag{6.42}$$

$$S_{V_{BE}} = \frac{-h_{FE}}{R_{TH}+(h_{FE}+1)R_E}$$

其中，S_{i2} 是 S_i 在 $h_{FE}=h_{FE2}$ 时的数值。通过选取适当的电阻值，使用图 6-55 所示的电路可以获得良好的稳定因子。

在射频的高端频段放大电路中，由于受到并联电容 C_E 寄生参数的影响，使用电阻 R_E 与电容 C_E 并联的放大电路可能会在某些频率上形成振荡，导致放大电路的不稳定。而且发射极串联的电阻 R_E 还会引入额外的热噪声，影响整个放大电路的噪声系数。因此，在射频放大电路的设计中,尤其在工作频率超过 GHz 以上的放大电路中,通常采用晶体管发射极直接接地的电路。

在射频有源电路的直流偏置网络设计中,为了提高电路的稳定性而引入的直流负反馈,通常采用电压并联负反馈电路。将基极的偏置电阻 R_1 连接到晶体管的集电极,而不是直接连接到电源 V_C,这样可以把晶体管输出电压的变化反馈到基极的输入端,电路图见图 6-56(a)。另外,可以通过在晶体管的基极和集电极串联射频线圈 RFC,将直流偏置电路与射频信号电路分开,实现只引入直流负反馈稳定静态工作点,而不形成对射频信号的负反馈,不降低放大电路的功率增益,电路图见图 6-56(b)。

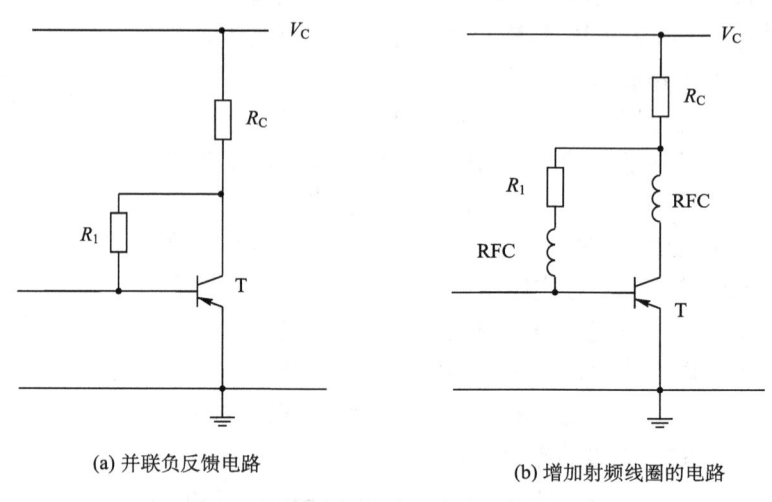

图 6-56 射频电路采用并联直流负反馈

晶体管静态工作点的选择选择依赖于特定的应用。双极型晶体管静态工作点的选择可以归纳为 4 个主要区域,分别用 A 点、B 点、C 点和 D 点来代表,如图 6-57(a)所示;场效应管的静态工作点也可以归纳为四个主要区域,如图 6-57(b)所示。不同静态工作点的区域,适合于不同的类型的放大电路应用。把双极型晶体管和场效应管的静态工作区域与适用的放大电路类型表示为:①静态工作点 A,工作在接近截止区和饱和区的交界区域,晶体管的电流和电压均较小,适合于低噪声和小功率放大电路的情况;②静态工作点 B,工作在接近饱和区的区域,晶体管的静态电流较大但是电压较低,适合于低噪声大功率放大电路的情况;

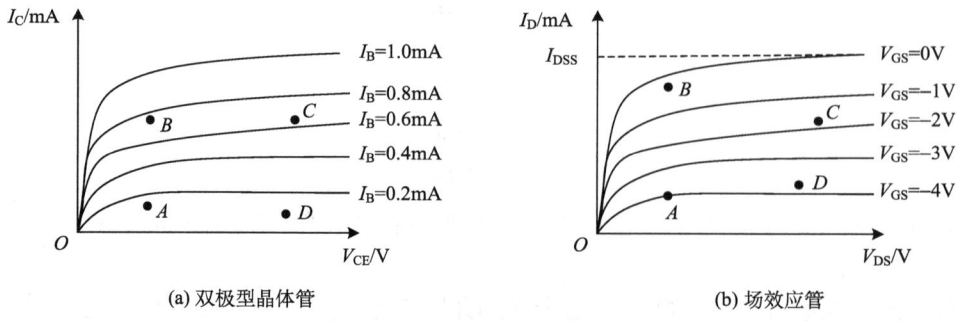

图 6-57 静态工作点的选择

③静态工作点 C,工作在远离截止区和饱和区的区域,晶体管具有很大的动态范围,静态电压和电流均较大,适合于高输出功率的 A 类放大电路;④静态工作点 D,工作在接近截止区的区域,晶体管静态工作电流较小但电压较高,适合于 AB 类或者 B 类功率放大电路。

6.5.2 无源偏置电路

无源偏置电路(也称为自偏置电路)是一种电路结构简洁的直流偏置电路。无源偏置电路通过电阻网络为射频晶体管提供合适的工作电压和工作电流,并一定程度上抑制静态工作点受温度影响的偏移。无源偏置电路使用固定阻值的电阻网络,对于不同参数的晶体管以及工作温度的变化无法自行进行调节。因此,无源偏置电路的主要缺点是对晶体管参数变化敏感,对温度的稳定性较差。这些缺点可以使用有源偏置电路来克服。无源偏置电路主要特点是电路简洁、成本低,在一些要求不高的场合得到广泛应用。

1. 双极型晶体管无源偏置电路

共发射极双极型晶体管的放大电路的两种典型直流无源偏置电路,见图 6-58(a)和(b)。偏置电路中的射频线圈 RFC 和电容 C_B 是用来隔离射频信号的,电容 C_C 是用来耦合射频输入和输出信号的。图 6-58(a)中的电阻 R_1 和 R_2 构成了直流偏置电阻网络,并形成并联直流电压负反馈。图 6-58(b)中的电阻 $R_1 \sim R_4$ 组成了直流偏置电阻网络,采用直流分流的方式为晶体管提供基极电流 I_B。

在射频的高端频率,通常使用 $\lambda/4$ 的高特性阻抗传输线,例如,用很细的微带传输线,来代替图 6-58 中的射频线圈 RFC。在 RFC 连接的 C_B 一侧形成射频信号的对地短路,经过 $\lambda/4$ 高阻传输线变换为对射频信号的开路,起到隔离射频信号的作用。

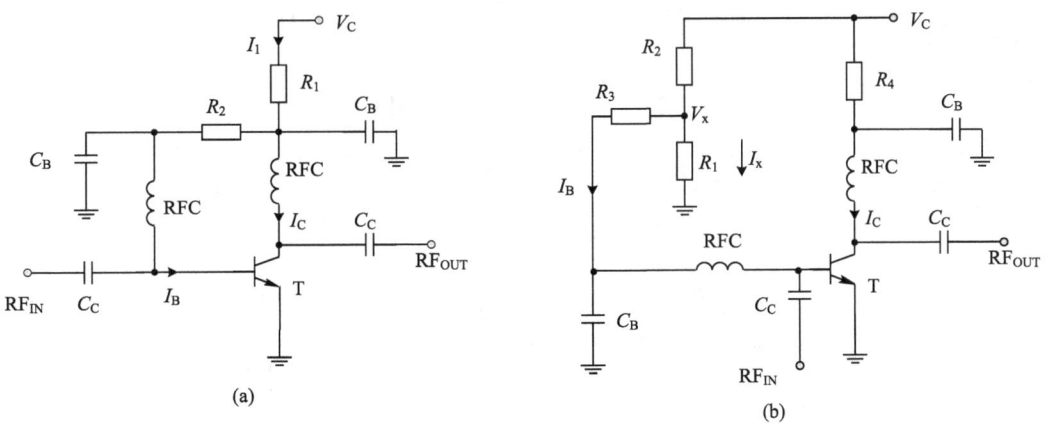

图 6-58 两种无源直流偏置电路

例 6-10 根据图 6-58 中的电路(a)和(b)设计两个直流偏置电路。已知晶体管的直流电流放大倍数 $h_{FE}=100$,基极-射极电压 $V_{BE}=0.8V$。要求双极型晶体管的工作状态为 $I_C=10\text{mA}$,$V_{CE}=3V$,直流电源为 $V_{CC}=5V$。

解 (1)采用图 6-58 中的电路(a)设计无源偏置电路,如果只考虑其直流电路,简化为图 6-59(a)。根据节点电流之间的关系,经过电阻 R_1 的电流应改为基极电流 I_B 与集电极电流

I_C 之和。考虑电流 I_B 和电流 I_C 之间关系,电流 I_1 表示为

$$I_1 = I_B + I_C = I_C\left(\frac{1}{h_{FE}} + 1\right) = 10.1\,\text{mA}$$

从而可以确定电阻 R_1 为

$$R_1 = \frac{V_{CC} - V_{CE}}{I_1} = \frac{5\,\text{V} - 3\,\text{V}}{10.1\,\text{mA}} = 198\,\Omega$$

电阻 R_2 同样可以根据 R_2 上的电压和电流确定:

$$R_2 = \frac{V_{CE} - V_{BE}}{\dfrac{I_C}{h_{FE}}} = \frac{3\,\text{V} - 0.8\,\text{V}}{10\,\text{mA}} \times 100 = 22\,\text{k}\Omega$$

(2) 采用图 6-58 中的电路(b)设计无源偏置电路,如果只考虑其直流电路,简化为图 6-59(b)。为了满足稳定性的要求,减少温度变化对静态工作点的影响,希望电路中晶体管基极电流 I_B 尽可能的稳定。通常要求 $I_x \geqslant 10 I_B$,本例中选取 $I_x = 10 I_B$ 进行偏置电路的设计。设 R_1 与 R_2 连接点的电压为 V_x,得到各电流的表达式为

$$I_B = \frac{V_x - V_{BE}}{R_3}$$

$$I_C = h_{FE} I_B = h_{FE} \frac{V_x - V_{BE}}{R_3} = 10\,\text{mA}$$

$$I_x = 10 I_B$$

电压 V_x 的选择具有一定的自由度。可以选择 $V_x = 1.5\,\text{V}$,得到电阻 R_3 为

$$R_3 = \frac{V_x - V_{BE}}{I_C} h_{FE} = \frac{1.5\,\text{V} - 0.8\,\text{V}}{10\,\text{mA}} \times 100 = 7\,\text{k}\Omega$$

电阻 R_1 为

$$R_1 = \frac{V_x}{I_x} = \frac{1.5\,\text{V}}{10 \times \dfrac{I_C}{h_{FE}}} = 1.5\,\text{k}\Omega$$

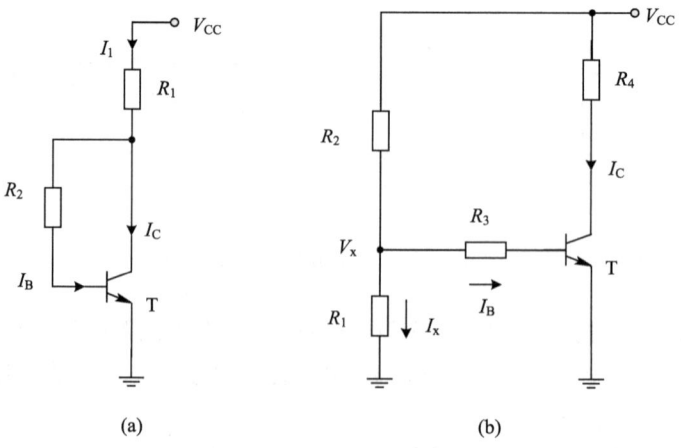

图 6-59 偏置电路中分离的直流电路

电阻 R_2 为

$$R_2 = \frac{V_{CC} - V_x}{I_x + I_B} = \frac{5\,\text{V} - 1.5\,\text{V}}{\dfrac{I_C}{h_{FE}} \times 11} = 3.18\,\text{k}\Omega$$

电阻 R_4 为

$$R_4 = \frac{V_{CC} - V_{CE}}{I_C} = 200\,\Omega$$

例 6-10 中实现了两种无源偏置电路的电阻网络设计，提供了设计无源偏置电路的基本方法。实际应用中，电路(b)中 V_x 选择的自由度受到一些限制。例如，需要选择合适的 V_x 使设计的电阻数值是市场上容易购得的标准系列电阻。如果在电路(b)中使用 $V_x = V_{BE}$ 的设计，就没有选择电阻阻值的自由度了，而且放大电路的稳定性会相应变差。

2. 场效应管无源偏置电路

场效应管无源偏置电路的设计在很多方面与双极型晶体管偏置电路的设计是一样的。主要的区别是场效应管通常需要一个负的栅极偏置电压。典型的采用双电源供电的场效应管无源偏置电路，见图 6-60。该偏置电路需要施加两个偏置电压，栅极电压 $V_G < 0$ 和漏极电压 $V_D > 0$，电路缺点是需要两个极性不同的偏置电压。

在不便于使用双电源供电的条件下，可以将场效应管栅极接地，升高源极电压形成栅极的负偏置电压，如图 6-61(a)

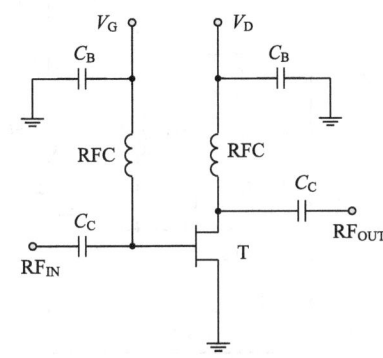

图 6-60 典型双电源场效应管无源偏置电路

所示。漏极电压 $V_D > 0$ 源极电压 $V_S > 0$，偏置电路需要两个正极性电源。或者使用如图 6-61(b)所示的电路，在场效应管的源极串联电阻 R 升高源极的电压，则偏置电路只需要一个正极性电源 V_D。该偏置电路由于串联电阻 R 会导致噪声系数的增大，电阻上的并联电容 C_B 可能给放大电路引入不稳定因素。但是电阻 R 起到了串联直流负反馈的作用，有利于场效应管静态工作点的稳定。

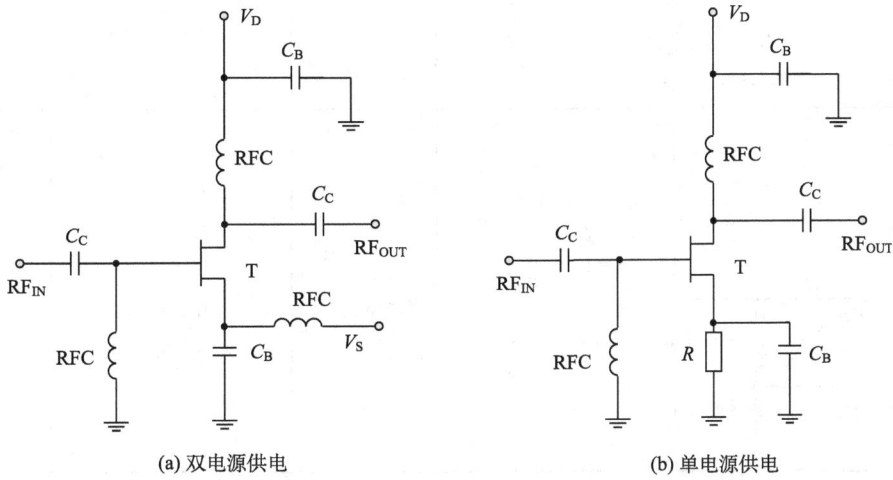

(a) 双电源供电　　　　　　　　(b) 单电源供电

图 6-61 单极性场效应管无源偏置电路

在场效应管偏置电路的设计中，还需要注意偏置电压的施加顺序，防止在接通电源的瞬间场效应管被击穿或者烧毁。例如，图 6-60 中偏置电路，如果先施加电压 V_D 再施加电压 V_G，由于没有栅极负偏压对源漏极电流的限制，场效应管可能在接通电源瞬间超出正常工作范围，导致烧毁。在双电源供电的场效应管偏置电路中，需要注意接通电源的顺序；在偏置电路的供电回路中，可以通过加入不同时间常数的 RC 电路，调节接通电压的时间顺序。归纳场效应管的 5 种常见的偏置电路，简要对比电路原理图、电压施加顺序、电源种类、电路特性，如表 6-3 所示。

表 6-3 5 种场效应管无源偏置电路的比较

	电路原理图	电压施加顺序	电路特性	电源种类
1	(电路图)	先加 V_G，再加 V_D	低噪声，高增益，高效率，大功率，性能最好	双电源双极性 $V_G<0$，$V_D>0$
2	(电路图)	先加 V_S，再加 V_D	低噪声，高增益，高效率，大功率	双正电源 $V_S>0$，$V_D>0$
3	(电路图)	先加 V_S，后加 V_G	低噪声，高增益，高效率，大功率	单负电源 $V_G<0$，$V_S>0$

续表

	电路原理图	电压施加顺序	电路特性	电源种类
4		加电压 V_D	大功率，高效率，静态工作点稳定，引入电阻 R 的噪声，可能影响放大电路稳定性	单正电源 $V_D>0$
5		加电压 V_G	大功率，高效率，静态工作点稳定，引入电阻 R 的噪声，可能影响放大电路稳定性	单负电源 $V_G<0$

6.5.3 有源偏置电路

有源偏置电路使用晶体管构成的偏置网络为射频晶体管放大电路提供合适的静态工作点。典型的有源偏置电路如图 6-62 所示，晶体管 T_1 和电阻 R_{C1}、R_{B1}、R_{E1}、R_{B2} 构成偏置网

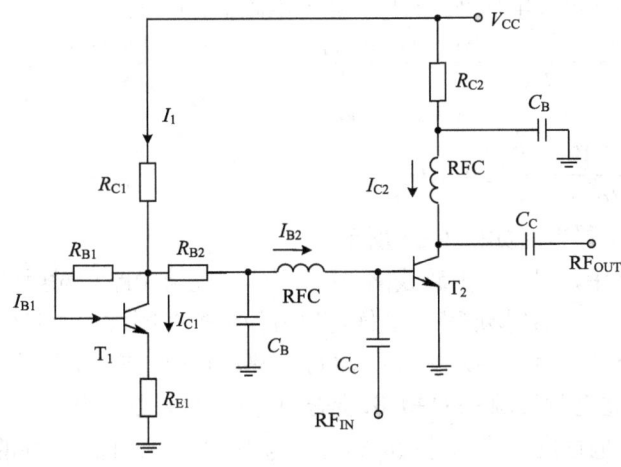

图 6-62 典型的晶体管有源偏置电路

络，为晶体管 T_2 提供基极电流。晶体管属于有源器件，所以称此类偏置电路为有源偏置电路。通常使用低成本的低频晶体管 T_1 构成直流偏置网络，调节射频晶体管 T_2 电压和电流的供应。由于晶体管在导通状态下具有一定的电压稳定性，所以可以改善射频放大电路静态工作点的稳定性。由于采用具有相同温度特性的低频晶体管和射频晶体管，当工作温度变化时两个晶体管的参数同时变化，可以抑制温度对静态工作点的影响。总之，使用有源偏置电路可以在很大程度上改善射频晶体管静态工作点的稳定性。

有源偏置网络的分析计算方法与无源偏置网络相似，都是通过给定的电压和电流分析确定偏置网络中电阻的数值。

例 6-11 设计所示的有源偏置网络，已知工作在共发射极放大电路的射频晶体管 T_2 的状态为：$I_{C2}=10\text{mA}$，$V_{CE2}=3\text{V}$，$V_{CC}=5\text{V}$。晶体管 T_1 和 T_2 的直流电流放大系数 $h_{FE1}=h_{FE2}=100$，$V_{BE}=0.8\text{V}$。求偏置电路中各电阻的数值。

解 此有源偏置电路设计中有几个参数具有选择的自由度，本例将直接给出合适的数值确定偏置电路的电阻。首先确定电阻 R_{C2}：

$$R_{C2} = \frac{V_{CC}-V_{CE2}}{I_{C2}} = \frac{5\text{V}-3\text{V}}{10\text{mA}} = 200\Omega$$

选择晶体管 T_1 的集电极电压 V_{C1} 为 3V，确定电阻 R_{B1}：

$$R_{B1} = \frac{V_{C1}-V_{BE}}{\dfrac{I_{C2}}{h_{FE2}}} = \frac{3\text{V}-0.8\text{V}}{0.1\text{mA}} = 22\text{k}\Omega$$

选择晶体管 T_1 的集电极电流 $I_{C1}=10\times I_{B2}$，确定电流 I_1：

$$\begin{aligned} I_1 &= I_{C1}+I_{B1}+I_{B2} \\ &= 10I_{B2}+0.1I_{B2}+I_{B2} \\ &= (10+1+0.1)\frac{I_{C2}}{h_{FE2}} = 1.11\text{mA} \end{aligned}$$

确定晶体管 T_1 的集电极电阻 R_{C1}：

$$R_{C1} = \frac{V_{CC}-V_{C1}}{I_1} = 1.8\text{k}\Omega$$

选择晶体管 T_1 的发射极电压 $V_{E1}=1\text{V}$，确定电阻 R_{B1} 和 R_{E1}：

$$R_{B1} = \frac{V_{C1}-V_{BE}-V_{E1}}{I_{B1}} = \frac{V_{C1}-V_{BE}-V_{E1}}{\dfrac{I_{C1}}{h_{FE1}}} = \frac{3\text{V}-0.8\text{V}-1\text{V}}{\dfrac{1\text{mA}}{100}} = 120\text{k}\Omega$$

$$R_{E1} = \frac{V_{E1}}{I_{C1}+I_{B1}} = 1.11\text{k}\Omega$$

最终设计的有源偏置电路如图 6-63 所示。

在偏置电路的分析中，可以把射频线圈 RFC 看作对直流短路和对射频开路，把旁路电路和耦合电路看作对直流开路和对射频短路。这样可以方便地把射频放大电路分解为直流和射频两个独立的电路，便于分析和计算。将射频线圈 RFC 开路，耦合电容 C_C 短路，得到如图 6-64(a)所示为等效的射频电路；将射频线圈 RFC 短路，耦合电容 C_C 和旁路电容 C_B 开路，得到如图 6-64(b)所示的等效直流电路。把直流电路和射频电路分开考虑，即便于电路特性的分析，也便于电路的设计。在设计直流偏置电路时，可以不考虑射频耦合电路和匹配电路对直流电位的影响；在设输入输出阻抗匹配电路时,也可以不考虑直流偏置电路对阻抗的影响。

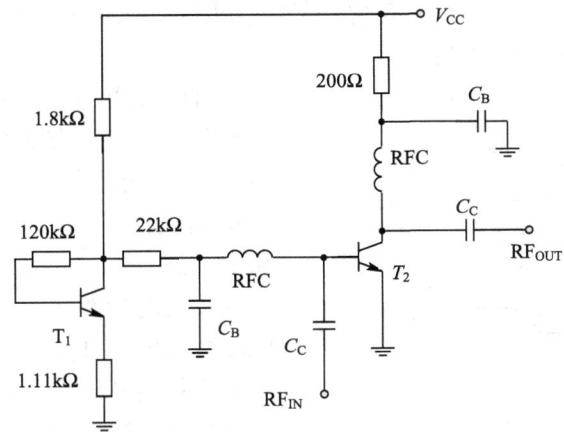

图 6-63 例 6-11 有源偏置电路的设计结果

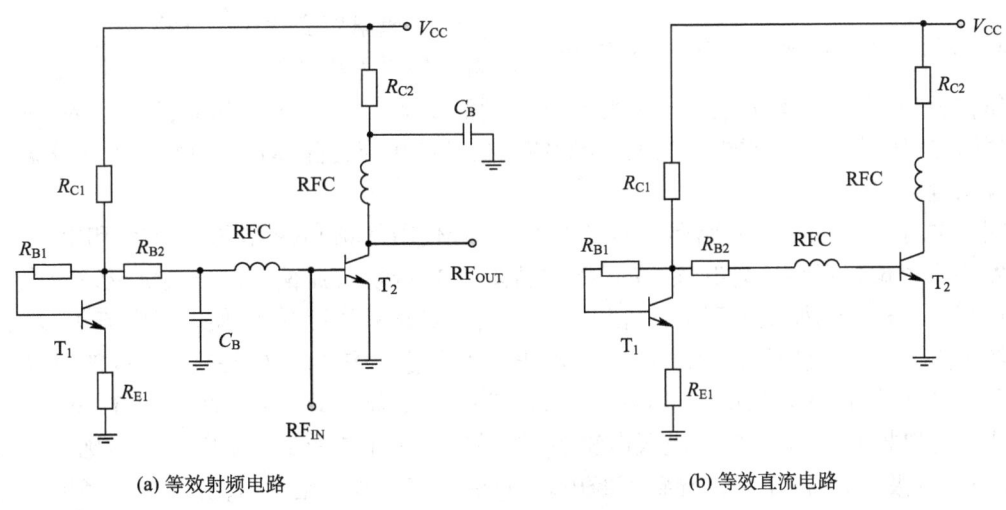

(a) 等效射频电路　　　　　　　　　　　(b) 等效直流电路

图 6-64 分离的射频和直流的电路分析

如果射频晶体管是工作在共基极或者共集电极的方式,可以采用与共发射极类似的偏置电路。实际上,直流偏置电路的设计与晶体管放大电路的工作方式无关。共基极放大电路中的有源偏置电路如图 6-65 所示。与共发射极放大电路的有源偏置电路图 6-62 相比,直流偏置部分是完全一致的,只是射频晶体管 T_2 的连接方式有所不同。如果设计了共发射极放大电路的有源偏置电路,同样可以应用于共基极或者共集电极的放大电路。

使用有源偏置电路显著改善了电路的稳定性,具有比无源偏置电路更好的特性。有源

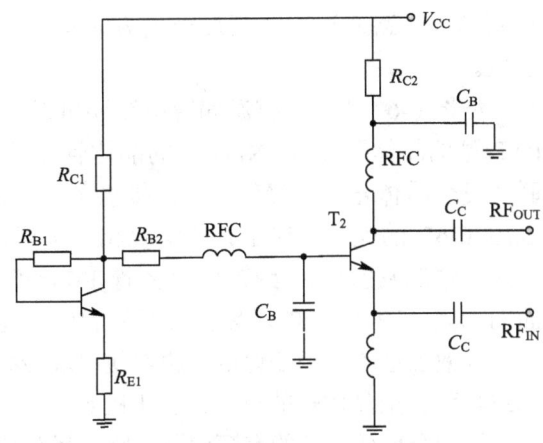

图 6-65 共基极放大电路的有源偏置电路

偏置电路比无源偏置电路使用了更多的元件，电路板尺寸会增大，电路的成本也会增加。因此，有源偏置电路复杂成本增加，但是电路稳定性更好。在实际设计中，需要根据实际要求选择无源偏置电路或者有源偏置电路。

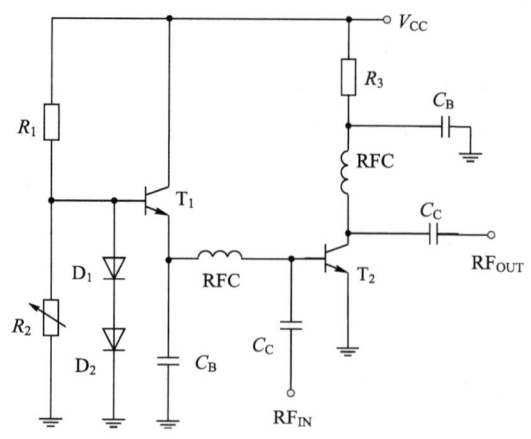

图 6-66　使用二极管和晶体管组成的有源偏置电路

有源偏置电路具有很多种形式，不同电路的分析和设计方法与本节讨论类似。例如，图 6-66 使用两个二极管 D_1 和 D_2 以及低频晶体管 T_1 构成了有源偏置网络。由于二极管 D_1 和 D_2 处于导通状态，可以为晶体管 T_1 和 T_2 提供稳定的参考电压。通过调节电阻 R_2，可以改变晶体管 T_1 的基极电流。为了使电路具有更好的温度稳定性，需要使二极管 D_1 与晶体管 T_1 具有相同的工作温度，二极管 D_2 与晶体管 T_2 具有相同的工作温度。如果只是为了抑制环境温度变化对电路稳定性的影响，只要将元件置于相同的环境温度中即可。如果晶体管工作在大功率状态，温度会高于环境温度，则需要将二极管 D_1 和晶体管 T_1 以及二极管 D_2 和晶体管 T_2 分别固定在相同的散热片上，使二极管和相应的晶体管具有相同的工作温度，从而实现温度补偿的作用。

图 6-67 显示了另外一种常用的有源偏置电路。使用低频 PNP 型晶体管 T_1 和电阻 R_1、R_2、R_3、R_4 构成了偏置网络，为射频 NPN 型的晶体管 T_2 提供直流偏置。对其负反馈的稳定性可以进行简要分析。①如果受到某种外界因素影响，射频晶体管 T_2 的集电极电流 I_{C2} 增加，导致流经电阻 R_3 的电流增加，电阻 R_3 上的电压降也会随之增加。这样晶体管 T_1 的发射极电压下降导致晶体管 T_1 的基极电流 I_{B1} 和集电极电流 I_{C1} 下降，最终导致晶体管 T_2 基极电流 I_{B2} 的下降，可以抑制晶体管 T_2 集电极电流 I_{C2} 的增加。②如果受到外来因素的干扰，射频晶体管 T_2 的集电极电流 I_{C2} 下降，导致流经电阻 R_3 的电流减少，电阻 R_3 上的电压降也会随之下降。这样晶体管 T_1 的发射极电压升高导致晶体管 T_1 的基极电流 I_{B1} 和集电极电流 I_{C1} 增加，最终导致晶体管 T_2 基极电流 I_{B2} 的增加，可以抑制晶体管 T_2 集电极电流 I_{C2} 的下降。因此，有源偏置电路通过直流负反馈的方式抑制外部因素对放大电路的干扰，提高放大电路的稳定性。

如图 6-67 所示的有源偏置电路还可以从另外一个角度进行分析。如果只考虑直流电路，PNP 型的晶体管 T_1 和 NPN 型的晶体管 T_2 构成了一个复合晶体管(达林顿管)。电阻 R_3 为串联在复合晶体管发射极的电阻，提供了一个电流串联负反馈以提高静态工作点的稳定性。通过图 6-67 的电路，对于直流情况相当于增加了发射极串联电路的负反馈(复合晶体管)，对于射频情况发射极直接接地(晶体管 T_2)，可以兼顾电路稳定性、噪声系数、功率增益等多方面的因素。图 6-67 的晶体管有源偏置电路是一种非常实用的电路。

场效应管的有源偏置电路通常使用双极型低频晶体管作为偏置网络。场效应管的有源偏置电路与双极型晶体管的有源偏置电路设计方法类似，依然需要注意加电顺序的问题。图 6-68 显示了一个场效应管的有源偏置电路。场效应管 T_2 的栅极和漏极电压都经过低频晶体管 T_1 进行调控，提高电路的稳定性。电路中 R_S 作为源极的串联电阻，起到一定直流负反馈的作用。

第 6 章 匹配电路和偏置电路

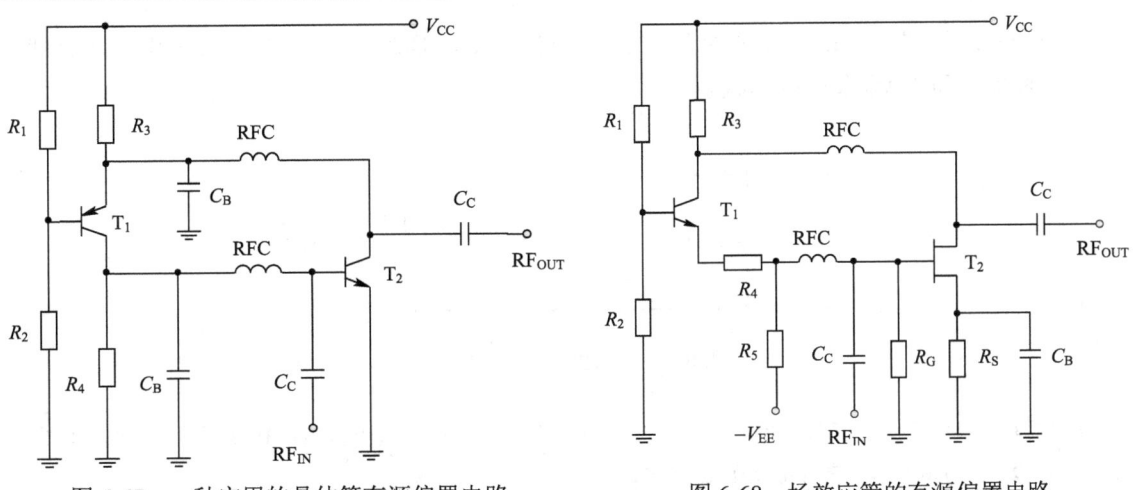

图 6-67 一种实用的晶体管有源偏置电路　　图 6-68 场效应管的有源偏置电路

射频通信电路可能在变化很大的温度环境中应用，例如，冬季气温达到-20℃，夏季气温高达 35℃。在射频功率放大电路中，长时间工作也会使晶体管温度升高 20℃以上。在这样剧烈的温度变化下，要保持射频通信电路中放大电路增益的稳定性、振荡电路频率的稳定性，都需要引入温度补偿电路。在一些应用中，可以使用热敏电阻进行温度补偿。在更多的应用中，使用有源偏置电路进行温度补偿。使用有源偏置电路，随着工作温度的变化偏置电路会维持射频晶体管静态工作点的稳定。

习 题

1. 在 960MHz 的频率下，负载阻抗 $Z_L=100+j20\Omega$，要求通过 L 形匹配网络将阻抗变换到 $Z_{in}=10+j25\Omega$。请通过解析计算设计一个 L 形双元件匹配电路，并在 Smith 圆图上进行验证。

2. 设计一个两元件 L 形匹配电路，将负载阻抗 $Z_L=100-j100\Omega$ 变换到输入阻抗 $Z_{in}=25+j25\Omega$。

3. 晶体管 T 组成的放大电路要求输出负载导纳为 $Y_L=0.004-j0.004S$，其输出匹配电路采用如图 6-69 的 L 形匹配电路。求在 700MHz 的频率下集总元件电容 C 和电感 L 的数值。

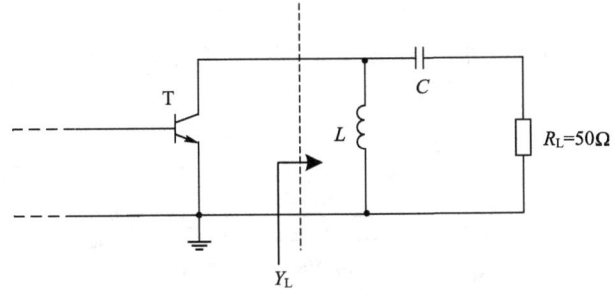

图 6-69 晶体管 L 形匹配电路

4. 在 $Z_0=50\Omega$ 的射频系统中，如果将负载阻抗 $Z_L=25+j50\Omega$ 通过 L 形匹配网络与信号源阻抗 $Z_S=50\Omega$ 匹配，请问有多少种可能的 L 形匹配电路？如果负载阻抗是 $Z_L=10+j10\Omega$，请问有多少种可能的 L 形匹配电路？

5. 在 $Z_0=50\Omega$ 的射频系统中工作频率为 1GHz，负载阻抗 $Z_L=60-j30\Omega$，要求匹配到输入阻抗为 $Z_{in}=10+j20\Omega$，并且满足节点品质因数 $Q_n<3$。请设计 T 形电路实现阻抗匹配。

6. 在 1GHz 的频率下,采用如图 6-70 的 π 形匹配电路。在 Smith 圆图上描绘从 R_L 到 Z_{in} 的阻抗变化过程,估算输入阻抗 Z_{in} 和节点最大品质因数 Q_n。

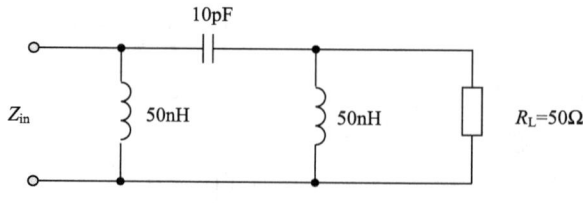

图 6-70 π 形匹配电路的计算

7. 在 600MHz 的频率下,请设计两个 T 形匹配电路,将负载阻抗 $Z_L=100\Omega$ 变换到输入阻抗为 $Z_{in}=20+j40\Omega$,并且满足最大节点品质因数 $Q_n=3$。

8. 在 Smith 圆图上设计一个工作在 500MHz 的多节匹配电路,将负载阻抗 $Z_L=10\Omega$ 变换到输入阻抗 $Z_{in}=250\Omega$,要求节点品质因数 $Q_n \leq 1$。

9. 采用单分支匹配电路,将负载阻抗 $Z_L=80-j40\Omega$ 匹配到 $Z_{in}=50\Omega$ 的输入阻抗。已知单分支上使用的传输线的特征阻抗为 $Z_{01}=50\Omega$,求分支上传输线长度 l_S 和串联传输线特征阻抗 Z_{02} 和长度 l_L。

10. 设计单分支匹配电路将负载 $Z_L=50\Omega$ 匹配到输入阻抗 $Z_{in}=100-j100\Omega$,见图 6-71,两段传输线的特征阻抗都是 $Z_{01}=Z_{02}=50\Omega$,并联分支采用终端开路传输线的结构。

(1)求传输线长度 l_L 和 l_S。

(2)如果并联分支使用终端短路结构,求传输线长度 l_L 和 l_S。

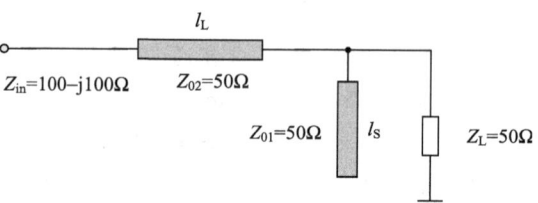

图 6-71 单分支匹配电路设计

11. 设计如图 6-72 所示的匹配网络,以得到信号源电压反射系数 $\Gamma_S=0.5\angle 90°$。

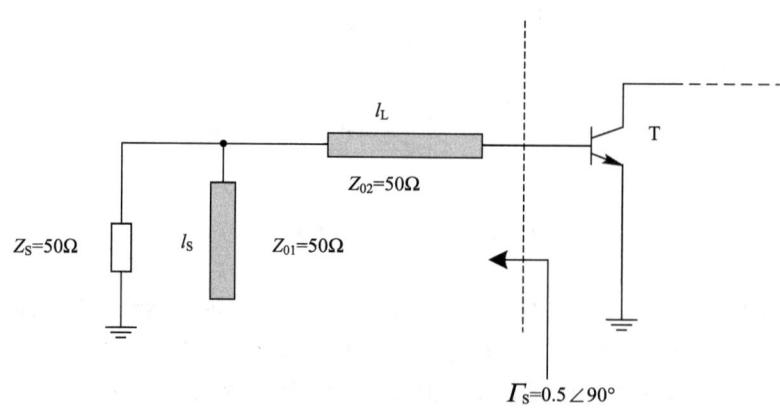

图 6-72 晶体管输入阻抗匹配电路设计

(1) 求两段传输线的长度 l_L 和 l_S。

(2) 如果改为平衡式匹配电路设计,重新计算各段传输线的长度。

12. 采用图 6-47 的双分支匹配电路结构,已知 $l_1=\lambda/8$,$l_2=5\lambda/8$,$l_3=3\lambda/8$,所有传输线的特征阻抗均为 $Z_0=50\Omega$。负载阻抗为 $Z_L=20-j20\Omega$,需要匹配到信号源阻抗 $Z_{in}=50\Omega$。请问负载 Z_L 应该接在双分支匹配电路的哪一侧?请计算两个并联分支传输线的长度 l_{S1} 和 l_{S2}?

13. 如图 6-73 双分支匹配电路阻抗计算所示的双分支匹配电路中,所有传输线的阻抗均为 $Z_0=50\Omega$,三段传输线的长度分别为:$l_1=0.23\lambda$,$l_2=0.1\lambda$,$d=\lambda/8$。当电路工作在 1GHz 的频率下,求输入端口的电压反射系数 Γ_{in}。

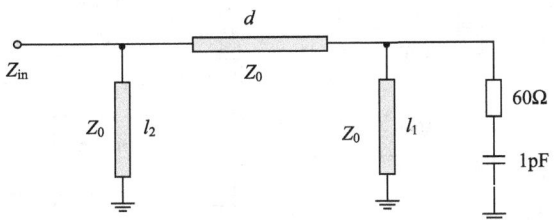

图 6-73 双分支匹配电路阻抗计算

14. 晶体管 T 的输入阻抗匹配电路如图 6-74 所示,求从晶体管输入端向信号源看去的电压反射系数 Γ_S。

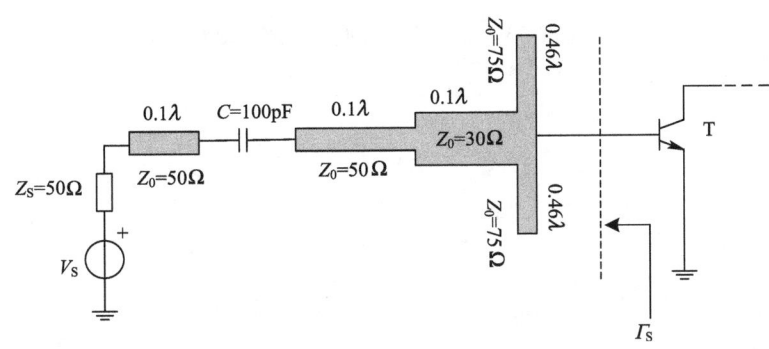

图 6-74 晶体管输入匹配电路计算

15. 比较无源偏置电路和有源偏置电路的优缺点。

16. 讨论双极型晶体管和场效管静态工作点与相应电路应用的关系。

17. 设计如图 6-55 所示的无源偏置电路。要求静态工作点为 $V_{CE}=8V$,$I_C=2mA$,电源电压 $V_{CC}=15V$。已知晶体管的直流电流放大系数 $h_{FE}=100$,$V_{BE}=0.7V$。

提示:通常电阻 R_E 上的电压为电源电压 V_{CC} 的 10%~20%;为了提高电路的稳定性,通常需要满足条件 $10R_{TH}=h_{FE}R_E$。

18. 设计如图 6-58(a) 所示的偏置电路。已知电源电压 $V_{CC}=12V$,晶体管静态工作点为 $I_C=20mA$,$V_{CE}=5V$,$V_{BE}=0.75V$,晶体管直流电流放大系数 $h_{FE}=125$。求匹配网络中电阻的阻值。

19. 设计如图 6-67 的有源偏置电路。要求 T_2 的静态工作点为 $V_{CE2}=8V$,$I_{C2}=2mA$,电源电压为 $V_{CC}=15V$。已知两个晶体管的直流电流放大系数 $h_{FE}=100$,$V_{BE}=0.7V$。

提示:设计晶体管 T_1 的集电极电流 I_{C1} 与晶体管 T_2 的集电极电流 I_{C2} 相等;通过电阻 R_1 和 R_2 的电流为

晶体管 T_1 基极电流 I_{B1} 的 20 倍。

20. 请分别给出晶体管共集电极放大电路无源偏置电路和有源偏置电路的原理图。
21. 如图 6-75 所示的晶体管放大电路，工作在 500MHz 的频率下，$G_T^{\max}=10\text{dB}$。

(1) 画出等效直流电路模型；
(2) 确定是否有必要将射频线圈串联到 4kΩ、16 kΩ 和 2.5 kΩ 的电阻上。
(3) 画出交流等效电路模型。

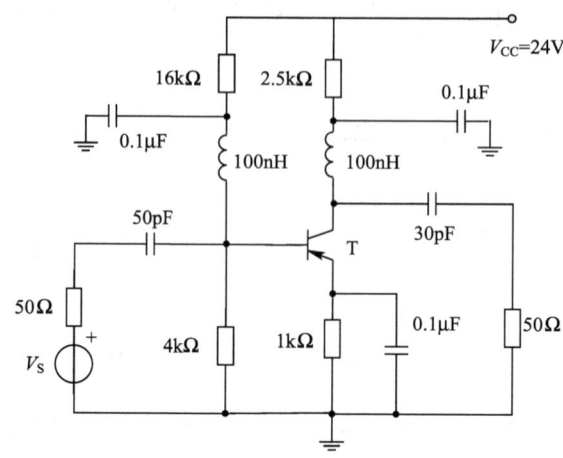

图 6-75　晶体管无源偏置电路计算

第 7 章 射频放大电路

射频放大电路是射频通信电路中的一种基本电路，完成信号放大并提供一定的功率增益。射频放大电路在通信系统的接收电路中负责将微弱信号放大；在发射电路中负责提供足够功率的射频信号输出。根据应用领域，射频放大电路包括低噪声放大电路、窄带放大电路、宽频带放大电路、功率放大电路等。射频放大电路设计方法包括小噪声系数设计、最大功率增益设计、多级放大电路设计和最大输出功率设计等。

由于晶体管振荡电路和晶体管混频电路的基本单元都是射频放大电路，所以射频放大电路的设计也是射频振荡电路和混频电路的设计基础。本章将介绍晶体管射频放大电路的基本设计方法，包括晶体管单向传输设计方法、晶体管双向传输设计方法、基于晶体管小信号线性模型的设计方法和基于晶体管大信号非线性模型的设计方法。

针对射频放大电路特定的应用目的，需要分析射频放大电路特定的技术指标，例如，功率增益、噪声系数、输出功率、频带宽度等；并且按照相应的技术指标进行射频放大电路的优化设计。不同射频放大电路的技术指标，可以通过调节射频放大电路的输入匹配电路、输出匹配电路、负反馈电路和晶体管的静态工作点来实现。在各类射频放大电路设计中，Smith圆图依然是非常有效的辅助设计工具。图 7-1 为一个射频小信号放大电路，还包括匹配电路和偏置电路。信号从左侧微带线输入，经过放大电路后由右侧微带线输出。本章将主要介绍射频放大电路的设计和分析方法。

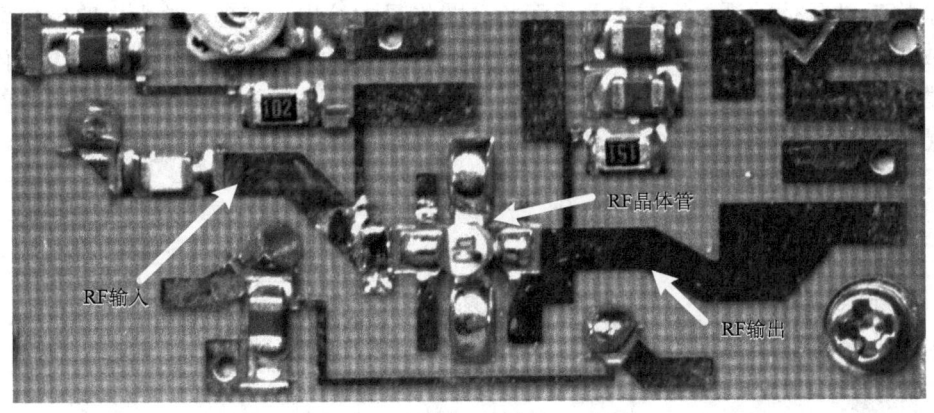

图 7-1 射频小信号放大电路

本章通过将射频放大电路等效为有源两端口网络，引入射频放大电路的稳定性、功率增益、交调失真和噪声系数等概念，逐步介绍射频放大电路的设计方法。在各节中分别介绍晶体管放大电路的输入和输出稳定圆、等功率增益圆、等噪声系数圆、等输出功率圆、功率曲线等一些重要的基本概念，讨论设计射频放大电路的基本步骤。

7.1 小信号射频放大电路

7.1.1 放大电路稳定性分析

在任何射频放大电路设计中,需要考虑在不同的工作条件下,例如,不同阻抗的信号源和不同阻抗的负载,射频放大电路工作的稳定性。射频放大电路的稳定性是指放大电路抑制环境因素变化(如环境温度改变、频率漂移、信号源阻抗和负载阻抗的特性变化等),维持正常放大特性的能力。在射频放大电路的设计中,都希望放大电路具有很高的稳定性。射频放大电路的稳定性对维持射频通信系统的正常工作是一个非常重要的因素。射频放大电路能否稳定工作与多种外界因素相关,包括放大电路所处的环境温度、输入信号的频率、信号源阻抗和负载阻抗等。通常射频放大电路都有一个适宜的工作温度,如果超出了设计正常工作的温度范围,射频放大电路的性能就会变差,甚至不能正常工作。例如,某射频放大电路适用的工作环境温度为−20~40℃,在较宽的温度范围内可以稳定地工作,但是如果在温度非常高的环境下使用该电路(环境温度达到 50℃以上),该电路很可能不能正常工作。

射频放大电路的稳定性分析通常是把放大电路作为一个 S 参数已知的两端口网络进行讨论,如图 7-2 所示。本节主要分析信号源阻抗和负载阻抗对放大电路稳定性的影响,并通过计算和分析给出射频放大电路稳定工作的条件和绝对稳定的判据。由于负载的电压反射系数 Γ_L 可以通过晶体管反向电压传递系数 S_{12} 在放大电路的输入端口体现出来,也就是说放大电路的输入端口电压反射系数 Γ_{IN} 与负载电压反射系数 Γ_L 存在一定的关系。输入的射频信号经过晶体管正向传输的放大、负载的反射、晶体管反向传输后,会作为反射信号在输入端体现出来,并且反射信号的幅度有可能比入射信号的幅度还高。输入电压反射系数 Γ_{IN} 和负载电压反射系数 Γ_L 的具体关系,将在本节后面的公式推导中给出。同理,放大电路输出端的电压反射系数 Γ_{OUT} 与信号源的电压反射系数 Γ_S 也存在类似的关系。因此,在分析射频晶体管放大电路的稳定性时,会发现稳定条件将不仅与晶体管的 S 参数相关,而且与放大电路的输入和输出匹配网络、信号源阻抗和负载的阻抗相关。

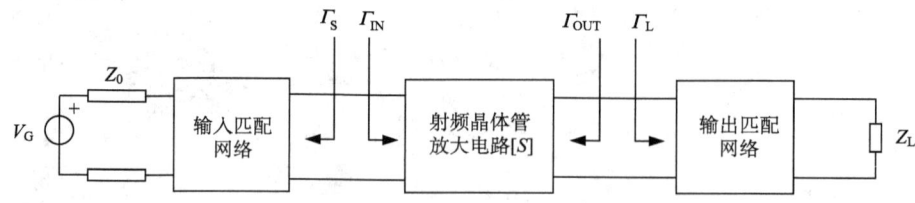

图 7-2 单级放大电路的示意图

当一个射频放大电路变得不稳定的时候,该电路将无法完成正常的放大功能,反而出现类似振荡电路的行为。由于射频晶体管的 S 参数依赖于工作频率,所以射频晶体管放大电路可能在某些频率下满足稳定条件可以正常工作;而在另外一些频率下,由于不满足稳定条件而无法正常工作。

在典型的射频放大电路设计中,通常把输入端的匹配网络等效为信号源阻抗变化,把输出匹配网络等效为负载阻抗变化,从而得到如图 7-3 所示的等效放大电路。如果放大电路的

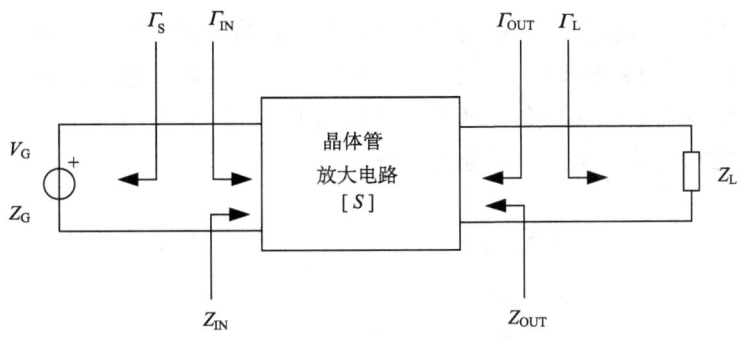

图 7-3 放大电路两端口网络

输入阻抗 Z_{IN} 或者输出阻抗 Z_{OUT} 呈现负阻状态,则

$$\begin{cases} \text{Re}\{Z_{IN}\} < 0 \\ \text{Re}\{Z_{OUT}\} < 0 \end{cases} \tag{7.1}$$

由于电压反射系数 Γ 和等效阻抗 Z 之间的关系为

$$|\Gamma| = \frac{|V^-|}{|V^+|} = \frac{|Z - Z_0|}{|Z + Z_0|} \tag{7.2}$$

所以,当放大电路输出端口的阻抗呈现负阻,即 $\text{Re}\{Z_{OUT}\}<0$ 时,输出端口的电压反射系数 $|\Gamma_{OUT}|$ 的模值会大于 1,也就是反射电压的幅度 $|V^-|$ 会大于入射电压的幅度 $|V^+|$。同理,对于放大电路输入端口的情况,当输入阻抗 Z_{IN} 呈现负阻状态时,晶体管两端口网络的输出端口电压反射系数模值 $|\Gamma_{IN}|$ 将大于 1,可以表示为

$$\begin{cases} |\Gamma_{IN}| > 1 \\ |\Gamma_{OUT}| > 1 \end{cases} \tag{7.3}$$

当放大电路等效两端口网络的输入阻抗 Z_{IN} 或者输出阻抗 Z_{OUT} 呈现负阻状态时,输入电压反射系数模值 $|\Gamma_{IN}|$ 或者输出电压反射系数模值 $|\Gamma_{OUT}|$ 大于 1,射频放大电路就有可能满足振荡电路的起振条件,从而转换为一个射频振荡电路。当整个输入电路或者整个输出电路呈现负阻状态时,即

$$\begin{cases} \text{Re}\{Z_{IN} + Z_G\} < 0 \\ \text{Re}\{Z_{OUT} + Z_L\} < 0 \end{cases} \tag{7.4}$$

输入或者输出电路中信号的幅度将越来越大,使得射频放大电路演变为一个射频振荡电路。因此,射频放大电路处于稳定状态的充分条件为输入端电压反射系数模值 $|\Gamma_{IN}|$ 和输出端的电压反射系数模值 $|\Gamma_{OUT}|$ 均小于 1,即

$$\begin{cases} |\Gamma_{IN}| < 1 \\ |\Gamma_{OUT}| < 1 \end{cases} \tag{7.5}$$

通常,信号源内阻 Z_G 和负载阻抗 Z_L 的实部都是正实数,如果放大电路满足式(7.5)的要求,输入阻抗 Z_{IN} 和输出阻抗 Z_{OUT} 的实部也为正实数,则射频放大电路一定处于稳定工作状态。

通常信号源内阻和负载都可以作为无源有耗元件进行处理,即信号源电压反射系数模值$|\Gamma_S|<1$并且负载电压反射系数模值$|\Gamma_L|<1$。为了满足放大电路稳定状态的充分条件式(7.5),就需要确定源电压反射系数Γ_S和负载电压反射系数Γ_L的取值范围。根据不同的放大电路情况,可以得到绝对稳定和有条件稳定两种稳定条件。

绝对稳定:

$$\begin{cases} |\Gamma_{\text{IN}}|<1 \\ |\Gamma_{\text{OUT}}|<1 \end{cases}, \quad 对于任何 \quad \begin{cases} |\Gamma_S|<1 \\ |\Gamma_L|<1 \end{cases} \tag{7.6}$$

如果放大电路满足了绝对稳定条件,在一定频率范围内对于任何的信号源阻抗和负载阻抗,射频放大电路一定呈现稳定状态。这种情况称为放大电路的绝对稳定。

有条件稳定:

$$\begin{cases} |\Gamma_{\text{IN}}|<1 \\ |\Gamma_{\text{OUT}}|<1 \end{cases}, \quad 对于一定范围内的 \Gamma_S 和 \Gamma_L \tag{7.7}$$

只有当信号源阻抗Z_G和负载阻抗Z_L在一定范围内取值时,该放大电路才能呈现稳定状态。这种需要信号源和负载均满足一定条件时放大电路才能稳定工作的情况,称为放大电路的有条件稳定。

使用信号流程图表示放大电路的等效两端口网络,如图7-4所示。通过利用流程图的变换规则对该流程图

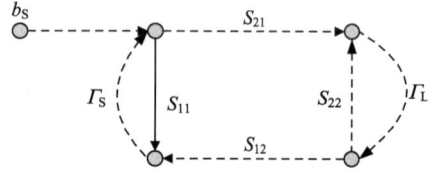

图7-4 放大电路等效信号流程图

进行简化,就可以计算得到输入电压反射系数Γ_{IN}和输出电压反射系数Γ_{OUT},其可以表示为

$$\Gamma_{\text{IN}} = S_{11} + \frac{S_{12}S_{21}\Gamma_L}{1-S_{22}\Gamma_L} \tag{7.8}$$

和

$$\Gamma_{\text{OUT}} = S_{22} + \frac{S_{12}S_{21}\Gamma_S}{1-S_{11}\Gamma_S} \tag{7.9}$$

利用放大电路的稳定条件式(7.5),可以给出放大电路中晶体管的S参数、信号源电压反射系数Γ_S、负载电压反射系数Γ_L应该满足的关系为

$$\begin{cases} \left|S_{11} + \dfrac{S_{12}S_{21}\Gamma_L}{1-S_{22}\Gamma_L}\right|<1 \\ \left|S_{22} + \dfrac{S_{12}S_{21}\Gamma_S}{1-S_{11}\Gamma_S}\right|<1 \end{cases} \tag{7.10}$$

作为一个特例,如果在一定条件下进行晶体管单向传输模型的设计(即忽略晶体管的反向电压传递,认为$S_{12}=0$),这时稳定条件可以简化为

$$\begin{cases} |S_{11}|<1 \\ |S_{22}|<1 \end{cases} \tag{7.11}$$

在晶体管单向传输模型设计中,满足条件$S_{11}=\Gamma_{\text{IN}}$和$S_{22}=\Gamma_{\text{OUT}}$,可见式(7.11)的结论与式(7.5)是一致的。

在射频放大电路的设计中,对于给定晶体管S参数是固定不变的,由稳定条件式(7.10)可

以确定满足稳定条件时源电压反射系数 $\varGamma_\mathrm{S}$ 和负载电压反射系数 $\varGamma_\mathrm{L}$ 的取值范围。为了确定这两个区域，需要首先确定两个区域的边界。从式(7.10)可以得到两个稳定区域的边界满足的方程分别为

$$\begin{cases} \left| S_{11} + \dfrac{S_{12}S_{21}\varGamma_\mathrm{L}}{1 - S_{22}\varGamma_\mathrm{L}} \right| = 1 \\ \left| S_{22} + \dfrac{S_{12}S_{21}\varGamma_\mathrm{S}}{1 - S_{11}\varGamma_\mathrm{S}} \right| = 1 \end{cases} \tag{7.12}$$

对于含有负载电压反射系数 $\varGamma_\mathrm{L}$ 的方程可以表示为

$$\left| \frac{S_{11} - (S_{11}S_{22} - S_{12}S_{21})\varGamma_\mathrm{L}}{1 - S_{22}\varGamma_\mathrm{L}} \right| = 1 \tag{7.13}$$

令 $\varDelta = S_{11}S_{22} - S_{12}S_{21}$，化简式(7.12)得到

$$\left| \frac{S_{11} - \varDelta\varGamma_\mathrm{L}}{1 - S_{22}\varGamma_\mathrm{L}} \right| = 1 \tag{7.14}$$

通过对式(7.14)展开并进行化简以确定边界满足的方程为

$$|S_{11} - \varDelta\varGamma_\mathrm{L}| = |1 - S_{22}\varGamma_\mathrm{L}|$$

$$(S_{11} - \varDelta\varGamma_\mathrm{L})(S_{11}^* - \varDelta^*\varGamma_\mathrm{L}^*) = (1 - S_{22}\varGamma_\mathrm{L})(1 - S_{22}^*\varGamma_\mathrm{L}^*)$$

$$\varGamma_\mathrm{L}^*\varGamma_\mathrm{L} - \frac{S_{22} - \varDelta S_{11}^*}{|S_{22}|^2 - |\varDelta|^2}\varGamma_\mathrm{L} - \frac{S_{22}^* - \varDelta^* S_{11}}{|S_{22}|^2 - |\varDelta|^2}\varGamma_\mathrm{L}^* = \frac{|S_{11}|^2 - 1}{|S_{22}|^2 - |\varDelta|^2}$$

最后得到关于负载电压反射系数 $\varGamma_\mathrm{L}$ 满足的方程为

$$\left| \varGamma_\mathrm{L} - \frac{(S_{22} - \varDelta S_{11}^*)^*}{|S_{22}|^2 - |\varDelta|^2} \right| = \left| \frac{S_{12}S_{21}}{|S_{22}|^2 - |\varDelta|^2} \right| \tag{7.15}$$

对比在复数 $\varGamma$ 平面上满足的方程 $|\varGamma - C| = R$ 的圆(其中，复数 C 代表圆心，正实数 R 代表半径)，则式(7.15)表示 $\varGamma_\mathrm{L}$ 平面上的一个圆。式(7.15)中的方程是由边界满足 $|\varGamma_\mathrm{IN}| = 1$ 计算得到的。因为该圆位于 $\varGamma_\mathrm{L}$ 平面，限定了负载电压反射系数 $\varGamma_\mathrm{L}$ 的取值范围，所以被称为输出稳定圆。

同理对式(7.12)中含有 $\varGamma_\mathrm{S}$ 的方程进行推导，在 $\varGamma_\mathrm{S}$ 平面得到输入稳定圆的方程为

$$\left| \varGamma_\mathrm{S} - \frac{(S_{11} - \varDelta S_{22}^*)^*}{|S_{11}|^2 - |\varDelta|^2} \right| = \left| \frac{S_{12}S_{21}}{|S_{11}|^2 - |\varDelta|^2} \right| \tag{7.16}$$

通过以上计算和分析，分别得到了放大电路的输入稳定圆方程和输出稳定圆方程，对比结果如表7-1。

表 7-1 输入和输出稳定圆

	基本方程	圆心	半径
输入稳定圆 $\varGamma_\mathrm{S}$ 平面	$\|\varGamma_\mathrm{OUT}\| = 1$	$C_\mathrm{S} = \dfrac{(S_{11} - \varDelta S_{22}^*)^*}{\|S_{11}\|^2 - \|\varDelta\|^2}$	$R_\mathrm{L} = \left\| \dfrac{S_{12}S_{21}}{\|S_{11}\|^2 - \|\varDelta\|^2} \right\|$
输出稳定圆 $\varGamma_\mathrm{L}$ 平面	$\|\varGamma_\mathrm{IN}\| = 1$	$C_\mathrm{L} = \dfrac{(S_{22} - \varDelta S_{11}^*)^*}{\|S_{22}\|^2 - \|\varDelta\|^2}$	$R_\mathrm{L} = \left\| \dfrac{S_{12}S_{21}}{\|S_{22}\|^2 - \|\varDelta\|^2} \right\|$

将晶体管 S 参数分别代入输入稳定圆和输出稳定圆的方程，容易得到稳定圆的圆心和半径，从而可以确定信号源和负载的电压反射系数（或者信号源阻抗和负载阻抗）应该满足的条件。只有选取合适的信号源阻抗和负载阻抗，放大电路才能满足稳定条件并且正常工作。在 Smith 圆图上可以方便地表示出输入稳定圆和输出稳定圆。如图 7-5(a) 和 (b) 所示，虚线分别表示输出稳定圆和输入稳定圆，稳定圆的圆心和半径均由表 7-1 计算得到。

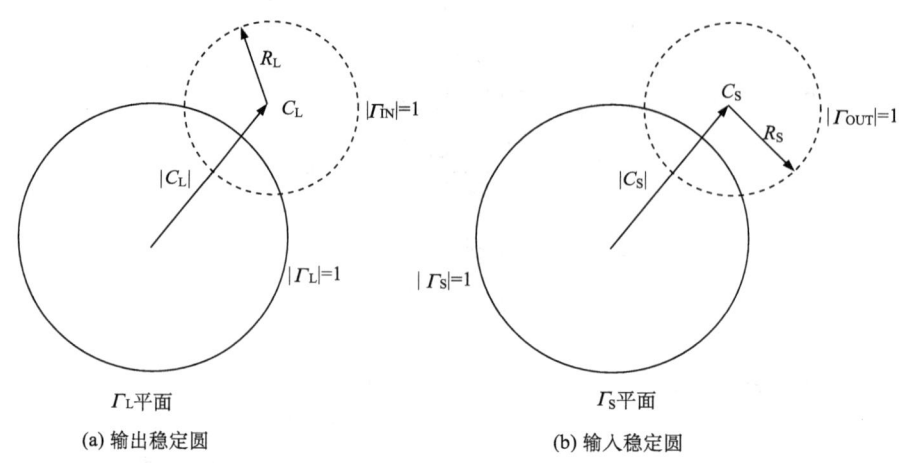

图 7-5 Smith 圆图上的输入稳定圆和输出稳定圆

在确定了放大电路的输入稳定圆和输出稳定圆后，还需要在 Smith 圆图上判断哪一个区域代表可以稳定工作的区域。例如，在输出稳定圆的一侧表示稳定区域（$|\Gamma_{IN}|<1$），另一侧表示非稳定区域（$|\Gamma_{IN}|>1$），但是图 7-5 中仅仅得到了稳定区域的边界，放大电路稳定工作区域可能在稳定圆的内部，也可能在稳定圆的外部。因此，要确定在 Smith 圆图上的放大电路稳定工作区域，必须根据相应的条件进行分析和判断。

由于稳定区域和非稳定区域都是连续的，可以通过判断某个特殊点是否满足稳定条件来确定该区域的情况。如果稳定圆内有一个点是稳定的，那么稳定区域一定是在稳定圆内。反之，如果稳定圆外有一个点是稳定的，那么稳定区域一定是在稳定圆外。为了便于进行判断，可以选取 Smith 圆图的圆心作为特殊点进行判断，确定稳定区域的范围。

以输出稳定圆为例，根据式(7.8)可以计算输入端口电压反射系数 Γ_{IN}。此时 Smith 圆图代表 Γ_L 平面，Smith 圆图的圆心表示 $\Gamma_L=0$，即表示负载端口没有反射。对于 Smith 圆图的圆心点，得到

$$\Gamma_{IN} = S_{11} \tag{7.17}$$

因此，Smith 圆图的圆心是否属于稳定区域将由两端口网络的 S_{11} 参数确定。当两端口网络的 $|S_{11}|<1$ 时，得到 $|\Gamma_{IN}|<1$，Smith 圆图的圆心属于稳定区域；当两端口网络的 $|S_{11}|>1$ 时，得到 $|\Gamma_{IN}|>1$，Smith 圆图的圆心属于非稳定区域。

由于已经假设负载是无源的，所以一定满足 $|\Gamma_L|<1$。因此，Γ_L 可以取值的范围是输出稳定圆确定的稳定区域与 $|\Gamma_L|<1$（单位圆）的交集。例如，对于图 7-6 所示的情况，当 $|S_{11}|<1$ 时，Γ_L 可以取值的范围（稳定区域）是单位圆与输出稳定圆外的交集；当 $|S_{11}|>1$ 时，Γ_L 可以取值的范围是单位圆与输出稳定圆内部的交集。结果如图 7-6 所示，阴影区域表示稳定区域。

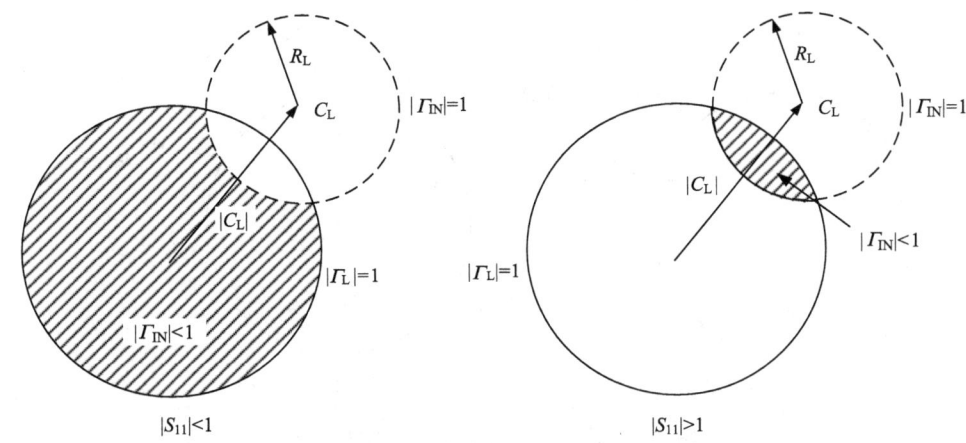

图 7-6 Smith 圆图上稳定区域的确定

对于绝对稳定的情况，整个单位圆都位于输出稳定圆（或者输入稳定圆）确定的稳定范围内。这样两者的交集就是单位圆（Γ_L 或者 Γ_S），可以在单位圆内任意取值。对于 $|S_{11}|<1$ 和 $|S_{22}|<1$ 的情况，都可能满足绝对稳定条件，如图 7-7 所示。对于 $|S_{11}|>1$ 或 $|S_{22}|>1$ 的情况，由于 Smith 圆图中心点不能满足稳定条件，所以在单位圆内肯定有一个区域不能满足稳定条件。也就是说，在这种情况下（$|S_{11}|>1$ 或者 $|S_{22}|>1$）肯定不可能出现绝对稳定的条件。

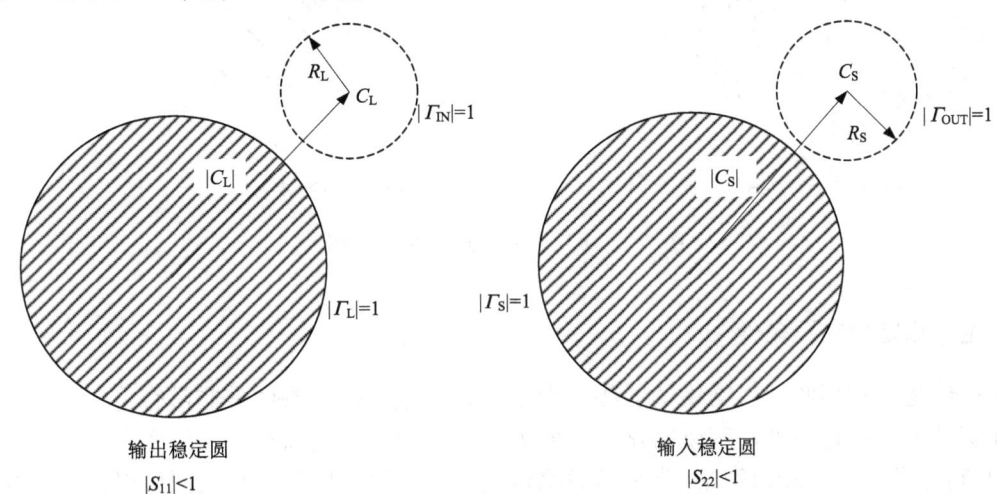

图 7-7 绝对稳定条件（阴影为稳定区域）

例 7-1 在图 7-8 的每一个图中，标出稳定的源反射系数取值的区域。实线的圆表示 $|\Gamma_S|=1$，虚线的圆表示 $|\Gamma_{OUT}|=1$ 的输入稳定圆，其他条件已经在图中标明。

解 首先判断 Smith 圆图的圆心 $|\Gamma_S|=0$ 的稳定情况。

当 $|\Gamma_S|=0$ 时，根据式(7.9)得到

$$\Gamma_{OUT} = S_{22}$$

对于图 7-8(a)和(b)的情况，$|S_{22}|<1$，所以 Smith 圆图的圆心属于稳定区域。考虑 Smith 圆图的圆心与输入稳定圆的相对位置，可以得到输入电压反射系数 Γ_S 取值的稳定区域为图 7-9 中的阴影部分。

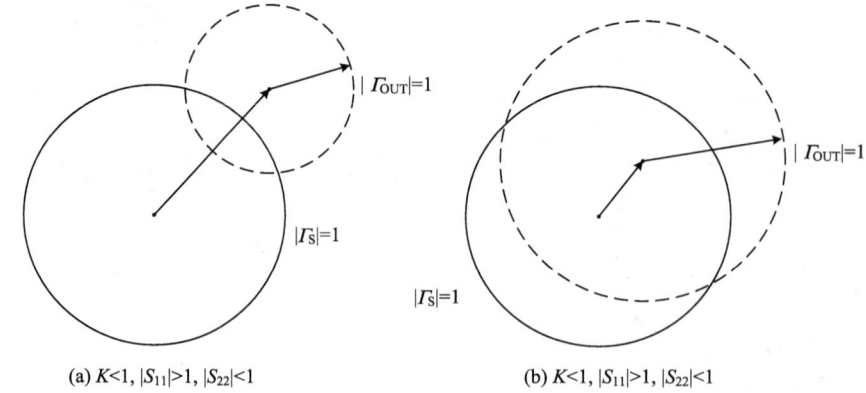

(a) $K<1, |S_{11}|>1, |S_{22}|<1$ (b) $K<1, |S_{11}|>1, |S_{22}|<1$

图 7-8 源反射系数 Γ_S 稳定区域的判定

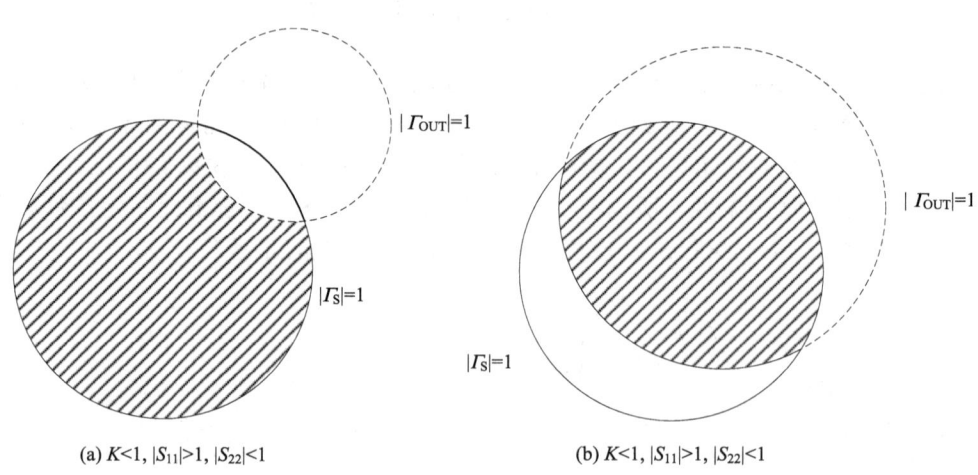

(a) $K<1, |S_{11}|>1, |S_{22}|<1$ (b) $K<1, |S_{11}|>1, |S_{22}|<1$

图 7-9 源反射系数 Γ_S 的稳定区域

7.1.2 绝对稳定的充要条件

在设计基于有源两端口网络的射频放大电路时,绝对稳定条件是非常有价值的。如果有源器件满足绝对稳定条件,可以简化射频放大电路的设计,提高设计的效率。因此,需要有一个判断有源器件(两端口网络)是否绝对稳定的标准。除了用 Smith 圆图可以进行判断,还可以直接从 S 参数得到解析式进行判断,这种解析式的判断方法有时更为方便。为了得到判断绝对稳定的解析式,可以根据式(7.10)进行推导。一般有 3 种有源两端口网络满足绝对稳定条件的标准。此处将不加推导地直接给出这 3 种充要条件。

首先定义有源器件 S 参数的一些表达式,以便更简洁地表示这 3 种绝对稳定的充分必要条件。定义如下:

$$\Delta = S_{11}S_{22} - S_{12}S_{21}$$
$$K = \frac{1-|S_{11}|^2-|S_{22}|^2+|\Delta|^2}{2|S_{12}S_{21}|} \qquad (7.18)$$
$$B_1 = 1 + |S_{11}|^2 - |S_{22}|^2 - |\Delta|^2$$

如果一个有源两端口网络能够绝对稳定,当且仅当下面 3 个等价标准的任何一个得到满足。

标准 1:三参数判断准则

$$K > 1$$
$$\frac{1-|S_{11}|^2}{|S_{12}S_{21}|} > 1 \tag{7.19}$$
$$\frac{1-|S_{22}|^2}{|S_{12}S_{21}|} > 1$$

标准 2:两参数判断准则(K-Δ 参数)

$$\begin{matrix} K > 1 \\ |\Delta| < 1 \end{matrix} \tag{7.20}$$

标准 3:两参数判断准则(K-B_1 参数)

$$\begin{matrix} K > 1 \\ B_1 > 0 \end{matrix} \tag{7.21}$$

这 3 个标准是等价的,只要一个有源器件满足其中任何一个标准,也就自动满足另外两个标准。一个有源两端口网络只要满足任何一个标准,将是绝对稳定的。因为 3 个标准中的后两个标准更为简洁更便于计算,所以后两个标准比第一个标准更为通用。

作为一个特例,分析单向传输的有源两端口网络绝对稳定的标准。在单向传输时,有源器件的 S 参数满足条件 $S_{12}=0$。此时得到

$$\begin{matrix} \Delta = S_{11}S_{22} \\ K \to \infty \\ B_1 = 1+|S_{11}|^2-|S_{22}|^2-|S_{11}S_{22}|^2 \end{matrix} \tag{7.22}$$

对于单向传输两端口网络,如果信号源内阻和负载都是无源的,即 $|\Gamma_{IN}|=|S_{11}|<1$ 并且 $|\Gamma_{OUT}|=|S_{22}|<1$,可以看出 3 个判断标准都可以得到满足。这与前面对单向传输有源网络稳定性的讨论一致。

例 7-2 工作在某条件下的射频晶体管,在 f=500MHz、1GHz、1.5GHz 和 2GHz 下的 S 参数如表 7-2 所示。

表 7-2 不同频率下射频晶体管的 S 参数

f/GHz	S_{11}	S_{12}	S_{21}	S_{22}
0.5	0.761∠−151°	0.025∠31°	11.8∠102°	0.429∠−35°
1.0	0.770∠−166°	0.029∠35°	6.11∠89°	0.365∠−34°
1.5	0.760∠−174°	0.040∠44°	3.06∠74°	0.364∠−43°
2.0	0.756∠−179°	0.064∠48°	1.53∠53°	0.423∠−66°

判断该晶体管在哪些频率下工作在绝对稳定状态。

解 选用标准 2（K–Δ 参数）进行绝对稳定状态的判定。

在 0.5GHz 下，$K=0.482$，$\Delta = 0.221\angle -123°$。显然 $K<1$，$|\Delta|<1$。

在 1.0GHz 下，$K=0.875$，$\Delta = 0.173\angle -163°$。显然 $K<1$，$|\Delta|<1$。

在 1.5GHz 下，$K=1.310$，$\Delta = 0.174\angle 160°$。显然 $K>1$，$|\Delta|<1$。

在 2.0GHz 下，$K=1.535$，$\Delta = 0.226\angle 121°$。显然 $K>1$，$|\Delta|<1$。

因此，此晶体管在 1.5GHz 和 2GHz 频率下为绝对稳定状态。

在 0.5GHz 和 1.0GHz 下，可以计算得到输入稳定圆和输出稳定圆的圆心和半径，在 Smith 圆图上确定稳定的区域。

现在流行的两参数法或者三参数判断绝对稳定的准则，涉及两个以上的条件，因此只能给出绝对稳定的判定，无法给出器件稳定程度的比较。如两个射频晶体管都满足（或者都不满足）绝对稳定的判定准则，使用上述 3 条准则无法直接比较出哪个晶体管更为稳定，从而为器件选择提供参考。使用单参数判断准则（μ 参数）的判定准则，不仅可以给出绝对稳定的判据，而且可以比较稳定的程度。

单参数判断准则（μ 参数）综合了 K–Δ 参数，表示为

$$\mu = \frac{1-|S_{11}|^2}{|S_{22}-S_{11}^*\Delta|+|S_{21}S_{12}|} \tag{7.23}$$

如果 $\mu>1$，则有源器件处于绝对稳定状态；如果 $\mu<1$，则有源器件工作在潜在不稳定或者不稳定状态。有源器件 A 的参数为 μ_A，有源器件 B 的参数为 μ_B，如果

$$\mu_A > \mu_B \tag{7.24}$$

则器件 A 比器件 B 更为稳定。式 (7.24) 表示 μ 值越高稳定性越好。在射频放大电路设计中，可以通过选择高 μ 值的有源器件来改善电路的稳定性。

7.1.3 潜在不稳定情况

在一些射频放大电路的设计中，如果选择 $|\Gamma_S|$ 和 $|\Gamma_L|$ 不当，出现 $|\Gamma_{IN}|>1$ 或者 $|\Gamma_{OUT}|>1$ 的情况，放大电路不满足稳定条件，处于潜在不稳定的情况。在潜在不稳定的情况下，可以调节信号源内阻 Z_S 和负载阻抗 Z_L，使得放大电路回到稳定状态。此时需要输入回路总电阻和输出回路总电阻均为正值，即

$$\begin{cases} \text{Re}\{Z_S+Z_{IN}\} > 0 \\ \text{Re}\{Z_L+Z_{OUT}\} > 0 \end{cases} \tag{7.25}$$

通常有两种方法可以使处于潜在不稳定情况的放大电路满足稳定条件。

(1) 在输入电路或者输出电路中增加纯电阻，即增大 $\text{Re}\{Z_S\}$ 和 $\text{Re}\{Z_L\}$，使输入或者输出电路的总电阻为正值。

(2) 在放大电路中引入负反馈，减少 S_{12} 形成的正反馈，降低输入和输出电路的电压反射系数。

使用上述两种方法会存在降低放大电路的功率增益、增加放大电路噪声、减少可用输出功率等缺点。在宽带放大电路中，这两种方法都是行之有效的，可以在宽频带范围

内增加放大电路的稳定性、降低输入电路和输出电路的驻波系数。在放大电路中引入负反馈电路,通过牺牲增益来增加带宽并提高电路的稳定性。对于窄带放大电路,应该尽量通过调节$|\varGamma_S|$和$|\varGamma_L|$使得放大电路处于稳定状态,而不是依靠在输入或输出电路引入纯电阻的方法。

在放大电路的输入端或者输出端增加电阻改善稳定性,通常可以通过下列 4 种电路实现。通过在输入或输出电路中串联或并联电阻,满足放大电路的稳定条件,如图 7-10 所示。由于放大电路存在功率增益,在输入电路增加电阻会增加放大电路的噪声系数,所以通常电阻都增加在输出电路中。

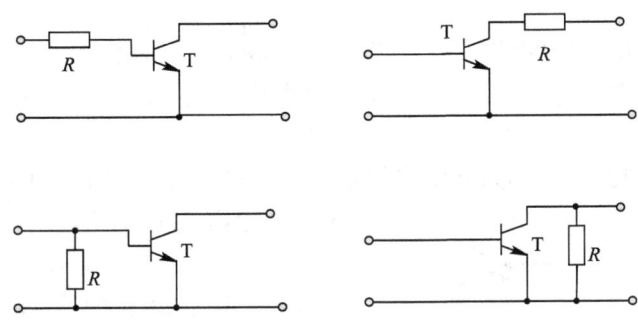

图 7-10 4 种增加电阻的方式

7.1.4 放大电路的增益

射频放大电路稳定性是放大电路设计最重要的因素,第二重要的因素就是放大电路的增益。射频放大电路稳定性是放大电路正常工作的基本条件。放大电路的增益是放大电路的最重要性能指标,也是设计放大电路的一个基本参数。

在低频放大电路中,通常用电压放大系数表示放大电路的增益。在射频放大电路中,电路的增益通常用功率增益进行描述。射频放大电路功率增益有多种方式进行描述,如工作功率增益 G_P(也称作功率增益)、可用功率增益 G_A、转换功率增益 G_T 等。

1. 功率增益的定义

典型的射频放大电路可以通过框图表示,见图 7-11。因为通常输入匹配网络和输出匹配网络都是无耗网络,所以流进匹配网络的功率和流出匹配网络的功率是相同的。在框图中 P_{IN} 定义为流进输入匹配网络或者输入射频晶体管的功率;P_L 定义为流进输出匹配网络或者负载吸收的功率。

P_{IN} 和 P_L 描述了射频晶体管输入功率和负载吸收的功率,但是不能反映输入和输出端口匹配的情况。对于相同的信号源、晶体管和负载,由于匹配网络不同会导致 P_{IN} 和 P_L 发生很大变化。为了描述放大电路输入匹配网络、输出匹配网络的性能,还需要引入其他两个相关功率的参数。列举这两个功率的概念如下。

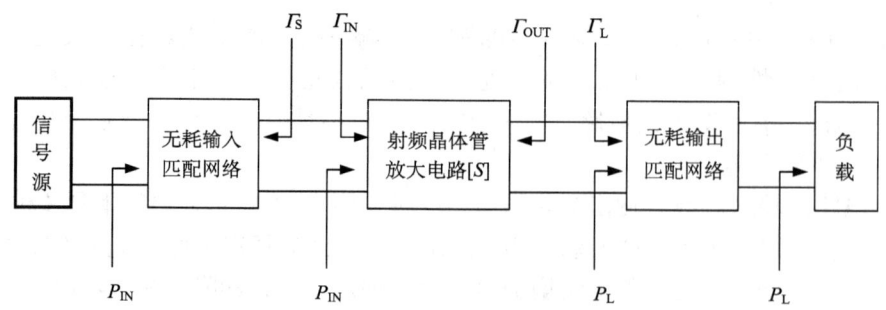

图 7-11　射频放大电路功率增益框图

P_AVS：信源可用功率（也称为信源资用功率）。在阻抗共轭匹配的情况下，负载可以得到信号源的最大输出功率。例如，当 $\varGamma_\text{S}=\varGamma_\text{IN}^*$ 时，晶体管通过匹配网络得到信号源的最大输出功率。

P_AVN：网络可用功率（也称为网络资用功率）。例如，在共轭匹配的条件下 $\varGamma_\text{L}=\varGamma_\text{OUT}^*$，负载将得到两端口网络输出的最大功率。

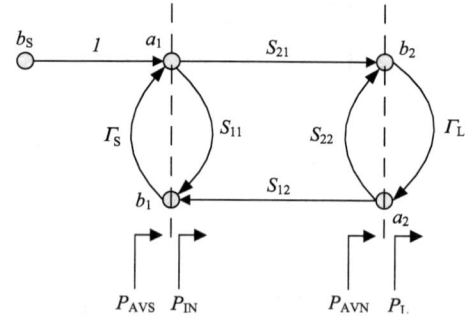

图 7-12　晶体管放大电路功率计算的参考流程图

为了便于建立起这些功率之间的关系，可以通过信号流程图把射频放大电路表示为图 7-12。晶体管特性用 S 参数表示，$\varGamma_\text{S}$ 和 $\varGamma_\text{L}$ 分别表示信号源和负载端的电压反射系数。其中，输入功率为 P_IN，负载吸收功率为 P_L；当输入端口满足共轭匹配条件 $\varGamma_\text{S}=\varGamma_\text{IN}^*$ 时，得到信源可用功率 $P_\text{IN}=P_\text{AVS}$；当输出端口满足共轭匹配条件 $\varGamma_\text{L}=\varGamma_\text{OUT}^*$ 时，得到网络可用功率 $P_\text{L}=P_\text{AVN}$。

对 3 种功率增益的定义如下。

转换功率增益：

$$G_\text{T} = \frac{P_\text{L}}{P_\text{AVS}} = \frac{\text{负载吸收的功率}}{\text{信号源的可用功率}}$$

工作功率增益：

$$G_\text{P} = G = \frac{P_\text{L}}{P_\text{IN}} = \frac{\text{负载吸收的功率}}{\text{输入网络的功率}}$$

可用功率增益：

$$G_\text{A} = \frac{P_\text{AVN}}{P_\text{AVS}} = \frac{\text{网络的可用功率}}{\text{信号源的可用功率}}$$

通常情况下 3 种功率增益都大于 1。由于这些功率之间存在关系 $P_\text{AVS} \geqslant P_\text{IN}$ 和 $P_\text{AVN} \geqslant P_\text{L}$，所以 3 种功率增益之间也满足关系 $G_\text{A} \geqslant G_\text{P} \geqslant G_\text{T}$。只有在输入端口和输出端口同时满足阻抗共轭匹配的条件时，以上几个不等式中的等号才能成立。

通过使用信号流程图进行分析计算，得到放大电路中功率的表达式如下。

负载功率 P_L：

$$P_L = \frac{1}{2}|b_2|^2 - \frac{1}{2}|a_2|^2 = \frac{1}{2}|b_2|^2\left(1-|\Gamma_L|^2\right) \tag{7.26}$$

信源可用功率为输入端口共轭匹配时,满足条件 $\Gamma_S=\Gamma_{IN}^*$,信号源输出的功率。参考信号流程图 7-13,信源可用功率 P_{AVS} 表示为

$$P_{AVS} = \frac{1}{2}|b_g|^2 - \frac{1}{2}|a_g|^2 \tag{7.27}$$

显然 $b_g = b_S + b_g\Gamma_S^*\Gamma_S$, $a_g = b_g\Gamma_S^*$。所以得到

$$b_g = \frac{b_S}{1-|\Gamma_S|^2}$$
$$a_g = \frac{b_S\Gamma_S^*}{1-|\Gamma_S|^2} \tag{7.28}$$

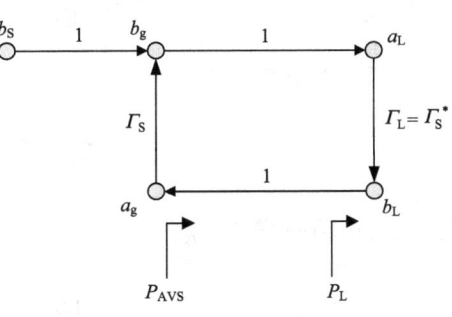

图 7-13 信源可用功率的信号流程图

代入式(7.27)获得信源可用功率 P_{AVS} 为

$$P_{AVS} = \frac{1}{2}\frac{|b_S|^2}{|1-\Gamma_S|^2} \tag{7.29}$$

输入功率 P_{IN} 为

$$P_{IN} = \frac{1}{2}|a_1|^2 - \frac{1}{2}|b_1|^2 = \frac{1}{2}|a_1|^2\left(1-|\Gamma_{IN}|^2\right) \tag{7.30}$$

网络的可用功率 P_{AVN} 为

$$P_{AVS} = P_L\big|_{\Gamma_L=\Gamma_{OUT}^*} = \left(\frac{1}{2}|b_2|^2 - \frac{1}{2}|a_2|^2\right)_{\Gamma_L=\Gamma_{OUT}^*}$$
$$= \frac{1}{2}|b_2|^2\left(1-|\Gamma_{OUT}|^2\right) \tag{7.31}$$

通过信号流程图的化简计算得到 a_1 和 b_2 与 b_S 的关系:

$$\frac{a_1}{b_S} = \frac{1-S_{22}\Gamma_L}{1-(S_{11}\Gamma_S+S_{22}\Gamma_L+S_{21}\Gamma_L S_{12}\Gamma_S)+S_{11}\Gamma_S S_{22}\Gamma_L}$$
$$\frac{b_2}{b_S} = \frac{S_{21}}{(1-S_{11}\Gamma_S)(1-S_{22}\Gamma_L)-S_{21}S_{12}\Gamma_L\Gamma_S} \tag{7.32}$$

分别代入 3 种功率增益的定义式,得到 3 种功率增益的表达式如下。

转换功率增益 G_T 为

$$G_T = \frac{1-|\Gamma_S|^2}{|1-\Gamma_{IN}\Gamma_S|^2}|S_{21}|^2\frac{1-|\Gamma_L|^2}{|1-S_{22}\Gamma_L|} \tag{7.33}$$

或者

$$G_T = \frac{1-|\Gamma_S|^2}{|1-S_{11}\Gamma_S|^2}|S_{21}|^2\frac{1-|\Gamma_L|^2}{|1-\Gamma_{OUT}\Gamma_L|} \tag{7.34}$$

或者

$$G_T = \frac{\left(1-|\varGamma_S|^2\right)|S_{21}|^2\left(1-|\varGamma_L|^2\right)}{\left|(1-S_{11}\varGamma_S)(1-S_{22}\varGamma_L)-S_{12}S_{21}\varGamma_S\varGamma_L\right|^2} \tag{7.35}$$

工作功率增益 G_P 为

$$G_P = G = \frac{1}{|1-\varGamma_{IN}|^2}|S_{21}|^2\frac{1-|\varGamma_L|^2}{|1-S_{22}\varGamma_L|^2} \tag{7.36}$$

可用功率增益 G_A 为

$$G_A = \frac{1-|\varGamma_S|^2}{|1-S_{11}\varGamma_S|^2}|S_{21}|^2\frac{1}{1-|\varGamma_{OUT}|^2} \tag{7.37}$$

其中

$$\begin{aligned}\varGamma_{IN} &= S_{11} + \frac{S_{12}S_{21}\varGamma_L}{1-S_{22}\varGamma_L}\\ \varGamma_{OUT} &= S_{22} + \frac{S_{12}S_{21}\varGamma_S}{1-S_{11}\varGamma_S}\end{aligned} \tag{7.38}$$

通过式(7.33)~式(7.37)可以完成射频放大电路3种功率增益的计算。如果确定了晶体管的散射参数、输入和输出匹配电路参数、信号源和负载的参数，就可以计算得到射频放大电路的功率增益。

2. 单向传输情况

在一些情况下，射频晶体管的反向电压传输系数 $|S_{12}|$ 很小。因而可以认为晶体管具有单向信号传输的特性，使计算功率增益更为简便。对于具有单向传输特性的晶体管（$S_{12}=0$），从式(7.38)可以得到 $\varGamma_{IN} = S_{11}$ 和 $\varGamma_{OUT} = S_{22}$。从而依据式(7.33)，可以得到单向传输晶体管的转换功率增益为

$$G_T = \frac{1-|\varGamma_S|^2}{|1-S_{11}\varGamma_S|^2}|S_{21}|^2\frac{1-|\varGamma_L|^2}{|1-S_{22}\varGamma_L|^2} \tag{7.39}$$

可以改写为3项增益的乘积形式，即

$$G_T = G_S G_O G_L \tag{7.40}$$

其中，输入匹配电路的功率增益 $G_S = \dfrac{1-|\varGamma_S|^2}{|1-S_{11}\varGamma_S|^2}$；晶体管放大的功率增益 $G_O = |S_{21}|^2$；输出匹配电路的功率增益 $G_L = \dfrac{1-|\varGamma_L|^2}{|1-S_{22}\varGamma_L|^2}$。

输入匹配电路和输出匹配电路通常是由无源无耗器件(如电感和电容)构成，电路本身的输入功率与输出功率相等，不会带来任何功率增益。此处，输入匹配电路增益或者输出匹配电路增益可以理解为：由于引入匹配电路，减少了信号源与晶体管输入阻抗之间(S_{11} 与 $\varGamma_S$)或者晶体管输出阻抗与负载之间(S_{22} 与 $\varGamma_L$)的不匹配，减少了由于失配带来的功率损失，所以可以等效为具有一定的功率增益。

对于绝对稳定的单向传输晶体管，满足条件 $|S_{11}|<1$ 和 $|S_{22}|<1$。当放大电路的输入端满足共轭匹配条件时，即

$$\Gamma_S = S_{11}^* \tag{7.41}$$

输入匹配电路获得最大功率增益：

$$G_S^{max} = \frac{1-|S_{11}^*|^2}{|1-S_{11}S_{11}^*|^2} = \frac{1}{1-|S_{11}|^2} \tag{7.42}$$

当放大电路的输出端满足共轭匹配条件时，即

$$\Gamma_L = S_{22}^* \tag{7.43}$$

输入匹配电路获得最大功率增益：

$$G_L^{max} = \frac{1-|S_{22}^*|^2}{|1-S_{22}S_{22}^*|^2} = \frac{1}{1-|S_{22}|^2} \tag{7.44}$$

当放大电路的输入端和输出端都处于匹配状态时，系统获得最大转换功率增益：

$$G_T^{max} = G_S^{max} G_O G_L^{max} = \frac{1}{1-|S_{11}|^2}|S_{21}|^2\frac{1}{1-|S_{22}|^2} \tag{7.45}$$

在单向传输的条件下，如果满足条件：

$$\begin{cases} \Gamma_S = S_{11}^* \\ \Gamma_L = S_{22}^* \end{cases} \tag{7.46}$$

系统获得最大的转换功率增益 G_T^{max}。在这种情况下，功率增益 G_P 和可用功率增益 G_A 也获得相应的最大值，并且得到

$$G_T^{max} = G_P^{max} = G_A^{max} \tag{7.47}$$

显然对于输入匹配电路的最大功率增益 G_S^{max}，在 Γ_S 平面对应于一个点 S_{11}^*。如果输入匹配电路功率增益 G_S 为一小于 G_S^{max} 的固定值，在 Γ_S 的复平面上对应于一个圆，称为等增益圆。等增益圆可以根据晶体管的 S 参数计算得到。同理，对于输出匹配电路功率增益，可以通过类似的方法在 Γ_L 平面上用等增益圆表示。

输入等增益圆位于 Γ_S 的复平面上，满足圆方程：

$$|\Gamma_S - C_S| = R_S \tag{7.48}$$

其中，圆心为

$$C_S = \frac{g_S S_{11}^*}{1-|S_{11}|^2(1-g_S)} \tag{7.49}$$

半径为

$$R_S = \frac{\sqrt{1-g_S}(1-|S_{11}|^2)}{1-|S_{11}|^2(1-g_S)} \tag{7.50}$$

输出等增益圆位于 Γ_L 的复平面上，满足圆方程：

$$\left|\Gamma_L - C_L\right| = R_L \tag{7.51}$$

其中，圆心为

$$C_L = \frac{g_L S_{22}^*}{1 - |S_{22}|^2 (1 - g_L)} \tag{7.52}$$

半径为

$$R_L = \frac{\sqrt{1 - g_L}\left(1 - |S_{22}|^2\right)}{1 - |S_{22}|^2 (1 - g_L)} \tag{7.53}$$

其中，g_S 和 g_L 分别为输入和输出网络的归一化增益，即

$$\begin{aligned} g_S &= \frac{G_S}{G_S^{\max}} = \frac{1 - |\Gamma_S|^2}{|1 - S_{11}\Gamma_S|^2}\left(1 - |S_{11}|^2\right) \\ g_L &= \frac{G_L}{G_L^{\max}} = \frac{1 - |\Gamma_L|^2}{|1 - S_{22}\Gamma_L|^2}\left(1 - |S_{22}|^2\right) \end{aligned} \tag{7.54}$$

这些输入等增益圆和输出等增益圆可以辅助射频晶体管放大电路的设计，也可以帮助匹配电路的设计。

由于实际射频晶体管的反向电压传输系数 $S_{12} \neq 0$，会给基于单向设计传输假设设计的电路带来一些误差。误差的范围可以通过对误差上限和误差下限的计算得到。引入单向传输假设计算得到的转换功率增益为 G_T，实际转换功率增益为 G_{TU}。可以确定两者的比值为

$$\frac{G_T}{G_{TU}} = \frac{1}{|1 - X^2|} \tag{7.55}$$

其中，$X = \dfrac{S_{12}S_{21}\Gamma_S\Gamma_L}{(1 - S_{11}\Gamma_S)(1 - S_{22}\Gamma_L)}$。从而得到比值的取值范围为

$$\frac{1}{1 + |X|^2} < \frac{G_T}{G_{TU}} < \frac{1}{1 - |X|^2} \tag{7.56}$$

当转换功率增益取最大值时，满足条件 $\Gamma_S = S_{11}^*$ 和 $\Gamma_L = S_{22}^*$。在这种情况下，得到单向传输引入误差为

$$\frac{1}{|1 + U|^2} < \frac{G_T}{G_{TU}} < \frac{1}{|1 - U|^2} \tag{7.57}$$

其中，$U = \dfrac{|S_{12}||S_{21}||S_{11}||S_{22}|}{\left(1 - |S_{11}|^2\right)\left(1 - |S_{22}|^2\right)}$。$U$ 有时也被称为单向传输品质因子，用来描述单向传输设计的可靠性。显然，当 $|S_{12}|=0$ 时，单向传输品质因子 $U=0$，采用单向传输设计不会引入任何误差。单向传输品质因子 $|U|$ 值越小，采用单向传输模型进行射频晶体管放大电路设计的可靠性就越高。

使用式(7.57)可以分析采用单向传输进行电路设计带来的误差。如果经过检验所引入的误差满足放大电路设计精度的要求，就可以采用基于单向传输假设进行射频放大电路设计。因为单向传输晶体管放大电路的过程非常简洁，在引入误差可以接受的范围内，在一些射频

放大电路的设计中得到很多应用。

例 7-3 某射频晶体管的 S 参数为 $\begin{bmatrix} 0.6\angle-160° & 0.045\angle16° \\ 2.5\angle30° & 0.5\angle-90° \end{bmatrix}$。如果采用单向传输设计，试求最大转换功率增益 $G_T^{\max}$ 及其最大误差。

解 从式（7.45）可以确定最大转换功率增益 $G_T^{\max}$ 为

$$G_T^{\max} = \frac{1}{\left|1-|S_{11}|^2\right|} |S_{21}|^2 \frac{1}{\left|1-|S_{22}|^2\right|} = \frac{1}{1-0.6^2} \times 2.5^2 \times \frac{1}{1-0.5^2} = 23.15 = 13.65\,\text{dB}$$

从式（7.57）可知：

$$U = \frac{|S_{12}||S_{21}||S_{11}||S_{22}|}{\left(1-|S_{11}|^2\right)\left(1-|S_{22}|^2\right)} = \frac{0.045 \times 2.5 \times 0.6 \times 0.5}{\left(1-0.6^2\right)\left(1-0.5^2\right)} = 0.070$$

从而得到转换功率增益 $G_T^{\max}$ 的最大误差下限为

$$\frac{1}{(1+U^2)} = \frac{1}{1+0.070^2} = 0.873 = -0.59\,\text{dB}$$

转换功率增益 $G_T^{\max}$ 的最大误差上限为

$$\frac{1}{(1-U^2)} = \frac{1}{(1-0.070^2)} = 1.156 = 0.63\,\text{dB}$$

因此，可以得到最大转换功率 $G_T^{\max}$ 满足关系：

$$0.873 < \frac{G_T^{\max}}{G_{TU}^{\max}} < 1.156$$

其中，$G_{TU}^{\max}$ 为实际最大转换功率。或者可以用分贝的形式表示为

$$G_{TU}^{\max} - 0.59\,\text{dB} < G_T^{\max} < G_{TU}^{\max} + 0.63\,\text{dB}$$

因为已经计算得到了最大转换功率增益 $G_T^{\max}$，可以估算出实际最大转换功率 $G_{TU}^{\max}$ 的范围是

$$13.02\,\text{dB} < G_{TU}^{\max} < 14.24\,\text{dB}$$

3. 双向传输情况

当晶体管的方向电压传输系数 $S_{12} \neq 0$ 时，单向传输的假设不再成立。系统获得最大传输功率增益的条件为

$$\begin{cases} \Gamma_S = \Gamma_{IN}^* \\ \Gamma_L = \Gamma_{OUT}^* \end{cases} \quad (7.58)$$

其中

$$\Gamma_{IN} = S_{11} + \frac{S_{12}S_{21}\Gamma_L}{1-S_{22}\Gamma_L}$$
$$\Gamma_{OUT} = S_{22} + \frac{S_{12}S_{21}\Gamma_S}{1-S_{11}\Gamma_S} \quad (7.59)$$

分别为放大电路输入端口和输出端口的电压反射系数。

通过求解式(7.58)获得Γ_S和Γ_L，即

$$\begin{cases} \Gamma_S = \Gamma_{MS} = \dfrac{B_1 \pm \sqrt{B_1^2 - 4|C_1|^2}}{2C_1} \\ \Gamma_L = \Gamma_{ML} = \dfrac{B_2 \pm \sqrt{B_2^2 - 4|C_2|^2}}{2C_2} \end{cases} \quad (7.60)$$

其中

$$\begin{aligned} B_1 &= 1 + |S_{11}|^2 - |S_{22}|^2 - |\Delta|^2 \\ B_2 &= 1 - |S_{11}|^2 + |S_{22}|^2 - |\Delta|^2 \\ C_1 &= S_{11} - \Delta S_{22}^* \\ C_2 &= S_{22} - \Delta S_{11}^* \end{aligned} \quad (7.61)$$

对于两端口网络，满足绝对稳定条件$K>1$和$|\Delta|<1$，式(7.60)的根号中需要取负号才能获得有意义的解($|\Gamma_S|<1$和$|\Gamma_L|<1$)。在满足双共轭匹配条件式(7.58)时，采用与单向传输模型设计类似的方法，可以得到转换功率增益G_T、工作功率增益G_P和可用功率增益G_A。并且可以计算得到最大转换功率增益为

$$G_T^{\max} = \frac{1}{1-|\Gamma_{MS}|^2} |S_{21}|^2 \frac{1-|\Gamma_{ML}|^2}{|1-S_{22}\Gamma_{ML}|^2} \quad (7.62)$$

并且转换功率增益、功率增益和可用功率增益同时达到最大值：

$$G_T^{\max} = G_P^{\max} = G_A^{\max} \quad (7.63)$$

把式(7.60) Γ_{MS}和Γ_{ML}的解代入最大功率增益的表达式(7.62)，化简得到

$$G_T^{\max} = \frac{|S_{21}|}{|S_{12}|} \left(K - \sqrt{K^2 - 1} \right) \quad (7.64)$$

其中，K的取值与在放大电路稳定性讨论中的取值一致，参考式(7.18)。

对于射频晶体管来说，当$K=1$时，可以获得最大稳定功率增益G_{MSG}。此时，可以得到最大功率增益为

$$G_{MSG} = G_T^{\max}\big|_{K=1} = \frac{|S_{21}|}{|S_{12}|} \quad (7.65)$$

因此，当放大电路选择晶体管时，可以考虑晶体管的正向电压传输系数S_{21}和反向电压传输系数S_{12}的关系，判断功率增益能否满足电路设计的要求。

例 7-4 用 GaAs FET 设计一个工作在 2GHz 的射频放大电路，使其具有最大的转换功率增益。场效应管的散射参数为

$$S = \begin{bmatrix} 0.64\angle-171.3° & 0.057\angle 16.3° \\ 2.058\angle 28.5° & 0.572\angle -95.7° \end{bmatrix}$$

解 根据K和Δ的定义，参考式(7.18)：

$$\Delta = S_{11}S_{22} - S_{12}S_{21}$$

$$K = \frac{1-|S_{11}|^2 - |S_{22}|^2 + |\Delta|^2}{2|S_{12}S_{21}|}$$

计算得到 $K=1.504$，$|\Delta|=0.3014$。显然有 $K>1$ 和 $|\Delta|<1$。使用绝对稳定的第二个准则，可以判断该场效应管是绝对稳定的。

对于双向传输设计，根据式(7.61)可以计算得到

$$B_1 = 0.9928$$
$$B_2 = 0.8255$$
$$C_1 = 0.4786\angle -177.3°$$
$$C_2 = 0.762\angle 103.9°$$

并且得到满足共轭匹配的条件为

$$\Gamma_S = \Gamma_{MS} = 0.762\angle 177.3°$$
$$\Gamma_L = \Gamma_{ML} = 0.718\angle 103.9°$$

从而根据式(7.64)计算得到最大转换功率增益为

$$G_T{}^{max} = \frac{|S_{21}|}{|S_{12}|}\left(K - \sqrt{1-K^2}\right) = 13.74$$

或者用分贝表示为

$$G_T{}^{max} = 11.38\,\text{dB}$$

对于本例，如果用单向传输模型进行计算，设计过程将非常简洁。但是可以通过式(7.57)计算采用单向传输模型带来的误差：

$$-0.89\,\text{dB} < \frac{G_T}{G_{TU}} < 1\,\text{dB}$$

可见，采用单向传输模型会引入较大的误差，必须使用双向传输模型进行设计。因此，在采用单向传输模型的设计后，必须进行误差分析和验证。如果误差超出容许的范围，就需要使用双向传输模型进行设计。

4. 输入和输出驻波系数

在很多射频放大电路的应用中，对输入驻波系数和输出驻波系数的最大值都提出了最大允许值。输入驻波系数和输出驻波系数反映了射频放大电路输入和输出端口的阻抗失配情况。进入输入匹配电路的功率 P_{IN} 与信号源可以输出的最大功率 P_{AVS} 之比，定义为输入端口的失配系数，即

$$M_S = \frac{P_{IN}}{P_{AVS}} \tag{7.66}$$

Γ_a 表示输入匹配网络输入端口的电压反射系数，如图7-14所示。如果输入端口满足共轭匹配条件，电压反射系数 $\Gamma_a = 0$，输入功率 P_{IN} 达到最大值 $P_{IN} = P_{AVS}$；如果输入端口处于失配状态 $\Gamma_a \neq 0$，随着电压反射系数 Γ_a 的增大，晶体管的输入功率 P_{IN} 随之下降。输入功率 P_{IN} 与信号源资用功率 P_{AVS} 之间存在关系：

$$P_{\text{IN}} = P_{\text{AVS}}\left(1-|\Gamma_a|^2\right) \tag{7.67}$$

失配系数 Γ_a 可以改写为

$$M_S = 1-|\Gamma_a|^2 \tag{7.68}$$

其中，$|\Gamma_a| = \left|\dfrac{Z_a - Z_0}{Z_a + Z_0}\right| = \left|\dfrac{\Gamma_{\text{IN}} - \Gamma_S^*}{1-\Gamma_{\text{IN}}\Gamma_S^*}\right|$。在共轭匹配条件下，满足 $\Gamma_{\text{IN}} = \Gamma_S^*$，导致 $|\Gamma_a| = 0$，使得输入功率 P_{IN} 获得最大值 P_{AVS}。由于驻波系数 VSWR 与电压反射系数 Γ 之间存在关系，可以得到射频放大电路输入端的驻波系数为

$$\text{VSWR}_{\text{IN}} = \dfrac{1+|\Gamma_a|}{1-|\Gamma_a|} = \dfrac{1+\sqrt{1-M_S}}{1-\sqrt{1-M_S}} \tag{7.69}$$

因此，一旦确定了输入端的失配系数，就可以知道输入端的驻波系数了。

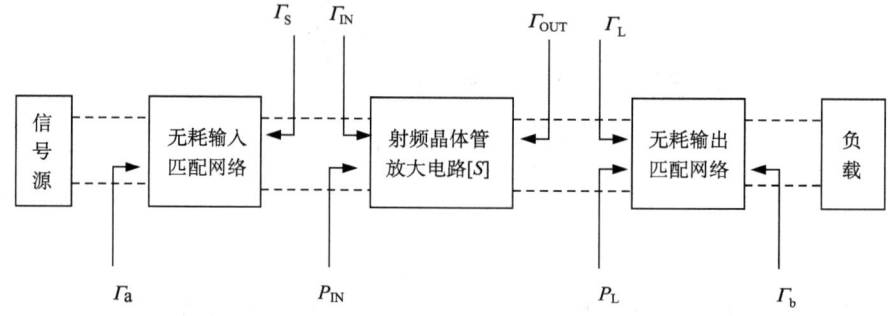

图 7-14　射频放大电路阻抗匹配分析

对于射频放大电路的输出端口存在类似的关系，定义输出端口的失配系数为

$$M_L = \dfrac{P_L}{P_{\text{AVN}}} = 1-|\Gamma_b|^2 \tag{7.70}$$

通过类似的推导可以得到输出端口的驻波系数为

$$\text{VSWR}_{\text{OUT}} = \dfrac{1+\sqrt{1-M_L}}{1-\sqrt{1-M_L}} \tag{7.71}$$

在以 Γ_S 为变量的 Smith 圆图上，等输入驻波系数 VSWR_{IN} 对应的曲线是一族圆，称为等输入驻波系数圆。同理，在以 Γ_L 为变量的 Smith 圆图上，等输出驻波系数 VSWR_{OUT} 对应的曲线也是一族圆，称为等驻波系数圆。结合使用等增益圆和稳定圆，有利于在 Smith 圆图上完成射频放大电路的特定设计。

在设计射频放大电路时，选择合适的晶体管，判断是否能满足稳定条件，而且获得了相应的功率增益。接下来根据匹配条件的要求，设计相应的匹配电路；根据晶体管工作条件要求，设计相应的偏置电路，提供合适的偏置电压和工作电流。

5. 小信号放大电路设计

本节采用射频晶体管单向传输模型或双向传输模型进行放大电路的设计，出发的基本点都是使放大电路获得最大功率增益。目的是在稳定的前提下，使放大电路获得尽可能高的功

率增益。在其他一些场合中，设计放大电路的目的可能不一样，也就需要采用相应的设计方法。例如，在射频低噪声放大电路的设计中，设计的首要目的是尽可能降低噪声的引入；在射频功率放大电路中，设计需要考虑放大电路的效率，防止射频晶体管被烧毁。因此，本节讨论的方法主要适合于射频小信号放大电路的设计。

设计小信号射频放大电路的一般步骤如下。

(1) 根据设计指标的要求选择合适的有源器件。例如，设计要求增益为 G，应该选择晶体管的最大稳定功率增益 $G_{MSG}=|S_{21}/S_{12}|>G$；设计要求的噪声系数为 F，应该选择晶体管最小噪声系数 $F_{min}<F$；晶体管的有效工作频率范围应该覆盖设计要求的工作频率范围。

(2) 计算偏置电压和电流，确定有源器件的直流工作点。根据晶体管的 I_C-V_{CE} 曲线、场效应管的 I_D-V_{DS} 曲线，找到合适的直流工作点。

(3) 在该直流工作点下，测量有源器件的 S 参数。一般需要使用矢量网络分析仪和配套的附件进行有源器件测量。如果没有测量条件，可以参考厂家提供的有源器件的典型参数值。

(4) 检查有源器件的稳定性，是否能满足绝对稳定条件。如果不满足绝对稳定条件，则在 Smith 圆图上标出输入稳定圆和输出稳定圆。

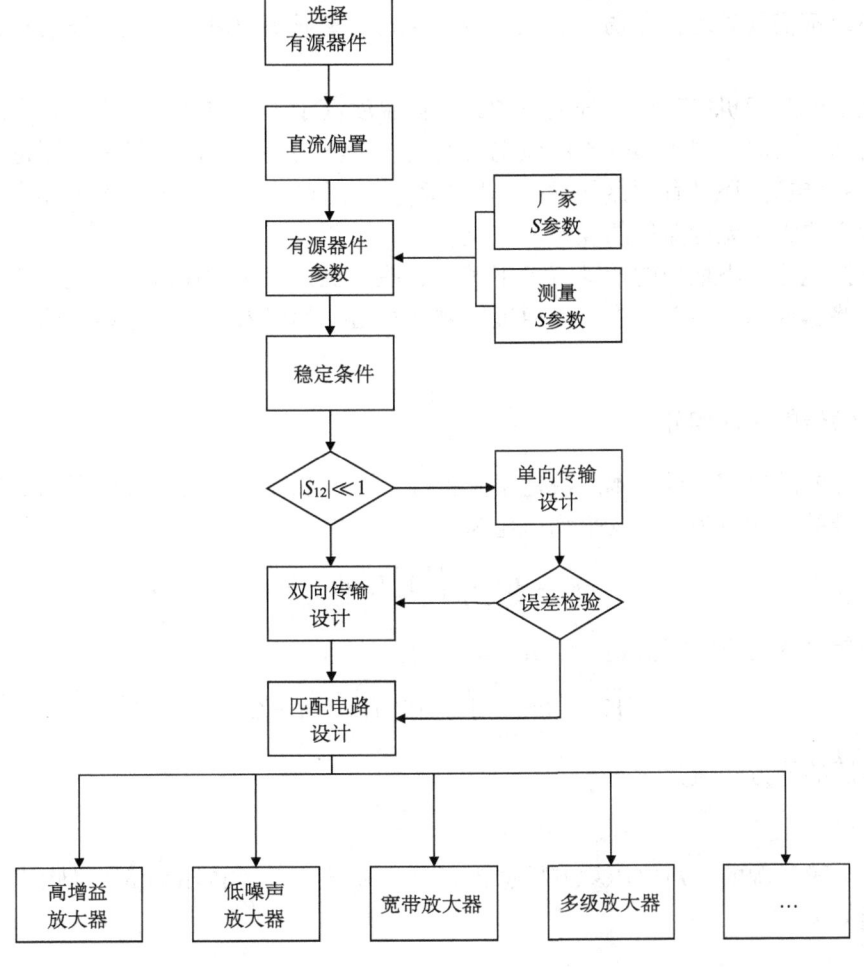

图 7-15 小信号射频放大电路设计整体过程

(5) 如果有源器件$|S_{12}|$参数较小,可以采用单向传输模型进行设计,然后验证单向模型误差是否小于设计要求。否则,应该使用有源网络的双向传输模型进行分析和设计。

(6) 设计输入匹配网络和输出匹配网络达到特殊的要求。例如,最大功率增益、最小噪声系数、低噪声放大电路、宽带放大电路、多级放大电路等。根据这些不同的要求设计匹配电路。

总结上述步骤,小信号射频放大电路的设计过程可以用流程图表示,如图 7-15 所示。

7.2 射频放大电路的噪声

在一些射频通信电路的应用中,例如,远距离无线通信系统中接收机的第一级射频放大电路,由于射频信号经过长距离传输已经非常弱,必须尽可能降低放大电路的噪声以提高信噪比。这时设计放大电路的主要目标是降低噪声,获得最小的噪声系数。在射频放大电路的设计中,获取最大功率增益和最小噪声系数是矛盾的。因此,需要以牺牲功率增益为代价来获得最小噪声系数。一般在射频电路的设计中,需要兼顾噪声和增益两个方面,选取折中方案达到设计的要求。在射频通信电路中,随着通信距离的增加和无线通信系统的广泛应用,很多接收系统都需要处理很微弱的射频信号,因此讨论低噪声射频放大电路的设计非常具有实际意义。

噪声是由一些随机的物理过程造成的。任何温度高于 0K 的分子、原子、电子都会有无规则的热运动,宏观体现为器件电压或电流的无规则波动。在实际环境中,无论是无源器件(电阻、电感、电容)还是有源器件(射频晶体管、二极管),都有一个等效的噪声源。一般有源器件的噪声要大于无源器件的噪声。

噪声是指电路中不期望的扰动或者干扰。这些干扰或者扰动在本质上是一个随机过程,既可以由电路器件本身引入,也可以通过电磁耦合由外部引入。本节主要讨论由器件本身引入的噪声。

7.2.1 噪声信号的特性和分类

噪声信号的随机物理过程本质决定了其特性。通过统计学分析,可以得到噪声信号的特性。噪声信号的平均值为零,其平均电压为

$$\overline{V_\mathrm{n}} = \lim_{T \to \infty} \frac{1}{T} \int_{t_1}^{T} V_\mathrm{n}(t) \mathrm{d}t = 0 \tag{7.72}$$

而噪声信号的均方期望值趋于常数,即

$$\overline{V_\mathrm{n}^2} = \lim_{T \to \infty} \frac{1}{T} \int_{t_1}^{t_1+T} \left[V_\mathrm{n}(t) \right]^2 \mathrm{d}t = C \tag{7.73}$$

噪声电压的均方根值为

$$V_\mathrm{n}^\mathrm{rms} = \sqrt{\overline{V_\mathrm{n}^2}} \tag{7.74}$$

如果一个噪声源的噪声电压均方根值为 $V_\mathrm{n}^\mathrm{rms}$,噪声源等效内阻为 R,则噪声源能输出的最大噪声功率为

$$P_N = \frac{(V_N^{rms})^2}{4R} \tag{7.75}$$

这个最大噪声功率也被称为电阻 R 的噪声可用功率。

如果噪声的频谱是平坦的,覆盖了很宽的频谱,这种噪声称为白噪声。如果噪声的频谱限定在一定的范围内,这种噪声称为限带白噪声或者有色噪声。

噪声源一般可以分为 3 种:热噪声、散粒噪声和 $1/f$ 噪声。

(1) 热噪声是由电荷的热运动引起,是一种基本噪声,在无源器件和有源器件中都存在。噪声功率与热力学温度 T 成正比,与关心的频带宽度 B 成正比。实验研究得到一个电阻产生的可用热噪声功率为

$$P_N = kTB \tag{7.76}$$

其中,玻尔兹曼常数 $k=1.38\times10^{-23}$ J/K;T 为热力学温度;$B=f_H-f_L$ 为频带宽度。一个阻值为 R 的电阻产生的热噪声电压的均方根值可以由式(7.75)计算得到

$$V_N^{rms} = \sqrt{4kTBR} \tag{7.77}$$

热噪声电压的均方根值通常简称热噪声电压或噪声电压。电阻产生的可用热噪声功率与电阻阻值无关,产生的热噪声电压均方根值与电阻相关。

(2) 散粒噪声是由电荷的定向运动(电流)引起的。散粒噪声的功率与 $\sqrt{I_{DC}}$ 成正比,在晶体管、二极管(P-N 结)等有源器件的不连续界面上产生。在二极管的模型中都会有一个等效噪声源的考虑。散粒噪声电流的均方根值为

$$I_N^{rms} = \sqrt{2qI_{DC}B} \tag{7.78}$$

其中,q 为电子带的电量 1.62×10^{-19} C;I_{DC} 为直流电流;B 为频带宽度。闪烁噪声主要的频谱集中在千兆赫兹频率范围内。

(3) 闪烁噪声又称为 $1/f$ 噪声,在低频时会起到很大的作用。在射频/微波频段内,闪烁噪声一般较弱,可以忽略不计。闪烁噪声主要集中在低频段,属于粉红噪声。

例 7-5 在 290K 的温度下,计算:

(1) 电阻 $R=1\Omega$,在频带宽为 $B=10$Hz 的系统中;

(2) 电阻 $R=1\Omega$,在频带宽度为 $B=1$GHz 的系统中;

(3) 电阻 $R=1$MΩ,在频带宽度 $B=10$Hz 的系统中,电阻产生的热噪声可用功率 P_N 和热噪声电压 V_N^{rms}。

解 根据式(7.76)计算热噪声功率 P_N,根据式(7.77)计算热噪声电压。

(1) 热噪声可用功率:

$$P_N = kTB = kT\times10 = 4\times10^{-20} \text{ W}$$

热噪声电压:

$$V_N^{rms} = 2\sqrt{P_N} = 4\times10^{-10} \text{ V}$$

(2) 热噪声可用功率:

$$P_N = kTB = kT\times10^9 = 4\times10^{-12} \text{ W}$$

热噪声电压:

$$V_N^{rms} = 2\sqrt{P_N} = 4\times 10^{-6} \text{ V}$$

(3) 热噪声可用功率：

$$P_N = kTB = kT\times 10 = 4\times 10^{-20} \text{ W}$$

热噪声电压：

$$V_N^{rms} = 2\sqrt{P_N R} = 4\times 10^{-7} \text{ V}$$

可见，热噪声可用功率与电阻阻值无关，但与系统频带宽度直接成正比。热噪声电压则随电阻阻值的升高而增大。

7.2.2 等效噪声温度和噪声系数

对于很多射频放大电路，噪声功率谱在系统频带范围内变化不大，可以近似作为白噪声进行分析和处理。在这种情况下，引入等效噪声温度的概念来描述噪声。考虑任意一个白噪声功率源，噪声可用功率为 P_S，内阻为 R_S。该白噪声源总可以等效为电阻 R_S 在温度 T_e 下输出的噪声 $P_S = kT_eB$。等效噪声温度定义为

$$T_e = \frac{P_S}{kB} \tag{7.79}$$

其中，B 为系统的频带宽度。采用这样的方法不仅可以构造任意白噪声源的等效电路，而且可以用于放大电路的分析。

如果有一个有噪声的射频放大电路，该放大电路的可用功率增益为 G_A，频带宽度为 B，所处温度为 T_S，负载 R_L 得到的噪声功率为 P_{NO}。为了描述由射频放大电路引入的噪声，假设放大电路的输入端接的电阻 R 处于热力学零度 $T=0$K，即放大电路的输入端口没有引入噪声 $P_{NI}=0$。此时，负载得到的噪声功率 P_{NO} 全部由放大电路产生，如图 7-16 所示。

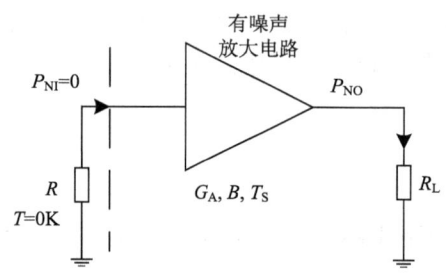
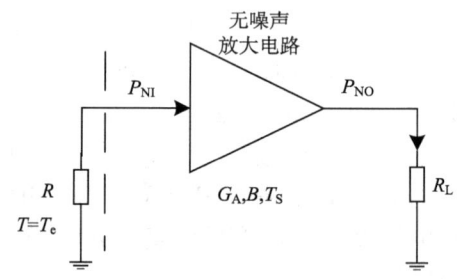

图 7-16 有噪声的射频放大电路　　　图 7-17 等效无噪声放大电路

假设放大电路处于热力学零度不产生任何噪声，将输出的噪声功率 P_{NO} 等效到放大电路的输入端口，则输入端口的噪声功率应为 $P_{NI} = \dfrac{P_{NO}}{G_A}$。然后将输入端口连接的电阻 R 置于温度 T_e 以产生等效的噪声可用功率输出，得到放大电路输入端等效噪声温度：

$$T_e = \frac{P_{NO}}{G_A kB} \tag{7.80}$$

等效无噪声放大电路如图 7-17 所示。

例如，某低噪声放大电路的增益为 65dB，工作频段为 3~4GHz，等效噪声温度为 20K，

则可以通过式(7.80)计算得到由放大电路在输出端口引起的噪声可用功率为

$$P_{NO} = G_A k T_e B = 8.73 \times 10^{-7} \text{ W}$$

或者得到在放大电路输入端口等效的噪声可用功率为

$$P_{NI} = G_A k T_e B = 2.76 \times 10^{-13} \text{ W}$$

在实际应用中，很多低噪声放大电路的噪声指标都使用输入端等效噪声温度给出。

实际使用中，输入端的电阻 R 并非放置到热力学零度的环境中，也要放置到与放大电路相同的温度 T_S 中。在放大电路输出的总噪声功率 P_{NO}^T 中，既包括放大电路本身产生的噪声，也包括输入端电阻 R 产生的噪声经过放大电路后的输出。总噪声功率 P_{NO}^T 可以表示为

$$P_{NO}^T = P_{NO} + G_A k T_S B = G_A k T_e B + G_A k T_S B = G_A k T_e' B \tag{7.81}$$

其中，放大电路输入端总噪声等效温度 $T_e' = T_e + T_S$，放大电路等效噪声温度的测量如图 7-18 所示。

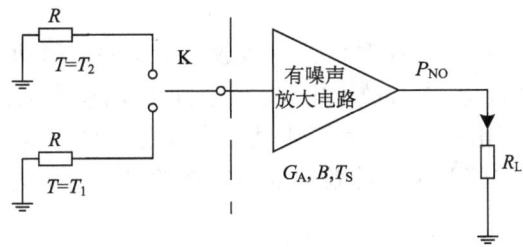

图 7-18 放大电路等效噪声温度的测量

由于很难获得热力学温度接近零度的环境，所以一般不采用图 7-16 所示的电路测量放大电路的等效噪声温度。实际中经常通过两次测量的方法确定放大电路的等效噪声温度。首先把放大电路置于正常工作温度 T_S(如室温 290K)，输入端通过单刀双掷开关分别连接到置于不同的温度——高温 T_1 和低温 T_2(可以分别为沸水 373K 和液氮 77K)的电阻 R，通过开关 K 依次接通不同温度下的电阻 R，并测量输出端口的噪声功率 P_{NO1} 和 P_{NO2}。因为放大电路的等效噪声温度 T_e 在两次测量中并没有改变，所以得到

$$\begin{cases} P_{NO1} = G_A k T_e B + G_A k T_1 B \\ P_{NO2} = G_A k T_e B + G_A k T_2 B \end{cases} \tag{7.82}$$

其中，G_A 为射频放大电路的可用功率增益；B 为频带宽度；k 为波尔兹曼常数。如果两次测量的输出噪声功率之比为 $Y = \dfrac{P_{NO1}}{P_{NO2}}$，可以得到 $Y = \dfrac{T_e + T_1}{T_e + T_2}$。通过求解确定该射频放大电路的等效噪声温度 T_e 为

$$T_e = \frac{T_1 - Y T_2}{Y - 1} \tag{7.83}$$

在放大电路噪声的分析中，在很多情况下使用噪声系数进行计算比用等效噪声温度更为简洁方便。噪声系数 F 定义为：在标准室温(T_0=290K)下，放大电路的输出总噪声的可用功率 P_{NO}^T 与 P_{NO}^T 中由输入端电阻的热噪声导致的噪声可用功率 P_{NO}^I 的比值。噪声系数 F 表示为

$$F = \frac{P_{NO}^{T}}{P_{NO}^{I}} = \frac{G_A k T_0 B + G_A k T_e B}{G_A k T_0 B} = 1 + \frac{T_e}{T_0} \tag{7.84}$$

噪声系数 F 是一个比值,取值的范围是 $1 \leqslant F \leqslant \infty$,可以用分贝为单位表示为

$$F = 10 \lg\left(1 + \frac{T_e}{T_0}\right) \tag{7.85}$$

噪声系数还可以用输入端和输出端的信噪比的形式来描述。射频放大电路输入端的信噪比为 $(SNR)_{IN} = \frac{P_{SI}}{P_{NI}}$,输出端的信噪比为 $(SNR)_{OUT} = \frac{P_{SO}}{P_{NO}^{T}}$,并且放大电路可用功率增益表示为 $G_A = \frac{P_{SO}}{P_{SI}}$。依据射频放大电路的噪声系数的定义,$F$ 可以表示为

$$F = \frac{P_{NO}^{T}}{P_{NO}^{I}} = \frac{P_{NO}^{T}}{G_A P_{NI}} = \frac{\frac{P_{SI}}{P_{NI}}}{\frac{P_{SO}}{P_{NO}^{T}}} = \frac{(SNR)_{IN}}{(SNR)_{OUT}} \tag{7.86}$$

当两级射频放大电路级联在一起时,第一级放大电路的可用功率增益为 G_{A1},噪声系数为 F_1,等效噪声温度为 T_{e1},第二级放大电路的可用功率增益为 G_{A2},噪声系数为 F_2,等效噪声温度为 T_{e2}。输入端电阻产生的噪声可用功率为 $P_{NI}=kBT_0$,第一级放大电路输出的总噪声的可用功率为 P_{NO1},第二级放大电路输出的总噪声的可用功率为 P_{NO2},如图 7-19 所示。

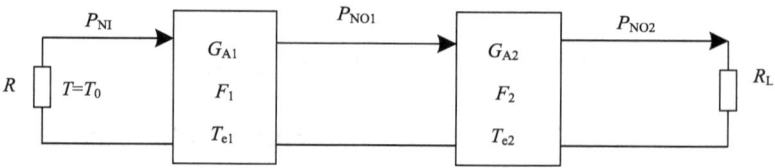

图 7-19 级联两级放大的噪声系数分析

根据等效输入噪声温度的定义,两级放大后总噪声的可用功率 P_{NO1} 和 P_{NO2} 表示为

$$\begin{cases} P_{NO1} = G_{A1} k T_0 B + G_{A1} k T_{e1} B \\ P_{NO2} = G_{A2} P_{NO1} + G_{A2} k T_{e2} B \end{cases} \tag{7.87}$$

计算得到 P_{NO2} 为

$$P_{NO2} = G_{A1} G_{A2} k B \left(T_0 + T_{e1} + \frac{T_{e2}}{G_{A1}}\right) \tag{7.88}$$

两级放大电路系统的总增益为 $G_A = G_{A1} G_{A2}$,总输出噪声可用功率用系统的等效噪声温度 T_e 表示为

$$P_{NO2} = G_A k B (T_0 + T_e) \tag{7.89}$$

对比式(7.88)和式(7.89),得到两级放大电路的等效噪声温度为

$$T_e = T_{e1} + \frac{T_{e2}}{G_{A1}} \tag{7.90}$$

根据噪声系数与等效噪声温度的关系式(7.84),得到系统的总噪声系数为

$$F = 1 + \frac{T_e}{T_0} = F_1 + \frac{F_2 - 1}{G_{A1}} \tag{7.91}$$

对于 N 级放大电路组成的级联系统,如果第 i 级的增益为 G_{Ai},噪声系数为 F_i,可以通过类似的推导得到系统的总噪声系数 F 与各级噪声系数 F_i 之间的关系为

$$F = F_1 + \frac{F_2 - 1}{G_{A1}} + \frac{F_3 - 1}{G_{A1}G_{A2}} + \cdots + \frac{F_N - 1}{G_{A1}G_{A2}\cdots G_{A(N-1)}} \tag{7.92}$$

例 7-6 一个天线通过一段有耗传输线后连接到放大电路上,如图 7-20 所示。传输线的插入损耗 IL=3dB,放大电路功率增益为 G_A=20dB,频带宽度为 B=200MHz,等效噪声温度为 T_e=145K。试求在标准室温时传输线和放大电路(虚线部分)的总噪声系数 F。

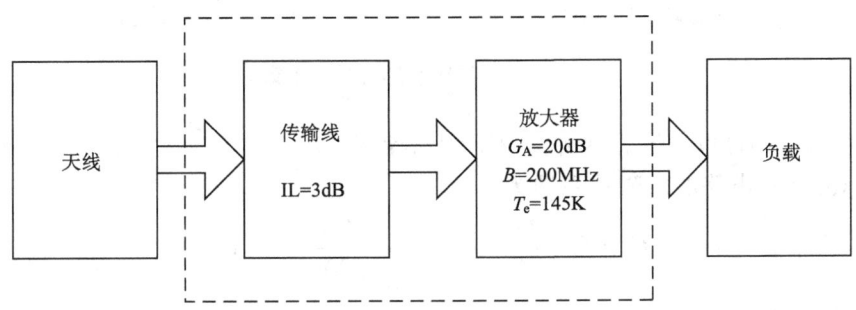

图 7-20 系统连接框图

解 传输线的插入损耗 IL=3dB,故其增益为 G_L=−3dB,或者表示为 G_L=0.5。

首先计算有耗传输线的噪声系数 F_{TL}。

如果有耗传输线输入的噪声可用功率为 kT_0B,其输出的噪声可用功率依然是 $P_{NO}=kT_0B$。根据噪声系数的定义可以得到

$$F_{TL} = \frac{P_{NO}}{G_{TL}P_{NI}} = \frac{kT_0B}{\frac{1}{IL}kT_0B} = 2$$

注意:在标准室温 T_0 下,有耗传输线的输出噪声可用功率不会因为衰减而变为 $kT_0B/2$。根据式(7.76)可得有耗传有耗传输线的输出总噪声可用功率为 $P_{NO}=kT_0B$。因为有耗传输线的输出端依然可以等效为一个有内阻的信号源,其输出噪声可用功率依然为 $P_{NO}=kT_0B$。

然后计算放大电路的噪声系数 F_A,即

$$F_A = 1 + \frac{T_e}{T_0} = 1.5$$

根据级联电路的总噪声系数式(7.91)得到

$$F = F_{TL} + \frac{F_A - 1}{G_L} = 2.0 + \frac{1.5 - 1}{0.5} = 3.0$$

有耗传输线的噪声系数也可以通过输入信号的信噪比和输出信号的信噪比来计算,参考式(7.86)。在例 7-6 的情况中,由于经过有耗传输线后,信号的幅度衰减为一半,而噪声信号没有变化,所以输出信号的信噪比为输入信号信噪比的一半。从而可以得到有耗传输线的噪声系数为 2。在标准室温下,可以分析得到:有耗传输线的噪声系数与其插入衰减是相同

的，即 $F=\text{IL}$。例如，某射频滤波器的插入损耗为 IL=1.5dB，则其噪声系数为 $F=1.5\text{dB}$；某射频混频器的插入损耗为 IL=2.5dB，则其噪声系数为 $F=2.5\text{dB}$。

例 7-7 放大电路 I 的功率增益为 $G_{A1}=20\text{dB}$，噪声系数为 $F_1=2.6$，放大电路 II 的功率增益为 $G_{A2}=6\text{dB}$，噪声系数为 $F_2=2.4$，如图 7-21 所示。求两种级联方式下放大电路的总噪声系数和总功率增益。

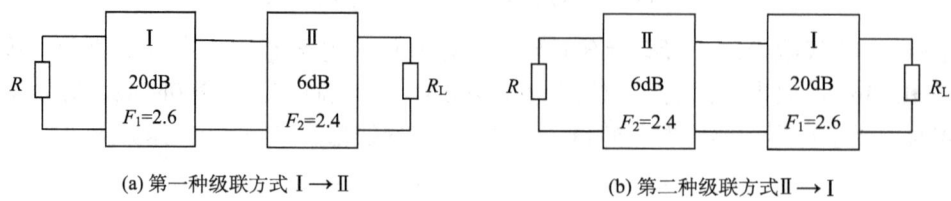

图 7-21 两种级联的总噪声系数

解 根据式(7.91)可以计算两种情况下的总噪声系数。

图 7-21(a)所示电路的总噪声系数为

$$F_a = F_1 + \frac{F_2 - 1}{G_{A1}} = 2.6 + \frac{2.4 - 1}{100} = 2.614$$

总功率增益为

$$G_a = G_{A1} G_{A2} = 100 \times 10 = 1000$$

或者用分贝表示为

$$G_a = G_{A1} + G_{A2} = 30\,\text{dB}$$

图 7-21(b)所示电路的总噪声系数为

$$F_b = F_2 + \frac{F_1 - 1}{G_{A2}} = 2.4 + \frac{2.6 - 1}{4} = 2.8$$

总功率增益为

$$G_a = G_{A1} + G_{A2} = 30\,\text{dB}$$

显然两种级联方式的总功率增益都是 30dB，但总噪声系数是不一样的。在各级功率增益相同的情况下，需要把噪声系数小的放大电路放在前端。当各级放大电路的功率增益不同时，必须进行比较计算才能确定级联次序。在本例中，放大电路 I 的噪声系数大于放大电路 II 的噪声系数，但级联方式 I→II 的总噪声系数小于 II→I 的级联方式。因此，在射频放大系统的设计中，需要调整各级放大电路的次序，使系统具有最小的总噪声系数。对于每一级放大电路，根据其功率增益和噪声系数可以唯一量化出一个噪声测度系数，反映该放大电路在级联电路中的噪声贡献。在放大电路级联的次序上，可以依据的噪声测度系数进行设计。放大电路的噪声测度系数(又称噪声估量)定义为

$$M = \frac{F - 1}{1 - \dfrac{1}{G_A}} \tag{7.93}$$

其中，F 为放大电路的噪声系数；G_A 为功率增益。如果某级放大电路具有较小的噪声测度系数，则应当优先放在系统的前端。

在例 7-7 中,可以比较放大电路 I 的噪声测度系数 M_I 和放大电路 II 的噪声测度系数 M_II:

$$M_\mathrm{I} = \frac{F_1 - 1}{1 - \dfrac{1}{G_\mathrm{A1}}} = \frac{2.6 - 1}{1 - \dfrac{1}{100}} = 1.62$$

$$M_\mathrm{II} = \frac{F_2 - 1}{1 - \dfrac{1}{G_\mathrm{A2}}} = \frac{2.4 - 1}{1 - \dfrac{1}{4}} = 1.87$$

显然,$M_\mathrm{I} < M_\mathrm{II}$,放大电路 I 应该优先放在放大电路 II 的前面,使系统具有较小的总噪声系数。这也与例 7-7 中的计算结果相一致。噪声测度系数不仅可以用于两个放大电路的比较,而且可以用于多个放大电路的比较,决定在级联放大电路中的连接次序。

7.2.3 等噪声系数圆

射频晶体管构成的放大电路,一般可以等效为一个有源两端口网络。这个有源两端口网络的噪声系数可以表示为

$$F = F_\mathrm{min} + \frac{r_\mathrm{n}}{g_\mathrm{S}} |Y_\mathrm{S} - Y_\mathrm{opt}|^2 \tag{7.94}$$

其中,$r_\mathrm{n} = \dfrac{R_\mathrm{n}}{Z_0}$ 为两端口网络等效归一化噪声电阻;$Y_\mathrm{S} = g_\mathrm{S} + \mathrm{j}b_\mathrm{S}$ 为以 Γ_S 表示的归一化源导纳;$Y_\mathrm{opt} = g_\mathrm{opt} + \mathrm{j}b_\mathrm{opt}$ 为归一化源导纳的最优值(即当满足条件 $Y_\mathrm{S} = Y_\mathrm{opt}$ 时,噪声系数有最小值 $F = F_\mathrm{min}$)。归一化源导纳可以用源的电压反射系数 Γ 表示为

$$\begin{aligned} Y_\mathrm{S} &= \frac{1 - \Gamma_\mathrm{S}}{1 + \Gamma_\mathrm{S}} \\ Y_\mathrm{opt} &= \frac{1 - \Gamma_\mathrm{opt}}{1 + \Gamma_\mathrm{opt}} \end{aligned} \tag{7.95}$$

把式(7.95)代入式(7.94),可以得到噪声系数为

$$F = F_\mathrm{min} + \frac{4 r_\mathrm{n} N}{|1 + \Gamma_\mathrm{opt}|^2} \tag{7.96}$$

其中,噪声参数 N 为

$$N = \frac{|\Gamma_\mathrm{S} - \Gamma_\mathrm{opt}|^2}{1 - |\Gamma_\mathrm{S}|^2} \tag{7.97}$$

也可以用噪声系数 F 来表示噪声参数 N 为

$$N = \frac{F - F_\mathrm{min}}{4 r_\mathrm{n}} |1 + \Gamma_\mathrm{opt}|^2 \tag{7.98}$$

可以注意到,当噪声系数 F 为固定值时($F > F_\mathrm{min}$),噪声参数 N 也为一正常数。

从式(7.97)出发,经过推导可以得到当噪声参数 N 为常数时,源电压反射系数 Γ_S 在复平面满足圆方程

$$|\Gamma_\mathrm{S} - C_\mathrm{F}| = R_\mathrm{F} \tag{7.99}$$

其中，圆心为 $C_F = \dfrac{\Gamma_{\text{opt}}}{N+1}$；半径为 $R_F = \dfrac{\sqrt{N^2 + N\left(1 - |\Gamma_{\text{opt}}|^2\right)}}{1+N}$。对于不同的噪声参数 N，通过式(7.96)可以得到相应的噪声系数 F。因此，具有相同噪声系数的 Γ_S，在复平面上对应于满足式(7.99)的一系列圆，称为等噪声系数圆。

射频晶体管的噪声参数主要包括 r_n、Γ_{opt} 和 $F_{\min}$。这些噪声参数一般由生产厂家提供，在进行射频电路设计的时候可以直接使用。在窄带放大电路的设计中，由于射频器件的离散性，器件的噪声系数与实际厂家给出的噪声系数典型值存在 1dB 以内的误差。因此在实际设计中，涉及的噪声系数与最终放大电路的噪声系数值总存在一些差异。

在低噪声放大电路的设计中，总是以牺牲功率增益 G_T 和驻波比 VSWR 来换取的。因为最大转换功率设计、最小噪声系数设计要求的最佳条件是不一样的，不能同时满足，所以通常取噪声系数和功率增益的折中方案。在 Smith 圆图上，可以分别计算出等功率增益圆和等噪声系数圆，显然这两组圆是不重合的，如图 7-22 所示。在 Γ_S 的复平面上，实线的圆族为等噪声系数圆，虚线的圆族为等功率增益圆。在两个圆族中，从小圆到大圆变化时，噪声系数逐渐增大(实线圆族)，功率增益逐渐减少(虚线圆族)。它们各自的最佳位置是不一致的，不可能同时实现最小噪声系数和最大功率增益。因此，实际射频电路设计中，只能选择等噪声系数圆和等功率增益圆族的交叉区域，进行噪声和功率的折中设计。

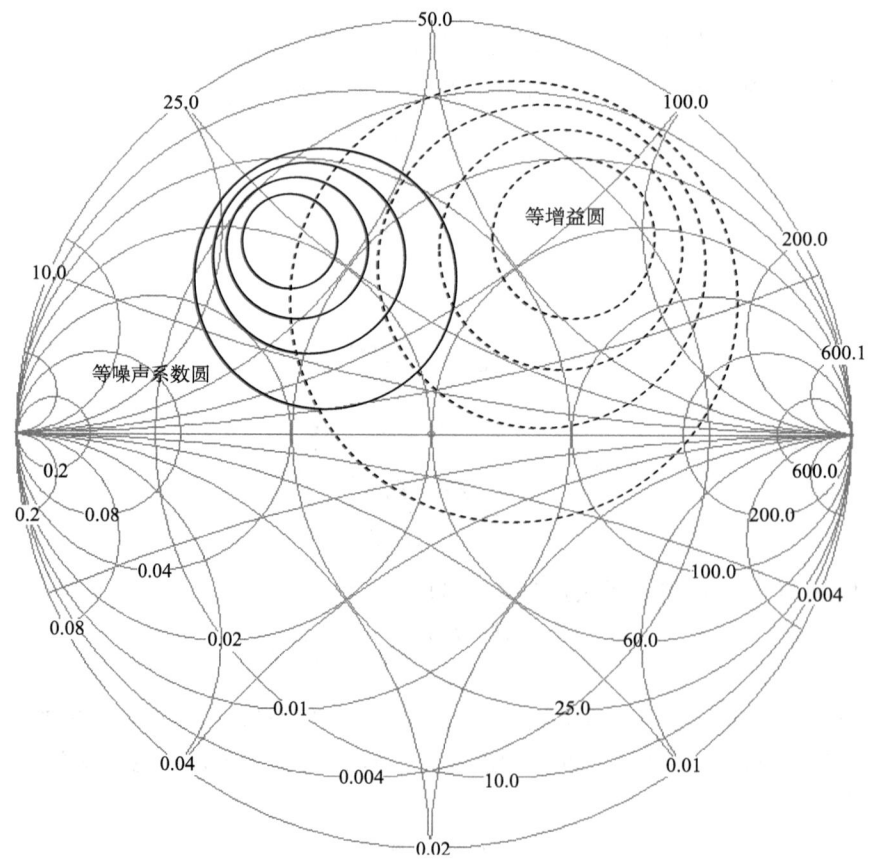

图 7-22　等功率增益圆和等噪声系数圆

例 7-8 已知一个射频晶体管的散射参数和噪声参数，低噪声偏置点（V_{CE}=10V，I_C=4mA），在 4GHz 的工作频率下，散射参数为

$$S_{11} = 0.552\angle 169°$$
$$S_{12} = 0.049\angle 23°$$
$$S_{21} = 1.681\angle 26°$$
$$S_{22} = 0.839\angle -67°$$

噪声参数为

$$F_{\min} = 2.5\,\text{dB}$$
$$\Gamma_{opt} = 0.475\angle 166°$$
$$R_n = 3.5\,\Omega$$

(1) 求使用该晶体管的射频放大电路的最大功率增益。

(2) 如果按照最小噪声系数进行射频放大电路的设计，求该低噪声放大电路的最大功率增益。

解 首先分析该晶体管的稳定性：

$$K = 1.012$$
$$\Delta = 0.419\angle 111.04°$$

显然满足决定稳定条件 $K>1$ 和 $|\Delta|<1$。根据式（7.64）可以获得该晶体管放大电路的最大功率增益为

$$G_T^{\max} = 14.7\,\text{dB}$$

并且得到获得最大功率增益时输入和输出端口的电压反射系数为

$$\Gamma_{MS} = 0.941\angle -154°$$
$$\Gamma_{ML} = 0.979\angle 70°$$

在获得最小噪声系数时，需要满足条件：

$$\Gamma_S = \Gamma_{opt} = 0.475\angle 166°$$

射频放大电路得到最小噪声系数 F=2.5dB。当射频放大电路工作在最小噪声系数的条件时（$\Gamma_{opt}\neq\Gamma_{MS}$），不能满足得到最大功率增益的条件，无法获得最大的功率增益 $G_T^{\max}$。

当信号源的电压反射系数 Γ_S 确定后，根据式（7.59）获得晶体管输出端口的电压反射系数 Γ_{out} 为

$$\Gamma_{out} = S_{22} + \frac{S_{12}S_{21}\Gamma_S}{1-S_{11}\Gamma_S} = 0.844\angle 70.4°$$

为了在最小噪声系数的条件下获得最大功率增益，需要在输出端口满足阻抗共轭匹配条件，所以设置负载的电压反射系数 $\Gamma_L = \Gamma_{out}^*$，以获得最大的功率增益。此时，根据放大电路的工作功率增益计算公式式（7.36），计算到该低噪声放大电路的功率增益 $G_{LN}^{\max}$ 为

$$G_{LN}^{\max} = \frac{1}{1-\left|S_{11}+\dfrac{S_{12}S_{21}\Gamma_{out}^*}{1-S_{22}\Gamma_{out}^*}\right|^2}|S_{21}|^2\frac{1-|\Gamma_{out}^*|^2}{|1-S_{22}\Gamma_{out}^*|^2} = 11\,\text{dB}$$

通过例 7-8 中低噪声放大电路的设计可以看出：如果不考虑噪声系数的关系，使用该射

频晶体管能获得的最大功率增益为 G_T^max =14.7dB；如果要满足最小噪声系数的条件，使用该晶体管能获得的最大功率增益为 G_LN^max =11dB。在低噪声放大电路中获得最小的噪声系数，需要以牺牲一定的功率增益作为代价。如果放宽对噪声系数的要求，例如，噪声系数 F 允许增加 0.1dB 达到 F=2.6dB，则可以根据晶体管噪声系数参数作出 F=2.6dB 的等噪声系数圆，根据晶体管的散射参数作出等功率增益圆，在输入反射系数 Γ_S 的 Smith 圆图上选择出具有最高功率增益的点，再完成低噪声放大电路的设计。这样就可以实现噪声系数 F 和功率增益 G 兼顾的射频晶体管放大电路设计。

7.3 宽带放大电路

当射频放大电路的相对带宽 RBW≤10%时，通常称为窄带放大电路。例如，一个可以工作在 1.9~2.1GHz 的频率范围内射频放大电路，是一个中心频率为 2GHz 的典型窄带放大电路。本章前面章节讨论的放大电路设计方法，都是针对射频窄带放大电路。由于工作频带宽度较窄，可以认为晶体管的 S 参数不随频率变化为常数，输入和输出匹配电路对品质因数没有太严格的要求。窄带放大电路设计的首要目标是获得尽可能高的功率增益。

如果射频放大电路的相对带宽 RBW 很高，当工作频带宽度达到一个倍频程以上时，通常称为宽带放大电路。例如，一个可以工作在 1~2GHz 的射频放大电路，属于宽带放大电路。宽带放大电路的设计目标是在工作频带内获得相对平坦的功率增益，而不再是获得最大功率增益。在宽带放大电路的设计中，往往是以牺牲功率增益换取宽频带的功率增益的平坦特性。

随着工作频带宽度的增加，射频有源器件的特性也会随之发生变化，给放大电路的设计带来诸多困难。晶体管的 S 参数在宽频带内会发生较大变化，一般情况下，正向电压传递系数 $|S_{21}|$ 随频率的升高而下降，反向电压传递系数 $|S_{12}|$ 随频率的升高而升高，从而导致在宽频带范围内放大电路的功率增益不一致；晶体管 $|S_{21}|$ 和 $|S_{12}|$ 的变化导致稳定圆随频率的变化，在一些频率上可能不再满足绝对稳定条件；晶体管 $|S_{11}|$ 和 $|S_{22}|$ 在宽频带内的变化，还会影响到放大电路的功率增益 G 和噪声系数 F；放大电路的输入和输出匹配网络的设计中，也必须考虑宽频带的影响，对晶体管 S 参数变化进行补偿，以获得平坦的功率增益。因此，宽带射频放大电路的设计要比窄带射频放大电路复杂许多。

在射频宽带放大电路的设计中，通常可以采用补偿匹配、平衡放大和负反馈电路的方法来获得宽频带内平坦的功率增益。这 3 种射频宽带放大电路经常采用的这些技术具有自身的优势和应用范围。

1. 补偿匹配电路

补偿匹配电路通过在放大电路中设计失配的输入和输出匹配网络，补偿射频晶体管正向电压传输系数 $|S_{21}|$ 随频率的变化。例如，放大电路的增益可以表示为 $G=G_\text{S}G_\text{O}G_\text{L}$，其中，$G_\text{S}$ 为输入匹配电路的功率增益，G_O 为晶体管两端口网络的功率增益，G_L 为输出匹配电路的增益，晶体管的 $|S_{21}|$ 随频率升高的下降导致 G_O 的下降，则可以在设计输入和输出匹配电路时考虑在高频段实现最佳匹配，在低频段设计为阻抗失配状态。从而可以在低频段降低输入和输出匹配电路的增益 G_S 和 G_L，补偿晶体管两端口网络增益 G_O 在高频段的下降，实现宽频带

范围内功率增益的平坦。

频率补偿匹配网络的电路通常可以采用 L 形匹配电路等简单的匹配电路形式，如图 7-23 所示。在晶体管放大电路的输出匹配电路中使用了电容和电感构成的 L 形匹配电路。匹配电路中元件的参数一般需要进行反复的尝试和修改，使放大电路在整个宽频带范围内具有尽可能平坦的功率增益。在现代频率补偿匹配网络中，开始使用无源集总器件构成复杂的匹配网络，采用基于网络合成的技术在宽频带内实现功率增益的一致。在使用频率补偿网络时，由于在一些频段匹配电路处于阻抗失配状态，会导致放大电路输入或者输出端口的驻波系数 VSWR 的增加，不利于前级和后级的电路设计。放大电路输入和输出端口的阻抗失配是频率补偿匹配电路的主要缺点。

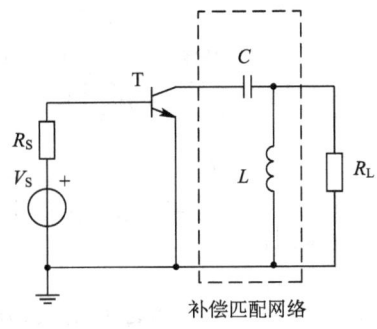

图 7-23 两元件频率补偿匹配电路

2. 平衡放大电路

平衡放大电路采用 3dB 混合耦合器和两个射频放大电路构成对称电路，通过隔离入射信号和反射信号，实现降低输入和输出端口的驻波比 VSWR，电路如图 7-24（a）所示。3dB 耦合器也称作 3dB 功率分配器，可以用微带线、同轴线、波导等多种方式来实现。在射频放大电路的设计中，由于尺寸的限制通常会使用基于微带线构成的 3dB 耦合器，例如，微带线构成的 3dB 分支耦合器和 Wilkinson 耦合器。

一个典型的 3dB 分支耦合器如图 7-24（b）所示，其中，4 个分支传输线的长度均为 $\lambda/4$，各段分支传输线的特征阻抗已在图上标明。根据射频信号相位和各段传输线阻抗之间的关系，通过分析可以得到该 3dB 耦合器的传输特性为：①如果射频信号从端口 1 输入其他端口连接匹配负载，则端口 1 入射的射频信号的功率被平均分配到端口 2 和端口 3 输出，并且输出信号的相位在端口 2 相对于端口 3 超前 $\pi/2$，在端口 4 则由于信号抵消而没有功率输出；②如果端口 2 和端口 3 输入相同幅度的射频信号，并且在相位上端口 2 的射频信号超前端口 3 射频信号 $\pi/2$，则射频功率在端口 4 输出并且功率为输入功率之和，在端口 1 由于信号抵消没有功率输出。

图 7-24（a）中的放大电路，根据 3dB 分支耦合器的传输特性，在端口 1 输入射频信号经过 3dB 耦合器后，被平均分配到晶体管 T_1 和 T_2 的输入端口，其中端口 2 的射频信号超前端口 3 的射频信号 $\pi/2$。假设两个放大电路的特性完全一致，那么晶体管 T_1 和 T_2 反射的射频信号幅度相同，反射信号将进入 3dB 分支耦合器。由于反射信号在端口 2 的相位超前端口 3 的相位 $\pi/2$，按照 3dB 分支耦合器的特性，合成功率在端口 4 输出被 50Ω 的匹配电阻吸收，而在端口 1 则没有输出。因此，即使两个放大电路在输入端产生很大的反射，在平衡放大电路的射频输入端可以没有射频信号的反射，实现很低的输入驻波系数。同理，经过放大电路后的输出信号会在放大电路的输出端口功率合成，而反射信号则被 50Ω 的匹配电阻吸收，可以大幅度降低放大电路的输出驻波系数。

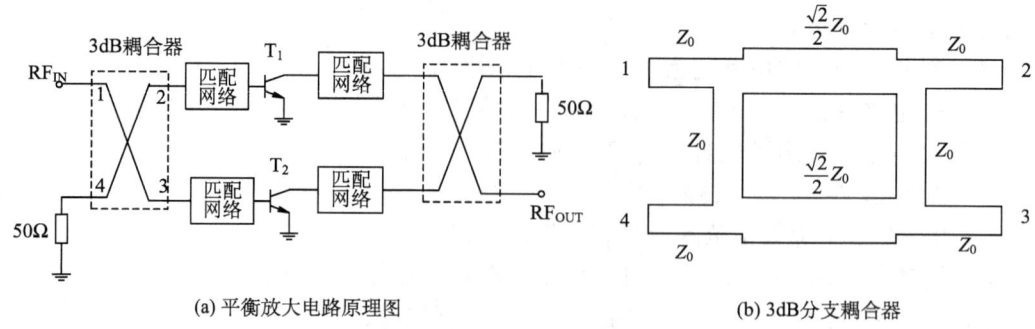

图 7-24 宽带平衡放大电路的结构

平衡放大电路具有如下优点。①可以独立设计射频放大电路，获得平坦的功率增益和噪声系数，不必过多考虑输入和输出端口的阻抗失配问题。因为放大电路输入和输出端口的驻波系数主要取决于 3dB 混合耦合器的性能和两路放大电路的一致性，所以即使每一个放大电路的输入和输出端口的驻波系数都很高，平衡放大电路的总驻波比还会很低。②具有更高的稳定性和可靠性。例如，当两个放大电路中的一个电路失效，平衡放大电路还可以在降低了功率增益的方式下继续工作。③平衡放大电路容易实现级联工作，并且具有 2 倍于单个放大电路的功率输出。由于平衡放大电路的输入和输出端口的驻波系数都很低，便于前级电路和后级电路的独立设计。

平衡放大电路需要使用两个射频放大电路，电路相对更为复杂，而且电路尺寸增大一倍，放大电路消耗功率也增加一倍。另外，3dB 耦合器是基于 $\lambda/4$ 设计的窄带结构，一般带宽只能达到工作中心频率的 50%左右，不利于宽带放大电路的设计。在宽频带的平衡放大电路中，可以使用多级 Wilkinson 耦合器级联的方式，增大 3dB 耦合器的频带宽度，电路结构也更为复杂。

3. 负反馈放大电路

负反馈放大电路使用射频负反馈技术可以获得平坦的功率增益并且降低输入和输出驻波系数。使用负反馈放大电路可以实现超过 10 倍频程的宽带放大电路，频带内功率增益的波动小于 0.1dB。无论适用补偿匹配放大电路或者平衡放大电路，都很难在 10 倍频程的范围内实现如此平坦的功率增益。负反馈放大电路的主要缺点是会增大放大电路的噪声系数，而且使用负反馈技术会使放大电路的功率增益大幅度降低。

负反馈放大电路原理图如图 7-25(a)所示，其中，电阻 R_1 实现了串联电流负反馈，电阻 R_2 实现了并联电压负反馈。在加入负反馈电路后，把负反馈电阻放进晶体管的等效电路，得到晶体管的两端口网络，如图 7-25(b)所示。在晶体管等效两端口网络中，使用了晶体管的低频模型，所以网络参数将全部为实数。根据两端口网络的分析方法，得到加入负反馈后晶体管等效两端口网络的导纳矩阵 Y 为

$$Y = \begin{bmatrix} \dfrac{1}{R_2} & \dfrac{1}{R_2} \\ \dfrac{g_m}{1+g_m R_1} - \dfrac{1}{R_2} & \dfrac{1}{R_2} \end{bmatrix} \tag{7.100}$$

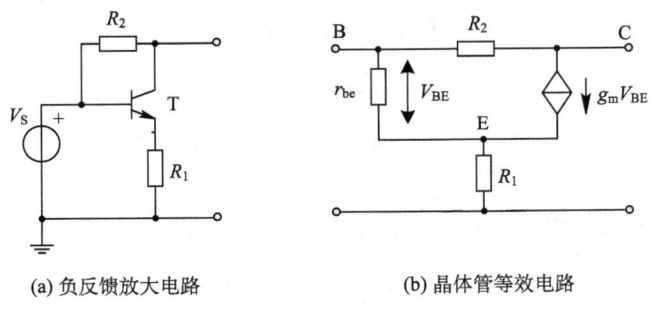

(a) 负反馈放大电路　　　　　(b) 晶体管等效电路

图 7-25　负反馈放大电路

通过两端口网络导纳矩阵 $\boldsymbol{Y}$ 和散射参数矩阵 $\boldsymbol{S}$ 之间的关系,计算得到散射参数矩阵 $\boldsymbol{S}$ 的各个单元为

$$S_{11} = S_{22} = \frac{1}{D}\left[1 - \frac{g_m Z_0^2}{R_2(1+g_m R_1)}\right] \tag{7.101}$$

$$S_{21} = \frac{1}{D}\left[\frac{-2g_m Z_0}{1+g_m R_1} + \frac{2Z_0}{R_2}\right] \tag{7.102}$$

$$S_{12} = \frac{2Z_0}{DR_2} \tag{7.103}$$

其中,Z_0 为传输线的特征阻抗;参数 $D = 1 + \frac{2Z_0}{R_2} + \frac{g_m Z_0^2}{R_2(1+g_m R_1)}$。通过设计负反馈放大电路的输入和输出匹配电路,可以实现输入和输出端口的完全共轭匹配。在完全匹配的条件下,输入端口和输出端口的电压反射系数 $\varGamma_{\text{in}}$ 和 $\varGamma_{\text{out}}$ 均为零,即晶体管等效两端口网络满足条件 $S_{11}=S_{22}=0$,根据式(7.101)可以得到

$$R_1 = \frac{Z_0^2}{R_2} - \frac{1}{g_m} \tag{7.104}$$

同时,根据式(7.102)和式(7.103)可以得到负反馈放大电路等效两端口网络的 S_{21} 和 S_{12} 参数分别为

$$\begin{cases} S_{21} = \dfrac{Z_0 - R_2}{Z_0} \\ S_{12} = \dfrac{Z_0}{R_2 + Z_0} \end{cases} \tag{7.105}$$

其中,需要 $R_2 > Z_0$ 使两端口网络的正向电压传递系数 $S_{21} < 0$,表示输出信号与输入信号相位相反。

因此,在负反馈放大电路设计中,串联反馈电阻 R_1 和并联反馈电阻 R_2 必须满足一定的关系,才能保证放大电路的输入和输出端口都没有反射。从式(7.105)得到负反馈放大电路的功率增益 $|S_{21}|^2$ 只与并联反馈电阻 R_2 和传输线特征阻抗 Z_0 有关,从而可以非常方便地参考功率增益指标进行负反馈网络的设计。例如,要使负反馈放大电路功率增益为 G_T,则根据式(7.105)要求并联反馈电阻 R_2 为

$$R_2 = Z_0 \times (1 - S_{21}) = Z_0 \times (1 + \sqrt{G_T}) \tag{7.106}$$

由于 S_{21} 是小于零的实数,在式(7.106)中可以直接根据功率增益 G_T 确定电压正向传递系数 S_{21}。

并联反馈电阻 R_2 的选择还受到晶体管参数的限制,由式(7.104)得到

$$R_1 = \frac{Z_0^2}{R_2} - \frac{1}{g_m} > 0 \tag{7.107}$$

确定并联反馈电阻 R_2 的取值范围为

$$R_2 < g_m Z_0^2 \tag{7.108}$$

在设计负反馈放大电路时,确定放大电路的功率增益 G_T 后,需要选择满足要求的晶体管,使晶体管的转移电导 g_m 满足条件

$$g_m > g_m^{\min} = \frac{R_2}{Z_0^2} = \frac{1 - S_{21}}{Z_0} \tag{7.109}$$

在晶体管的低频等效电路模型中,散射参数均为实数,而且输出信号和输入信号相位相反,所以晶体管散射参数 $S_{21}<0$,晶体管的正向电压放大倍数为 $|S_{21}|=-S_{21}$。如果晶体管工作在高频段时,散射参数为复数,输出信号和输入信号不再反相,而是相位差 $\varphi \to 90°$,则可以通过在反馈网络中加入电感或电容等电抗元件进行相位调节,满足负反馈条件的要求使相位差 $\varphi > 90°$。

7.4 功率放大电路

根据晶体管的静态工作点,通常可以把射频放大电路分为 4 类:A 类(甲类)、B 类(乙类)、AB 类(甲乙类)和 C 类(丙类)。在 A 类放大电路中,放大电路对输入信号的整个周期都可以起到放大作用;在 B 类放大电路中,晶体管只对输入信号每个周期中的一半起到放大作用,在另外半个周期中晶体管处于截止状态;在 AB 类放大电路中,当输入信号幅度较小时,放大电路工作在 A 类状态,当输入信号幅度较大时,放大电路工作在 B 类状态;在 C 类放大电路中,放大电路只对输入信号每个周期中不足一半的周期起到放大作用,其他时间内晶体管处于截止状态。

一般来讲,A 类放大电路的工作效率很低,非常适合于射频小信号的放大;C 类放大电路的工作效率很高,非常适合于射频大功率信号的放大。在射频放大电路的分析中,需要根据电路的具体工作状态,确定该电路是属于哪一类的放大电路。

在射频通信系统中,典型的接收电路通常需要使用小信号放大电路和低噪声放大电路。在发射系统中,通常需要用到射频功率放大电路。射频移动通信中的便携机的输出功率一般在 1000mW 以下,而基站的射频输出功率一般为 10~100W。在接收机射频放大电路的设计中,需要用到晶体管的射频小信号线性模型;而在功率放大电路的设计中,需要用到晶体管的射频大信号的非线性模型分析。

7.4.1 A类功率放大电路

对于一些射频小功率情况,例如,在 4GHz 频率以下实现 1W(30dBm) 的输出功率,或者在 UHF 频段实现 5W 的输出功率,可以选用 A 类放大电路作为功率放大电路。在小信号输入时,A 类放大电路始终工作在线性区域,可以使用最大功率增益、最小噪声系数等设计方案。在大信号输入时,A 类放大电路可能工作在非线性区域,会出现较大的非线性失真。在输出匹配电路的设计中,需要提高电路的品质因数,才能抑制基频信号的谐波,减小信号的非线性失真。

对于 A 类功率放大电路,随着输出射频功率的增加,晶体管趋于功率饱和,晶体管 S 参数也随之发生很大的变化。实验测量大信号下晶体管的 S 参数比较困难,所以一般直接采用厂家提供的大信号下的 S 参数。此时,只要使用厂家提供了大信号下晶体管的 S 参数,A 类功率放大电路就可以参考小信号放大电路设计步骤(注意一定要使用晶体管在大信号下的 S 参数进行功率放大电路设计)。

通常厂家在提供大信号下晶体管的各种参数时,往往给出当工作在 1dB 增益压缩点时,晶体管的大信号源电压反射系数 Γ_{SP} 和负载电压反射系数 Γ_{LP} 以及输出功率 P_{1dB}。在利用 1dB 增益压缩点的参数进行放大电路的设计时,需要使用不同于利用晶体管 S 参数进行放大电路设计的方法。

1dB 增益压缩点(G_{1dB})定义为:由于晶体管的非线性特性,放大电路实际输出功率增益比线性功率增益降低 1dB 时放大电路的实际功率增益,表示为

$$G_{1dB}(dB) = G_O(dB) - 1dB \tag{7.110}$$

其中,G_O 是小信号线性功率增益时的分贝值。1dB 增益压缩点由图 7-26 表示,实线代表晶体管输出功率 P_{OUT} 随输入功率 P_{IN} 增加的实际变化,虚线代表输出功率 P_{OUT} 与输入功率 P_{IN} 之间理想的线性关系。当输入功率 P_{IN} 增加到 $P_{IN,1dB}$ 时,输出功率 $P_{OUT}=P_{1dB}$ 比线性功率增益 P_O 下降了 1dB。因此,输入功率、输出功率和 1dB 增益压缩点满足关系:

$$P_{1dB}(dBm) = P_{IN,1dB}(dBm) + G_{1dB} \tag{7.111}$$

A 类功率放大电路在正常工作范围内,能输出的最大功率定义为 1dB 增益压缩点的输出功率 P_{1dB},能输出的最小功率定义为比噪声底功率高 3dB 的功率 $P_{o,mds}$。如果放大电路输出功率超出 P_{1dB},则输出信号非线性失真太严重;如果输出信号功率小于 $P_{o,mds}$,则会受噪声信号会淹没有用的输出信号。因此,对于 A 类放大电路定义输出信号有效的功率范围为放大电路的动态范围,用公式表示为

$$DR = P_{1dB} - P_{o,mds}(dB) \tag{7.112}$$

其中,噪声底的功率 $P_{o,mds}$ 可以根据放大电路噪声关系进行计算,表示为

$$\begin{aligned}P_{o,mds}(dBm) &= 10\log(G_A kT_0 BF) + 3\,dB \\ &= -174\,dBm + 10\log B + G_A(dB) + F(dB) + 3\,dB\end{aligned} \tag{7.113}$$

其中,G_A 为放大电路的功率增益;$T_0=290K$ 为标准室温;B 为放大电路的工作频带宽度;F 为放大电路的噪声系数。

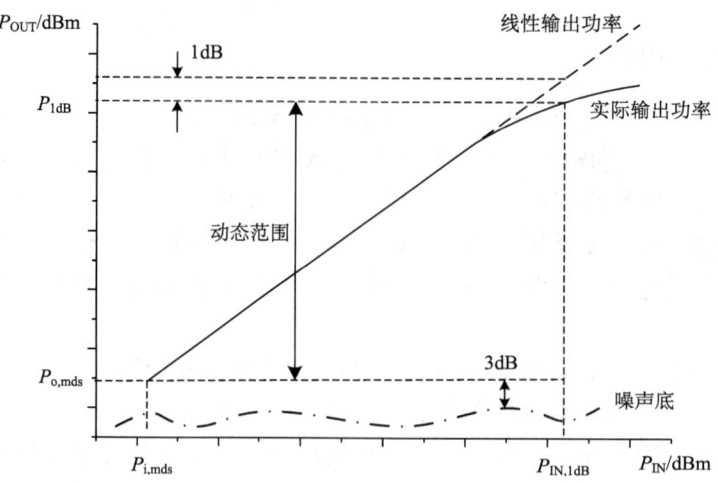

图 7-26　1dB 增益压缩点和放大电路动态范围

在设计 A 类功率放大电路的时,需要根据厂家给出的晶体管在 1dB 增益压缩点的参数,调整信号源和负载的电压反射系数。厂家给出的源电压反射系数为 Γ_{SP},负载电压反射系数为 Γ_{LP},其含义如图 7-27 所示,分别为从晶体管输入和输出端口通过匹配网络向信号源和负载看过去的电压反射系数。由于 Γ_{SP} 和 Γ_{LP} 都会随着频率改变而发生变化,厂家一般会在 Smith 圆图上给出变化数据。另外,如果固定晶体管的输出功率,在 Γ_{LP} 平面可以得到等输出功率的曲线。由于大信号下有源器件有非常强的非线性,等输出功率曲线一般不为圆。厂家有时也会以等输出功率曲线的形式给出晶体管的大信号参数。

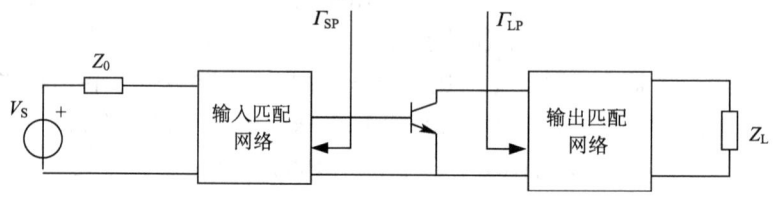

图 7-27　功率放大电路示意图

依照厂家给出的 1dB 增益压缩点的数据,设计 A 类射频功率放大电路的步骤如下:

(1) 选择合适的有源器件,检验晶体管在 1dB 增益压缩点的特性和频率特性,是否能满足放大电路设计需要。

(2) 检查稳定条件,判断晶体管是否满足绝对稳定条件,或者在 Smith 圆图上绘出稳定区域。

(3) 对于给定输出功率的要求,在 Smith 圆图上绘出等输出功率曲线,如果厂家没有给出该等输出功率曲线,可以通过插值的方法获得。

(4) 选择合适的 Γ_{LP} 以满足输出放大电路功率的需要,并根据电压反射系数 Γ_{LP} 计算晶体管输出端口的电压反射系数 Γ_{IN}。

(5) 选择 $\Gamma_{SP}=\Gamma_{IN}^*$,以满足共轭匹配条件获得最大的功率增益。

(6) 依据获得的 Γ_{LP} 和 Γ_{SP} 值,设计 A 类功率放大电路的输入和输出匹配网络。

7.4.2 B类和C类功率放大电路

工作频率高于 1GHz 的射频功率放大电路通常使用 A 类功率放大电路；在 1GHz 以下的频率范围内，射频功率放大电路可以采用 AB 类、B 类、C 类放大电路。由于 A 类放大电路的最高理论效率只有 50%，而 B 类放大电路的最高理论效率可以达到 78.5%，使用 B 类和 C 类放大电路可以获得更高的放大效率。由于晶体管最大输出功率的限制，在使用相同的晶体管的情况下，采用 B 类和 C 类放大电路可以获得比 A 类放大电路更高的输出功率。

4 类放大电路的输入和输出信号的示意图如图 7-28 所示。由于晶体管 T 在低频段散射参数 $S_{21}<0$，输出信号与输入信号相位相反。

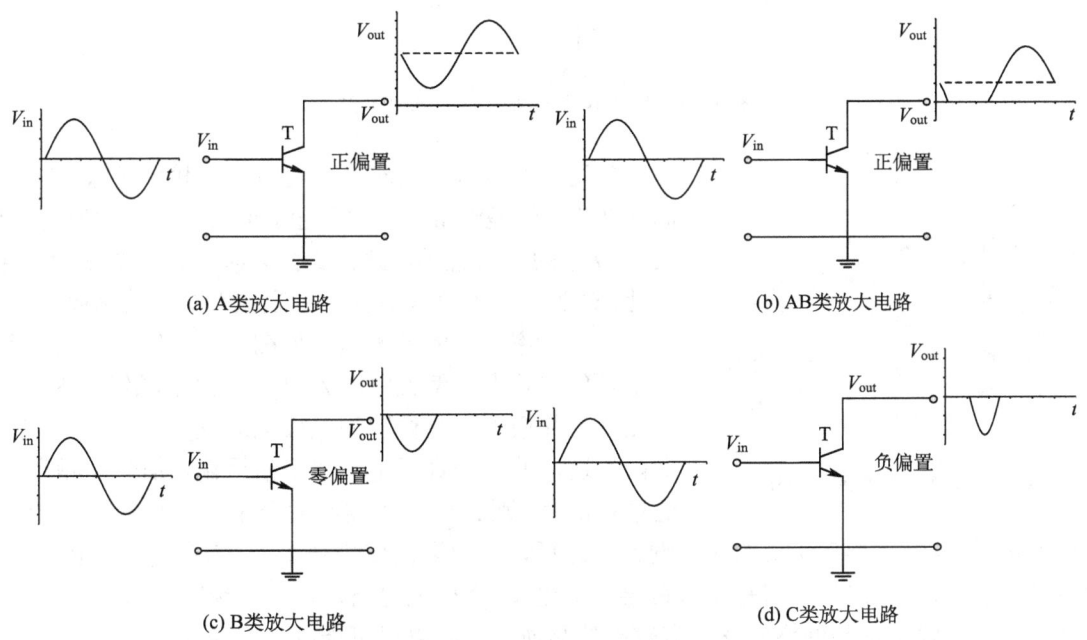

图 7-28　4 类放大电路的输入输出信号示意图

对于 B 类放大电路只有半个周期能够放大信号，可以采用类似低频功率放大电路中的推挽放大、OTL、OCL 的类似电路，通过互补电路构成整个波形的放大。如图 7-29 所示，在输入信号的正半周期，NPN 型晶体管 T_1 导通，电流 I_{C1} 构成正半周期；在输入信号的负半周期，PNP 型晶体管 T_2 导通，电流 I_{C2} 构成负半周期。两个晶体管的电流 I_{C1} 和 I_{C2} 在负载 R_L 上合成电流 I_{OUT}，负载得到电压 V_{OUT}。由于晶体管进入线性工作区都需要一个正向偏置电压，所以在周期变换的时候会出现严重的交越失真。

为了减少 B 类放大电路的交越失真，需要给两个晶体管施加一定的直流偏置电压，使其处在线性工作区。这时放大电路处在 AB 类放大状态，称为 AB 类功率放大电路。依然采用互补型电路设计，得到互补 AB 类放大电路，如图 7-30 所示。通过电容 C 隔离直流电压，在晶体管 T_1 和晶体管 T_2 上分别施加偏置电压 V_{B1} 和 V_{B2}，使晶体管 T_1 和晶体管 T_2 都工作在线性区域，尽可能减小交越失真的出现。

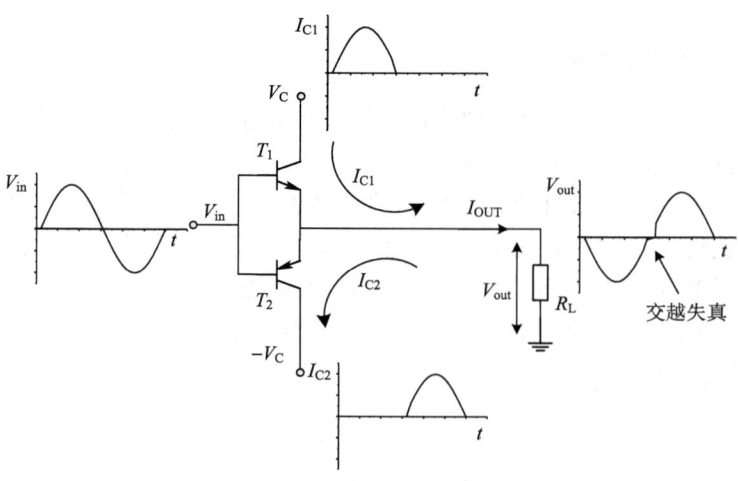

图 7-29 互补 B 类放大电路的基本电路

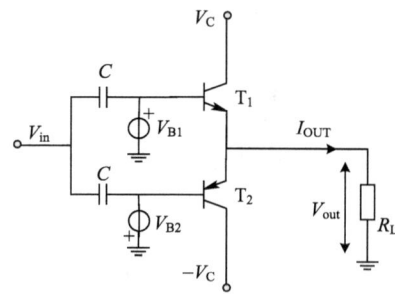

图 7-30 互补 AB 类放大基本电路

C 类放大电路在大部分时间内处于截止状态,具有很高的效率,但是波形失真很严重。通常需要在输出电路连接高 Q 值的谐振选频电路,滤去高次谐波保留基频信号。因此,C 类放大电路只适合于单频或者窄带功率放大的情况。C 类功率放大的基本电路如图 7-31 所示。晶体管 T 处于负偏置状态,偏置电压为 $-V_{BB}$ 经过射频线圈 RFC 加在晶体管基极上。晶体管集电极电流 I_C 只在不足半个周期内导通,波形失真严重。但是如果输入信号是频率为 f 的单频信号,则 I_C 中的主要频率分量依然是基频 f 的信号和谐波信号。在经过高 Q 值的 LC 选频电路后,高次谐波信号被滤去(能量反射回晶体管,没有功率损失),输出信号将是基频信号。通过 C 类放大电路,可以实现对输入信号的高效率功率放大。输出选频网络应该具有较高的品质系数,以尽可能降低谐波失真。

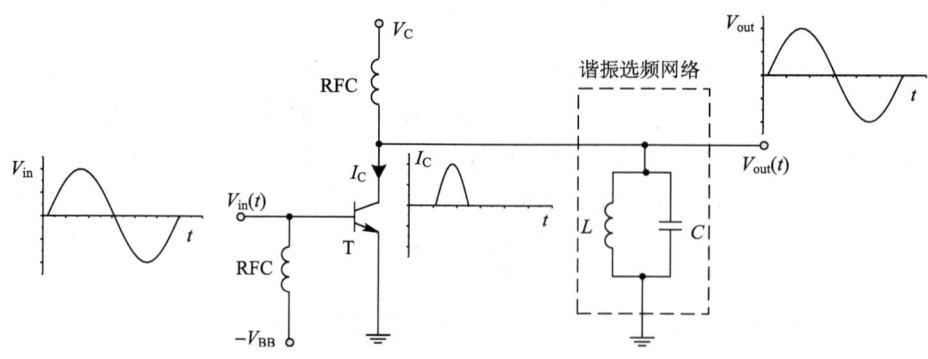

图 7-31 C 类基本放大电路

将 4 类放大电路的特性列表进行对比,如表 7-3 所示。由于 A 类放大电路的最高效率只有 50%,意味着输出 1W 的射频功率至少要消耗 2W 的直流电源功率。在便携式通信系统中,很多采用电池进行供电,必须考虑提高射频功率放大电路的效率以延长电池的使用时间。对于窄带功率放大电路,可以选择 C 类放大电路以获得较高的效率,需要设计高 Q 值选频电路,并且注意输入和输出匹配网络的设计。C 类放大电路难以同时兼顾高效率($\Theta \to 0$)和大功率输出($\Theta > 120°$)之间的矛盾,而且对于非恒定网络的已调制信号放大时会产生新的频率。另外,C 类放大电路还可以用于实现倍频和调幅电路。4 类放大电路各有优缺点,要按照设计的要求选用合适的放大电路类型。

表 7-3　4 类放大基本电路特性

	A 类放大电路	AB 类放大电路	B 类放大电路	C 类放大电路
直流偏置(V_{BB})	$V_{BB}>0$	$V_{BB}>0$	$V_{BB}=0$	$V_{BB}<0$
理论效率(η)	$\eta \leqslant 50\%$	$50\%<\eta<78.5\%$	$\eta=78.5\%$	$78.5\%<\eta<100\%$
导通角(Θ)	$\Theta=360°$	$180°<\Theta<360°$	$\Theta=180°$	$0°<\Theta<180°$
电路特点		互补电路	互补电路	输出谐振电路
频带(B)	宽带	宽带	宽带	窄带/单频
失真类型	交调失真	交调失真	交越失真	谐波失真

除了上述 4 种基本类型的放大电路,在 C 类(丙类)放大电路的基础上,出现了 D 类(丁类)和 E 类(戊类)两种类型的放大电路。D 类和 E 类放大电路具有比 C 类放大电路更高的效率,理论效率为 $\eta=100\%$。这两类放大电路的原理是使晶体管交替工作在截止和饱和导通两种状态,类似于一个理想的开关。晶体管的损耗仅由其饱和电压的损耗决定。依然需要通过 LC 谐振电路得到基频信号的输出。

D 类和 E 类放大基本电路如图 7-32(a)和(b)所示。D 类放大电路需要有比 C 类放大电路更强的输入激励信号,才能使放大电路交替工作在饱和导通和截止两种状态,晶体管 T_1 和 T_2 上的电压和电流波形都是近似为方波,经过高 Q 值的 L 和 C_2 组成的谐振电路滤去高次谐波。D 类放大电路主要受晶体管开关时间(截止和导通转换时间)的限制,放大电路的效率和工作频率受到一些限制。E 类放大电路在 D 类放大电路的基础上进行了电路改进,使用高阶电抗网络 L_1、C_1、L_2、C_2 作为负载回路,利用网络的瞬态响应保证晶体管的电压和电流波形为方波。E 类放大电路既提高了放大电路的效率又保护了晶体管不受损害。

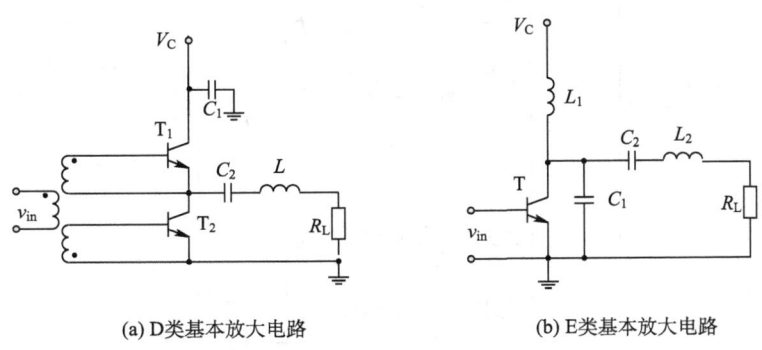

(a) D 类基本放大电路　　　　(b) E 类基本放大电路

图 7-32　D 类和 E 类放大电路

D 类和 E 类放大电路比 C 类放大电路具有更高的效率,但在应用范围上也受到更多的限制。因为 D 类和 E 类放大电路的输出信号幅度与输入信号幅度没有线性关系,所以在幅度调制信号的放大上受到限制。

7.4.3 功率合成放大电路

如果单个晶体管输出的最大功率不能满足设计的要求，就可以通过使用功率合成技术。使用功率合成技术，可以把两个或者多个放大电路的输出信号同相相加，实现高功率的射频输出。类似于目前流行的并行计算机系统，使用功率合成技术可以超越单个放大电路的限制，实现更高的功率输出。例如，每一个放大电路的最大输出功率为1W，如果把 10 个同样的放大电路并联起来，经过功率合成网络就可以获得10W 的射频功率输出。目前，功率合成技术已经得到了广泛应用，成为功率放大电路中的一项重要技术。

典型的多级功率合成放大电路如图 7-33(a)所示，每两个放大电路输出的功率经过第一级功率合成网络相加在一起，每两个输出功率再经过第二级功率合成网络相加在一起，最后经过多级合成后将相加的功率输出。单级功率合成基本放大电路如图 7-33(b)所示，输入功

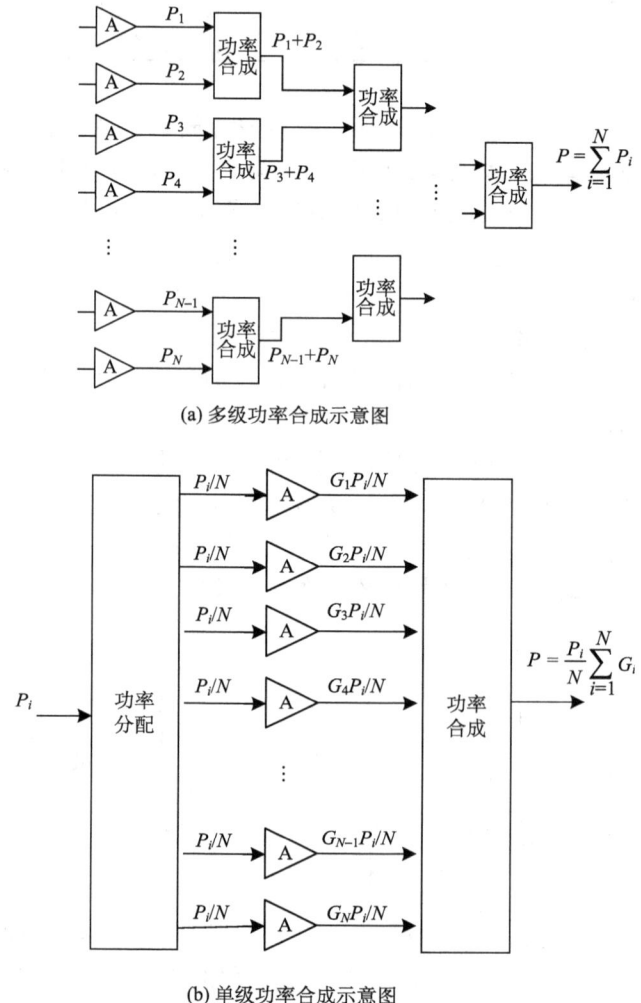

(a) 多级功率合成示意图

(b) 单级功率合成示意图

图 7-33 两种典型的功率合成方式

率 P_i 被平均分配到 N 个放大电路，第 i 个放大电路的功率增益为 G_i，输入信号经过多路放大后，再由功率合成网络将射频功率相加输出。在功率合成网络中，需要特别注意相位的设计。因为如果在功率合成时相位不一致，将不能实现同相相加，降低输出功率并有可能损坏晶体管。

如果不使用功率合成和功率分配网络，直接把多个晶体管直接并联使用会导致放大电路效率下降，稳定性变差（一个晶体管的损坏将导致整个放大电路不能使用）。晶体管直接并联使用对晶体管一致性的要求很高，输入和输出匹配网络的设计会更困难，因此不提倡直接并联晶体管增加输出功率的电路设计方法。

在平衡放大电路中使用的 3dB 耦合器可以作为功率合成网络，把两个端口输入的功率在一个端口输出，电路原理图如图 7-34(a) 所示。3dB 耦合器可以基于微带线、波导、同轴线系统进行设计，因此功率合成的方法在很多场合都可以得到应用。图 7-34(b) 给出了一个实际的功率合成放大电路。电路为上下对称的两部分，左侧射频输入信号经过 3dB 耦合器，分为两路分别送入上部和下部两个放大电路。两个 3dB 耦合器已经在图中用白色箭头标出。输出的信号则通过转换接头（有 OUT 标记）输出，电阻 $R7$ 为 3dB 耦合器输出端的匹配电阻。对比电路原理图和实际电路，还可以找到放大电路 A_1 和 A_2 的位置。

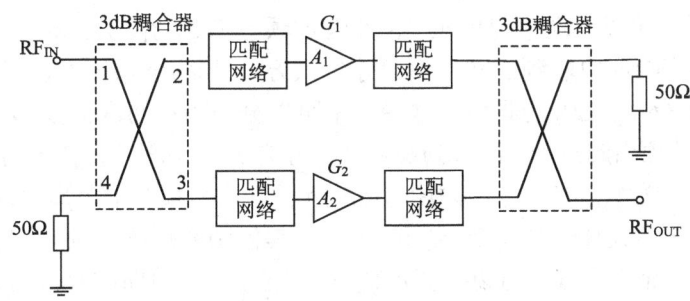

(a) 电路原理图

(b) 实际电路

图 7-34 基于 3dB 耦合器的功率合成电路

7.4.4 功率放大的交调失真

功率放大电路工作在大信号状态，晶体管工作在非线性区域，出现较多的非线性失真。因此，功率放大电路失真主要是交调失真。理想的线性放大电路是没有交调失真的，对于小信号射频放大电路也往往不考虑其交调失真。在功率放大电路中，交调失真是衡量放大电路性能的一个重要参数。

在有两个或多个单频信号输入的情况下，非线性放大电路会输出除这些单频的新频率信号。这些新出现的单频信号就是非线性系统交调失真的产物。如果输入信号的频率是 f_1 和 f_2，幅度相同的两个单频信号为

$$V_i(t) = \cos(2\pi f_1 t) + \cos(2\pi f_2 t) \tag{7.114}$$

放大电路的非线性幅度响应用幂函数逼近表示为

$$V_O(t) = AV_i(t) + BV_i^2(t) + CV_i^3(t) + \cdots \tag{7.115}$$

其中，A、B、C 为常数。如果只取到二次方项，则输出电压为

$$\begin{aligned} V_O(t) = & A\cos(2\pi f_1 t) + A\cos(2\pi f_2 t) \\ & + B\cos^2(2\pi f_1 t) + B\cos^2(2\pi f_2 t) + 2B^2\cos(2\pi f_1 t)\cos(2\pi f_2 t) \end{aligned} \tag{7.116}$$

将式 (7.116) 展开后，可以发现输出电压 $V_O(t)$ 包含频率 DC、f_1、f_2、$2f_1$、$2f_2$、$f_1 \pm f_2$。如果放大电路的非线性幅度响应中取到三次方项，除二次方展开输出电压 $V_O(t)$ 得到的频率，还得到包含 $3f_1$、$3f_2$、$2f_1 \pm f_2$、$f_1 \pm 2f_2$ 的频率。这些频率可以分类为：两次谐波 $2f_1$、$2f_2$（V^2 项引起）；三次谐波 $3f_1$、$3f_2$（V^3 项引起）；两阶交调 $f_1 \pm f_2$（V^2 项引起）；三阶交调 $2f_1 \pm f_2$、$f_1 \pm 2f_2$（V^3 项引起）。放大电路输出信号的频率分布示意图如图 7-35 所示，这些频率中距离输入信号频率 f_1 和 f_2 最近的频率是三阶交调失真的产物 $2f_1-f_2$ 和 $2f_2-f_1$。其他频率距离基频 f_1 和 f_2 较远，很容易使用滤波器滤除，但三阶交调的产物 $2f_1-f_2$ 和 $2f_2-f_1$ 会落在放大电路的有效带宽内，不能使用滤波器滤除。三阶交调失真是射频功率放大电路的一项主要失真，也是衡量功率放大电路性能的一项重要指标。

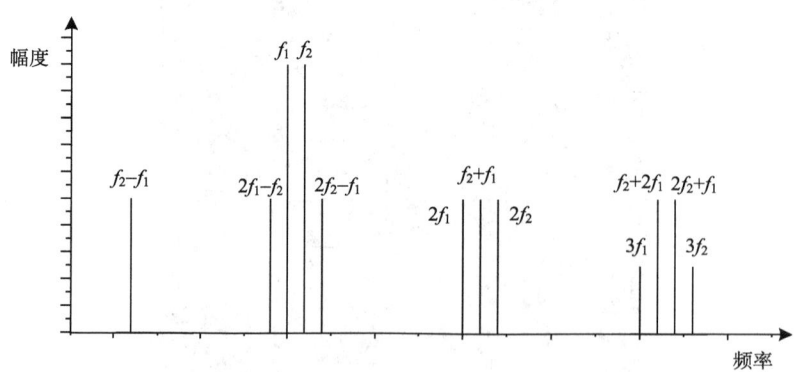

图 7-35 非线性放大电路输出信号的频率分布

三阶交调失真产物的输出功率 $P_{2f_1-f_2}$ 随 f_1 的输入功率 P_{fi} 变化，近似有线性关系。定义三阶截点（用 P_{TOI} 或 P_{IP} 表示）：对于两端口线性网络，输入功率 P_{fi} 和交调失真产物 $P_{2f_1-f_2}$ 的交叉点。三阶截点 P_{IP} 是一个理论上存在的功率值。三阶截点 P_{IP} 的值越高，放大电路就具有越

高的动态范围。理论和实验都可以得到三阶截点在 1dB 增益压缩点以上 10dB,关系表示为
$$P_{\text{IP}}(\text{dBm}) = P_{\text{dB}}(\text{dBm}) + 10\,\text{dB} \tag{7.117}$$

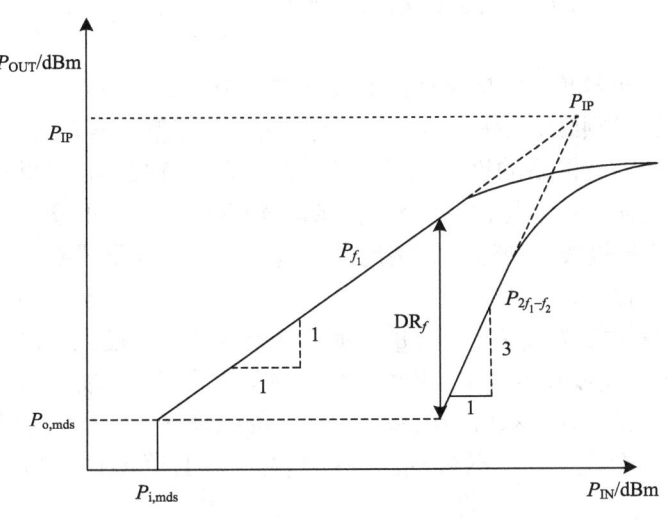

图 7-36 三阶截点的示意图

对于线性两端口网络,根据式(7.115)可以得到输入功率与不同频率分量的输出功率之间的关系。在频率 f_1 下输入的射频功率 P_{IN} 和在频率 f_1 和 $2f_1-f_2$ 下的输出功率 P_{OUT} 的关系图上,P_{f_1} 对应直线的斜率为 1,$P_{2f_1-f_2}$ 对应直线的斜率为 3,如图 7-36 所示,并可以得到关系:

$$\frac{P_{\text{IP}} - P_{f_1}}{P_{\text{IP}} - P_{2f_1-f_2}} = \frac{1}{3} \tag{7.118}$$

经过简单推导得到

$$P_{2f_1-f_2} = 3P_{f_1} - 2P_{\text{IP}}(\text{dBm}) \tag{7.119}$$

随着输入功率 P_{IN} 的增加,当三阶交调产物的功率 $P_{2f_1-f_2}$ 达到了最小可以检测的信号功率(类似于 1dB 增益压缩点对放大电路动态范围的定义),可以得到基于交调失真定义的动态范围 DR_f 为

$$\begin{aligned}\text{DR}_f &= \left(P_{f_1} - P_{2f_1-f_2}\right)\Big|_{P_{2f_1-f_2}=P_{\text{o,mds}}} \\ &= \frac{2}{3}\left(P_{\text{IP}} - P_{\text{o,mds}}\right)\end{aligned} \tag{7.120}$$

一般地,基于交调失真定义的动态范围 DR_f 小于基于 1dB 增益压缩点定义的动态范围 DR。

实验中可以使用射频信号源和频谱分析仪进行三阶截点的测量。射频信号源产生两个相近的频率 f_1 和 f_2,经过功率放大电路后使用频谱分析仪测量基频输出的功率 P_{f_1} 和一个三阶交调输出的功率 $P_{2f_1-f_2}$,根据式(7.119)可以计算得到三阶截点:

$$P_{\text{IP}} = P_{f_1} + \frac{1}{2}\left(P_{f_1} - P_{2f-f_{21}}\right) \tag{7.121}$$

这为测量三阶交调失真提供了一个切实可行的方法。而且在得到了三阶截点后,还可以

计算得到1dB增益压缩点。

7.5 射频放大电路综合分析设计

在直流偏置网络和射频放大电路连接的设计中，经常采用的方法：①直流偏置网络和射频放大电路需要通过射频线圈(RFC)连接在一起，隔断直流偏置网络对射频通路阻抗的影响，可以简化匹配网络和偏置网络的设计；②晶体管的输入端连接$\lambda/4$高阻抗传输线，通过电容接地，在输入端对任何射频信号都形成开路，防止输入射频信号的功率损失；③晶体管的输出端连接$\lambda/4$高阻抗传输线，通过电容接地，在输出端有效地形成射频开路，防止放大的射频信号泄漏到直流偏置网络。

相应的实现电路如图 7-37 和图 7-38 所示，直流偏置网络通过 RFC 和电容 C_2 连接到晶体管 T。$\lambda/4$ 高阻抗传输线和电容 C_2 在射频端形成有效的开路，防止射频信号的泄漏。使用上述 3 种方法，可以保证直流和射频电路之间很高的隔离度。另外，采用平衡式匹配电路的设计，可以减少并联分支与串联传输线之间的耦合，并且降低输入和输出电路的驻波系数 $VSWR_{IN}$ 和 $VSWR_{OUT}$。

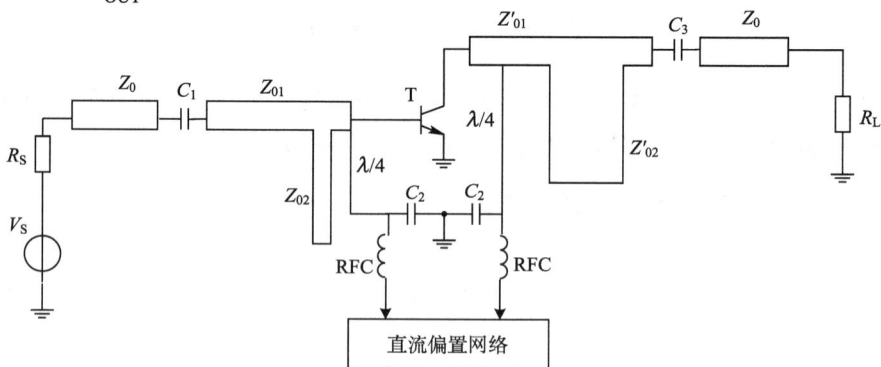

图 7-37 非平衡并联分支匹配的放大电路

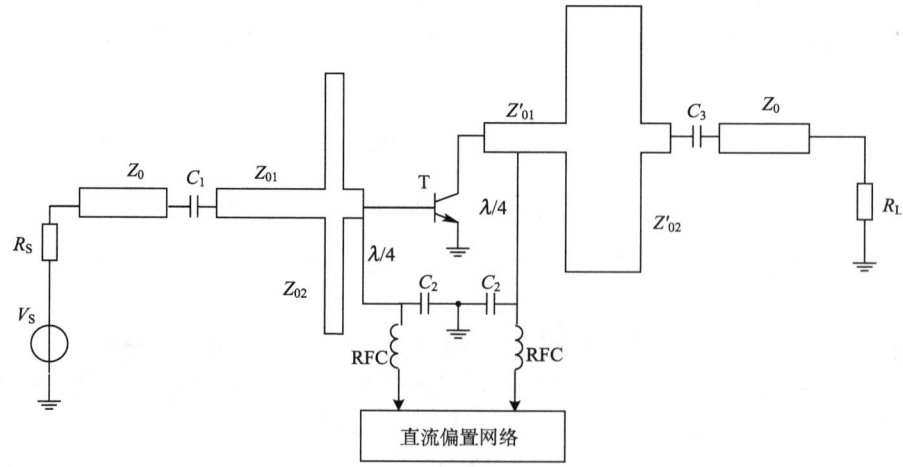

图 7-38 平衡式并联分支匹配放大电路

下面举例说明射频晶体管放大电路的综合设计和分析过程。例 7-9 是一个基于集总参数匹配网络实现最大功率增益的晶体管放大电路的设计。

例 7-9 在 2GHz 频率时，测量一个晶体管在直流工作点 V_{CE}=5V, I_C=10mA，其 S 参数为 $S = \begin{bmatrix} 0.62\angle 140° & 0.06\angle -10° \\ 2.58\angle 20° & 0.53\angle -120° \end{bmatrix}$。使用这个晶体管设计工作在 2GHz 的射频放大电路，要求获得最大功率增益。

解 检验稳定条件：

$$|\Delta| = |S_{11}S_{22} - S_{12}S_{21}| = 0.147 < 1$$

$$K = 2.29 > 1$$

晶体管满足绝对稳定条件。

检验使用单向传输模型带来的误差：

$$U = 0.05$$

$$0.91 < \frac{G_T}{G_{TU}^{max}} < 1.11$$

$$-0.43\,\text{dB} < \frac{G_T}{G_{TU}^{max}} < 0.45\,\text{dB}$$

计算放大电路的最大功率增益：

$$G_S^{max} = \frac{1}{1 - |S_{11}|^2} = 1.43 = 1.55\,\text{dB}$$

$$G_L^{max} = \frac{1}{1 - |S_{22}|^2} = 1.25 = 0.97\,\text{dB}$$

$$G_o = |S_{21}|^2 = 7.95 = 9\,\text{dB}$$

$$G_{TU}^{max} = G_S^{max} + G_o + G_L^{max} = 11.55\,\text{dB}$$

与 11.55dB 的最大增益相比，可以忽略±0.5dB 的增益误差，采用单向传输模型进行放大电路设计。

输入和输出匹配网络设计。在单向传输模型中，$\Gamma_{IN} = S_{11}$ 和 $\Gamma_{OUT} = S_{22}$。利用 Smith 圆图进行阻抗匹配的设计，如图 7-39 所示。在输入匹配网络中，从晶体管出发串联一个电容，再并联一个电感；在输出匹配网络中，从晶体管出发并联一个电容，再串联一个电感。匹配网络中的电容和电感可以在 Smith 圆图上得到。

根据上述计算可以得到基于集总参数匹配电路设计的射频放大电路，如图 7-40 所示。窄带放大电路设计中如果没有给出对品质因数或者频率响应的要求，可以采用集总参数的 L 形匹配电路进行输入和输出匹配电路的设计。L 形匹配电路结构简单，能满足一般设计的要求。如果要实现完整的射频晶体管放大电路，例如，完成晶体管直流偏置电路的设计，需要知道该晶体管更多的参数。

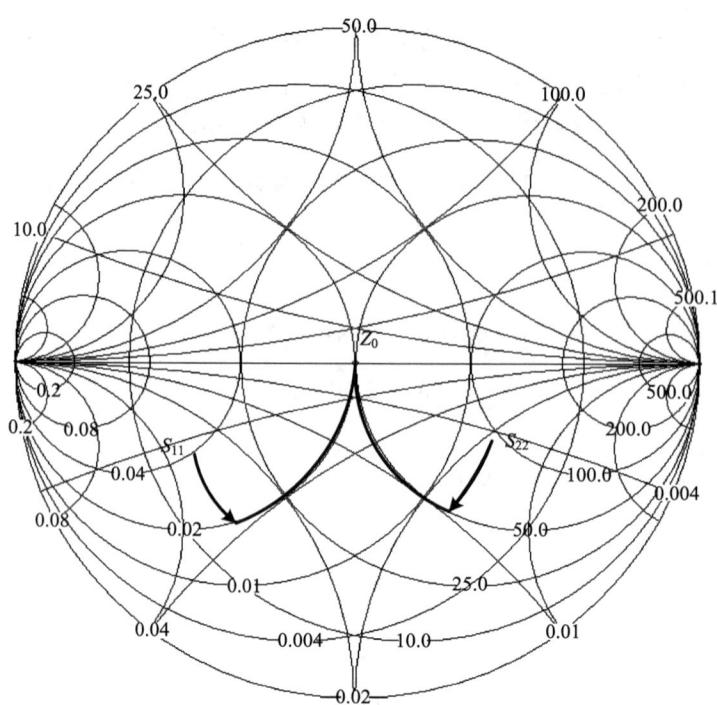

图 7-39 利用 Smith 圆图设计匹配网络

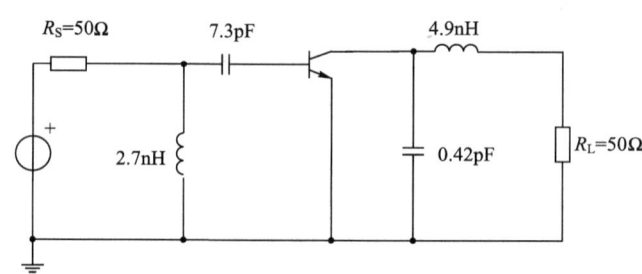

图 7-40 放大电路的设计结果

例 7-10 使用 GaAs FET 设计一个工作在 3GHz 的基于 50Ω 的 A 类功率放大电路，实现最大的输出功率。已知场效应管在 P_{1dB}=30dBm 时的 S 参数为 $\boldsymbol{S} = \begin{bmatrix} 0.62\angle140° & 0.06\angle-10° \\ 2.58\angle20° & 0.53\angle-120° \end{bmatrix}$。本设计允许±0.5dB 的误差，给出分布式参数设计的匹配电路。

解 首先检验射频有源器件（场效应晶体管）的稳定性，根据定义：

$$\begin{cases} \Delta = S_{11}S_{22} - S_{12}S_{21} \\ K = \dfrac{1-|S_{11}|^2-|S_{22}|^2+|\Delta|^2}{2|S_{12}S_{21}|} \end{cases}$$

得到

$$K = 1.1836 > 1$$
$$|\Delta| = 0.1782 < 1$$

所以晶体管满足绝对稳定条件。检验采用单向传输模型进行设计的误差上限，单向传输品质因数 $U = \dfrac{|S_{12}||S_{21}||S_{11}||S_{22}|}{\left(1-|S_{11}|^2\right)\left(1-|S_{22}|^2\right)} = 0.115$。

根据关系 $\dfrac{1}{|1+U|^2} < \dfrac{G_T}{G_{TU}} < \dfrac{1}{|1-U|^2}$ 得到

$$0.80 < \dfrac{G_T}{G_{TU,\max}} < 1.28$$

或者用分贝表示为

$$-0.945\,\text{dB} < \dfrac{G_T}{G_{TU,\max}} < 1.06\,\text{dB}$$

显然采用单向传输模型设计的功率增益误差超出了允许的误差范围，所以必须采用双向传输模型进行该射频放大电路的设计。

如果要获得最大的功率增益，输入端口和输出端口必须都满足共轭匹配条件，此时可以获得的最大功率增益为

$$G_A = G_{TU,\max} = \left|\dfrac{S_{21}}{S_{12}}\right|\left(K - \sqrt{K^2-1}\right) = 23.67 = 13.7\,\text{dB}$$

$$G_{1\text{dB}} = G_A - 1\,\text{dB} = 12.7\,\text{dB}$$

输入端口和输出端口需要的匹配条件可以进行如下计算：

$$\begin{cases} B_1 = 1.072 \\ C_1 = 0.527\angle 138.5° \end{cases} \text{和} \begin{cases} B_2 = 0.865 \\ C_1 = 0.421\angle -122.3° \end{cases}$$

可以得到输入匹配网络的电压反射系数和输出匹配网络的电压反射系数分别为

$$\begin{cases} \varGamma_{MS} = 0.831\angle -138.5° \\ \varGamma_{ML} = 0.794\angle 122.3° \end{cases}$$

在 50Ω 的系统中，根据电压反射系数和阻抗的关系：

$$Z_{MS} = Z_0 \dfrac{1+\varGamma_{MS}}{1-\varGamma_{MS}}$$

得到从场效应管输入端向源看去的阻抗和导纳分别为

$$\begin{cases} Z_{MS} = 5.27 - j18.8\,\Omega \\ Y_{MS} = 0.0138 + j0.0494\,\text{S} \end{cases}$$

可以从 $Z_0=50\Omega$ 的信号源出发（A 点），通过 $\lambda/4$ 传输线阻抗变换达到 B 点；再并联 $\lambda/8$ 开路传输线将阻抗转换到 Z_{MS}（C 点）。也就是，从信号源出发由 $\lambda/4$ 阻抗变换构造 Z_{MS} 中的电导部分，通过并联 $\lambda/8$ 开路传输线构造 Z_{MS} 中的电纳部分。从而由信号源经过匹配网络形成阻抗 Z_{MS}，在 Smith 圆图上表示该过程如图 7-41 所示。

阻抗变换使用 $\lambda/4$ 传输线的特性阻抗 $Z_{02} = \sqrt{\dfrac{1}{\text{Re}\{Y_{MS}\}}Z_0} = \sqrt{\dfrac{50}{0.0138}} = 60.1(\Omega)$

根据 Richard 变换计算使用 $\lambda/8$ 传输线构造 Y_{ZM} 中的电纳部分：

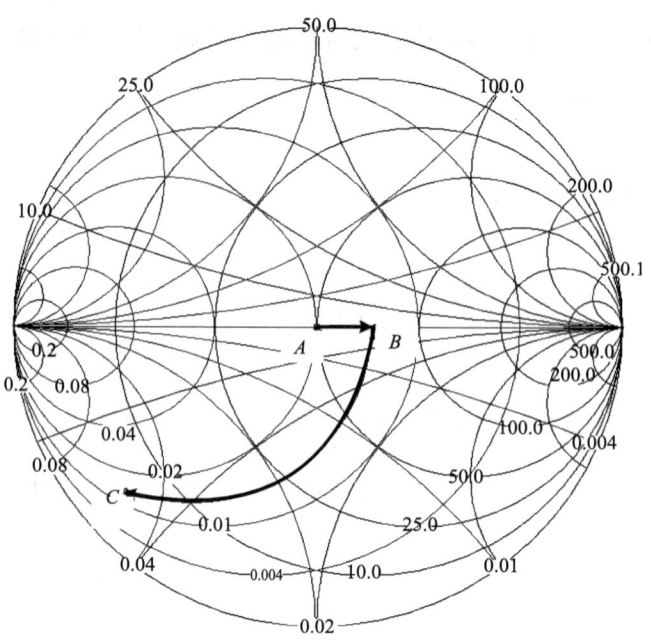

图 7-41 输入匹配网络对应的阻抗变化

$$\text{Im}\{Y_{MS}\} = \frac{1}{Z_{01}}\cot\beta l = \frac{1}{Z_{01}}\cot\frac{\pi}{4} = \frac{1}{Z_{01}} = 0.0494\text{S}$$

得到 $\lambda/8$ 传输线特性阻抗 $Z_{01} = 20.2\Omega$。从而可以得到设计输入匹配网络的框架。

同理,对输出匹配网络进行类似分析计算,得到

$$\begin{cases} Z_{ML} = 7.46 + \text{j}27.1\Omega \\ Y_{MS} = 0.00945 - \text{j}0.0343\text{S} \end{cases}$$

串联 $\lambda/4$ 传输线的特性阻抗 $Z'_{02} = \sqrt{\dfrac{1}{\text{Re}\{Y_{ML}\}}Z_0} = \sqrt{\dfrac{50}{0.00945}} = 72.7(\Omega)$

由于 $\text{Im}\{Y_{MS}\}<0$,需要并联 $3\lambda/8$ 传输线,特性阻抗 $Z'_{01} = \dfrac{1}{\text{Im}\{Y_{ML}\}} = 29.2\Omega$。

采用非平衡式并联分支匹配电路设计的放大电路,最后的结果如图 7-42(a)所示。如果采用平衡式并联分支,可以获得更好的匹配效果,相应并联分支传输线的特性阻抗也提高一倍(更便于微带线的实现),放大电路如图 7-42(b)所示。

如果射频输出功率达到最高值 $P_{\max}=30\text{dBm}$,放大电路输入端需要的功率为

$$P_{\text{IN,1dB}} = P_{\text{dB}} - G_{\text{1dB}} = 30 - 13.7 = 16.3(\text{dBm})$$

实际上,输入匹配电路和输出匹配电路还可以有多种设计方法,例如,采用单分支匹配电路或者双分支匹配电路,可以根据匹配电路的频率响应和具体设计要求情况选择合适的匹配电路和参数。然后根据选用电路板的介质介电常数、基板厚度、敷铜厚度等参数,使用微带传输线的计算公式得到不同特性阻抗微带线的宽度,从而完成实际电路板的设计。

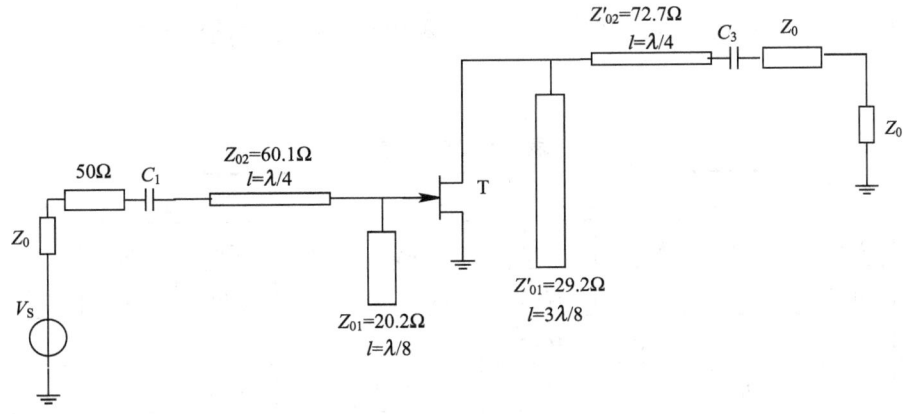

(a) 非平衡式并联分支设计

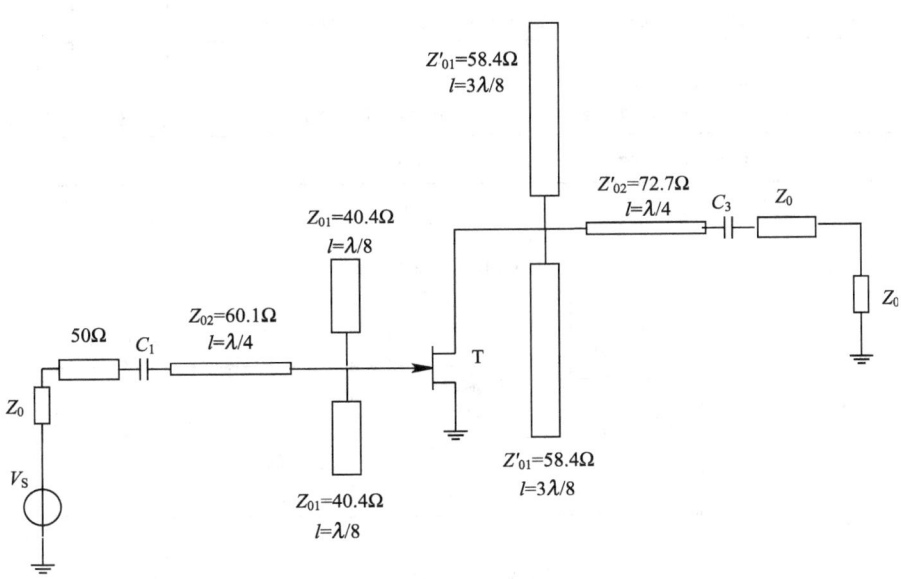

(b) 平衡式并联分支设计

图 7-42 放大电路设计结果

进行射频放大电路的分析是另外一个重要的手段。在完成了射频放大电路的设计后，通过射频放大电路分析可以验证设计是否正确。如果有不同的设计方案，通过射频放大电路分析可以比较不同方案之间的差异，选出最佳的设计电路。射频放大电路的设计需要求出电路中元件的参数，射频放大电路分析是已知电路中的参数求出放大电路的特性。因此，射频放大电路分析比射频放大电路的设计更容易。通过例 7-11 比较了两个射频宽带放大电路的设计方案，介绍射频放大电路分析的基本方法。

例 7-11 在 50Ω 的射频通信电路中，某射频晶体管工作在 10V 和 4mA 的工作点，该晶体管在 10~1500MHz 的散射参数如表 7-4 所示。

采用该射频晶体管设计可以工作在 10~1500MHz 的宽频带放大电路，使得在 10~1500MHz 的工作频率范围内，该放大电路具有 10dB 的功率增益。现有两个使用该晶体管的放大电路的设计方案：设计方案 A 和设计方案 B，分别如图 7-43(a) 和 (b) 所示。请分析该射频放大电路的结构，并比较设计方案 A 和设计方案 B，选出一个性能较好的设计方案。

表 7-4 散射参数

f/MHz	S_{11}		S_{21}		S_{12}		S_{22}		$|S_{21}|^2$/dB	K
	Mag.	Ang.	Mag.	Ang.	Mag.	Ang.	Mag.	Ang.		
10	0.95	−2°	7.35	174.6°	0.003	84.3°	1.01	−1°	17.3	0.11
100	0.92	−11°	7.15	168.0°	0.007	79.0°	0.99	−4°	17.1	0.18
250	0.87	−28°	6.83	154.5°	0.015	69.2°	0.96	−10°	16.7	0.29
500	0.78	−54°	6.28	135.0°	0.026	54.0°	0.90	−18°	16.0	0.42
750	0.69	−78°	5.67	123.0°	0.033	41.4°	0.84	−25°	15.1	0.35
1000	0.63	−98°	5.04	113.0°	0.037	33.0°	0.79	−30°	14.1	0.67
1250	0.60	−114°	4.42	99.9°	0.038	29.3°	0.77	−33°	13.0	0.81
1500	0.60	−127°	3.88	87.0°	0.039	28.0°	0.76	−35°	11.8	0.91

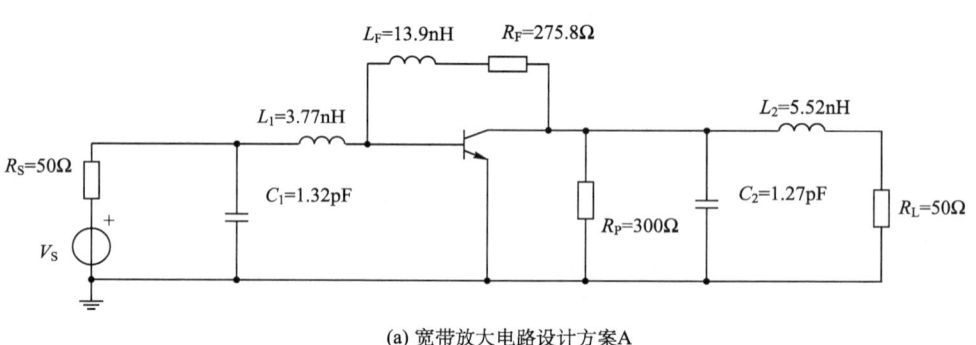

(a) 宽带放大电路设计方案A

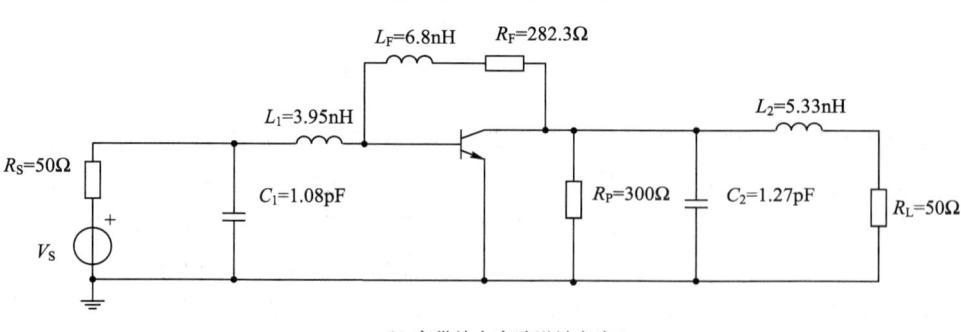

(b) 宽带放大电路设计方案B

图 7-43 例 7-4 的两个宽带放大电路设计

解 射频宽带放大电路设计方案 A 和设计方案 B 的电路结构是一致的，只是元件的参数不一样。首先从电路结构上简要分析射频放大电路各部分的功能：电感 L_1 和电容 C_1 构成了 L 形集总参数输入匹配电路，电感 L_2 和电容 C_2 构成了 L 形集总参数输出匹配电路，电感 L_F

和电阻 R_F 构成了电压并联负反馈电路，电阻 R_P 是并联在输出端的电阻用于提高放大电路的稳定性。因此该射频放大电路是属于利用负反馈提高频带宽度的宽带放大电路。按照电路的功能和结构可以划分出放大电路的功能框图，见图 7-44。

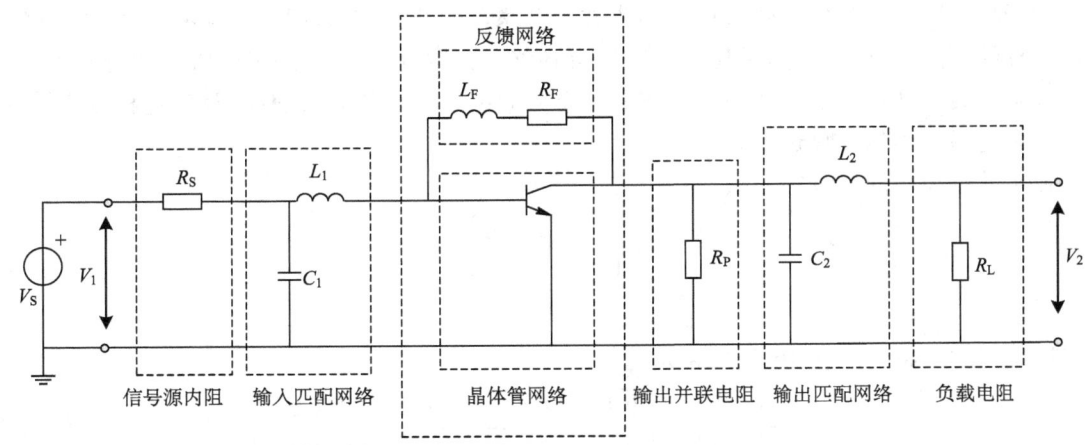

图 7-44 宽带放大电路的结构框图

从该晶体管的 S 参数可以看出，随着频率 f 的升高，正向电压传递系数 $|S_{21}|$ 逐渐下降，从频带低端 10MHz 的 17.3dB 下降到频带高端 1500MHz 的 11.8dB；晶体管输出电压与输入电压的相位也由低频时的接近反向（10MHz 时，$\varphi=174.6°$）变化到小于 90°（1500MHz 时，$\varphi=87.0°$）。由于放大电路覆盖的频率范围宽增益变化达到 6dB，只靠在输入匹配网络和输出匹配网络调整频率响应已经不能满足设计需要，所以使用了电压并联负反馈电路。在负反馈网络中，采用了电感 L_F 和电阻 R_F 的串联电路。在频带的低端，电感 L_F 的阻抗较小，需要引入更多的负反馈以降低频带低端的增益，改善整个频带的功率增益平坦度。另外，注意到在频率的高端 1500MHz 时，S_{12} 的相位 $\varphi=87.0°$ 可能形成正反馈，所以反馈网络中的电感可以保证反馈信号的相位大于 90°，满足负反馈的条件。

由于射频放大电路设计方案 A 和设计方案 B 的元件参数都已经给出，可以利用两端口网络的概念，通过给出每一个子网络的转移矩阵 A_i，得到整个射频放大电路的转移矩阵 A_{RF}。从而可以确定射频放大电路的功率增益、输入驻波系数、输出驻波系数、频率响应等参数。根据两端口网络转移矩阵的定义，可以简要表示各两端口转移矩阵的计算过程如下。

信号源内阻网络的转移矩阵 A_S 为

$$A_S = \begin{bmatrix} 1 & R_S \\ 0 & 1 \end{bmatrix} \tag{7.122}$$

输入匹配网络的转移矩阵 A_{IN} 为

$$A_{IN} = \begin{bmatrix} 1 & 0 \\ j\omega C_1 & 1 \end{bmatrix} \begin{bmatrix} 1 & j\omega L_1 \\ 0 & 1 \end{bmatrix} = \begin{bmatrix} 1 & j\omega L_1 \\ j\omega C_1 & -\omega^2 L_1 C_1 \end{bmatrix} \tag{7.123}$$

反馈网络的转移矩阵 A_F 为

$$A_F = \begin{bmatrix} 1 & R_F + j\omega L_F \\ 0 & 1 \end{bmatrix} \tag{7.124}$$

晶体管两端口网络的散射参数为 S_T（随频率而变化）为

$$S_T = \begin{bmatrix} S_{11} & S_{12} \\ S_{21} & S_{22} \end{bmatrix} \tag{7.125}$$

由于反馈网络和晶体管两端口网络为并联关系，需要分别将转移矩阵 A_F 和散射参数 S_T 变换为导纳矩阵 Y_F 和 Y_T。然后相加后直接得到整个并联网络的导纳矩阵 Y_{TT}，再通过两端口网络导纳参数和转移参数的变换公式得到整个并联网络的转移矩阵 A_{TT}。计算过程较为繁琐，这里不再列举详细的计算过程。

输出并联电阻的转移矩阵 A_P 为

$$A_P = \begin{bmatrix} 1 & 0 \\ \dfrac{1}{R_P} & 1 \end{bmatrix} \tag{7.126}$$

输出匹配网络的转移矩阵 A_{OUT} 为

$$A_{OUT} = \begin{bmatrix} 1 & 0 \\ j\omega C_2 & 1 \end{bmatrix} \begin{bmatrix} 1 & j\omega L_2 \\ 0 & 1 \end{bmatrix} = \begin{bmatrix} 1 & j\omega L_2 \\ j\omega C_2 & -\omega^2 L_2 C_2 \end{bmatrix} \tag{7.127}$$

负载电阻网络的转移矩阵 A_L 为

$$A_L = \begin{bmatrix} 1 & 0 \\ \dfrac{1}{R_L} & 1 \end{bmatrix} \tag{7.128}$$

在获得了每个子网络的转移矩阵 A_i 后，考虑级联关系形成的两端口网络，可以计算得到射频放大电路的转移矩阵 A_{RF}：

$$A_{RF} = \begin{bmatrix} A & B \\ C & D \end{bmatrix} = A_S A_{IN} A_{TT} A_P A_{OUT} A_L \tag{7.129}$$

其中，参数 A 表示为电压 V_1 和 V_2 之间的关系：

$$A = \frac{V_1}{V_2} \tag{7.130}$$

该放大电路的功率增益 G 为

$$G = A^2 \tag{7.131}$$

或者以分贝形式表示为

$$G = 20\lg A \tag{7.132}$$

因为放大电路的转移矩阵 A_{RF} 是频率的函数，放大电路的增益会随频率而发生变化。在计算获得放大电路的转移矩阵后，可以得到在 10~1500MHz 之间给定频率下放大电路的功率增益如图 7-45 所示，虚线表示设计方案 A，实线表示设计方案 B。作为射频宽带放大电路，增益的平坦度是一个重要的衡量指标。显然两个设计方案的放大电路的功率增益都在 10dB 左右，但是设计方案 B 增益波动在 0.2dB 以内，而设计方案 A 的增益波动达到 1.2dB。因此，在增益平坦度方面，设计方案 B 比设计方案 A 更好。

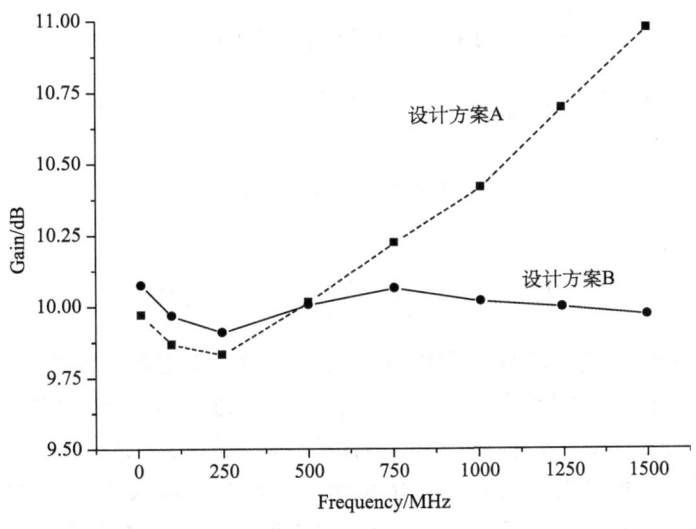

图 7-45 两个设计方案的功率增益比较

除了功率增益的平坦度考虑，还需要比较射频放大电路的输入电压反射系数和输出电压反射系数。在得到放大电路转移矩阵 A_{RF} 后，通过变换为 S 矩阵，就可以获得输入电压反射系数和输出电压反射系数。这个计算过程也比较烦琐，这里只给出最后计算结果的比较，见图 7-46(a) 和 (b)，虚线表示设计方案 A 的结果，实线表示设计方案 B 的结果。两个设计方案的输入和输出电压反射系数都低于 –15dB，输入和输出的匹配效果都不错。从图 7-46 中可以看出，设计方案 A 的输入电压反射系数 $|S_{11}|$ 和输出电压反射系数 $|S_{22}|$ 的波动都比设计方案 B 大。

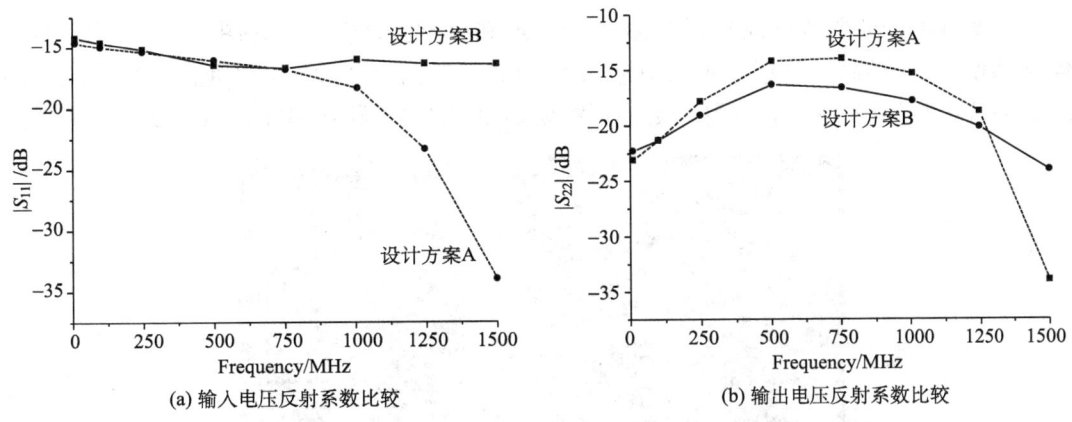

(a) 输入电压反射系数比较　　　　　　　(b) 输出电压反射系数比较

图 7-46 两个设计方案输入和输出电压反射系数比较

通过比较两个宽带射频放大电路设计方案的功率增益、输入和输出电压反射系数，发现两个放大电路基本合理，设计方案 B 具有更好的功率增益平坦度。因此选择设计方案 B 作为宽带射频放大电路。

回顾一下该负反馈型宽带放大电路的设计过程，有利于比较射频放大电路设计和电路分析的方法。参考式(7.106)通过增益初步确定并联负反馈电阻 R_F 为

$$R_F = Z_0 \times \left(1+\sqrt{G}\right) = 50 \times (1+3.16) = 208(\Omega) \tag{7.133}$$

反馈电感 L_F 是为了纠正在频带高端的反馈相位,例如,在 1200MHz 的频率下,使 L_F 的感抗与反馈电阻 R_F 相等:

$$R_F = \omega L_F \big|_{f=1200\,\text{MHz}} \tag{7.134}$$

估算得到反馈电感 L_F 为

$$L_F = \frac{R_F}{\omega} = \frac{208}{2\pi \times 1200 \times 10^9} \approx 28(\text{nH}) \tag{7.135}$$

可以看到,初步估算获得的反馈网络参数与最终设计的参数已经相当接近。

在频带范围内选择合适的频率,使用 L 形匹配电路进行输入和输出匹配网络的设计,尽量兼顾整个频带内的匹配效果。在获得初步的电路参数后,尝试修改这些参数以获得更好的电路特性。这也是一个烦琐的过程,可以借助于计算机程序和 CAD 软件实现对特定目标的电路参数优化。通过不断的反复改进,确定最后的电路设计参数。

在射频放大电路的分析中,利用两端口网络的概念,将射频放大电路划分为多个网络,通过各种矩阵之间的变换公式可以完成对给定射频放大电路的分析,得到射频放大电路功率增益、输入和输出电压反射系数等特性。射频放大电路的分析不仅可以验证电路设计正确与否,还可以比较不同设计之间的差异。在射频放大电路分析的基础上,可以进行电路参数的优化。例如,在例 7-4 中,可以尝试改变反馈电路中电阻 R_F 或者电感 L_F 的数值,然后分析放大电路的特性变化,选择更为优化的电路参数。

射频放大电路的分析一般需要涉及较为烦琐的网络参数计算。随着计算机技术的发展,可以借助于编写计算机程序或者使用 CAD 软件进行射频放大电路的分析,提高计算的精度和分析的效率。

一个实际的两级放大电路包括射频晶体管 A 和射频晶体管 B,如图 7-47 所示。两级放大电路都使用了有源偏置电路,由图中标示为"M7"的两个贴片封装低频晶体管和周围贴片电阻和贴片电容组成。在每一级射频晶体管放大电路的输入和输出端有微带线构成的匹配电

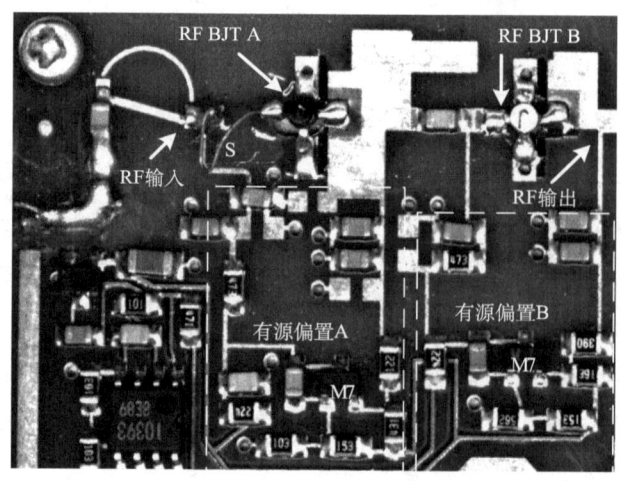

图 7-47 一个实际的射频放大电路

路。在射频晶体管 A 的输入端口连接了一根可以弯曲调节的金属丝(标示为"S"),从而可以对完成的射频放大电路进行一些调节,补偿电路加工误差和器件参数偏差,使放大电路达到设计指标的要求。实际的射频放大电路设计包含了放大电路、匹配电路和偏置电路的设计,需要通过对各种电路设计知识的综合运用和灵活运用才能设计出性能良好的射频放大电路。

习　题

1. 判断图 7-48 中 Γ_S 的稳定区域。各图中实线圆为 $|\Gamma_S|=1$(Smith 圆图),虚线圆为 $|\Gamma_{OUT}|=1$ 的输入稳定圆。其他参数已经在图上标明。

2. 射频晶体管的 S 参数为

$$S = \begin{bmatrix} 0.8\angle-170° & 0.1\angle 80° \\ 5.1\angle 70° & 0.62\angle-40° \end{bmatrix}$$

试讨论该射频晶体管的稳定性。如果器件是条件稳定(非绝对稳定),请在 Smith 圆图上画出输入和输出稳定圆并标出稳定区域。

3. 在设计一个射频放大电路时,有三个晶体管 A、B、C 可以供选择,S 参数见表 7-5。试从稳定性的角度出发选出最好的一个晶体管。

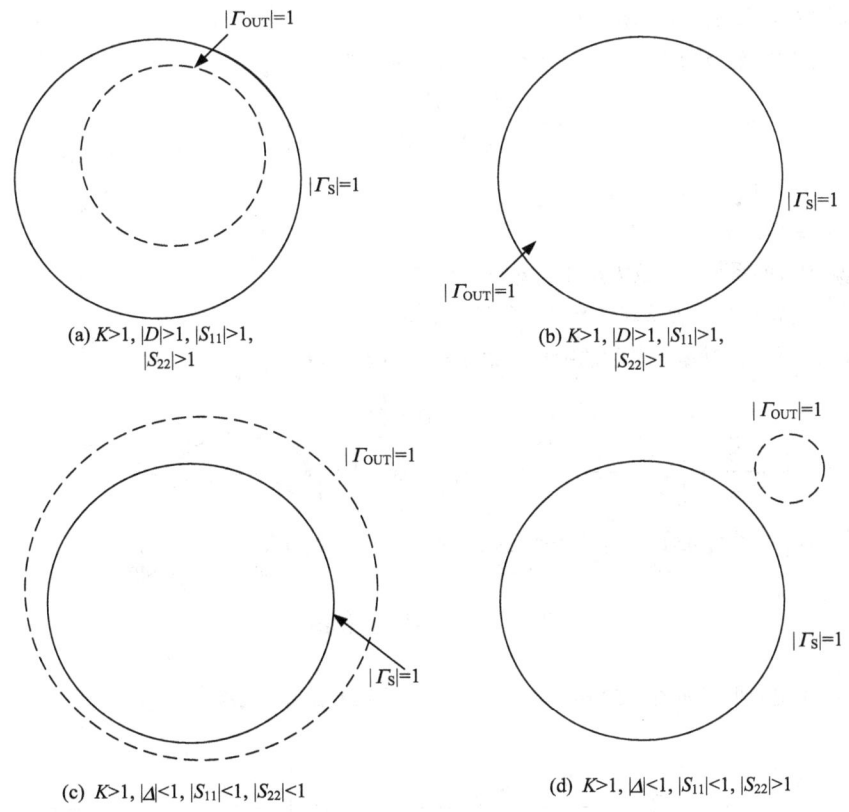

图 7-48　S 参数

表 7-5 晶体管的 S 参数

晶体管	S_{11}	S_{12}	S_{21}	S_{22}
A	0.34∠170°	0.06∠70°	4.3∠80°	0.45∠−250°
B	0.75∠−90°	0.2∠70°	5.0∠90°	0.51∠60°
C	0.65∠140°	0.04∠60°	2.4∠50°	0.70∠−65°

4. 以获得最大功率增益为目的，在 $Z_0=50\Omega$ 的系统中设计一个射频放大电路。已知当工作在 1GHz 下，$V_{CE}=10\text{V}$，$I_C=10\text{mA}$ 时，晶体管的参数为

$$\boldsymbol{S} = \begin{bmatrix} 0.5\angle 140° & 0 \\ 5\angle 45° & 0.6\angle -95° \end{bmatrix}$$

要求给出输入匹配电路和输出匹配电路，并计算最大功率增益。

5. 某射频放大电路基于 $Z_0=50\Omega$ 进行设计，其晶体管的参数为

$$\boldsymbol{S} = \begin{bmatrix} 0.7\angle 30° & 0 \\ 4\angle 90° & 0.5\angle 0° \end{bmatrix}$$

如果信号源的内阻为 $Z_S=50\Omega$，负载端的电压反射系数为 $\Gamma_L = 0.5\angle 90°$。试求放大电路的转换功率增益 G_T、工作功率增益 G_P 和可用功率增益 G_A。

6. 某个 GaAs FET 射频放大电路使用的场效应管的参数为

$$\boldsymbol{S} = \begin{bmatrix} 0.5\angle 180° & 0 \\ 4\angle 9° & 0.5\angle -45° \end{bmatrix}$$

试问：(1)该放大电路是否稳定？

(2)放大电路的最大功率增益是多少？

(3)在 $Z_0=50\Omega$ 的系统中，放大电路输入阻抗是多少？

(4)在放大电路获得最大功率增益时，负载的阻抗是多少？

7. 计算射频系统的总功率增益和总噪声系数，参数如图 7-49 所示。

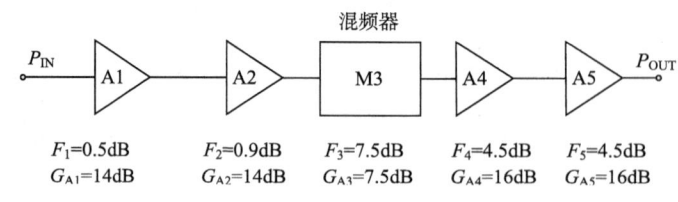

图 7-49 射频系统框图

8. 射频接收系统的框图如图 7-50 所示，计算系统总增益和总噪声系数。

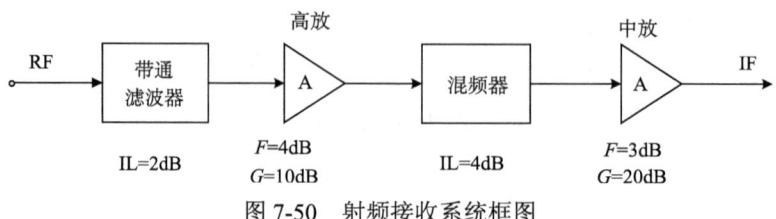

图 7-50 射频接收系统框图

9. 设计一个工作在 2.0GHz 的射频放大电路,实现最大功率增益,其中晶体管的散射参数为

$$S = \begin{bmatrix} 0.61\angle-170° & 0 \\ 2.24\angle 32° & 0.72\angle-83° \end{bmatrix}$$

使用集总参数器件设计出 L 形输入和输出匹配网络。

10. 一个 GaAs FET 射频晶体管工作在 2GHz 的频率下,直流偏置为 VDS=3.5V、I_D=0.15×I_{DDS}=12mA。该晶体管的散射参数为

$$S_{11} = 0.80\angle-51.9°$$
$$S_{12} = 0.045\angle 54.6°$$
$$S_{21} = 2.15\angle 128.3°$$
$$S_{22} = 0.73\angle-30.5°$$

噪声参数为

$$F_{min} = 1.25\text{dB}$$
$$\Gamma_{opt} = 0.73\angle 60°$$
$$R_n = 19.4\Omega$$

使用该晶体管设计一个工作在 2GHz 具有最小噪声系数的射频放大电路,并求出该低噪声放大电路的最大功率增益。

11. 使用负反馈技术设计一个宽带射频放大电路,要求在 Z_0=50Ω 的系统中实现 G_T=10dB 的功率增益。求:
(1) 放大电路的电压放大倍数;
(2) 并联反馈电阻 R_2 的值;
(3) 晶体管的转移电导 g_m 的最小值。

12. 采用典型的负反馈放大电路,已知晶体管在 1GHz 的 S 参数为
$$S_{11} = 0.97\angle-8°$$
$$S_{21} = 7.7\angle 177°$$
$$S_{22} = 0.97\angle-7°$$

为了在 50Ω 的射频通信系统中使用,并获得 G_T=10dB 的转换功率增益,输入和输出电压驻波系数要求 $VSWR_{IN}$≈1 和 $VSWR_{OUT}$≈1,求并联反馈电阻 R_2 的值。

13. 设计晶体管功率放大电路的输入和输出匹配电路,已知晶体管大信号的 S 参数为
$$[S] = \begin{bmatrix} 0.67\angle 140° & 0.04\angle-15° \\ 2.32\angle 30° & 0.46\angle-125° \end{bmatrix}, P_{dB} = 30\text{dBm}, G_{1dB} = 10\text{dB}$$,并求出工作在 1dB 增益压缩点时,需要输入的射频功率。

14. 某射频晶体管从 100~1500MHz 频率范围内的 S 参数如表 7-6 所示。

表 7-6 S 参数

f/MHz	S_{11}		S_{21}		S_{12}		S_{22}		$|S_{21}|^2$/dB
	Mag.	Ang.	Mag.	Ang.	Mag.	Ang.	Mag.	Ang.	
100	0.651	−74°	34.04	146°	0.014	59°	0.851	−23°	30.6
200	0.714	−113°	24.66	125°	0.020	43°	0.659	−33°	27.8
300	0.741	−132°	18.41	114°	0.023	36°	0.539	−36°	25.3
400	0.754	−143°	14.46	107°	0.024	33°	0.471	−35°	23.2
500	0.761	−151°	11.84	102°	0.025	31°	0.429	−34°	21.5
600	0.765	−155°	10.00	98°	0.026	32°	0.405	−34°	20.0
700	0.767	−159°	8.63	95°	0.027	32°	0.389	−34°	18.7

续表

f/MHz	S_{11}		S_{21}		S_{12}		S_{22}		$|S_{21}|^2$/dB
	Mag.	Ang.	Mag.	Ang.	Mag.	Ang.	Mag.	Ang.	
800	0.768	−162°	7.59	93°	0.028	33°	0.377	−34°	17.6
900	0.769	−164°	6.77	91°	0.028	34°	0.370	−34°	16.6
1000	0.770	−166°	6.11	89°	0.029	35°	0.365	−34°	15.7
1500	0.770	−171°	4.10	81°	0.034	41°	0.358	−38°	12.2

在 50Ω 的射频通信系统中，设计具有转换功率增益 G_T=10dB 的宽带负反馈射频放大电路，获得良好的带内增益平坦度和较小的输入输出驻波系数。

第8章 振荡电路

振荡电路在射频通信电路中广泛使用，通常接收机和发射机的射频电路部分都包含振荡电路。语音、图像、数据等信号在编码调制后，都需要通过频率变换电路形成射频信号，再实现通信传输过程，如在有线电视系统、卫星通信、无线局域网、蓝牙系统、移动通信系统等领域的应用。在典型的射频通信系统中，接收机的混频电路和发射机的变频电路需要由振荡电路提供本振信号。

射频放大电路是典型的两端口网络，射频振荡电路是一个典型的单端口网络，只有一个射频信号的输出端口。从能量转化的角度来看，射频放大电路和射频振荡电路都是把直流电的能量转换到特定频率射频信号的能量。两者的区别就在于振荡电路没有射频信号的输入，而放大电路必须有射频信号的输入。

衡量射频振荡电路的技术指标包括：①输出射频信号频率的准确度和稳定度；②输出射频信号振幅的准确性和稳定度；③输出射频信号的波形失真度；④射频信号输出端口的阻抗和最大输出功率。对于射频振荡电路的设计，都需要按照上述技术指标进行。通常在射频信号源的参数中，也可以找到上述技术指标。

射频振荡器通常可以分为反馈型振荡电路和负阻型振荡电路。反馈型振荡电路是由射频晶体管两端口网络和一个反馈网络构成，如使用双极型晶体管或者场效应管构成的振荡电路，采用在射频放大电路中引入正反馈网络和频率选择网络形成振荡电路。负阻型振荡电路由射频负阻有源器件和频率选择网络构成，如使用雪崩二极管、隧道二极管、耿氏二极管等构成射频信号源。在负阻型振荡电路中通常不出现反馈网络，而反馈型振荡电路必须包含正反馈网络，因此反馈网络是区分两种类型振荡电路的标志。通常反馈型振荡电路的工作频率为射频的中低端频段，负阻振荡电路的工作频率为射频的高端频段。负阻振荡电路更适合于工作在微波、毫米波等频率更高的频段。

本章将分析射频振荡电路的工作原理、电路结构和基本设计方法，给出典型的射频振荡电路，讨论影响振荡电路指标的因素。振荡电路的设计和优化需要用到晶体管的非线性模型，往往比较复杂和困难。本章将主要介绍晶体管振荡电路的基本设计和基本分析方法。对于负阻振荡电路，主要以负阻器件的基础介绍振荡电路的原理和结构。

8.1 反馈型振荡电路

8.1.1 振荡电路的工作条件

一个典型的反馈型振荡电路的结构如图 8-1 所示。射频放大电路的电压增益为 $A_v(j\omega)$，通常电压增益 $A_v(j\omega)$ 是频率的函数；而且由于存在输出信号和输入信号的相位差，电压增益 $A_v(j\omega)$ 一般是复数。与负反馈型放大电路的分析类似，射频放大电路本身的电压增益称为开环增益，描述了输出信号 V_o 和输入信号 V_d 之间的关系。反馈网络的传递函数为 $\beta(j\omega)$，通常也是复数,描述了输出信号 V_o 和反馈信号 V_f 之间的关系。

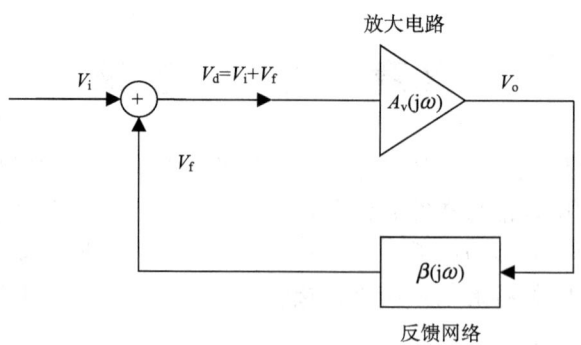

图 8-1 典型的反馈型振荡电路

对于图 8-1 中的反馈型振荡电路,信号之间满足关系:

$$V_o = A_v(j\omega)V_d$$
$$V_f = \beta(j\omega)V_o \quad (8.1)$$
$$V_d = V_f + V_i$$

在连接了反馈网络之后,放大电路的增益 $A_{vf}(j\omega)$ 称为闭环增益,可以表示为

$$A_{vf}(j\omega) = \frac{V_o}{V_i} = \frac{A_v(j\omega)(V_f + V_i)}{V_i}$$
$$= \frac{A_v(j\omega)}{1 - \beta(j\omega)A_v(j\omega)} \quad (8.2)$$

如果闭环增益 $A_{vf}(j\omega)$ 的模值大于开环增益 $A_v(j\omega)$ 的模值,则放大电路属于正反馈电路;如果闭环增益 $A_{vf}(j\omega)$ 的模值小于开环增益 $A_v(j\omega)$ 的模值,则放大电路属于负反馈电路。显然,放大电路的开环增益 $A_v(j\omega)$ 和反馈网络的电压传递函数 $\beta(j\omega)$ 的相位关系,决定了该电路是正反馈电路还是负反馈电路。例如,如果闭环电路反馈回来的信号 V_f 与输入信号 V_i 相位相差 $0°$ 或者是 $n×360°$(n 为整数),则电路为正反馈电路。如果闭环电路反馈回来的信号 V_f 与输入信号 V_i 相位相差 $180°±n×360°$(n 为整数),则电路为负反馈电路。

从式(8.2)可以看出,对于图 8-1 所示的振荡电路,如果输入信号 V_i 为零,而输出信号 V_o 不为零,则闭环增益 $A_{vf}(j\omega)$ 应为无穷大。也就是说,在闭环增益 $A_{vf}(j\omega)$ 为无穷大时,即使没有射频输入信号,振荡电路也能够有输出射频信号,处于正常工作状态。因此,可以得到反馈型振荡电路正常工作在角频率 ω 下的条件(也称为 Barkhausen 准则)为

$$1 - A_v(j\omega)\beta(j\omega) = 0 \quad (8.3)$$

也就是环路增益需要满足的条件:

$$A_v(j\omega)\beta(j\omega) = 1 \quad (8.4)$$

当放大电路开环增益 $A_v(j\omega)$ 为实数 A_{vo} 时,把反馈网络电压传递系数 $\beta(j\omega)$ 表示为实数和虚数两部分,即

$$\beta(j\omega) = \beta_r(\omega) + j\beta_i(\omega) \quad (8.5)$$

可以得到反馈网络电压传递系数 $\beta(j\omega)$ 的实部和虚部必须满足条件：

$$\begin{cases} \beta_r(\omega) = \dfrac{1}{A_{vo}} \\ \beta_i(\omega) = 0 \end{cases} \tag{8.6}$$

反馈型振荡电路正常工作时必须满足式(8.4)，振荡电路的环路增益为1。在满足环路增益为1的条件下，振荡电路输出信号 V_o 的幅度既不会增大也不会减少，振荡电路处于平衡状态。通常称式(8.4)为振荡电路的平衡条件。平衡条件是任何反馈型振荡电路正常工作的必要条件。

满足平衡条件的反馈型振荡电路不一定能够自行起振，有可能需要一定的输入信号激励，使振荡电路达到合适的工作状态。然后即使撤除输入激励信号，振荡电路也能维持在平衡状态。在实际应用中，射频振荡电路应该可以在没有射频输入信号的情况下，自行起振并且达到正常工作的平衡状态。因此，有必要分析振荡电路需要满足的起振条件。

当射频振荡电路接通电源开始工作时，在接通电源瞬间的电流/电压突变会产生一个频率范围很宽的脉冲信号，电路中的各种噪声（内部的热噪声或者外部的电磁辐射）也是一个宽频带的输入信号，射频放大电路对这些输入信号进行放大，再通过反馈网络到达放大电路的输入端。如果在适当的角频率 ω 下，满足正反馈的相位条件，就会形成了一个输出射频信号幅度不断增大的过程。振荡电路出现了一个射频信号从无到有的不断增长过程，实现振荡电路的自行起振。

在角频率 ω 下振荡电路如果能自行起振，环路增益必须大于1，相位应该满足正反馈条件，在角频率 ω 下的射频输出信号的幅度才能不断增加。因此，得到在角频率 ω 下振荡电路的起振条件：

$$|A_v(j\omega)\beta(j\omega)| > 1 \tag{8.7}$$

和

$$0° < \arg\{A_v(j\omega)\beta(j\omega)\} < 180° \tag{8.8}$$

其中，式(8.7)表示环路增益大于1，以保证射频信号的幅度不断增大；式(8.8)表示了反馈信号的相位关系保证电路满足正反馈条件。通常称式(8.7)和式(8.8)为振荡电路的起振条件。起振条件也是振荡电路正常工作的必要条件。

环路增益越大于1，振荡电路就越容易起振。在振荡电路起振后，理论上输出射频信号 V_o 的幅度会不断增加。实际上，输出射频信号的幅度 V_o 不会无限制地增加下去，更不会由于电压或者电流的不断增大而烧毁射频有源器件。在输出射频信号 V_o 幅度不断增加的过程中，射频放大电路逐渐从小信号放大状态过渡到大信号放大状态。由于射频有源器件（包括双极型晶体管或者场效应管）在大信号放大电路中逐渐进入饱和区，并且开始出现非线性失真，导致射频放大电路的开环增益 $A_v(j\omega)$ 随输出信号 V_o 的幅度增加而下降，在反馈网络电压传递系数 $\beta(j\omega)$ 不变的情况下，输出信号 V_o 的幅度将趋于饱和。

依靠射频晶体管的非线性特性维持输出信号幅度稳定的方法称为内稳幅。内稳幅方法不需要引入额外的电路，实现起来简单。但是由于晶体管工作在饱和区附近，会出现较大的非线性失真，并影响输出射频信号的波形。而且由于工作在饱和区附近的晶体管输出阻抗低，不利于输出选频网络的设计。另外一个种方法是依靠引入附加电路维持振荡电路输出信号幅度的稳定,通常称为外稳幅。外稳幅方法需要使用额外的元件和附加电路。一些外稳幅电路可以避免晶体管工作在饱和区附近,从而减少晶体管大信号的非线性失真,改善振荡电路输出射频信号的波形。

振荡电路建立输出信号过程的示意图见图 8-2,输出射频信号经过了从无到有的过程。在起振阶段,环路增益起主导作用,输出信号的幅度不断增加。当信号幅度超过一定限度后,稳幅电路起主要作用,振幅开始回落。振幅回落后,环路增益再次起主导作用,振幅重新开始增加。因此,经过稳幅电路的反复调节,振荡电路才能达到平衡状态,最终建立起稳定的输出信号。稳幅电路在振荡电路中是一个必要的电路,具有使振荡电路自行调节达到平衡状态的功能。

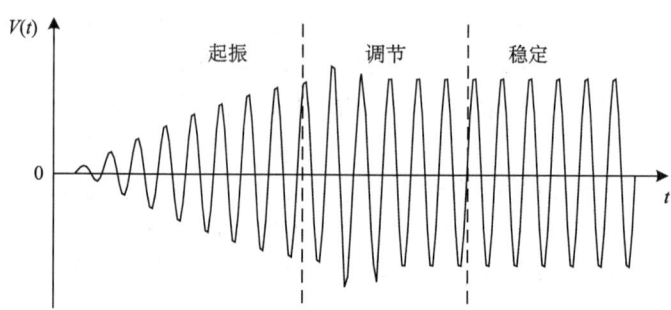

图 8-2 振荡电路输出信号建立过程

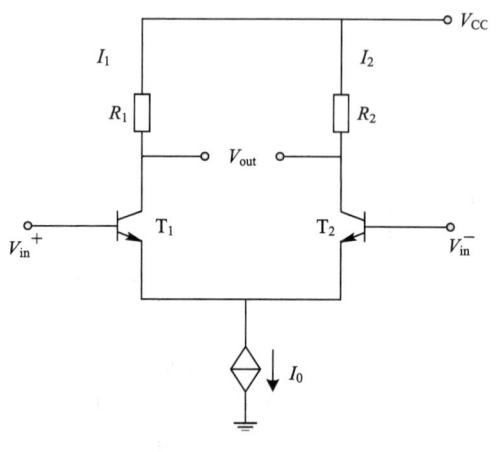

图 8-3 差分放大电路

典型的振荡电路的外稳幅电路包括利用差分放大电路、使用自动电平控制和加入负反馈电路等方法。在利用差分放大电路时,通过引入恒流源限制差分对管的电流,依靠一个晶体管的截止来稳定振荡电路输出信号的幅度,而不再依靠晶体管的饱和来稳定振荡电路输出信号的幅度,如图 8-3 所示。晶体管 T_1 和 T_2 的电流 I_1 和 I_2 之和被恒流源限制为 I_0,即 $I_0=I_1+I_2$。随着输入信号幅度的增加,两个晶体管可能轮流工作在截止区,不会有晶体管工作在饱和区。从而既限制了输出信号幅度,又可以避免晶体管工作在饱和区的非线性失真。

采用自动电平控制也可以稳定振荡电路的信号输出幅度,其工作原理图见图 8-4。振荡电路的输出信号 V_o 经过幅度检波器获得输出信号的电平,再通过电压比较器判断输出信号的电平与预设电平间的关系。如果输出信号的电平小于预设电平,就控制增大放大电路的增益或者增大反馈网络的电压传递系数。如果输出信号的电平大于预设电平,就控制减少放大电路的增益或者降低反馈网络的电压传递系数。从而可以维持振荡电路输出信号的幅度稳定,同时避免晶体管工作在饱和区。使用自动电平控制电路可以起到很好的振幅稳定作用,但是电路较为复杂,也会引入一定的噪声。自动电平控制电路在射频集成电路中应用较多,可以在单个芯片上完成对输出信号幅度的稳定控制。

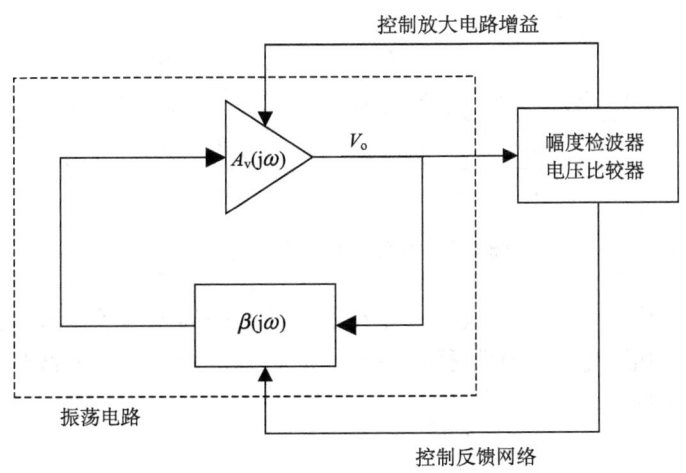

图 8-4 自动电平控制的原理图

采用直流负反馈电路也是稳定振荡电路输出幅度的一种有效方法，见图 8-5。随着信号幅度的增加，晶体管 T 逐渐接近饱和区出现非线性失真，正半周和负半周的信号不再对称。在晶体管 T 发射极串联的电阻 R_E 和电容 C_E 会因为充放电的不对称而增大电压降，这样就会抬高发射极的电压，使晶体管 T 的静态工作点改变。基极和发射极偏置电压降低，晶体管增益随之下降。同时晶体管 T 从 A 类放大电路，过渡到 B 类甚至 C 类放大电路。在图 8-5 的振荡电路中随着输出信号幅度增加，导致晶体管偏置电压的改变和晶体管静态工作点改变，这种现象称为自偏压效应。在小信号状态下，利用振荡电路的自偏压效应，实现负反馈较弱而正反馈起主导作用，使振荡电路更容易起振；

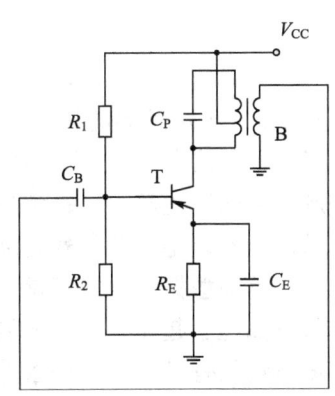

图 8-5 直流负反馈稳幅电路

在大信号工作状态，由于自偏压效应使晶体工作在 B 类或者 C 类，可以提高工作效率降低增益，使输出信号的幅度稳定。晶体管工作在 B 类或 C 类状态产生严重的波形失真，可以采用高品质因数的谐振电路进行补偿。例如，图 8-5 中利用变压器 B 的初级线圈和电容 C_P 构成并联谐振电路，通过合适的电源接入点和变压器初次级圈数比，增大并联谐振电路的等效并联电阻，提高并联谐振电路的品质因数。

当振荡电路从起振状态过渡到平衡状态，就具备了能够正常工作的条件。当振荡电路已经处于平衡状态，如果遇到外界因素的扰动，如温度变化、电源电压波动、电磁辐射干扰等，振荡电路还需要具有维持在平衡状态的能力。如果遇到外界扰动导致工作状态偏移平衡状态，振荡电路必须能够自行调节恢复到平衡状态。否则振荡电路在任何微小的外界干扰的作用下，工作点都会越来越远离平衡状态，振荡电路也就无法正常工作了。平衡状态包括稳定平衡和非稳定平衡，如图 8-6 所示的两个力学中稳定平衡和非稳定平衡状态的例子。在图 8-6(a) 的稳定平衡情况下，小球受到扰动向左运动后，会受到一个向右的作用力，使小球回到平衡状态。而在图 8-6(b) 的非稳定平衡情况下，小球受到扰动向左运动后，会继续受到向左的作用力，小球会越来越远离平衡状态。

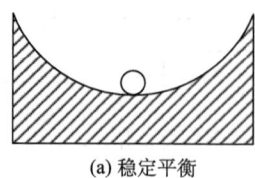
(a) 稳定平衡

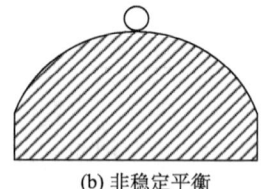
(b) 非稳定平衡

图 8-6　稳定平衡和非稳定平衡

振荡电路必须工作在稳定平衡状态，才有能力抵御外界因素的干扰，维持振荡电路的正常工作状态。因此，振荡电路要满足稳定条件才能维持正常工作在平衡状态。稳定条件可以表示为振幅的稳定条件：

$$\frac{\delta^2 |V_o(j\omega)|}{\delta x^2} < 0 \tag{8.9}$$

和相位的稳定条件：

$$\frac{\delta^2 \arg\{A_v(j\omega)\beta(j\omega)\}}{\delta x^2} < 0 \tag{8.10}$$

其中，x 表示外界的扰动，如电流、电压、温度等的变化；$|V_o(j\omega)|$ 为输出信号的幅度。满足稳定条件式(8.9)和式(8.10)的振荡电路，在受到外界因素的扰动后，振荡电路会产生一个相反方向的变化趋势，抵消外界因素的干扰，使振荡电路回到平衡状态，维持输出振幅稳定。通常把振幅稳定条件式(8.9)和相位稳定条件式(8.10)统称为反馈型振荡电路的稳定条件。

反馈型振荡电路正常工作的 3 个必要条件为起振条件、平衡条件和稳定条件。振荡电路只有满足了起振条件，才能从初始状态转变到振荡状态，实现射频信号从无到有的变化。振荡电路只有满足了平衡条件，才有可能输出振幅稳定的射频信号，使电路可以在平衡状态工作。振荡电路只有满足了稳定条件，才能抑制各种外界因素的扰动，维护振荡电路工作在平衡状态。稳定条件对外界因素扰动的抑制是有限度的，如果扰动超出了一定的极限，将破坏振荡电路的正常工作。起振条件、平衡条件和稳定条件是振荡电路正常工作的必要条件。3 个工作条件的数学表达式的比较见表 8-1。

表 8-1　振荡电路正常工作的条件

	振幅	相位
起振条件	$|A_v(j\omega)\beta(j\omega)| > 1$	$0° < \arg\{A_v(j\omega)\beta(j\omega)\} < 180°$
平衡条件	$|A_v(j\omega)\beta(j\omega)| = 1$	$\arg\{A_v(j\omega)\beta(j\omega)\} = 0$
稳定条件	$\dfrac{\delta^2 |V_o(j\omega)|}{\delta x^2} < 0$	$\dfrac{\delta^2 \arg\{A_v(j\omega)\beta(j\omega)\}}{\delta x^2} < 0$

在振荡电路的设计中，需要考虑起振条件、平衡条件和稳定条件的要求，选取合适的参数和电路类型以提高振荡电路的性能指标。例如，通过提高选频网络的品质因数，可以改善稳定条件，使振荡电路更易于在扰动后恢复到平衡状态，可以提高振荡电路输出信号频率的

稳定性。对一个具体振荡电路的分析往往需要进行很多的数学推导，才能获得振荡电路的稳定条件。

8.1.2 LC 型振荡电路

在射频的低端频率，例如，在几百兆赫兹以下的频率范围内，通常使用分立元件设计振荡电路，由电感和电容组成反馈网络和频率选择网络的振荡电路，通常称为 LC 型振荡电路。典型的 LC 型振荡电路包括互感 LC 振荡电路、电容三点式振荡电路(Colpitts 振荡电路)、电感三点式振荡电路(Hartley 振荡电路)和改进的电容三点式振荡电路(Clapp 振荡电路)。本节将依次分析和比较 3 种类型振荡电路的特点。

由于双极型晶体管的放大电路有 3 种基本连接方式：共发射极电路、共集电极电路和共基极电路。3 种电路类型各有自己的特性和应用领域，例如，共集电极方式通常用来实现高输入阻抗到低输出阻抗的变换，共发射极放大电路既有电流的放大又可以有电压的放大。在 3 种类型的放大电路中，高频特性最优秀的电路是共基极放大电路。选用共基极放大电路进行振荡电路或者放大电路的设计，可以降低对晶体管特征频率 f_T 的要求，节约电路成本并获得良好的频率特性。因此，在射频低端频率的电路设计中，通常选用双极型晶体管的共基极放大电路。

在反馈型 LC 振荡电路设计中，使用电容和电感组成的网络实现频率选择和正反馈功能。在反馈网络的设计中，需要根据晶体管放大电路输入阻抗和输出阻抗的不同，引入合适的阻抗变换电路。在共基极连接方式中，晶体管放大电路的输出阻抗高于输入阻抗很多，需要设计一个完成高阻抗到低阻抗变换的反馈网络。设计中通常选用简洁的阻抗匹配电路，可以直接选用 L 形阻抗变换电路。在晶体管共基极振荡电路中，采用电容分压或者电感抽头的方式完成阻抗变换，实际上都是使用分立元件的 L 形阻抗变换电路。在本节后面的内容中将给出典型电路的具体分析。

使用阻抗变换电路的其他优点是可以提高选频电路的品质因数。高品质因数的选频网络可以改善振荡电路的频率稳定度和频率准确性。振荡电路的选频网络一般使用 LC 并联的谐振电路，连接在放大电路的输出电路中。由于晶体管放大电路具有较高的输出电阻，便于实现高品质因数的选频网络。如果使用反馈网络直接把输出电路与输入电路连接，将会降低整体电阻从而影响到 LC 并联谐振电路的品质因数。因此，在反馈网络的设计中，除了要满足相位条件实现正反馈电路，还要注意阻抗变换和选频网络的品质因数。

1. 互感 LC 振荡电路

互感 LC 振荡电路利用变压器构成反馈网络。该反馈网络既完成了阻抗变换，又实现了相位转化，达到了振荡电路的设计要求。互感 LC 振荡电路利用变压器的初级线圈和电容并联构成 LC 并联谐振型选频电路。需要注意变压器同名端的连接方式，使电路满足正反馈的条件。使用晶体管共发射极和共基极连接方式构成的互感 LC 振荡电路，如图 8-7 所示。如果忽略晶体管极间电容和放大电路输入输出阻抗对选频网络特性的影响，振荡电路的振荡频率近似等于选频网络的谐振频率。在变压器 B 初级线圈电感为 L 的情况下，图 8-7 中振荡电路的振荡频率近似表示为

$$f_0 \approx \frac{1}{2\pi\sqrt{LC_1}} \tag{8.11}$$

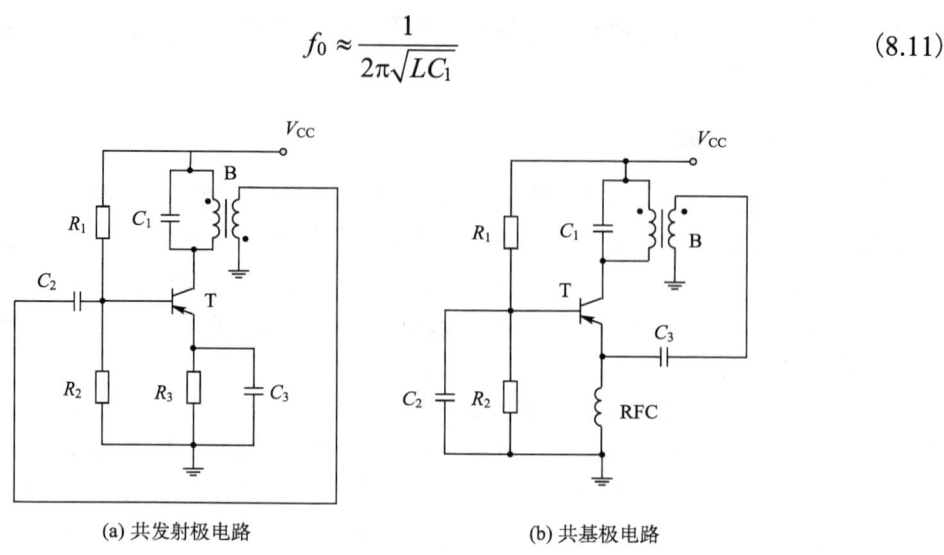

图 8-7 互感 LC 振荡电路

图 8-7(a)给出了共发射极连接方式的互感 LC 振荡电路。晶体管 T 构成了一个典型的共发射极放大电路，电阻 R_1 和 R_2 通过分压电路为晶体管 T 提供偏置电压，电阻 R_3 构成直流串联负反馈，电容 C_3 提供射频信号通路。振荡电路的反馈网络由变压器 B 和耦合电容 C_2 构成，变压器 B 同时实现了阻抗变换功能。电容 C_1 和变压器 B 的初级线圈构成 LC 并联谐振电路，实现频率选择网络的功能。晶体管 T 工作在共发射极放大电路，可以提供良好的功率增益。

图 8-7(b)为共基极连接方式的互感 LC 振荡电路。晶体管 T 构成了一个典型的共基极放大电路，电阻 R_1 和 R_2 通过分压电路为晶体管 T 提供偏置电压，射频线圈 RFC 起到了通过直流和隔离射频信号的作用，电容 C_2 提供交流信号通路为晶体管 T 的基极提供射频接地的电路。振荡电路的反馈网络由变压器 B 和耦合电容 C_3 构成，变压器 B 同时实现了阻抗变换功能。电容 C_1 和变压器 B 的初级线圈构成 LC 并联谐振电路，实现频率选择网络的功能。晶体管 T 工作在共基极放大电路，具有良好的频率特性。

在图 8-7 的互感 LC 振荡电路中，为了进一步提高选频网络的品质因数，可以在变压器 B 的初级线圈上采用部分接入的方式。使用如图 8-5 所示的变压器 B 的连接方式，在初级线圈的抽头上连接晶体管 T 的集电极。经过初级线圈的阻抗变换，等效于并联在 LC 并联谐振电路上的电阻阻值增大，也就提高了 LC 并联谐振电路的品质因数。通过调节变压器 B 初级线圈抽头的位置和初次级线圈的圈数比，可以获得高品质因数的谐振电路，改善互感 LC 振荡电路的特性。

互感 LC 振荡电路受到变压器特性的限制，主要应用到频率较低的射频电路中。随着工作频率的升高，变压器的磁芯材料性能变差，线圈的寄生参数不能忽略，都限制了互感 LC 振荡电路在射频电路中的应用。在射频电路中，通常使用空心线圈替代磁芯线圈来提高工作的频率。这时就不再采用变压器的结构，一般采用空心线圈构成三点式的振荡电路。

2. 电容三点式振荡电路

电容三点式振荡电路使用电感和电容并联谐振电路作为选频网络，使用电容作为反馈元件。图 8-8(a)和(b)分别给出了场效应管的共源极和共栅极的电容三点式振荡电路。两个电路都使用单电源供电，通过源极串联的电阻 R_S 抬高源极电压为场效应管 T 提供直流偏置。在图 8-8(a)中，电容 C_C 为耦合电容，电容 C_S 为旁路电容，电阻 R_1、R_2、R_3 和 R_S 构成了直流偏置电路。场效应管 T 工作在共源极的放大电路方式。在图 8-8(b)中，电容 C_B 为场效应管 T 的栅极提供射频接地通道，场效应管 T 工作在共栅极的放大电路方式。电容 C_1 和 C_2 既与电感 L 构成谐振电路，又作为反馈回路和阻抗调配电路提供源极的射频信号输入。使用场效应管构成的振荡电路与使用双极型晶体管构成的相应振荡电路类似。由于双极型晶体管和场效应管需要的偏置电压不同，两种电路的直流偏置设计是不一样的。

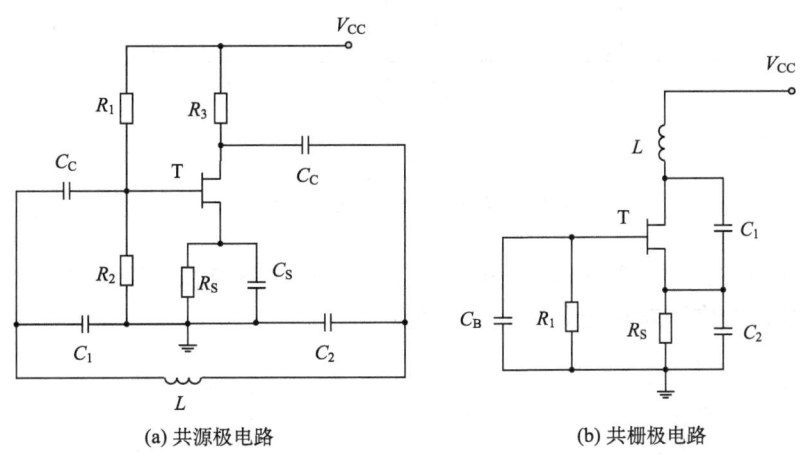

图 8-8 场效应管电容三点式振荡电路

分析图 8-8 中的场效管电容三点式振荡电路，可以给出这两个振荡电路的射频等效电路，见图 8-9(a)和(b)。在射频等效电路中忽略了直流偏置电阻和耦合电容，从而可以简化振荡电路的分析和计算。

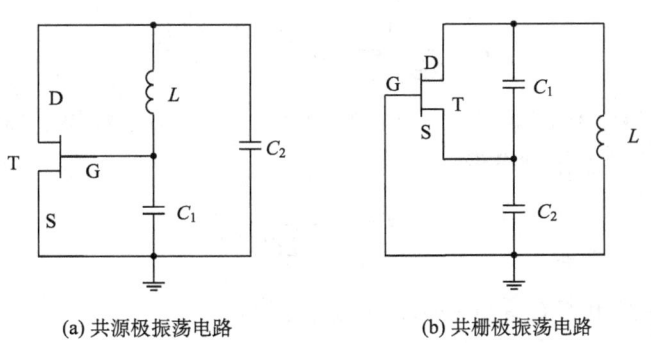

图 8-9 电容三点式振荡电路的射频等效电路

利用晶体管的电路模型，可以对如图 8-9(a)所示的共源极振荡电路进行分析。从而给出基于晶体管电路模型的共源极振荡电路，如图 8-10 所示，虚线框内的电路为晶体管的电路模型。在进行振荡电路分析时，使用了晶体管的 h 参数既可以代表双极型晶体管也可以代表场效应管。晶体管的 h 参数可以参考两端口网络中介绍的相关内容。I_1 为流入晶体管基极的电流，I_2 为流入晶体管集电极的电流，I_3 为通过电感 L 的电流，晶体管基极的电压为 V_1，集电极的电压为 V_2。电容 C_1 和 C_2 与图 8-9(a) 的电容相同。

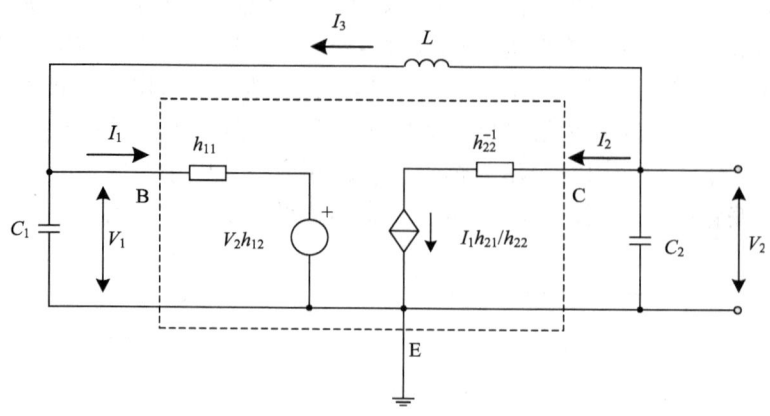

图 8-10 基于 h 参数的等效振荡电路

根据基尔霍夫定律对等效振荡电路的 3 个回路列出电压方程，可以得到 3 个相关的方程。使用电流 I_1、I_2 和 I_3 作为未知变量，得到方程组：

$$\begin{bmatrix} h_{11} - \dfrac{1}{j\omega C_1} - \dfrac{h_{12}h_{21}}{h_{22}} & \dfrac{h_{12}}{h_{22}} & \dfrac{1}{j\omega C_1} \\ -\dfrac{h_{21}}{h_{22}} & \dfrac{1}{h_{22}} - \dfrac{1}{j\omega C_2} & -\dfrac{1}{j\omega C_2} \\ \dfrac{1}{j\omega C_1} & -\dfrac{1}{j\omega C_2} & j\omega L - \dfrac{1}{j\omega C_1} - \dfrac{1}{j\omega C_2} \end{bmatrix} \begin{Bmatrix} I_1 \\ I_2 \\ I_3 \end{Bmatrix} = \begin{Bmatrix} 0 \\ 0 \\ 0 \end{Bmatrix} \tag{8.12}$$

显然如果式(8.12)有非零解必须要求方程组系数矩阵的行列式为零。通过求解式(8.12)系数矩阵行列式虚部为零得到的方程，经过运算确定振荡电路的频率为

$$f = \dfrac{1}{2\pi\sqrt{C_1 C_2}} \sqrt{\dfrac{h_{22}}{h_{11}} + \dfrac{C_1 + C_2}{L}} \tag{8.13}$$

其中，晶体管的 h_{11} 参数表示输入阻抗；h_{22} 参数表示输出导纳。如果晶体管参数满足条件 $h_{22}/h_{11} \ll 1$ 时，振荡电路的工作频率表示为

$$f = \dfrac{1}{2\pi\sqrt{LC_T}} \tag{8.14}$$

其中，$C_T = \dfrac{C_1 C_2}{C_1 + C_2}$ 是电容 C_1 和 C_2 串联后的总电容。

通过求解式(8.12)系数矩阵行列式实部为零得到的方程，并假设 $h_{12} \ll 1$ 可以确定电容 C_1 和 C_2 的关系：

$$(h_{11}h_{22} - h_{12}h_{21})\left(\dfrac{C_1}{C_2}\right)^2 - \dfrac{C_1}{C_2} h_{21} + 1 = 0 \tag{8.15}$$

通过求解式(8.15)，在近似条件 $h_{21}^2 \gg 4(h_{11}h_{22} - h_{12}h_{21})$ 下，可以确定电容 C_1 和 C_2 的简洁

关系为

$$C_1 = \frac{h_{21}}{h_{11}h_{22} - h_{12}h_{21}} C_2 \tag{8.16}$$

通过类似上面的分析还可以确定振荡电路的起振条件和稳定条件。在实际电路设计中，由于晶体管的 h 参数在频率较高时是复数，而且 h 参数的幅度和辐角都会发生较大的变化。很难得到类似式(8.13)和式(8.16)的简洁关系，需要利用计算机 CAD 软件进行电路的设计和优化。

例 8-1 设计一个如图 8-8 所示的电容三点式振荡电路，工作在 200MHz 的频率下使用双极型晶体管共发射极电路，已知直流偏置状态为 I_C=3mA，V_{CE}=3V；在常温下晶体管的参数为 C_{BC}=0.1fF，r_{BE}=2kΩ，r_{CE}=10 kΩ，C_{BE}=100fF。如果电感 L 为 50nH，求电容 C_1 和 C_2 的值。

解 根据式(8.13)确定 C_1 和 C_2 的关系为

$$f = \frac{1}{2\pi\sqrt{C_1 C_2}} \sqrt{\frac{h_{22}}{h_{11}} + \frac{C_1 + C_2}{L}} = 200\,\text{MHz} \tag{8.17}$$

其中，电感 L=50nH。接着确定晶体管在直流时的 h 参数，即在频率 $f \to 0$ 的情况下得到

$$h_{11} = \frac{r_{BE}}{1 + j\omega(C_{BE} + C_{BC})r_{BE}} = 2\,\text{k}\Omega$$

$$h_{12} = \frac{j\omega C_{BC} r_{BE}}{1 + j\omega(C_{BE} + C_{BC})r_{BE}} = 0$$

$$h_{21} = \frac{r_{BE}(g_m - j\omega C_{BC})}{1 + j\omega(C_{BE} + C_{BC})r_{BE}} = 233$$

$$h_{22} = \frac{1}{r_{CE}} + \frac{j\omega C_{BC}(1 + g_m r_{BE} - j\omega C_{BE} r_{BE})}{1 + j\omega(C_{BE} + C_{BC})r_{BE}} = 0.1\,\text{mS}$$

根据式(8.16)再次得到电容 C_1 和 C_2 的关系为

$$C_1 = \frac{h_{21}}{h_{11}h_{22} - h_{12}h_{21}} C_2 \approx 1166 C_2 \tag{8.18}$$

求解式(8.17)和式(8.18)组成的方程组，求得电容 C_1 和 C_2 为

$$\begin{cases} C_1 = 14.70\,\text{nF} \\ C_2 = 12.68\,\text{pF} \end{cases} \tag{8.19}$$

在计算中使用了直流情况下的 h 参数，理论上应该使用晶体管在 200MHz 频率的 h 参数

$$h_{11} = \frac{r_{BE}}{1 + j\omega(C_{BE} + C_{BC})r_{BE}} = (1.9 - j0.47)\,\text{k}\Omega$$

$$h_{12} = \frac{j\omega C_{BC} r_{BE}}{1 + j\omega(C_{BE} + C_{BC})r_{BE}} = 6 \times 10^{-5} + j2.4 \times 10^{-4}$$

$$h_{21} = \frac{r_{BE}(g_m - j\omega C_{BC})}{1 + j\omega(C_{BE} + C_{BC})r_{BE}} = 220 - j55$$

$$h_{22} = \frac{1}{r_{CE}} + \frac{j\omega C_{BC}(1 + g_m r_{BE} - j\omega C_{BE} r_{BE})}{1 + j\omega(C_{BE} + C_{BC})r_{BE}} = (0.11 + j0.03)\,\text{mS}$$

比较直流情况下晶体管的 h 参数，差别是比较小的。如果按照 200MHz 的晶体管 h 参数进行振荡电路设计，最后对设计结果只会产生很小的修正。当使用特征频率高的晶体管设计工作频率不高的振荡电路时，可以采用直流 h 参数进行设计和计算，简化了计算的过程。如果振荡电路的工作频率较高，则需要使用在工作频率的 h 参数进行电路设计。

3. 改进的电容三点式振荡电路

在电容三点式振荡电路中，如果要提高振荡电路的工作频率，根据式(8.14)的计算得到振荡电路的工作频率，需要减小电容 C_1 和电容 C_2 的数值。在电容三点式振荡电路中，由于晶体管的极间电容都与电容或者电感并联，当电容 C_1 和电容 C_2 减小后，就不能再忽略晶体管的极间电容。晶体管极间电容会随温度、射频信号的幅度、电源电压等因素而变化，将会影响振荡电路频率的稳定性。晶体管参数的离散性将影响振荡电路频率的一致性。因此，需要对电容三点式振荡电路进行改进，改善振荡电路在工作频率较高时的特性。

改进的电容三点式振荡电路如图 8-11(a)所示，振荡电路使用了晶体管共基极电路的连接方式。与电容三点式振荡电路比较，电路的改进是在电感 L 上串联了电容 C_3。射频等效电路如图 8-11(b)所示，在等效电路图中忽略了直流偏置电路中的电阻 R_1、R_2、R_3 和耦合电容 C_B，可以更清楚地看出对电容三点式振荡电路的改进。

经过电路分析和计算，可以得到改进电容三点式振荡电路的振荡频率为

$$f_0 = \frac{1}{2\pi\sqrt{L\dfrac{C_3 C_T}{C_3 + C_T}}} \tag{8.20}$$

其中，C_T 表示电容 C_1 和电容 C_2 串联后的电容值。从式(8.20)可以看出，只要减小电容 C_3 的容量就可以提高振荡电路的振荡频率 f_0，电容 C_1 和电容 C_2 可以取比较大的容量，从而减少晶体管极间电容对振荡电路的影响。通常选取电容 C_3 的容量较小，当满足条件 $C_3 \ll C_1$ 和 $C_3 \ll C_2$ 时，改进电容三点式振荡电路的振荡频率为

$$f \approx \frac{1}{2\pi\sqrt{LC_3}} \tag{8.21}$$

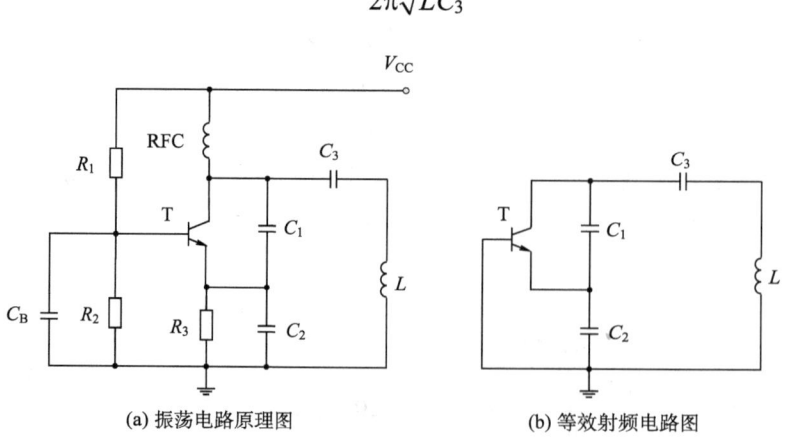

图 8-11 改进的电容三点式振荡电路

在振荡电路中，电容 C_3 的容量不能选取得太小。反馈网络中 C_1、C_2 和 C_3 是串联电路，当 C_3 很小时，电容 C_2 上的分压将很小，导致反馈电路的电压传递系数将减小，要求晶体管放大电路具有更高的增益，才能保证满足起振条件。所以在改进的电容三点式振荡电路的设计中，电容 C_3 容量的选取以满足起振条件为标准。

为了便于振荡电路振荡频率的调节，又减少频率调节对振荡电路反馈网络的影响，可以使用如图 8-12(a) 所示的席勒振荡电路。相应的射频等效电路图如图 8-12(b) 所示。与改进的电容三点式振荡电路相比，席勒振荡电路在电感 L 上增加了并联可变电容 C_4。

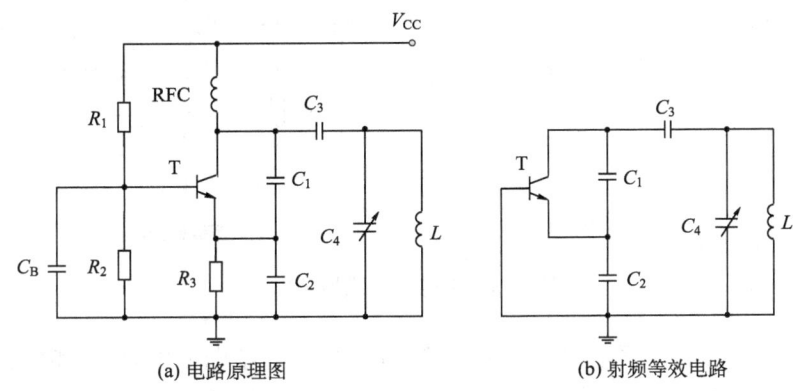

(a) 电路原理图　　　　　　　　　(b) 射频等效电路

图 8-12　席勒电容三点式振荡电路

与改进的电容三点式振荡电路对比，可以得到席勒振荡电路的振荡频率为

$$f_0 = \frac{1}{2\pi\sqrt{L\left(C_4 + \dfrac{C_3 C_T}{C_3 + C_T}\right)}} \tag{8.22}$$

通过调节电容 C_4 就可以改变席勒振荡电路的振荡频率。反馈网络的电压反馈系数由电容 C_1、C_2、C_3 构成的电容网络决定，与电容 C_4 无关。因此，在改变电容 C_4 调节振荡频率时，不会影响到反馈网络。

电容三点式振荡电路在较高的振荡频率下，容易受到晶体管结电容对振荡频率的影响，所以才使用改进的电容三点式振荡电路以改善频率的稳定性。在一些条件下，电容三点式振荡电路频率受信号幅度影响的缺点，可加以利用而成为优点。例如，在一些要求条件不高的场合，可以直接把信号施加到振荡电路晶体管的基极。信号幅度的改变会使晶体管结电容随之改变，振荡电路的振荡频率也就随之改变，从而使用一个简单的电路完成本地振荡电路和频率调制电路的两项功能。

4. 电感三点式振荡电路

电感三点式振荡电路使用电感和电容并联谐振电路作为选频网络，以电感抽头的方式实现阻抗调节并与电容串联构成反馈网络。典型的电感三点式振荡电路如图 8-13 所示，其中，图 8-13(a) 为共发射极电路，图 8-13(b) 为共基极电路。在图 8-13(b) 中晶体管 T 构成共发射极放大电路，电容 C_2 为晶体管 T 的发射极接地提供射频通路。电感 L 和电容 C 并联形成谐振电路，电感 L 通过抽头和电容 C_1 构成反馈网络。在图 8-13(b) 中晶体管 T 构成共基极放大电路，电容 C_2 为晶体管的基极射频信号接地提供通路。电感 L 和电容 C 并联形成谐振电路，电感 L 通过抽头和电容 C_1 构成反馈网络，射频线圈 RFC 起到阻断射频通过直流的作用。为了实现阻抗变换的目的，在两个电路中电感 L 的抽头位置是不同的。

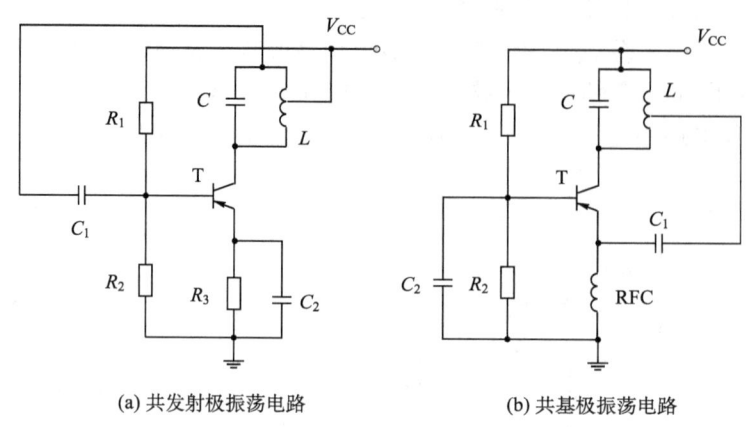

(a) 共发射极振荡电路　　　　(b) 共基极振荡电路

图 8-13　电感三点式振荡电路

图 8-14 为电感三点式振荡电路的射频等效电路图，通常选取电容 C_1 和电容 C_2 的容值较大，对射频信号的阻抗很小，所以在射频等效电路图中可以忽略不计。电感 L 可以分成两个串联的电感 L_1 和电感 L_2，并且两个电感之间存在互耦系数 M。共发射极和共基极电感三点式振荡电路分别如图 8-14(a) 和 (b) 所示。

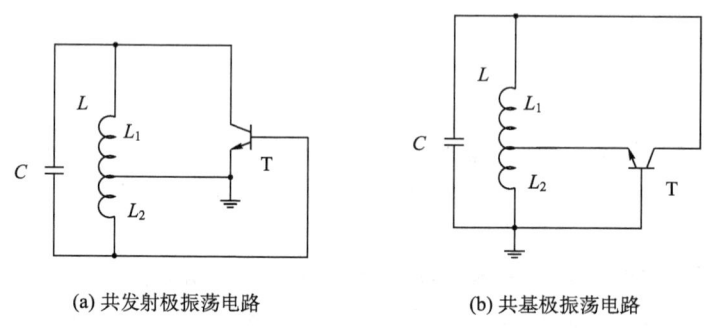

(a) 共发射极振荡电路　　　　(b) 共基极振荡电路

图 8-14　射频等效电路图

采用与电容三点式振荡电路类似的分析方法，在忽略了晶体管 T 极间电容和放大电路输入输出电阻的情况下，可以得到图 8-13 中电感三点式振荡电路的振荡频率为

$$f_0 = \frac{1}{2\pi\sqrt{L_\Sigma C}} \tag{8.23}$$

其中，$L_\Sigma = L_1 + L_2 \pm M$ 为谐振回路总电感；M 为电感两部分之间的互耦系数。

在电感三点式振荡电路中，设计和实现高品质因数的抽头电感是比较困难的。在需要高品质因数选频网络的振荡电路设计中，优先选择电容三点式振荡电路或者改进的电容三点式振荡电路。

对三点式振荡电路进行归纳和总结，以场效应管为例对 3 种基本放大电路和 4 种不同的振荡电路类型进行分析和对比，见图 8-15。

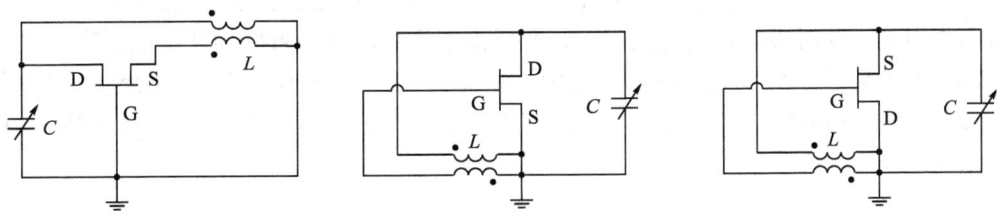

(a) 共栅极、共源极和共漏极的变压器耦合振荡电路(Armstrong)

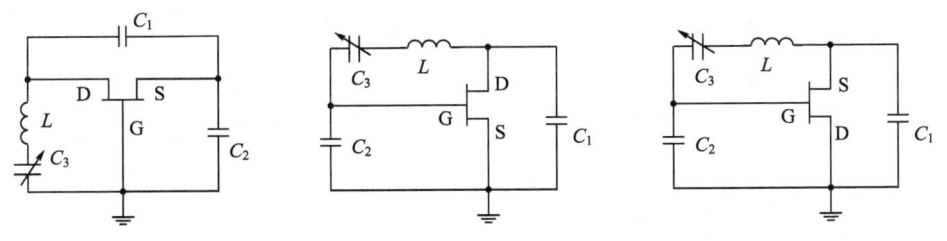

(b) 共栅极、共源极和共漏极的改进电容三点式振荡电路(Clapp)

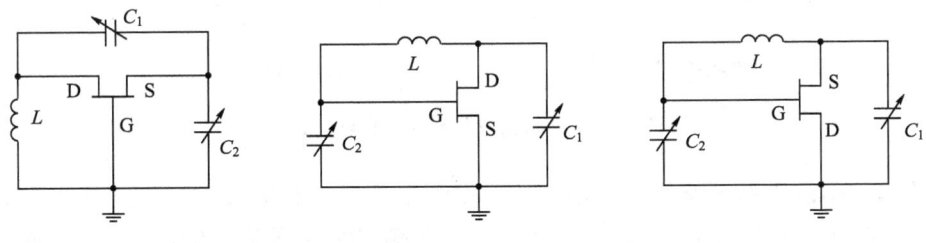

(c) 共栅极、共源极和共漏极的电容三点式振荡电路(Colpitts)

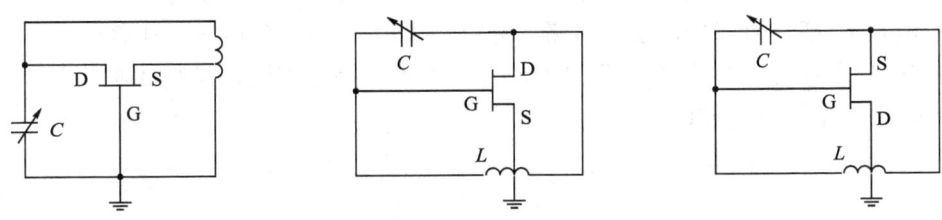

(d) 共栅极、共源极和共漏极的电感三点式振荡电路(Hartley)

图 8-15 场效应管振荡电路的比较

5. 其他 LC 型振荡电路

在前面的 LC 振荡电路中，无论互感 LC 振荡电路或者三点式振荡电路都使用无源反馈网络实现阻抗变换，以减少晶体管输入电阻对谐振回路品质因数的影响。除此以外，还可以使用有源器件（晶体管）进行阻抗变换，如图 8-16(a)所示。电感 L 和电容 C 构成并联谐振电路，电阻 R_1 和电阻 R_2 构成直流偏置网络，电阻 R_2 还有直流和射频信号负反馈的功能，电容 C_B 为晶体管 T_1 的基极提供射频接地通路。晶体管 T_1 组成共基极放大电路，晶体管 T_2 组成共集电极的放大电路(射极跟随电路)。射极跟随电路具有高输入阻抗和低输出阻抗的特点，可以完成阻抗变换的功能，而且射极跟随电路的输出信号与输入信号同相。晶体管 T_1 的集电极输出端为高阻抗，发射极输入端为低阻抗，在反馈电路中需要高阻抗到低阻抗的变换。晶体管 T_2 构成的射极跟随电路恰好可以完成阻抗变换的功能，而且满足正反馈的相位关系。图 8-16(b)给出了相应的射频等效电路图，可以更清楚地看出晶体管 T_1 和 T_2 构成放大电路的方式。

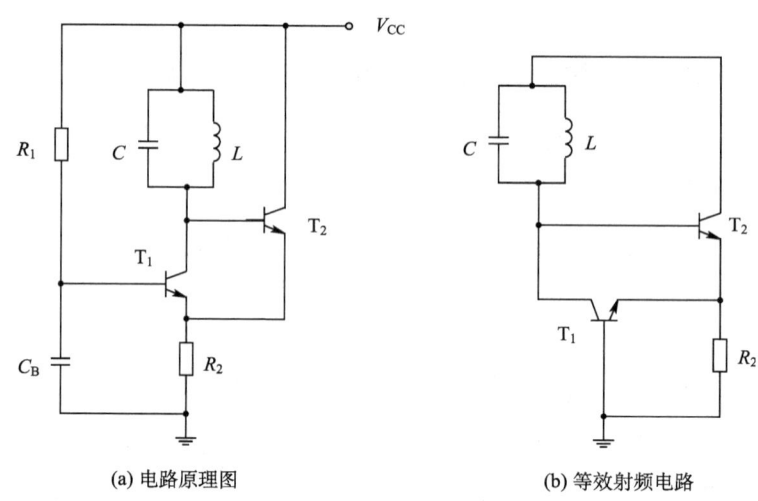

(a) 电路原理图　　　　　(b) 等效射频电路

图 8-16　晶体管阻抗变换的 LC 振荡电路

通过对图 8-16(a)中的电路进行变形，改变电源电压 V_{CC} 的接入点，并且假设晶体管 T_1 和 T_2 是完全一致的，可以得到一个非常简洁实用的振荡电路原理图。电源 V_{CC} 在电感 L 上的接入点是交流地的等效点，考虑到电路的对称性，电容 C 的中心也应该是交流接地点。可以把电感 L 和电容 C 都分两部分，便于电路的分析和讨论。把图 8-17(a)中电容 C 分为电容 C_1 和 C_2，电感 L 分为电感 L_1 和 L_2，得到的对称结构的电路原理图，见图 8-17(b)，其中，电感 $L_1=L_2=L/2$，电容 $C_1=C_2=2C$。

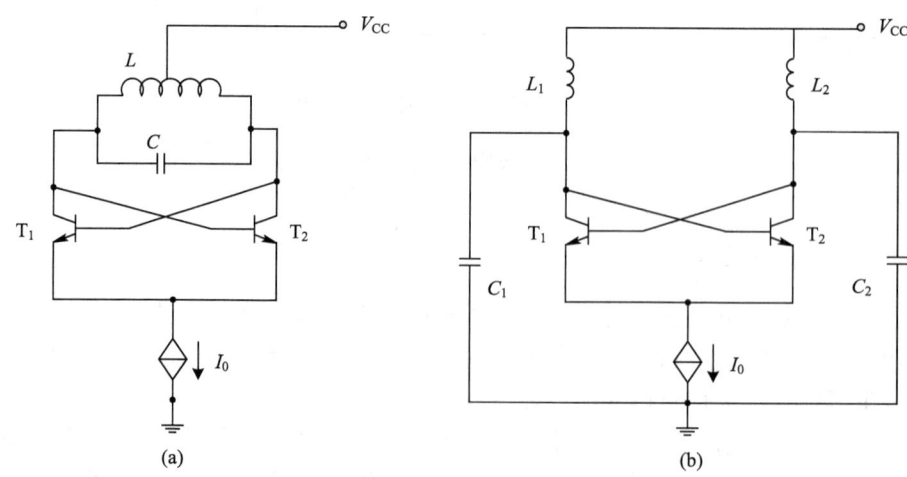

(a)　　　　　　　　　(b)

图 8-17　交叉耦合正反馈 LC 振荡电路

交叉耦合正反馈LC振荡电路的振荡频率由电感L和电容C以及晶体管的极间电容决定。由于在电路分析中经过两个晶体管的耦合后，可以把晶体管的输出端看作负电导。通过负电导的存在抵消LC振荡回路中的电阻损耗，维持振荡电路的正常工作。因此，把这种通过晶体管阻抗变换电路演变而来的振荡电路称为负阻抗LC振荡电路。

在射频集成电路中，负阻型LC振荡电路也得到了应用。例如，一个可以工作在1.8GHz频率的集成电路，内部振荡电路的原理图见图8-18。晶体管T_1和T_2通过交叉耦合构成了负阻LC振荡电路，晶体管T_3、T_4和恒流源一起为振荡电路提供恒定电流供应。晶体管T_3为晶体管T_4提供基极电压，可以起到温度补偿的作用。这种典型的镜像电流的电路在集成电路设计中被广泛使用。二极管D_1和D_2是工作在反偏置状态的变容二极管，等效为一个半可变电容，容量调节通过改变控制电压V_C实现。振荡电路通过放大电路A完成缓冲放大，向负载提供射频信号。振荡电路的频率可以通过改变控制电压V_C进行调节，这实际上是一个压控振荡电路。关于压控振荡电路在本章后面的内容将进行详细介绍。

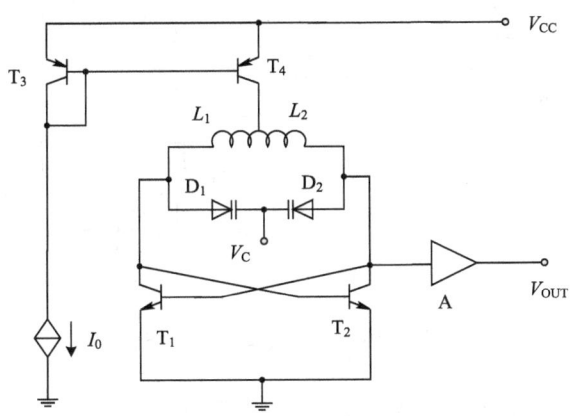

图8-18 集成场效应管负阻LC振荡电路

8.1.3 石英晶体振荡电路

石英晶体是SiO_2的结晶材料，具有良好稳定的物理特性。石英晶体经过切割，并在石英晶体两侧镀银形成两个电极，使用引脚将电极引出，并经过封装就得到了石英晶体谐振器。石英晶体谐振器通常简称晶振，可以有圆柱形、正方形、长方形等多种外观。当施加在晶振电极上的电压发生变化时，石英晶体会产生相应的机械振动，通常称为逆压电效应。石英的机械振动，会在电极上产生相应的电压，通常称为压电效应。当施加在电极上电压具有合适的频率时，晶振就会发生共振，通过晶振的电流达到最大值。一般把晶振出现共振的频率称为晶振的谐振频率，晶振的谐振频率既可以是基频(基音)也可以是高次谐振频率(泛音)。由于机械加工和晶体物理特性的限制，晶振的基频的谐振频率有一定的范围限制；在高频率的晶振中，需要利用晶振的高次谐振频率。晶振的谐振频率一般为1kHz~100MHz的范围内，最高的晶振谐振频率可以达到几百兆赫兹。在晶振上标注的频率是指晶振与标准电容并联后的谐振频率。利用晶振的基模获得较低的谐振频率，一般用"kHz"进行标注；利用晶振的高次模式可以获得较高的谐振频率，一般用"MHz"进行标注。

采用晶振构成的振荡电路具有输出信号稳定和噪声小的优点。工作在低频率的石英晶体振荡电路可以作为锁相环的参考信号源。电路的品质因数与晶体的体积和表面取向有关,一般晶振的品质因数为 $10^3 \sim 10^6$ 的数量级。晶振具有很高的品质因数,温度稳定性良好,所以使用晶振的谐振电路输出频率非常稳定,晶振在很多电路中得到广泛应用。很多无线通信系统,为了提高频率的稳定度都采用了晶振构成的振荡电路。

晶振通常可以等效为电容 C_q、电感 L_q、电阻 R_q 串联,再和电容 C_0 并联的电路,见图 8-19。并联电容 C_0 代表石英晶体两侧电极之间形成的电容。通常电极电容 C_0 为 pF 数量级,晶振等效的电容 C_q 为 10^{-3} pF 量级,电感 L_q 为 H 量级,等效电阻 R_q 为数百欧姆左右。

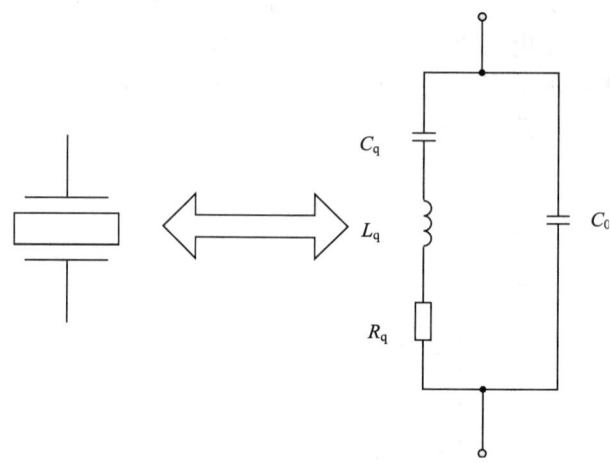

图 8-19 晶振及其等效电路

晶振的整体导纳 Y,可以利用等效电路计算表示为

$$Y = \frac{1}{\frac{1}{j\omega C_q} + j\omega L_q + R_q} + \frac{1}{\frac{1}{j\omega C_0}} = G + jB \qquad (8.24)$$

令式(8.24)中的虚部为零,可以确定振荡频率。令 $B=0$,得到谐振的角频率 ω_0 的关系式:

$$\omega_0 C_0 - \frac{\omega_0 L_q - \frac{1}{\omega_0 C_q}}{R_q^2 + \left[\omega_0 L_q - \frac{1}{\omega_0 C_q}\right]} = 0 \qquad (8.25)$$

使用级数展开的方法可以近似求得晶体串联谐振角频率 ω_s 和并联谐振角频率 ω_p:

$$\begin{aligned}\omega_0 = \omega_s \approx \omega_{s0}\left[1 + \frac{R_q^2}{2}\frac{C_0}{L_q}\right] \\ \omega_0 = \omega_p \approx \omega_{p0}\left[1 - \frac{R_q^2}{2}\frac{C_0}{L_q}\right]\end{aligned} \qquad (8.26)$$

其中

$$\omega_{s0} = \frac{1}{\sqrt{L_q C_q}}$$

$$\omega_{p0} = \frac{1}{\sqrt{L \dfrac{C_q C_0}{C_q + C_0}}}$$

晶振的谐振频率可以近似按照式(8.26)进行估算。

当 $\omega = \omega_{s0}$ 时，晶振的整体导纳 Y 趋近于最大值；当 $\omega = \omega_{p0}$ 时，晶体的整体导纳 Y 趋近于零。由于通常电容 $C_0 \gg C_q$，角频率 ω_{s0} 和 ω_{p0} 的数值会非常接近，所以在从 ω_{s0} 到 ω_{p0} 非常小的频率范围内，晶体的阻抗却会发生非常大的变化，即 $\left|\dfrac{\partial Y}{\partial \omega}\right|_{\omega_s < \omega < \omega_p}$ 具有很大的数值。利用晶振阻抗对频率的敏感特性，可以构造稳频能力非常高的振荡电路。

利用晶振构成振荡电路一般有两种方式，分别称为串联型晶振振荡电路和并联型晶振振荡电路。在串联型电路中，晶振工作在谐振频率 ω_{s0} 附近，近似等效为短路状态；在并联型电路中，晶振工作在 ω_{s0} 和 ω_{p0} 之间，呈现电感状态。

在电容三点式振荡电路中，将电感线圈用晶振代替，就构成了并联型晶振振荡电路，如图 8-20(a) 所示。相应的射频等效电路如图 8-20(b) 所示，在等效电路中忽略了直流偏置电路和射频旁路电容 C_B。

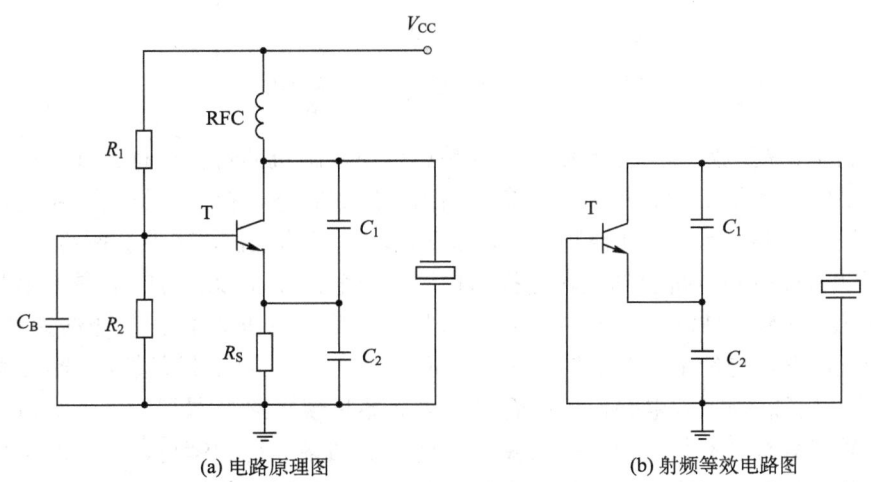

(a) 电路原理图　　　　　　　　　　(b) 射频等效电路图

图 8-20　并联型晶振振荡电路

利用图 8-19 中晶振的等效电路替代振荡电路中的晶振，就可以分析确定振荡电路的振荡频率，即

$$f_0 \approx \frac{1}{2\pi \sqrt{L_q \dfrac{C_q (C_0 + C_L)}{C_q + C_0 + C_L}}}$$

$$\approx \frac{1}{2\pi \sqrt{L_q C_q}} \left(1 + \frac{1}{2} \frac{C_q}{C_0 + C_L}\right) \tag{8.27}$$

其中，$C_L = \dfrac{C_1 C_2}{C_1 + C_2}$ 为晶振的负载电容。可见并联型电路的振荡频率主要由晶振的谐振频率特性决定，外电路只能通过调节 C_L 在较小的范围内对振荡频率进行微调。

在计算机主板上，通常使用晶振的并联型振荡电路，采用 CMOS 反相器作为反相放大电路，利用晶振作为等效电感和电容一起构成类似的电容三点式振荡电路，典型的应用电路见图 8-21。一个反相器作为振荡电路中的反相放大电路，另一个反相器作为输出缓冲放大电路。两个电容分别接在反相器的输出和输入端，其中一个电容的容量可以调整。电容的容量大约等于晶振要求并联电容的 2 倍。在晶振上并联的 2MΩ 电阻是为了限制晶振的电流，起到保护晶振的作用。计算机主板上的时钟信号通常都是由晶振构成的振荡电路产生，再经过倍频或分频就可以为 ISA、PCI、CPU、内存等设备等提供 33MHz、66MHz、100MHz 或者更高频率的时钟信号。

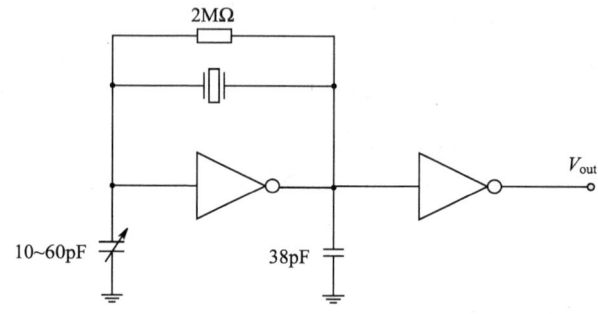

图 8-21　反相器构成的并联型晶振电路

晶振串联型振荡电路利用在谐振频率时晶振呈现零阻抗的特性进行设计。可以把晶振串联到反馈网络中，当处于谐振频率时，晶振相当于短路状态，提升了振荡电路的正反馈，放大电路获得最大增益；当处于其他频率时，晶振呈现较高的阻抗，减少了振荡电路的正反馈。从而晶振可以通过串联电路起到频率选择的作用。一个工作在 200MHz 的晶振串联型振荡电路如图 8-22(a) 所示，晶体管 T 构成了共基极放大电路，变压器 B 的初级线圈和电容 C_1 构成了并联谐振电路，电容 C_1 和电容 C_3 构成了反馈网络，射频信号通过变压器 B 耦合输出。图 8-22(b) 给出了射频等效电路，可以看出如果晶振呈现短路状态则为一个类似电容三点式振荡电路。显然只有当晶振对射频信号短路，使正反馈条件得到满足，相应的信号才能形成振荡。在串联型振荡电路中，晶振通过谐振起到了频率选择的作用。

石英晶体振荡电路具有非常好的频率稳定性，在对频率准确性要求高的通信电路中得到广泛应用。由于石英晶体最高谐振频率的限制，石英晶体振荡电路主要应用在射频的低端频段。在现代射频通信电路的设计中，出现了很多使用倍频技术将石英晶体振荡电路逐渐应用到射频的中高频段，利用晶体振荡电路的高度稳定性取得了良好的效果。图 8-23 给出了一个利用晶振的实际电路。晶振的谐振频率为 8.348MHz，通过 256 次倍频可以得到 2.14GHz 的射频信号。

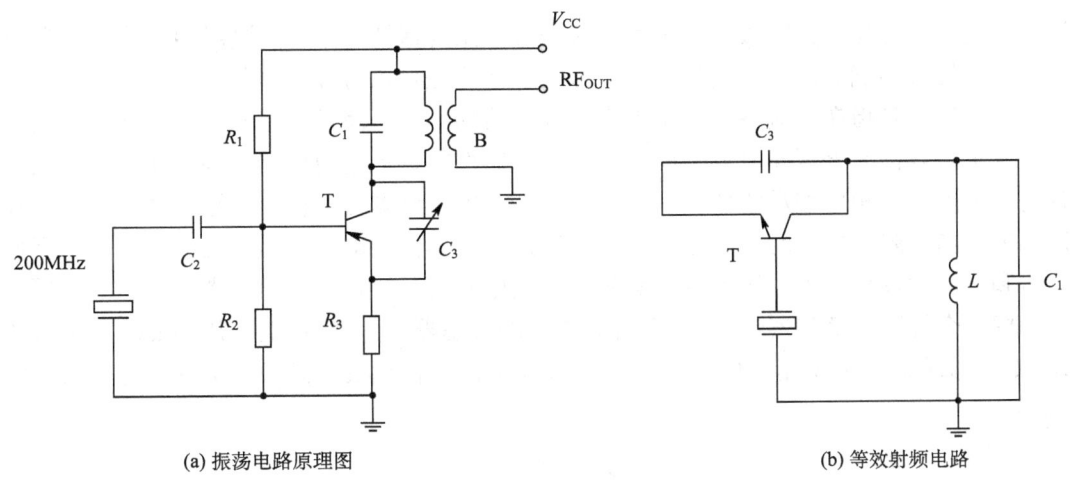

(a) 振荡电路原理图　　　　　　　　　　(b) 等效射频电路

图 8-22　串联晶体振荡电路

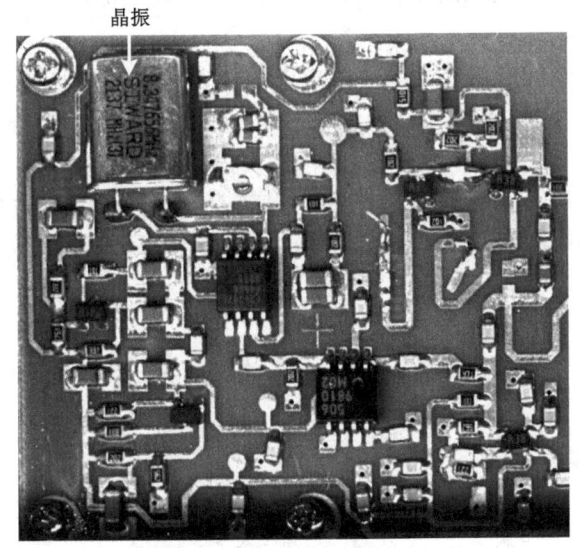

图 8-23　晶振电路的实际应用

8.2　负阻型振荡电路

在射频放大电路的设计中，强调放大电路必须工作在稳定区域，才能维持放大电路的正常工作。如果进入了非稳定区域，放大电路可能形成一个振荡电路。在振荡电路的设计中，以射频放大电路设计为基础，通过增大非稳定区域的范围，使放大电路始终处于非稳定区域，从而可以实现振荡电路的设计。

通常条件下任何电子器件的电阻都大于零。在超导的情况下，导体的电阻才为零。电阻大于零就意味着功率损耗的存在，一部分信号能量被转化成了热能。无源器件，如电阻、非理想电感、非理想电容等，都属于有耗器件。无论在直流电路或者交流电路中，无源有耗器件等效阻抗的实部均为正实数，电压和电流的方向始终保持一致(相位相同)。由于无源有耗器件会消耗信号的能量，只能使信号能量减小，而无法使信号能量增加。

负阻器件不是指在直流条件下出现电阻为负值的器件，而是指在交流条件下呈现负阻值的器件。负阻器件的电压和电流方向保持一致，器件的直流电阻也始终为正实数。负阻器件具有电压和电流的相位相反的特性：当负阻器件上电压达到最大值时，通过器件的电流却达到最小值；当负阻器件上的电压达到最小值时，通过器件的电流却达到最大值。负阻器件这种电压和电流的反相特点，导致器件等效的交流电阻为负值，这是负阻器件命名的原因。

考虑一个纯阻的负阻器件(即一个没有电抗的负阻器件)，端口的电压为 $u(t)$，通过的电流为 $i(t)$，如图 8-24 所示，电压 $u(t)$ 与电流 $i(t)$ 的相位相反，则负阻器件的等效直流电阻 R_{DC} 表示为

$$R_{DC} = \frac{u(t)}{i(t)} > 0 \tag{8.28}$$

由于纯阻负阻器件上电流和电压的方向一致，始终满足条件 $u(t)>0$ 和 $i(t)>0$，负阻器件的等效直流电阻肯定大于零。

如果考虑该负阻器件的交流电阻 R_{AC}，可以表示为

$$R_{AC} = \frac{du}{di} < 0 \tag{8.29}$$

由于电压和电流相位相反，随着通过器件电流的增加，器件上的电压在下降；随着通过器件电流的减少，器件上的电压在增加。可以得到负阻器件的交流电阻 $R_{AC}<0$，器件将呈现负阻状态。

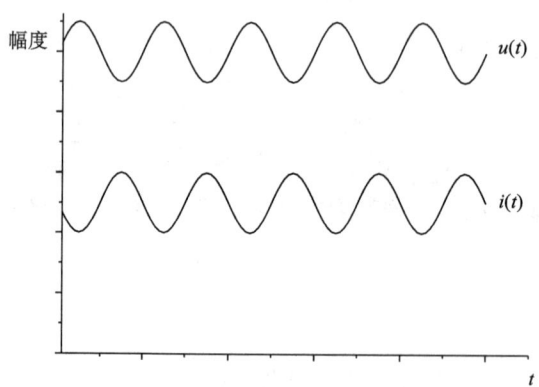

图 8-24　纯阻负阻器件电压和电流示意图

8.2.1　负阻振荡电路的原理

理想的 LC 串联谐振电路没有电阻带来的能量损耗，如果通过某种方式在谐振电路中激励起振荡信号，理想 LC 谐振电路可以维持振荡信号的幅度不变，如图 8-25 所示。在实际的 LC 串联谐振电路中，由于电感 L 存在串联电阻，电容 C 也存在介质损耗，可以等效为一个串联电阻 R。由于串联电阻 R 存在的损耗，谐振电路中的信号逐渐衰减，振荡幅度将越来越小。实际的 LC 串联谐振电路由于存在损耗而不能维持振荡信号。

在实际的 LC 串联谐振电路中串联一个负阻器件,如果负阻器件的电阻为 $-R$,将可以抵消电路中电阻 R 的损耗。这样串联谐振电路将可以维持振荡信号的幅度不变,等效为一个理想的 LC 串联谐振电路。因此,可以考虑使用负阻器件和频率选择电路构建负阻型射频振荡电路。

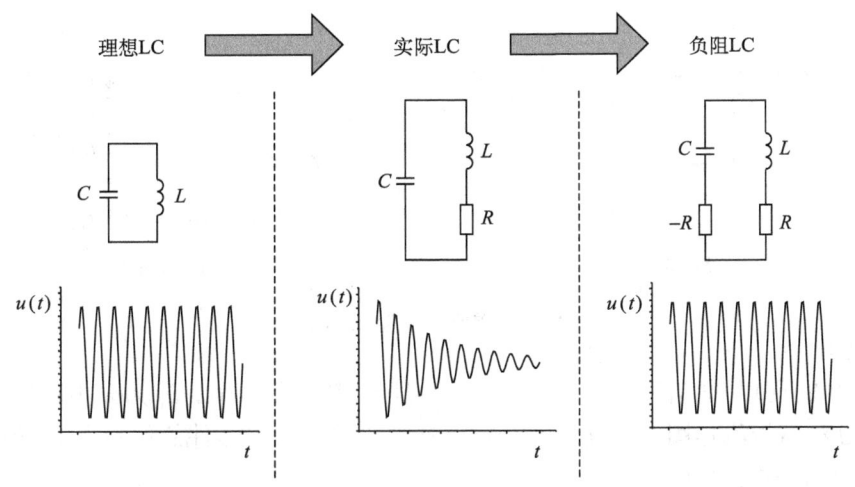

图 8-25 负阻 LC 振荡电路示意图

1. 单端口负阻振荡电路

负阻器件可以是一个单端口器件,如雪崩二极管、隧道二极管、耿氏二极管等。通过负阻器件和外围频率选择电路连接,形成一个射频振荡电路。单端口负阻振荡电路的一般原理图如图 8-26(a)所示,其中负载阻抗 Z_L 和负阻器件阻抗 Z_{IN} 都依赖于振荡信号的频率和幅度。负阻器件阻抗 Z_{IN} 表示为

$$Z_{IN}(A,\omega) = R_{IN}(A,\omega) + jX_{IN}(A,\omega) \tag{8.30}$$

其中,A 是振荡信号的幅度。对于负阻器件满足条件 $R_{IN}(A,\omega)<0$。负阻器件连接的无源负载通常为线性器件,如电感和电容组成的网络,这时负载阻抗 Z_L 将只依赖于振荡信号的频率 ω,可以表示为

$$Z_L(\omega) = R_L(\omega) + jX_L(\omega) \tag{8.31}$$

如果整个串联电路的电阻为正实数,电路将是稳定的。当满足条件:

$$\text{Re}\{Z_{IN}(A,\omega) + Z_L(\omega)\} > 0 \tag{8.32}$$

该串联电路在频率 ω 下将是稳定的,不会形成振荡电路。只有串联电路呈现负阻抗状态,即满足条件:

$$\text{Re}\{Z_{IN}(A,\omega) + Z_L(A)\} < 0 \tag{8.33}$$

电路才是非稳定的,满足起振条件。如上面的分析,当整个串联电路呈现零阻抗状态,将可以出现幅度稳定的振荡信号。

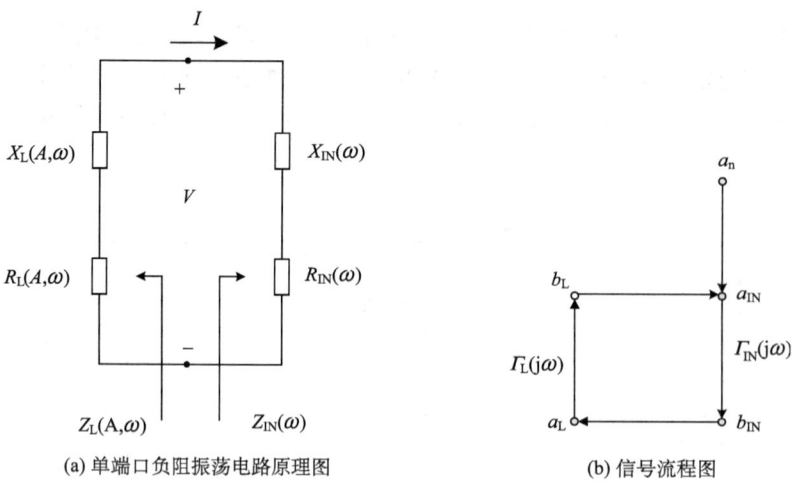

(a) 单端口负阻振荡电路原理图   (b) 信号流程图

图 8-26 单端口负阻振荡电路

根据图 8-26(b) 中的信号流程图，b_{IN} 为负阻器件输出的信号，a_n 为外电路输入负阻器件的信号。通过对信号流程图的简化，可以确定外电路输入负阻器件的信号 a_n 和负阻器件输出的信号 b_{IN} 之间的关系为

$$b_{IN} = \frac{a_n \Gamma_{IN}(j\omega)}{1 - \Gamma_{IN}(j\omega)\Gamma_L(j\omega)} \tag{8.34}$$

当负阻型振荡电路能够正常工作时，不需要外电路注入信号 a_n，也可以输出信号 b_{IN}。在式 (8.34) 中，当注入信号 a_n 为零时，如果要求输出信号 b_{IN} 不为零，则需要满足条件：

$$\Gamma_{IN}(j\omega)\Gamma_L(j\omega) = 1 \tag{8.35}$$

负阻器件的电压反射系数 Γ_{IN} 和负载的电压反射系数 Γ_L 可以用阻抗表示为

$$\Gamma_{IN} = \frac{Z_{IN}(A,\omega) - Z_0}{Z_{IN}(A,\omega) + Z_0}$$

$$\Gamma_L = \frac{Z_L(\omega) - Z_0}{Z_L(\omega) + Z_0} \tag{8.36}$$

其中，Z_0 为传输线的特性阻抗。

如果该振荡电路能稳定工作，A_0 为稳定振荡信号的幅度，ω_0 为稳定振荡信号的频率，将式 (8.36) 代入负阻振荡电路的稳定条件式 (8.35)，从而确定负阻振荡电路振幅稳定时负阻器件阻抗 Z_{IN} 和负载 Z_L 之间的关系为

$$Z_L(\omega_0) + Z_{IN}(A_0,\omega_0) = 0 \tag{8.37}$$

可见当振荡电路振幅稳定时，串联电路的总阻抗为零。将振荡电路用阻抗描述的稳定条件式 (8.37) 分成实部和虚部，表示为两个独立的条件：

$$\begin{cases} R_L(\omega_0) + R_{IN}(A_0,\omega_0) = 0 \\ X_L(\omega_0) + X_{IN}(A_0,\omega_0) = 0 \end{cases} \tag{8.38}$$

从上面的分析得到了负阻型振荡电路振幅稳定的条件，相当于反馈型振荡电路的平衡条件。接下来分析负阻型振荡电路的起振条件，在信号经过负载和负阻器件两次反射后，应该

保持相位一致幅度增大。只有满足这样的条件经过不断地反射后，振荡电路的信号幅度才能不断地增长，满足电路的起振条件。负阻型振荡电路的起振条件为

$$\begin{cases} \mathrm{Re}\{\Gamma_{\mathrm{IN}}(\mathrm{j}\omega)\Gamma_{\mathrm{L}}(\mathrm{j}\omega)\} > 1 \\ \mathrm{Im}\{\Gamma_{\mathrm{IN}}(\mathrm{j}\omega)\Gamma_{\mathrm{L}}(\mathrm{j}\omega)\} = 0 \end{cases} \quad (8.39)$$

其中，信号幅度不断增长的条件，由式(8.39)中电压反射系数乘积的实部大于 1 来实现；两次反射后信号的相位保持一致，由式(8.39)中电压反射系数乘积的虚部为零来实现。也可以用负阻器件阻抗和负载阻抗来描述振荡电路的起振条件为

$$\begin{cases} R_{\mathrm{IN}}(A,\omega) + R_{\mathrm{L}}(\omega) < 0 \\ X_{\mathrm{IN}}(A,\omega) + X_{\mathrm{L}}(\omega) = 0 \end{cases} \quad (8.40)$$

对于频率为ω的信号，在电路的起振阶段要求串联电路的总电阻小于零，使振荡电路的信号幅度可以不断增长。由于负阻器件的阻抗是信号幅度的函数，当信号幅度增加到A_0时，串联电路总电阻为零，满足振荡电路的平衡条件可以维持信号的幅度不变。这样振荡电路就可以形成频率为ω幅度为稳定的振荡信号。

在振荡电路的平衡状态下，如果受到外界因素的扰动，振荡电路应该能够抵御外界的扰动维持振荡信号的幅度和频率，满足稳定条件。假设振荡电路中信号的幅度变化为$A = A_0 + \Delta A$，当扰动非常小时满足条件$\Delta A \ll A_0$，可以按照泰勒一阶展开公式把负阻器件阻抗Z_{IN}表示为

$$\begin{cases} R_{\mathrm{IN}}(A) = R_{\mathrm{IN}}(A_0 + \Delta A) \approx R_{\mathrm{IN}}(A_0) + \left.\dfrac{\partial R_{\mathrm{IN}}(A)}{\partial A}\right|_{A=A_0} \Delta A \\ X_{\mathrm{IN}}(A) = X_{\mathrm{IN}}(A_0 + \Delta A) \approx X_{\mathrm{IN}}(A_0) + \left.\dfrac{\partial X_{\mathrm{IN}}(A)}{\partial A}\right|_{A=A_0} \Delta A \end{cases} \quad (8.41)$$

将平衡条件式(8.38)代入后，可以得到

$$\begin{cases} R_{\mathrm{IN}}(A) = -R_{\mathrm{L}}(\omega_0) + \left.\dfrac{\partial R_{\mathrm{IN}}(A)}{\partial A}\right|_{A=A_0} \Delta A \\ X_{\mathrm{IN}}(A) = -X_{\mathrm{L}}(\omega_0) + \left.\dfrac{\partial X_{\mathrm{IN}}(A)}{\partial A}\right|_{A=A_0} \Delta A \end{cases} \quad (8.42)$$

当振荡电路信号的幅度A发生变化后，如式(8.42)所示，负阻器件的阻抗Z_{IN}将发生相应的变化；当振荡电路信号的频率ω发生变化后，负阻器件阻抗Z_{IN}和负载阻抗Z_{L}都会发生相应的变化。一旦振荡电路中负阻器件和负载的阻抗发生了变化，不能再满足振荡电路的平衡条件，振荡电路信号的幅度和频率都将有一个新的改变趋势。如果振荡电路产生的新改变趋势最终能够抵消开始的外界扰动，振荡电路就可以自动恢复到平衡状态，满足振荡电路的稳定条件。经过一个较长过程的数学推导就可以得到振荡电路的稳定条件：

$$\left.\dfrac{\partial R_{\mathrm{IN}}(A)}{\partial A}\right|_{A=A_0} \left.\dfrac{\partial X_{\mathrm{L}}(\omega)}{\partial \omega}\right|_{\omega=\omega_0} - \left.\dfrac{\partial X_{\mathrm{IN}}(A)}{\partial A}\right|_{A=A_0} \left.\dfrac{\partial R_{\mathrm{L}}(\omega)}{\partial \omega}\right|_{\omega=\omega_0} > 0 \quad (8.43)$$

在多数情况下负载是由电容、电感、电阻等构成的单端口网络，负载的电阻R_{L}是一个常数不随频率发生变化，即满足条件：

$$\frac{dR_L(\omega)}{d\omega}=0 \tag{8.44}$$

根据式(8.44)，振荡电路的稳定条件式(8.43)可以简化为

$$\left.\frac{\partial R_{IN}(A)}{\partial A}\right|_{A=A_0}\left.\frac{\partial X_L(\omega)}{\partial \omega}\right|_{\omega=\omega_0}>0 \tag{8.45}$$

所以只要设计合适的负载电路，就可以满足式(8.45)，达到振荡电路稳定条件的要求。例如，负阻器件的负阻随着信号幅度增加而减少，即负阻对信号幅度的导数大于零，可以设计负载电路的电抗随着频率的增加而增加，从而满足稳定条件式(8.45)的要求。当式(8.45)左侧的值越大时，振荡电路就越稳定，可以在受扰动后以更短的时间恢复到平衡状态。因此，在振荡电路的设计中，需要提高谐振电路的品质因数，通过尽可能提高 $\left.\frac{\partial X_L(\omega)}{\partial \omega}\right|_{\omega=\omega_0}$ 的值来提高振荡电路的稳定性。

在负阻振荡电路的设计中，负阻器件的小信号阻抗 Z_{IN} 是已知的，需要选取负载的电阻 R_L 合适的数值以获得最大的射频功率。当负阻器件的负阻随信号的幅度变化，通常负阻器件的负阻的绝对值$|R_{IN}|$随信号幅度增加而减小。负阻器件的负阻与振荡信号幅度近似为线性关系，可以表示为

$$R_{IN}(A)=-R_0\left(1-\frac{A}{A_M}\right) \tag{8.46}$$

其中，R_0 是负阻器件负阻的最大绝对值；A 是振荡电路信号的幅度；A_M 对应负阻为零的振荡信号幅度，如图 8-27 所示。

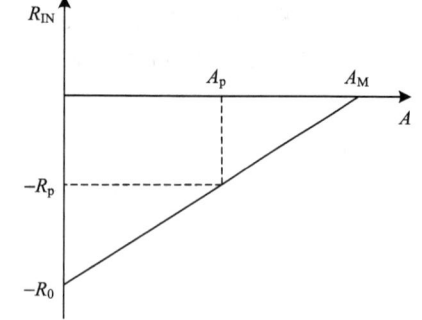

图 8-27 负阻器件负阻与幅度之间的关系

当振荡信号的幅度为 A 时，负载 R_L 得到的功率可以表示为

$$P_L(A)=\frac{1}{2}\text{Re}\{VI^*\}=\frac{1}{2}|I|^2|R_{IN}(A)| \tag{8.47}$$

其中，电流的模值$|I|$与振荡信号的幅度 A 成正比，即满足线性关系 $I=\alpha A$（α为正常数）。将负阻器件的电阻表达式式(8.46)代入负载功率表达式式(8.47)，可以得到

$$P_L(A)=\frac{1}{2}\alpha A^2 R_0\left(1-\frac{A}{A_M}\right) \tag{8.48}$$

如果当振荡信号的幅度为 A_P，负阻器件的负阻为$-R_P$ 时，负载获得最大功率 $P_{L,max}$。可以通过对式(8.48)求导并令其为零，确定振荡信号的幅度 A_P。

$$\frac{dP_L(A)}{dA}=\frac{1}{2}\alpha R_0\left(2A-\frac{3A^2}{A_M}\right)=0 \tag{8.49}$$

求解式(8.49)确定负载获得最大功率时的振荡信号幅度为

$$A_P=\frac{2}{3}A_M \tag{8.50}$$

对应负阻器件的负阻阻值为

$$R_{\mathrm{IN}} = -\frac{1}{3}R_0 \tag{8.51}$$

当负阻振荡电路满足平衡条件时，负载电阻 R_L 应该与负阻电阻 R_{IN} 大小相等符号相反。所以当负载获得振荡电路最大功率输出时，负载的电阻 R_L 为

$$R_\mathrm{L} = \frac{1}{3}R_0 \tag{8.52}$$

在设计负阻振荡电路时，需要根据振荡电路频率的需要选取负载的电抗，并根据振荡电路稳定条件的要求确定负载的等效电路。然后根据式(8.52)确定负载电阻的最佳值，以获得振荡电路最大的功率输出。

例 8-2 负阻振荡电路如图 8-28 所示，假设负阻器件为纯阻器件，电阻变化满足式(8.46)，其中 A 代表电流的幅度。求：

(1) 分析振荡电路起振的条件；
(2) 判断电路是否满足稳定条件；
(3) 如果 $R_0=45\Omega$，$A_\mathrm{M}=3\mathrm{mA}$，求负载 R_L 的最佳数值，以及能够得到振荡信号功率 P_L 的最大值。

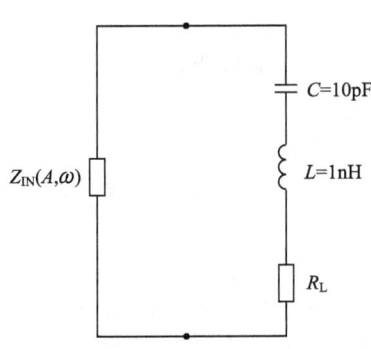

图 8-28 单端口负阻振荡电路设计例

解 (1) 根据起振条件的要求，参考式(8.40)可以确定电路的起振条件为

$$R_{\mathrm{IN}} < -R_\mathrm{L}$$

(2) 当振荡电路处于平衡状态时，根据平衡条件式(8.38)可以确定振荡电路的频率 ω。振荡电路的总电抗应该为零，即满足条件：

$$\mathrm{j}\omega L + \frac{1}{\mathrm{j}\omega C} = 0$$

从而可以确定振荡电路的振荡信号的角频率为

$$\omega_0 = \frac{1}{\sqrt{LC}} = 10\,\mathrm{GHz}$$

根据式(8.46)确定负阻器件对信号幅度的关系：

$$\frac{\partial R_{\mathrm{IN}}(A)}{\partial A} = \frac{R_0}{A_\mathrm{M}} \tag{8.53}$$

振荡电路负载的总阻抗为

$$Z_\mathrm{L}(\omega) = \mathrm{j}\omega L + \frac{1}{\mathrm{j}\omega C} + R_\mathrm{L}$$

显然可以得到负载电阻和电抗对信号频率的依赖关系：

$$\begin{cases} \dfrac{\mathrm{d}R_\mathrm{L}}{\mathrm{d}\omega} = 0 \\ \dfrac{\mathrm{d}X_\mathrm{L}(\omega)}{\mathrm{d}\omega}\bigg|_{\omega=\omega_0} = L + \frac{1}{\omega_0^2}\frac{1}{C} \end{cases} \tag{8.54}$$

把推导得到的式(8.53)和式(8.54),代入负阻振荡电路的稳定条件式(8.43)得到

$$\left.\frac{\partial R_{\mathrm{IN}}(A)}{\partial A}\right|_{A=A_0} \left.\frac{\partial X_{\mathrm{L}}(\omega)}{\partial \omega}\right|_{\omega=\omega_0} = 2L\frac{R_0}{A_{\mathrm{M}}} > 0$$

因此,该负阻振荡电路可以满足振荡电路的稳定条件。

(3)根据式(8.52)确定负载的最佳电阻 $R_{\mathrm{L,opt}}$ 为

$$R_{\mathrm{L,opt}} = \frac{1}{3}R_0 = 15\Omega$$

在此条件下,根据式(8.50)确定振荡信号的幅度(电流)为

$$I = \frac{2}{3}A_{\mathrm{M}} = 2(\mathrm{mA})$$

从而可以确定负载可以从该负阻振荡电路得到的最大功率为

$$P_{\mathrm{L,max}} = \frac{1}{2}|I|^2 R_{\mathrm{L,opt}} = 30\,\mathrm{mW}$$

对单端口负阻振荡电路的起振条件、平衡条件、稳定条件和最佳负载的条件总结如表 8-2 所示。如果使用 RLC 的并联电路而不是串联电路,依然可以使用类似的分析得到单端口负阻振荡电路的工作条件。

表 8-2 单端口负阻振荡电路工作条件

	单端口负阻振荡电路
起振条件	$\begin{cases} R_{\mathrm{IN}}(A,\omega) + R_{\mathrm{L}}(\omega) < 0 \\ X_{\mathrm{IN}}(A,\omega) + X_{\mathrm{L}}(\omega) = 0 \end{cases}$
平衡条件	$\begin{cases} R_{\mathrm{L}}(\omega_0) + R_{\mathrm{IN}}(A_0,\omega_0) = 0 \\ X_{\mathrm{L}}(\omega_0) + X_{\mathrm{IN}}(A_0,\omega_0) = 0 \end{cases}$
稳定条件	$\left.\dfrac{\partial R_{\mathrm{IN}}(A)}{\partial A}\right\|_{A=A_0} \left.\dfrac{\partial X_{\mathrm{L}}(\omega)}{\partial \omega}\right\|_{\omega=\omega_0} - \left.\dfrac{\partial X_{\mathrm{IN}}(A)}{\partial A}\right\|_{A=A_0} \left.\dfrac{\partial R_{\mathrm{L}}(\omega)}{\partial \omega}\right\|_{\omega=\omega_0} > 0$
最佳负载	$R_{\mathrm{L}} = \dfrac{1}{3}R_0$

2. 两端口负阻振荡电路

两端口负阻振荡电路的一般原理图,如图 8-29(a)和(b)所示。两端口负阻振荡电路通常是由射频晶体管构成。两端口负阻振荡电路有两种基本的构成方式,负载网络既可以连接在晶体管两端口网络的终端端口,如图 8-29(a)所示,又可以连接到晶体管两端口网络的输入端口,如图 8-29(b)所示。在两端口负阻振荡电路中使用了与单端口负阻振荡电路相同的符号,Z_{T} 表示终端网络的等效阻抗。在两端口负阻振荡电路的分析中,可以选择一个端口连接终端网络,另外一个端口连接负载网络,从而可以采用类似于单端口负阻振荡电路的分析方法。

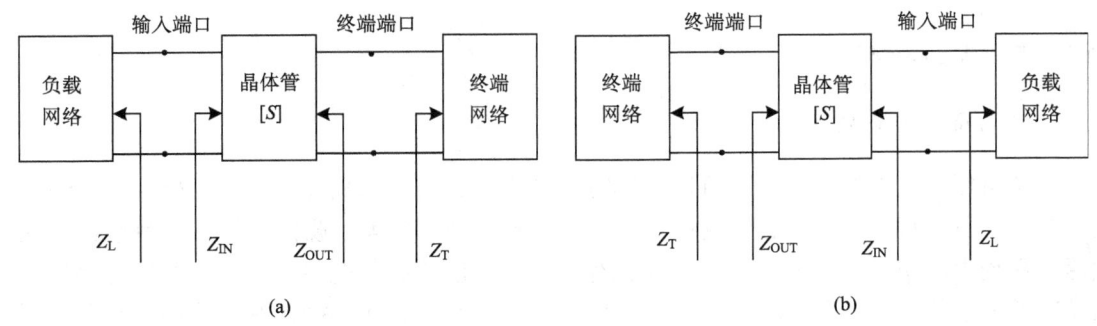

图 8-29 两端口负阻振荡电路模型

如果晶体管在振荡频率下满足绝对稳定的条件，则无论如何选择终端网络，两端口网络都处于放大电路的状态，无法处于振荡状态。在振荡频率下，必须使晶体管工作在非稳定状态。当两端口网络处于潜在不稳定的状态时，选择合适的终端负载网络使两端口网络处在非稳定状态。在两端口的另一个端口就可以获得一个等效的负阻单端口网络，并且单端口负阻网络的输入阻抗为 Z_{IN}。在两端口负阻振荡电路的设计中，如果终端端口满足了振荡电路的平衡条件，负载端口也就自然满足了平衡条件；反之如果负载端口满足了振荡电路的平衡条件，终端端口也自然满足平衡条件。

对于图 8-29(a)中的电路模型，如果输入端口满足了振荡电路的平衡条件：

$$\Gamma_{IN}\Gamma_L = 1 \tag{8.55}$$

根据两端口网络的分析计算公式得到

$$\Gamma_{OUT} = \frac{S_{22} - \Delta\Gamma_L}{1 - S_{11}\Gamma_L}$$
$$\Gamma_{IN} = \frac{S_{11} - \Delta\Gamma_T}{1 - S_{22}\Gamma_T} \tag{8.56}$$

从式(8.55)和式(8.56)可以得到

$$\Gamma_{OUT}\Gamma_T = 1 \tag{8.57}$$

表示如果输入端口在振荡状态，终端端口也一定处于振荡状态。

两端口负阻振荡电路的设计步骤如下：

(1) 选择在振荡频率 ω_0 下能够处于条件非稳定状态的晶体管。

(2) 设计终端网络使得输入端口的电压反射系数 $|\Gamma_{IN}|>1$，可以适当采用引入反馈的方法提高输入端口的电压反射系数 $|\Gamma_{IN}|$。

(3) 设计负载网络使其能与等效单端口负阻网络 Z_{IN} 满足振荡条件，选择合适的负载网络以获得最大的功率输出。

在两端口负阻振荡电路设计中，采用上述步骤一般都可以设计得到能够正常工作的振荡电路。但是由于有源器件的非线性，电路实际振荡的频率与设计的工作频率会有所偏移，而且不一定能保证负载得到最大的输出功率。尽管如此，上述方法还是一个设计两端口负阻振荡电路的有效方法。

8.2.2 负阻振荡电路设计

1. 二极管振荡电路

在负阻振荡电路的设计中，可以使用隧道二极管、雪崩二极管、耿氏二极管等有源器件构建单端口负阻振荡电路。由于这些振荡电路的输出波形较差，噪声也较高，目前很少在射频通信系统中应用。但是使用基于二极管有源器件构建的振荡电路，可以方便地获得射频高端频段的振荡信号。随着射频通信系统频率的不断提升，这些二极管有源器件将逐渐有更多的应用。对这类振荡电路的设计方法做一个简单的介绍。

在隧道二极管、雪崩二极管、耿氏二极管等有源器件的电路模型中，含有电抗和等效的负阻电阻，可以按照单端口负阻振荡电路的设计方法进行振荡电路的设计。在振荡电路中，还需要考虑偏置电路为二极管提供合适的静态工作点，满足振荡电路的起振条件，并且可以调节输出振荡信号的幅度。由于二极管振荡产生一系列电脉冲，需要利用微带传输线形成传输的延时，保持反射信号的相位相同。然后利用高品质因数的谐振电路滤去高次谐波，得到单频射频信号的输出。

例 8-3 使用一个隧道二极管设计单端口负阻振荡电路。已知在频率为 8GHz 特性阻抗为 $Z_0=50\Omega$ 的系统中，隧道二极管的反射系数为 $\varGamma_{IN}=1.25\angle 40°$。

解 首先根据该隧道二极管的反射系数 $\varGamma_{IN}$ 计算隧道二极管的阻抗 Z_{IN} 得

$$Z_{IN} = Z_0 \frac{1+\varGamma_{IN}}{1-\varGamma_{IN}} = -43 + j124\Omega$$

根据单端口负阻振荡电路负载设计式(8.52)得到负载的电阻 R_L 为

$$R_L = -\frac{1}{3}\text{Re}\{Z_{IN}\} = 14.3\Omega$$

依据振荡电路的平衡条件确定负载的电抗 X_L 为

$$X_L = -\text{Im}\{Z_{IN}\} = -124\Omega$$

从而可以确定负载阻抗 Z_L 为

$$Z_L = 14.3 - j124\Omega$$

或者可以表示为负载的导纳 Y_L 为

$$Y_L = \frac{1}{Z_L} = 0.001 + j0.008\text{S}$$

通常需要使用阻抗变换电路实现阻抗 Z_L。考虑使用 50Ω 的纯电阻，经过串联 $\lambda/4$ 传输线的阻抗变换达到阻抗 Z_L 的实部，再并联 $\lambda/8$ 的传输线实现阻抗 Z_L 的虚部。串联 $\lambda/4$ 传输线的特征阻抗 Z_{01} 为

$$Z_{01} = \sqrt{\frac{50}{\text{Re}\{Y_L\}}} = 223\Omega$$

并联 $\lambda/8$ 的传输线的特征阻抗 Z_{02} 为

$$Z_{02} = \frac{1}{\text{Im}\{Y_L\}} = 125\Omega$$

可以在 Smith 圆图上进行验证，使用 50Ω 的纯电阻经过串联 λ/4 特征阻抗为 223Ω 的传输线，再并联 λ/8 特征阻抗为 125Ω 的传输线即可以实现负载阻抗 Z_L。最终完成的隧道二极管负阻振荡电路设计如图 8-30 所示。

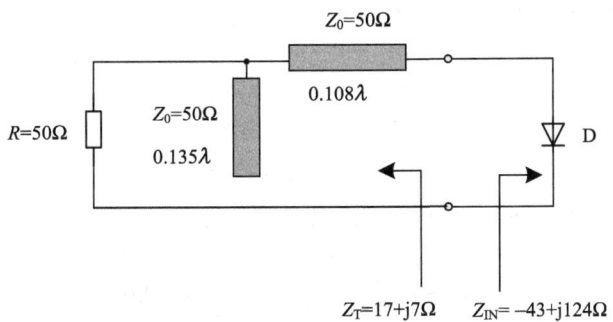

图 8-30　隧道二极管振荡电路示意图

在二极管振荡电路中，可以使用最少的元器件形成一个射频信号源。通过简单的微带电路连接同轴线或者波导传输线，再通过机械方式提供谐振电路的调节，就可以构成一个振荡频率和振荡幅度可以在一段范围内调节的射频信号源。使用二极管和波导谐振腔可以方便地构成一个可调谐的幅度可控的振荡电路，如图 8-31 所示。二极管位于波导的底壁，施加偏置电压可以使二极管处于振荡状态。通过调节短路活塞的位置就可以改变腔体的尺寸，影响振荡电路的谐振频率。谐振频率由腔体的长度 λg/2 来决定。

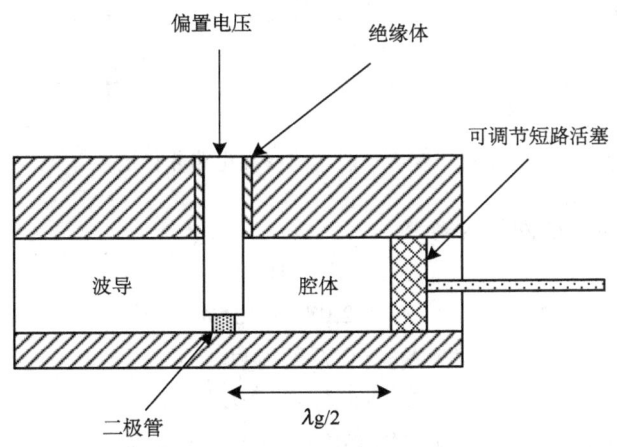

图 8-31　基于波导的二极管振荡电路

2. 晶体管负阻振荡电路

使用射频晶体管可以方便地构建两端口负阻振荡电路。既可以使用双极型晶体管，也可以使用场效应管；既可以采用共基极(共栅极)放大电路，也可以采用共发射极(共源极)放大电路。采用晶体管负阻振荡电路适合于实现射频高端频率的振荡电路，可以覆盖使用 LC 集总参数器件无法达到的射频振荡频率。使用晶体管负阻振荡电路是一个基于分布参数的电路设计，适合于配合微带传输线构建射频高端频率的振荡电路。以下通过两个例子来说明晶体管负阻振荡电路的基本设计方法。

例 8-4 使用双极型晶体管共基极电路，设计一个振荡频率为 2.75GHz 的负阻型振荡电路。已知晶体管在 2.75GHz 频率下的 S 参数为

$$S_{11} = 0.9\angle 150°$$
$$S_{21} = 1.7\angle -80°$$
$$S_{12} = 0.07\angle 120°$$
$$S_{22} = 1.08\angle -56°$$

解 在 2.75GHz 的频率下，分析计算晶体管的参数得到

$$K = \frac{1-|S_{11}|^2 - |S_{22}|^2 - |\Delta|^2}{2|S_{12}||S_{21}|} = -0.64$$

由于 $K<1$ 该晶体管存在潜在不稳定性，可以用来设计振荡电路。

为了增加双极型晶体管共基极电路构成的两端口网络的非稳定性，在基极串联电感 L 增大 S_{11} 和 S_{22}。把电感 L 也等价为一个两端口网络，则图 8-32 中的电路可以看作晶体管两端口网络和电感两端口网络的串联。经过两端口网络相关公式的计算，可以得到串联网络的 S 参数。通过反复计算和分析发现当电感 L=1.45nH 时，得到两端口网络具有最大的 S_{11} 和 S_{22}，即该串联两端口网络在此时最不稳定。

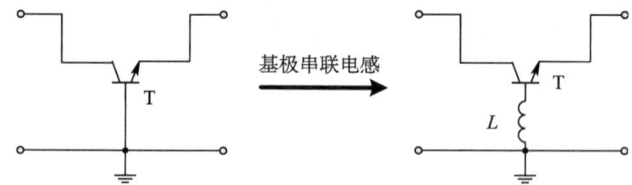

图 8-32 基极串联电感提高电路非稳定性

此时计算得到的两端口网络 S 参数为

$$S_{11} = 1.72\angle 100°$$
$$S_{21} = 2.08\angle -136°$$
$$S_{12} = 0.712\angle 94°$$
$$S_{22} = 1.16\angle -102°$$

在 Smith 圆图上比较在晶体管基极串联电感 L 前后稳定圆的大小和位置，可以发现在串联电感 L 后，非稳定区域的范围增大到几乎覆盖了整个单位圆，简化了振荡电路的设计。

选取晶体管发射极连接负载或者集电极连接负载都可以构成振荡电路。选取晶体管发射极连接负载，集电极连接终端网络。通过两端口网络分析可以得到 Γ_{IN} 和 Γ_T 的关系为

$$\Gamma_{IN} = S_{11} + \frac{S_{12}S_{21}\Gamma_T}{1-S_{22}\Gamma_T} \tag{8.58}$$

Γ_T 的选择具有一定的自由度，很多 Γ_T 的值都可以使 $|\Gamma_{IN}|>1$ 满足振荡条件。根据对式(8.58)的计算，得到一系列 Γ_{IN} 和 Γ_T 的参数，使用列表法或者作图法分别分析 Γ_T 不同幅值和相位对输入驻波系数 Γ_{IN} 的影响。选取合适的 Γ_{IN} 和 Γ_T，便于电路的设计和实现。在该振荡电路的设

计中，实际选取 $\Gamma_T=0.5\angle 162°$ 得到 $\Gamma_{IN}=2.3\angle 117.6°$，对应等效单端口网络的输入阻抗为
$$Z_{IN} = -25.6 + j24\Omega$$

根据振荡电路的平衡条件式(8.38)，可以确定负载 Z_L 的电抗应该为 $X_L=-24\Omega$。另外根据最佳负载电阻的条件式(8.52)，可以确定负载 Z_L 的电阻应该为 $R_L=8.5\Omega$。从而可以最终确定负载的阻抗 Z_L 为
$$Z_L = 8.5 - j24\Omega \tag{8.59}$$

最后需要设计终端网络，实现 $\Gamma_T=0.5\angle 162°$ 的条件。采用类似于匹配电路的设计方法，选用 50Ω 的电阻作为终端网络的起始点，采用特征阻抗为 50Ω 的传输线构造 L 形匹配电路，将 50Ω 的电阻变换到 $Z_T=17+j7\Omega$。终端网络的设计，可以参考图 8-33 中在 Smith 圆图上的实现过程，其中虚线圆为电压反射系数为 0.5 的等驻波系数圆。

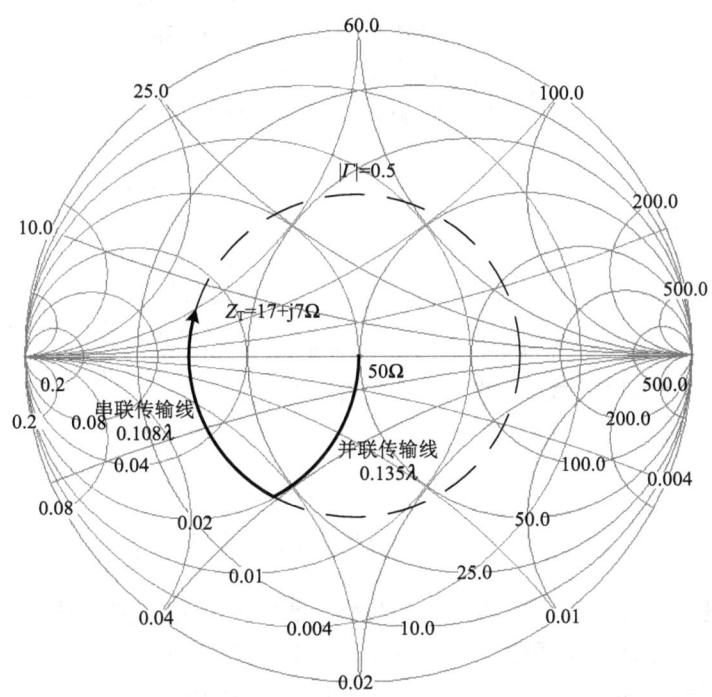

图 8-33 终端网络的设计过程

从而最终得到了两端口负阻型振荡电路的设计原理图，见图 8-34。其中，使用了特征阻抗为 50Ω 长度为 $\lambda/8$ 左右的两段传输线，很容易在电路板上用微带传输线来实现。

在例 8-4 中两端口负阻振荡电路的设计中，基极串联电感 L 的数值只有通过反复的尝试和计算得到，例如，可以限定电感 L 为 0.5~15nH 的范围，通过编写计算机程序实现串联两端口网络 S 参数的计算，然后确定 L 的取值使串联网络 S_{11} 和 S_{22} 具有尽量高的模值。从而在 Smith 圆图上，扩大了两端口网络的非稳定区域，使终端网络具有更大的设计灵活性。在选取终端网络的阻抗 Z_T 或者电压反射系数 Γ_T 时，需要兼顾终端网络和负载网络的实现，选取合适的数值便于实际电路的实现。

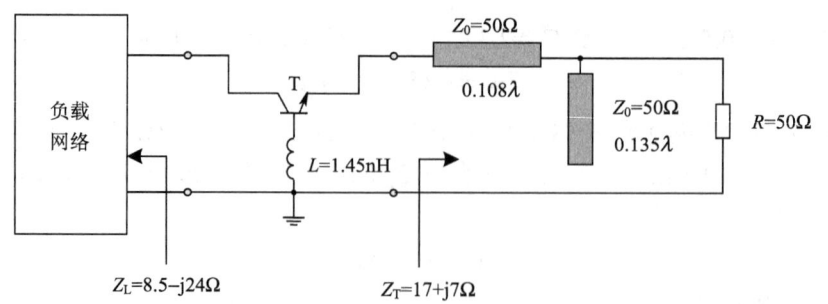

图 8-34 两端口负阻振荡电路的原理图

例 8-5 使用 GaAs FET 设计一个振荡频率为 10GHz 的两端口负阻振荡电路,要求使用共栅极电路并且在栅极串联一个 $L=5$nH 的电感。场效应管负阻振荡电路如图 8-35 所示。已知该场效应管在共栅极放大电路下的 S 参数（已经考虑了 $L=5$nH 的串联电感）为

$$S = \begin{bmatrix} 2.18\angle-35° & 1.26\angle 18° \\ 2.75\angle 96° & 0.52\angle 155° \end{bmatrix}$$

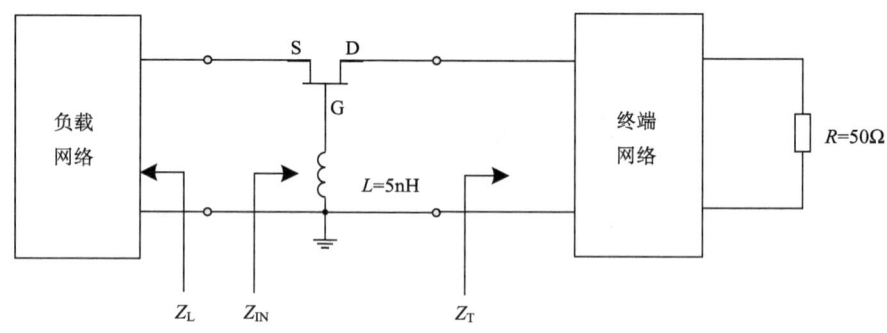

图 8-35 场效应管负阻振荡电路

解 采用与设计晶体管放大电路类似的步骤,首先分析场效应管构成两端口网络的稳定性,可以得到 $K<0$,并确定该场效应管可以用于构建振荡电路。

通过计算分析得到该场效应管对应输出稳定圆的半径 R_T 和圆心 C_T 为

$$\begin{cases} R_T = 0.665 \\ C_T = 1.08\angle 33° \end{cases}$$

因为该两端口网络的 S 参数中 $|S_{11}|=2.18>1$,可以判断在描述输出稳定圆的 Smith 圆图中,圆心对应的点属于非稳定区域。输出稳定圆对应的非稳定区域如图 8-36 所示。

确定终端阻抗 Z_T 具有很大的自由度,依然采用尝试法选择 Z_T 以获得最大的负阻,即输入阻抗 Z_{IN} 的实部模值达到最大或者输入端的电压反射系数模值 $|\Gamma_{IN}|$ 达到最大。通过反复的计算和优化(可以借助计算机编写程序)得到终端阻抗为

$$\begin{cases} Z_T = -20 - j35\Omega \\ \Gamma_T = 0.59\angle 104° \end{cases}$$

在此条件下获得输入端的 Z_{IN} 和输入电压反射系数 Γ_{IN} 为

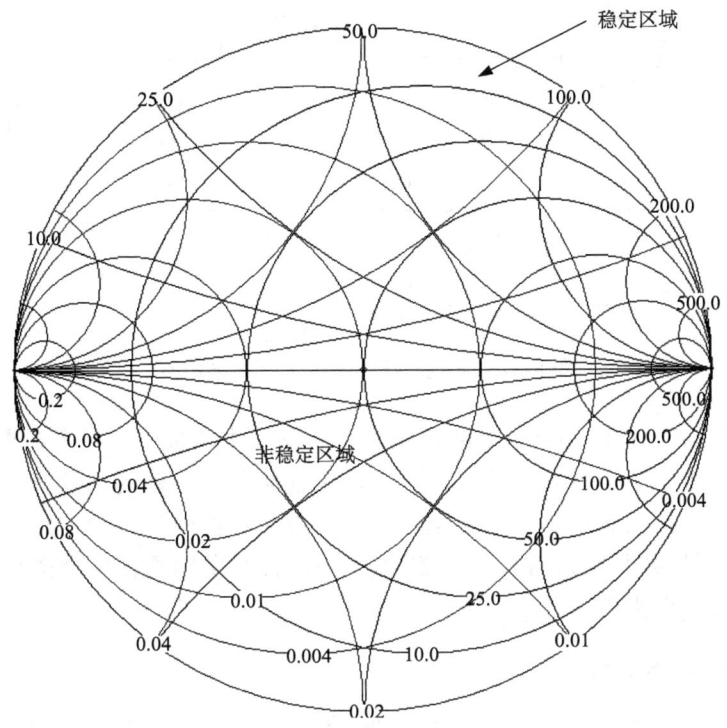

图 8-36 输出稳定区域和非稳定区域

$$\begin{cases} \Gamma_{\text{IN}} = 3.96 \angle -2.4° \\ Z_{\text{IN}} = -84 - j1.9\Omega \end{cases}$$

根据振荡电路的平衡条件确定负载阻抗的虚部 X_L，根据最佳负载电阻确定负载阻抗的实部 R_L 以获得最大的功率输出，可以确定负载 Z_L 为

$$Z_L = -\frac{1}{3}\text{Re}\{Z_{\text{IN}}\} - \text{Im}\{Z_{\text{IN}}\}$$
$$= 28 + j1.9\Omega$$

由于设计中负载 Z_L 的实部远远大于虚部，理论上通过计算可以得到需要在 28Ω 的电阻上串联一段特征阻抗为 –5Ω 长度为 λ 的传输线来构造负载 Z_L。在实际电路中，长度 λ 的传输线完全可以忽略，所以可以直接使用一个 28Ω 的电阻作为负载。另外一种可行的设计方案是使用长度为 0.256λ 的传输线终端连接 89Ω 的电阻（$50^2/28=89\Omega$），这样在一定程度上可以避免传输线太短带来的问题，电路还可以进行适当的调节。

终端网络采用 50Ω 的纯电阻经过串联和并联传输线阻抗变换达到阻抗 Z_T，具体的设计方法与阻抗匹配电路的设计方法完全一致。例如，可以采用特征阻抗为 50Ω 的传输线，通过串联和并联的方式调节实现终端阻抗 Z_T。最后设计得到的场效应管负阻振荡电路的原理图，如图 8-37 所示。

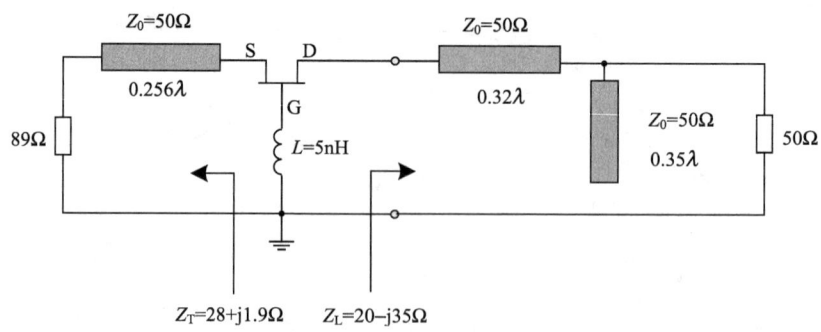

图 8-37 场效应管负阻振荡电路原理图

在实际振荡电路制作中，$L=5\text{nH}$ 的电感将被制作在电路板上。从而在图 8-37 的振荡电路中除了两个电阻使用了集总参数元件，没有使用任何集总参数的电容和电感，都使用了微带传输线构成阻抗变换网络，是一个完全用分布参数元件构建的振荡电路。尽管使用了相同的晶体管放大电路(如共基极或者共栅极放大电路)，但是负阻振荡电路的设计方法与反馈式振荡电路的设计存在很大的差异。

3. 介质谐振腔振荡电路

介质谐振腔振荡电路(DRO)利用高介电常数的介质作为储存振荡信号能量的元件，可以构造高品质因数振荡电路。介质谐振腔振荡电路的品质因数 Q_0 可以高达 10^5。随着射频材料技术的发展，介质谐振腔振荡电路的温度稳定性也得到了很大的改善，温度系数可以优于 $\pm 10\text{ppm/℃}$。例如，对于 8GHz 的介质谐振腔振荡电路，如果温度系数为 10ppm/℃，当环境温度从 10℃变化到 30℃时，振荡电路的输出信号频率将发生 1.6MHz 的偏移。在需要固定频率的振荡电路中，介质谐振腔振荡电路有很多实际的应用。介质谐振腔振荡电路既可以使用双极型晶体管，也可以使用场效应管。使用介质谐振电路可以实现 15GHz 以下的振荡电路，通常输出的射频功率可以达到 15dBm。

在介质谐振腔振荡电路中使用介质的相对介电常数范围为 20~80。相对介电常数太低会使谐振腔的尺寸增大，也不便于电磁能量的集中。由于工作频率和材料损耗的限制，介质的相对介电常数也不可能太高。目前，陶瓷材料作为谐振介质被广泛使用，而且经常使用圆柱形的谐振介质。介质谐振腔振荡电路适合于构造 1~40GHz 的振荡电路。如果振荡频率低于 1GHz，介质谐振的尺寸会太大而不再实用。

典型的介质谐振电路结构如图 8-38 所示。振荡电路的谐振频率取决于谐振介质的介电常数和与微带线的相对位置。金属的谐振腔可以减少电磁辐射的损耗，提高谐振电路的品质因数。微带传输线和谐振介质之间通常存在较强的能量耦合。由于谐振介质的相对介电常数(20~80)远远大于微带线介质的相对介电常数(2~10)，电磁能量主要集中在谐振介质中。机械调节方式通过调节金属谐振腔上的螺钉与谐振介质之间的距离可以在很小的范围内调节谐振频率。螺钉旋入的深度越深，谐振频率就越高；螺钉旋入的深度越浅，谐振频率就越低。采用螺钉机械调节方式可以获得 1%的调谐带宽。

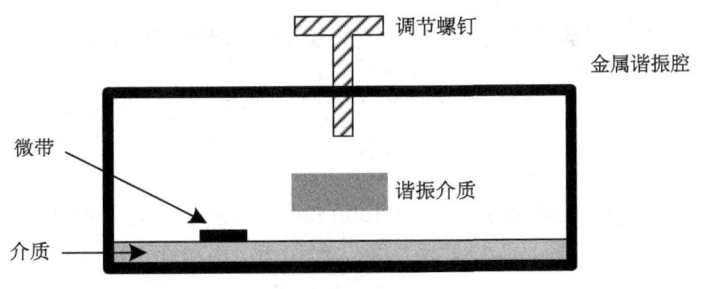

图 8-38　介质谐振腔振荡电路的基本结构

微带线与谐振介质之间的耦合如图 8-39(a)所示,从参考平面 X 向左看是微带传输线连接信号源,向右看是微带传输线连接负载。谐振介质与微带传输线之间的耦合可以等效为一个电阻、电感和电容并联的电路,如图 8-39(b)所示,将微带线分为两段,中间加入了 RLC 并联谐振电路。

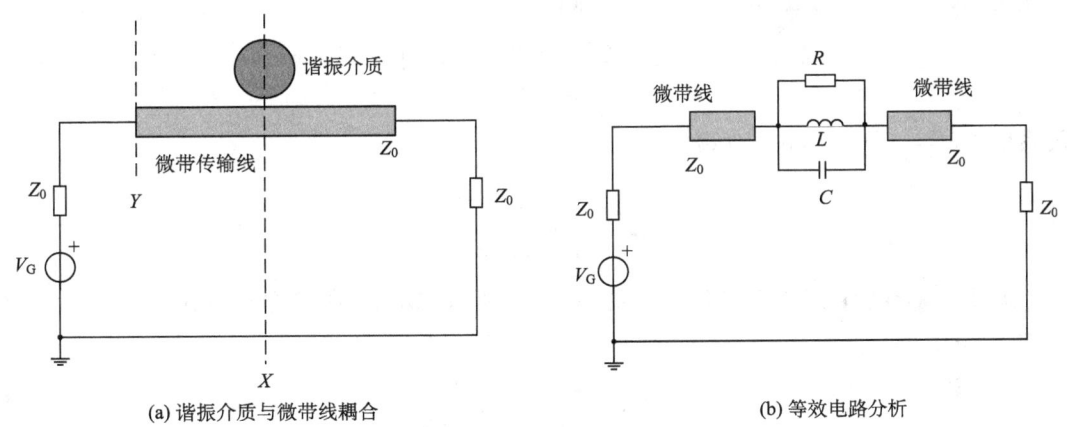

(a) 谐振介质与微带线耦合　　　　　　　　(b) 等效电路分析

图 8-39　介质谐振腔等效电路分析

在介质谐振腔振荡电路的等效电路中,RLC 并联电路的总阻抗 Z 为

$$Z = \frac{1}{j\omega C + \dfrac{1}{R} + \dfrac{1}{j\omega L}} \tag{8.60}$$

则该并联电路的谐振角频率 ω_0 为

$$\omega_0 = \frac{1}{\sqrt{LC}} \tag{8.61}$$

并联谐振电路的频带宽度 BW 为

$$\mathrm{BW} = \frac{1}{RC} \tag{8.62}$$

根据对并联电路特性的分析,可以确定并联谐振电路的空载品质因数 Q_0 为

$$Q_0 = \frac{\omega_0}{\mathrm{BW}} = \omega_0 RC = \frac{R}{\omega_0 L} \tag{8.63}$$

将式(8.63)中的品质因数代入式(8.60)，改写并联电路的阻抗 Z 为

$$Z = \frac{R}{1 + jQ_0 \frac{(\omega^2 - \omega_0^2)}{\omega \omega_0}} \tag{8.64}$$

当振荡频率 ω 很接近谐振频率 ω_0 时，可以近似认为 $\omega + \omega_0 \approx 2\omega$，可以改写式(8.64)为

$$Z = \frac{R}{1 + j2Q_0 \delta} \tag{8.65}$$

其中，$\delta = \frac{\omega - \omega_0}{\omega_0}$。从参考面 X 向负载看去，由于微带线特征阻抗与负载阻抗同为 Z_0，所以参考面 X 的输入阻抗 Z_X 为

$$Z_X = Z + Z_0 = \frac{R}{1 + j2Q_0 \delta} + Z_0 \tag{8.66}$$

使用对 Z_0 的归一化阻抗，可以把式(8.66)简化为

$$z_X = \frac{Z_X}{Z_0} = \frac{R/Z_0}{1 + j2Q_0 \delta} + 1 \tag{8.67}$$

引入系数 $\beta = \frac{R}{2Z_0}$ 将式(8.67)改写为

$$z_X = \frac{2\beta}{1 + j2Q_0 \delta} + 1 \tag{8.68}$$

当振荡频率 ω 等于空载谐振频率 ω_0 时($\delta=0$)，则 $z_X = 2\beta + 1$。在参考平面 X 上的电压反射系数 Γ_X 为

$$\Gamma_X = \frac{z_X - 1}{z_X + 1} = \frac{\beta}{\beta + 1} \tag{8.69}$$

对于更一般的情况，如果振荡频率 ω 不等于空载谐振频率 ω_0 时($\delta \neq 0$)，在参考平面 X 上的电压反射系数 Γ_X 为

$$\Gamma_X = \frac{z_X - 1}{z_X + 1} = \frac{\beta}{\beta + 1 + j2Q_0 \delta} \tag{8.70}$$

如果从参考平面 Y 到参考平面 X 之间的微带线的电长度为 θ，可以得到从参考平面 Y 向负载端看去的电压反射系数 Γ_Y 为

$$\Gamma_Y = \frac{\beta}{\sqrt{(\beta+1)^2 + (2Q_0\delta)^2}} e^{-j\left(2\theta + \arctan \frac{2Q_0\delta}{\beta+1}\right)} \tag{8.71}$$

当振荡频率 ω 等于空载谐振频率 ω_0 时($\delta=0$)，式(8.71)可以简化得到从参考平面 Y 向负载端看去的电压反射系数 Γ_Y 为

$$\Gamma_Y = \Gamma_X e^{-j2\theta} = \frac{\beta}{\beta + 1} e^{-2j\theta} \tag{8.72}$$

如果 β 为常数，在 Smith 圆图上 Γ_Y 为半径固定的一个圆。当微带线的电长度 θ 从 0°~180° 变化时，Γ_Y 在 Smith 圆图上旋转了一周。所以根据式(8.72)，通过选择常数 β 和电长度 θ，可

以构造出任意的无源阻抗。

并联谐振等效电路中的参数 β、ω_0 和 Q_0 描述了介质谐振腔谐振电路的特性。这些参数既可以通过测量得到，也可以直接由生产厂家给出。在获得了参数 β、ω_0 和 Q_0 后，可以通过计算确定电阻 R、电感 L 和电容 C 的数值。

根据以上分析，在谐振频率 ω_0 下，微带传输线和谐振介质耦合后的 S 参数表示为

$$[S(\omega_0)] = \begin{bmatrix} \dfrac{\beta}{\beta+1} & \dfrac{1}{\beta+1} \\ \dfrac{1}{\beta+1} & \dfrac{\beta}{\beta+1} \end{bmatrix} \tag{8.73}$$

显然通过实际测量微带传输线的 S 参数就可以计算得到 β 为

$$\beta = \frac{S_{11}(\omega_0)}{1-S_{11}(\omega_0)} = \frac{1-S_{21}(\omega_0)}{S_{21}(\omega_0)} \tag{8.74}$$

对于典型的强耦合谐振腔，β 的数值为 2 到 –2 左右。

品质因数 Q_0 也可以通过测量 S_{21} 参数得到。获得了 S_{21} 参数后，可以确定振荡电路的频带宽度 BW。依据谐振频率 ω_0 和频带宽度 BW 就可以得到品质因数 Q_0。

下面以场效应管为例，给出采用微带线和谐振介质耦合的典型振荡电路，如图 8-40 所示。场效应管可以使用共栅极和共源极放大电路，通过在接地的栅极上串联电感 L 可以提高两端口网络的不稳定性。串联反馈的电路结构较为简单，并联反馈的电路由于需要两根微带线，电路结构较为复杂。一般情况下，使用场效应管的介质谐振腔振荡电路的相位噪声会比采用双极型晶体管的振荡电路高一些。

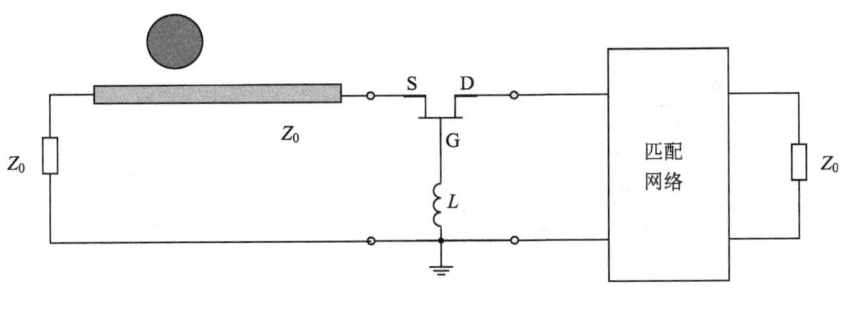

(a) 串联反馈共栅极电路

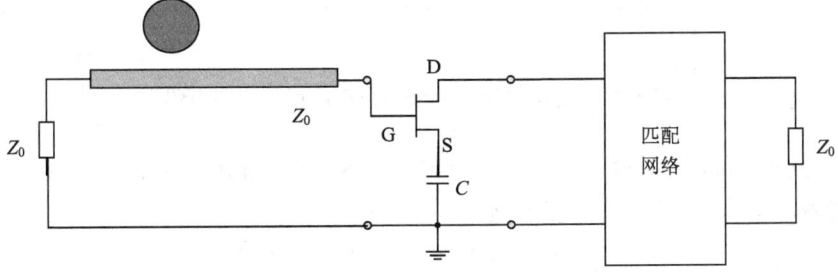

(b) 串联反馈共源极电路

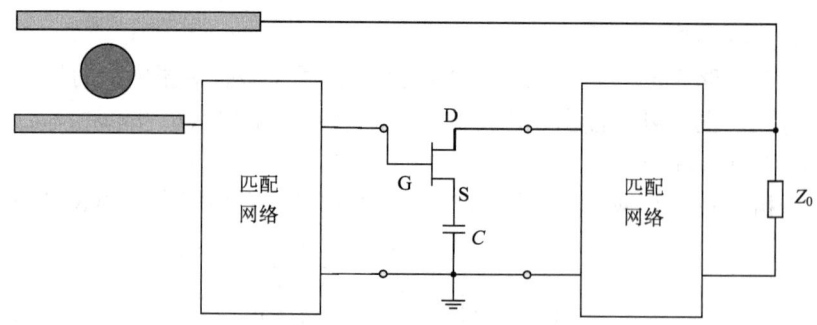

(c) 并联反馈共源极电路

图 8-40 场效应管介质谐振腔振荡电路

在实际应用电路中，介质谐振腔振荡电路也可以使用电调谐的方式。电调谐方式通常有 3 种：变容二极管调节、偏置电路调节和光电调节。例如，变容二极管调节方式是通过增加一条耦合微带线，通过调节变容二极管的偏置电压改变其电容，影响谐振电路的电磁能量耦合实现电调谐。采用变容二极管的电调谐方式，大致能实现 1%中心频率带宽的调节。使用变容二极管进行电调谐的介质谐振腔振荡电路的典型的电路，如图 8-41 所示。偏置电路调节是通过调节晶体管的静态工作点，导致晶体管参数的变化，影响振荡电路的频率。采用偏置电路大致能实现±0.05%中心频率带宽的调节。采用偏置电路电调谐方式会影响振荡电路输出信号的幅度。光电调节是一种新技术，通过把对光敏感的介质放入谐振腔，利用光照改变光敏介质的电导率，从而影响微带线和谐振介质间的能量耦合，实现对振荡频率的调节。光照的引入可以使用激光或者由光纤导入发光二极管的光照，大致能实现 0.1%中心频率带宽的调节。

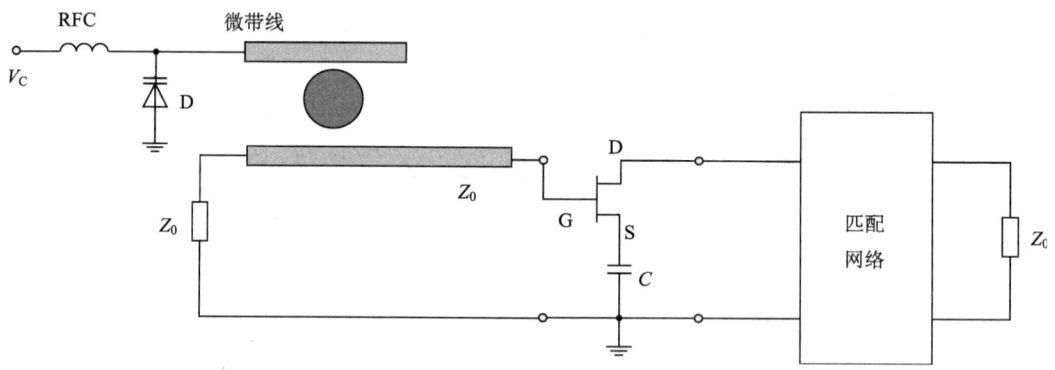

图 8-41 变容二极管调谐的介质谐振腔振荡电路

例 8-6 采用场效应管设计一个工作频率为 8GHz 的介质谐振腔振荡电路。已知在 $f_0=8\text{GHz}$ 的频率下，场效应管的 S 参数为

$$S = \begin{bmatrix} 1.1\angle 170° & 0.4\angle -98° \\ 1.5\angle -163° & 0.9\angle -170° \end{bmatrix}$$

振荡电路在频率 $f=f_0$ 时，具有以下参数：$\beta=7$，$Q_0=5000$。如果终端负载为 $R_L=50\Omega$ 并且微带

传输线的特征阻抗 $Z_0=50\Omega$，谐振介质放在微带传输线的中间。求场效应管输入端口应该连接微带传输线的长度。

解 在 8GHz 的频率下，根据场效应管的 S 参数可以计算得到输入端口稳定圆如图 8-42 所示。依据 $|S_{11}|>1$ 可以判断在 Smith 圆图的圆心属于非稳定区域，所以得到图 8-42 中阴影部分为非稳定区域。为了满足振荡条件，源反射系数 Γ_S 必须落在非稳定区域内。

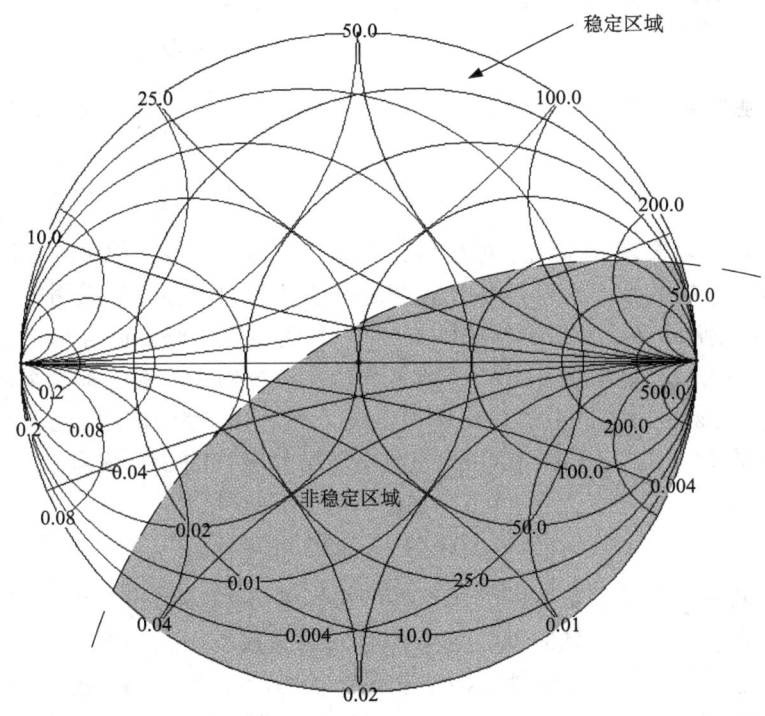

图 8-42 介质谐振腔振荡电路的输入稳定圆

由于传输线特征阻抗与终端阻抗一致，根据式(8.72)可以计算得到介质谐振电路输入端口的电压反射系数 Γ_{IN} 为

$$\Gamma_{IN} = \frac{\beta}{1+\beta}e^{-2j\theta} = 0.875e^{-2j\theta}$$

晶体管两端口网络输出端口的电压反射系数 Γ_O 计算为

$$\Gamma_O = S_{22} + \frac{S_{12}S_{21}}{1-S_{11}\Gamma_{IN}}\Gamma_{IN}$$

为了提高场效应管输出反射系数的模值 $|\Gamma_O|$，必须使 Γ_{IN} 接近 S_{11} 参数的倒数。由于 Γ_{IN} 的模值是固定不变的，所以需要调整 Γ_{IN} 的辐角达到与 S_{11} 的辐角一致。所以需要满足条件：

$$2\theta = \arg\{S_{11}\} = 170°$$

从而可以确定介质谐振电路提供的电压反射系数 Γ_{IN} 为

$$\Gamma_{IN} = 0.875e^{-j170°}$$

确定微带传输线的长度为

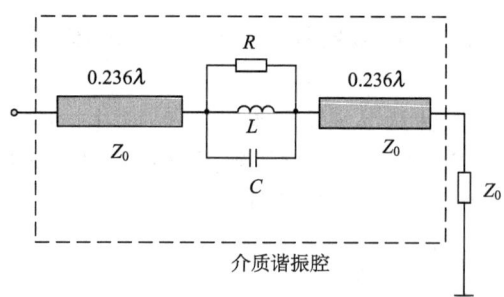

图 8-43 介质谐振腔谐振电路的设计结果

$$2\frac{2\pi}{\lambda}l = 170° \Rightarrow \frac{85°}{180°}\frac{\lambda}{2} = 0.236\lambda$$

最终设计得到的使用场效应管的介质谐振腔振荡电路如图 8-43 所示。

根据上面的例子，可以计算得到介质谐振腔振荡电路的参数：

$$R = 2\beta Z_0 = 700\Omega$$

$$L = \frac{R}{\omega_0 Q_0} = 2.70\,\text{pH}$$

$$C = \frac{1}{\omega_0^2 L} = 14.2\,\text{nH}$$

分析上述参数可以发现谐振电路对频率变化非常敏感，只能在很窄的范围内满足振荡条件。因此，具有非常好的频率选择性并且能抑制振荡频率的漂移。如果用电阻和电抗器件形成 Γ_{IN}，可以简单地使用 $R=3.35\Omega$ 的电阻和 $C=4.57\text{pF}$ 的电容串联。同样可以在 8GHz 满足振荡条件，但是电路的品质因数会非常低，频率选择性和对频率漂移的抑制都很差。

例 8-7 使用 GaAs FET 的共源极结构设计一个振荡频率为 10GHz 的介质谐振腔振荡电路，要求耦合系数 β 为 10。已知在 10GHz 的频率下场效应管的 S 参数为

$$S = \begin{bmatrix} 0.63\angle 130° & 0.15\angle 6° \\ 2.04\angle 4° & 0.19\angle 134° \end{bmatrix}$$

解 根据场效应管的 S 参数判断其稳定性，得到 $K=1.14$ 和 $\Delta=0.358\angle-151.3°$，显然场效应管处于绝对稳定状态。从场效应管的 S 参数也可以直接看出 $|S_{11}|<1$ 和 $|S_{22}|<1$。为了得到振荡电路，需要增加反馈使场效应管处于潜在非稳定状态，因此采用在场效应管源极串联阻抗为 $Z=-\text{j}120\Omega$ 的电容形成串联负反馈电路，改变两端口网络的 S 参数，使场效应管进入潜在非稳定状态。等效两端口网络的 S 参数为

$$S = \begin{bmatrix} 3.68\angle-175° & 3.86\angle-38° \\ 4\angle 30° & 2.77\angle 176° \end{bmatrix}$$

可以看到 $|S_{11}|<1$ 和 $|S_{22}|<1$，并且 $|S_{12}|$ 的值也增大了很多，可以用于振荡电路的设计。

栅极对地的端口作为终端端口，需要通过终端网络将 50Ω 的阻抗调节到场效应管的非稳定区域。由于耦合系数 $\beta=10$，得到电阻 $R=10\times(2\times Z_0)=1000\Omega$。依据式(8.72)可以确定终端端口的电压反射系数 Γ_{T} 为

$$\Gamma_{\text{T}} = \frac{\beta}{\beta+1}\text{e}^{-\text{j}2\theta} = 0.909\,\text{e}^{-\text{j}2\theta}$$

选择传输线长度为 $l=\lambda/4$（即 $\theta=\pi/2$，$2\theta\approx\arg\{S_{11}\}$），既可以使 Γ_{T} 处在非稳定区域，又可以获得较高的 Γ_{OUT}。此时得到的终端端口的电压反射系数 Γ_{T} 和阻抗 Z_{T} 为

$$\begin{cases} \Gamma_{\text{T}} = 0.909\angle-180° \\ Z_{\text{T}} = 27.9+\text{j}23\Omega \end{cases}$$

最终的设计的介质谐振腔振荡电路如图 8-44 所示，其中，$Z=-\text{j}120\Omega$ 的电容由长度为 -63λ 的终端开路传输线构成。在场效应管的栅极、源极和漏极都串联了 RFC，采用双极性电源供

电，V_G 为负偏置电压，V_D 为正偏置电压。在场效应管的源极串联 RFC 目的是隔断射频信号，使源极通过终端开路的传输线构建的电容连接到地，实现源极串联电容的反馈电路。

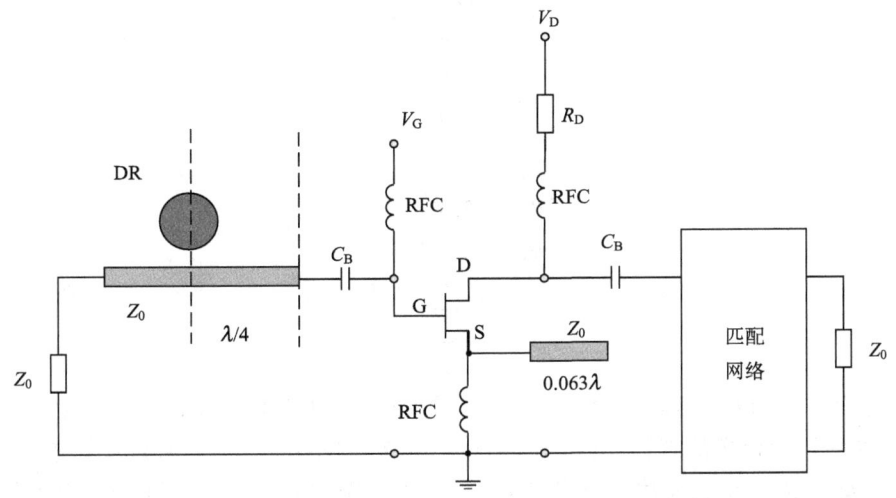

图 8-44　场效管介质谐振腔振荡电路设计原理图

选用介质谐振腔振荡电路提高谐振电路品质因数，是一种成本低、简单易行的方法。介质谐振腔振荡电路适合于制作固定振荡频率的振荡电路，在射频通信系统中有很多的应用。在地面卫星接收系统的下变频器中，大量使用了这种性能稳定、低成本的介质谐振腔振荡电路提供本振信号，还利用该振荡电路同时完成混频功能。

4. YIG 调谐振荡电路

介质谐振腔振荡电路的频率只能在很窄的范围内调节，通常调节的带宽不超过中心频率的 1%。如果在很宽的频率范围调谐，需要使用铁磁性可调元件，可以实现一个倍频程以上的调节范围。在该类振荡电路中所采用的铁磁性材料为钇铁石榴石，分子式为 $Y_3Fe_5O_{12}$，英文名称缩写为 YIG，所以称为 YIG 调谐振荡电路。YIG 的有效磁导率可以通过外加静态磁场 H_0 进行控制，偏置磁场由两个线圈之间的缝隙产生。需要设计得到均匀的偏置磁场，非均匀的偏置磁场会产生调谐的滞后和伪响应

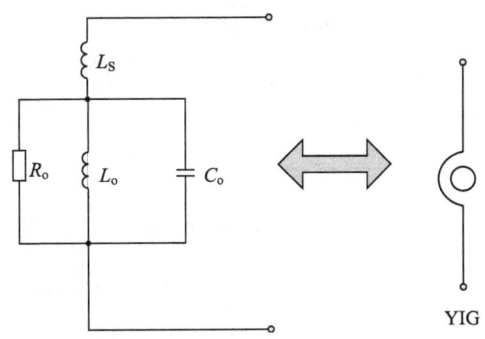

图 8-45　YIG 小球的等效电路模型

现象。振荡电路的等效参数依赖于 YIG 的铁磁特性、电路的耦合程度、YIG 的谐振线宽和外加偏置磁场。在振荡电路的应用中，通常使用球形的 YIG 材料。当 YIG 小球处于磁饱和状态，并且球的直径远远小于谐振波长时，则 YIG 小球的等效电路如图 8-45 所示。

外加磁场直接影响电导 G_0、电感 L_0、电容 C_0 构成的并联电路的品质因数 Q_0。使用 YIG 小球同样可以实现高品质因数的谐振电路。在应用电路中，采用传输线与 YIG 小球强耦合的方式，传输线的一端连接到射频晶体管。YIG 小球的等效电路数值由下列公式给出：

$$G_o = \frac{d^2}{\mu_0 V \omega_m Q_0}$$

$$L_o = \frac{\mu_0 V \omega_m}{\omega_0 d^2} \qquad (8.75)$$

$$C_o = \frac{1}{\omega_0 L_o}$$

其中

$$\omega_0 = 2\pi\gamma H_0$$

$$\omega_m = \gamma 8\pi^2 M_S$$

$$Q_0 = \frac{H_0 - \frac{4\pi M_S}{3}}{H_L}$$

M_S 为 YIG 小球的饱和磁化强度；H_L 是谐振线宽（大约为 0.2Oe）；$\mu_0 = 4\pi \times 10^{-7}$H/m；$V$ 为 YIG 小球的体积；d 是耦合环的直径；γ 是旋磁比常数（2.8MHz/Oe），H_0 为直流偏置磁场的强度，Q_0 是 YIG 小球空载的品质因数，ω_0 为 YIG 小球的谐振频率。通过上面的分析可见，改变直流偏置磁场激励电流的大小，就可以调节偏置磁场强度 H_0，从而可以改变 YIG 等效电路的参数和 YIG 小球的谐振频率。

使用 YIG 调谐振荡电路可以在非常宽的频带内进行频率调谐，典型应用电路的原理图可以参考图 8-46(a)。在等效电路中忽略了串联电感 L_S，见图 8-46(b)。在得到了 YIG 小球的等效电路参数后，YIG 调谐振荡电路的设计方法与前面章节讨论过的负阻振荡电路设计方法一致。

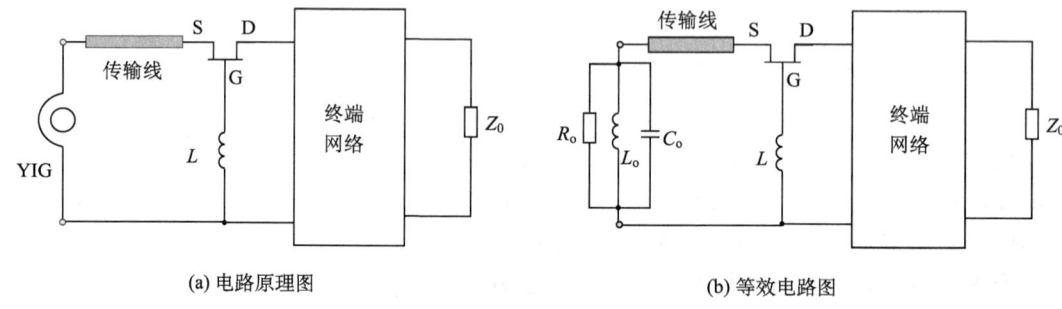

图 8-46 YIG 调谐振荡电路原理图

8.3 振荡电路的分析和应用

8.3.1 频率稳定度

如果振荡电路的设计振荡频率为 f_0，实际振荡频率为 f，则振荡电路的频率准确度可以通过相对误差的方式表示为

$$E = \frac{f - f_0}{f_0} = \frac{\Delta f}{f_0} \qquad (8.76)$$

其中，$\Delta f = f - f_0$ 为绝对频差。

振荡电路的频率稳定度反映了在一定的时间间隔内振荡频率的变化幅度。频率稳定度是衡量振荡电路性能的一个重要指标，包括长期稳定度和短期稳定度。频率长期稳定度描述振荡电路随着元器件长时间使用而老化导致振荡频率的漂移，衡量的时间长度为小时、天、月或者更长的时间。由于外界环境温度的变化、电源电压变化、外界电磁场变化等干扰因素导致振荡电路频率的漂移，也属于频率长期稳定度的讨论范围。在通信电路设计中，要求振荡电路具有非常好的长期频率稳定度。例如，由于季节或者区域的差异，导致振荡频率出现很大的差异将会影响通信；元器件老化导致频率偏移，会严重影响通信系统的正常工作。提高振荡电路长期稳定度的方法主要包括：①选用性能优良的器件，延迟元件的老化过程；②选用优秀的振荡电路并工作在低功率状态，可以提高振荡频率的稳定性；③使用良好的加工工艺，减少寄生参数和分布参数对振荡频率的影响；④使用自动补偿电路，通过使用负温度系数的元件补偿有源器件的变化，提高振荡电路的频率稳定度；⑤增加缓冲放大电路，减少负载的影响；⑥使用电磁屏蔽减少外界因素的干扰。

通常在无线通信系统中，要求振荡电路的温度系数在 0.5~2ppm/℃。ppm 是一个数量级单位，1ppm=10^{-6}。振荡电路的温度系数为 1ppm/℃，表示如果温度改变 1℃，振荡电路的频率准确度将改变 10^{-6}。例如，一个振荡频率为 1GHz 的振荡电路，如果频率稳定度为 1ppm/℃，在外界温度改变 10℃时，振荡电路的振荡频率将变化 10kHz。

电容的容量受介质特性的影响，会随温度变化发生较大的变化。一般 LC 振荡电路的温度系数为 500ppm/℃，通过增加补偿电路可以改善到 100ppm/℃。石英晶体振荡电路具有更好的温度特性，通常晶体振荡电路温度系数为 10ppm/℃，增加温度补偿电路可以将温度系数控制在 1ppm/℃ 以内。如果要进一步改善振荡电路的温度系数，可以把晶体置于恒温环境中，振荡电路的温度系数可以降到 10^{-4}ppm/℃。在应用电路中，可以使用电阻加热的方式把晶体温度升高到 40℃左右，并使用温度控制电路维持晶体的温度。这样即使环境温度出现几十摄氏度的变化，晶体的温度也只发生 1℃以内的变化，从而可以大幅度改善振荡电路的温度系数。当然这种做法需要付出一定的代价，每次都要经过较长的时间，晶体温度才能稳定到预设温度，而且需要消耗几瓦的电源能量用来维持晶体的恒定温度。

频率短期稳定度描述在秒或者毫秒的时间间隔内振荡电路频率的变化。由于时间间隔非常短，频率短期稳定度主要衡量各种随机噪声对输出频率的影响。理想的振荡电路输出的信号为

$$v(t) = A\cos\omega_0 t \tag{8.77}$$

在频谱上是单一的一条线。实际的振荡电路会存在很多噪声，这些噪声通过振荡电路中的非线性有源器件后，会以幅度调制和相位调制的方式体现在输出信号中。所以实际振荡电路输出的射频信号是一个调幅调相波：

$$v(t) = A[1+\alpha(t)]\cos[\omega_0 t + \phi_n(t)] \tag{8.78}$$

其中，$\alpha(t)$ 为归一化的幅度调制；$\phi_n(t)$ 为相位调制。由于振荡电路都有自己的稳幅电路，无论是内稳幅或者外稳幅电路，都可以起到稳定振幅的作用。噪声的幅度通常远远小于振荡电路输出信号的幅度，所以在短时间内噪声引入的振幅调制非常有限，通常可以忽略不计。对于短期频率稳定度，可以主要分析振荡电路的相位噪声。通常可以正常使用的振荡电路相位

噪声为 $\phi_n(t) \ll 1\text{rad}$ 或者 $\phi_n(t) \ll \dfrac{180°}{\pi}$，可以把式(8.78)化简为

$$\begin{aligned}v(t) &= A\cos\omega_0 t \cos\phi_n(t) - A\sin\omega_0 t \sin\cos\phi_n(t) \\ &\approx A\cos\omega_0 t - A\phi_n(t)\sin\omega_0 t\end{aligned} \quad (8.79)$$

其中，$A\cos\omega_0 t$ 为理想的振荡电路输出信号；$A\phi_n(t)\sin\omega_0 t$ 为正弦信号被噪声信号 $\phi_n(t)$ 进行双边带调制的信号。$v(t)$ 可以看作理想振荡电路输出信号被搬移到振荡频率 f_0 的附近，出现一个展宽的噪声频谱。

相位噪声会对通信系统产生很多不良影响。在发射机中本振频谱不纯会使发射信号干扰相邻信道的信号；在接收机中本振频谱不纯会转移到中频频段，降低中频信号的信噪比。在接收机中，如果遇到强外来信号的干扰，干扰信号会通过混频转移到中频信号中，严重影响中频信号，甚至可能淹没有用的中频信号。本振噪声也会干扰数字通信，例如，在 QPSK 中，信息包含在载波的相位中。如果受到较强的本振相位噪声干扰，在与本振信号进行混频后，中频信号的相位也受到干扰，所以在解码后将出现很高的误码率。

频率稳定度的频域描述方法是使用单边(SSB)相位噪声。单边相位噪声是指离开振荡频率 f_0 偏离 Δf 的位置上，单位频带内噪声功率 P_{SSB} 相对于平均载波功率 P_0 的分贝数，即

$$L(\Delta f) = 10\log\dfrac{P_{\text{SSB}}}{P_0} \quad (8.80)$$

单边相位噪声的单位是 dBc/Hz，dBc 表示噪声功率相对于载波功率的大小。例如，振荡电路平均载波功率为 –2dBm，在偏移载频 1MHz 处在带宽 1kHz 内的噪声功率为 –70dBm，则单位频带内的相对单边噪声功率为

$$\begin{aligned}P_{\text{SSB}} &= -70\,\text{dBm} - (-2\,\text{dBm}) - 30\,\text{dB} \\ &= -98\,\text{dBc/Hz}\end{aligned} \quad (8.81)$$

其中，–30dB 是因为噪声的检测带宽为 1kHz 而引入的。单边相位噪声功率可以通过频谱分析仪进行测量。对于无线通信系统，对相位噪声的要求是：在频率偏差为 10kHz 时，单边相位噪声为 $-80 \sim -110\,\text{dBc/Hz}$。

8.3.2 可调谐振荡电路

在很多射频电路的应用中需要振荡电路能够改变频率，如频率扫描电路、频率合成器、锁相环电路等。如果振荡电路的振荡频率受外加电压控制，能随外加电压改变而调节，则称该振荡电路为电压控制振荡电路，通常简称压控振荡电路(VCO)。

压控振荡电路的主要技术指标包括：①频率范围，即电压可以控制调节的频率范围；②线性度，即控制电压与振荡频率之间的线性关系；③压控灵敏度，即单位控制电压所能产生的频率改变；④控制电压允许随时间变化的最大速率；⑤电压范围，即压控振荡电路的工作电压和控制电压范围；⑥噪声，即压控振荡电路输出信号的噪声。在压控振荡电路的分析和设计中，需要针对以上技术指标改进振荡电路。

使用控制电压调节振荡电路振荡频率主要有两种方式。①调节振荡电路中的电感或者电容，以达到调节振荡频率的目的。通常可以使用变容二极管，通过调节反向偏置电压改变电容的大小，进行振荡频率的调节。在介质谐振器和谐振腔振荡电路中，可以通过机械调节的

方式改变振荡频率。随着对电路小型化、高速化的要求越来越高，机械调节的方式已经使用得越来越少了。②调节有源器件静态工作点，以达到调节振荡频率的目的。在环形振荡电路中，可以通过调节反相器的工作电流改变充放电的速率，从而改变延迟时间实现振荡电路振荡频率的调节。

本小节将对两种压控频率调节的方式分别进行介绍。

1. 变容二极管压控振荡电路

变容二极管压控振荡电路是利用变容二极管等效电容受反向偏置电压控制，通过电容的变化调节振荡频率的振荡电路。例如，在图 8-18 中的振荡电路已经使用了变容二极管作为频率调节的手段。变容二极管需要工作在反向偏置状态，此时势垒电容随偏置电压改变而发生变化。变容二极管结电容随反向偏置电压变化的关系为

$$C_J = \frac{C_{J0}}{\left(1-\dfrac{V_R}{V_D}\right)^n} \tag{8.82}$$

其中，C_{J0} 为零偏置电压时的结电容；V_R 为反向偏置电压(小于零)；V_D 为变容二极管的特征常数(大于零)；n 为变容二极管的一个由制造工艺决定的参数。按照变容二极管 PN 结不同的掺杂方式，n 取不同的数值。例如，对于单扩散型变容二极管 $n=0.33$，超突变结变容二极管的平均值为 $n=0.75$，合金型变容二极管 $n=0.5$。变容二极管参数 n 反映了结电容对反向偏置电压 V_R 的依赖关系。从式(8.82)可以看出，随着反向偏置电压 $|V_R|$ 的增加，结电容 C_J 会随之下降。

变容二极管的等效电容容量变化范围或者称为电容比是一个重要的参数，表示为

$$\frac{C_{max}}{C_{min}} = \frac{C_J(V_{R,min})}{C_J(V_{R,max})} \tag{8.83}$$

变容二极管的电容比受到施加的反向偏置电压 V_R 的限制。当变容二极管应用到压控振荡电路的设计时，需要考虑反向偏置电压 V_R 的范围。在偏置电压 V_R 叠加了射频振荡电压 V_{RF} 后，应该不允许使变容二极管进入正向偏置，也不允许超过变容二极管的反向击穿电压。从而可以确定变容二极管反向偏置电压 V_R 的范围，根据式(8.82)确定变容二极管的变容比。例如，在反向偏置电压 V_R 从$-2\sim-30$V 的变化中，变容二极管的容量可以从 30pF 变化到 5pF，变容比可以达到 6。通常变容二极管的变容比为 2~20，在变容二极管的参数中都会列出变容比。变容比越大表明可以在更大的范围内调节振荡电路的频率。

变容二极管通常以全部接入或者部分接入的方式调节振荡电路的频率。如图 8-47 所示为变容二极管并联调谐基本电路。在图 8-47(a)中，控制电压 V_C 通过电阻 R 施加到变容二极管 D 上，变容二极管 D 与电容 C_S 串联后连接到 LC 并联谐振电路上。电容 C_S 同时具有隔离直流的作用，使二极管 D 上的控制电压不至于通过电感 L 直接连接到地。电阻 R 应该足够大才能减少对 LC 并联谐振电路品质因数的影响。

对于图 8-47 的射频电路来说，电阻 R 等效于并联在变容二极管 D 上。因此通过串联电容 C_S 后，等效并联在 LC 谐振回路上的电阻 R_C 为

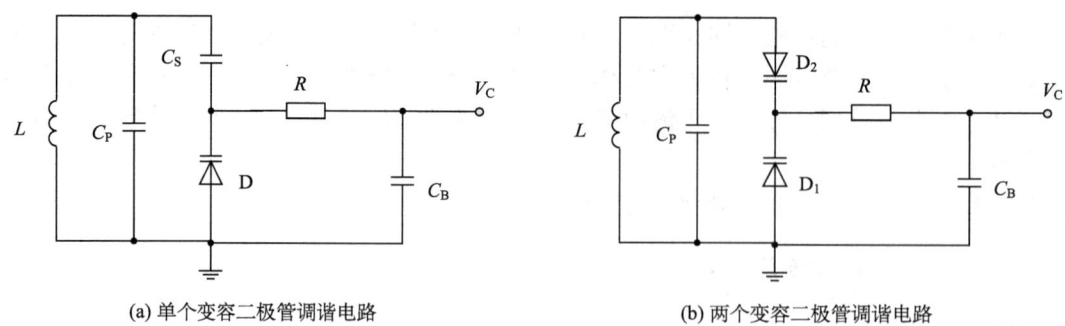

(a) 单个变容二极管调谐电路　　　　　(b) 两个变容二极管调谐电路

图 8-47　并联谐振回路中的变容二极管

$$R_C = R\left(1 + \frac{C_{tot}}{C_S}\right)^2 \tag{8.84}$$

其中，C_{tot} 为变容二极管的等效电容。从而可以得到 RLC 并联谐振电路的品质因数为

$$Q_0 = \omega_0 R\left(C_p + \frac{C_S C_{tot}}{C_S + C_{tot}}\right)\left(1 + \frac{C_{tot}}{C_S}\right)^2 \tag{8.85}$$

其中，ω_0 为并联电路的谐振频率。通常电阻 R 数值很高，在后面的讨论中将不予考虑。该电路的谐振频率为

$$f_0 = \frac{1}{2\pi\sqrt{L\left(C_p + \dfrac{C_S C_{tot}}{C_S + C_{tot}}\right)}} \tag{8.86}$$

图 8-47(b) 的电路使用了两个变容二极管的同极端连接在一起。由于射频信号加在变容二极管 D_1 和 D_2 上面的电压方向相反，所以当射频信号使一个二极管的等效电容增大时，另一个二极管的等效电容会减少，从而可以抑制二极管等效电容受射频信号的影响。因此，图 8-47(b) 的电路在射频通信电路得到更多的实际应用。

在图 8-47(a) 中调谐电路，由于引入电容 C_S 形成了与变容二极管 D 串联的电路。设计上希望串联电容 C_S 可以不影响变容二极管的特性，例如，串联电路的电容变化范围应该与变容二极管的变化范围一致。实际上，串联电容 C_S 后会影响变容二极管的有效参数。在变容二极管与电容 C_S 串联后，串联电路的等效电容 C_{eff} 变为

$$C_{eff} = \frac{C_{tot}}{1 + \dfrac{C_{tot}}{C_S}} \tag{8.87}$$

可见串联电容 C_S 降低了变容二极管的等效电容。在同样的频率下，串联电路的品质因数比变容二极管的品质因数有所提高，即

$$Q_{eff} = Q_D\left(1 + \frac{C_{tot}}{C_S}\right) \tag{8.88}$$

其中，Q_D 为变容二极管的品质因数。串联电路的有效电容比降低为

$$\frac{C_{\text{eff,max}}}{C_{\text{eff,min}}} = \frac{C_{\text{J,max}}}{C_{\text{J,min}}} \frac{1+\dfrac{C_{\text{J,min}}}{C_{\text{S}}}}{1+\dfrac{C_{\text{J,max}}}{C_{\text{S}}}} \tag{8.89}$$

其中，$C_{\text{J,max}}$ 和 $C_{\text{J,min}}$ 分别为变容二极管的最大结电容和最小结电容。由于串联电容的分压作用，实际施加到变容二极管上的射频电压会有所降低，变容二极管的反向偏置电压 V_{R} 可以增大一些，按照式 (8.87) 计算得到的电容会比实际情况小一些。

如果串联电容 C_{S} 取值足够大，则可以忽略其对调谐电路的影响。并联谐振电路将等效为电感 L、电容 C_{p} 和变容二极管结电容 C_{J} 并联的电路。采用类似的分析可以得到并联后的等效电容为

$$C_{\text{eff}} = C_{\text{tot}}\left(1+\frac{C_{\text{p}}}{C_{\text{tot}}}\right) \tag{8.90}$$

显然等效电容的容量比变容二极管的结电容增加了。在同样的频率下，电容 C_{p} 与变容二极管等效电容 C_{tot} 并联电路的品质因数可以有所提高，即

$$Q_{\text{eff}} = Q_{\text{D}}\left(1+\frac{C_{\text{p}}}{C_{\text{tot}}}\right) \tag{8.91}$$

但是并联电路的等效电容比却有所下降，即

$$\frac{C_{\text{eff,max}}}{C_{\text{eff,min}}} = \frac{C_{\text{J,max}}}{C_{\text{J,min}}} \frac{1+\dfrac{C_{\text{p}}}{C_{\text{J,max}}}}{1+\dfrac{C_{\text{p}}}{C_{\text{J,min}}}} \tag{8.92}$$

当变容二极管的最小结电容 $C_{\text{J,min}}$ 较小时，即使很小的并联电容 C_{p} 也会显著改变有用的电容比，所以在设计电路时需要注意尽量减小寄生电容的影响。例如，在印刷线路板上的走线短一些以减少分布电容，减少线圈的圈数以减少线圈间的分布电容。

考虑图 8-47(a) 的调谐电路，根据式 (8.86) 可以确定调谐电路的频率覆盖宽度为

$$\frac{f_{\text{max}}}{f_{\text{min}}} = \frac{C_{\text{p}}+\dfrac{C_{\text{J,max}}C_{\text{S}}}{C_{\text{S}}+C_{\text{J,max}}}}{C_{\text{p}}+\dfrac{C_{\text{J,min}}C_{\text{S}}}{C_{\text{J,min}}+C_{\text{S}}}} \tag{8.93}$$

通常情况下，串联电容 C_{S} 足够大，式 (8.93) 计算得到的频率覆盖范围可以简化为

$$\frac{f_{\text{max}}}{f_{\text{min}}} = \left(\frac{1+\dfrac{C_{\text{max}}}{C_{\text{p}}}}{1+\dfrac{C_{\text{min}}}{C_{\text{p}}}}\right)^{\frac{1}{2}} \tag{8.94}$$

在设计可调谐振荡电路时，根据要求的频率覆盖范围使用式 (8.94) 验算所使用变容二极管的电容比是否能满足要求。如果考虑串联电容 C_{S} 的影响，需要使用变容比更大的变容二极管。

在 LC 振荡电路中使用变容二极管构成的可调谐回路，就可以通过控制电压改变变容二

极管的容量,从而调节振荡电路的频率,实现压控振荡电路。一个使用双极型晶体管构造的 LC 型压控振荡电路,如图 8-48(a)所示。晶体管 T 采用共基极放大电路方式,电阻 R_1、R_2、和 R_3 提供了直流偏置电路,电阻 R_3 还起到了直流负反馈的作用。变容二极管 D_1 和 D_2 以背对背(Back-to-back)的方式连接在一起与电感 L 并联构成可调谐回路。控制电压 V_C 通过电阻 R_4 施加到变容二极管上,由于变容二极管需要处于反偏置状态,控制电压 V_C 应该为正极性电压。由于控制电压 V_C 和电源电压 V_{CC} 都是正极性的电压,非常便于振荡电路的实现。电容 C_1 起到隔离直流的作用,并提供射频信号的反馈通路,适当减小电容 C_1 可以减少放大电路输出阻抗对谐振电路品质因数的影响。压控振荡电路的射频等效电路如图 8-48(b)所示,可以清楚地看出该振荡电路是一个电容三点式振荡电路。选用合适的器件,可以使用图 8-48(a)的电路实现 1.2GHz 的压控振荡电路。

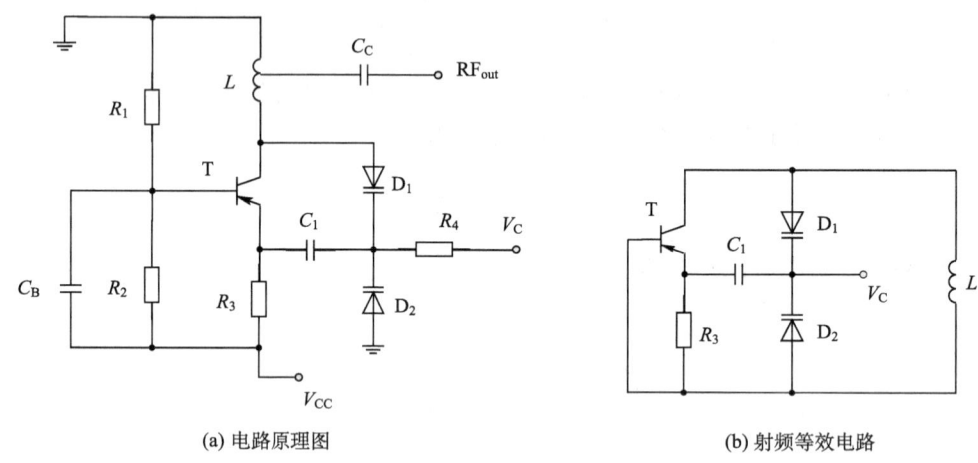

(a) 电路原理图　　　　　　　　　　(b) 射频等效电路

图 8-48　LC 型压控振荡电路

在并联晶体振荡电路中,晶振等效为一个电感在使用,所以变容二极管也可以与晶振并联构成可调谐谐振电路,实现对晶体振荡电路的频率调节。

在压控振荡电路的实际应用中,需要根据实际的要求对电路进行相应的灵活设计。在一个振荡频率为 40~70MHz 的压控振荡电路中,灵活使用变容二极管从而实现了振荡频率的粗调和细调,电路原理图如图 8-49 所示。场效应管 T 的栅极直接接地构成共栅极放大电路,通过源极串联的 390Ω 电阻抬高源极电压提供场效应管需要的负偏置。场效应管 T 源极串联的 2.2μH 的电感可以起到一定隔离射频信号的作用。两个 300nH 和 240nH 的电感与周围的电容构成谐振电路,与场效应管 T 一起构成电容三点式振荡电路。为了能够在很宽的范围内调节频率,电路使用了分段调节的方法。通过控制电压 V_{C1} 和 V_{C2} 控制开关二极管 D_7 和 D_8 的导通与截止状态,控制 240nH 的电感是否被 0.01μF 的电容旁路,从而可以将 40~70MHz 的频率范围粗略地分为两段进行调节。当开关二极管 D_7 或者 D_8 导通时,对射频信号呈现低阻抗;当开关二极管 D_7 或者 D_8 截止时,对射频信号呈现高阻抗。当 V_{C1} 为高电位和 V_{C2} 为低电位时,开关二极管 D_7 导通 D_8 截止,240nH 的电感被旁路,振荡电路工作在高端频段。当 V_{C1} 为低电位和 V_{C2} 为高电位时,开关二极管 D_8 导通 D_7 截止,240nH 的电感串联入谐振回路,振荡电路工作在低端频段。这样通过开关二极管 D_7 和 D_8 将频率覆盖范围分段实现第一级控制,可以减轻调谐电路对变容二极管进行频率调节范围的要求。在 V_{C1} 和 V_{C2} 的控制电路中，10μH 的电感和 1000pF 的电容构成了低通滤波器，可以减少射频信号的泄漏和抑制电源波动的干扰。当变容二极管的变容比不能达到调谐频率范围的要求时，可以考虑使用开关二极管对频率范围进行分段。

第二级频率调节电路是由控制电压 V_{C3} 控制变容二极管 D_3、D_4、D_5 和 D_6 实现的，其中变容二极管 D_3 和 D_4 采用了背对背的连接方式。使用变容二极管的并联方式虽然不能提高变容比，但是增大了调谐电容的容量，可以不必使用电感量非常大的电感，也可以减轻分布参数对振荡频率的影响。因此，当变容二极管的容量不能达到电路要求的时候，可以考虑使用变容二极管并联的方式。当然多个变容二极管的并联电路也会增大振荡电路的噪声。在低端频率的射频振荡电路中，经常可以见到变容二极管并联使用的方式。在电压控制电路中，通过使用一个廉价的 D/A 变换器，将数字信号转换为模拟信号 V_{C3}，实现数字控制的压控振荡电路。对本振荡电路的第二级控制电路，利用 D/A 变换器可以实现振荡频率步长为 1MHz 的调节。

第三级频率调谐是通过电压 V_{C4} 控制变容二极管 D_1 和 D_2 的电容变化实现的。变容二极管 D_1 和 D_2 采用了背对背的连接方式，通过串联一个 22pF 的电容，然后并联到谐振回路。通过串联 22pF 的电容，可以减少变容二极管的有效电容，提高电压控制频率调节的精度。控制电压 V_{C4} 通过 5.5kΩ 电阻和 0.1μF 电容组成的低通滤波器连接到变容二极管 D_1 和 D_2 上，变容二极管连接的 100kΩ 的电阻提供了直流通路。

在图 8-49 所示的压控振荡电路中，通过三级频率调节控制，实现了很高的振荡频率调

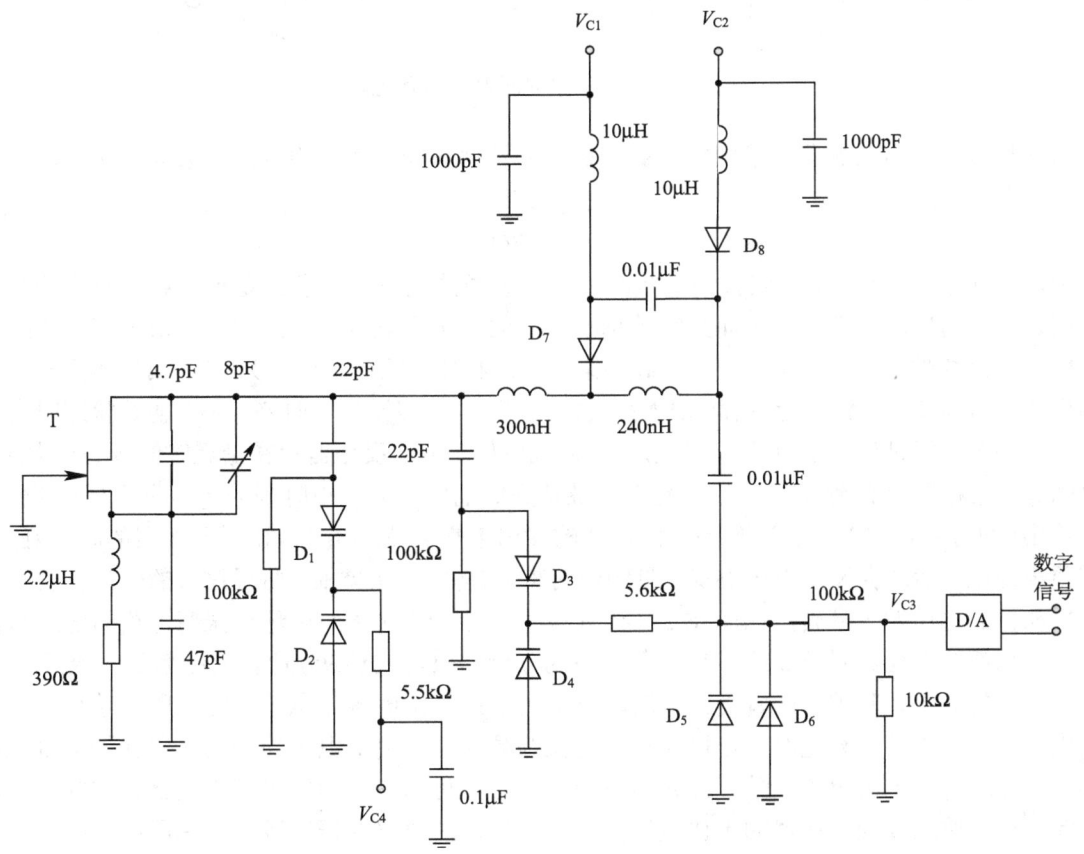

图 8-49 一个 40~70MHz 的压控振荡电路

节精度。第一级频率控制使用开关二极管控制电感的接入,实现频率段的选择;第二级频率控制电路使用数字信号通过D/A变换控制并联的变容二极管,实现步长为1MHz的频率调节;第三级频率调节是调节串联了电容的背对背连接的变容二极管,实现了1MHz以内的频率微调。在实际射频电路设计中,通过合理灵活应用基本电路总可以设计出满足技术要求压控振荡电路。

2. 环形振荡电路

利用CMOS反相器形成一个环路,就可以构成一个没有选频回路的振荡电路,如图 8-50 所示。振荡电路由反相器串联成一个回路使用,所以被称为环形振荡电路。环形振荡电路的工作原理是利用反相器输出对输入存在的一定时延,当电路的增益和时延都满足一定条件的时候,合适频率的信号就可以建立起振荡。这种环形振荡电路是压控振荡电路经常选用的一种电路类型。

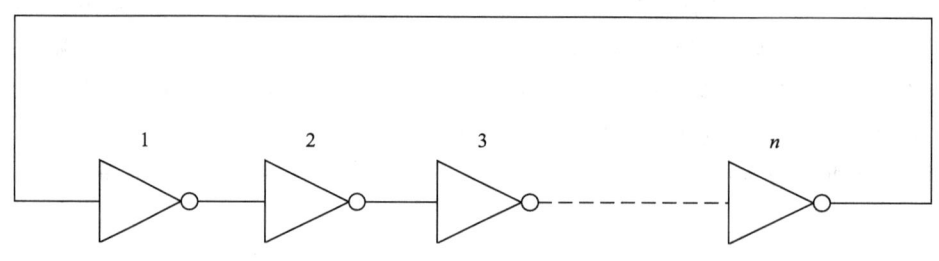

图 8-50 反相器构成的环形振荡电路

环形振荡电路的振荡频率由每一级反相器的延迟时间 τ_d 和反相器的级数 n 来决定,即

$$f_0 = \frac{1}{2n\tau_d} \tag{8.95}$$

其中,n 为奇数,因为只有级数为奇数时才能满足振荡电路的要求。显然级数 n 越少和延迟时间 τ_d 越小则振荡频率越高,而且级数越少引入的噪声也就越小。因此,环形振荡电路经常使用 3 级反相器的电路,见图 8-51(a)。第一级反相器 I 输出的电压为 V_1,第二级反相器 II 输出的电压为 V_2,第三级反相器 III 输出的电压为 V_3。假设初始时刻 $t=0$,初始状态时电压 V_1 为高电位,经过反相器 II 后输出电压 V_2 为低电位。由于反相器存在延迟时间 τ_d,所以经过时间 τ_d 后反相器 II 的输出电平才从高电位跳跃到低电位,见图中时刻 $t=\tau_d$。同理,反相器 II 的输出电平 V_2 为低电位将会导致反相器 III 的输出电平 V_3 为高电位,由于反相器的时间延迟,需要再经过 τ_d 后才会发生电压跳变,见图中时刻 $t=2\tau_d$。以此类推,每经过 τ_d 的时间就会有一个反相器的电压发生翻转,如图 8-51(b)所示。因此,经过 $6\tau_d$ 后环形振荡电路的电压将出现一个周期的变化。对于 3 级环形振荡电路的分析结果与式(8.95)计算的频率是一致的。

在反相器中,延迟时间 τ_d 是由于对输出端的等效寄生电容充电造成的,所以减少电路的寄生参数将可以减小充电时间,提高电路的振荡频率。充电中电压的变化过程除了与寄生电容相关,还与充电的电流相关。当充电电流提高时,可以在更短的时间内达到预定的电压。因此,可以通过改变反相器的工作电流,调节环形振荡电路的振荡频率。使用这样的电路就可以实现对振荡频率的调节,一个典型的 3 级环形可调节频率的振荡电路如图 8-52 所示。

第 8 章 振 荡 电 路

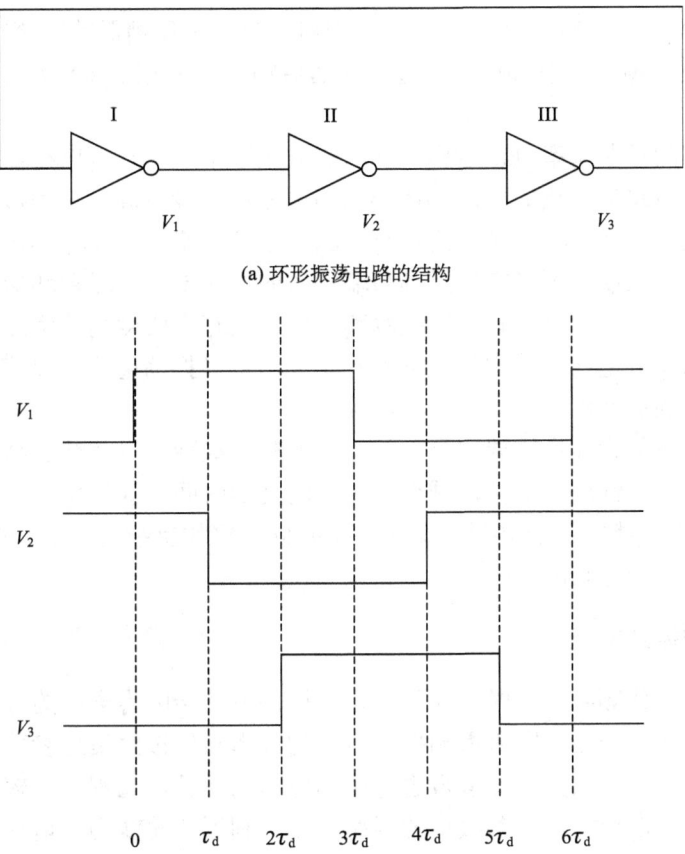

(a) 环形振荡电路的结构

(b) 电压时间波形

图 8-51 3 级环形振荡电路和电压波形

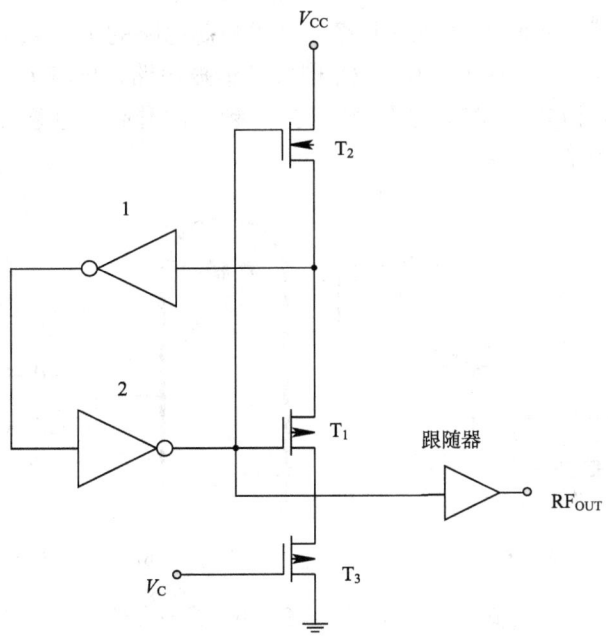

图 8-52 三级可控环形振荡电路原理图

在环形振荡电路中，T_1 和 T_2 构成了第三个反相器。第三个反相器的电流则通过控制电压 V_C 改变 T_3 的工作点进行调节。射频信号通过跟随器后输出，使用跟随器可以减轻负载变化对振荡电路的影响。

环形振荡电路的振荡频率可以达到 1GHz 的射频频率，并且可以在很大的范围内实现频率调节。环形振荡电路的缺点如下：①环形振荡电路由于没有高品质因数的频率选择电路，输出射频信号的波形没有 LC 振荡电路和石英晶体振荡电路好；②环形振荡电路最高的振荡频率受到器件延时的限制，不能实现射频高端频率的振荡电路。尽管环形振荡电路具有上面两个缺点，但是环形振荡电路没有使用电容和电感，具有集成度高的优点非常便于在集成电路中应用。在射频集成电路设计中已经逐渐开始使用环形振荡电路，以获得高速、低功耗、低噪声、性能优良的振荡电路。

在环形振荡电路的设计中需要注意：①尽可能减少级数，以获得更高的振荡频率和更低的电路噪声；②选用高性能的器件，减少反相器的延迟时间；③尽可能在外围电路中不使用电抗器件，减少寄生参数对振荡电路的影响；④降低电路的复杂度，尽可能使用简捷的电路，以将寄生参数减小到最低限度。

8.3.3 混合参数型振荡电路

当振荡电路的工作频率较高时，使用三点式振荡电路会因为电感的寄生参数影响而不再适用。电感线圈之间的分布电容将影响振荡电路的频率，使按照集总参数进行振荡电路的设计不能实施。如果全部按照分布式参数进行振荡电路的设计，过程将比较复杂。因此，在合适的频率范围内，可以使用混合参数型的振荡电路。利用传输线构造谐振电路，使用集总器件构成射频信号的反馈网络，从而实现振荡电路的设计。这种设计已经在大量的无线通信产品上有了应用。

一个可以工作在 800~1500MHz 的电感三点式振荡电路，利用线路板上构建的微带传输线取代集总参数的电感，从而可以提高电感三点式振荡电路的工作频率。电感三点式振荡电路的原型，见图 8-53(a)。电感 L 和电容 C_1 构成了谐振电路，电容 C_2 和电容 C_4 构成了反馈网络，电阻 R 起到了直流负反馈的作用。随着振荡频率的升高，电感 L 的分布参数将不能忽略，会限制振荡电路的工作频率。

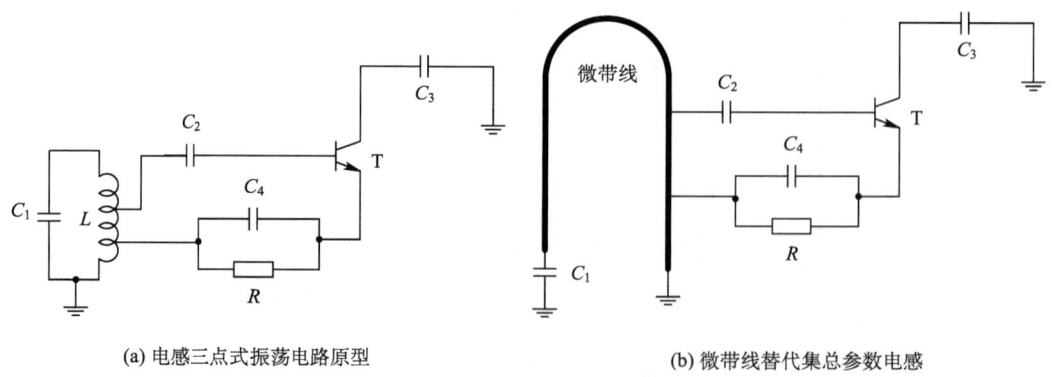

(a) 电感三点式振荡电路原型　　(b) 微带线替代集总参数电感

图 8-53　微带线电感三点式振荡电路

如果用微带传输线替换图 8-53(a)中的集总参数电感,得到图 8-53(b)所示的振荡电路。通过确定电容 C_2 和电容 C_4 与微带线连接的位置,使反馈信号满足正反馈的相位条件。当振荡频率低于 800MHz 时,由于微带线长度的增加,电路尺寸太大,不易在电路中实现。当振荡频率高于 1500MHz 时,由于晶体管寄生电抗参数的影响,电感三点式振荡电路不满足振荡条件。

8.3.4 寄生振荡和间歇振荡

寄生振荡是指在一个振荡电路中除了设计的振荡频率还出现了其他振荡频率。寄生振荡会严重影响振荡电路的正常工作,使振荡电路输出频谱特性变差,或者输出的射频信号幅度受到调制。抑制寄生振荡的一般方法是破坏其振荡条件,使振荡电路只有在设计的工作频率上能够维持振荡。

当寄生振荡频率远低于设计振荡频率的时候,称为低频寄生振荡。低频寄生振荡主要是由振荡电路中的射频线圈、隔直电容、耦合电容等构成的振荡电路产生的。在振荡电路的设计中,需要注意减少射频线圈的个数,并注意射频线圈和耦合电容的取值。振荡电路中放大电路的增益也不是越高越好,增益太高会使寄生振荡严重。适当降低放大电路的增益可以使一些寄生振荡不能满足起振条件。在图 8-54 的振荡电路中,射频线圈 RFC 可能与耦合电容 C_C 以及旁路电容 C_S 构成一个振荡电路,形成低频寄生振荡。可以通过改变 RFC 以及电容的容量使寄生振荡不能满足起振条件,从而抑制寄生振荡的出现。

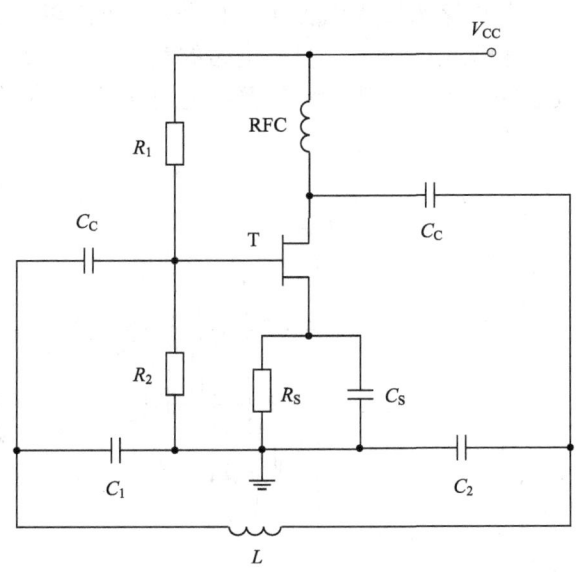

图 8-54 低频寄生振荡

当寄生振荡的频率远高于设计工作频率时,称为高频寄生振荡。高频寄生振荡主要是由晶体管的极间电容和元器件的寄生参数引起的。例如,引线过长的电容在高频率下会相当于一个电感,射频线圈导线之间的耦合在高频率下会相当于一个电容,输入和输出电路之间的空间电磁场耦合在高频下可能形成正反馈等。这些寄生参数的影响会使振荡电路工作在更高的非期望频率上。抑制高频寄生振荡的方法主要是设计优秀的电路,减少电路中的寄生参数。

注意选择高频性能好的器件，在大容量电容上并联小容量电容，提高电容的高频特性。使用加粗的引线并且缩短引线的长度以减少串联电感，注意微带线的设计，以减少线间的耦合；或者在晶体管的基极或者集电极串联无感小电阻等方法，都可以帮助抑制振荡电路高频寄生振荡的出现。

振荡电路从起振到稳定工作是两种变化趋势不断调整的过程。一个变化趋势是由于放大电路的功率增益和正反馈的作用，输出信号的幅度趋于不断增大；另一个变化趋势是由于内稳幅或者外稳幅作用，闭环增益下降输出信号的幅度趋于减少。两者是一个矛盾的过程，在振荡形成的初期，信号的幅度较小使前者占了主导优势，使振幅不断增大；在振荡信号幅度增大到一定限度后，后者将占主导优势使振幅下降。

由于稳幅电路具有一定的时间常数，如果不能及时跟上信号幅度的变化速率，将会出现振荡幅度调节过度的现象。例如，信号幅度不断增加而稳幅电路还没有及时发挥作用，放电电流将进入饱和状态，信号出现严重失真，放大电路的增益急剧下降，稳幅电路还没有能及时调节增大电路的增益时，振荡电路已经停止工作了；这种振荡电路时而工作、时而停振，输出信号不能稳定的现象被称为间歇振荡。例如，在图 8-55(a)中的振荡电路，电阻 R_E 和电容 C_E 起到了稳幅电路的作用，当振荡幅度增大或者出现饱和失真时，会抬高晶体管 T 发射极的电压，减少回路增益。如果振荡电路中旁路电容 C_E 的数值太大，晶体管 T 发射极电压将由于 RC 电路时间常数太大而变化非常缓慢，导致晶体管 T 已经进入饱和区发射极电位还没有及时上升。使放大电路增益不断下降，最终导致振荡电路完全停止工作。同样由于 RC 电路的时间常数非常大，振荡电路需要等电容 C_E 上的电压下降以满足起振条件重新建立振荡的过程。这样就出现了间歇振荡的现象，振荡电路的输出信号如图 8-55(b)所示，信号输出电压呈现时有时无的间歇输出现象，其中两条虚线是期望或者设计的振荡电路输出信号的幅度。

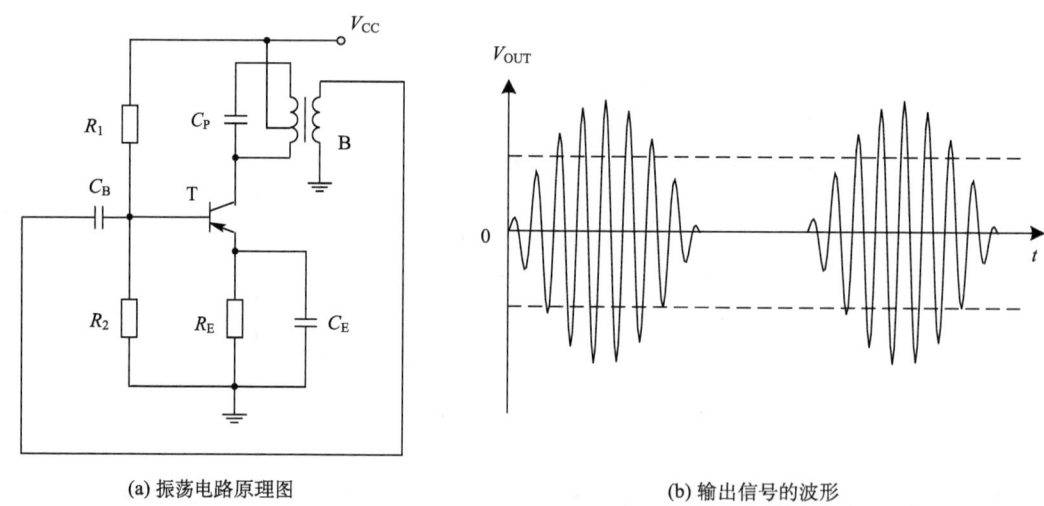

(a) 振荡电路原理图　　　　　　　　　(b) 输出信号的波形

图 8-55　间歇振荡电路和输出信号

间歇振荡主要是由于环路增益太高使起振过程中振幅迅速升高，而稳幅电路时间常数较大使幅度调节功能滞后，导致振荡电路的间歇性工作。抑制间歇振荡可以适当减小振荡电路的环路增益，以延缓振幅增长的速率；减少耦合电容和旁路电容的容量，以加快稳幅电路的调节速率。在图 8-55 中的振荡电路中，可以适当减少电容 C_E 的容量，调节电阻 R_1、R_2、R_E 构成的直流偏置网络改变晶体管 T 的静态工作点，从而可以抑制间歇振荡的出现。

在振荡电路的设计中，要采用一些手段抑制可能出现的寄生振荡或者间歇振荡，提高振荡电路的稳定性和可靠性。如果振荡电路出现了远离设计频率的非期望的振荡频率，则可以考虑是否出现了寄生振荡或者间歇振荡，在进行电路分析找到原因后，适当调节电路参数使振荡电路能正常工作。

习 题

1. 分析 LC 反馈型振荡电路的类型和特点，比较这些振荡电路的应用范围和适用条件。
2. 在满足振幅条件的情况下，用相位条件判断图 8-56 中的振荡电路射频等效电路，哪些电路一定能够起振，哪些电路一定不能起振，哪些电路需要满足一定的条件才能起振，并确定需要满足什么样的条件（LC 电路的谐振频率用 f_{01}、f_{02}、f_{03} 表示）。

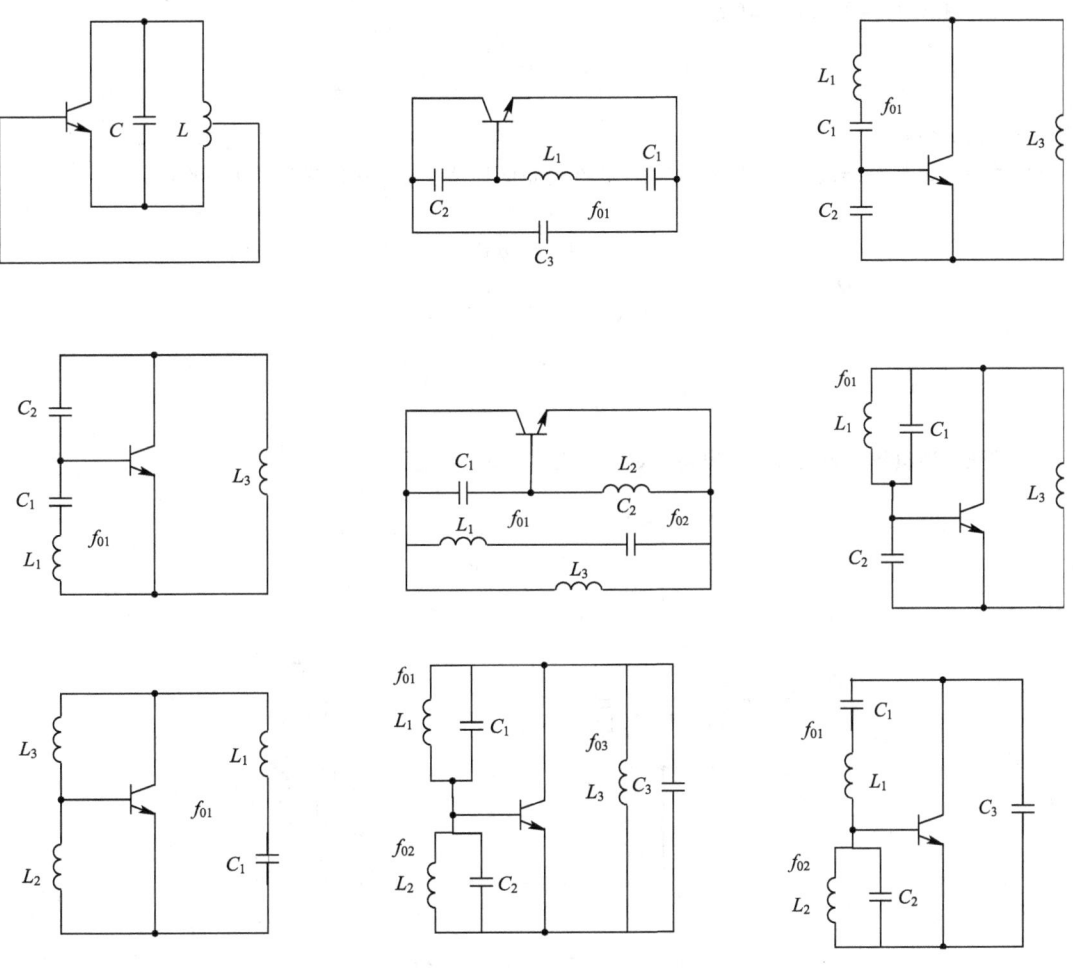

图 8-56 振荡电路射频等效电路

3. 如果石英晶振的参数为 L_q=4H，C_q=6.3×10^{-3}pF，C_0=2pF，r_q=100Ω，试求：

(1) 串联谐振电路的频率 f_q；

(2) 并联谐振电路的频率 f_P 以及和串联谐振频率 f_q 的差异；

(3) 晶振的品质因数 Q 和等效并联电阻的大小。

4. 给出具有下列特征的晶体振荡电路：

(1) 使用 NPN 型场效应管；

(2) 使用晶振作为电感元件；

(3) 采用正极接地的电源供电；

(4) 发射极射频接地；

(5) 晶体三极管发射极和集电极之间为 LC 并联谐振电路。

5. 在图 8-28 所示的负阻振荡电路中，电感为 L=25nH，电容为 C=5pF，负阻器件采用纯负电阻元件 R_{IN}=−30(1−A)Ω，其中，A 为振荡信号幅度。求该振荡电路的振荡频率和最大输出功率时负载 R_L 的数值。

6. 一个负阻器件可以等效为一个电容 C 和一个负电导 G_{IN} 并联来表示，如图 8-57 所示。负电导 G_{IN} 的数值仅取决于振荡电路的振幅，满足条件：

$$G_{IN}(A) = -G_0\left(1 - \frac{A}{A_0}\right)$$

其中，A_0 为正常数。

(1) 求证：如果在 $\omega=\omega_0$ 时负阻振荡电路工作在稳定的振荡状态，可以满足以下条件：

$$R_L = \frac{-G(A)}{G^2(A) + \omega^2 C^2}$$

$$X_L(\omega_0) = \frac{\omega C}{G^2(A) + \omega^2 C^2}$$

$$\left.\frac{\partial R_{IN}}{\partial A}\right|_{A=A_0} \left.\frac{dX_L}{d\omega}\right|_{\omega=\omega_0} > 0$$

(2) 求证：当负载得到最大的输出功率时，负载的导纳 G_L 满足条件 $G_L = \dfrac{G_0}{3}$

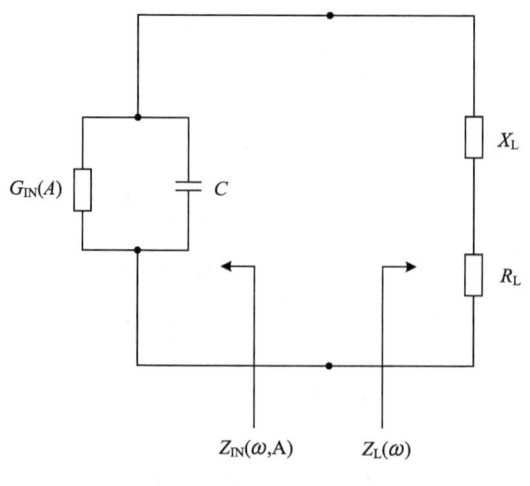

图 8-57

7. 使用 GaAs FET 共栅极放大电路形式，设计一个工作频率为 10GHz 负阻振荡电路。已知 VDS=6V，IDS=150mA，场效应管的 S 参数为

$$S = \begin{bmatrix} 0.85\angle-36° & 0.22\angle-36° \\ 0.53\angle 96° & 1.125\angle 171° \end{bmatrix}$$

在完成振荡电路的设计后，画出场效应管的直流偏置网络。

8. 当振荡频率 ω 接近谐振频率 ω_0 时，考虑图 8-39(b) 中的介质谐振腔振荡电路，由谐振介质两侧的微带线等效为一个两端口网络。试证明该两端口网络的 S 参数为

$$S = \begin{bmatrix} \dfrac{\beta}{1+\beta+\mathrm{j}2Q_0\delta} & \dfrac{1+\mathrm{j}2Q_0\delta}{1+\beta+\mathrm{j}2Q_0\delta} \\ \dfrac{1+\mathrm{j}2Q_0\delta}{1+\beta+\mathrm{j}2Q_0\delta} & \dfrac{\beta}{1+\beta+\mathrm{j}2Q_0\delta} \end{bmatrix}$$

9. 设计一个振荡频率为 12GHz 的介质谐振腔振荡电路，采用共源极结构的 GaAs FET，在 12GHz 的频率下，场效应管的 S 参数为

$$S = \begin{bmatrix} 0.67\angle 107° & 0.14\angle-4° \\ 1.65\angle-19° & 0.3\angle 113° \end{bmatrix}$$

选取耦合系数 $\beta=10$，传输线特征阻抗为 $Z_0=50\Omega$。

10. 比较 LC 反馈型晶体管振荡电路和负阻型晶体管振荡电路，从电路构成、应用范围、设计方法上分析两种振荡电路的区别。

11. 在互联网上搜索一款可调谐的压控振荡集成电路，能够工作在 10MHz~1000GHz 的范围内。根据查找到的集成电路资料，列出其主要技术指标，并绘出一个工作在 900MHz 的电路图。

12. 编写计算机程序，模拟 LC 振荡电路从电路起振到达到平衡状态的过程，观察输出振幅的变化。提示：需要设定放大电路的增益与振幅的非线性关系。

第9章 频率变换和调制电路

为了能使用射频信号传递信息，在射频通信系统的发射端，通常需要把含有信息基带信号的频谱搬迁到中频，再把中频频率变换到射频频率，实现射频通信系统。在接收端，需要一个相反的过程把射频信号变换回基带信号，以恢复射频信号中所含的信息。能够实现中频信号和射频信号相互之间频率转换的电路，通常称为混频电路。混频电路既包括将射频信号变换到中频信号实现下变频的功能，也包括将中频信号变换为射频信号实现上变频的功能。另外，能够完成将基带信号的频谱搬迁到中频的电路，称为调制电路；将中频中包含的基带信息恢复出来的电路，称为解调电路。通常，基带信号带宽窄而且频率低，可以是连续波信号也可以是数字信号。

具有幅度非线性响应的器件可以作为混频电路使用。一个理想的线性电路，输出信号的频谱和输入信号的频谱完全一致，不会有新频率的产生，没有频率变换的功能。在混频电路中必须使用具有幅度非线性响应特性的器件，通常可以使用工作在非线性区域的二极管或者晶体管。

对于频率为 ω_{RF} 的射频信号，通过一个理想的混频电路与频率为 ω_{LO} 的本振信号混合，会产生一些新频率的信号。其中一个新频率 ω_{IF} 为输入射频信号与本振信号的频率之差 $|\omega_{RF}-\omega_{LO}|$，通常称为"差频"或者"中频"；另一个新频率 ω_+ 为两个频率之和，通常称为"和频"。接下来就需要相应的滤波电路，将中频信号或和频信号分离出来，实现下变频或者上变频。本章将介绍在射频通信电路设计中经常使用到的3种频率变换电路：整流电路、检波电路和混频电路，分析和讨论电路的特性和基本设计方法。

由于在射频通信系统中，典型的中频信号可以为几十兆赫兹至几百兆赫兹，往往也属于射频信号。因此，需要从射频电路的角度讨论中频信号的调制和解调电路。常见的调制的方式主要有幅度调制(AM)、频率调制(FM)和相位调制(PM)。通过采用一定的编码，这3种调制方式同样适用于数字信号。接收机使用相应的解调电路，可以从中频信号中恢复出基带信号。以混频电路为基础，本章将介绍调制和解调电路的类型和基本电路设计方法。

9.1 整流和检波电路

整流电路和检波电路都是利用射频固体器件的非线性特性，对输入射频信号进行频率变换。所使用的器件伏安特性的非线性越强，就有越多的输入信号的能量被转换为输出信号的能量。整流电路和检波电路都是将射频信号变换为低频率的信号。整流电路和检波电路都是典型的两端口网络，具有一个信号输入端口和一个信号输出端口。

整流电路是把射频信号转换为零频率的信号(直流)输出，如图9-1所示。整流电路主要用于射频电路中自动增益的控制(AGC)、射频功率监视电路、射频信号检测等。另外一个用途是通过对射频信号整流获得直流电压，为其他电路提供电源供应，实现无接触的能量供应。在射频识别卡(RFIC)的应用电路中，射频识别卡通过把线圈接收到的射频信号整流得到直流电压和直流电流,为卡中其他射频电路和数字电路提供电源供应。在一些现代电子通信设备中,已经有采用非接触射频耦合整流的方式对便携机电池进行充电。

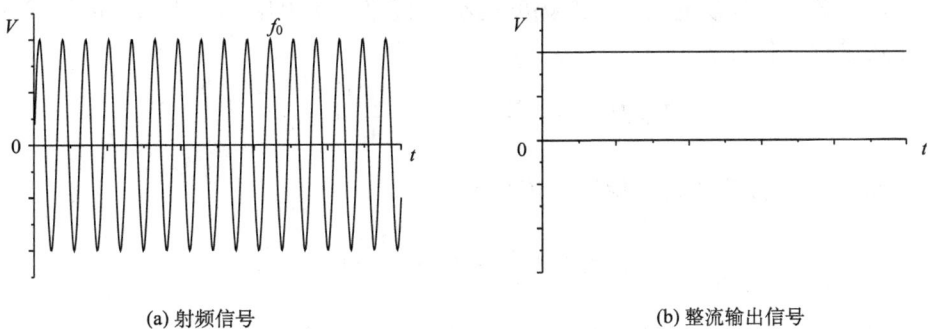

(a) 射频信号　　　　　　　　　　　　(b) 整流输出信号

图 9-1　整流电路的时域响应

检波电路是把有调制的载波信号解调,可以输出调制信号的电路。检波电路也常被称为解调电路。检波电路主要应用在通信接收机的解调电路中,例如,调幅信号的解调、调频信号的解调等。图 9-2 为调幅信号的解调示意图,检波电路获得调幅信号的包络,完成解调过程。对比检波电路和整流电路可以发现,整流电路实际上是一种特殊的检波电路,它使用一个特殊的滤波器使得输出信号频率为零,即只输出直流分量。

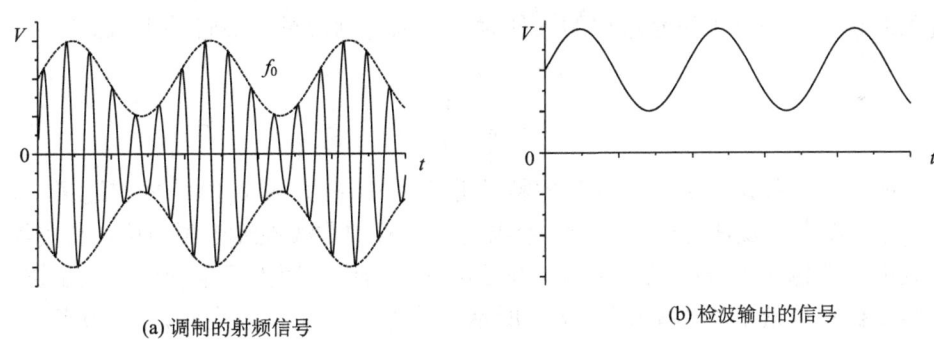

(a) 调制的射频信号　　　　　　　　　　(b) 检波输出的信号

图 9-2　检波电路的时域响应

9.1.1　二极管的小信号分析

根据二极管的伏安特性可以得到二极管电压和电流之间的关系:

$$I(V) = I_S \left(e^{\frac{V}{nV_T}} - 1 \right) \tag{9.1}$$

其中,I_S 为二极管反向饱和电流;V_T 为常数(在 $T=293K$ 的条件下,典型值为 25mV);n 为二极管工艺确定的常数(通常 $1<n<2$)。

假定施加到二极管上的电压 $V(t)$ 为直流偏置电压 V_0 和射频信号电压 $v(t)$ 的叠加,可以表示为

$$V(t) = V_0 + v(t) \tag{9.2}$$

在获得二极管上的电压 $V(t)$ 之后,可以代入式(9.1)获得通过二极管的电流 $I(t)$ 为

$$I = I(V_0 + v) \tag{9.3}$$

对于小信号分析,射频电压 $v(t)$ 的幅度远小于直流偏置电压 V_0,所以可以把式(9.3)按照泰勒展开公式进行简化计算得到

$$I = I(V_0) + v \frac{dI}{dv}\bigg|_{V_0} + \frac{1}{2}v^2 \frac{d^2 I}{dv^2}\bigg|_{V_0} + \cdots \tag{9.4}$$

其中,$I(V_0)$ 为通过二极管的直流偏置电流,即

$$I_0 = I(V_0) = I_S \left(e^{\frac{V_0}{nV_T}} - 1 \right) \tag{9.5}$$

在泰勒展开的式(9.4)中,等号后第一项为直流偏置电流,第二项的系数对应于二极管的交流电导(交流结电阻的倒数),可以表示为

$$G_d = \frac{1}{R_j} = \frac{dI}{dv}\bigg|_{V_0} = \frac{I_S}{nV_T} e^{\frac{V_0}{nV_T}} = \frac{I_0 + I_S}{nV_T} \tag{9.6}$$

在泰勒展开的式(9.4)中的第二项系数可以表示为

$$G'_d = \frac{dG_d}{dv} = \frac{d^2 I}{dv^2}\bigg|_{V_0} = \frac{I_S}{(nV_T)^2} e^{\frac{V_0}{nV_T}} = \frac{G_d}{nV_T} \tag{9.7}$$

当输入射频信号满足小信号近似的条件时,可以得到通过二极管的电流 I 为

$$\begin{aligned} I &= I_0 + i \\ &= I_0 + vG_d + \frac{1}{2}G'_d v^2 + \cdots \end{aligned} \tag{9.8}$$

在以上的讨论中都是以二极管的伏安特性曲线为基础的。在式(9.1)中描述了二极管电压和电流的关系,没有涉及任何电抗部分,给出了二极管的非线性纯电阻效应。在实际应用中,二极管等效电路中包含引线串联电感和并联结电容,需要使用更复杂的电路模型进行计算。一个典型的二极管等效电路模型如图 9-3 所示,其中,L_S 为串联电感,R_S 为串联电阻,C_P 为封装电容,C_j 为二极管结电容,R_j 为二极管结电阻。在二极管小信号分析中,应该增加考虑等效电路中电抗部分对输出信号的影响。一般情况下,结电容 C_j 和结电阻 R_j 都是电压的非线性函数,所以如果进行二极管大信号分析必须使用更为复杂的模型。

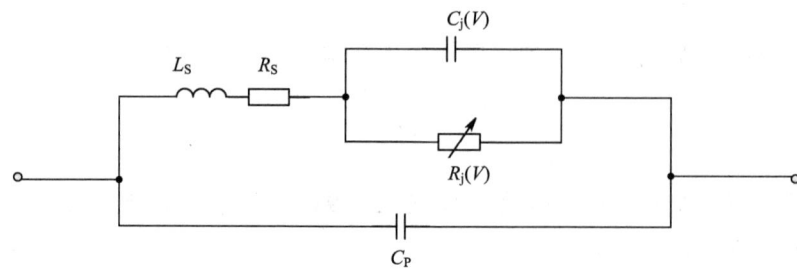

图 9-3　二极管非线性等效电路模型

9.1.2 二极管在检波电路中的应用

二极管既可以应用到整流电路也可以应用到检波电路。整流电路主要应用于未调制的射频信号，检波电路适合应用于已经调制的射频信号。下面分非调制射频信号和幅度调制射频信号两种情况进行分析。

1. 非调制射频信号

二极管可以把输入射频信号能量的一部分转化为直流信号。对于未调制的射频信号，二极管检波电路也可以把射频信号转换为直流信号。以下将对二极管整流电路进行分析和讨论。典型的二极管整流电路如图 9-4 所示，二极管 D 的直流偏置电压由电阻 R_B 和射频线圈 RFC 提供，低通滤波器 LPF 用于滤去射频信号、通过直流信号，在射频信号源和二极管整流电路之间还需要一个阻抗匹配电路。

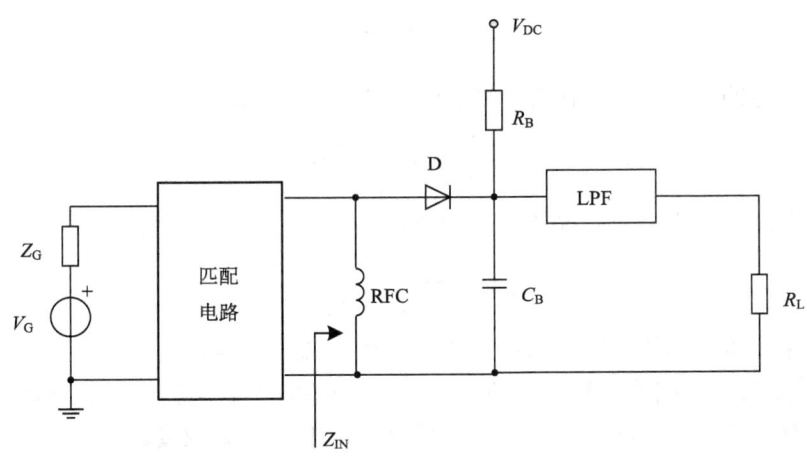

图 9-4 典型的二极管整流(检波)电路

二极管 D 的静态工作电流为 I_0，静态偏置电压为 V_0。射频信号源的输出为单频射频小信号，频率为 ω_0，幅度为 V_m，得

$$v(t) = V_m \cos(\omega_0 t) \tag{9.9}$$

从式(9.8)出发并忽略高于二阶的小项，可以得到通过二极管 D 的电流 I 为

$$\begin{aligned} I &= I_0 + i \\ &= I_0 + G_d v_m \cos(\omega_0 t) + \frac{1}{2} G'_d v_m^2 \cos^2(\omega_0 t) \end{aligned} \tag{9.10}$$

通过对式(9.10)进行简化，将电流 I 中的第 3 项分解为直流项和单频项可以得到

$$\begin{aligned} I &= I_{DC} + i_{RF} \\ &= \left(I_0 + \frac{V_m^2 G'_d}{4} \right) + V_m G_d \cos(\omega_0 t) + \frac{1}{4} V_m^2 G' d \cos(2\omega_0 t) \end{aligned} \tag{9.11}$$

在二极管整流电路中使用了低通滤波器 LPF，可以滤除射频信号 ω_0 和各阶高次谐波

$n\omega_0$（$n \geqslant 2$ 为正整数），所以输出信号仅包含直流分项。直流电流将包含 I_0 和 $\dfrac{V_m^2 G_d'}{4}$ 两项的贡献，其中，后者与输入射频信号的幅度的平方成正比反映了输入射频信号的特性。在这种情况下，二极管整流满足平方率。通过合适的电路，可以把二极管整流电路的输出电流提取出来，用于射频信号幅度的监测。

二极管整流电路有很多参数，其中最重要的两个参数为：电流灵敏度和电压灵敏度。

(1) 电流灵敏度(β_i)：描述了整流电路输出直流电流的变化ΔI_{DC}与输入射频功率 P_{IN} 的关系，用公式表示为

$$\beta_i = \frac{\Delta I_{DC}}{P_{IN}} \tag{9.12}$$

如果对于理想的二极管只考虑二极管的电阻而忽略其他寄生参数，从式(9.11)可以得到输出直流电流的变化ΔI_{DC}为

$$\Delta I_{DC} = \frac{G_d' V_m^2}{4} \tag{9.13}$$

输入射频信号的功率 P_{IN} 与射频信号电压幅度 V_m 的关系为

$$P_{IN} = \frac{1}{2}(V_m I_m) = \frac{1}{2} G_d V_m^2 \tag{9.14}$$

从而可以得到二极管整流电路的电流灵敏度为

$$\beta_i = \frac{G_d'}{2G_d} = \frac{1}{nV_T} \tag{9.15}$$

显然，选用 n 值较小的二极管可以获得较高的电流灵敏度。

(2) 电压灵敏度β_v：描述了整流电路的输出直流电压ΔV_{DC}与输出射频功率 P_{IN} 之间的关系。需要分开路和连接负载的两种情况讨论整流电路的电压灵敏度。

开路电压灵敏度是当整流电路输出开路时得到的电压灵敏度。当输出电路开路（负载 $R_L \to \infty$），输出直流电压的变化将与二极管上直流电压的变化一致。二极管的直流结电阻 R_j 为

$$R_j = \left(\frac{dI}{dV}\right)^{-1} = \frac{nV_T}{I_0 + I_S} \tag{9.16}$$

从而可以建立起电流灵敏度和电压灵敏度之间的关系为

$$\beta_v = \beta_i R_j = \frac{nV_T}{I_0 + I_S} \beta_i \tag{9.17}$$

负载电压灵敏度是当整流电路连接一定的负载时得到的电压灵敏度。如果负载电阻为 R_L，输出的电压将为开路输出电压的分压，即

$$V_L = \frac{R_L}{R_j + R_L + R_S} V_\infty \tag{9.18}$$

其中，V_∞为开路时整流电路输出的直流电压；R_S 为二极管等效串联电阻。一般情况下满足条件 $R_S \ll R_j$，可以简化为

$$V_L = \frac{R_L}{R_j + R_L} V_\infty \tag{9.19}$$

从而可以得到负载电压灵敏度与开路电压灵敏度之间的关系为

$$(\beta_v)_{R_L \neq \infty} = \beta_v \frac{R_L}{R_j + R_L} \tag{9.20}$$

再把式(9.17)代入式(9.20)得到负载电压灵敏度与电流灵敏度之间的关系为

$$(\beta_v)_{R_L \neq \infty} = \beta_i \frac{R_j R_L}{R_j + R_L} = \beta_i \left(\frac{1}{R_j} + \frac{1}{R_L} \right)^{-1} \tag{9.21}$$

例 9-1 一个二极管具有以下参数：C_p=0.1pF，L_p=2.0nH，C_j=0.15pF，R_S=10Ω，I_S=0.1μA，n=1。如果在 T=293K 的温度下，输入射频信号的功率为 P_{IN}=0dBm，直流偏置电流两种情况分别为 I_0=0μA 和 I_0=60μA，分别在负载 R_L=∞和负载 R_L=10kΩ时，试计算二极管的结电阻 R_j、电流灵敏度 β_i 和电压灵敏度 β_v（忽略二极管的寄生电抗参数）。

解 二极管的结电阻和一些参数如下：

$$R_j = \frac{nV_T}{I_0 + I_S}$$

$$P_{IN} = 0\,\mathrm{dBm} = 1\,\mathrm{mW}$$

$$V_T = 25\,\mathrm{mV}, \qquad T = 293\,\mathrm{K}$$

(1) 当直流偏置电流 I_0=0 时，有

$$R_j = \frac{25\,\mathrm{mV}}{0.1 \times 10^{-3}\,\mathrm{mA}} = 250\,\mathrm{k\Omega}$$

$$\beta_i = \frac{G_d'}{2G_d} = \frac{1}{2nV_T} = \frac{1}{2 \times 25\,\mathrm{mV}} = 20\,\mathrm{A/W}$$

当负载电阻 R_L=∞时，得到

$$\beta_v = \beta_i R_j = 20 \times 250 \times 10^3 = 5 \times 10^6\,(\mathrm{V/W})$$

当负载电阻 R_L=10kΩ时，得到

$$(\beta_v)_{R_L=10\mathrm{k\Omega}} = \frac{\beta_v}{1 + \dfrac{R_j + R_S}{R_L}} = 1.92 \times 10^5\,(\mathrm{V/W})$$

(2) 当直流偏置电流 I_0=60μA 时（$I_0 \gg I_S$），有

$$R_j = \frac{V_T}{I_0 + I_S} \approx \frac{25\,\mathrm{mV}}{60 \times 10^{-6}\,\mathrm{A}} = 417\,\Omega$$

$$\beta_i = \frac{G_d'}{2G_d} = \frac{1}{2nV_T} = \frac{1}{2 \times 25\,\mathrm{mV}} = 20\,\mathrm{A/W}$$

当负载电阻 R_L=∞时，得到

$$\beta_v = \beta_i R_j = 20 \times 417 = 8.34 \times 10^3\,(\mathrm{V/W})$$

当负载电阻 R_L=10kΩ时，得到

$$(\beta_v)_{R_L=10\mathrm{k\Omega}} = \frac{\beta_v}{1 + \dfrac{R_j + R_S}{R_L}} = 8 \times 10^3\,(\mathrm{V/W})$$

从例 9-1 中可以看出，增大二极管的直流偏置电流 I_0 会减小二极管的结电阻 R_j，也就减

小了整流电路的电流灵敏度和开路电压灵敏度。二极管结电阻的减小，会减小负载电阻 R_L 对电压灵敏度的影响，使得输出电路连接一些负载时不影响电压灵敏度。在整流电路的应用中，希望负载对电路影响越小越好。因此，需要根据实际应用找到二极管合适的静态工作点，具有折中的电压灵敏度和负载适应性。在实际应用中，需要调整二极管的静态偏置电流 I_0 使二极管具有更高的非线性，以获得更好的电路性能。二极管静态偏置电流 I_0 的典型数值为 10~100mA，对应的电压灵敏度为 1000~10mV/μW。

例 9-2 在二极管检波电路中，如果考虑二极管串联电路和结电容对检波电路的影响，使用等效的二极管模型如图 9-5 所示。假定输入的射频信号为非调制信号，试求：

(1) 在静态工作点 (I_0, V_0) 时检波电路的电压灵敏度 β_v 和电流灵敏度 β_i。

(2) 假设施加在二极管 PN 结上的电压为 $v_j = |v_j|\cos\omega_0 t$，电压灵敏度 β_v 的最大值。

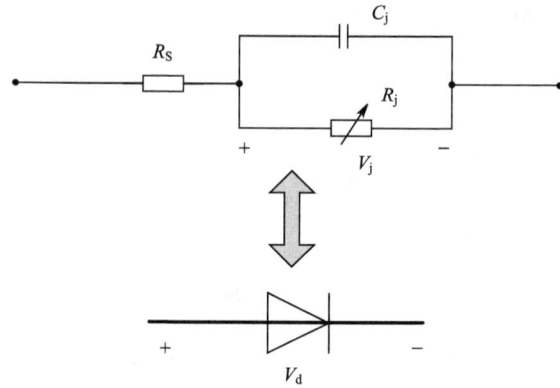

图 9-5 二极管等效模型

解 假定二极管电流 i、结电压 v_j 和二极管电压 v_d 都是小信号，可以得到

$$v_d = iR_S + v_j$$

$$v_j = i\left(R_j // \frac{1}{j\omega C_j}\right) = \frac{iR_j}{1 + j\omega R_j C_j}$$

从上式中消去二极管电流 i 得到

$$v_j = \frac{v_d}{(1 + R_S/R_j) + j\omega R_S C_j}$$

从式(9.10)可以看出，射频输入信号转化为直流信号由第三项决定，可以表示为

$$\Delta i = \frac{v_j^2}{2} \left.\frac{d^2 i}{dv^2}\right|_{I_0} = \frac{v_j^2}{2} \frac{1}{nV_T R_j}$$

由于二极管的结电压为非调制的射频信号，上式可以改写为

$$\Delta i = \frac{|v_j|^2 (1 + \cos 2\omega_0 t)}{4nV_T R_j}$$

对于负载开路情况，可以忽略二极管的串联电阻 R_S，得到直流电流的变化为

$$\Delta I_{\mathrm{DC}} = \frac{|v_{\mathrm{j}}|^2}{4nV_{\mathrm{T}}R_{\mathrm{j}}}$$

如果考虑负载 R_{L} 的影响，不忽略二极管的串联电阻 R_{S}，得到直流电流的变化为

$$\Delta I_{\mathrm{DC}} = \frac{|v_{\mathrm{j}}|^2}{4nV_{\mathrm{T}}(R_{\mathrm{j}} + R_{\mathrm{S}})}$$

接下来计算二极管的射频输入功率 P_{IN}（二极管吸收的功率），可以表示为

$$P_{\mathrm{IN}} = \frac{1}{2}\mathrm{Re}\{v_{\mathrm{d}}i_{\mathrm{d}}^*\} = \frac{|v_{\mathrm{d}}|^2}{2}\mathrm{Re}\{Y_{\mathrm{d}}\}$$

其中，Y_{d} 为二极管的电导，即

$$Y_{\mathrm{d}} = \frac{1/R_{\mathrm{j}} + \mathrm{j}\omega C_{\mathrm{j}}}{(1 + R_{\mathrm{S}}/R_{\mathrm{j}}) + \mathrm{j}\omega C_{\mathrm{j}}R_{\mathrm{S}}}$$

二极管电导 Y_{d} 的实部为

$$\mathrm{Re}\{Y_{\mathrm{d}}\} = \frac{(1 + R_{\mathrm{S}}/R_{\mathrm{j}})/R_{\mathrm{j}} + (\omega C_{\mathrm{j}})^2 R_{\mathrm{S}}}{(1 + R_{\mathrm{S}}/R_{\mathrm{j}})^2 + (\omega C_{\mathrm{j}}R_{\mathrm{S}})^2}$$

可以得到二极管的输入功率 P_{IN} 为

$$P_{\mathrm{IN}} = \frac{|v_{\mathrm{j}}|^2}{2}\left[\frac{1 + R_{\mathrm{S}}/R_{\mathrm{j}}}{R_{\mathrm{j}}} + R_{\mathrm{S}}(\omega C_{\mathrm{j}})^2\right]$$

从而表示检波电路的电流灵敏度 β_{i} 为

$$\beta_{\mathrm{i}} = \frac{\Delta I_{\mathrm{DC}}}{P_{\mathrm{IN}}} = \frac{1}{2nV_{\mathrm{T}}(1 + R_{\mathrm{S}}/R_{\mathrm{j}})\left[(1 + R_{\mathrm{S}}/R_{\mathrm{j}}) + (\omega C_{\mathrm{j}})^2 R_{\mathrm{S}}R_{\mathrm{j}}\right]} \tag{9.22}$$

在负载开路情况下的电压灵敏度 β_{v} 为

$$\beta_{\mathrm{v}} = \beta_{\mathrm{i}}R_{\mathrm{j}} = \frac{nV_{\mathrm{T}}\beta_{\mathrm{i}}}{I_0 + I_{\mathrm{S}}} \tag{9.23}$$

如果负载 R_{L} 不是开路的情况，电压灵敏度 β_{v} 为

$$(\beta_{\mathrm{v}})_{R_{\mathrm{L}} \neq \infty} = \beta_{\mathrm{i}}R_{\mathrm{j}}\frac{R_{\mathrm{L}}}{R_{\mathrm{L}} + R_{\mathrm{V}}} \tag{9.24}$$

其中，R_{V} 为二极管的等效电阻。

如果要对二极管整流电路进行更为准确的分析和模拟，需要使用含有结电容和其他寄生参数的二极管模型。随着输入射频信号频率的升高，二极管结电容的存在会使等效的结电阻降低，其他寄生参数也会对整流电路产生影响。通过分析二极管结电容和其他寄生参数对电压灵敏度的影响，可以得到结论：随着频率的升高，整流电路的电压灵敏度下降。

当考虑二极管结电容 C_{j} 和串联电阻 R_{S} 对整流电路的贡献时，理论上可以找到在不同频率下二极管静态偏置电流的最佳值。如果整流电路的电压灵敏度依赖于工作电流达到极值，需要满足条件：

$$\frac{\partial \beta_{\mathrm{v}}}{\partial I_{\mathrm{T}}} = 0 \tag{9.25}$$

其中，电流 $I_T = I_0 + I_S$。求解式(9.25)就可以得到最佳的直流静态偏置电流为

$$(I_T)_{max} = nV_T \omega C_j \sqrt{\frac{R_S}{R_L}} \tag{9.26}$$

显然，随着射频信号频率 ω 的增加需要相应增加二极管的直流静态偏置电流。如果要得到更为精确的结果，需要使用更为复杂的二极管模型。由于二极管模型的复杂性增大，不再适合进行解析分析，一般需要使用数值模拟的方法进行等效电路的模拟分析，可以借助目前流行的一些仿真软件来实现。

2. 射频调幅信号

利用二极管的非线性可以实现幅度调制信号的检波，获得调幅信号的包络并恢复射频信号中携带的信息。对于调幅射频信号的输入，二极管上的射频电压 v_{RF}（不包含直流偏置电压）可以表示为

$$\begin{aligned} v_{RF}(t) &= v_m(1 + m\cos\omega_m t)\cos\omega_0 t \\ &= v_m \cos\omega_0 t + \frac{m}{2} v_m \left[\cos(\omega_0 - \omega_m)t + \cos(\omega_0 + \omega_m)t\right] \end{aligned} \tag{9.27}$$

其中，m 为调制系数（$0 \leq m \leq 1$），ω_0 为射频信号的频率；ω_m 为调幅信号的频率。通常情况下，满足条件 $\omega_m \ll \omega_0$，式(9.27)描述了典型的调幅信号(AM)。在获得了二极管上的射频电压以后，考虑二极管的非线性伏安特性，可以得到通过二极管的射频电流 i_{RF} 为

$$\begin{aligned} i_{RF} &= vG_d + \frac{1}{2}G'_d v^2 + \cdots \\ &= \frac{1}{4}\left(1 + \frac{m^2}{2}\right)v_m^2 G'_d + \frac{1}{2}mv_m^2 G'_d \cos(\omega_m t) + \frac{1}{8}m^2 v_m^2 \cos(2\omega_m t) \\ &\quad + v_m G_d \cos(\omega_0 t) + \frac{1}{4}\left(1 + \frac{m^2}{2}\right)v_m^2 G'_d \cos(2\omega_0 t) + \frac{1}{2}mv_m G_d \cos[(\omega_0 \pm \omega_m)t] \\ &\quad + \frac{1}{4}mv_m^2 G'_d \cos[(2\omega_0 \pm \omega_m)t] + \frac{1}{16}m^2 v_m^2 \cos[2(\omega_0 \pm \omega_m)t] + \cdots \end{aligned} \tag{9.28}$$

由于二极管的非线性特性，在射频电流的输出中产生了很多新的频率，包括直流电流（频率为0）、包络信号（ω_m）、包络信号的高次谐波（$2\omega_m$）、射频信号（ω_0）、射频信号的高次谐波（$2\omega_0$）以及包络信号与射频信号的组合（$\omega_0 \pm \omega_m$，$2\omega_0 \pm \omega_m$，$2(\omega_0 \pm \omega_m)$）。在通过低通滤波器LPF并且滤去直流DC信号后，就可以得到感兴趣的包络信号的电流输出 i_{OUT} 为

$$i_{OUT} = \frac{1}{2}mv_m^2 G'_d \cos(\omega_m t) \tag{9.29}$$

从频谱上分析，可以得到各个频率信号的幅度，如表 9-1 所示。

表 9-1 二极管调幅信号检波输出的频谱

输出信号角频率	幅度 $A = V_m G_d$，$B = V_m^2 G'_d / 4$
0	$B(1 + m^2/2)$
ω_m	$2mB$

续表

输出信号角频率	幅度 $A = V_m G_d$, $B = V_m^2 G'_d / 4$
$2\omega_m$	$m^2 B / 2$
ω_0	A
$2\omega_0$	$(1 + m^2/2)B$
$\omega_0 \pm \omega_m$	$mA/2$
$2\omega_0 \pm \omega_m$	mB
$2(\omega_0 \pm \omega_m)$	$m^2 B / 4$

从表 9-1 中可以看出，在小信号条件下包络信号的输出幅度正比于输入射频信号幅度 V_m 的平方，即满足所谓平方率。当输入射频信号的功率 P_{IN} 在 –40~–20dBm 的范围内，二极管工作在满足平方率的区域。随着输入射频信号幅度 V_m 的增加，输出包络信号的幅度将与 V_m 呈线性关系。当输入射频信号的功率 P_{IN} 在 –20~10dBm 的范围内，二极管工作在满足线性关系的区域。如果输入射频信号的幅度再继续增加，二极管将进入饱和区域，输出包络信号的电流将不随输入射频信号的幅度而增加。当输入射频信号的功率在 10~20dBm 时，二极管工作在饱和区。在实际二极管检波电路的应用中，通常需要对检波电路按照输入功率进行标定，以获得输出电压/电流和输入射频信号幅度之间的关系。

当二极管、信号源、负载串联在一起构成检波电路时，称为二极管串联型检波电路，如图 9-4 所示。另外一种检波电路的构成方式是将二极管、信号源、负载并联在一起，如图 9-6 所示，称为二极管并联型检波电路。可以根据实际应用电路的要求，选择采用串联型或者并联型二极管检波电路。

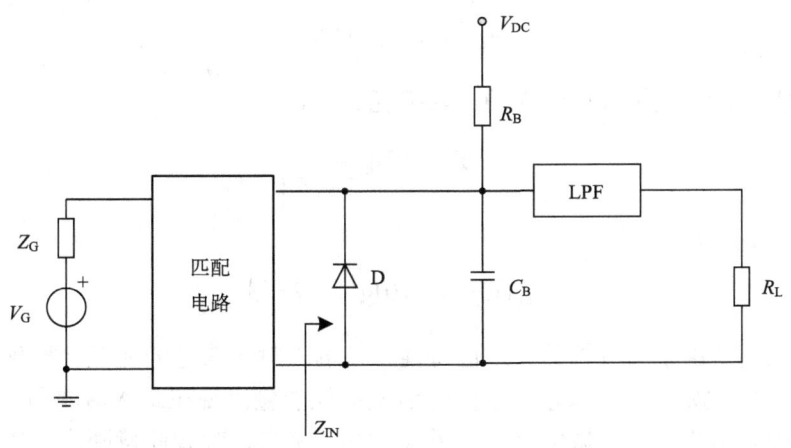

图 9-6 并联型二极管检波电路

3. 检波电路的损耗

检波电路是插入在信号源和负载之间的一个电路，其插入损耗定义为

$$L(\text{dB}) = 10\lg\left(\frac{P_{\text{IN}}}{P_{\text{OUT}}}\right) \tag{9.30}$$

其中，P_{IN} 为输入二极管的功率；P_{OUT} 为预期频率输出信号的功率。根据不同的情况，输出信号的频率可以为 DC 或者射频调幅信号的包络信号调制频率 ω_m。检波电路的损耗包括 3 部分：二极管损耗、失配损耗和谐波损耗。

二极管插入损耗主要是二极管串联电阻 R_S 带来的损耗。射频信号的输入功率 P_{IN} 为

$$P_{\text{IN}} = \frac{|v_j|^2}{2}\left[\frac{1+R_S/R_j}{R_j} + R_S(\omega C_j)^2\right] \tag{9.31}$$

有用的输出信号是在二极管结电阻 R_j 上的电压降，可以得到输出功率 P_{OUT} 为

$$P_{\text{OUT}} = \frac{1}{2}\frac{|v_j|^2}{R_j} \tag{9.32}$$

因此可以得到二极管的插入损耗 L_d 为

$$L_d(\text{dB}) = 10\lg\left(1 + \frac{R_S}{R_j} + \omega^2 R_S R_j C_j^2\right) \tag{9.33}$$

失配损耗主要是指由于阻抗不匹配带来的输入射频信号的反射，引起的插入损耗。一般在输入射频信号源与检波二极管之间需要引入一个阻抗匹配电路，将二极管的阻抗转化到一个合适的数值。如果在阻抗匹配网络端口的电压反射系数为 Γ'，输入的射频功率为 P'_{IN}，则反射的射频功率 P_{ref} 为

$$P_{\text{ref}} = |\Gamma'|^2 P'_{\text{IN}} \tag{9.34}$$

由于阻抗匹配网络是一个无耗网络，输入二极管的射频功率 P_{IN} 为

$$P_{\text{IN}} = P'_{\text{IN}}\left(1 - |\Gamma'|^2\right) \tag{9.35}$$

从而可以得到由于阻抗失配带来的插入损耗 L_m 为

$$L_m(\text{dB}) = 10\lg\frac{1}{1-|\Gamma'|^2} \tag{9.36}$$

或者可以将 L_m 表示为

$$L_m(\text{dB}) = -10\lg\left(1-|\Gamma'|^2\right) \tag{9.37}$$

谐波损耗主要是由于二极管的非线性特性，将输入射频信号的能量转换到其他谐波频率上引起的损耗。谐波损耗用 L_h 表示，主要的谐波损耗能量出现在二次谐波和三次谐波上，可以在输出电路中采用相应的谐振电路将能量反射回二极管，起到能量回收的作用来减少二极管的谐波损耗。

二极管检波电路的插入损耗 L 为二极管插入损耗 L_d、失配损耗 L_m 和谐波损耗 L_h。如果使用分贝进行表示，可以得到

$$L(\text{dB}) = L_d + L_m + L_h(\text{dB}) \tag{9.38}$$

失配损耗 L_m 也将影响检波电路的整体电压灵敏度。在没有阻抗失配的情况下，检波电路的电压灵敏度 β_v 为

$$\beta_v = R_j \frac{\Delta I_{DC}}{P_{IN}} \tag{9.39}$$

如果考虑了输入端口的阻抗不匹配，二极管的输入功率 P_{IN} 与检波电路的输入功率 P'_{IN} 不一致，检波电路的整体电压灵敏度 β'_v 为

$$\beta_v = R_j \frac{\Delta I_{DC}}{P'_{IN}\left(1-|\Gamma'|^2\right)} = \beta'_v \frac{1}{\left(1-|\Gamma'|^2\right)} \Rightarrow \beta'_v = \beta_v \left(1-|\Gamma'|^2\right) \tag{9.40}$$

从而可以看出，输入端口的电压反射系数 Γ' 将显著地影响整体检波电路的电压灵敏度。一个设计良好的阻抗匹配电路将可以改善检波电路的电压灵敏度。

例 9-3 一个检波电路输入端口的驻波系数 VSWR 为 4，如果通过改善阻抗匹配电路将驻波系数 VSWR 降低为 2，求检波电路整体电压灵敏度的改善情况。

解 根据驻波系数 VSWR 和电压反射系数模值 $|\Gamma|$ 之间的关系为

$$|\Gamma| = \frac{\text{VSWR}-1}{\text{VSWR}+1}$$

可以得到

$$\text{VSWR} = 4 \Rightarrow |\Gamma'| = 0.60$$
$$\text{VSWR} = 2 \Rightarrow |\Gamma''| = 0.33$$

假设二极管的电压敏感度为 β_v，则匹配电路改善前后的检波电路电压灵敏度分别为

$$\beta'_v = \left(1-|\Gamma'|^2\right)\beta_v = 0.64\beta_v$$
$$\beta''_v = \left(1-|\Gamma''|^2\right)\beta_v = 0.89\beta_v$$

可见检波电路的整体电压灵敏度从 $0.64\beta_v$ 改善到 $0.89\beta_v$。

4. 检波电路的设计

在检波电路的设计中，需要注意很多参数之间的平衡问题，例如，频带宽度、工作频率、电压灵敏度、负载适应性等。这些参数之间有些是相互矛盾的，需要选取一定的折中方案。在进行检波电路的设计时，可以参考下面的设计步骤。

(1) 二极管的阻抗 Z_d 为

$$Z_d = R_S + R_j // X_{C_j}$$

如果要获得很高的电压灵敏度 β_v，需要满足以下两个条件。

① 二极管的结电阻 R_j 应该足够大，以增大检波电路的电流灵敏度。当可以满足条件：

$$R_j \gg X_{C_j} = \frac{1}{\omega_0 C_j}$$

二极管的结阻抗 Z_d 可以表示为

$$Z_d = R_S + R_j // X_{C_j} \approx R_S + X_{C_j}$$

② 二极管串联电阻 R_S 应该足够小。减小 R_S 既可以降低检波电路的插入损耗，又可以提升检波电路的整体电压灵敏度。例如，在工作频率为 f_0 时，结电容的电抗需要远远大于二极管的串联电阻，即

$$|X_{C_j}| > 10R_S$$

(2) 考虑二极管的截止工作频率 f_{c0}。二极管在零偏置条件下，随着频率的升高二极管结电容阻抗的降低将掩盖结电阻的非线性，所以定义二极管的零偏置截止频率为

$$f_{c0} = \frac{1}{2\pi R_S C_{j0}} \qquad (9.41)$$

其中，C_{j0} 为二极管在零偏置时的结电容。

在非零偏置的条件下，二极管的结电容 C_j 将随偏置电压发生变化，满足关系：

$$C_j = \frac{C_{j0}}{\left(1-\dfrac{V_a}{V_i}\right)^S}$$

其中，V_a 为施加在二极管 PN 结上的电压；V_i 为二极管的特征电压；S 是和二极管工艺相关的参数。从而可以获得在非零偏置条件下，二极管的截止工作频率。

(3) 从步骤(1)可以得到对串联电阻 R_S 的限制：

$$|X_{C_{j0}}| = \frac{1}{\omega_0 C_{j0}} = \frac{1}{2\pi f_0 C_{j0}} > 10R_S \qquad (9.42)$$

从步骤(2)可以得到二极管截止频率的表达式为

$$f_{c0} = \frac{1}{2\pi R_S C_{j0}} \qquad (9.43)$$

综合考虑步骤(1)和步骤(2)，可以得到检波二极管工作频率需要满足条件：

$$f_0 < \frac{f_{c0}}{10} \qquad (9.44)$$

也就是说检波二极管的截止频率 f_{c0} 需要高于设计工作频率 f_0 十倍以上。或者从二极管结电容 C_j 的角度给出选择器件应该满足的条件：

$$C_{j0} < \frac{1}{20\pi f_0 R_S} \qquad (9.45)$$

(4) 计算二极管和负载的总输入阻抗，设计信号源和二极管检波电路之间的阻抗匹配电路。参考图 9-4 的检波电路电路原理图，如同设计射频放大电路的输入阻抗匹配电路一样，将二极管检波电路的输入阻抗与信号源的阻抗匹配。

(5) 设计低通滤波器 LPF，获取有用的信号。对于非调制的射频信号，需要设计低通滤波器 LPF 获得直流 DC 信号；对于调幅射频信号，需要设计低通滤波器 LPF 并且隔断直流 DC 信号，只提取频率为 ω_m 的幅度调制信号。可以参考低通滤波电路的设计方法，选择合适的滤波器类型和阶数满足检波电路的要求。

例 9-4 需要设计一个工作在 5GHz 的窄带二极管检波电路，给出选择二极管获得高电压灵敏度的条件（允许二极管的串联电阻 R_S=15Ω）。

解 检波电路的工作频率为 f_0=5GHz，需要二极管的截止频率为

$$f_{c0} > 10 f_0$$
$$f_{c0} > 50\,\text{GHz}$$

二极管串联电阻为 R_S<15Ω，可以确定二极管零偏置结电容 C_{j0} 应该为

$$C_{j0} < \frac{1}{20\pi \times 5 \times 10^9 \times 15} = 0.2(\text{pF})$$

如果二极管的串联电阻 R_S 不大于 15Ω，需要选择二极管的零偏置结电容 C_{j0} 小于 0.2pF，才能使检波电路获得良好的电压灵敏度。

9.2 混频电路类型和参数

混频电路是一个可以把输入的高频信号转换成一个频率相对更低的输出信号，或者把一个输入的频率相对较低的信号转换成频率更高的输出信号，而保持原来信号的特性(如边带宽度、波形等)不发生变化。

下变频电路通常把输入信号和本地振荡信号混合在一起，在输出端口实现频率变换功能。如图 9-7 所示，混频电路输入射频信号的频率为 f_{IN}，本地振荡射频信号的频率为 f_{LO}，混频后输出的中频信号频率为 $f_{IF}=|f_{IN}-f_{LO}|$。通过下变频电路实现频率变换，将输入的信号转变为频率更低的中频信号，便于中频放大电路的设计和实现。混频电路是一个典型的三端口网络，具有两个信号输入端口和一个信号输出端口。

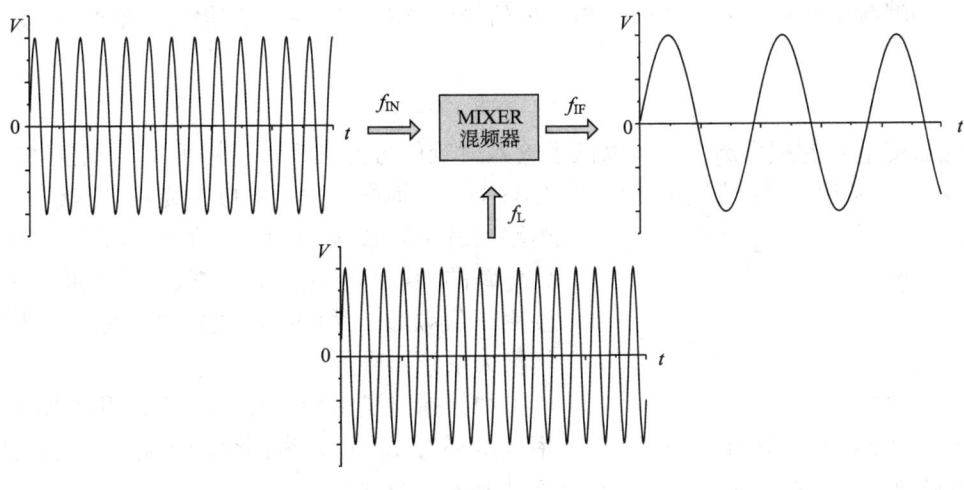

图 9-7 混频电路工作示意图

在射频通信系统的接收电路中，使用混频电路将频率较高的输入射频信号变换为频率较低的中频信号，具有以下优势。

(1)有利于放大电路的设计。通常使用混频电路将输入的射频信号变换为 10~100MHz 的中频信号(在一些应用电路中可能需要对频率很高的射频信号进行两次混频)，对中频信号的放大电路设计更为简洁，可以使用集总参数器件，而且中频有源器件的成本远低于射频高端的有源器件。

(2)便于实现宽带放大电路的平坦增益。通过改变本振电路的频率，可以把很宽频率范围内的输入射频信号变化到固定频率的中频信号。从而可以避免使用宽带放大电路，既可以降低放大电路的成本，又可以保证功率增益的一致性。而且中频滤波电路的设计也更为简洁，容易获得高品质因数的滤波电路。

在混频电路中,通常本振信号会比输入的射频信号强很多。输入射频信号和本振信号混频之后,会产生很多新频率的信号。输出信号的频率可以表示为很多谐波信号频率的叠加,即

$$\omega_{IF} = m\omega_{IN} \pm n\omega_{LO} \tag{9.46}$$

其中,m 和 n 为正整数。最有用的两个频率的信号分别是和频信号 $\omega_{IN}+\omega_{LO}$ 和差频信号 $\omega_{IN}-\omega_{LO}$。可以采用二极管或者晶体管(双极型晶体管或者场效应管)作为混频器件,利用器件的非线性特性实现频率变换。在实际应用中,需要注意本地振荡信号输入的强度要足够大,才能使混频器件工作在非线性区域,取得有用的输出频率。

9.2.1 混频电路的类型

混频电路按照频率变换的类型可以分为 3 类电路,包括下变频混频电路、上变频混频电路和谐波混频电路。混频电路和本振电路通常一起构成了变频电路。本振电路已经在第 8 章中进行了讨论,本节将主要讨论混频电路的设计。

1. 下变频混频电路

下变频混频电路将输入射频信号与本振信号混合获得频率更低的中频信号。中频信号的频率为

$$\omega_{IF} = |\omega_{IN} - \omega_{LO}| \tag{9.47}$$

本地振荡信号的频率 ω_{LO} 既可以低于输入射频信号的频率 ω_{IN} 也可以高于输入射频信号的频率 ω_{IN}。如果输入射频信号的频率为 4.1GHz,本地振荡信号的频率为 4.0GHz,经过混频电路后就可以获得 100MHz 的中频信号。下变频混频电路的功能示意图,见图 9-8。下变频混频电路主要用于射频通信系统中的接收机,将输入射频信号转换为中频信号。

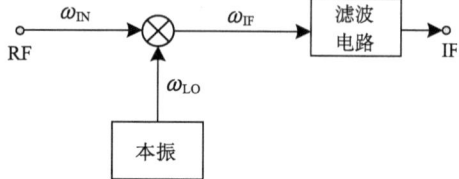

图 9-8 下变频混频电路功能示意图

如果指定了中频信号的频率 ω_{IF} 和本振信号的频率 ω_{LO},依据式(9.47)有两个输入射频信号的频率 ω_{IN} 和 ω'_{IN} 可以通过混频产生中频信号。这两个本振频率分别为

$$\omega_{IN} = \omega_{LO} + \omega_{IF} \tag{9.48}$$

和

$$\omega'_{IN} = \omega_{LO} - \omega_{IF} \tag{9.49}$$

当选择 ω_{IN} 作为预期的射频输入信号的频率时,ω'_{IN} 被称为镜像频率;当选择 ω'_{IN} 作为预期的射频输入信号时,ω_{IN} 被称为镜像频率。可见频率为 $\omega_{LO}\pm\omega_{IF}$ 的两个信号互为镜像频率。或者可以换一种方式来描述镜像频率,如果输入射频信号的频率为 ω_{IN},本振信号频率为 ω_{LO},则镜像频率 ω_i 为

$$\begin{aligned}\omega_i &= \omega_{LO} - (\omega_{IN} - \omega_{LO}) \\ &= 2\omega_{LO} - \omega_{IN}\end{aligned} \tag{9.50}$$

则无论 $\omega_{IN}>\omega_{LO}$ 或者 $\omega_{IN}<\omega_{LO}$,都可以用式(9.50)来表示镜像频率 ω_i。例如,输入射频信号的频率为 4.1GHz,本地振荡信号的频率为 4GHz,中频频率为 100MHz,则镜像频率为 3.9GHz。

另外，可以看出，镜像频率和输入信号频率的差值为两倍的中频频率，即

$$|\omega_{IN} - \omega_i| = 2\omega_{IF} \tag{9.51}$$

选择合适的中频频率，有利于在混频电路设计中抑制镜像频率的干扰。

镜像频率的信号对混频电路是有害的，将作为噪声引入中频信号。通常需要使用合适的滤波器将镜像频率的信号滤除。如果一个混频电路能够滤除镜像频率信号的干扰，则称为镜像抑制混频电路。

在射频无线通信系统中，混频电路主要在单边带(SSB)信号系统中应用。也就是说在射频通信系统中，只对能够产生中频信号的两个输入频率中的一个感兴趣，即频率ω_{IN}是有用的信号而镜像频率ω_i是无用的信号。即使在镜像频率ω_i没有人为的干扰信号，混频电路的镜像响应指标依然很重要。因为在镜像频率ω_i的噪声信号可以通过混频电路转化为中频输出信号中的噪声，所以从提高通信系统信噪比的角度出发，需要设计混频电路具有良好的镜像响应。

如果在射频通信系统中使用了双边带(DSB)信号系统，发射单元需要在频率ω_{IN}和镜像频率ω_i都输出包含有用的信息的射频信号，通过没有镜像抑制的混频电路将可以产生两倍的中频输出功率。在实际混频电路的测量中，镜像频率不可能没有噪声，所以对混频电路测量的噪声是双边带噪声系数，而不是单边带噪声系数。因此在混频电路设计和分析中，需要注意区分实际测量或者参考资料中给出的数据是单边带参数还是双边带参数。

例 9-5 已知一个射频通信信道中的中心频率为f_0=1.89GHz，带宽为 BW=20MHz，需要通过混频电路得到f_{IF}=200MHz 的中频信号。求本地振荡电路的频率f_{LO}，并确定能过滤出该信号的射频通道滤波电路和中频电路滤波电路的品质因数。

解 根据式(9.47)可以得到有两个频率的本振信号都可以用于混频电路，分别计算低本振频率为

$$f_{LO} = 1.89\,\text{GHz} - 0.2\,\text{GHz} = 1.79\,\text{GHz} \tag{9.52}$$

或者采用高本振频率为

$$f'_{LO} = 1.89\,\text{GHz} + 0.2\,\text{GHz} = 2.09\,\text{GHz} \tag{9.53}$$

由于频率较低振荡电路更容易实现，选择f_{LO}=1.79GHz 作为本振频率。

在输入射频信道中，滤出该信号需要的滤波电路的品质因数为

$$Q_{RF} = \frac{f_0}{BW} = \frac{1890\,\text{MHz}}{20\,\text{MHz}} = 94.5 \tag{9.54}$$

在中频信道中，滤出该信号需要的滤波电路的品质因数为

$$Q_{IF} = \frac{f_{IF}}{BW} = \frac{200\,\text{MHz}}{20\,\text{MHz}} = 10 \tag{9.55}$$

显然，通过变频电路以后，在中频电路中可以大幅度降低对滤波电路品质因数的要求。中频电路中品质因数为 10 的滤波电路，等价于在射频输入电路中品质因数接近 100 的滤波电路。在选择中频频率时，既要考虑镜像频率的抑制问题，也要考虑中频电路的设计问题。

2. 上变频混频电路

上变频混频电路可以实现下变频混频电路的逆过程，将中频信号和本地振荡信号相混

合，得到射频信号的输出。在通信系统中，有用的信息通过一定的调制方式施加在中频信号上，再经过上变频混频电路将中频信号转化为射频信号，便于信号的传输。在上变频混频电路中，通常输出射频信号的频率为本振信号和中频信号的频率之差(或者两者之和)，即

$$\omega_{OUT} = \omega_{LO} \pm \omega_{IF} \tag{9.56}$$

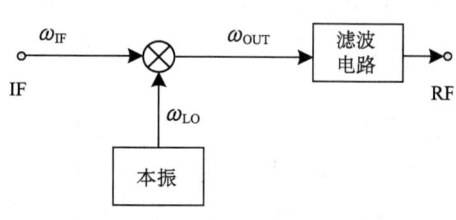

图 9-9 上变频混频电路功能示意图

例如，在一个通信系统中，本地振荡信号的频率为 4GHz，中频信号的频率为 100MHz，则经过上变频混频后可以得到 4.1GHz 或者 3.9GHz 的输出信号频率。如果选定 4.1GHz 作为输出信号的频率，则需要设计合适的滤波电路滤除 3.9GHz 和 4GHz 的射频信号。

上变频混频电路的功能示意图，见图 9-9。上变频混频电路主要应用在射频通信系统中的发射机电路中，用于将中频信号转换为射频输出信号。

3. 谐波混频电路

如果要把一个频率很高的射频信号变化到中频信号，但是本振电路不能够提供频率足够高的本振信号，就需要利用本振频率一个合适的谐波频率进行混频。当利用本振信号频率的 n 次谐波进行下变频时，中频频率 ω_{IF} 可以表示为

$$\omega_{IF} = \omega_{IN} - n\omega_{LO} \tag{9.57}$$

其中，n 为正整数。当 n 为 1 时，谐波混频电路就演化为前面讨论过的下变频混频电路。

谐波混频电路不是简单地利用本振电路产生的信号中包含的高次谐波分量进行频率混频。因为本振电路产生的高次谐波功率非常低，很难在混频电路中应用。谐波混频电路通过使用带通滤波器限制输入端口、本地振荡端口和输出端口允许通过信号的频率，使本振信号的基波信号 ω_{LO} 与输入信号 ω_{IN} 混频后形成 $\omega_{IN}-\omega_{LO}$，经过反射后再次进入混频电路进行混频生成信号 $\omega_{IN}-2\omega_{LO}$。这样进行反复混频，直到达到了中频输出端口允许通过频率的信号 $\omega_{IN}-n\omega_{LO}$ 生成。

当输入射频信号的频率很高，而高频率的本地振荡电路不易实现或者实现成本很高时，可以考虑使用射频混频电路。过去谐波混频电路主要应用于频率较高的毫米波通信系统中；随着技术的发展，目前谐波混频电路也开始越来越多地在射频通信电路中应用，例如，后面将要介绍的次谐波泵浦混频电路就属于谐波混频电路的一种。在谐波混频电路中，每经过一次与本振信号的混频大概引入 3dB 的损耗。选用的谐波次数 n 越高，谐波混频电路的损耗也就越高。例如，输入信号的频率为 38GHz，如果选用频率为 36GHz 的本地振荡电路，可以得到 2GHz 的中频输出，并且引入 6dB 的损耗；如果选用频率为 18GHz 的本地振荡电路，使用 $n=2$ 的谐波混频电路，引入损耗将为 9dB；如果选用频率为 12GHz 的本地振荡电路，使用 $n=3$ 的谐波混频电路，引入损耗将为 12dB。

9.2.2 混频电路的参数

混频电路的主要参数包括变频增益、噪声系数、线性范围、本振输入功率、端口隔离度和端口阻抗匹配。在充分了解混频电路的参数后，才能依据混频电路的工作原理进行电路优

化设计，满足通信系统技术指标的要求。

1. 变频增益/损耗

单边带混频电路的一个重要参数就是变频损耗 L_C。以下变频混频电路为例讨论变频损耗的概念。变频损耗描述了中频输出功率与射频输入功率之间的关系。变频损耗越大则输入射频功率转化的中频功率就越少。用下面的公式来定义下变频混频电路的变频损耗为

$$L_C(\text{dB}) = 10\lg\left(\frac{P_{\text{RF}}}{P_{\text{IF}}}\right)(\text{dB}) \tag{9.58}$$

其中，P_{RF} 为射频输入功率；P_{IF} 为中频输出功率。使用二极管构成混频电路的典型变频损耗为 4~7dB。

与二极管检波电路类似，二极管混频电路的变频损耗也来源于 3 部分：二极管损耗、失配损耗和谐波损耗。用公式表示二极管混频电路的变频损耗为

$$L_C(\text{dB}) = L_d + L_m + L_h(\text{dB}) \tag{9.59}$$

如果使用晶体管作为混频器件，输出的中频功率将大于输入的射频功率。这时将用变频增益描述混频电路的特性：

$$G_C(\text{dB}) = 10\lg\frac{P_{\text{IF}}}{P_{\text{RF}}} \tag{9.60}$$

由于中频端口和射频端口的阻抗可能不一致，在使用电压计算混频电路变频增益时需要注意计算公式。如果射频输入端口的阻抗为 R_{RF} 并且电压为 V_{RF}，中频输入端口的阻抗为 R_{IF} 并且电压为 V_{IF}，则混频电路的变频增益为

$$G_C(\text{dB}) = 20\lg\frac{V_{\text{IF}}}{V_{\text{RF}}} - 10\lg\frac{R_{\text{IF}}}{R_{\text{RF}}} \tag{9.61}$$

2. 噪声系数

由于混频电路位于一个通信系统的前端电路中，其噪声系数对整个系统的影响是至关重要的。因此需要单独对混频电路的噪声系数进行分析。在射频通信系统中，混频电路的噪声与接收单边带信号和双边带信号有关。

一个典型的调幅信号包括上边带信号(USB)和下边带信号(LSB)。上边带信号为载波频率与调制频率之和，下边带信号为载波频率与调制频率之差，可以参考式(9.27)。这个调幅信号为双边带调制信号。如果两个边带信号中的任何一个被抑制掉(不可以两个边带都抑制)，将可以得到单边带信号。

因为双边带信号的两个边带都可以携带能量，都可以通过混频电路得到中频的输出，所以使用双边带信号获得的中频信号输出功率将是相同条件下单边带信号的两倍。这种功率关系可以表示为

$$(P_{\text{IF}})_{\text{DSB}} = 2(P_{\text{IF}})_{\text{SSB}} \tag{9.62}$$

混频电路的变频损耗或者变频增益对于双边带信号和单边带信号存在类似的关系，即

$$(L_C)_{\text{DSB}} = (L_C)_{\text{SSB}} - 3(\text{dB})$$
$$(G_C)_{\text{DSB}} = (G_C)_{\text{SSB}} + 3(\text{dB}) \tag{9.63}$$

根据第 7 章中关于噪声系数的定义，无源两端口网络的插入损耗为 L_C，其噪声系数为

$$F = 1 + (L_C - 1)\frac{T}{T_0} \tag{9.64}$$

如果使用二极管混频电路，对于单边带信号和双边带信号的噪声系数分别为

$$F_{SSB} = 1 + \left[(L_C)_{SSB} - 1\right]\frac{T}{T_0}$$
$$F_{DSB} = 1 + \left[(L_C)_{DSB} - 1\right]\frac{T}{T_0} \tag{9.65}$$

在特殊情况下，如果混频电路的工作温度 T 就是标准室温 T_0，根据双边带信号和单边带信号插入损耗的关系式(9.63)，可以得到两者噪声系数之间的关系为

$$F_{SSB} = \frac{F_{DSB}}{2} \tag{9.66}$$

或者用分贝表示为

$$F_{SSB}(dB) = F_{DSB} - 3(dB) \tag{9.67}$$

对于使用晶体管构成的具有一定功率增益的混频电路，经过分析可以得到与式(9.67)相同的结果。因此，通常可以认为对于一个混频电路，单边带信号的噪声系数将比双边带信号的噪声系数高出 3dB。

从噪声的角度也可以理解上述结论，对于单边带信号和双边带信号，具有相同的噪声功率时；由于双边带信号的射频有用功率是单边带信号功率的一倍，可以得到混频电路对双边带信号的噪声系数低于单边带信号噪声系数的结论。

3. 线性范围

混频电路对于本振信号是一个非线性电路。只有本振信号的幅度足够大才能使混频电路工作在非线性区域，具有混频电路的功能。因为射频输入信号的幅度远远小于本振信号的幅度，混频电路对于射频输入信号是一个线性网络。混频电路输出的中频信号与输入射频信号的幅度成正比，呈现线性关系。

对于混频电路，当射频信号的输入功率超过一定的限制后，输出中频信号的幅度将趋于饱和，影响混频电路的性能。与放大电路 1dB 压缩点的定义类似，对于混频电路一样存在 1dB 压缩点。混频电路的 1dB 压缩点定义为当变频增益下降 1dB 时对应的输入射频功率（或者输出中频功率）。

如果混频电路输入两个相邻频率的射频信号(f_1 和 f_2)，其三阶互调分量 $2f_1-f_2$（或者 $2f_1-f_2$）与本振信号混频后也会位于中频带宽内，会对中频信号产生干扰。与放大电路三阶截点的定义相同，当三阶交调产生的中频信号的功率与有用信号产生的中频功率相等时，输入射频信号的功率 IIP_3（或者输出中频 OIP_3），如图 9-10 所示。混频电路的动态范围为从噪声底 $P_{IF,mds}$ 到 1dB 压缩点 P_m 之间的范围，通常以分贝作为单位表示。在达到 1dB 压缩点之前，三阶交调和谐波失真可能已经超出了可以容忍的程度。

另外一种合理的动态范围的定义采用当三阶交调功率达到噪声底对应的输出功率 P_m 作为上限，采用噪声底对应的功率作为下限 $P_{IF,mds}$。这通常是一个更为严格的基于信号交调失

真的动态范围定义。因为混频电路处于通信系统的前端,混频电路的动态范围将影响整个系统的动态范围,所以希望尽可能增大混频电路的动态范围。处于考虑混频电路成本、功耗、系统复杂性和可靠性的要求,需要适度的选择混频电路的动态范围。

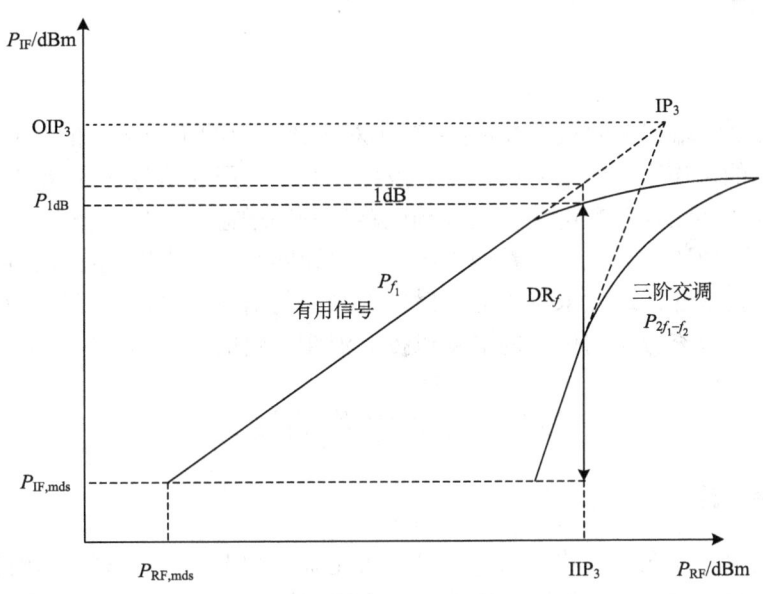

图 9-10 混频电路的线性动态范围

4. 本振激励功率

混频电路需要一定幅度的本振信号的激励才能维持正常的工作。如果本振激励幅度不足,会降低混频电路的性能,甚至使混频电路无法工作;如果本振信号激励幅度过高,也会降低混频电路的性能,甚至烧毁混频电路。因此,混频电路都要求给出本振激励功率的参数,以 dBm 为单位。实际使用的二极管混频电路也常常按照本振激励功率进行分类,例如,一个含有代号"15"的混频电路,要求输入的本振激励功率为 15dBm。

5. 端口隔离度

在混频电路中,隔离度定义为一个端口的输入信号与其他端口得到的该频率信号功率的衰减量,通常以"dB"作为单位。高隔离度的混频电路是可以实现的,依赖于采用电路类型和使用的器件。例如,对于二极管混频电路,采用平衡式或者双平衡式的混频电路可以获得更好的特性。同时,混频电路使用的器件的物理对称性和耦合电路的特性都会影响混频电路的端口隔离度。

如果一个混频电路本振端口的输入功率为 20dBm,中频输出端口得到本振频率的射频信号输出为−30dBm,则该混频电路本振输入端口和中频输出端口之间的隔离度为 50dB。通常可以采用改善滤波电路的性能来提高端口之间的隔离度。

混频电路端口之间隔离度差将产生下列影响:①本振信号通过耦合进入射频输入端口,导致本振信号向外泄漏,影响上一级电路的正常工作;②射频输入端口中强干扰信号耦合进入本振端口,会干扰本振电路的正常工作,如产生频率牵引等现象影响本振频率的变化;③本振端口向中频端口耦合的信号幅度高,会导致后面的中频放大电路过载;④从射频输入端口直接耦合到中频输出端口的信号通常会被滤波电路滤出,但是对于零中频的电路将会对系统产生不良影响。

6. 阻抗匹配

对混频电路3个端口的阻抗匹配的要求:①对于该端口的工作频率的信号需要严格匹配;②对于其他端口的工作频率的信号则需要全反射。对于有用的信号应该能够最大限度地进入混频电路,所以需要设计匹配电路提高混频电路的变频增益。例如,输入端口匹配电路的设计与放大电路匹配电路设计类似,希望能够达到共轭匹配。而中频输出端口除了需要匹配电路与后级电路阻抗匹配,还要求尽可能反射本振频率的信号。这样的设计既可以提高端口之间的隔离度,又可以充分利用信号的能量以提高混频电路的变频增益。

9.3 混频电路的设计

9.3.1 无源混频电路

基站广泛使用工作在开关状态的二极管作为无源混频电路。这种混频电路具有高动态范围和50Ω的端口阻抗的优点。使用二极管混频电路的缺点是没有变频增益而存在较大的变频损耗,对本地振荡信号输入功率要求高,不适合于集成电路。在移动无线应用中,使用场效应管的无源混频电路将可以克服二极管混频电路的这些缺点。

在二极管混频电路中可以采用单二极管、双二极管、单平衡电路和双平衡电路等。本小节将对相关内容进行介绍。

1. 单二极管混频电路

图9-11给出了简化的单二极管混频电路的原理图。二极管D的静态偏置电流由电压V_{CC}通过两个射频线圈RFC和电阻R_B提供。本振信号和射频信号在经过匹配电路后同时施加在二极管D上。对于射频信号的高端频率,可以利用耦合电路实现信号的混合;对于射频信号的低端频率,可以直接使用传输线变压器来实现。本振信号LO使二极管工作在开关状态,

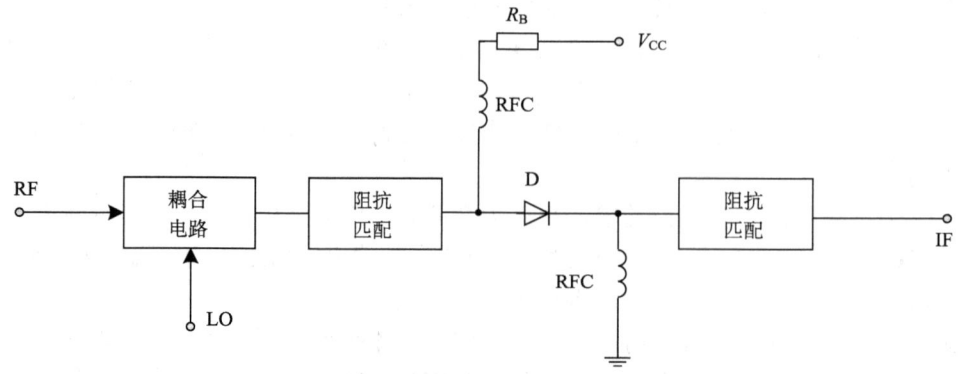

图9-11 单二极管混频电路示意图

以本振频率对射频输入信号进行"通"和"断"的门控制。在混频电路中,要通过本振信号 LO 控制二极管的工作状态,而不是通过输入射频信号 RF 控制二极管的工作状态。单二极管混频电路对于输入射频信号 RF 依然是一个线性电路,对于本振信号 LO 是一个非线性电路。理想的单二极管混频电路应该工作在"通"和"断"两种状态。因此,要求本振信号 LO 的幅度远大于输入射频信号 RF 的幅度。如果要求混频电路失真较小,本振信号 LO 的功率应该大于输入射频信号 RF 的功率 20dB 以上,而且射频输入信号 RF 的幅度不能太大,以免影响二极管的开关工作状态。

实际的单二极管混频电路还包括射频、本振和中频端口的滤波电路。①射频输入端的滤波电路用于滤出镜像频率,减小本振信号的泄漏,通常在滤波电路的设计中同时实现阻抗匹配电路的设计,使二极管达到最佳阻抗匹配。②本振电路的滤波电路用于将射频信号和本振信号分开,并在本振端口实现阻抗匹配。③中频电路的滤波电路用于抑制混频电路其他频率信号的输出,实现二极管输出到负载之间的阻抗匹配。

二极管两端施加的电压 v_D 为本振电压 v_{LO} 和射频输入信号电压 v_{RF} 之和,可以表示为

$$v_D(t) = v_{LO} \cos\omega_{LO}t + v_{RF}\cos\omega_{RF}t \tag{9.68}$$

并且信号的幅度满足条件 $v_{LO} \gg v_{RF}$。此时二极管的电流可以看成一个受大信号控制的单向开关,电压和电流的关系为

$$i_D = g_D S(\omega_{LO}t) v_D(t) \tag{9.69}$$

其中,$S(\omega_{LO}t)$ 为频率为 ω_{LO} 的开关函数,在 0~1 内取值。将式(9.68)代入,可以得到二极管的电流 i_D 为

$$i_D = g_D S(\omega_{LO}t) v_{LD}\cos\omega_{LO}t + g(t) v_{RF}\cos\omega_{RF}t \tag{9.70}$$

其中,二极管的时变电导为 $g(t) = g_D S(\omega_{LO}t)$。可见二极管的时变电导取决于本振信号的频率 ω_{LO},并且可以展开为

$$g(t) = g_D \times \left(\frac{2}{\pi}\cos\omega_{LD}t - \frac{2}{3\pi}\cos 3\omega_{LO}t + \frac{2}{5\pi}\cos 5\omega_{LO}t - \cdots\right) \tag{9.71}$$

二极管的时变电导的基频分量为

$$g_1(t) = \frac{2}{\pi} g_0 \cos\omega_{LO}t \tag{9.72}$$

在混频电路中,中频电流 i_{IF} 由二极管时变电导 $g_1(t)$ 的基频分量与输入射频信号 v_{RF} 的乘积决定,所以可以得到混频电路的中频电流 i_{IF} 输出为

$$\begin{aligned} i_{IF}(t) &= g_D \frac{1}{\pi} v_{RF} \cos(\omega_{RF} - \omega_{LO})t \\ &= g_D \frac{1}{\pi} v_{RF} \cos\omega_{IF}t \end{aligned} \tag{9.73}$$

从式(9.73)也可以看出,输出中频信号的电流 i_{IF} 与输入射频信号的幅度 v_{RF} 成正比,所以对于输入的射频小信号,单二极管混频电路是一个线性系统。

一个理想二极管在导通状态下阻抗为 $Z_{ON}=0$,电压反射系数为 $\Gamma=-1$;在截止状态下阻抗为 $Z_{OFF}=\infty$,电压反射系数为 $\Gamma=1$。在 Smith 阻抗圆图上,可以标出两种状态下,二极管的阻抗分别对应的点,如图 9-12(a)所示。而实际的二极管,在导通和截止状态时的电压反射系

数模值小于 1，等效的阻抗不为实数，在 Smith 圆图上也就不再位于实轴上，如图 9-12(b)所示。为了获得良好的混频效果，需要通过阻抗调节电路将二极管在导通和截止状态的阻抗分别调整到实数，并且使两者具有最大的阻抗差异，从而更接近理想二极管导通和截止的工作状态。

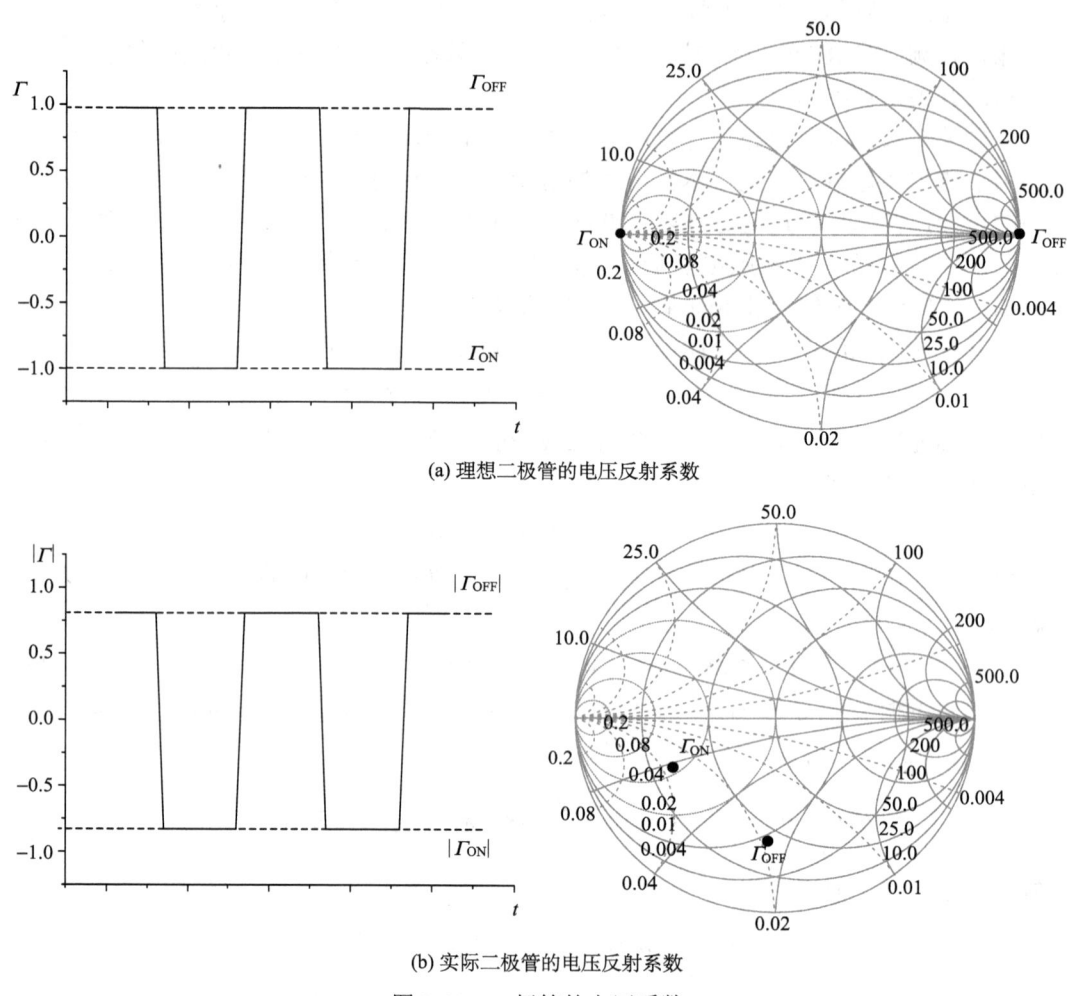

图 9-12 二极管的电压系数

因为需要将二极管导通和截止的阻抗 Z_{ON} 和 Z_{OFF} 同时变换到 Smith 圆图的实轴上，不能按照前面介绍的方法实现阻抗匹配。以下直接给出改善二极管电压反射系数阻抗调节电路的设计方法。

(1) 在本振大信号作用下，测量在频率 ω_{LO} 下二极管导通和截止状态的阻抗。

(2) 二极管在导通状态下的阻抗为 $Z_{ON}=R_1+jX_1$，截止状态的阻抗为 $Z_{OFF}=R_2+jX_2$。动态品质因数 Q_d 为

$$Q_d = \sqrt{\frac{(R_1-R_2)^2+(X_1-X_2)^2}{R_1 R_2}} \tag{9.74}$$

通过测量 Q_d 可以确定二极管的变频损耗，并可以用于比较不同二极管在混频电路的性能。

(3) 通过 Z_{IN} 和 Z_{OFF} 作一个与 Smith 圆图正交的参考圆 C_1，沿 Smith 圆图的圆心旋转参考圆 C_1 直到与等电抗圆 C_2 重合，得到阻抗 Z'_{IN} 和 Z'_{OFF}。动态品质因数 Q_d 保持不变为

$$Q_d = \frac{\sqrt{(R'_1 - R'_2)^2}}{\sqrt{R'_1 R'_2}} = \frac{R'_1 - R'_2}{\sqrt{R'_1 R'_2}} \tag{9.75}$$

其中，$Z'_{ON} = R'_1 + jX'_1$，$Z'_{OFF} = R'_2 + jX'_2$。

(4) 计算阻抗 Z'_{IN} 和 Z'_{OFF} 的平均阻抗 Z'_m 为

$$R' = \sqrt{R'_1 R'_2} \tag{9.76}$$

(5) 以 Smith 圆图原点为中心，将平均阻抗 Z'_m 旋转得到与参考圆 C_1 相交的交点 Z_m 为

$$Z_m = R_m + jX_m \tag{9.77}$$

其中

$$R_m = \sqrt{R_1 R_2 \left[1 + \frac{(X_1 - X_2)^2}{(R_1 + R_2)^2}\right]} \tag{9.78}$$

$$X_m = X_1 + R_1 \frac{X_2 - X_1}{R_2 - R_1}$$

(6) 通过设计阻抗调节网络将阻抗 Z_m 转换到 $Z_0 = 50\Omega$ 的 Smith 圆图中心圆点。这个阻抗调节网络就可以自动将阻抗 Z_{IN} 和 Z_{OFF} 转换到实轴上，使二极管在导通和截止状态下获得最大的阻抗差异。

以上步骤在 Smith 圆图上的实现，参考图 9-13。如果不使用 Smith 圆图，可以直接从式(9.78)出发得到目的匹配阻抗 Z_m。然后就可以设计阻抗调节网络，就可以实现对二极管阻抗的调整和优化。

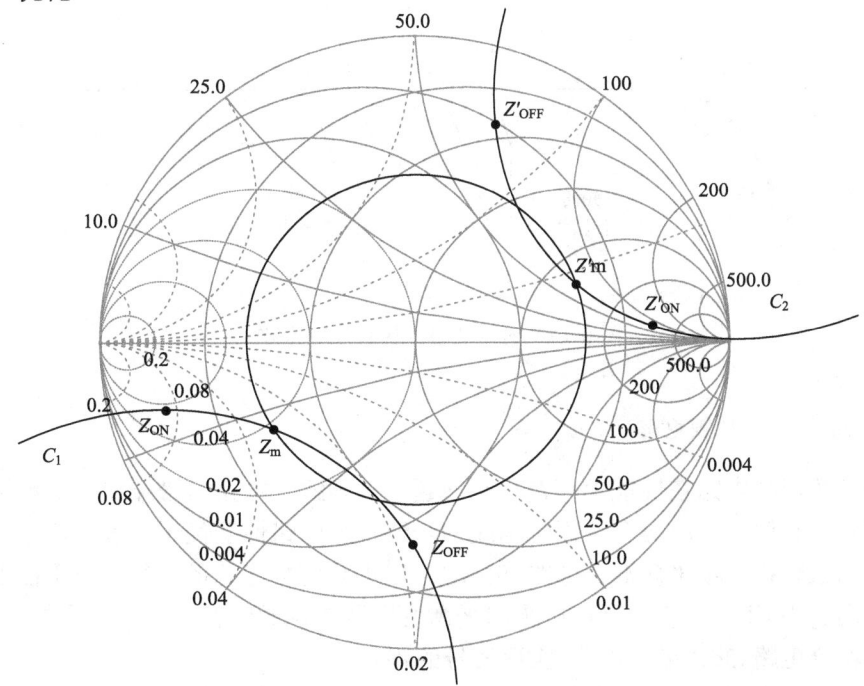

图 9-13 二极管阻抗状态和变换

单二极管混频电路的设计可以参考以下步骤。

(1) 选择合适的二极管用于混频电路。二极管的截止频率 ω_{c0} 应该超过本振频率 ω_{LO} 的十倍以上。或者要求二极管零偏置电压下结电容满足条件：

$$C_{j0} < \frac{1}{10\omega_{LO}R_S} \tag{9.79}$$

(2) 为了减少变频损耗，通常选择具有更高截止频率的二极管，以获得较低的二极管串联电阻 R_S。实际应用中通常选择肖特基二极管，既具有很高的截止频率，还可以减少串联电路的损耗。

(3) 选择寄生参数小的二极管，使二极管处于"开"和"断"状态时的区别更大，可以更接近于理想二极管的工作特性。通过测量或者模拟计算得到二极管在不同状态时的阻抗。设计二极管阻抗调节电路，使二极管的阻抗转换为实数，并且二极管的导通状态和截止状态具有最大的阻抗差异。

(4) 设计 3 个端口的滤波电路、匹配电路和二极管的偏置电路，并将电路组合在一起，给出二极管混频电路的设计原型。接下来的设计需要减少混频电路的插入损耗，获得更好的阻抗匹配。所以需要在此设计原型的基础上用计算机软件辅助进行性能的优化。

一个典型的单二极管混频电路如图 9-14 所示。短路传输线和开路传输线用于调节二极管的阻抗，获得较好的混频电路特性。在射频输入端口、本振端口和中频输出端口都需要使用滤波电路和阻抗匹配电路。

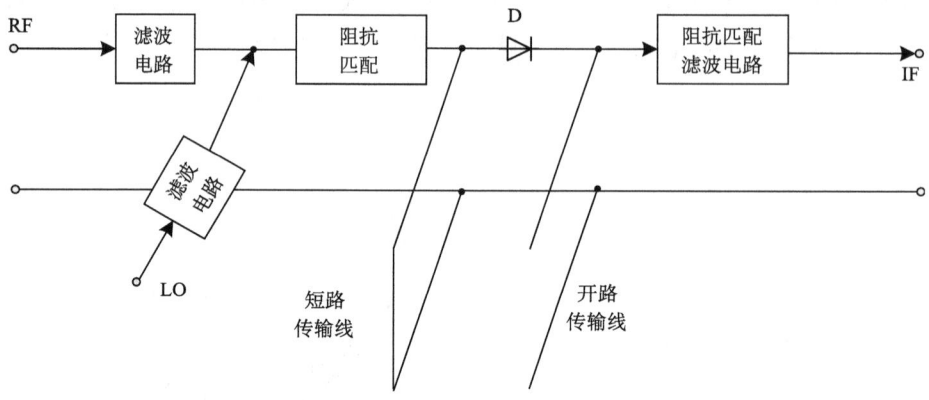

图 9-14 典型的单二极管混频电路

2. 单平衡二极管混频电路

单二极管的混频电路在性能上存在一些问题，很难解决本振信号端口和射频输入端口之间的耦合问题。类似于使用两个二极管构成的全波整流电路性能优于半波整流电路，可以考虑使用两个二极管构成单平衡混频电路(SBM)，以提高混频电路的性能。单平衡混频电路主要用于频率高于 1GHz 的情况，既可以采用平衡变压器实现射频输入信号与本振信号的耦合，也可以采用耦合电路(3dB 耦合电路)实现信号的耦合。

使用两个反向连接的二极管 D_1 和 D_2 构成单平衡混频电路，如图 9-15 所示。本振信号通过平衡变压器 B 施加到二极管上，并且相位相反；射频输入信号则以相同的方式施加到二极管上。由于本振信号相位相反，二极管 D_1 和 D_2 混频后产生的中频信号的相位也应该相反。但是两个二极管以反向的方式连接在一起，将使最终产生的中频信号相位相同，可以叠加后输出。如果电路结构满足平衡对称的条件，即满足二极管 D_1 和 D_2 特性一致、二极管匹配

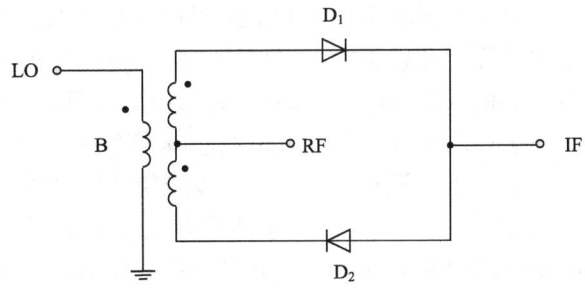

图 9-15　单平衡(双二极管)混频电路原理图

良好、变压器 B 结构对称的条件，则不会有本振信号 LO 耦合到射频 RF 的输入端口，实现本振端口和射频输入端口的完全隔离。实际应用中，尽量采用特性一致的二极管和结构对称性能良好的变压器，混频电路可以获得较高的端口隔离度。

如果采用 3dB 分支耦合电路替代图 9-15 中的变压器 B，可以应用到射频的更高频率上。通过对信号相位的分析，可以得到与采用变压器的电路的结果一致，输出的中频信号将在中频输出端口同相叠加，如图 9-16(a)所示。图 9-16(b)给出了实际的电路，耦合电路是一个微带线电路，二极管 D_1 和 D_2 则作为双二极管封装在一起(图中元件标示为 C2)，低通滤波电路以电容的形式制作在线路板上。双二极管的封装形式可以提高配对二极管 D_1 和 D_2 的一致性，改善混频电路的噪声系数。

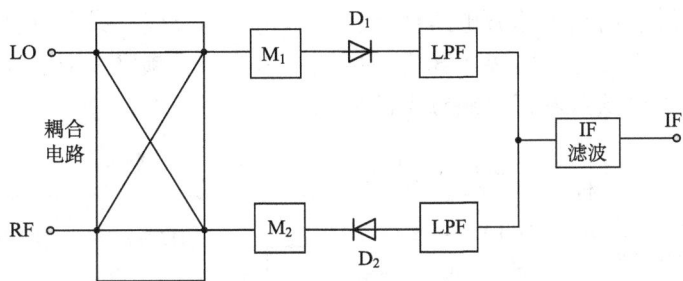

(a) 电路原理图

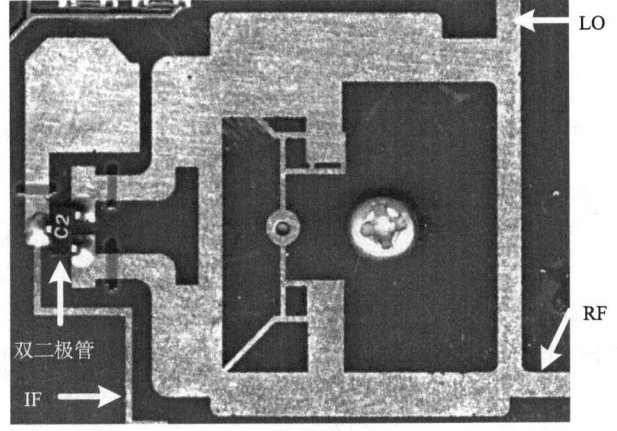

(b) 实际应用电路

图 9-16　使用耦合电路的单平衡混频电路

单平衡混频电路相对于采用相同耦合电路的单二极管混频电路具有以下优势：①可以实现本振端口和射频输入端口的高隔离度；②提高对射频信号的利用率，解决提高射频信号耦合率会降低端口隔离度的问题；③由于本振电路的一些噪声信号，经过二极管混频后会抵消，单平衡电路可以降低混频电路的噪声系数。

在单平衡混频电路中，可以应用于射频通信系统中的发射机，实现将中频信号上变频为射频信号。一个次谐波泵浦单平衡混频的实际电路，如图 9-17 所示。输入中频信号为 0.01~30.01MHz，幅度为–40dBm；本振信号的频率为 40.005~55.005MHz，幅度为 7dBm；输出射频信号的频率为 80MHz。从频率上可以得出频率之间的关系为

$$\omega_{RF} = 2\omega_{LO} - \omega_{IF} \tag{9.80}$$

由于二极管的非线性，本振信号会在通过二极管后产生二次谐波信号，与中频信号混频后生成输出的射频信号。在中频输入端口，连接了一个三阶切比雪夫低通滤波电路。该低通滤波电路的截止频率为 49MHz，波纹为 0.1dB。在射频输出端口连接了一个三阶的切比雪夫高通滤波电路，截止频率为 60MHz，波纹为 0.1dB。

图 9-17 中次谐波泵浦单平衡混频电路的特点有以下 3 点。①二极管使用了反向并联的结构，共使用了 4 个二极管。由于采用两个反向并联的二极管，每个单元都具有更为对称的伏安特性，利于提高本振端口的隔离度。完全对称结构导致一次混频产生的中频信号相位相反而抵消，从而只有二次谐波混频产物可以作为中频信号输出。同时，两个二极管背对背的连接方式，可以保护二极管不被反向击穿。②在射频输入和中频输出端口只有两个滤波电路作为隔离。可以通过使用高阶滤波电路获取更高的端口隔离度，或者可以调整滤波电路的截止频率提高对其他端口信号的隔离。③需要更低的本振信号频率。由于利用二极管的非线性产生二次谐波，可以降低对本振电路频率的要求。

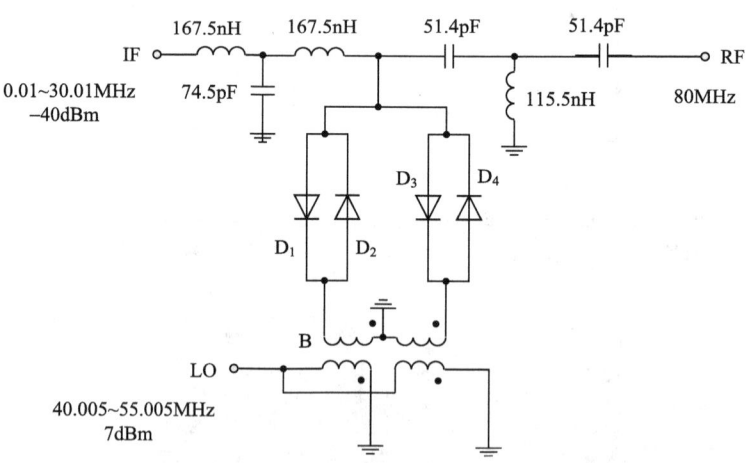

图 9-17 次谐波泵浦单平衡混频电路

类似的电路还可以应用到接收机的下变频电路中，可以是 I/Q 调制电路的基础，能把本振信号的泄漏降到最低的程度，实现比单平衡混频电路更高的端口隔离度。

3. 双平衡二极管混频电路

如果在单平衡混频电路的基础上再增加一个变压器和两个二极管，就可以构成一个双平衡混频电路。双平衡混频电路使用了 4 个二极管构成一个环形电路，其连接方式类似于桥式整流电路，所以双平衡混频电路也被称为二极管环形混频电路，如图 9-18 所示。

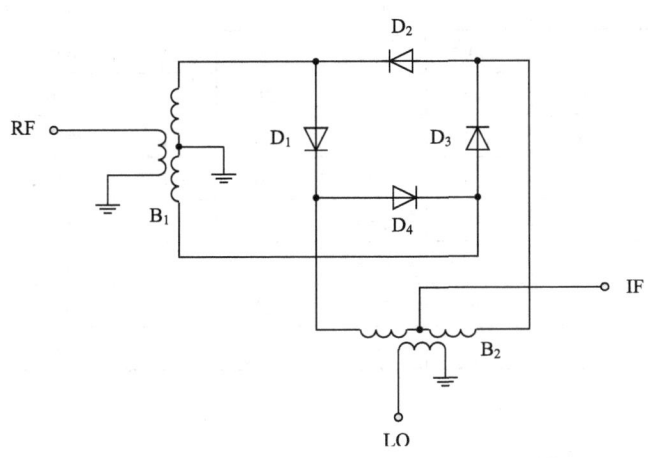

图 9-18 二极管双平衡混频电路

由于使用了双平衡电路，无论从射频信号端口或者从本振信号端口看进去，都是类似于惠斯通电桥的结构。如果二极管和变压器的一致性都比较好，则本振端口注入的信号不会耦合到射频输入端口和中频输出端口，射频输入端口的信号也不会耦合到本振输入端口或者中频输出端口。因此，双平衡混频电路可以获得更优良的端口隔离度。由于双平衡混频电路结构对称的特点，可以抑制输入端口和本振端口信号的偶次谐波，从而降低混频电路的变频损耗。而单端口混频电路只能够抑制本振端口的偶次谐波。

双平衡电路提高了端口隔离度，但也带来了输入端口驻波系数 VSWR 差的缺点。而且由于电路使用了 4 个二极管，需要本振电路提供更高功率的信号以驱动所有的二极管都工作在非线性状态。

表 9-2 给出适合于用作混频电路的肖特基二极管的参数，可以供混频电路设计参考。表中给出了二极管的反向耐压 V_R、最大正向电流 I_F、等效电容 C_T，以及在 1mA 和 10mA 正向电流时二极管的正向电压。对于混频二极管，厂家可以提供双管和四管的封装，便于设计和实现单平衡或者双平衡混频电路。

表 9-3 给出了用于检波电路的肖特基二极管的参数。用于检波电路的二极管可以具有更高的反向耐压 V_R 或者更大的电流 I_F。在实际选用二极管时，厂家会提供更多和更详细的参数和具体的封装形式，包括一些重要参数的典型值、最大值和最小值。一般厂家还会提供器件典型应用的电路，供实际设计电路时参考。

表 9-2 射频肖特基混频二极管的指标示例(西门子)

型号	极限参数		特性(T=25℃)					封装
	V_R/V	I_F/mA	C_T/pF	I_F 处的 V_F		I_F 处的 V_F		
				mV	mA	mV	mA	
BAT14-03W	4	90	0.22	430	1	550	10	SOD323
BAT14-009(双管)	4	90	0.22	430	1	550	10	SOT-143
BAT14-099R(四管)	—	90	0.38	400	1	480	10	SOT-143
BAT15-03W	4	110	0.21	230	1	320	10	SOD-323
BAT15-009(双管)	4	110	0.21	230	1	320	10	SOT-143
BAT15-099R(四管)	—	110	0.37	230	1	320R	10	SOT-143
BAT17	4	130	0.55	340	1	425	10	SOT-23
BAT17-04(双管)	4	130	0.55	340	1	425	10	SOT-23
BAT68	8	130	0.55	340	1	425	10	SOT-23
BAT68-03W	8	130	0.75	320	1	395	10	SOT-323

表 9-3 肖特基检波二极管指标示例(西门子)

型号	极限参数		特性(T=25℃)								封装
	V_R/V	I_F/mA	V_R 的 C_T		I_V 处的 V_F		V_F 处的 R_O		V_R 处的 I_R		
			pF	V	V	mA	kΩ	V	μA	V	
BAT62	40	20	0.4	0	0.53	2	160	0	≤10	40	SOT-143
BAT62-03W	40	20	0.4	0	0.53	2	160	0	≤10	40	SOD-323
BAT63	3	100	0.65	0.2	0.19	1	30	0	≤10	3	SOT-143

随着对无源混频技术的深入研究,目前出现了一些新的二极管混频电路。三平衡二极管混频电路(TBM)使用 8 支二极管和更为复杂的变压器连接电路,获得更高的端口隔离度和更大的动态范围,而且随着频率的升高,端口隔离度也增加。三平衡混频电路的缺点是结构复杂,体积增大,需要更高的本振激励功率。终端不敏感二极管混频电路使用 8 支二极管和多个耦合电路,可以容许输出端口非常高的 VSWR,而对混频电路的线性特性没有显著影响。

9.3.2 有源混频电路

在无源混频电路中,使用的非线性器件为二极管(在一些场合可以使用不加直流供电的场效应管),输出中频信号的功率一定小于射频输入信号的功率,一般用变频损耗描述混频电路的性能。使用二极管的无源混频电路对负载阻抗敏感,需要较高的本振输入功率。二极管混频电路实现平衡和端口隔离依赖于耦合电路的特性,例如,变压器的特性。因此,二极管混频电路适合于基站等非移动射频通信的场合。在高度集成的射频无线通信电路中,二极管混频电路应用较少。可以考虑使用有源混频电路以获得高度的集成化并减少直流功率消耗。

相对于二极管构成的无源混频电路，有源混频电路使用的非线性器件为工作在放大电路状态的双极型晶体管或者场效应管，输出中频信号的功率大于输入射频信号的功率，能带来一定的功率增益。通常使用变频增益描述有源混频电路的性能。双极型晶体管和场效应管都可以用来构成有源混频电路，两者在原理上是基本相同的。

1. 基本原理

场效应管混频电路的结构如图 9-19 所示，射频输入信号 RF 和本振信号 LO 混合后，施加到具有非线性特性的场效应管输入端口，场效应管的输出端口连接负载。场效应管的输入端口电压为 V_{IN}，输出端口的电压为 V_{OUT}。本振信号幅度需要足够大，使场效应管工作在非线性区域。

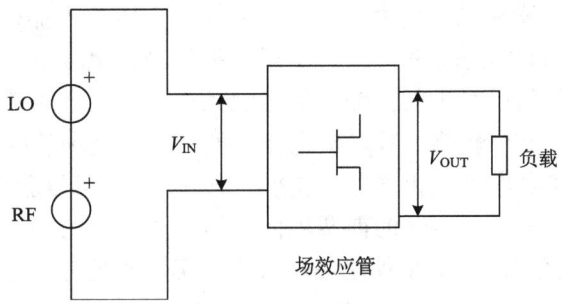

图 9-19 场效应管混频电路示意图

场效应管的伏安特性可以近似用二次函数描述为

$$I(V) = I_{DSS}\left(1 - \frac{V}{V_{T0}}\right)^2 \tag{9.81}$$

其中，I_{DSS} 为场效应管的最大饱和电流；V_{T0} 为场效应管的阈电压。输入射频信号的电压为 $v_{RF}(t) = V_{RF}\cos\omega_{RF}t$，本振信号的电压为 $v_{LO}(t) = V_{LO}\cos\omega_{LO}t$，场效应管的总输入电压为 $v_{IN}(t) = v_{RF}(t) + v_{LO}(t)$。场效应管的静态偏置条件为电压为 V_0，电流为 I_0。在输入电压 v_{IN} 的作用下，非线性器件场效应管上的电流 I 可以在直流静态工作点 I_0 展开为

$$\begin{aligned} I(V) &= I_0 + v_{IN}\left(\frac{dI}{dV}\right)_{V_0} + \frac{1}{2}v_{IN}^2\left(\frac{d^2I}{dV^2}\right)_{V_0} + \cdots \\ &= I_0 + \frac{2(V_0 - V_{T0})I_{DSS}}{V_{T0}^2}v_{IN} + \frac{I_{DSS}}{V_{T0}^2}v_{IN}^2 + \cdots \end{aligned} \tag{9.82}$$

分别用常数 A 和常数 B 替代式 (9.82) 中第二项和第三项的系数，可以得到

$$I(V) = I_0 + Av_{IN} + Bv_{IN}^2 + \cdots \tag{9.83}$$

忽略静态偏置电压 V_0 和电流 I_0 以及泰勒展开式中的高阶小项，并把输入电压 v_{IN} 代入式 (9.83) 得到

$$I(V) = A(V_{RF}\cos\omega_{RF}t + V_{LO}\cos\omega_{LO}t) + B(V_{RF}\cos\omega_{RF}t + V_{LO}\cos\omega_{LO}t)^2$$
$$= \frac{B}{2}(V_{RF}^2 + V_{LO}^2) + AV_{RF}\cos\omega_{RF}t + AV_{LO}\cos\omega_{LO}t \quad (9.84)$$
$$+ BV_{RF}V_{LO}\cos(\omega_{RF}+\omega_{LO})t + BV_{RF}V_{LO}\cos(\omega_{RF}-\omega_{LO})t$$

经过场效应管混频后,产生了中频频率 $\omega_{IF}=|\omega_{RF}-\omega_{LO}|$ 和和频频率 $\omega_+=|\omega_{RF}+\omega_{LO}|$。混频电路输出的中频电流 i_{IF} 可以表示为

$$i_{IF} = BV_{RF}V_{LO}\cos(\omega_{RF}-\omega_{LO})t \quad (9.85)$$

可见,中频电流 i_{IF} 的幅度与场效应管的常数 B、本振信号的幅度 V_{LO}、输入射频信号的幅度 V_{RF} 相关。从式(9.85)得到输出中频电流 i_{IF} 的幅度与本振信号的电压幅度 V_{LO} 成正比,所以通常增加本振信号的幅度 V_{LO} 以获得较高的中频电流 i_{IF}。由于场效应管非线性的限制,当本振信号电压幅度 V_{LO} 增加到一定限度后,中频电流 i_{IF} 将与本振信号的电压幅度 V_{LO} 相关很小。由于输入射频信号的电压幅度 V_{RF} 远小于本振信号的幅度 V_{LO},中频电流 i_{IF} 与输入射频信号电压 V_{RF} 成正比,所以对于射频输入信号混频电路是一个线性网络。

从式(9.85)得到另外一个影响中频输出电流幅度的参数是场效应管常数 B。在相同的条件下,通过选取最大饱和电流较大和阈电压较小的场效应管,可以获得更强的中频输出电流。

在式(9.82)中,只取了泰勒展开的前两项而忽略了更高阶的项,因此只得到了两阶交调产物(频率为 $\omega_{RF}\pm\omega_{LO}$ 的信号)。如果使用晶体管更精确的模型并考虑更高阶的泰勒展开,将可以得到高阶交调产物,如 $2\omega_{RF}\pm\omega_{LO}$、$2\omega_{LO}\pm\omega_{RF}$、$3\omega_{RF}\pm\omega_{LO}$、$3\omega_{LO}\pm\omega_{RF}$ 等频率的信号。由于双极型晶体管和二极管的电压电流非线性关系接近于指数函数,必须考虑泰勒高阶展开项的贡献。也就是说,采用双极型晶体管或者二极管的混频电路,将产生很多高阶交调产物,严重影响混频电路的性能。由于场效应管的电压和电流的非线性关系很接近二次函数,在高阶泰勒展开中高于两阶的系数都很小,所以使用场效应管可以很好地抑制混频电路产生高阶交调产物,混频电路具有更好的性能。

2. 单晶体管混频电路

单晶体管混频电路是使用单个双极型晶体管或者场效应管构成的混频电路。单双极型晶体管的相加混频电路曾经广泛使用,一个实际的单双极型晶体管的混频电路如图 9-20 所示。这种混频电路的性能类似于一个前置放大电路和单二极管混频电路的组合。输入射频信号频率为 300MHz,本振频率为 310.7MHz,中频频率为 10.7MHz。混频电路基础是一个双极型晶体管构成的放大电路,在发射极增加了直流串联电阻负反馈,在输出电路有一个简单的滤波电路。这种混频电路不可能获得高的三阶交调截点,而且需要复杂的输入滤波电路来分离射频输入信号和本振信号。尽管如此单双极型晶体管混频电路会出现很多频率组合,端口隔离度也较差。因此,尽管单双极型晶体管混频电路可以提供 10dB 的变频增益,但是混频电路的动态范围还是受到很大限制。目前,单双极型晶体管混频电路在射频通信系统中已经较少使用。

在单晶体管混频电路中,通常需要在射频输入端口增加中频陷波电路,可以防止中频信号混入射频输入端;在中频输出端口增加射频陷波电路,防止射频输入信号或者射频本振信号混入中频电路。下面通过一个具体单晶体管混频电路的设计,介绍这种有源混频电路的基

本设计方法。

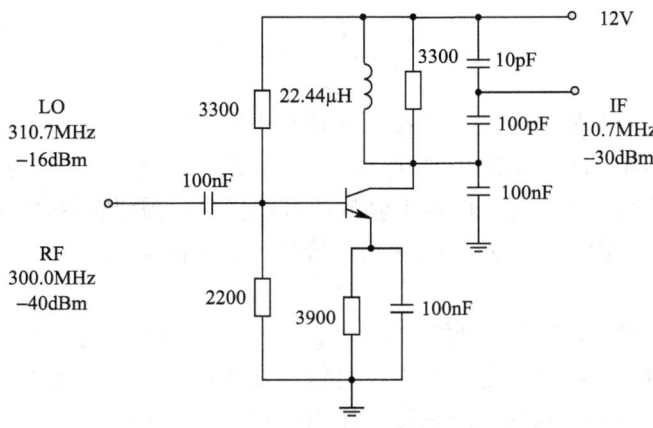

图 9-20 单双极型晶体管混频电路

例 9-6 根据图 9-21 所示的双极型晶体管的直流偏置电路和偏置条件，计算电阻 R_1 和 R_2 的数值。以此为基础设计一个低本振混频电路，输入射频信号频率为 $f_{RF}=1900\text{MHz}$，中频频率为 $f_{IF}=200\text{MHz}$。请给出最简洁混频电路的设计。已知当输入端口短路，在中频频率 200MHz 下测得输出端口的阻抗为 $Z_{IF}=677.7-j2324\Omega$，当输出端口短路，在 1900MHz 的射频频率下测得输入端口的阻抗为 $Z_{IN}=77.9-j130\Omega$。

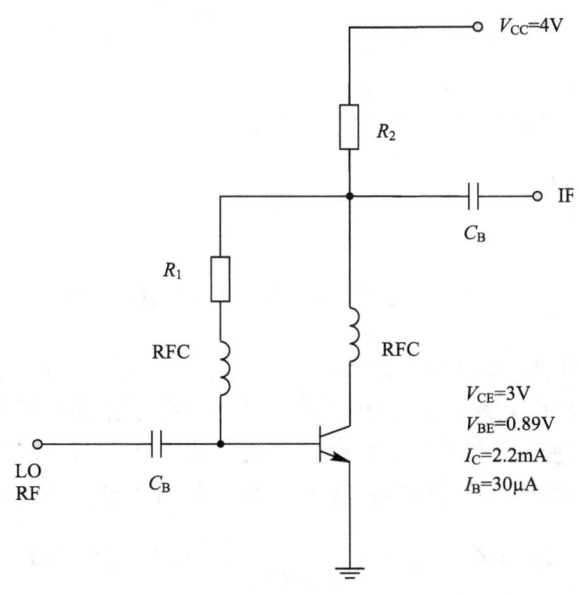

图 9-21 单双极型晶体管混频电路的直流偏置

解 依据直流偏置电路的基本设计方法，考虑该并联直流负反馈的偏置电路，根据电压和电流的关系可以得到

$$R_1 = \frac{V_{CE} - V_{BE}}{I_B} = 70.3\,\text{k}\Omega$$
$$R_2 = \frac{V_{CC} - V_{CE}}{I_C + I_B} = 448\,\Omega \tag{9.86}$$

设计输入回路最简单的方法就是直接利用耦合电容 C_{LO} 和 C_{RF} 分别实现对本振信号 LO 和射频输入信号 RF 的耦合，如图 9-22 所示。为了提高本振端口和射频输入端口之间的隔离度，既防止射频本振信号的泄漏，也减少射频信号的损失，需要选择较小容量的 C_{LO}。例如，当选择 C_{LO}=0.2pF 时，由于 C_{LO} 对射频输入信号呈现很高的阻抗，本振端口对射频入射信号的反射损耗仅为 0.24dB。

由于采用低本振设计，本振信号的频率为 $f_{LO}=f_{RF}-f_{IF}$=1.7GHz。由于射频输入信号 1.9GHz 和本振信号频率 1.7GHz 相邻很近，在提高对射频输入信号阻抗的同时也提高了对本振信号的阻抗，导致对本振信号插入损耗的增加。如当选择 C_{LO}=0.2pF 时，电容 C_{LO} 带来了 13.6dB 的插入损耗。

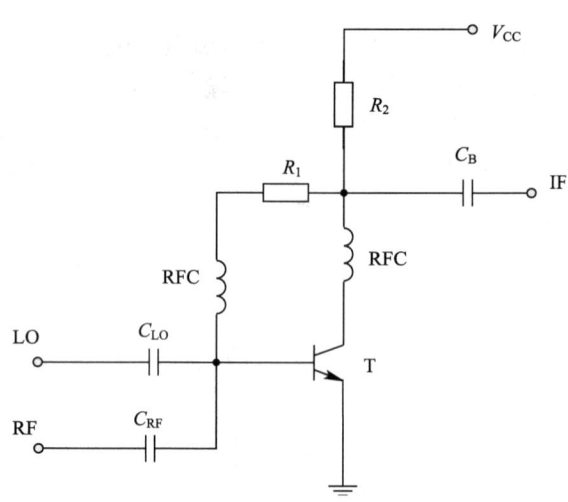

图 9-22 单双板型晶体管输入信号耦合电路

如果本振输入的功率为 -20dBm，则经过电容 C_{LO} 后只有 -33.6dBm 的功率能够进入混频电路。尽管存在很大的功率衰减，但是可以通过提高本振电路输出信号的功率来补偿。由于需要的本振信号的功率绝对值不高，本振电路的设计也不难实现。

可以重新计算晶体管输入阻抗与本振输入电路并联后的整体输入阻抗为

$$Z'_{IN} = Z_{IN} \Big/\!\!\Big/ \left(Z_0 + \frac{1}{j\omega_{RF}C_{LO}} \right) = 47.2 - j103.5\,\Omega \tag{9.87}$$

其中，Z_0=50Ω 为本振电路的等效内阻。

从而可以参考匹配电路的设计，给出射频输入的匹配电路。本例采用 L 形匹配电路，设计结果如图 9-23 所示，其中，电容 C_B 是为了防止输入端直流对地短路。根据匹配电路设计可以得到电容 C_1=0.79pF，电感 L_1=5.3nH。电容 C_B 具有很大的自由度，可以选择适当的电容值，使得电容 L_1 和电容 C_B 构成的 LC 串联谐振电路的谐振频率为中频频率 f_{IF}。这样既不影响输入回路的射频信号设计,又可以减少在输入端口中频信号的损失。通过计算确定旁路电容 C_B=120pF,对 1900MHz 的射频信号几乎没有损失。

根据晶体管电路的输出阻抗 Z_{IF} 通过 L 形匹配电路实现阻抗匹配,运用 Smith 圆图可以很方便地设计和计算并联电感 L_2 串联电容 C_2 的阻抗匹配电路,得到电感 L_2=416nH,电容 C_2=1.2pF。同样,为了在中频输出回路中实现对射频信号的开路,在电感 L_2 上并联一个电容 C_3 并且并联谐振频率为 f_{RF}。这时需要调整电感 L_2 和电容 C_2 的数值,使得在中频频率 f_{IF} 呈现一个 416nH 电感的阻抗,在射频频率形成并联谐振电路。所以应该选用 L_2=5.2nH,电容

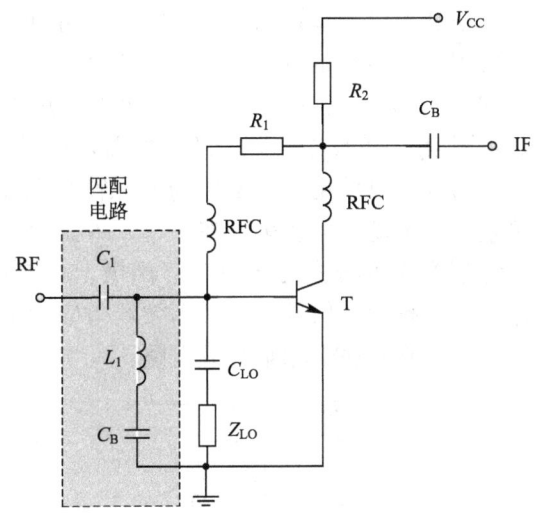

图 9-23 射频输入匹配网络

C_3=120pF。最终得到了单双极型晶体管混频电路的设计,如图 9-24(a)所示。

考虑图 9-24(a)的电路,5.3nH 的电感对于 1900MHz 的射频信号有大约 70Ω 的阻抗。在射频信号的输入端口,电阻 R_1=70.3kΩ,可以省去输入偏置电路中的射频线圈 RFC。由于中频输出电路中已经有了 C_3 对射频的滤波电路,所以考虑可以省去输出电路中的射频线圈 RFC。经过适当的电路简化,最终实现了一个简洁的单双极型晶体管混频电路设计,如图 9-24(b)所示。

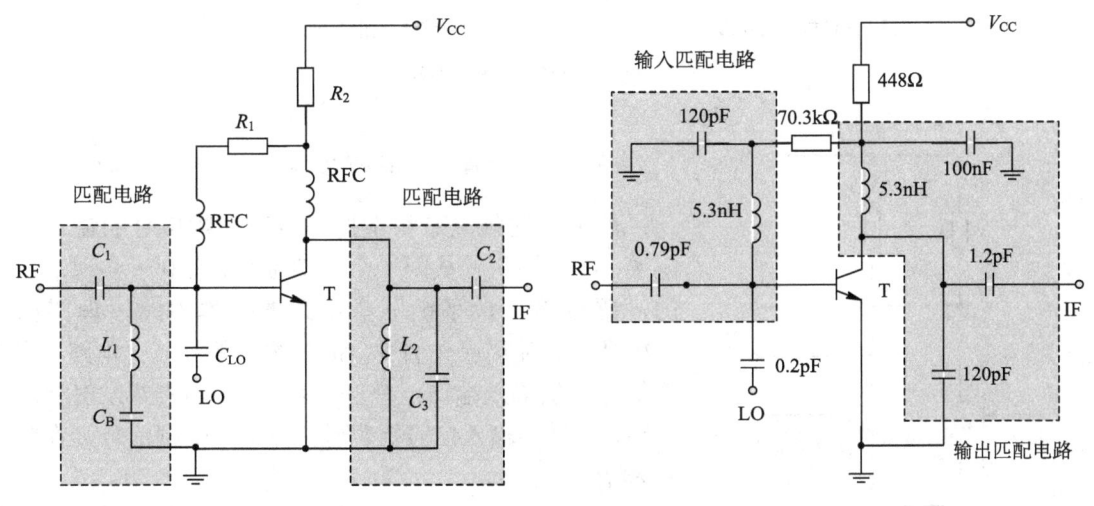

(a) 输入输出阻抗匹配电路 (b) 最终的混频电路设计

图 9-24 单双极型晶体管混频电路的设计结果

通过例 9-6 可以看出,有源混频电路的设计会涉及很多方面的问题,需要结合偏置电路、匹配电路、滤波电路等的设计方法,表面上看起来比较复杂和困难。在掌握了各种电路的基本的设计方法后,结合实际条件进行灵活运用就可以得到实用的混频电路。在这类混频电路的设计中,同时实现阻抗匹配和良好的端口隔离度往往是设计的难点。

在利用单晶体管的混频电路中,可以采用射频信号和本振信号分开注入的方式。例如,在采用场效应管的混频电路中,射频信号 RF 从栅极输入,本振信号 LO 从源极输入,如图 9-25(a)所示。采用这种方式可以提高本振端口和射频输入端口的隔离度。该电路的缺点是电阻 R_2 的负反馈会降低变频增益,也需要更高的本振注入功率。

另外可以使用双栅极的场效应管实现混频,如图 9-25(b)所示。双栅极的场效应管可以等效为两个场效应管串联在一起,本振信号连接在靠近漏极的场效应管栅极上,射频输入信号连接在靠近源极的场效应管栅极上。与输入射频信号相连的等效场效应管作为跟随器工作,与射频输入信号相连接等效场效应管工作在可变电阻区。该电路实现本振信号和射频输入信号相乘,属于相乘混频电路。

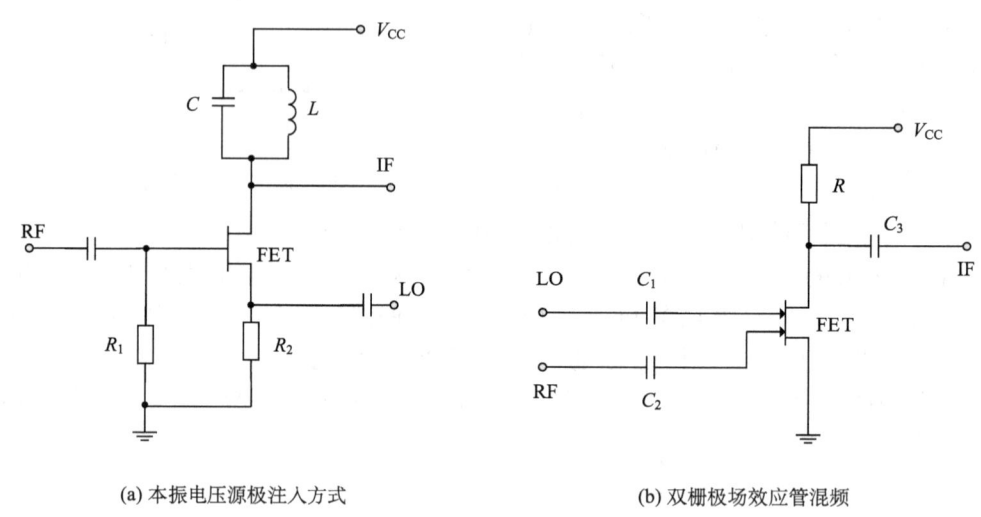

(a) 本振电压源极注入方式 (b) 双栅极场效应管混频

图 9-25 单晶体管混频电路

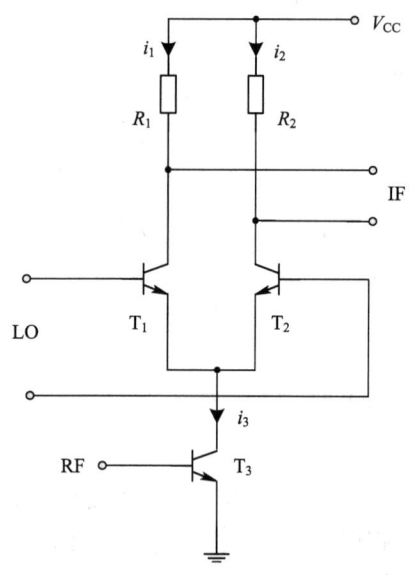

图 9-26 单平衡混频电路原理图

3. 单平衡晶体管混频电路

单平衡混频电路将本振信号和射频信号的输入端口隔离,不再将两者从同一个端口馈入,有利于实现端口间的高隔离度。单平衡混频电路的基本电路原理图如图 9-26 所示。使用晶体管 T_1 和 T_2 构成差分放大电路,为本振信号提供输入端口;串联晶体管 T_3 构成共发射极放大电路,为射频输入信号提供输入端口;中频信号则在负载 R_1 和 R_2 上提取。

单晶体管混频电路在输入端口直接将射频输入信号和本振信号相加,实现相加混频电路。采用单平衡式混频电路,可以实现信号相乘,理论上是一个相乘混频电路。本振输入端口是平衡式输入方式,理论上本振信号不会耦合到射频输入端口。因此,可以单独设计本振电路和射频输入电路的匹配电路,在实现良好阻抗匹配的情况下保证两个端口的高隔离度。使用单平衡式混频电路,可以解决单晶体管混频电路中存在的阻抗匹配和端口隔离度指标相矛盾的困难。

单平衡混频电路具有如下 3 个特点。①晶体管 T_3 工作在线性小信号放大电路状态。②差分放大电路中的晶体管 T_1 和 T_2 工作在大信号放大电路状态。如果输入本振信号足够大，晶体管 T_1 和 T_2 将工作在导通和截止的开关状态，可以等效为一个双向开关进行分析。③当采用双输出电路时，输出中频电流是晶体管 T_1 和 T_2 中频电流之差 $i_{IF}=i_1-i_2$。

设输入射频电压为 $v_{RF}(t)$，则晶体管 T_3 的集电极电流 i_3 为

$$i_3 = I_0 + g_{m3}v_{RF} \tag{9.88}$$

其中，g_{m3} 为晶体管 T_3 的跨导；I_0 为晶体管 T_3 的静态工作电流。根据差分放大电路的特性，在本振电压 $v_{LO}(t)$ 的作用下，晶体管 T_1 和 T_2 集电极的电流 i_1 和 i_2 分别为

$$i_1 = \frac{i_3}{2}\left[1 + \tanh\frac{v_{LO}(t)}{2V_T}\right]$$
$$i_2 = \frac{i_3}{2}\left[1 - \tanh\frac{v_{LO}(t)}{2V_T}\right] \tag{9.89}$$

其中，$V_T = \dfrac{kT}{q}$。从而可以得到输出电流 i_{OUT} 为

$$i_{OUT} = i_1 - i_2 = i_3 \tanh\frac{v_{LO}(t)}{2V_T} \tag{9.90}$$

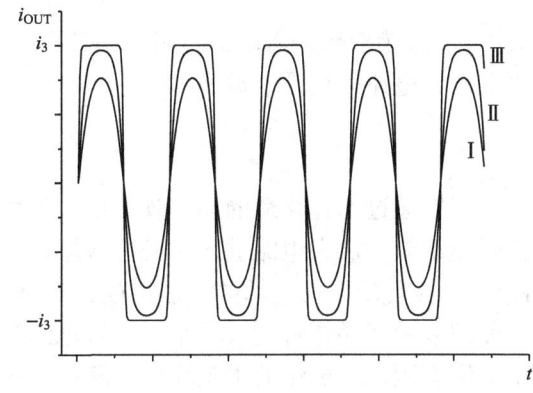

如果假定式 (9.90) 中 i_3 是一个常数，可以分析输出电流 i_{OUT} 波形随输入本振信号幅度 V_{LO} 的变化，模拟结果如图 9-27 所示。当输入本振信号幅度 V_{LO} 较小时，输出电流 i_{OUT} 的波形与输入电压 v_{LO} 的波形基本保持一致，如图 9-27 中曲线 Ⅰ 所示，可以近似看作一个线性放大电路；当输入本振信号幅度 V_{LO} 增加时，输出电流 i_{OUT} 趋于饱和而出现失真，如图 9-27 中曲线 Ⅱ 所示；如果继续增大输入本振信号幅度 V_{LO}，输出电流 i_{OUT} 将完全趋于饱和而出现接近于方波的波形，如图 9-27 中曲线 Ⅲ 所示。

图 9-27 差分放大电路的输出特性

如果本振信号的幅度 V_{LO} 足够高，晶体管 T_1 和 T_2 将工作在开关状态，混频电路输出电流 i_{OUT} 可以近似表示为

$$i_{OUT} = i_3 S(t) = \left[I_0 + g_{m3}v_{RF}(t)\right]S(t) \tag{9.91}$$

其中，$S(t)$ 为频率为 ω_{LO} 的开关函数，$S(t)$ 的值在 $-1\sim+1$ 内变换。从而差分放大电路可以用一个受本振信号 LO 控制的单刀双掷开关（SPDT）代替，得到等效的电路原理图如图 9-28 所示。当 $v_{LO}>0$ 时，SPDT 将接通左侧的电路 1；当 $v_{LO}>0$ 时，SPDT 将接通右侧的电路 2。这样实现了开关函数 $S(t)$ 与电流 i_3 的相乘，所以单平衡混频电路属于相乘混频电路。

利用傅里叶变换得到输入信号 i_{OUT} 的频谱为

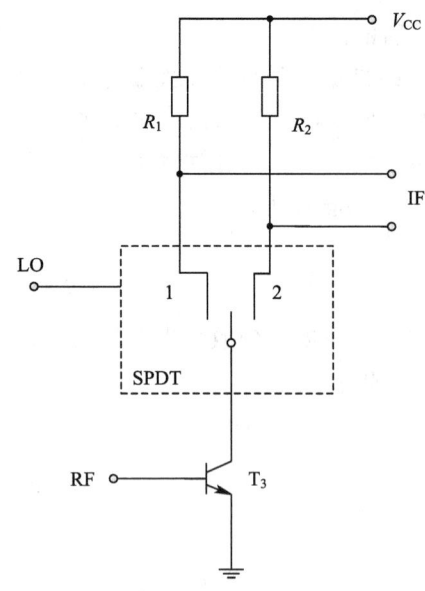

图 9-28 单平衡混频电路的等效原理图

$$i_{\text{OUT}}(\omega_{\text{OUT}}) = i_3(\omega_{\text{RF}}) \times \sum_{n=-\infty}^{\infty} \frac{\sin(n\pi/2)}{n\pi} \delta(\omega_{\text{RF}} - n\omega_{\text{LO}})$$

$$= \sum_{n=-\infty}^{\infty} \frac{\sin(n\pi/2)}{n\pi} i_3(\omega_{\text{RF}} - n\omega_{\text{LO}}) \quad (9.92)$$

其中，*表示卷积；δ表示狄拉克函数。从而可以得到中频频率 $\omega_{\text{RF}}-\omega_{\text{LO}}$ 对应的电流为

$$i_{\text{IF}}(t) = \frac{2}{\pi} g_{m3} V_{\text{RF}} \cos(\omega_{\text{RF}} - \omega_{\text{LO}}) = I_{\text{IF}} \cos\omega_{\text{IF}} t \quad (9.93)$$

如果负载电阻 $R_1=R_2=R_L/2$，可以得到中频信号的电压为

$$v_{\text{IF}}(t) = \frac{2}{\pi} g_{m3} V_{\text{RF}} R_L \cos\omega_{\text{IF}} t \quad (9.94)$$

输出电流 i 中的其他组合频率分量（$n\omega_{\text{LO}}\pm\omega_{\text{RF}}$，$n=3,5,7,\cdots$）将被中频滤波电路滤除。因此可以得到混频电路的变频增益为

$$G_C = 10\lg\frac{(V_{\text{IF}})^2/R_L}{(V_{\text{RF}})^2/R_{\text{RF}}} = 20\lg\frac{2}{\pi} g_{m3}\sqrt{R_L R_{\text{RF}}} \quad (9.95)$$

其中，R_{RF} 为射频输入端的电阻。当使用匹配电路使输入和输出端口都匹配到电阻 R_0，则单平衡混频电路的变频增益为

$$G_C = 20\lg\frac{2}{\pi} g_{m3} R_0 \quad (9.96)$$

可以通过选择合适的晶体管来增大混频电路的变频增益。对于单平衡混频电路需要本振信号驱动差分放大电路进入非线性区域，一般需要–10dBm 的本振输入功率即可。图 9-26 中晶体管 T_3 使用了典型的共发射极放大电路，还可以使用高频特性更好的共基极放大电路。除了使用双极型晶体管构成单平衡混频电路，使用场效应管也可以实现同样的电路。此外，在单平衡有源混频电路的中频输出电路中，既可以采用平衡输出方式，也可以采用单端非平衡输出方式，电路设计具有相当的灵活性。

4. 双平衡有源混频电路

在 1967 年贝瑞·吉尔伯特提出了经典的有源混频电路，并成为现代无线产品中大多数有源混频电路的基础。吉尔伯特混频电路不仅在本振信号输入端采用平衡式的差分放大电路，对于射频输入信号也采用平衡式的差分放大电路，所以称为双平衡混频电路，如图 9-29 所示。在吉尔伯特双平衡混频电路集成了两个单平衡混频电路，晶体管 T_5 和 T_6 构成了对射频信号的差分放大电路，在发射极连接了恒流源 I_{EE}；晶体管 T_1、T_2、T_3 和 T_4 构成了两个对本振信号的差分放大电路，中频信号通过负载电阻 R 提取。

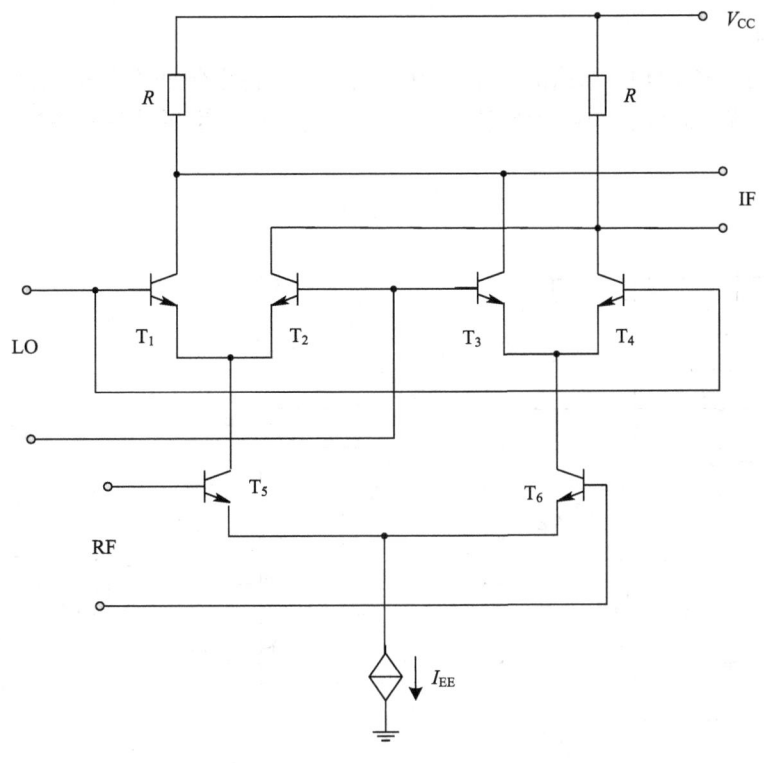

图 9-29 吉尔伯特双平衡混频电路

吉尔伯特双平衡混频电路能够和其他信号处理电路一起集成在一个芯片上，便于集成化。双平衡混频电路能够提供变频增益(二极管混频电路都有插入损耗)，而且各端口之间可以提供非常高的隔离度，对负载的匹配性要求不高。

吉尔伯特双平衡混频电路的主要优点是端口隔离度很高，能抑制偶阶频率组合分量。与单晶体管混频电路一样，吉尔伯特双平衡混频电路在高截断点和低电流消耗方面没有更多的优势。双平衡混频电路的主要缺点是很高的输出阻抗，不利于输出端口阻抗匹配电路和滤波电路的设计。

双平衡有源混频电路对射频输入信号采用了差分放大电路。因为差分放大电路的特性是 tanh 函数，在零点附近很大的范围内都是线性的，所以双平衡混频电路对于小射频输入信号具有非常好的线性特性。双平衡有源混频电路还可以使用负反馈技术提高线性特性，扩大动态范围。当然使用负反馈技术的代价是降低了混频电路的变频增益。

目前，厂家提供性能良好的基于吉尔伯特平衡混频电路的集成电路。例如，MAXIM 和 MOTOROLA 都提供一系列的射频双平衡混频集成电路。MOTOROLA 8 引脚封装的 MC13143 集成电路，可以使用 1.8~6.5V 的电源电压，需要电流为 1mA，射频输入信号、本振信号、中频信号的频率范围都可以在 DC~2.4GHz 的频率范围内，1dB 压缩点为 3dBm，三阶截点可以高达 20dBm，射频输入阻抗为 50Ω。根据厂家提供的芯片参数可以方便地进行混频电路的设计。该集成电路使用工作在 AB 类的差分放大电路，并且用负反馈增强其性能。集成电路的线性性能可以通过外部可编程控制电流源 I_0 来控制，电流 I_0 的调控范围是 0~2.3mA。当 I_0 达到 2.3mA 时，集成电路需要 7mA 的额外电流，从而可以用增加电流为代价来获得 20dBm

的三阶交调截点。

图 9-30 给出 MC13143 电路的一个应用测试电路。使用集成电路可以简化电路的设计，并且可以减少干扰提高混频电路的性能。如果条件允许可以尽量选择集成电路用于混频电路的设计。

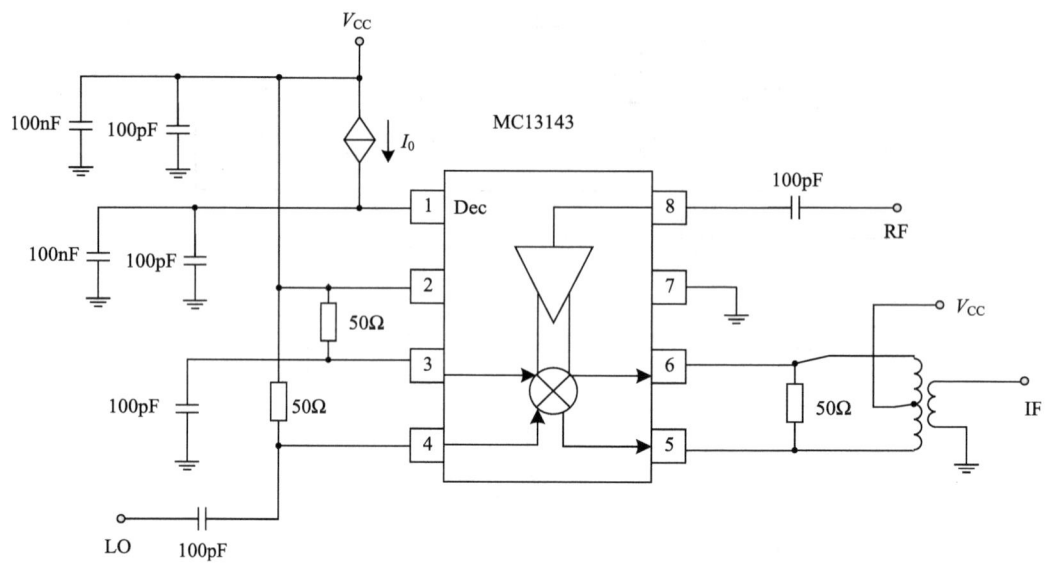

图 9-30　双平衡混频电路应用电路

图 9-31 给出了厂家提供的 MAXIM2690 混频电路的特性和一些技术参数。MAXIM2690 射频信号和本振信号的频率范围为 400~2500MHz，中频信号的范围为 10~500MHz，工作电压为 2.7~5.5V，可以提供 7.9dB 的变频增益，在 900MHz 的噪声系数为 10dB，输入三阶交调截点为 7.6dBm，采用 10 脚的 μMAX 封装。MAX2690 在关断状态下消耗电流小于 1μA，适合于在移动通信系统中使用，在待机状态下可以通过关断该集成电路来延长电池的工作时间。MAX2690 可以适用于无线局域网(WLAN)、CDMA 通信系统、手机和无绳电话、蓝牙通信系统等。通常厂家还提供更多的测试数据和设计注意事项。通过阅读和理解厂家提供的集成电路参数，选择合适的集成电路芯片，结合射频电路设计的基本方法，就可以设计出满足要求的混频电路。

9.4　调制和解调电路

调制电路和解调电路都属于频率变换电路。在射频通信系统中的发射机，需要调制电路把基带信号加载到中频信号，在接收机则需要解调电路把载波信号中基带信息分离出来。调制和解调电路与混频电路具有密切的联系，电路上存在很多类似之处，所以在讨论射频混频电路后，本小节将介绍调制和解调电路的类型和基本设计方法。

射频信号的调制方式可以分为模拟调制和数字调制。以前信息主要以连续波的形式存在和传输，例如，现在的调幅广播、调频广播、固定电话等都还在使用连续波信号。使用连续

第 9 章 频率变换和调制电路

波信号调制中频载波，则属于模拟调制方式。随着信息数字化的发展，尤其是计算机的普及和迅猛发展，越来越多的信息以数字信号的形式出现。采用数字信号调制中频载波，则属于数字调制方式。

在射频通信发射系统中，需要使用调制电路把模拟信号或者数字信号的频谱搬移到中频载波频率上；在射频通信接收系统中，需要使用解调电路重新获得基带的模拟信号或者数字信号。按照基带和中频信号之间频率变换的方式，可以把调制方式分为两类：线性调制和非线性调制。

MAXIM
Low-Noise, 2.5GHz Downconverter Mixer

MAX2690

General Description

The MAX2690 is a miniature, low-noise, low-power downconverter mixer designed for use in portable consumer equipment. Signals at the RF input port are mixed with signals at the local-oscillator (LO) port using a double-balanced mixer. The RF port frequency range is 400MHz to 2500MHz. The LO port frequency range is 700MHz to 2500MHz. The IF frequency range is 10MHz to 500MHz, provided the LO and RF frequencies are chosen appropriately.

The IF port is differential, which provides good linearity and low LO emissions, as well as providing compatibility with applications using differential IF filters, such as CDMA cellular phones. The mixer noise figure is 10dB at 900MHz.

The MAX2690 draws 16mA at V_{CC} = 3V and operates from a +2.7V to +5.5V supply. A logic-controlled shutdown mode reduces the supply current to less than 1μA, making it ideal for battery-operated equipment. This device is offered in a miniature 10-pin μMAX package.

Features
- 7.6dBm Input Third-Order Intercept Point
- 10dB Downconverter Mixer Noise Figure
- 7.9dB Gain
- 400MHz to 2500MHz Wideband Operation
- Low Cost
- +2.7V to +5.5V Single-Supply Operation
- <1μA Shutdown Mode
- Ultra-Small 10-Pin μMAX Package

Applications
- 2.45GHz Industrial-Scientific-Medical (ISM) Band Radios
- Wireless Local Area Networks (WLANs)
- Personal Communications Systems (PCS)
- Code-Division Multiple Access (CDMA) Communications Systems
- Cellular and Cordless Phones
- Hand-Held Radios

Ordering Information

PART	TEMP. RANGE	PIN-PACKAGE
MAX2690EUB	-40°C to +85°C	10 μMAX

Typical Operating Circuit appears at end of data sheet.

Pin Configuration

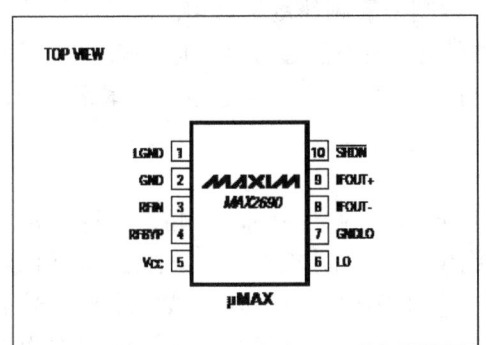

Functional Diagram

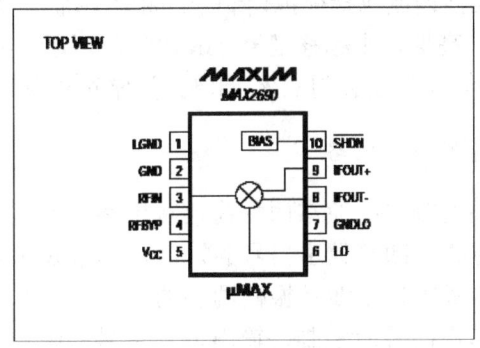

absolute maximum rating conditions for extended periods may affect device reliability.

DC ELECTRICAL CHARACTERISTICS

(V_{CC} = +2.7V to +5.5V, no RF signals applied, LO = open, IFOUT+ = IFOUT- = V_{CC}, $\overline{SHDN}$ = high, LGND = GND = GNDLO = 0V, T_A = T_{MIN} to T_{MAX}. Typical values are at V_{CC} = +3.0V and T_A = +25°C, unless otherwise noted. Minimum and maximum values are guaranteed by design and characterization over temperature.)

PARAMETER	CONDITIONS	MIN	TYP	MAX	UNITS
Operating Supply Current		9.5	16	20.1	mA
Shutdown Input Voltage High		2			V
Shutdown Input Voltage Low				0.5	V
Shutdown Supply Current	$\overline{SHDN}$ = 0V		0.4		μA
	$\overline{SHDN}$ = low			2	
Shutdown Input Bias Current	0V < $\overline{SHDN}$ < V_{CC}	−5	4	25	μA

AC ELECTRICAL CHARACTERISTICS

(MAX2690 EV kit; V_{CC} = +3.0V; P_{LO} = -3dBm; P_{RF} = -25dBm; $\overline{SHDN}$ = high; RFIN matched for 900MHz, 1.95GHz, and 2.45GHz as noted below. Inductor connected from LGND to GND = 39nH for 900MHz operation, 27nH for 1.95GHz operation, and 6.8nH for 2.45GHz operation. T_A = +25°C, unless otherwise noted.)

PARAMETER	CONDITIONS	MIN	TYP	MAX	UNITS
Conversion Gain (Note 1)	f_{RF} = 900MHz, f_{LO} = 1.1GHz		7.9		dB
	f_{RF} = 1.95GHz, f_{LO} = 1.75GHz		6.4		
	f_{RF} = 2.45GHz, f_{LO} = 2.1GHz		4		
Gain Variation over Temperature	f_{RF} = 1.95GHz, T_A = T_{MIN} to T_{MAX} (Note 2)		±0.6	±1.2	dB
Input Third-Order Intercept	Two tones at -25dBm per tone, f_{RF2} = 1MHz above f_{RF}; f_{RF} = 900MHz, f_{LO} = 1.1GHz		7.6		dBm
	f_{RF} = 1.95GHz, f_{LO} = 1.75GHz		5.3		
	f_{RF} = 2.45GHz, f_{LO} = 2.1GHz		4.3		
Noise-Figure Single Sideband	f_{RF} = 900MHz, f_{LO} = 1.1GHz		10		dB
	f_{RF} = 1.95GHz, f_{LO} = 1.75GHz		11.5		
	f_{RF} = 2.45GHz, f_{LO} = 2.1GHz		12		

图 9-31　低噪声 2.5GHz 混频集成电路参数

9.4.1　调制电路

模拟调制中的振幅调制、双边带调制、单边带调制，数字调制中的振幅键控(ASK)和相移键控(PSK)都是频谱的线性变换，属于线性调制方式。所有类型的振幅调制、相移键控调制和多进制的正交振幅调制(QAM)都是线性调制方式。对于线性调制方式，中频载波调制信号 $v(t)$ 的频谱是将基带信号 $s(t)$ 的频谱搬移到中频 ω_0 处。解调电路是通过调制的逆过程重新获得基带信号 $s(t)$。实现频谱线性变换的基本方法是将基带信号和载波信号相乘，因此乘法电路在线性调制和解调电路中得到广泛的应用。

非线性调制包括模拟调制中的频率调制，数字调制中的频移键控(FSK)、最小频移键控(GFSK)、高斯最小频移键控(GMSK)。非线性调制方式一般不能通过乘法电路来实现。例如，FM 调制方式和多进制 FSK 调制，通常可以使用压控二极管改变振荡电路的频率来实现。

1. 振幅调制电路

振幅调制电路通常简称为调幅电路。在模拟信号的调制电路中，调幅是一种经常使用的调制方式。随着数字信号的发展，越来越多地出现数字调制方式，但是在 ASK 和 QAM 的调制方式中也要涉及振幅调制的方法。调幅过程如图 9-32 所示，连续波的本振信号的幅度受到基带信号的控制，输出调幅信号的幅度包含了基带信号的信息，载波的频率为本振信号的频率。

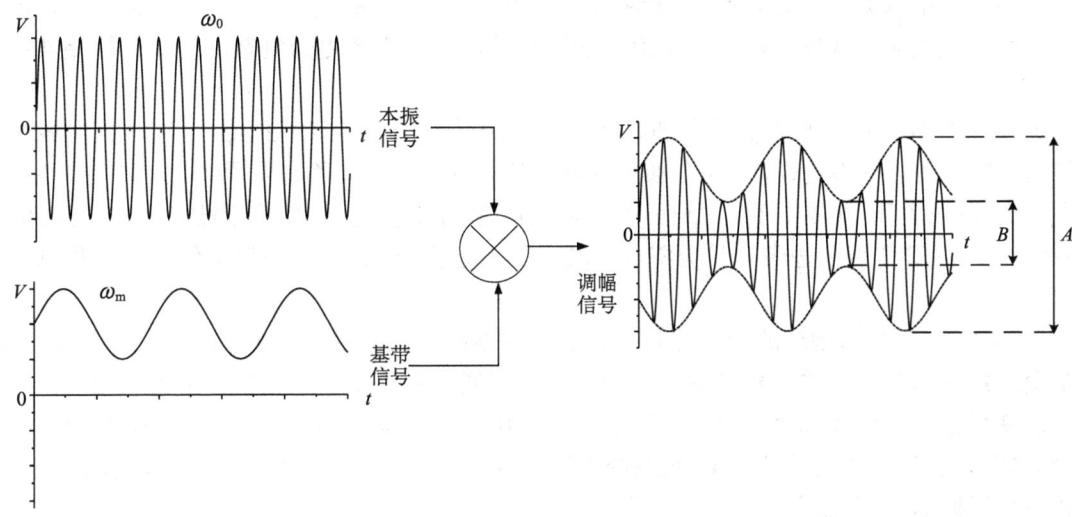

图 9-32 振幅调制示意图

如果调幅信号的最大幅度为 A(峰峰值),最小幅度为 B(峰峰值),则可以得到描述调幅信号特性的调幅度 m_a 为

$$m_a = \frac{A-B}{A+B} \tag{9.97}$$

调幅度的取值范围为 $0 \leqslant m_a \leqslant 1$。当调幅度 $m_a=1$ 时,表示完全调制;当调幅度 $m_a=0$ 时,表示没有调制。如果载波信号的频率为 ω_c,幅度调制信号的频率为 ω_m,则可以得到调幅信号 v_{AM} 为

$$v_{AM}(t) = V_0(1+m_a\cos\omega_m t)\cos\omega_0 t \tag{9.98}$$

其中,V_0 为载波的幅度;m_a 为调幅度。通过运算可以将式(9.98)改写为

$$\begin{aligned} v_{AM}(t) &= V_0\cos\omega_0 t + V_0 m_a \cos\omega_m t\cos\omega_0 t \\ &= V_0\cos\omega_0 t + \frac{1}{2}V_0 m_a\cos(\omega_0+\omega_m)t + \frac{1}{2}V_0 m_a\cos(\omega_0-\omega_m)t \end{aligned} \tag{9.99}$$

这是一个典型的带有全载波的双边带(DSB-FC)调制信号。从频谱来看调幅信号包含载波频率 ω_0,上边带频率 $\omega_0+\omega_m$,下边带频率 $\omega_0-\omega_m$。调幅信号的带宽为上边带和下边带频率之差 $B_{AM}=2\omega_m$。对于调幅广播的频率范围 $f_L=540\text{kHz}$ 至 $f_H=1600\text{kHz}$,每个电台允许的使用的带宽为 $B_{AM}=10\text{kHz}$,所以每个调幅广播能传送的最高信息频率为 $f_m=5\text{kHz}$。

如果载波的功率为 P_C,根据式(9.99)可以得到上下边带的功率和总功率分别为

$$\begin{aligned} P_{USB} &= \frac{1}{4}m_a^2 P_C \\ P_{LSB} &= \frac{1}{4}m_a^2 P_C \\ P_T &= P_C + P_{USB} + P_{LSB} = \left(1+\frac{m_a^2}{2}\right)P_C \end{aligned} \tag{9.100}$$

从频谱功率的角度来分析,载波 P_C 没有携带基带信号的信息,所以希望上下边带能够携带更多的能量以提高发射效率。显然提高调幅度 m_a 就可以提高发射效率。如果由于调制信号过强而出现过调制现象,造成调幅信号的不连续,就会产生更为复杂的频谱干扰相邻信道的通信。

另一种提高效率的方法是采用抑制载波的双边带调幅信号(DSB-SC),通过抑制载波频率信号的发射可以使发射功率 P_T 全部携带基带信号的信息。为了提高频率的利用率,还可以抑制上边带或者下边带中的一个信号,而使用单边带信号或者抑制载波的单边带信号(SSB-SC)。尽管使用单边带信号会降低 3dB 的信噪比,但是因为可以节约频带而得到广泛应用。

图 9-33 为一个抑制载波的双边带二极管调幅电路,4 个二极管 $D_1 \sim D_4$ 连接成环状,使用两个变压器 B_1 和 B_2 完成信号的耦合。由于在射频通信系统中,中频的频率不会太高,通常还可以使用变压器作为耦合电路。在该调幅电路中,基带信号 v_M 通过变压器 B_1 耦合连接到二极管环形电路,本振载波信号 v_C 通过变压器 B_1 和 B_2 连接到二极管环形电路,调幅信号 v_{AM} 则通过变压器 B_2 耦合输出。

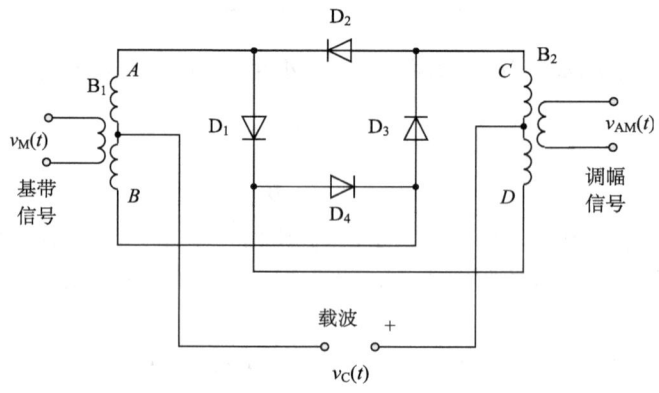

图 9-33 二极管平衡调幅电路原理图

在二极管平衡调幅电路中,需要载波信号 $v_C(t)$ 的幅度很高可以使二极管很快进入饱和区域;载波信号 $v_C(t)$ 的波形可以为正弦波或者方波。以方波为例对二极管平衡调幅电路进行分析。当载波信号 $v_C(t)$ 为正半周时,二极管 D_2 和 D_4 饱和导通,二极管 D_1 和 D_3 完全截止,变压器 B_1 的 A 端与变压器 B_2 的 C 端连接,变压器 B_1 的 B 端与变压器 B_2 的 D 端连接,在调幅信号端口输出了正基带信号。当载波信号 $v_C(t)$ 为负半周时,二极管 D_1 和 D_3 饱和导通,二极管 D_2 和 D_4 完全截止,变压器 B_1 的 A 端与变压器 B_2 的 D 端连接,变压器 B_1 的 B 端与变压器 B_2 的 C 端连接,由于变压器的连接方式相反会在调幅信号端口输出负基带信号。这样基带信号被按照载波的周期分成了很多段,交替作为正电压和负电压输出。因此,二极管平衡调幅电路类似于一个受载波控制的开关,控制基带信号输出的极性。

图 9-34 显示了二极管平衡调幅电路信号的变化过程。二极管平衡调幅电路可以等效为两个受载波控制的单刀双掷开关,例如,当载波信号为正半周时,输出和输入端口直接连接;当载波信号为负半周时,输出和输入端口交叉连接。通过载波信号可以改变输出和输入信号的连接方式,交替输出正和负的基带信号。受调制的输出的信号再经过滤波电路处理,就可

以得到一个双边带抑制载波的调幅信号。可以看出调幅信号的调幅度为 1，实现了最大效率的功率传输。

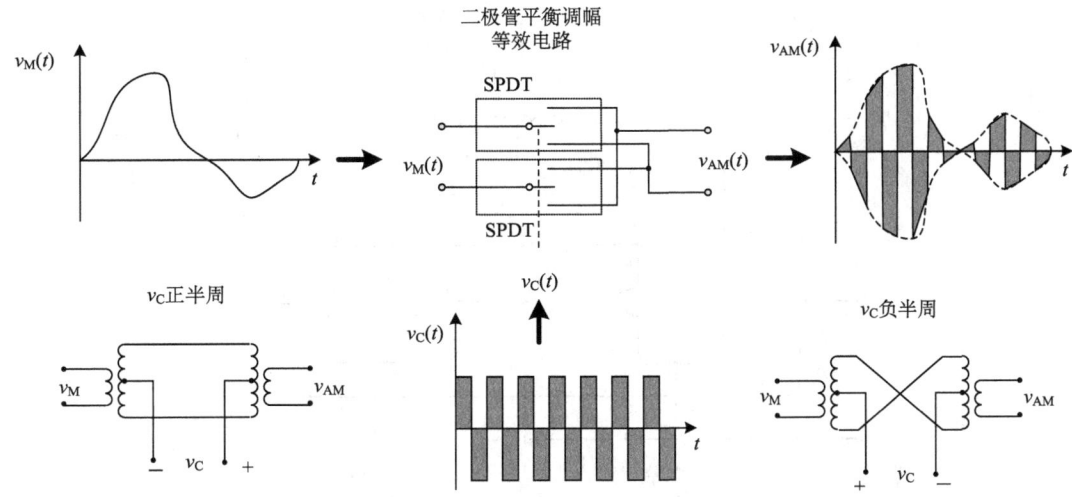

图 9-34 二极管平衡调幅等效电路分析

载波信号 v_C 通过变压器 B_1 和 B_2 连接到二极管环上，由于对称的关系在每一个变压器中从中心抽头向两边流过的电流始终相等。由于两个电流的大小相等但是方向相反，经过理想对称的变压器后，不会有耦合信号的产生。因此，载波信号将不出现在变压器 B_2 的输出端口，实现了载波抑制的双边带调制信号输出。同理，载波信号也不会在输入端口耦合信号，可以实现很高的端口隔离度，防止本振信号的向外泄漏。二极管平衡调幅电路可以实现 50dB 以上的载波抑制。

当载波信号 v_C 为方波时，可以将载波信号展开为

$$v_C(t) = V_C \frac{2}{\pi} \left[\sin\omega_0 t + \frac{1}{3}\sin 3\omega_0 t + \cdots + \frac{1}{2n+1}\sin(2n+1)\omega_0 t \right] \quad (9.101)$$

其中，n 为非负整数；V_C 为载波信号的幅度。通过二极管平衡调幅电路后，等效为载波信号 v_C 和基带信号 v_M 相乘，同时保持输出信号的电压为基带信号的电压，可以得到

$$\begin{aligned} v_{AM}(t) &= v_M(t) \times \left(\sin\omega_0 t + \frac{1}{3}\sin 3\omega_0 t + \cdots \right) \\ &= \frac{V_M}{2}\left[\sin(\omega_0+\omega_M)t + \sin(\omega_0-\omega_M)t \right] + \quad \leftarrow \text{边带信号} \\ &\quad \frac{V_M}{6}\left[\sin(3\omega_0+\omega_M)t + \sin(3\omega_0-\omega_M)t \right] + \cdots \quad \leftarrow \text{高次谐波} \end{aligned} \quad (9.102)$$

从频谱中可以看出，输出的信号中确实抑制了载波信号，只出现了上边带和下边带信号，高次谐波的信号可以使用滤波电路滤除。二极管平衡调幅电路的另一个特点是没有偶次谐波的分量，可以减少干扰提高效率。

可以利用非线性器件实现两个信号的相乘实现振幅的调制。使用吉尔伯特乘法电路同样可以实现振幅的调制，需要本振信号幅度很强而使差分电路工作在开关状态，如图 9-35 所

示。使用吉尔伯特乘法电路的调幅电路，工作原理和分析方法与二极管平衡调幅电路类似，可以参考进行分析和讨论。

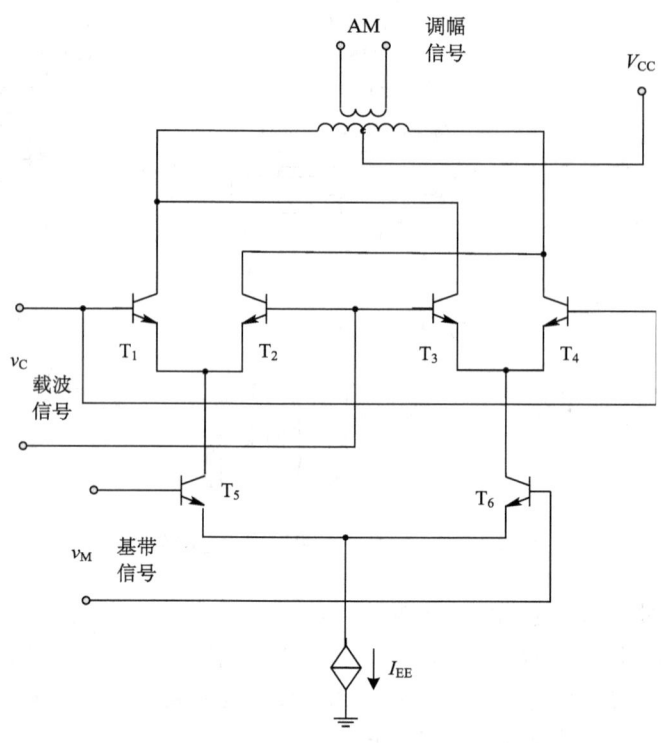

图 9-35　吉尔伯特乘法电路用作振幅调制

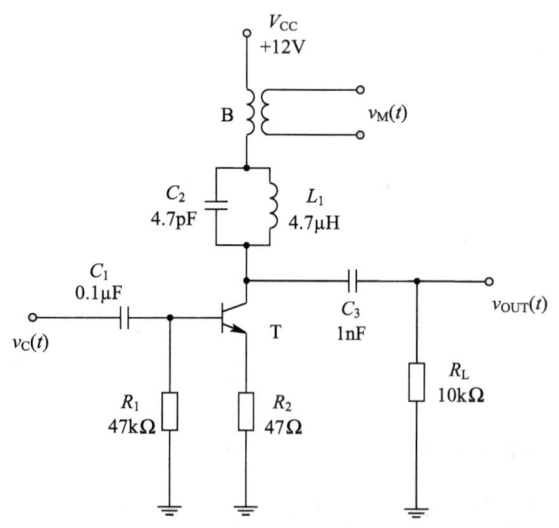

图 9-36　晶体管集电极调幅方式

另外，振幅调制电路还可以利用晶体管放大电路实现，采用集电极调制或者基极调制等方法。图 9-36 给出了一个晶体管集电极调制的电路，晶体管工作在 C 类共发射极放大电路的状态，33MHz 的载波信号 $v_C(t)$ 从晶体管 T 的基极输入，调制信号 $v_M(t)$ 则通过集电极施加到晶体管 T。电容 C_2 和电感 L_1 组成的并联 LC 谐振电路，谐振频率与载波信号 $v_C(t)$ 的频率一致。调制电压 $v_M(t)$ 通过变压器耦合到晶体管的集电极，改变晶体管的电流影响输出信号 $v_{OUT}(t)$ 的幅度，实现振幅调制的功能。通过调节调制电压 $v_M(t)$ 的幅度，可以实现 100%的调制度，并且具有良好的线性度。晶体管集电极调幅方式属于高电平调制方式，是一种很实用的振幅调制方式。

二极管平衡调幅电路中，在小功率场合下可以选用肖特基二极管获得快速的响应；在大功率场合，可以选用 PIN 二极管以获得良好的调制效果。另外，变压器需要具有良好的对称性以提高端口的隔离度。如果使用吉尔伯特乘法电路进行振幅调制，可以直接选用一些厂家的集成电路。

2. 调频电路

实现调频信号的方法主要有两种：直接调频和间接调频。调频电路的设计要求是调制的线性度、调制灵敏度和最大频偏。调频电路输出频率的变化与输入调制电压之间的关系为调制线性度。为了减少失真，希望控制电压和频率偏移之间存在线性关系。由于实际电路的非线性特性，很难获得良好的线性度，一般只能保证在一定调制电压范围内存在近似的线性关系。调制的灵敏度是指输出频率偏移对输入调制电压的依赖性，定义为单位调制电压引起的频率偏移。调制灵敏度表示为 $S_{\mathrm{FM}} = \dfrac{\Delta f}{\Delta V}$，单位为 Hz/V。最大频率偏移是指在正常调制电压的范围内，电路能够实现的最大频率偏移。不同的通信系统的频带宽度不同，对最大频率偏移的要求也不同，如对于调频广播最大频率偏移要求为 75kHz，对于电视伴音信号则要求为 50kHz。

直接调频电路就是直接利用一个振荡电路，通过调节振荡电路中电抗元件的数值，改变振荡电路的频率，实现对频率的调制。最常用的电路通过使用变容二极管实现对电容的控制，完成对频率的调节。采用变容二极管调频的电路与压控振荡电路(VCO)非常类似。在直接调频电路的设计中需要兼顾最大频率偏移和线性度两个指标。变容二极管有完全接入和部分接入两种方式，可以依据设计指标要求选择合适的电路。

如图 9-37 所示为一个直接调频电路，晶体管 T 以共基极放大电路的方式构成电容三点式振荡电路。变容二极管 D_1 和 D_2 采用背对背的连接方式，串联电容 C_3 后连接入振荡电路。两个变容二极管采用背对背的连接方式，可以提高对称性减少失真。通过调节变容二极管 D_1 和 D_2 的反向偏置电压 V_D 和 V_M，改变了变容二极管的等效容量，从而影响振荡电路的频率，实现对频率的调制。V_D 是直流偏置电压，V_M 是基带信号调制电压。通过调节 V_D 影响变容二极管的静态偏置电压，可以改善调频电路的非线性失真。

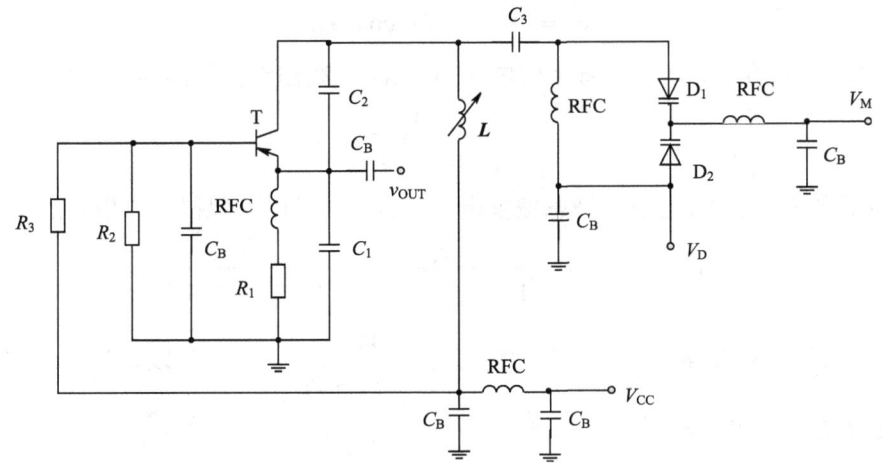

图 9-37 两个变容二极管的直接调频电路

如果变容二极管的等效电容为 C_j，分析如图 9-37 中的振荡电路，可以得到振荡频率 ω_0 为

$$\omega_0 = \cfrac{1}{\sqrt{L\,\cfrac{C_1 C_2}{C_1+C_2}+\cfrac{2C_j C_3}{C_j+2C_3}}} \tag{9.103}$$

再根据变容二极管的特性，就可以分析调频电路线性度和最大频率偏移等指标。

在振荡电路设计中讨论了适合于集成电路的环形振荡电路。环形振荡电路的振荡频率可以通过调节偏置电流而改变，也可以作为一个 VCO 使用，完成频率调制的功能。环形振荡电路的输入信号的波形是接近于三角波或者方波，需要经过滤波电路滤除高次谐波，获得调频正弦信号。使用环形振荡电路进行频率调制，属于直接调频的方式。环形振荡调频电路的优点是便于电路的集成化。

间接调频方式是使用经过积分的调制信号调节载波的相位，实现对载波频率的调节。直接调频电路都整合了振荡电路，容易影响振荡电路的稳定性。由于间接调频方式不会直接改变振荡电路的频率，可以使用精度很高的晶体振荡电路，具有很高的频率稳定性和准确性。在对调频性能要求较高的场合，可以考虑使用间接调频方式。间接调频方式主要包括可变移相法和可变时延法。

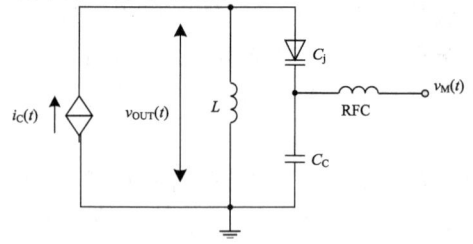

图 9-38　变容二极管调相电路

正弦信号在通过电抗元件后，相位和幅度都会发生变化。对于高品质因数的谐振电路，在中心频率附近相位变化会更敏感。可变移相法是将载波信号施加到中心频率受调制信号控制的谐振电路，从而改变输出信号的相位。图 9-38 给出了利用变容二极管调节相位的基本电路。变容二极管的等效电容 C_j 受调制电压 v_M 的控制，RFC 对于载波信号可以认为是开路，电容 C_C 起到了隔离直流电压的作用。

如果变容二极管的静态直流偏置电压为 V_{DQ}，调制电压为 $v_M(t)=-V_M\cos\omega_M t$，则二极管上的电压 v_D 为

$$v_D = -(V_{DQ}+V_M\cos\omega_M t) \tag{9.104}$$

当调制电压 v_M 为零时，二极管上的电压为 $-V_{DQ}$，谐振电路的中心频率为

$$\omega_0 = \frac{1}{\sqrt{LC_{jQ}}} \tag{9.105}$$

如果调制电压幅度 V_m 远小于静态偏置电压 V_{DQ}，就可以近似得到二极管的结电容 C_j 为

$$C_j(V_{DQ}+v_M) = \frac{C_{jQ}}{(1+m\cos\omega_m t)^n} \approx \frac{C_{jQ}}{1+mn\cos\omega_m t} \tag{9.106}$$

其中，n 为二极管的特性参数；电容调制度为 $m=\dfrac{V_m(t)}{V_{DQ}+V_B}$。从而可以得到在调制电压 v_M 作用下谐振电路的中心频率为

$$\omega(t) = \frac{1}{\sqrt{L\,\dfrac{C_{jQ}}{1+mn\cos\omega_m t}}} \approx \omega_0\left(1+\frac{1}{2}mn\cos\omega_m t\right)$$
$$= \omega_0 + \Delta\omega(t) \tag{9.107}$$

如果载波电流源为 $i_C=I_C\cos\omega_C t$，可以得到谐振电路的输出电压 v_{OUT} 为

$$v_{OUT} = I_C \cdot |z(\omega_C)| \cdot \cos[\omega_C t + \phi(\omega_C)] \tag{9.108}$$

$|z(\omega_C)|$ 和 $\phi(\omega_C)$ 分别为在谐振频率 ω_C 处的阻抗模值和相移，$\phi(\omega_C)$ 为

$$\phi(\omega_C) = -\arctan 2Q_e \frac{\omega_C - \omega(t)}{\omega(t)} \tag{9.109}$$

其中，Q_e 为谐振电路的加载品质因数。电路谐振输出的电压 v_{OUT} 相对于频率为 ω_C 的输入载波的相移 $\phi(\omega_C)$ 依赖于包含在 $\omega(t)$ 中的调制电压 v_M。如果令 $\omega_C=\omega_0$，根据式 (9.109) 可以得到

$$\phi(\omega_0) = -\arctan 2Q_e \frac{-\Delta\omega(t)}{\omega_0 + \Delta\omega(t)} \tag{9.110}$$

如果满足条件 $|\phi(\omega_0)| < \frac{\pi}{6}$ 时，式 (9.110) 可以简化为

$$\phi(\omega_0) \approx 2Q_e \frac{\Delta\omega(t)}{\omega_0} = mnQ_e \cos\omega_M t \tag{9.111}$$
$$= m_p \cos\omega_M t$$

其中，$m_p=mnQ_e$ 为最大相移。可见输出信号的相移正比于调制信号实现了相位调制。为了增大最大相移还可以采用级联相移网络的方法。将式 (9.111) 代入式 (9.108) 可以得到谐振电路输出的电压 v_{OUT} 为

$$v_{OUT} = I_C \cdot |z(\omega_0)| \cdot \cos(\omega_0 t + m_p \cos\omega_M t) \tag{9.112}$$

通过设计合适的电路就可以实现对频率的调制。间接调频的特点是频偏小且频偏固定，电路的最大相移量是一个常数。通常可以通过使用倍频电路，扩大频率的偏移量，满足电路设计的要求。

3. 二进制相移键控调制电路

二进制相移键控 (BPSK) 电路在射频通信电路中用于二进制编码的数字信号的传输。在两个相位相反的射频载波信号中，通过数字信号"0"和"1"的状态选择两者中的一个载波信号，从而实现对射频载波信号的调制。调制射频信号 v_{BPSK} 可以表示为

$$v_{BPSK} = V_0 \cos(\omega_0 t + \phi) \tag{9.113}$$

其中，V_0 为载波信号的幅度；ω_0 为载波信号的频率；ϕ 为相位调制信息。例如，当对应数字信号的二进制编码为"0"时，调制相位 ϕ 为 0；当对应数字信号的二进制编码为"1"时，调制相位 ϕ 为 π。这样通过调整相位 ϕ 的方式实现对载波信号的相位调制，如图 9-39 所示。

实现 BPSK 的调制可以使用二极管双平衡混频电路，如图 9-40 所示。数字信号作为调制信号连接到二极管环形电路上，控制二极管

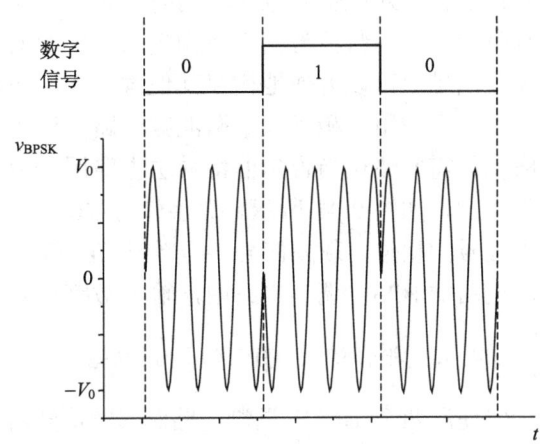

图 9-39 BPSK 调制信号示意图

的导通与截止状态。二进制数字信号通过编码变换使 M_2 始终为 M_1 的逆,当调制信号为"1"时,对应 M_1 为高电平 M_2 为低电平;当调制信号为"0"时,对应 M_1 为低电平 M_2 为高电平。对此 BPSK 调制电路做一个简要分析:当调制信号为"1"时,M_1 高电平和 M_2 低电平,二极管 D_1 和 D_3 导通,变压器 B_2 与 B_1 为反向连接,输出中频信号与输入信号相位差为 180°;当调制信号为"0"时,M_1 为低电平和 M_2 为高电平,二极管 D_2 和 D_4 导通,变压器 B_2 与 B_1 为同向连接,输出中频信号相位差为 0°。在前面讨论的二极管双平衡混频电路的设计方法,完全可以适用于 BPSK 调制电路的设计。

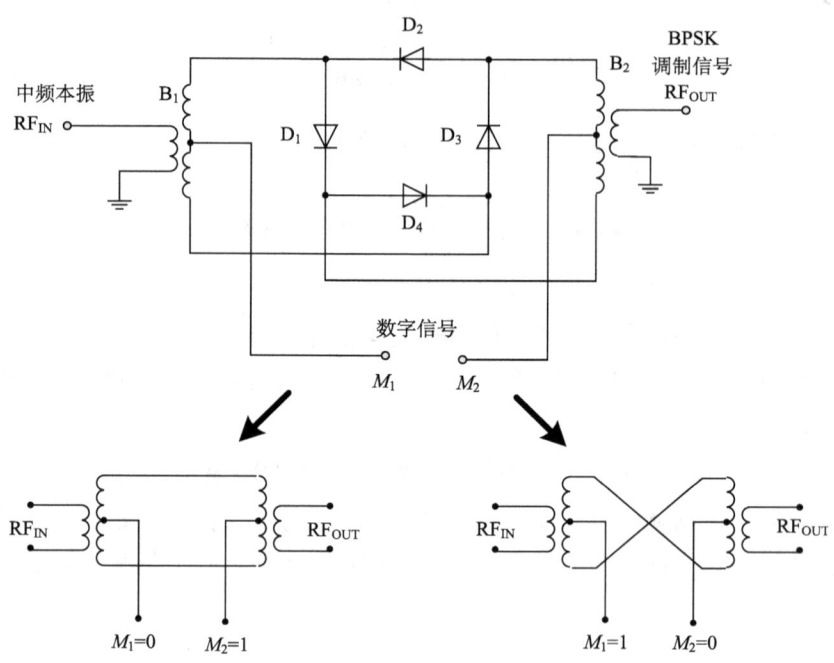

图 9-40 基于二极管双平衡混频电路的 BPSK 调制电路

在 BPSK 调制电路中,当输入射频信号位于中低频段时,可以使用变压器完成信号的耦合;当输入射频信号频率较高时,可以使用传输线耦合电路。BPSK 调制电路可以看做一个频率为零的中频信号的上变频电路,实现对相位的控制。BPSK 调制电路是一个基本电路,在此基础上可以方便地构建其他键控调制电路。

除了使用二极管双平衡混频电路,还可以使用吉尔伯特双平衡混频电路,便于电路的集成化。需要注意当吉尔伯特乘法电路用于 BPSK 调制时,电路的连接方式与用于振幅调制是不同的,如图 9-41 所示。数字信号 $d(t)$ 使晶体管 T_1、T_2、T_3 和 T_4 工作在开关状态,调节输出信号的相位。载波信号 $v_C(t)$ 经过 T_5 和 T_6 的放大后在输出端口输出。因此,在吉尔伯特乘法电路的 BPSK 调制电路中,输入数字信号需要是大信号,而输入载波信号需要是小信号。

4. 正交相移键控(QPSK)调制电路

使用两个 BPSK 调制电路和 90°功分器,可以构成一个 QPSK 调制电路,如图 9-42(a)所示。输入射频信号 RF_{IN} 通过 90°功分器分别施加在 BPSK 调制电路 M_1 和 M_2 上,信号出现

90°的相位差。数字信号 D_1 和 D_2 控制 BPSK 调制电路是否产生 180°的相移，输出信号通过同相功率合成电路相加后作为射频输出信号 RF_{OUT}。

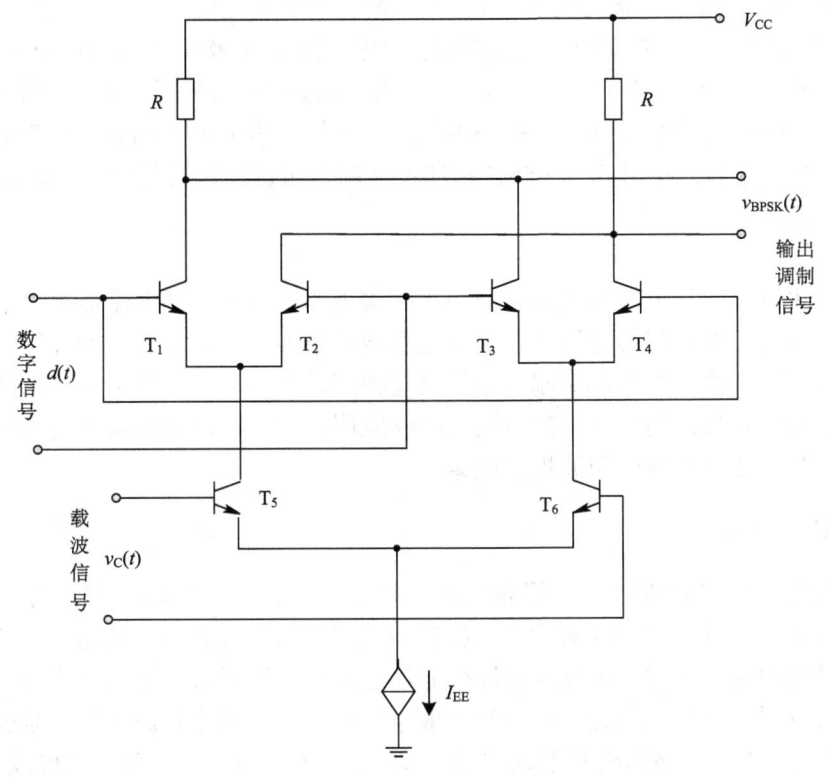

图 9-41　吉尔伯特乘法电路用于 BPSK 调制

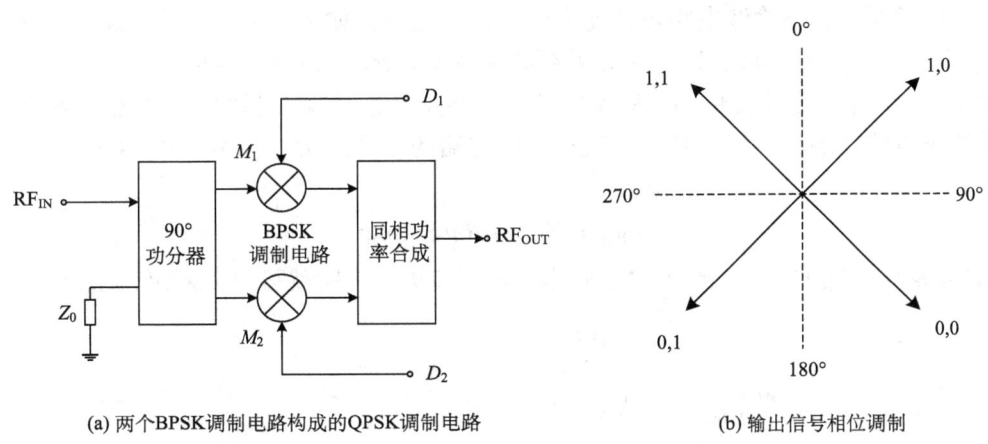

(a) 两个BPSK调制电路构成的QPSK调制电路　　(b) 输出信号相位调制

图 9-42　QPSK 调制电路

射频输入信号 RF_{IN} 经过 90°功分器后，通向 M_1 的信号相位为 0°，通向 M_2 的信号相位为 270°。当 $D_1=0$ 和 $D_2=0$ 时，两路信号经过 BPSK 反相后相位分别为 180°和 90°，经过同相功率合成电路后，输出射频信号 RF_{OUT} 的相位为 135°；当 $D_1=0$ 和 $D_2=1$ 时，通向 M_2 的信号经过 BPSK 不被反相，进入同相功率合成电路的相位分别为 180°和 270°，经过同相功率合成电路后,输出射频信号 RF_{OUT} 的相位为 225°。经过对 $D_1=1$、$D_2=0$ 和 $D_1=1$、$D_2=1$ 的调制信号进行类似分析,可以得到如图 9-42(b) 所示的数字信号和相位调制的关系。

在 QPSK 调制电路中,通过 90° 的移相电路产生两个正交信号,例如,分别对应于 0° 和 90°。然后使用 BPSK 电路对两个正交信号分别进行调制,一路信号的相位为 0° 或者 180°,另一路信号的相位为 90° 或者 180°。将两路信号组合起来,将可以得到 4 种相位的信号:45°、135°、225° 和 315°。从而实现了 QPSK 的调制。因此,利用两个 BPSK 调制电路可以构建 QPSK 调制电路。同理,使用多个 BPSK 调制电路组合可以构建其他的键控调制电路。

9.4.2 解调电路

解调电路可以分为相干解调电路和非相干解调电路。相干解调电路需要一个与发射机本振信号同步的信号,通过移相电路和乘法电路实现对不同调制信号的解调过程。非相干解调则不需要同步信号,直接通过对调制信号的处理得到基带信号。非相干解调电路简单、成本低,相干解调则具有良好的性能,都得到了广泛应用。相干解调需要从调制的中频信号获得载波的同步信号,需要相应的载波提取电路。

1. 包络检波电路

对于幅度调制信号可以使用二极管或者双极型晶体管检波电路解调获得包络信息。例如,可以采用图 9-4 或者图 9-6 所示的二极管检波电路来实现包络检波电路。当使用双极型晶体管构成包络检波电路时,可以对双极型晶体管采用零偏置或者低偏置状态,使双极型晶体管工作在 B 类放大电路的状态。在对输入射频信号的正半周进行放大后,通过低通滤波电路提取包络信息。由于电路结构简单成本低,二极管或者双极型晶体管包络检波电路在中波、短波收音机中得到了广泛应用。

另一种类型的包络检波电路可以使用同步检波电路,如图 9-43 所示。输入射频信号为 $v_{RF}=V_{RF}(1+m\cos\omega_m t)\cos\omega_0 t$,其中 ω_0 为射频载频频率,ω_m 为振幅调制信号的频率($\omega_m \ll \omega_0$),m 为调制系数。本振电路提供相同频率的信号为 $v_{LO}=V_{LO}\cos\omega_0 t$。当两个同频信号相混合,经过低通滤波电路并隔离直流信号后,根据混频电路的原理分析,参考式(9.84)得到相关的输出信号 i_{OUT} 为

$$i_{OUT} = V_{RF}V_{LO}Bm\cos\omega_m t \tag{9.114}$$

其中,B 是混频电路的一个特性参数。显然通过同步检波电路就可以恢复出包络信号的信息。

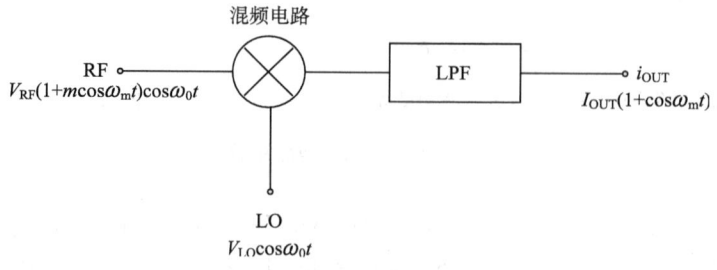

图 9-43 同步检波电路

采用有源混频电路的同步检波电路可以提供一定的功率增益。同步检波电路要求本振信号与输入射频信号必须同步，如果两者之间存在相位差，将会作为噪声干扰检波包络输出信号的幅度。在多种解调电路中，都需要一个与发射机振荡电路同步的信号。

2. 相位检波电路

理论上任何具有直流分量直接耦合到中频端口的混频电路，都可以作为相位检波电路使用。当两个频率相同的射频信号同时施加到混频电路的射频输入端口和本振输入端口，输入中频频率将为零，两个信号的相位差决定了输出直流分量的幅度。在输入信号和本振信号幅度不变的情况下，输出直流信号的幅度将与两者的相位差相关，从而实现了相位检波功能，电路原理图如图 9-44(a)所示。

如果输入射频信号为 $v_{RF}=V_{RF}\cos(\omega_{RF}t+\phi)$，本振信号为 $v_{LO}=V_{LO}\cos(\omega_{LO}t-\pi)$，根据有源混频电路的原理分析，依据式(9.85)可以得到中频端口输出的电流为

$$i_{IF} = -BV_{RF}V_{LO}\cos\phi \tag{9.115}$$

其中，B 是混频电路的一个参数；V_{RF} 为输入射频信号的幅度；V_{LO} 为本振信号的幅度；ϕ 为射频输入信号和本振信号的相位差。模拟得到结果如图 9-44(b)所示，当相位差ϕ为 0°时，得到最大负电流；当相位差ϕ为 90°时，得到零电流；当相位差ϕ为 180°时，得到最大正电流。

相位检波电路可以等价于一个工作在本振信号与射频输入信号频率相同情况下的混频电路。前面讨论的混频电路原理上都可以在相位检波电路中应用。相位检波在锁相环(PLL)电路中有广泛的应用。同时，相位检波电路还可以与振幅解调电路一起使用构成正交检波电路，同时获得输入信号的幅度和相位的信息。

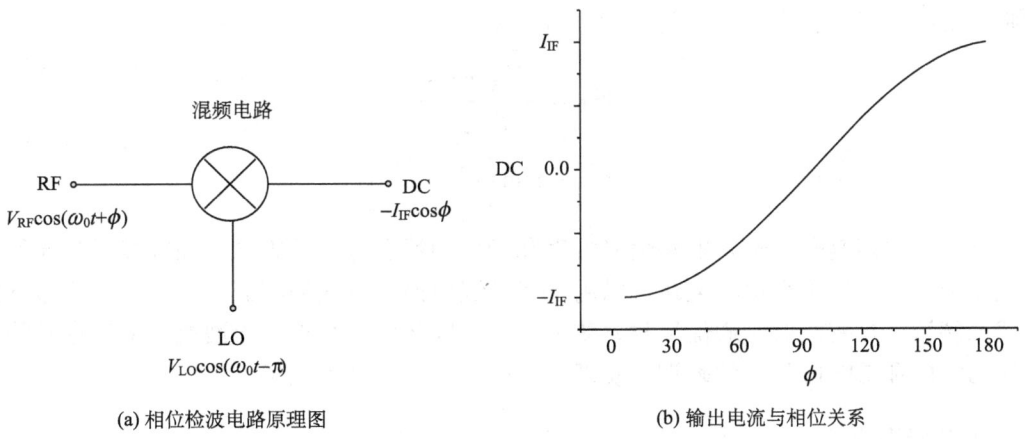

(a) 相位检波电路原理图　　(b) 输出电流与相位关系

图 9-44　相位检波电路示意图

3. 正交检波电路

正交检波电路用于同时获取输入射频信号的幅度和相位，通常也称为 I/Q 检波电路。正交检波电路原理图如图 9-45 所示，射频信号 RF 通过同相功分器输入到混频电路 M_1 和 M_2，同频率的本振信号 LO 则通过 90°的功分器分别连接到混频电路 M_1 和 M_2。混频电路 M_1 和

M_2 输出的中频（DC）信号分别为 IF_1 和 IF_2。

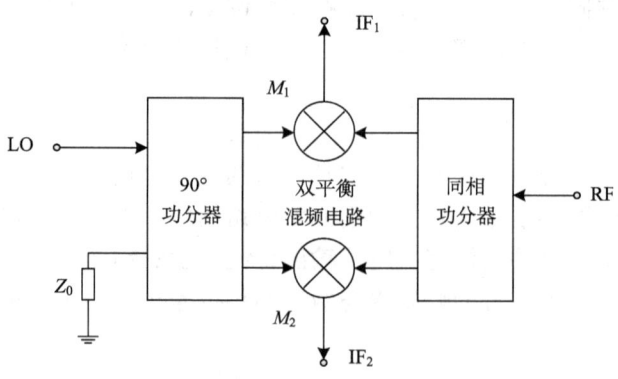

图 9-45　正交检波电路

假设输入射频信号为 $v_{RF}=V_{RF}\cos(\omega_0 t+\phi)$，本振信号为 $v_{LO}=\sqrt{2}\,V_{LO}\cos(\omega_0 t)$，则经过 90° 功分器后两路本振信号分别为

$$v_{LO1} = V_{LO}\cos\omega_0 t$$
$$v_{LO2} = V_{LO}\sin\omega_0 t \tag{9.116}$$

根据混频电路的工作原理分析就可以得到输出信号 V_{IF_1} 和 V_{IF_2} 为

$$V_{IF_1} = V_{RF}V_{LO}B\cos\phi$$
$$V_{IF_2} = V_{RF}V_{LO}B\sin\phi \tag{9.117}$$

其中，B 为混频电路的特性参数（假设混频电路 M_1 与 M_2 具有相同的参数）。从式 (9.117) 可以得到输入射频信号 $v_{RF}(t)$ 的幅度 V_{RF} 和相位 ϕ 分别为

$$V_{RF} = \frac{\sqrt{V_{IF_1}^2 + V_{IF_2}^2}}{BV_{LO}}$$
$$\phi = \arctan\frac{V_{IF_2}}{V_{IF_1}} \tag{9.118}$$

正交检波电路是获得输入射频信号幅度和相位的行之有效的方法，在很多射频通信电路中得到了应用。通过正交检波电路可以用于多种键控调制方式的解调，例如，用于 QPSK 调制方式的解调。在有些射频通信接收系统中，还可以使用一个正交检波电路采用分时的方式完成对 BPSK 和 BFSK 信号的解调，实现与不同特性目标之间的通信。

4. 载波提取电路

载波提取一般分为两种情况：当接收的信号中含有载频分量时，可以使用一个窄带滤波电路或者锁相环直接得到载频分量，称为直接载波提取法；当接收的信号中不含有载频分量或者载频分量不稳定，需要对输入信号作非线性处理，产生相应的载频分量，再使用窄带滤波电路或者锁相环得到载频分量，称为间接载波提取法。对于抑制载波的单边带调制信号，不含有载波分量；对于 BPSK 和 QPSK 等键控调制方式载频分量不稳定，当"1"和"0"出现概率相等时，甚至不能得到载频分量。因此，需要使用非线性变换电路重新获得载频分量。

载波直接提取法的优点是电路简单，提取的载波信号与发射机的本振信号完全同相，不存在相位差的问题。为了便于接收机获得载波信号，可以在不含有载波的调制信号中加入一个载波信号，解决同步信号获取的问题。由于载波信号不携带基带信息，会降低发射机功率的利用率。而且这种方法只适用于原调制信号在载频附近分量很小的场合，如抑制载波的调幅信号；对于在载频附近有较强分量的调制方式，则会干扰载波的直接提取，出现较大的噪声和较大的相位波动。

载波间接提取法需要使用非线性处理和窄带滤波电路，通过非线性处理使调制信号在载频（或者载频的倍频）出现很强的信号，再使用窄带滤波电路获得载波的信息。窄带滤波电路通常采用锁相环技术来实现。锁相环还可以直接用于信号的非线性处理，称为载波跟踪环。通过良好的电路设计，可以将载波提取和解调过程集成在一个环内实现。

本小节主要介绍载波间接提取法，类似的电路设计可以用于载波直接提取法。常用的载波间接提取法包括平方环和考斯塔斯（Costas）环。以解调 BPSK 信号为例分别介绍平方环和考斯塔斯环的基本原理。

BPSK 的信号 v_{BPSK} 可以表示为

$$v_{\text{BPSK}}(t) = V\cos(\omega_0 t + \phi) \tag{9.119}$$

其中，V 为信号的幅度；ω_0 为载波的频率；ϕ 为调制的相位。在 BPSK 调制中，ϕ 只能为 0 或者 π，对应调制信息"0"或者"1"。可以改写式(9.119)为

$$v_{\text{BPSK}}(t) = a(t)V\cos\omega_0 t \tag{9.120}$$

其中，$a(t) = 1$ 或者 $a(t) = -1$，分别对应 ϕ 只能为 0 或者 π 的情况。对此信号进行平方运算可以得到

$$\begin{aligned} v_{\text{BPSK}}^2(t) &= \left[a(t)\right]^2 V^2 \cos^2\omega_0 t \\ &= \left[a(t)\right]^2 V^2 (1 + \cos 2\omega_0 t) \end{aligned} \tag{9.121}$$

由于 $\left[a(t)\right]^2 = 1$，并且通过窄带滤波电路或者窄带锁相环获得 $2\omega_0$ 的频率分量，可以得到经过平方环后的信号 v_{SQ} 为

$$v_{\text{SQ}}(t) = \frac{V^2}{2}\cos 2\omega_0 t \tag{9.122}$$

可见，经过平方环非线性处理后，消去了调制信息，得到了两倍载频的稳定信号 v_{SQ}。再通过对 v_{SQ} 的分频处理就可以获得同步的载波信号。图 9-46 给出了对抑制载波双边带调制信号（DSBSC）和 BPSK 信号适用的解调方框图，其中已经把解调过程和载波提取过程集成在一起。载频为 ω_0 的中频输入信号 $v(t)$ 经过非线性平方处理后，进入中心频率为 $2\omega_0$ 带通滤波电路 BPF，获取频率为 $2\omega_0$ 的信号。再经过锁相环处理，得到 $2\omega_0$ 的稳定信号。通过分频电路重新获得频率为 ω_0 的信号，直接和输入中频信号相乘（如平衡混频电路），就可以得到 BPSK 调制信号的输出。对于调幅信号，可以在 90°移相后与输入中频信号相乘，再通过低通滤波电路获得幅度调制信息。

非线性平方电路可以通过使用类似于全波整流或者桥式整流的电路获得，如图 9-47 所示。通过非线性平方处理电路，可以使 BPSK 调制信号的负半周都搬迁到正半周上，如图 9-48 所示。这样就可以获得输出电压 v_{SQ}，其频谱主要分量将位于 $2\omega_0$，便于后继带通滤波电路的处理。

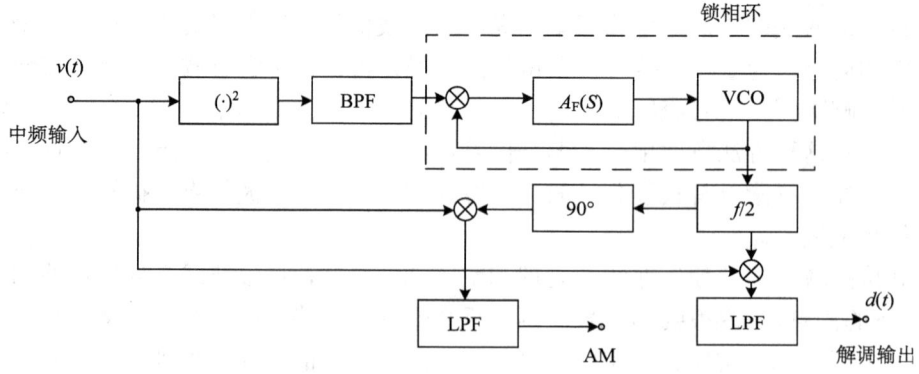

图 9-46　DSBSC 和 BPSK 信号解调的流程图

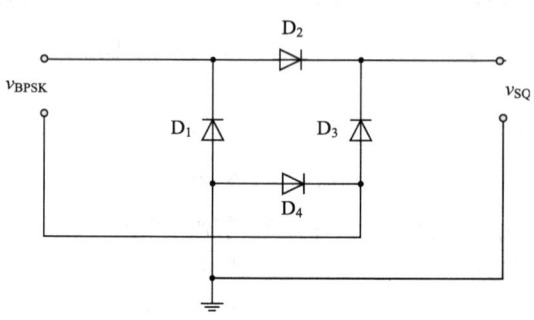

图 9-47　二极管环实现非线性平方处理

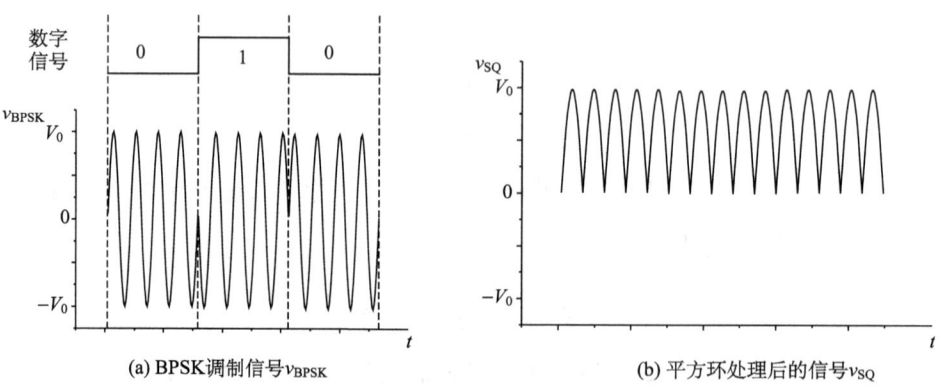

图 9-48　非线性平方电路示意图

对于 QPSK 信号的解调需要使用四次方环。通过对 QPSK 信号进行四次方的非线性处理，才可以滤出相位调制信息，而得到 4 倍频率的载波信息。依此类推，对于 MPSK 调制方式，需要进行 m 次方运算，才能滤出相位调制信息，得到 m 倍频的载波信息。这时如果采用数字信号，则可以方便地实现 m 次方操作和后继的 m 次分频操作。一个 QPSK 调制信号的解调过程原理图，如图 9-49 所示。QPSK 解调电路的原理与 BPSK 相同，中频输入信号经过四次方非线性处理和带通滤波电路 BPF，进入锁相环形成四倍频信号，再经过四分频电路提取出载波信号。最后使用提取出的载波信号与输入中频信号进行正交检波，获得解调输出为 I/Q 分量，再经过运算就可以恢复出原始的数字调制信息。

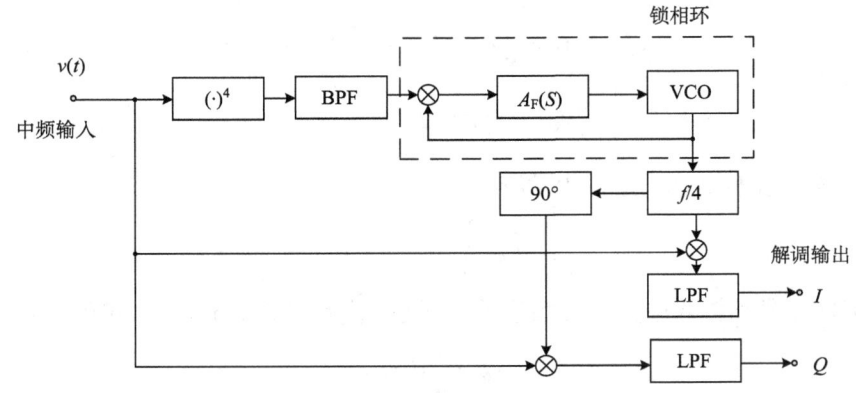

图 9-49 QPSK 信号的四次方环电路

考斯特斯环是一种应用非常广泛的载波跟踪环，可以用于多种数字调制方式信号的解调。图 9-50 是解调 BPSK 信号的基本原理图，考斯特斯环有相互正交的两个环路组成。当信号被锁定时，VCO 的输出电压 v_0 与中频输出电压 v_1 存在 90°的相位差，所以上面的通道为同相环路，下面的通道为正交环路。在考斯特斯环中，用相乘的非线性运算替代了平方环中的非线性平方运算。

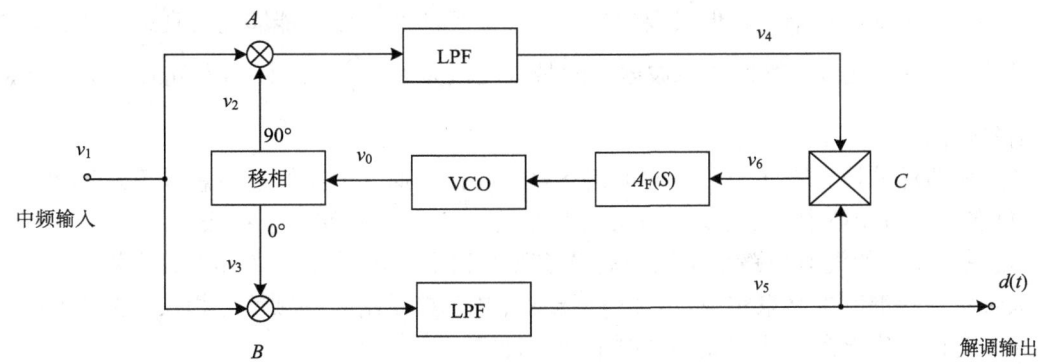

图 9-50 考斯特斯环的基本结构

设 BPSK 调制信号 $v_1=a(t)\cos(\omega_0 t+\phi_1)$，压控振荡电路 VCO 的振荡频率与输入中频信号频率相同为 $\omega_r=\omega_0$，则可以得到

$$\begin{aligned} v_2 &= V_O \cos(\omega_0 t + \phi_2) \\ v_3 &= V_O \sin(\omega_0 t + \phi_2) \end{aligned} \tag{9.123}$$

其中，V_O 为 VCO 输出本振信号的幅度；ϕ_2 为本振信号的相位。在经过混频电路 A 和 B，并通过低通滤波电路 LPF 后可以得到

$$\begin{aligned} v_4 &= \frac{1}{2}a(t)V_O \cos(\phi_1 - \phi_2) \\ v_5 &= \frac{1}{2}a(t)V_O \sin(\phi_1 - \phi_2) \end{aligned} \tag{9.124}$$

v_4、v_5 都是频率很低的信号，经过乘法电路 C 相乘后得到

$$v_6 = v_4 v_5 = \frac{1}{8}V_O^2 a^2(t)\sin\left[2(\phi_1 - \phi_2)\right]$$
$$= \frac{1}{8}V_O^2 a^2(t)\sin 2\phi_e \tag{9.125}$$

其中，$\phi_e = \phi_1 - \phi_2$，由于 $a^2(t)=1$，可以得到

$$v_6 = \frac{1}{8}V_O^2 \sin 2\phi_e \tag{9.126}$$

假设 VCO 信号和输入中频信号相位差 ϕ_e 很小，满足条件 $\sin\phi_e \approx \phi_e$，式(9.126)可以改写为

$$v_6 = \frac{1}{4}V_O^2 \phi_e \tag{9.127}$$

由此可见，环路误差控制电压 v_6 与调制信号 $a(t)$ 无关，而只与输入信号和 VCO 输出电压之间的相位差 ϕ_e 有关，此误差电压经过环路滤波电路后，可以控制 VCO 的振荡频率跟踪输出中频信号 v_1 的相位，使得 VCO 输出的信号 v_0 就是需要提取的载波信号。

考斯特斯环在提取载波的同时又作为解调电路使用，VCO 输出的载波信号 v_0 与输入中频信号经过混频电路 B 和低通滤波电路 LPF 后，就可以得到输出信号 v_5。v_5 输出 BPSK 的解调信号。实际上，v_4 和 v_5 是 VCO 信号和中频输入信号 v_1 正交检波输出的 I/Q 分量。低通滤波电路 LPF 还起到相干解调的积分电路作用，所以在选择 LPF 的时间常数时，必须滤出两个信号相乘后产生的高次谐波，但又要保证正交检波后的数字信息能够无失真地通过。如果数字信号持续的时间为 T，则低通滤波电路的带宽应该为 $B > \frac{6}{T}$，这样 v_5 就可以作为 BPSK 的解调信号输出。

考斯塔斯环的设计方法与普通的锁相环电路设计类似，但是需要注意以下几方面。

(1) 在考斯塔斯环中使用了两类乘法电路。在正交通道中的两个乘法电路(A 和 B 用圆圈表示)是通常使用的混频电路用于两个高频信号的相乘，可以用吉尔伯特双平衡混频电路或者二极管双平衡混频电路来实现。另外一个乘法电路 C 是用于低频信号相乘，因此使用一个直流乘法电路，应该具有从直流到调制信号的带宽。

(2) 在考斯塔斯环中使用了两类滤波电路。在正交通道中的两个低通滤波电路 LPF 和中间的环路滤波电路 $A_F(S)$ 对时间常数要求不同。正交通道中的时间常数的选择为 $B > \frac{6}{T}$。环路滤波电路 $A_F(S)$ 通常采用比例积分滤波电路，根据环路性能指标决定时间常数的大小。

(3) 考斯特斯环的开环增益是鉴相灵敏度、VCO 压控灵敏度和乘法电路 C 的增益乘积。与简单的锁相环相比，考斯特斯环的增益部分增加了直流乘法电路 C 的增益。

习 题

1. 一个射频通信系统中，接收频带范围为 869~894MHz，第一中频频率为 87MHz，信道带宽为 30kHz。试分别求高本振和低本振的频率，并计算相应情况下的镜像频率。

2. 试比较混频电路的变频损耗和变频增益的区别，以及变频增益与电压放大倍数之间的关系。

3. 检波二极管的参数如下：

$$I_S = 10^{-7}\,\text{A}$$
$$n = 1.05$$
$$C_{j0} = 0.25\,\text{pF}$$
$$R_S = 15\,\Omega$$
$$R_L = 1\,\text{M}\Omega$$

试计算在表 9-4 的条件下的电压灵敏度 β_v。

表 9-4 条件列表

频率 f_0/GHz	温度 T/K	偏置电流 $I_0/\mu\text{A}$
2	296	0
2	296	40
10	296	0
10	373	0

4. 一个检波二极管具有以下参数：

$$I_S = 10^{-8}\,\text{A} \quad n = 1.05 \quad C_{j0} = 0.2\,\text{pF}$$
$$R_S = 10\,\Omega \quad R_L = 1\,\text{M}\Omega \quad L_S = 1\,\text{nH}$$
$$C_p = 0.25\,\text{pF} \quad T = 20\,°\text{C}$$

试计算 3 种情况下二极管检波电路的输入阻抗：

(1) $I_0=0$，$f=2\text{GHz}$；

(2) $I_0=0$，$f=6\text{GHz}$；

(3) $I_0=50\mu\text{A}$，$f=2\text{GHz}$。

5. 一个检波二极管在 4GHz 的频率下具有参数：

$$I_S = 1.1 \times 10^{-7}\,\text{A} \quad n = 1.1 \quad C_{j0} = 0.2\,\text{pF}$$
$$R_S = 10\,\Omega \quad R_L = 10\,\text{k}\Omega \quad L_S = 1\,\text{nH}$$
$$C_p = 0.25\,\text{pF} \quad T = 20\,°\text{C}$$

使用该二极管设计一个检波电路在 4GHz 的频率下获得最大的电压灵敏度。

6. 一个检波二极管在 10GHz 的频率下具有参数：

$$I_S = 10^{-7}\,\text{A} \quad n = 1.1 \quad C_{j0} = 0.1\,\text{pF}$$
$$R_S = 15\,\Omega \quad C_p = 0\,\text{pF} \quad L_S = 1\,\text{nH}$$
$$T = 20\,°\text{C}$$

试计算当偏置电流分别为 $I_0=0$、20、50μA 时，二极管的开路电压灵敏度（忽略偏置电流对二极管结电容的影响）。

7. 根据以下参数计算二极管的动态品质因数 Q_d，并计算设计该二极管阻抗调节电路需要的 Z_m。

$$V_{\text{OFF}} = 0\,\text{V} \quad V_{\text{ON}} = 600\,\text{mV} \quad C_{j0} = 0.2\,\text{pF}$$
$$R_S = 2\,\Omega \quad f_0 = 8\,\text{GHz} \quad V_{\text{bi}} = 700\,\text{mV}$$
$$n = 1.1 \quad L_P = 0.2\,\text{nH} \quad C_P = 0.12\,\text{pF}$$

8. 设计一个把 4GHz 射频输入信号转换为 500MHz 的中频信号的二极管混频电路。已知射频二极管的参数为

$$f_{LO} = 50\,\text{GHz} \quad I_S = 1\times10^{-9}\,\text{A} \quad C_{j0} = 0.5\,\text{pF}$$
$$R_S = 10\,\Omega \quad L_P = 0.2\,\text{nH} \quad C_P = 0.35\,\text{pF}$$
$$n = 1.05$$

9. 一个混频电路输入射频端口的电压驻波系数 $VSWR_{RF}$ 为 2，假定其他两个端口都是完全匹配 $VSWR_{LO}=VSWR_{IF}=1$，射频输入端口与本振端口和中频输出端口都是理想隔离。如果测量得到输入端口的射频信号的反射功率 P_R 为-10dBm，同时测量得到输出中频的功率 P_{IF} 也为-10dBm，试求此变频电路的变频损耗 L_C。

10. 把一个混频电路放到电路 A 中，得到变频损耗为 $L_{CA}=10$dB，射频输入端口的驻波系数和中频输出端口的驻波系数相等 $VSWR_{RF}=VSWR_{IF}=1.5$。如果把该混频电路放到电路 B 中，测量得到射频输入端口和中频输出端口的驻波系数相等均为 $VSWR_{RF}=VSWR_{IF}=3.0$，求该混频电路在电路 B 中的变频损耗 L_{CB}。

11. 一个混频二极管的非线性特性为

$$i = a_0 + a_1 v + a_2 v^2$$

如果把该混频二极管用到射频上变频电路，输入中频信号为 $f_{IF}=200$MHz，本振信号频率为 $f_{LO}=1800$MHz，求经过混频二极管后得到输出信号的所用频率。

12. 设使用二极管单平衡混频电路，输入射频电压为

$$v_{RF} = V_{RF}\cos\omega_{RF}t$$

本振电压为

$$v_{LO} = \left[V_{LO} + v_n(t)\right]\cos\omega_{LO}t$$

其中，幅度满足条件 $V_{RF}\ll V_{LO}$，并且噪声电压 v_n 远小于本振电压幅度 V_{LO}。
试分析本振电路的噪声 $v_n(t)$ 对输出中频信号的影响。

13. 比较表 9-2 中提供的混频电路使用的二极管的特性，讨论不同二极管适合使用的电路和工作条件。

14. 设计一个图 9-24 单晶体管混频电路，电源电压 $V_{CC}=3.2$V，静态工作点为 $V_{CE}=2.5$V，$V_{BE}=0.8$V，$I_C=2.5$mA，$I_B=40\mu$A，计算电阻 R_1 和 R_2。已知在射频为 2.5GHz，中频为 250MHz 的条件下，中频输出端口短路时射频输入阻抗为 $Z_{RF}=80-j136\,\Omega$，射频输入端口短路时中频输出阻抗为 $Z_{IF}=650-j2400\,\Omega$。

15. 试比较单晶体管混频电路、单平衡混频电路和双平衡混频电路的电路特点，比较各电路的优点和缺点。

16. 比较使用二极管的无源混频电路和使用晶体管的有源混频电路性能的区别，讨论两种类型电路的主要应用领域。

17. 在一个"蓝牙"移动通信接收电路的设计中，射频频率 f_{RF} 为 2450MHz，中频频率 f_{IF} 为 240MHz，需要使用吉尔伯特双平衡混频电路完成变频功能。要求使用单电源供电 $V_{CC}=3$V，噪声系数 N_F 不大于 12dB，具有节电的关断功能，变频功率增益 G_C 不小于 5dB，三阶交调截断点不低于-10dBm，本振注入功率 P_{LO} 为 -5dBm，射频注入功率 P_{RF} 为 -25dBm。试搜索能够满足设计要求的集成电路芯片，给出集成电路的型号、生产厂家和封装，并根据厂家提供的参考电路图设计该变频电路。

18. 在包络检波电路中，为了提高输入信号的利用率往往使用两个二极管组成的倍压电路，在不使用变压器的情况下实现两倍的电压输出。请画出倍压检波电路，并简要分析其工作原理。

19. 比较采用二极管环形电路的 BPSK 调制电路和振幅调制电路的区别和工作特点的区别。

20. 分析载波提取电路在射频通信系统接收机中的重要性，讨论实现载波提取的方法和特点。

第 10 章 锁相环电路设计

锁相环是一种利用相位负反馈控制原理实现的频率跟随及相位的同步技术。锁相环电路具有优良的性能,其作用是将电路输出的信号与其外部的参考信号保持同步。锁相环基于对参考信号的频率或相位改变的检测,通过其内部的负反馈系统来动态调节输出信号的频率,直到输出信号与输入信号重新同步。这种输出与输入信号的同步称为"锁相"。在锁定时输出信号与输入信号没有频率差异,具有良好的窄带跟踪性能,锁相环电路在射频通信系统中得到广泛应用。

锁相环起初用于改善电视接收机的行同步和帧同步,以提高抗干扰能力。随着数字通信系统的发展,锁相环应用更加广泛,例如,为相干解调中参考载波提取和位同步等。在射频信号源方面,锁相环在频率合成器中起着重要的作用。锁相环在通信众多领域有应用,如无线通信、数字电视、广播等,具体的应用范围包括锁相解调、载波提取、无线通信系统收发模块、数据及时钟恢复电路、频率综合电路、跳频通信、数字电视接收机等。

本章先介绍锁相环的基本概念和特性,然后分析锁相环电路的设计与实现,最后以基于锁相环的频率合成技术为技术介绍锁相环的应用。

10.1 锁相环的基本组成与工作原理

锁相环电路是一种相位负反馈电路,将压控振荡器的输出信号通过反馈回路与输入信号进行相位比较,将两信号的相位差成比例地转换为电压,然后通过此电压控制压控振荡器调节输出信号频率,达到输出信号与输入信号的相位锁定。简单的锁相环电路可以使用频率 1:1 的反馈电路,输出信号与输入信号的频率一致,相位差恒定。一些锁相环电路使用频率 N:1 的分频器,输出信号频率为输入信号的 N 倍,相位存在一致的关系。一个锁相环电路通常由 4 个部分构成:鉴频鉴相器、低通滤波器、压控振荡器和反馈回路。

当锁相环锁定时,控制电压调整压控振荡器频率的平均值与输入信号一致,即对在输入信号的一个周期内压控振荡器也输出一个周期。锁相环锁定并不是输出和输入信号为零相位误差,而是恒定的相位误差或者是不断随时间变化的相位误差。

鉴频鉴相器是对输入的参考信号和反馈回路的信号进行频率和相位的比较,根据两路信号的差异输出一个信号至低通滤波器。低通滤波器是将输入信号中的高频成分滤除,保留直流部分送至压控振荡器。压控振荡器输出一个周期信号,其频率由输入电压所控制。反馈回路将压控振荡器输出的信号送回鉴频鉴相器。有时压控振荡器的输出信号的频率高于参考信号的频率,需在反馈回路加入分频器以降低频率。

结合射频通信电路的需求和应用,本章将主要讨论模拟锁相环电路。按照锁相环电路实现的方式,锁相环可以分为模拟锁相环和数字锁相环。锁相环分类方法很多:按照实现技术分为模拟锁相环(Analog PLL)和数字锁相环(Digital PLL);按照反馈回路分为整数倍分频锁相环(Integer-N PLL)和分数倍分频锁相环(Fractional-N PLL);按照鉴相器的实现方式分为电荷泵锁相环(Charge-Pump PLL)和非电荷泵锁相环;按照环路的带宽分为宽带锁相环(Wide Band Loop PLL)和窄带锁相环(Narrow Band Loop PLL)等。

对于射频锁相环来说,最主要的性能指标是相位噪声和动态性能。锁相环的相位噪声对通信系统的整体性能影响很大,在锁相环设计中对相位噪声的要求严格。锁相环的动态性能决定了它能够同步参考源的速度和精度,以及在多大范围内能够跟踪参考源。锁相环的动态性能包括锁定时间、捕获范围和锁定范围等。另外,锁相环的稳定性指标包括环路带宽和相位裕度等。

10.2 锁相环的结构和模型

锁相环由 4 个基本部分构成:鉴频鉴相器、低通滤波器、压控振荡器和反馈回路。反馈回路通常为分频器。为了简化锁相环进行性能分析,首先假定采用 1:1 的分频器,即输出信号与输入信号的频率相同,不进行分频处理。简化后的锁相环功能框图,如图 10-1 所示。

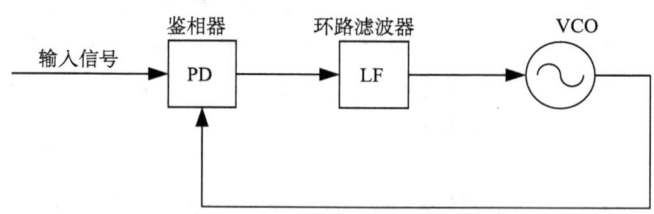

图 10-1 锁相环系统结构

锁相环是一个传递相位的闭环反馈系统,系统的响应是由输出信号与输入信号的相位差决定的。输出信号的幅度由压控振荡器的输出特性决定,而在一定程度上不受输入信号幅度的影响。

首先给出各个模块的模型,再进行锁相环性能的分析。

1. 鉴频鉴相器

锁相环中的鉴频鉴相器有两个输入信号,分别为频率为 ω_i 的输入信号和频率为 ω_o 的输入信号。输入信号的电压时域表达式为

$$v_i(t) = v_{im}\sin(\omega_i t + \varphi_1) \tag{10.1}$$

压控振荡器 VCO 的输出电压时域表达式为

$$v_o(t) = v_{om}\sin(\omega_o t + \varphi_2) \tag{10.2}$$

理想鉴频鉴相器的功能是输出一个电压,该电压的平均分量正比于两路输入信号的相位差。其输出电压的特性为

$$v_d(t) = K_d \cdot \Delta\varphi \tag{10.3}$$

2. 低通滤波器

锁相环中的低通滤波器用于滤除鉴频鉴相器输出信号中的射频分量,保留其直流和低频分量。标准的集总参数低通滤波器通常由串联电感和并联电容实现。在锁相环应用中,由于低通滤波器的截止频率较低,电感的电感量要求较高导致体积很大,常常采用串联电阻代替串联电感。由于电感是无耗器件,使用电阻替代会引入较高的插入损耗。因此,在锁相环电路的低通滤波器中,可以引入有源器件,如放大器,补偿低通滤波器的插入损耗。实际上,放大器、电阻和电容构成了有源低通滤波电路。

低通滤波器的主要指标是带宽、直流增益和高频增益,主要由滤波器的时间常数和滤波器的类型决定。简单的 RC 滤波器的高频增益为零。比例积分滤波器在高频时保留一定的增益,对锁相环的捕捉特性有利,而且比例积分滤波器的传递函数中引入了一个零点,有利于增加环路的稳定性。有源滤波器还要考虑线性动态范围,要求它的输出电压能够提供给压控振荡器 VCO 在锁定时需要的控制电压。

3. 压控振荡器

压控振荡器是一个射频振荡电路,其输出频率受施加在振荡器上的电压控制。在信号处理中,相位噪声是一个波形由于时域不稳定导致相位的快速、短期、随机波动在频域的体现。在射频领域,相位噪声通常用于描述一个振荡电路。相位噪声是一个信号相位的谱密度,通常表述为在载波频率偏移一定频率。相位噪声定义为

$$\mathcal{L}(f) = S_\phi(f)/2 \tag{10.4}$$

其中,相位不稳定度 $S_\phi(f)$ 是一个信号相位变化的单边带功率频谱密度,可以用于表示双边带相位波动的频谱密度。

一个理想的振荡器产生一个纯正弦波形。在频域,这代表一个在振荡频率的 Dirac 函数。信号所有的功率都在这个频率。实际的振荡器都会有来源于相位调制的噪声。这些相位噪声把信号的功率分散到相邻的频率上,导致了噪声的边带。振荡器的相位噪声通常包括低频的闪烁噪声($1/f$ 噪声)和白噪声。

一个没有噪声的理想信号是

$$v(t) = A\cos(2\pi f_0 t) \tag{10.5}$$

通过信号的相位 ϕ 引入一个随机的过程来表示相位噪声,这样的信号可以表示为

$$v(t) = A\cos\left[2\pi f_0 t + \phi(t)\right] \tag{10.6}$$

相位噪声是一种周期平稳的随机过程噪声,与抖动密切相关。非常重要的一种相位噪声就是由振荡器产生的。

相位噪声的单位通常是 dBc/Hz,表示相对于信号功率,噪声功率在距离信号频率一定的频率偏移量处,1Hz 带宽内包含的功率。相位噪声是单位频带宽度内噪声功率与信号功率的比值,通常使用 dBc 表示。如果载波信号频率为 f_0 功率为 P_0,在频率为 $f_0 + \Delta f$ 处,由于相位抖动引起的噪声功率密度为 P_N,则相位噪声为 P_N/P_0,单位为 dBc/Hz。例如,描述一

个信号的相位噪声,可以表示为在信号频率偏移 10kHz 处为–80dBc/Hz,或者在信号频率偏移 100kHz 处为–95dBc/Hz。如果信号功率为 10dBm,则在 10kHz 频率偏移处单位频率的相位噪声功率为–70dBm。

相位噪声可以使用频率分析仪进行测量,当然需要信号的相位噪声优于频谱分析仪自身的相位噪声。需要注意观测到的数值来源于测量信号,而不是受到频谱分析仪内部滤波器的影响的数值。相位噪声功率可以通过频谱分析仪在很宽的频率偏移量范围内测量得到,例如,从 1Hz~10MHz 频率偏移量。在不同频率偏移量处的相位噪声变化趋势反映了相位噪声的一些特性,例如,低频闪烁噪声导致的相位噪声按照通常 30dBc 每 10 倍频程衰减,没有闪烁噪声则通常按照 20dBc 每 10 倍频程进行衰减。另外,除了频谱分析仪还有专门的相位噪声测量系统,可以进行残留和附加噪声的测量,完成低噪声和低频率偏移量的测量。

一个理想振荡器的正弦波输出在频谱是一根谱线。实际的振荡器是达不到这种理想的频谱纯度的。由于相位噪声导致的本地振荡器的频谱扩展必须得到抑制,例如,在超外差接收机中,相位噪声通常是不能通过中频放大器的滤波进行滤除的。

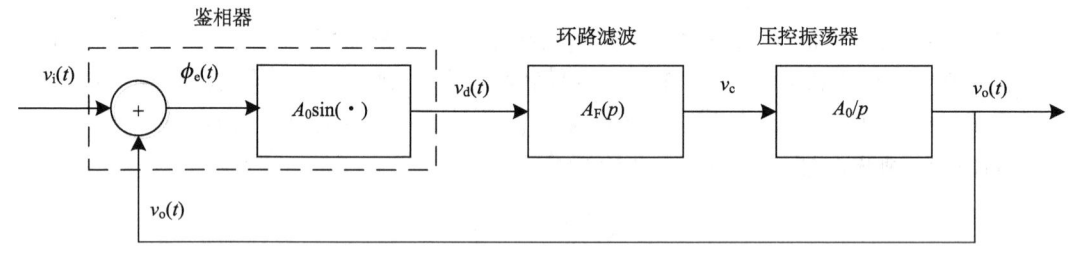

图 10-2 锁相环的数学模型

如图 10-2 所示,虚线框内为鉴相器,包括两个输入信号和一个输出信号。输入信号 $v_i(t)$ 为

$$v_i(t) = V_{im} \sin(\omega_i t + \phi_{i1}) \tag{10.7}$$

另外一个输入信号 $v_o(t)$ 为压控振荡器的输出电压。在闭环时,压控振荡器受到电压控制,瞬时频率为 ω_o,输出信号表示为

$$v_o(t) = V_{om} \cos(\omega_r t + \phi_r) \tag{10.8}$$

假设锁相环对信号的改善作用可以通过图 10-3 进行展示。输入信号 $v_i(t)$ 具有较高的相位噪声,如图 10-3(a)所示,信号的波形较差,相位随机抖动比较严重。假设开环本振信号 $v_r(t)$ 为理想信号,如图 10-3(b)所示,信号 $v_r(t)$ 波形好并且没有相位的随机抖动。输入信号 $v_i(t)$ 与本振信号 $v_r(t)$ 的相位差信号 $\phi_e(t)$ 如图 10-3(c)所示,相位差存在一个快速的抖动。假设使用 sin(•) 鉴相器,则输入信号 $v_i(t)$ 和本振信号 $v_r(t)$ 经过鉴相器获得的电压信号 $v_d(t)$ 如图 10-3(d)所示,其抖动情况与相位差类似。在经过环路滤波(低通滤波器)之后,低通滤波器可以滤除快速变化的相位抖动,获得的输出电压 $v_c(t)$ 如图 10-3(e)所示。$v_c(t)$ 的变化幅度变小,变化更为缓慢。

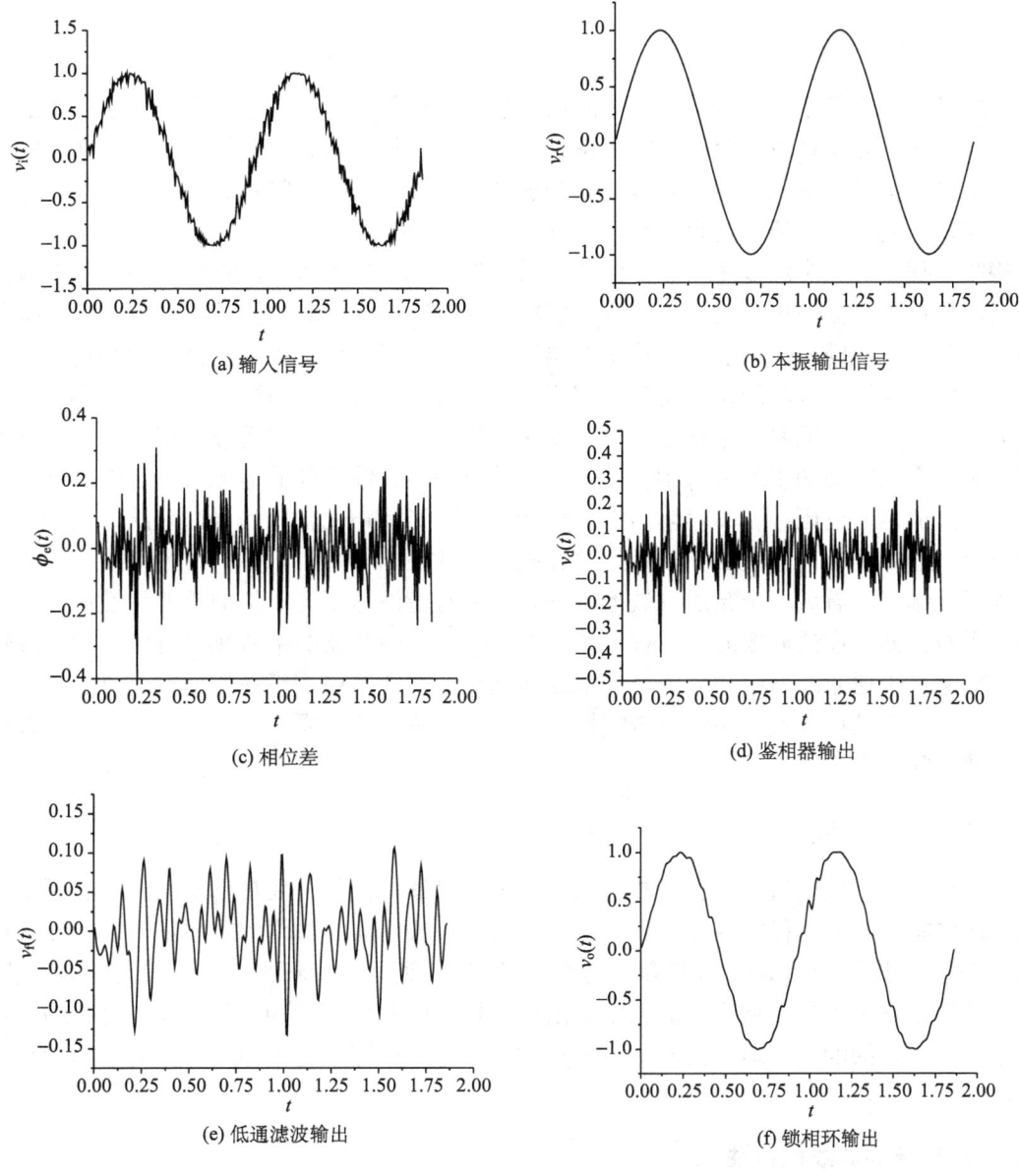

图 10-3　锁相环的时域工作过程

10.3　锁相环的特性

10.3.1　锁相环的带宽

带宽是锁相环的一个基本特性。宽带锁相环和窄带锁相环的特性及应用相差很大。窄带锁相环主要用于提高信号质量滤除信号中叠加的随机噪声，常见于通信系统的接收机中的小信号电路。宽带锁相环主要用于改善本地振荡器的信号质量减小波动，常见于通信系统的发射机的大信号电路。

1. 窄带带通滤波

在射频通信系统中，通常信号携带的信息包括在相位或者频率中，例如，通信中通常采用的 FSK、BPSK 或 QPSK 调制方式。系统的背景噪声往往对通信有影响，需要在接收端正确地重建原始信号。系统噪声的来源通常是加性随机噪声，如热噪声、散弹噪声等，它们与信号叠加在一起，无论信号是否存在，加性噪声都存在。

接收端使用一个本地振荡器，其频率非常接近预期的信号频率。本地振荡器中的波形和信号的波形在鉴相器中进行比较。从鉴相器输出的误差信号为相位差的瞬时值。为了抑制加性的随机噪声，在锁相环中引入环路滤波器，对一段时间内相位差瞬时值进行平均，并且利用这个平均值反馈进行本地振荡器频率和相位的调节。最终实现对随机噪声的抑制。

如果输入信号的频率基本稳定，本地振荡器只需要少量调节就可以实现跟踪。这种调节可以通过一个长时间的平均来得到，从而去除随机噪声。锁相环的输入信号可能含有很大的随机噪声，但是通过压控振荡器输出的信号就是滤除了噪声的输入信号。因此，锁相环可以看做一个高品质因数的滤波器，让信号通过把噪声滤除。

如果把锁相环看成一个带通滤波器，锁相环具有滤波器不可比拟的重要特性：①非常高的品质因数，即带通滤波器的带宽可以非常窄；②带通滤波器的中心频率可以自动跟踪输入信号的频率。带通滤波器中心频率自动跟踪和高品质因数是锁相环在通信接收机中广泛应用的主要原因。高品质因数带来的窄带特性可以滤除大量的随机噪声，锁相环往往用于改善信号质量滤除随机噪声。

2. 宽带注入锁相

在通信系统的发射机中，有一些特殊的本地振荡器，例如，大功率本振或者高频率输出本振。这些本振的频率稳定性往往很差。这样的本地振荡器的输出信号质量可以用注入锁相技术来提高。利用一个小功率高质量的稳定信号注入，通过锁相环来牵引和锁定本地振荡器。锁相环的作用是用于抑制被注入的振荡器出现非预期的频率波动和相位波动。这样的锁相环需要有非常快速的响应，即很宽的工作带宽，从而可以快速跟踪本地振荡器的频率和相位变化实现补偿。

10.3.2 锁相环的非线性特性

所有锁相环电路都必然是非线性的，例如，锁相环输出信号的幅度不会随输入信号的幅度变化而线性变化。对锁相环严格的分析应该利用非线性分析方法。但是大多数锁相环在锁定的状态下，线性近似依然可以获得较为可靠的结果，因此很多情况下可以采用线性分析技术。大多数锁相环的主要特性可以很好地用线性模型进行近似，尤其在相位误差很小的时候，线性模型的适用性很好。很多锁相环的分析和设计都可以使用线性近似的方法。如果直接采用非线性分析方法，分析的过程将变得非常困难。

在线性分析技术中，拉普拉斯变换和傅里叶变换是非常有用的工具。例如，针对线性时不变系统，拉普拉斯变换中的传递函数描述了线性电路在变换域上的输入量和输出量之间的关系。实际上，传递函数是分析锁相环的有用工具，很多锁相环的解析设计方法主要依靠传递函数进行。需要注意：只有线性电路才有传递函数，非线性电路没有传递函数的描述。

10.3.3 锁相环的基本传递函数

在通常的电路分析中，传递函数是建立输入信号和输出信号的电压或者电流关联。在已经锁定的锁相环电路中，从信号质量的角度考虑，更重要的是建立输出信号相位和输入信号相位之间的关联，而不是电压或者电流之间的关联。在锁相环中，引入传递函数主要是把锁相环中输入信号的相位调制和输出信号的相位调制相应关联起来。

一个最基本的锁相环包括鉴相器、环路滤波器、压控振荡器，如图 10-4 所示。输入信号的相位为 $\theta_i(t)$（弧度），压控振荡器的输出相位为 $\theta_o(t)$（弧度）。当锁相环的环路为锁定状态，假设鉴相器为最简单的线性鉴相器，则鉴相器输出的电压为

$$v_d = K_d(\theta_i - \theta_o) \tag{10.9}$$

其中，K_d 为鉴相器的增益系数，单位为 V/rad。相位误差为输出信号相位与输入信号相位的差值，即

$$\theta_e = \theta_i - \theta_o \tag{10.10}$$

鉴相器输出电压受环路滤波器作用，从而影响整个锁相环的动态特性。从时域上看，通过环路滤波器的平均作用，加性噪声和信号快速变化引入的高频分量会被抑制，从而改善输出信号的质量。从频域上看，作为定量的分析，在假定锁相环具有线性响应的前提下，用 $F(s)$ 表示环路滤波器的传递函数。环路滤波器输出的控制电压 $V_c(t)$，施加在压控振荡器上控制压控振荡器的频率。通过拉普拉斯变换，环路滤波器的作用表示为

$$V_c(s) = F(s)V_d(s) \tag{10.11}$$

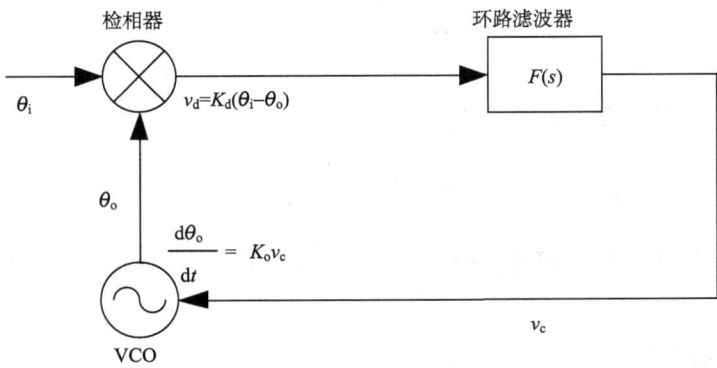

图 10-4 基本锁相环的信号关系

式 (10.11) 中 $V_c(s) = L\{v_c(t)\}$，其中，$L\{\cdot\}$ 表示拉普拉斯变换。根据角频率的定义 $\omega = \dfrac{d\theta}{dt}$。压控振荡器的频率偏移取决于施加在压控振荡器上的电压，即 $\Delta\omega_o(t) = \omega_o(t) - \omega_0 = K_o v_c(t)$，其中，$K_o$ 为压控振荡器的系数。因此，得到

$$\frac{d\theta_o(t)}{dt} = K_o v_c(t) \tag{10.12}$$

对等号两边同时进行拉普拉斯变换得到

$$L\left(\frac{\mathrm{d}\theta_{\mathrm{o}}(t)}{\mathrm{d}t}\right) = s \cdot \theta_{\mathrm{o}}(s) = K_{\mathrm{o}} V_{\mathrm{c}}(s) \tag{10.13}$$

由此得到 $\theta_{\mathrm{o}}(s) = \dfrac{K_{\mathrm{o}} V_{\mathrm{c}}(s)}{s}$。由于 $\dfrac{1}{s}$ 运算对应于积分运算，所以压控振荡器输出的相位差依赖于控制电压的积分。

锁相环在开环状态下，即压控振荡器输出信号的相位 $\theta_{\mathrm{o}}(t)$ 不反馈进入鉴相器，可以得到开环的传递函数为

$$G(s) = \frac{K_{\mathrm{d}} K_{\mathrm{o}} F(s)}{s} \tag{10.14}$$

锁相环在闭环状态下，即压控振荡器输出信号的相位 $\theta_{\mathrm{o}}(t)$ 不反馈进入鉴相器，可以得到闭环的传递函数为

$$H(s) = \frac{G(s)}{1+G(s)} = \frac{K_{\mathrm{d}} K_{\mathrm{o}} F(s)}{s + K_{\mathrm{d}} K_{\mathrm{o}} F(s)} \tag{10.15}$$

其中，表达式 $1+G(s)=0$ 称为锁相环的特征方程。特征方程的根是闭环函数的极点，在锁相环中具有重要的意义。通常锁相环的开环传递函数可以表示为

$$G(s) = \frac{A(s)}{B(s)} \tag{10.16}$$

其中，$A(s)$ 和 $B(s)$ 为 s 的代数多项式。根据特征方程的定义 $1+G(s)=0$，特征方程可以表示为

$$\frac{A(s)+B(s)}{B(s)} = 0 \tag{10.17}$$

锁相环的闭环传递函数可以表示为

$$H(s) = \frac{A(s)}{A(s)+B(s)} \tag{10.18}$$

其中，多项式 $A(s)+B(s)$ 称为特征多项式。该多项式从特征方程导出，并且和特征方程具有相同的根。

10.3.4 锁相环的阶数

锁相环的阶数由锁相环闭环传递函数分母多项式（即特征多项式）的次数决定。例如，一个锁相环的特征多项式为 $A(s)+B(s) = a_1 s^2 + a_2 s + a_3$，则该锁相环为二阶锁相环。通常实际应用的锁相环多为二阶锁相环。另外，一些高阶锁相环也可以通过近似和简化作为二阶锁相环来进行分析。因此，本小节将具体讨论二阶锁相环的特性。

一个典型二阶锁相环的环路滤波器如图 10-5 所示，由一个理想运放电阻 R_1 和 R_2 及电容 C 构成。

$$\tau_1 = R_1 C$$
$$\tau_2 = R_2 C \tag{10.19}$$
$$F(s) = -\frac{s\tau_2 + 1}{s\tau_1}$$

则锁相环开环传递函数和闭环传递函数分别表示为

$$G(s) = -\frac{K_\mathrm{d} K_\mathrm{o}(\tau_2 s + 1)}{\tau_1 s^2}$$
$$H(s) = \frac{K_\mathrm{d} K_\mathrm{o}(\tau_2 s + 1)}{-\tau_1 s^2 + K_\mathrm{d} K_\mathrm{o} \tau_2 s + K_\mathrm{d} K_\mathrm{o}} \tag{10.20}$$

从锁相环的闭环传递函数可以看出,这是一个二阶的锁相环。该锁相环拥有一个零点为 $s = -\dfrac{1}{\tau_2}$,两个极点为 $s = \dfrac{-K_\mathrm{d} K_\mathrm{o} \tau_2 \pm \sqrt{K_\mathrm{d}^2 K_\mathrm{o}^2 \tau_2^2 + 4\tau_1 K_\mathrm{d} K_\mathrm{o}}}{-2\tau_1}$。

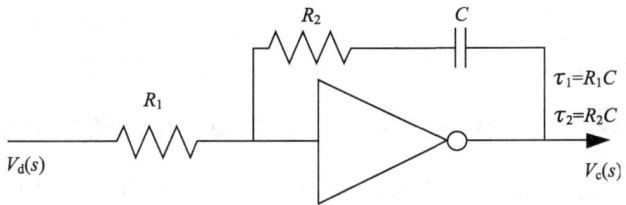

图 10-5 基本环路滤波器

10.4 锁相环的稳定性

如果所有的极点都位于左半平面内,那么反馈环路是稳定的。如果有极点位于右半平面,那么反馈环路是不稳定的。s 平面的虚轴是稳定和不稳定区域的分界线。如果闭环极点位于虚轴上,该锁相环也是不稳定的。通常应该使 s 平面的极点远离虚轴,保证锁相环闭环的稳定性。

锁定的锁相环可以跟踪上输入信号。跟踪主要是研究输出信号相位对各种输入信号引起的相位误差的响应。我们希望输出信号可以跟踪上输入信号,即输出信号与输入信号的相位差恒定,或者说输出信号与输入信号的相位差变动足够小。传递函数可以确定输出信号对输入信号的稳态相位误差和瞬态响应等。锁相环相位误差传递函数 $E(s)$ 表述为

$$E(s) = \frac{\theta_\mathrm{e}(s)}{\theta_\mathrm{i}(s)} = \frac{1}{1 + G(s)} = \frac{s}{s + K_\mathrm{d} K_\mathrm{o} F(s)} \tag{10.21}$$

当瞬态响应过程完全消失之后就是系统的稳态误差,即

$$\lim_{t \to \infty} y(t) = \lim_{s \to 0} sY(s) \tag{10.22}$$

传递函数的时域稳态值可以通过变换域内变换式计算确定。因此,应用稳态相位误差可以确定相位差的期待值为

$$\lim_{t \to \infty} \theta_\mathrm{e}(t) = \lim_{s \to 0} \frac{s^2 \theta_\mathrm{i}(s)}{s + K_\mathrm{d} K_\mathrm{o} F(s)} \tag{10.23}$$

首先考虑输入信号发生相位阶跃变化 $\Delta\theta$ 后，引起最终稳态的输入和输出信号的相位误差。输入信号的拉普拉斯变换式为 $\theta_i(s) = \dfrac{\Delta\theta}{s}$，假定 $F(s) > 0$ 代入式（10.23）得到

$$\lim_{t\to\infty} \theta_e(t) = \lim_{s\to 0} \frac{s\Delta\theta}{s + K_d K_o F(s)} = 0 \tag{10.24}$$

因此，对于任何的输入信号的相位突变，一个稳定的锁相环经过足够长的时间都可以实现相位的跟踪，达到输出信号和输入信号的相位差趋于零。

其次，考虑输入信号发生频率的线性变化，也就是锁相环的输入信号从初始频率偏移 $\Delta\omega$ 引起的稳态误差。根据相位的频率的相互关系，可以得到输入相位是一个随时间线性变化的信号 $\theta_i(t) = \Delta\omega t$，所以 $\theta_i(s) = \dfrac{\Delta\omega}{s^2}$，得到

$$\lim_{t\to\infty} \theta_e(t) = \lim_{s\to 0} \frac{\Delta\omega}{s + K_o K_d F(s)} = \frac{\Delta\omega}{K_o K_d F(0)} \tag{10.25}$$

如果锁相环的环路滤波器中含有积分器电路，则对于环路滤波器有 $F(0) \to \infty$，从而得到 $\lim\limits_{t\to\infty} \theta_e(t) = 0$，此锁相环可以实现对输入信号频率变化的跟踪。跟踪速率取决于 $K_o K_d F(0)$。

再次，考虑频率有一个加速度的变化，假设输入信号的频率随时间变化的速率为 $\dfrac{d^2\omega}{dt^2} = \Lambda \mathrm{rad/s^2}$，即输入信号的相位变化为 $\theta_i(t) = \Lambda t^2/2$。这种频率具有加速度的变化通常出现在针对移动目标的通信系统中，发射机和接收机之间存在加速运动的情况，由于多普勒效应导致频率发生具有加速度的变化。输入信号的相位拉普拉斯变换为 $\theta_i(s) = \Lambda/s^3$，可以得到稳态的相位误差为

$$\lim_{t\to\infty} \theta_e(t) = \lim_{s\to 0} \frac{\Lambda}{s[s + K_o K_d F(s)]} \tag{10.26}$$

如果使其趋于零，则要求 $F(s) = Y(s)/s^2$，其中 $Y(0) \neq 0$。$Y(s)/s^2$ 具有的形式，意味着环路滤波器包含两个级联的积分器，从而使用窄带环路就可以消除加速度误差。

对于非线性的鉴相器，输出电压和相位误差为非线性关系，例如，呈现正弦关系，则需要对锁相环进行对应的分析。

10.5 鉴相器电路

一般鉴相器可以通过乘法器电路来实现，通过将输入信号与本振信号相乘，再经过低通滤波，就可以得到输入信号与本振信号的相位关系。乘法器的功能是将输入信号的瞬时值与本振的瞬时值相乘，给出的乘积是瞬时值的输出。例如，输入信号为 $v_i(t) = V_i \cos(\omega_i t + \theta_i)$，本振信号为 $v_v(t) = V_v \cos(\omega_v t + \theta_v)$，则经过乘法器的输出信号为

$$\begin{aligned} v_o(t) &= V_i \cos(\omega_i t + \theta_i) \times V_v \cos(\omega_v t + \theta_v) \\ &= \frac{1}{2} V_i V_v \{\cos[(\omega_i + \omega_v)t + \theta_i + \theta_v] + \cos[(\omega_i - \omega_v)t + \theta_i - \theta_v]\} \end{aligned} \tag{10.27}$$

在锁相环的锁定状态下，满足 $\omega_i = \omega_v$，并且经过低通滤波滤除 $\omega_i + \omega_v$ 的频率分量，则

输出信号为

$$v_o(t) = \frac{1}{2}V_i V_v \cos(\theta_i - \theta_v) \tag{10.28}$$

因此,乘法器的输出经过低通滤波后,就转换成输入信号和本振信号相位差的相关输出了。

通常构造一个线性的射频乘法器电路复杂、成本较高,而构造一个射频的开关电路则相对简单而且成本低。在一些实际应用中,射频乘法器通常可以用一个开关电路来替代。例如,通过将压控振荡器(本振)产生的信号作为控制信号触发一个开关,控制输入信号的导通和截止。从理论上分析,将本振信号改变为方波信号,通过傅里叶变换可以看到方波信号包含基波和高次谐波;在与输入信号相乘之后,就只有基波可以获得直流分量的输出。在进行积分平均时(即通过输出低通滤波器时),根据时谐函数的正交性,只有基波和输入信号的乘积可以保留下来。

从时域上看,输入射频正弦信号如图 10-6(a)所示。一个射频开关的控制信号如图 10-6(b)所示,即获得一个方波信号的驱动。在经过一个开关电路后,输出信号波形如图 10-6(c)所

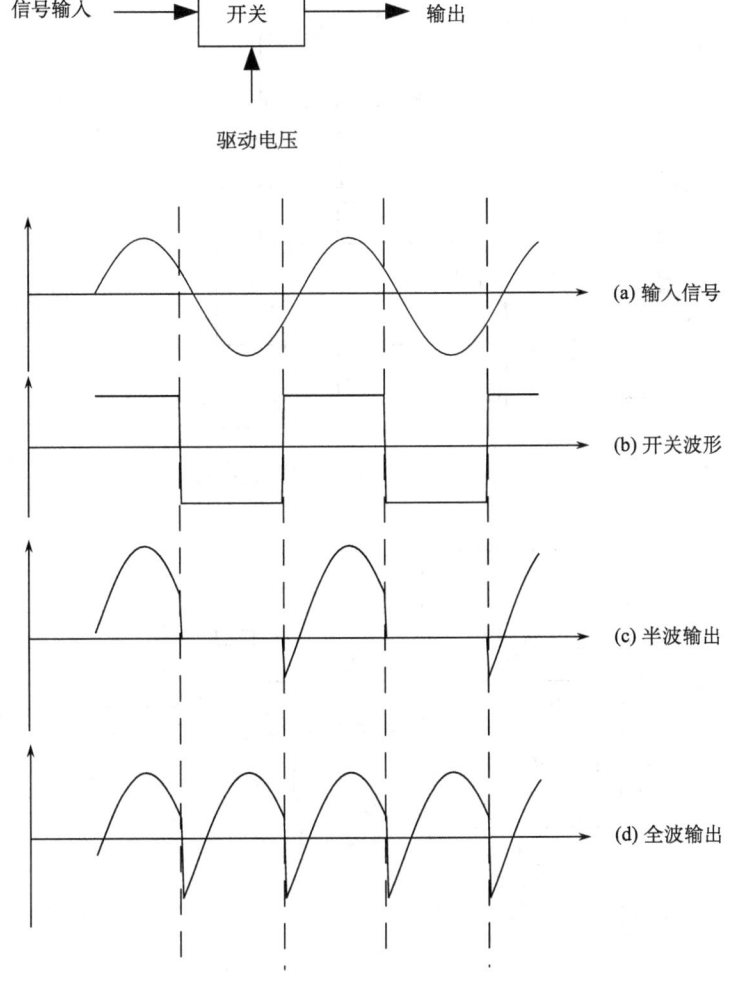

图 10-6 开关电路的时域波形

示。在经过射频开关电路后,仅保留方波正电压对应的输入信号部分,对输出信号进行积分就可以获得与相位差相关的直流输出。该时域波形仅包含半波输出,缺点是谐波分量较多,对输入信号的利用不够充分。一个更好的电路方案是:利用开关电路进行反相,保留方波正电压和负电压对应的信号部分,从而获得全波的输出如图 10-6(d)所示。类似于全波整流电路和半波整流电路的区别,图 10-6(d)的输出信号效果比图 10-6(c)更好。

开关电路可以通过射频二极管来实现。通过控制电压确定二极管的导通和截止状态,形成对射频信号的开关,实现开关电路的功能。由于射频二极管开关电路成本低、电路简单、频率范围宽,得到广泛应用,具体电路原理图如图 10-7 所示。控制信号经过变压器 B_1 加到二极管上,输入信号经过变压器 B_2 加到二极管上。该电路可以实现输入信号的全波输出。当驱动信号为正时,二极管 D_3 和 D_4 导通,D_1 和 D_2 截止。输入信号通过变压器 B_2 次级的线圈 2 输出。当驱动信号为负时,二极管 D_1 和 D_2 导通,D_3 和 D_4 截止。输入信号通过变压器 B_2 次级的线圈 1 输出。从而完成对输入信号的开关控制,实现全波输出。

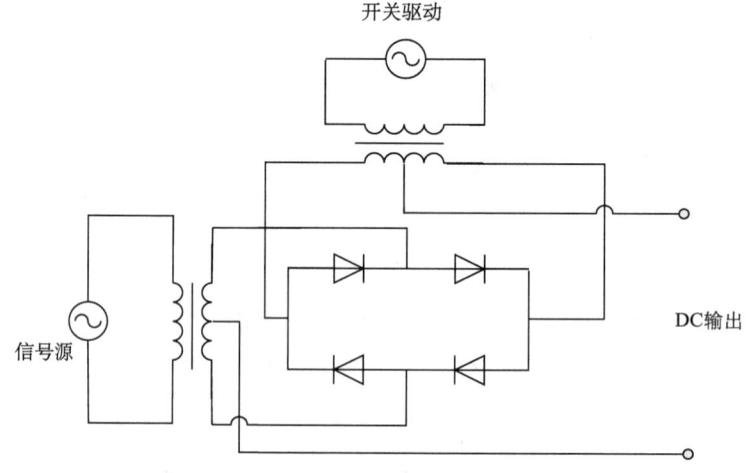

图 10-7 二极管开关鉴相电路

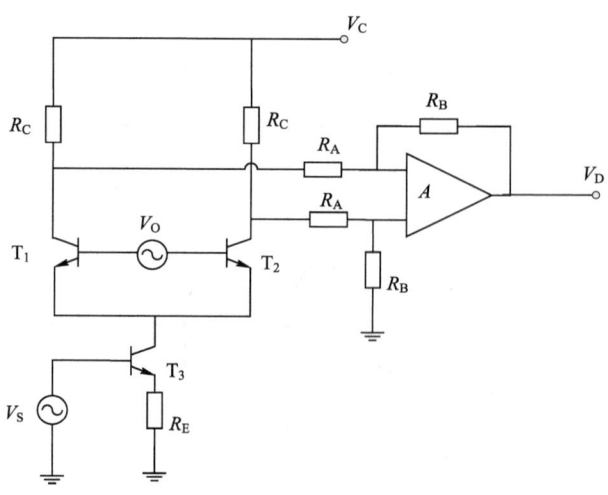

图 10-8 晶体管鉴相电路

实际上，本书介绍过的调制电路或混频电路也可以在一定条件下作为鉴相电路应用。鉴相电路可以看做一个将信号变换为零频率的混频器。除了利用二极管实现无源鉴相电路，还可以应用晶体管实现有源鉴相电路，如图 10-8 所示。利用典型的差分电路进行晶体管的开关控制，实现对射频输入信号的放大和控制。晶体管 T_1 和 T_2 构成了差分电路，受驱动信号 V_O 的控制，增益由电阻 R_C 和 R_E 控制。差分输出的信号经过运放 A 进行放大得到信号 V_D，放大电路的增益由电阻 R_A 和 R_B 控制。

10.6　频率合成器中锁相环的应用

在射频通信系统中，有时会用到频率可调的信号源，需要信号源的频率在一定范围内进行调节或者扫描。频率合成器可以产生各种射频工作频率，在射频通信系统中得到了应用。基于锁相环构建的频率合成器具有优良的性能、低廉的成本和相对简洁的电路，得到了广泛的使用。一个典型的频率合成器的原理框图如图 10-9 所示，包含基准信号源、压控振荡器、两个分频器、低通滤波器和鉴相器。

频率合成器中的基准信号源提供稳定的高质量射频信号 f_T，经过分频器后频率降低为 f_T/R；压控振荡器产生的射频信号频率为 f_v，经过分频器后频率变为 f_v/N；两个信号进入鉴相器进行相位比较，鉴相器输出的控制电压输出到压控振荡器 VCO 进行频率和相位控制。根据锁相环的相位锁定条件，要求经过分频的基准信号源和压控振荡器的两路信号具有相同的频率：

$$f_C = \frac{f_T}{R} = \frac{f_v}{N} \tag{10.29}$$

则输出射频的频率为

$$f_{\text{out}} = \frac{N}{R} f_T \tag{10.30}$$

相位噪声具有类似的比例关系。输出信号的相位噪声的理想值等于基准信号的相位噪声的 N/R 倍。

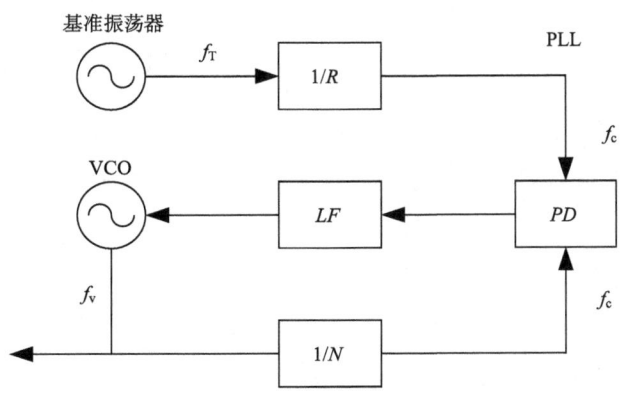

图 10-9　频率合成器原理图

分频器通常可以通过编程进行控制。输出频率 f_0 可以通过改变分频系数 R 和 N 来实现。大多数分频器都是基于数字计数器。

频率合成器的输出频率通过分频比 R 和 N 来控制。为了减小频率合成器输出频率的变化步长，需要增加分频系数 R 获得较小的 f_C。这样就要求锁相环的环路滤波器带宽很窄，但是为了提高响应速度稳定压控振荡器的瞬时相位抖动，又要求环路带宽很宽。这样的矛盾使频率合成器设计难度增加。作为一种电路上的改进，可以在压控振荡器的输出增加一个分频器，改善频率合成器调节频率的最小步进。因此，输出信号的频率为

$$f_{\text{out}} = \frac{N}{RP} f_{\text{T}} \tag{10.31}$$

频率合成器输出信号的频率调节步进降低了 P 倍，但是付出的代价是压控振荡器的频率需要提高 P 倍。这是另外一种解决频率步进的可行方案，但是对压控振荡器和高速分频器的要求也非常高。

习　题

1. 试讨论锁相环电路的基本结构和分类。
2. 请比较模拟锁相环和数字锁相环的区别和各自的特点。
3. 请讨论锁相环电路中环路滤波器的主要功能。
4. 试根据二极管双平衡鉴相电路，在图 10-8 所示的晶体管单平衡鉴相的基础上，设计双平衡三极管鉴相电路的原理图。
5. 锁相环电路在信号源中得到大量应用。请讨论锁相环电路在信号源中应用时，锁相环电路的主要功能。

第 11 章 射频系统参数

射频通信系统包含放大电路、混频电路、振荡电路、滤波电路等很多单元电路，而且每个单元电路中可能有不止一级的电路。整个射频系统的参数，如功率增益、噪声系数和动态范围，需要根据每一级电路的参数计算得到。验证射频系统是否达到了设计指标，通过有针对性地调整电路顺序和电路参数，做出射频系统层次的优化。本章介绍通过每一级单元电路参数，计算射频系统参数的方法，供在系统层次进行射频电路的分析和调整之用。

11.1 功率增益

射频系统包括多级电路相连，通常放大电路会带来一定的功率增益，而滤波电路和二极管混频电路则会引入一定的插入损耗。如果使用分贝表示功率增益，可以方便地描述系统功率增益与每一级电路功率增益之间的简介关系。对于一个 N 级电路构成的射频系统，系统功率增益 G 为每一级电路功率增益 G_i 之和，使用公式表示为

$$G = \sum_{i=1}^{N} G_i \tag{11.1}$$

如果某一级电路的插入损耗为 L_i，则该级的功率增益为负值：

$$G_i = -L_i \tag{11.2}$$

从而依然可以使用式(11.1)计算系统的功率增益。注意此处均使用可用功率增益的概念，只有当每一级电路的输阻抗都与下一级电路的输入阻抗完全匹配时，系统获得的工作功率增益 G_P 才等于可用功率增益 G_A。另外，式(11.1)和式(11.2)都使用了分贝作为单位。如果已知功率增益和插入损耗的实际数值，可以换算为分贝后再进行计算。

在射频电路系统中，如果级间不满足共轭匹配的条件，系统的功率增益不能达到最大。如果出现严重不匹配现象，有可能导致放大电路不再满足稳定工作的条件，而演变为一个振荡电路。因此，在射频电路系统设计时，需要尽量满足级间匹配条件，提高系统的稳定性并获得最佳的功率增益。在满足阻抗共轭匹配的条件下，系统的增益可以使用式(11.1)进行计算。

例 11-1 如图 11-1 所示的低噪声单元电路(LNB)，包含了 3 级放大电路、1 级混频电路和 2 级中频放大电路，相关参数已经在图上标注。

(1)试计算 LNB 的功率增益 G；
(2)如果输入功率为 P_{IN}=−80dBm，试计算输出功率 P_{OUT}。

解 根据式(11.1)和式(11.2)，计算 LNB 的功率增益 G 为

$$G = \sum_{i=1}^{6} G_i = 14+14+14-7.5+16+16 = 66.5 \text{(dB)}$$

输出功率 P_{OUT} 为

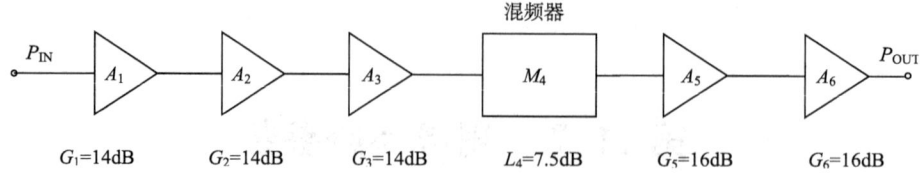

图 11-1　LNB 的功率增益

$$P_{\text{OUT}} = P_{\text{IN}} + G = -80 + 66.5 = -13.5 (\text{dBm})$$

11.2　噪声系数

在第 7 章已经推导得到了多级电路的噪声系数计算公式。射频电路系统的噪声系数与每一级电路的噪声系数 F_i 和除末级外的功率增益 G_i 相关。如果射频系统包括 N 级电路，其中第 i 级电路的功率增益为 G_i 噪声系数为 F_i，则射频系统的噪声系数 F 为

$$F = F_1 + \sum_{i=1}^{N-1} \frac{F_{i+1} - 1}{\prod_{j=1}^{i} G_j} = F_1 + \frac{F_2 - 1}{G_1} + \frac{F_3 - 1}{G_1 G_2} + \cdots + \frac{F_N - 1}{G_1 G_2 \cdots G_{N-1}} \tag{11.3}$$

需要注意，在式(11.3)中，噪声系数 F_i 和功率增益 G_i 都必须使用实际数值，而不能使用分贝数。如果噪声系数和功率增益都是以分贝给出，必须换算为实际数值才能使用式(11.3)计算噪声系数 F，最后将系统噪声系数 F 使用分贝表示。

每一级电路对系统噪声系数的都可以使用噪声估量 M 进行表示，例如，第 i 级电路的噪声估量 M_i 为

$$M_i = \frac{F_i - 1}{1 - \frac{1}{G_i}} \tag{11.4}$$

将噪声估量 M 较小的电路放在系统的前端可以减小系统的噪声系数。

如果射频系统由 N 级电路构成，每一级电路的噪声系数均为 F_A，增益均为 G_A，则系统的噪声系数 F 简化为

$$F = 1 + (F_A - 1) + \frac{F_A - 1}{G_A} + \frac{F_A - 1}{G_A^2} + \cdots + \frac{F_A - 1}{G_A^{N-1}} = 1 + (F_A - 1) \frac{1 - \frac{1}{G_A^N}}{1 - \frac{1}{G_A}} \tag{11.5}$$

当级数 N 较大时可以忽略 G_A^N，式(11.5)可以简化为

$$F = 1 + \frac{F_A - 1}{1 - \frac{1}{G_A}} = 1 + M_A \tag{11.6}$$

其中，$M_A = \dfrac{F_A - 1}{1 - \dfrac{1}{G_A}}$ 为每一级电路的噪声估量。

例 11-2　如图 11-2 所示的 LNB，其包含了 3 级放大电路、1 级混频电路和 2 级中频放

大电路，相关参数已经在图上标注。试计算 LNB 的噪声系数 F。

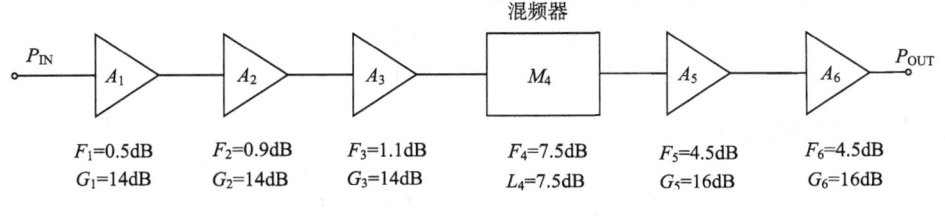

图 11-2 LNB 的噪声系数

解 首先将 LNB 各级电路的增益和噪声系数都换算为实际数值，如表 11-1 所示。

表 11-1 LNB 各级电路的噪声系数和功率增益

	第 1 级	第 2 级	第 3 级	第 4 级	第 5 级	第 6 级
噪声系数 F	1.122	1.230	1.288	5.623	2.818	2.818
功率增益 G	25.12	25.1	25.12	0.1778	39.81	39.81

根据式(11.3)可以计算系统的噪声系数 F 为

$$F = F_1 + \frac{F_2 - 1}{G_1} + \frac{F_3 - 1}{G_1 G_2} + \cdots + \frac{F_N - 1}{G_1 G_2 \cdots G_{N-1}} = 1.174$$

或者可以使用分贝表示噪声系数 F 为

$$F = 10\lg(1.233) = 0.698 \, (\text{dB})$$

因此，LNB 系统的总噪声系数 F 为 0.698dB。

射频系统的噪声系数主要取决于第一级放大电路的噪声系数和功率增益。系统噪声系数 F 一定大于第 1 级电路的噪声系数 F_1。只要第 1 级电路具有较小的噪声系数和较高的功率增益，后面电路的噪声系数对系统的影响就不会太大。在例 11-2 中，尽管从第 4 级开始都具有较高的噪声系数，但由于前 3 级的噪声系数较低并且功率增益较高，所以系统具有较低的噪声系数。

11.3 三阶交调截点

在射频放大电路中，需要考察系统的三阶交调截点，确定可以输出的射频功率。射频系统的放大电路不仅要获得高功率增益，还需要获得较高的三阶交调截点。由于后级电路输出的功率要高于前级电路的功率，射频系统的三阶交调截点主要受后级电路的限制。如果射频系统包括 N 级电路，第 i 级电路的增益为 G_i 三阶交调截点为 $P_{\text{IP},i}$，则射频系统的三阶交调截点 P_{IP} 为

$$\frac{1}{P_{\text{IP}}} = \frac{1}{P_{\text{P},N}} + \frac{1}{G_N P_{\text{P},N-1}} + \cdots + \frac{1}{G_N G_{N-1} \cdots G_2 P_{\text{P},1}} \tag{11.7}$$

为了使射频系统获得较高的功率容量，希望最后一级电路具有尽可能高的三阶交调截点和功率增益。此处的三阶交调截点是针对输出功率而言，如果使用输入功率进行讨论，系统

的三阶交调截点将低于每一级放大电路的三阶交调截点。特别地，如果射频系统每一级电路都具有相同的三阶交调截点 P_{IP} 和功率增益 G，即

$$\begin{cases} P_{IP,i} = P, & i = 1,\cdots,n \\ G_i = G, & i = 1,\cdots,n \end{cases} \tag{11.8}$$

则射频系统的三阶交调截点 P_{IP} 为

$$\frac{1}{P_{IP}} = \frac{1}{P}\left(1 + \frac{1}{G} + \frac{1}{G^2} + \cdots + \frac{1}{G^{N-1}}\right) = \frac{1}{P}\left(\frac{1 - \frac{1}{G^N}}{1 - \frac{1}{G}}\right) \tag{11.9}$$

如果 $N \to \infty$，可以得到射频系统的三阶交调截点 P_{IP} 为

$$P_{IP} = P\left(1 - \frac{1}{G}\right) \tag{11.10}$$

在实际电路中，N 为有限数值，所以式(11.10)给出了射频系统输出总功率为三阶交调截点时的最佳情况。类似于噪声系数计算中的噪声估量 M，在电路设计中可以参考式(11.10)的结果，确定各级电路在系统中的先后顺序，以获得最高的三阶交调截点。

例 11-3 有一个三级低噪声放大电路如图 11-3 所示，每一级电路的功率增益均为 $G=10\text{dB}$，每一放大电路的 1dB 压缩点功率为 $P_{1dB}=15\text{dBm}$。试求整个放大电路的三阶交调截点 P_{IP}。

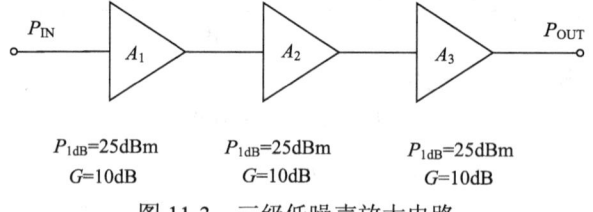

图 11-3 三级低噪声放大电路

解 根据三阶交调截点 P 与 1dB 压缩点功率 P_{1dB} 的关系，可以确定每一级放大电路的三阶交调截点 P 为

$$P = P_{dB} + 10 = 25(\text{dBm})$$

对应的功率为 $P = 0.316\text{mW}$。根据式(11.9)可以计算系统的三阶交调截点 P_{IP} 为

$$P_{IP} = P\left(\frac{1 - \frac{1}{G}}{1 - \frac{1}{G^N}}\right) = 316 \times \frac{1 - 0.1}{1 - 0.001} = 285(\text{mW}) \tag{11.11}$$

或者可以换算为分贝表示，系统的三阶交调截点为

$$P_{IP} = 10\lg(285) = 24.5(\text{dBm})$$

因此三级低噪声放大电路的三阶交调截点为 24.5dBm。

11.4 动态范围

通过计算射频系统的三阶交调截点，可以确定射频系统的 1dB 压缩功率点 P_{1dB}，也就确

定了系统的输出功率的上限。如果再确定射频系统输出功率的下限 $P_{o,mds}$（输出最小可识别信号功率），就可以确定用分贝表示的系统输出功率最大动态范围 DR，即

$$\mathrm{DR}(\mathrm{dBm}) = P_{\mathrm{dB}}(\mathrm{dBm}) - P_{o,mds}(\mathrm{dBm}) \tag{11.12}$$

下面考察一个 N 级电路构成系统的上限功率 $P_{1\mathrm{dB}}$ 和下限功率 $P_{o,mds}$，从而确定射频系统的最大动态范围 DR。

1. 动态范围的下限 $P_{o,mds}$

根据第 7 章中对放大电路噪声底电平的计算，可以得到射频系统的输出最小可识别功率 $P_{o,mds}$ 为

$$\begin{aligned} P_{o,mds}(\mathrm{dBm}) &= 10\lg(GkTBF) + X(\mathrm{dB}) \\ &= 10\lg kT + 10\lg B + G(\mathrm{dB}) + F(\mathrm{dB}) + X(\mathrm{dB}) \end{aligned} \tag{11.13}$$

其中，k 为波尔兹曼常数；T 为射频系统的工作温度；B 为带宽；G 为功率增益；F 为噪声系数；X 为高于噪声底的分贝数（通常可以取 3dB）。射频系统的功率增益 G 和噪声系数 F 可以分别参考式 (11.1) 和式 (11.3) 进行计算。

在特殊情况下，射频系统 N 级电路的特性完全一致并且 N 的数值较大，如果每一级电路的功率增益为 G_A，则系统功率增益为 $G = G_A^N$；每一级电路的噪声系数为 F_A，则根据式 (11.6) 确定系统的噪声系数为 $F = 1 + M_A$。从而确定射频系统的最小可以识别输出功率 $P_{o,mds}$ 为

$$P_{o,mds}(\mathrm{dBm}) = 10\lg kT + 10\lg B + NG_A(\mathrm{dB}) + 10\lg(1+M) + X(\mathrm{dB}) \tag{11.14}$$

根据式 (11.13) 计算第 1 级电路的最小可识别输出功率 $(P_{o,mds})_1$ 为

$$(P_{o,mds})_1(\mathrm{dBm}) = 10\lg kT + 10\lg B + G_A(\mathrm{dB}) + F_A(\mathrm{dB}) + X(\mathrm{dB}) \tag{11.15}$$

综合式 (11.14) 和式 (11.15) 可以得到第 1 级电路和系统最小可识别输出功率的关系为

$$P_{o,mds}(\mathrm{dBm}) = (P_{o,mds})_1(\mathrm{dBm}) + \Delta P_{o,n} \tag{11.16}$$

其中

$$\Delta P_{o,n} = 10\lg\left(\frac{1+M_A}{F_A}\right) + (n-1)G_A(\mathrm{dB}) \tag{11.17}$$

因为 $\Delta P_{o,n} > 0$，所以可以得到

$$P_{o,mds} \geq (P_{o,mds})_1 \tag{11.18}$$

由于第 1 级电路的噪声底功率经过后级电路的放大而不断提高，射频系统动态范围的下限功率一定高于第 1 级电路的下限功率，所以在第 1 级电路中选用尽可能低输出噪声的元件，可以降低射频系统动态范围的下限。

2. 动态范围的上限 $P_{1\mathrm{dB}}$

射频系统输出功率的上限是由系统的 1dB 压缩点功率确定，如果输出功率超过 1dB 压缩点功率将会产生较高的非线性失真。由于 1dB 压缩点功率与三阶交调截点功率存在线性关系，所以可以直接利用式 (11.7) 得到 N 级射频系统的 1dB 压缩点功率 $P_{1\mathrm{dB}}$ 为

$$\frac{1}{P_{\mathrm{dB}}} = \frac{1}{P_{\mathrm{dB},N}} + \frac{1}{G_N P_{\mathrm{dB},N-1}} + \cdots + \frac{1}{G_N G_{N-1} \cdots G_2 P_{\mathrm{dB},1}} \tag{11.19}$$

其中，$P_{\mathrm{dB},i}$ 为第 i 级电路的 1dB 压缩点功率；G_i 为第 i 级电路的功率增益。射频系统的 1dB 压缩点功率 P_{1dB} 低于最后一级电路的 1dB 压缩点功率 $(P_{\mathrm{1dB}})_N$。在射频电路设计中，应该主要考虑最后一级电路的功率容量问题。

特别地，如果 N 级电路的特性完全一致，每一级电路的 1dB 压缩点功率为 P_A，功率增益为 G_A，则射频系统的 1dB 压缩点功率 P_{1dB} 为

$$\begin{aligned}\frac{1}{P_{\mathrm{dB}}} &= \frac{1}{P_A}\left(1 + \frac{1}{G_A} + \frac{1}{G_A^2} + \cdots + \frac{1}{G_A^{N-1}}\right) \\ &= \frac{1}{P_A}\left(\frac{1-\dfrac{1}{G_A^N}}{1-\dfrac{1}{G_A}}\right)\end{aligned} \tag{11.20}$$

如果级数 N 较大，简化系统的 P_{1dB} 为

$$P_{\mathrm{dB}} = P_A\left(1 - \frac{1}{G_A}\right) \tag{11.21}$$

3. 宽动态范围射频系统设计

在设计宽动态范围射频系统时，参考前面讨论的动态范围上限和下限的分析和计算，射频系统动态范围的下限主要取决于第 1 级电路，而动态范围的上限主要取决于最后一级电路。因此，在宽动态范围射频系统设计时，应该适当考虑以下两点。

(1) 根据式(11.13)，将总噪声系数 F 近似用第 1 级电路的噪声系数 F_1 替代，可以估算出射频系统动态范围的下限 $P_{\mathrm{o,mds}}$ 为

$$P_{\mathrm{o,mds}}(\mathrm{dBm}) \approx (P_{\mathrm{o,mds}})_1(\mathrm{dBm}) + \sum_{i=2}^{N} G_i(\mathrm{dB}) > (P_{\mathrm{o,mds}})_1(\mathrm{dBm}) \tag{11.22}$$

通常使用第 1 级电路的最小可识别输出功率 $(P_{\mathrm{o,mds}})_1$ 近似作为射频系统动态范围的下限。

(2) 根据式(11.19)，射频系统的 1dB 压缩点功率一定低于最后一级电路的 1dB 压缩点功率，可以使用最后一级的 1dB 压缩点功率估算射频系统动态范围的上限为

$$P_{\mathrm{dB}} \approx P_{\mathrm{dB},N} \tag{11.23}$$

因此，射频系统的最大动态范围 $\mathrm{DR}_{\max}$ 可以估算为

$$\mathrm{DR}_{\max}(\mathrm{dB}) \approx P_{\mathrm{dB},N}(\mathrm{dBm}) - (P_{\mathrm{o,mds}})_1(\mathrm{dBm}) \tag{11.24}$$

由于在估算中放宽了上限和下限功率的范围，实际射频系统的动态范围 DR 一定小于估算得到的最大动态范围 $\mathrm{DR}_{\max}$。如果对以 N 级完全一致电路构成的射频系统，根据式(11.16)和式(11.21)可以估算得到的最大动态范围 $\mathrm{DR}_{\max}$ 与实际动态范围 DR 的关系为

$$\mathrm{DR}_{\max} - \mathrm{DR} = \Delta P_{\mathrm{o,n}} + \frac{P_{\mathrm{dB}}}{G_A} \tag{11.25}$$

在实际射频电路系统中，根据式(11.13)可知，随着系统增益 G 的增加会提高系统的最

小可识别输出功率 $P_{o,mds}$，也就是会提高系统动态范围 DR 的下限。因此，提高射频系统的功率增益 G，将会降低系统的动态范围 DR。

针对射频系统的输入信号，同样可以计算输入功率的动态范围 DR_{IN} 为

$$DR_{IN}(dB) = \left[P_{dB}(dBm) - G(dB)\right] - \left[P_{o,mds}(dBm) - G(dB)\right]$$
$$= P_{dB}(dBm) - P_{o,mds}(dBm) = DR(dB) \tag{11.26}$$

显然，输入信号的动态范围 DR_{IN} 与输出信号的动态范围 DR 相等。为了进一步增大射频系统的输入信号动态范围，可以采用自动增益控制电路，随着输入信号功率的增加而降低系统增益 G。例如，使用自动增益控制具有 $G_{AGC}=10dB$ 的增益调节能力，则输入信号的动态范围变化为

$$DR_{AGC} = \left\{P_{dB}(dBm) - \left[G(dB) - G_{AGC}(dB)\right]\right\} - \left[P_{o,mds}(dBm) - G(dB)\right]$$
$$= DR + G_{AGC} \tag{11.27}$$

可以使输入信号的动态范围增加 10dB。

例 11-4 设计一个输出功率为 40dBm 的功率放大系统，工作频率为 1GHz。功率放大系统包括 3 级放大电路，参数如表 11-2 所示，输入信号最大功率为 $P_{IN}=1mW$。

(1) 为了在 40dBm 的范围内获得线性的输出功率，试确定 3 级放大电路的顺序；

(2) 如果放大系统的工作频率范围是 950MHz～1050GHz，工作温度为室温 $T=290K$，取高于噪声底最小限制为 $X=3dB$，试估算该功率放大系统最大动态范围 DR_{max}。

表 11-2 3 级放大电路的参数

放大电路	G_o/dB	P_{1dB}/dBm	G_{1dB}/dB	F/dB
A	16	40	15	3
B	16	38	15	2
C	20	32	19	2

解 (1) 放大电路 A、B、C 的 1dB 压缩点功率分别为 40dBm、38dBm 和 32dBm。放大电路 B 和 C 输出功率都小于 40dBm，不能达到设计要求的 40dBm；只有放大电路 A 的输出功率可以得到 40dBm。因此，必须使用放大电路 A 作为最后一级电路（注意：放大电路 A 工作在 1dB 压缩点输出功率时，其功率增益为 15dB）。

放大电路 B 和 C 的噪声系数均为 $F_B=F_C=2dB$，放大电路 C 的功率增益 G_{Co} 大于放大电路 B 的功率增益 G_{Bo}，可以计算放大电路 B 和 C 的噪声估量 M_A 和 M_B 分别为 $M_B = \dfrac{F-1}{1-\dfrac{1}{G_B}}$ 和 $M_C = \dfrac{F-1}{1-\dfrac{1}{G_C}}$，显然 $M_C < M_B$。从噪声的角度考虑，第 1 级电路应该选用放大电路 C。

放大电路 B 比放大电路 C 具有更高的 1dB 压缩点功率。当输入功率为 0dBm 时 (1mW)，经过放大电路 B 和 C 之后，输出功率达到 34～36dBm，已经超过了放大电路 C 的 1dB 压缩点功率。因此，必须将放大电路 C 放在第 1 级电路。

根据以上分析，确定放大电路的顺序为 $C \to B \to A$，如图 11-4 所示。

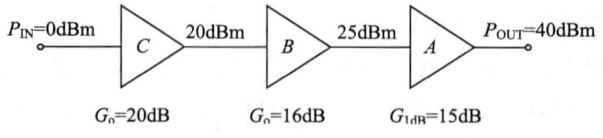

图 11-4　3 级电路的射频功率放大系统

(2) 按照式(11.23)，可以估算射频系统的 1dB 压缩点功率为
$$P_{\text{dB}} \approx P_{\text{dB},A} = 40 \text{(dB)}$$

系统的最小可识别输出功率 $P_{\text{o,mds}}$ 为
$$\begin{aligned} P_{\text{o,mds}} &\approx (P_{\text{o,mds}})_C = 10\lg kT + 10\lg B + G_C + F_C + X \\ &= -174 + 10\lg(10^8) + 20 + 2 + 3 \\ &= -69 \text{(dBm)} \end{aligned}$$

因此，可以估算射频系统的最大动态范围 $\text{DR}_{\max}$ 为
$$\begin{aligned} \text{DR}_{\max} &= P_{\text{dB},A} - (P_{\text{o,mds}})_C \\ &= +40 - (-69) = 109 \text{(dB)} \end{aligned}$$

习　题

1. 一个工作在 4GHz 的 4 级放大电路，如图 11-5 所示。求输入功率 P_{IN} 和输出功率 P_{OUT}（要求使用 dBm 表示）。

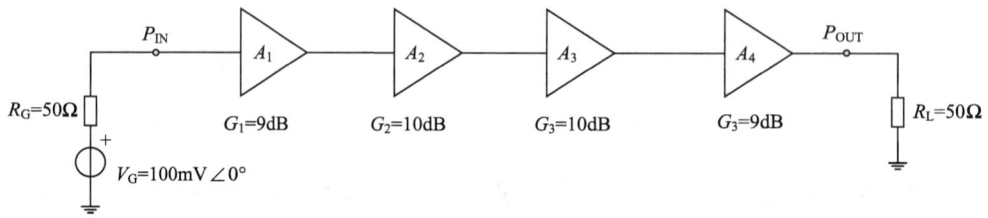

图 11-5　4GHz 的 4 级放大电路

2. 一个射频接收系统的带宽为 $B=800\text{MHz}$，噪声系数为 $F=10\text{dB}$，工作温度为 100K。求该接收系统的最小可识别输入功率 $P_{\text{i,mds}}$。

3. 放大电路的带宽为 $B=100\text{kHz}$，噪声系数为 $F=3\text{dB}$。
(1) 求噪声底的功率；
(2) 如果放大电路的 1dB 压缩点的输出功率为 $P_{1\text{dB}}=1\text{dBm}$，求放大电路的动态范围 DR。

4. 低噪声放大电路和混频电路连接构成射频系统，如图 11-6 所示。低噪声放大电路的增益为 $G_P=20\text{dB}$，对应的三阶交调截点为 $P_{\text{IP},A}=22\text{dBm}$，混频电路的插入损耗为 $L_C=6\text{dB}$，对应的三阶交调截点为 $P_{\text{IP},M}=13\text{dBm}$。求系统的三阶交调截点 P_{IP}。

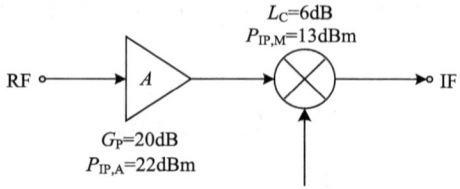

图 11-6　放大电路和混频电路

5. 如果将图 11-6 中的混频电路和放大电路的顺序交换，求系统的三阶交调截点 P_{IP}。

6. 射频接收系统的输入频率范围是 10～11GHz，输出频率范围是 1～2GHz，电路如图 11-7 所示。

(1) 求系统的总功率增益 G；

(2) 求系统的总噪声系数 F；

(3) 如果系统工作在 T=290K，求输入和输出的最小可识别功率 $P_{i,mds}$ 和 $P_{o,mds}$。

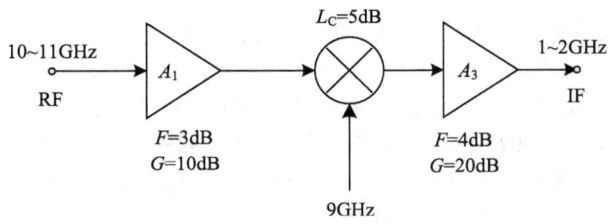

图 11-7 射频接收系统

7. 一个 3 级低噪声放大电路的噪声系数为 F=3dB，总功率增益为 G=30dB，带宽为 B=1GHz，工作在室温下 T=290K。

(1) 计算该放大电路的动态范围 DR。

(2) 如果放大电路的 1dB 压缩点功率为 P_{dB}=15dBm，求输入信号功率 P_{IN} 的范围（要求以 dBm 表示）。

8. 递归程序设计是通过函数或者子程序自身调用自身。利用递归程序设计可以极大地简化程序设计。请编写递归程序，计算 N 级电路的总噪声系数。每一级电路的功率增益和噪声系数可以从键盘输入。

9. 使用估算方法计算射频系统的动态范围存在一定的误差。请编写程序计算给定 N 级电路射频系统的动态范围，所需要的参数从文件读入。利用编写的程序，计算例 11-4 射频系统的动态范围，还可以验证习题的计算结果。

参 考 文 献

陈邦媛. 2002. 射频通信电路. 北京：科学出版社
陈抗生，郑国武. 1994. 波导系统的等效网络分析. 北京：电子工业出版社
方建邦，宁帆，高立. 2000. 通信电子电路基础. 北京：人民邮电出版社
冈萨雷斯. 2003. 微波晶体管放大器分析与设计. 白晓东，译. 北京：清华大学出版社
高如云，陆曼茹，张企民，等. 2002. 通信电子线路. 2版. 西安：西安电子科技大学出版社
戈鲁，赫兹若格鲁. 2000. 电磁场与电磁波. 周克定，等译. 北京：机械工业出版社
胡树豪. 2004. 实用射频技术. 北京：电子工业出版社
黄香馥，陈天麒，张开智. 1988. 微波固体电路. 成都：成都电讯工程学院出版社
李宗谦，佘京兆，高葆新. 2004. 微波工程基础. 北京：清华大学出版社
刘鹏程. 1991. 工程电磁场简明手册. 北京：高等教育出版社
罗德，尼克. 刘光祐. 2004. 无线应用射频微波电路设计. 张玉兴，译. 北京：电子工业出版社
美卡尔. 2001. 射频电路设计. 3版. 北京：电子工业出版社
蒙切斯. 2002. 电磁兼容和印刷线路板：理论、设计和布线. 刘元安，译. 北京：人民邮电出版社
瑞普特. 1999. 无线通信原理与应用. 蔡涛，等译. 北京：电子工业出版社
王家礼. 2003. 微波电路 CAA 与 CAD. 西安：西安电子科技大学出版社
王蕴仪，苗敬峰，沈楚玉，等. 1981. 微波器件与电路. 南京：江苏科学技术出版社
张玉兴. 2002. 射频模拟电路. 北京：电子工业出版社
赵国湘，高葆新. 1990. 微波有源电路. 北京：国防工业出版社
Chang K. 2000. RF and Microwave Wireless System. New Jersey: John Wiley & Sons, Inc.
Davis WA, Agarwal K. 2001. Radio Frequency Circuit Design. New Jersey: John Wiley & Sons, Inc.
Hong J S, Lancaster M J. 2001. Microstrip Filters for RF/Microwave Applications. New Jersey: John Wiley & Sons, Inc.
Johnson H, Gradham M. 1993. High-Speed Digital Design: A Handbook of Black Magic. New Jersey: Prentice Hall Ptr
Kong J A. 2000. Electromagnetic Wave Theory. 北京：高等教育出版社
Kraus J D, Fleisch D A. 1999. Electromagnetics with applications. New York: McGraw-Hill Companies, Inc.
Radmanesh M M. 2001. Radio Frequency and Microwave Electronics Illustrated. New Jersey: Prentice Hall Ptr
Razavi B. 1998. RF Microelectronics. New Jersey: Prentice Hall Ptr
Rudwig R, Brechko P. 2002. RF Circuit Design Theory and Applications. New Jersey: Prentice Hall Ptr
Thomas H L. 1998. The Design of CMOS Radio-Frequency Integrated Circuits. Cambridge: Cambridge University Press
Weisman C J. 2002. The Essential Guide to R F and Wireless. New Jersey: Prentice Hall Ptr
Young P H. 1999. Electronic Communication Techniques. 4th ed. New Jersey: Prentice Hall Ptr

附 录

附录 A 物理常数

名称	符号	数值
真空中的光速	c	2.99792×10^8 m/s
真空的介电常数	ε_0	8.85418×10^{-12} F/m
真空的磁导率	μ_0	$4\pi \times 10^{-7} = 1.25663 \times 10^{-6}$ H/m
真空的波阻抗	η	$120\pi\Omega \approx 377\Omega$
热电势(温度293K)	V_T	$0.0252V \approx 25mV$
电子电量	E	1.60218×10^{-19} C
电子伏特	eV	1.60218×10^{-19} J
波尔兹曼常数	K	1.38066×10^{-23} J/K
普朗克常数	h	6.62617×10^{-34} J·s

附录 B 数量级表示

符号	数量级	符号	数量级
E	10^{18}	a	10^{-18}
P	10^{15}	f	10^{-15}
T	10^{12}	p	10^{-12}
G	10^9	n	10^{-9}
M	10^6	μ	10^{-6}
k	10^3	m	10^{-3}
H	10^2	c	10^{-2}
da	10	d	10^{-1}

附录 C IEEE 和商用波段划分

名称		频率	波长
射频/微波	P 波段	0.23～1.0GHz	30～130cm
	L 波段	1.0～2.0GHz	15～30cm
	S 波段	2.0～4.0GHz	7.5～15cm
	C 波段	4.0～8.0GHz	3.75～7.5cm
	X 波段	8～12.5GHz	2.4～3.75cm
	Ku 波段	12.5～18.0GHz	1.67～2.4cm
	K 波段	18～26.5GHz	1.13～1.67cm
	Ka 波段	26.5～40.0GHz	0.75～1.13cm

续表

名称		频率	波长
毫米波	Q 波段	33.0～50.0GHz	6～9.1mm
	U 波段	40.0～60.0GHz	5～7.5mm
	V 波段	50.0～75.0GHz	4～6mm
	E 波段	60.0～90.0GHz	3.3～5mm
	W 波段	75.0～110.0GHz	2.7～4mm
	F 波段	90.0～140.0GHz	2.1～3mm
	D 波段	110.0～170.0GHz	1.8～2.7mm
	G 波段	140.0～220.0GHz	1.4～2.1mm

附录 D　声波频率划分表

名称	频率范围	
次声波	<20Hz	
超低音	20～40Hz	人耳听觉的范围
重低音	40～80Hz	
超重低音	20～100Hz	
低音频	300～500Hz	
语音	200Hz～5kHz	
声波	20Hz～20kHz	
超声波	20kHz～10MHz(空气中) 20kHz～10GHz(固体和液体中)	

附录 E　常用广播系统的工作频段

系统名称	工作频段
调幅广播 AM	中波：535～1600kHz 短波：1.6～30MHz 频道间隔：10kHz 音频频响范围：40Hz～4.5kHz
调频广播 FM	VHF：88～108MHz 频道间隔：200kHz 音频频响范围：40Hz～15kHz

续表

系统名称	工作频段		
电视广播 PAL D/K	频道间隔：8MHz		
	视频带宽：6MHz		
	伴音频响范围：40Hz～15kHz		
	无线电视	VHF：47～230MHz（12 个频道）	
		UHF：470～960MHz（56 个频道）	
	有线电视	VHF～UHF：47～877MHz（99 个频道）	
卫星通信	C 波段	上行频率：5.925～6.425GHz	
		下行频率：3.7～4.2GHz	
		带宽：500MHz	
	Ku 波段	上行频率：14～14.5GHz	
		10.95～11.2GHz	
		下行频率：11.7～12.2GHz	
		11.45～11.7GHz	
	K 波段	上行频率：27.5～31GHz	
		下行频率：17.7～21.2GHz	
		带宽：3.5GHz	

注：频道间隔指两个相邻频道中心频率间的频率差。

附录 F 传输线特征阻抗的初等方法推导

取无限长的传输线，划分为长度为 Δz 的若干小段，每一段的坐标表示为 $n\Delta z$（n 为整数）。每一小段的传输线等效电路模型如附图 F-1 所示，L 和 R 分别为传输线单位长度的串联电感和串联电阻，G 和 C 分别为单位长度的并联电容和并联电导。Z_n 为在传输线上从 $n\Delta z$ 处从左向右看进去的阻抗，则通过串并联的关系可以得到阻抗 Z_{n+1} 和 Z_n 之间的关系为

$$Z_{n+1} = R\Delta z + j\omega L\Delta z + \frac{1}{G\Delta z} // \frac{1}{j\omega C\Delta z} // Z_n$$

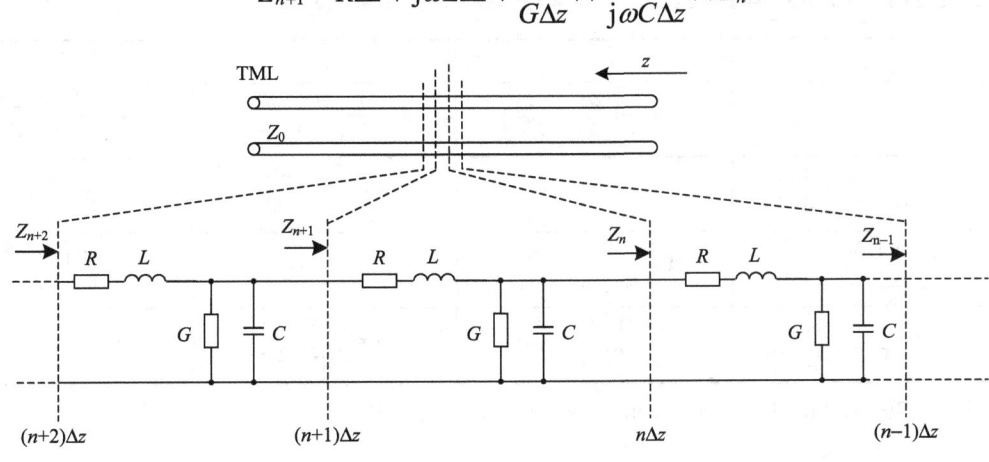

附图 F-1 传输线等效电路模型

无论从 $n\Delta z$ 处还是从 $(n+1)\Delta z$ 处向右看去传输线均为无限长，所以两处的阻抗相等 $Z = Z_{n+1} = Z_n$。根据上式可以得到

$$Z = \Delta z(R + j\omega L) + \cfrac{1}{\Delta z(G + j\omega C) + \cfrac{1}{Z}}$$

经过简单的整理得到关于阻抗 Z 的一元二次方程：

$$(G + j\omega C)Z^2 - \Delta z(R + j\omega L)(G + j\omega C)Z - (R + j\omega L) = 0$$

选取小段传输线的长度 $\Delta z \to 0$，上式中可以忽略第二项，从而可以直接写出方程的解为

$$Z = \pm\sqrt{\frac{R + j\omega L}{G + j\omega C}}$$

由于阻抗 Z 的实部要大于零才有物理意义，所以阻抗 Z 为

$$Z = \sqrt{\frac{R + j\omega L}{G + j\omega C}}$$

特别地，对于无耗传输线 $R=G=0$，阻抗 Z 可以表示为

$$Z = \sqrt{\frac{L}{C}}$$

显然，阻抗 Z 数值上就是特征阻抗。使用初等数学方法得到的结果，与第 3 章中使用传输线方程推导的特征阻抗一致。传输线的特征阻抗 Z_0 数值上等于无限长传输线的输入阻抗。如果用与传输线输入阻抗 Z_0 相等的阻抗 Z_L 作为终端负载，传输线上任意位置的输入阻抗依然是 Z_0。

附录 G　两端口网络参数的换算

G.1　阻抗矩阵、导纳矩阵、混合矩阵和转移矩阵的相互转换

	Z	Y	h	A
Z		$Y = \dfrac{1}{\Delta Z}\begin{bmatrix} Z_{22} & -Z_{12} \\ -Z_{21} & Z_{11} \end{bmatrix}$	$h = \dfrac{1}{Z_{22}}\begin{bmatrix} \Delta Z & Z_{12} \\ -Z_{21} & 1 \end{bmatrix}$	$A = \dfrac{1}{Z_{21}}\begin{bmatrix} Z_{11} & \Delta Z \\ 1 & Z_{22} \end{bmatrix}$
Y	$Z = \dfrac{1}{\Delta Y}\begin{bmatrix} Y_{22} & -Y_{12} \\ -Y_{21} & Y_{11} \end{bmatrix}$		$h = \dfrac{1}{Y_{11}}\begin{bmatrix} 1 & -Y_{12} \\ Y_{21} & \Delta Y \end{bmatrix}$	$A = -\dfrac{1}{Y_{21}}\begin{bmatrix} Y_{22} & 1 \\ \Delta Y & Y_{11} \end{bmatrix}$
H	$Z = \dfrac{1}{h_{22}}\begin{bmatrix} \Delta h & h_{12} \\ -h_{21} & 1 \end{bmatrix}$	$Y = \dfrac{1}{h_{11}}\begin{bmatrix} 1 & -h_{12} \\ h_{21} & \Delta h \end{bmatrix}$		$A = -\dfrac{1}{h_{21}}\begin{bmatrix} \Delta h & h_{11} \\ h_{22} & 1 \end{bmatrix}$
A	$Z = \dfrac{1}{C}\begin{bmatrix} A & \Delta \\ 1 & D \end{bmatrix}$	$Y = \dfrac{1}{B}\begin{bmatrix} D & -\Delta \\ -1 & A \end{bmatrix}$	$h = \dfrac{1}{D}\begin{bmatrix} B & \Delta \\ -1 & C \end{bmatrix}$	

注：$\Delta Z = Z_{11}Z_{22} - Z_{12}Z_{21}$，$\Delta Y = Y_{11}Y_{22} - Y_{12}Y_{21}$，$\Delta h = h_{11}h_{22} - h_{12}h_{21}$，$\Delta = AD - BC$。

G.2 从散射矩阵到阻抗矩阵、导纳矩阵、混合矩阵和转移矩阵的转换

Z	Y	h	A
$Z_{11} = Z_0 \dfrac{(1+S_{11})(1-S_{22}) + S_{12}S_{21}}{\Psi_1}$	$Y_{11} = \dfrac{(1-S_{11})(1+S_{22}) + S_{12}S_{21}}{Z_0 \Psi_2}$	$h_{11} = Z_0 \dfrac{(1+S_{11})(1+S_{22}) - S_{12}S_{21}}{\Psi_3}$	$A = \dfrac{(1+S_{11})(1-S_{22}) + S_{12}S_{21}}{2S_{21}}$
$Z_{12} = Z_0 \dfrac{2S_{12}}{\Psi_1} \quad Z_{21} = Z_0 \dfrac{2S_{21}}{\Psi_1}$	$Y_{12} = \dfrac{-2S_{12}}{Z_0 \Psi_2} \quad Y_{21} = \dfrac{-2S_{21}}{Z_0 \Psi_2}$	$h_{12} = \dfrac{2S_{12}}{\Psi_3} \quad h_{21} = \dfrac{-2S_{21}}{\Psi_3}$	$B = Z_0 \dfrac{(1+S_{11})(1+S_{22}) - S_{12}S_{21}}{2S_{21}}$
$Z_{22} = Z_0 \dfrac{(1-S_{11})(1+S_{22}) + S_{12}S_{21}}{\Psi_1}$	$Y_{22} = \dfrac{(1+S_{11})(1-S_{22}) + S_{12}S_{21}}{Z_0 \Psi_2}$	$h_{22} = \dfrac{(1-S_{11})(1-S_{22}) - S_{12}S_{21}}{Z_0 \Psi_3}$	$C = \dfrac{(1-S_{11})(1-S_{22}) - S_{12}S_{21}}{2S_{21} Z_0}$
$\Psi_1 = (1-S_{11})(1-S_{22}) - S_{12}S_{21}$	$\Psi_2 = (1+S_{11})(1+S_{22}) - S_{12}S_{21}$	$\Psi_3 = (1-S_{11})(1+S_{22}) + S_{12}S_{21}$	$D = \dfrac{(1-S_{11})(1+S_{22}) + S_{12}S_{21}}{2S_{21}}$

G.3 从阻抗矩阵、导纳矩阵、混合矩阵和转移矩阵到散射矩阵的转换

Z	Y	h	A
$S_{11} = \dfrac{(Z_{11} - Z_0)(Z_{22} + Z_0) - Z_{12}Z_{21}}{\Psi_4}$	$S_{11} = \dfrac{(1 - Z_0 Y_{11})(1 + Z_0 Y_{22}) + Y_{12}Y_{21}Z_0^2}{\Psi_5}$	$S_{11} = \dfrac{(h_{11}/Z_0 - 1)(h_{22}Z_0 + 1) - h_{12}h_{21}}{\Psi_6}$	$S_{11} = \dfrac{A + B/Z_0 - CZ_0 - D}{\Psi_7}$
$S_{12} = \dfrac{2Z_{12}Z_0}{\Psi_4}, \quad S_{21} = \dfrac{2Z_{21}Z_0}{\Psi_4}$	$S_{12} = \dfrac{-2Y_{12}Z_0}{\Psi_5}, \quad S_{21} = \dfrac{-2Y_{21}Z_0}{\Psi_5}$	$S_{12} = \dfrac{2h_{12}}{\Psi_6}, \quad S_{21} = \dfrac{-2h_{21}}{\Psi_6}$	$S_{12} = \dfrac{2(AD - BC)}{\Psi_7}, \quad S_{21} = \dfrac{2}{\Psi_7}$
$S_{22} = \dfrac{(Z_{11} + Z_0)(Z_{22} - Z_0) - Z_{12}Z_{21}}{\Psi_4}$	$S_{22} = \dfrac{(1 + Z_0 Y_{11})(1 - Z_0 Y_{22}) + Y_{12}Y_{21}Z_0^2}{\Psi_5}$	$S_{22} = \dfrac{(h_{11}/Z_0 + 1)(h_{22}Z_0 - 1) + h_{12}h_{21}}{\Psi_6}$	$S_{22} = \dfrac{-A + B/Z_0 - CZ_0 + D}{\Psi_7}$
$\Psi_4 = (Z_{11} + Z_0)(Z_{22} + Z_0) - Z_{12}Z_{21}$	$\Psi_5 = (1 + Z_0 Y_{11})(1 + Z_0 Y_{22}) - Y_{12}Y_{21}Z_0^2$	$\Psi_6 = (h_{11}/Z_0 + 1)(h_{22}Z_0 + 1) - h_{12}h_{21}$	$\Psi_7 = A + B/Z_0 + CZ_0 + D$